"盖士人读书，第一要有志，第二要有识，第三要有恒。有志则断不甘为下流；有识则知学问无尽；有恒者则断无不成之事。此三者缺一不可。"——以曾文正公语录与大家共勉。

李志刚

中华会计网校
www.chinaacc.com
正保远程教育旗下品牌网站
美国纽交所上市公司（代码：DL）

梦想成真®
系列辅导丛书

2020年 注册会计师全国统一考试

公司战略与风险管理

应试指南 上册

■ 李志刚 主编　■ 中华会计网校 编

感恩20年相伴　助你梦想成真

人民出版社

责任编辑：薛岸杨

特邀编辑：孙玉菊

图书在版编目（CIP）数据

公司战略与风险管理应试指南：全2册.2019/中
华会计网校编；李志刚主编. —北京：人民出版社，
2019.4（2020.3重印）

ISBN 978-7-01-020292-1

Ⅰ.①公…　Ⅱ.①中…　②李…　Ⅲ.①公司-企业管
理-资格考试-自学参考资料 ②公司-风险管理-资格考
试-自学参考资料　Ⅳ.①F276.6

中国版本图书馆 CIP 数据核字（2019）第 005985 号

公司战略与风险管理应试指南（上下册）

GONGSI ZHANLUE YU FENGXIAN GUANLI YINGSHI ZHINAN

中华会计网校　编

人民出版社出版发行

（100706　北京市东城区隆福寺街99号）

三河市荣展印务有限公司印刷　新华书店经销

2019 年 4 月第 1 版　2020 年 3 月第 2 次印刷

开本：787×1092　1/16　印张：28.5

字数：748 千字

ISBN 978-7-01-020292-1　定价：72.00 元（全 2 册）

版权所有　　侵权必究

邮购地址　100706　北京市东城区隆福寺街 99 号

人民东方图书销售中心　电话：010 - 65250042　65289539

中华会计网校财会书店　电话：010 - 82318888

前　言

主编有话说

正保远程教育

发展：2000—2020年：感恩20年相伴，助你梦想成真

理念：学员利益至上，一切为学员服务

成果：18个不同类型的品牌网站，涵盖13个行业

奋斗目标：构建完善的"终身教育体系"和"完全教育体系"

中华会计网校

发展：正保远程教育旗下的第一品牌网站

理念：精耕细作，锲而不舍

成果：每年为我国财经领域培养数百万名专业人才

奋斗目标：成为所有会计人的"网上家园"

"梦想成真"书系

发展：正保远程教育主打的品牌系列辅导丛书

理念：你的梦想由我们来保驾护航

成果：图书品类涵盖会计职称、注册会计师、税务师、经济师、财税、实务等多个专业领域

奋斗目标：成为所有会计人实现梦想路上的启明灯

图书特色

① 考情分析及应试方法

解读考试**整体情况**，
了解大纲**总体框架**

一、辅导教材内容体系

注册会计师证书是会计行业最具含金量的证书，其社会认可度高、业界认同感强，是多少会计工作者的追求和梦想。但注会考试科目多、难度大、通过率低，对考生要求甚高，因此了解考试的特点，掌握好的学习方法，选择有针对性的复习资料就显得尤为重要。在《经济法》科目备考过程中，考生应当熟知考核内容，熟悉命题规律，熟练掌握应试技巧，达到理解到位、记忆精准、运用自如的程度，从而胸有成竹地走进考场。为了帮助考生达到这一目标，本

二、考核特点分析

对《经济法》科目的考试，很多考生存在以下两大误区：
误区之一：经济法是注会考试中最容易的一个科目。很多考生误认为，经济法在注会考试六大科目中是最简单的，所以我们少花点时间投问题的。实际情况是，经济法科目不是最难的科目，但也并非是最简单的科目。仅就通过率而言，根据中注协已经公布的注册会计师各科目

② 应试指导及同步训练

考情解密

历年考情概况

本章可谓经济法科目基础之基础，内容较少，在考试中一直处于"弱势"地位，属于"丐中丐"级别。从近几年考试情况来看，本章所占的分值较小，平均在 2.5 分左右，一般以客观题

考点详解及精选例题

一、法律基本概念

（一）法的概念与特征★①
1. 法的特征

（3）法是国家强制力保证实施的（法实施主要依赖于社会主体自觉遵守，只有不遵守时，才由国家机器保证实施）；

（4）法是调整人的行为和社会关系的行为规范；

真题精练

一、单项选择题
1.（2018 年）下列关于法律主体权利能力的表述中，正确的是（　）。

B. 作为法律关系主体的自然人不包括外国人
C. 分公司具有法人地位

同步训练　限时10分钟

一、单项选择题
1. 下列规范性文件中，属于行政法规的是（　）。

D. 10 年后，小明属于限制民事行为能力人
5. 甲公司与乙公司签订一份运输货物的合

本章知识串联

法的概念与特征

法律体系：宪法及宪法相关法、刑法、行政法、民商法、经济法、社会法、诉讼与非诉讼程序法

法律基本概念★

宪法：全国人大制定，效力最高

法律：效力仅次于宪法

1. 公司战略概念的演进

学者们及企业家对于战略概念的理解和认知，是随着所处环境的变化历史发展的，从传统的"战略=终点·途径"，到现代的"战略=决策或行动方式"，再到折中的观点。战略·预见性的（预测战略）·应性的（适应性战略）"。

"传统属性=计划性·全局性·长期性"。
"现代属性=应变性·竞争性·风险性"。

本章必背要点

- 深入**解读**本章考点及考试变化内容
- 全方位**透析**考试，**钻研考点**
- 了解命题方向和易错点
- 夯实基础，快速**掌握**答题技巧
- 本章知识体系**全呈现**
- 本章要点复盘，得分必背

③ 易错易混知识点辨析

避开设题陷阱　　快速查漏补缺

一、无效民事法律行为 VS 可撤销民事法律行为 VS 效力待定民事法律行为

这是三种不同的民事法律行为效力状况，各自包含的行为类型是特定的，不存在交叉的

☑实战演练

【例题1·单选题】下列行为中属于无效民事法律行为的是（　）。
A. 甲误认为乙为其父亲二而与之订立的合同

司独自生活。在其成长过程中，发生以下事项：6岁时，爷爷赠其一把小提琴；10岁时，爸爸赠其一台；15岁时，郭某用压岁钱购买价值10万余元的古董钢琴一架。对郭某及其行为的效力说法正确的有（　）。

☑实战演练

【例题1·单选题】甲公司业务员李某经公司授权到乙公司购买式电脑若干，李某到乙公司后与乙公司销售经理相互甚欢，于是表

④ 考前预测试题

名师**精心**预测，模拟演练，
助力通关

一、单项选择题（本题型共24小题，每小题1分，共24分。）
1. 下列关于我国的法律渊源说法正确的是（　）。
A. 全国人大常委会负责解释法律，其作出的法律解释与法律具有同等效力
B. 中国证监会发布的《上市公司信息披露

一、单项选择题（本题型共24小题，每小题1分，共24分。）
1. 根据法律规范是否允许当事人进行自主调整，按照自己的意愿设定权利和义务的标准进行区分，可以将法律规范分为强制性规范和任意性规范。《合同法》规定"违反法律、行政法规的强制性规定的合同无

4. 刘某谎称是甲企业推销员，向乙推销甲企业产品，并用伪造的甲公司公章与乙不知情的乙签订了买卖合同。则下列说法中正确的是（　）。
A. 刘某的行为属于表见代理
B. 乙可以催告甲在 1 个月内予以追认，如果甲未作表示，则视为追认
D. 沉默也可以作为意思表示

5. 下列关于诉讼时效起算的说法中，不正确的是（　）。
A. 当事人约定同一债务分期履行的，诉讼时效期间自最后一期履行期限届满之日起计算
B. 无民事行为能力人或者限制民事行为能

目 录 CONTENTS

上　　册

下　册

第 3 部分　易错易混知识点辨析

第 4 部分　考前预测试题

正保文化官微

关注正保文化官微，

回复"勘误表"，

获取本书勘误内容。

第 1 部分

2020

考情分析及应试方法

世界上最快乐的事，莫过于为理想而奋斗。

——苏格拉底

2020 年考情分析及应试方法

一、考试总体情况

(一)全国财会从业人员结构现状

据非官方数据的不完全统计,全国财会从业人员总体数量大致在 1500 万至 2000 万左右。而截至 2019 年天津市总人口为 1559 万,北京市总人口为 2170 万,上海市总人口则为 2423 万。

根据财政部会计司及财政部会计资格评价中心联合发布新闻,截至 2019 年,全国会计专业技术资格考试已成功举行 29 次,累计有 814 万人通过初、中、高级会计资格考试,其中,初级资格 577 万人、中级资格 217 万人、高级资格 18 万余人。2019 年考试报考人数再创历史新高,达到 604.9 万人,比 2018 年增长 11.1%,其中初级资格 439 万人,增长 8.7%;中级资格 160 万人,增长 18.2%;高级资格 5.9 万人,增长 6.7%。

随着会计从业资格证(会计上岗证)在 2017 年的取消,目前仍有半数以上比例近一千万的财会从业人员手中没有任何一个财经类证书。

另外,根据中注协官网信息,2019 年注册会计师全国统一考试专业阶段考试有 169.3 万名考生报名参加,涉及 471.5 万科次,参加综合阶段考试的考生 38407 人。截至 2018 年 12 月 31 日,中注协有执业会员(注册会计师)106798 人,非执业会员 143812 人(其中国外及港澳台地区非执业会员 601 人),个人会员超过 25 万人,达到 250610 人。个人会员数量前五的地区分别为北京、上海、广东(含深圳,下同)、江苏和浙江,人数分别为 35564 人、29088 人、26911 人、16377 人、14909 人。执业会员(注册会计师)数量前五的地区分别为北京、广东、四川、上海和山东,分别为 13064 人、9781 人、6728 人、6568 人和 6510 人。非执业会员数量前五的地区分别为上海、北京、广东、江苏和浙江,分别为 22520 人、22500 人、17130 人、10539 人和 8407 人。

到 2018 年底,全国注册会计师比上一年度净增加 1228 人,非执业会员比上一年度净增加 12179 人。截至 2018 年 12 月 31 日,全国共有会计师事务所 9005 家,其中总所 7875 家,分所 1130 家。事务所数量比上一年度增加 400 家。

目前在会计师事务所的从业人员在 30 万人左右,为全国 3000 多家上市公司、1 万多家新三板企业和 420 多万家企事业单位提供审计鉴证和其他专业服务。从人才队伍看,现有 11 万余名执业注册会计师中,近一半的学历为中专大专,近四分之一的年龄超过 55 周岁,后备人才储备不足。

从以上数据可以看出,目前全国财会从业人员结构相当不合理,如果大致按照全国从业人员数量约 1800 万来计算的话,已经取得初级会计师证书约占比 32% 左右,中级会计师占比 12% 左右,而高级会计师数量仅占比 1%。同样,已经取得注册会计师全科通过人数占比也仅仅 1.5% 左右。我国目前急需更多数量的高层次更专业的财会从业人员。

(二)注册会计师全国统一考试 2018 年简要情况分析

从中注协考试部对外公布的考试分析报告(数据来源于期刊《中国注册会计师》2019 年第 5

期文章），以下从三个方面复盘回顾。

首先，复盘 2018 年考试实施情况。

从报名情况看，2018 年专业阶段考试有 139.28 万人报名，六个科目合计报考 381.56 万科次，再创历史新高。这相当于平均每人报名 2.7 个科目，说明报名时候的备考雄心还是很大的，值得鼓励和表扬。其中会计科目有 107.94 万人报名，占总科目的 28%，占总报名人数的 77%，这说明绝大多数考生都报考了会计科目。而本课程公司战略与风险管理在 2018 年仅有 41.86 万人报名，占总科目的 11%，占总报名人数的 30%，这一数字几乎在专业阶段报名中是最低的。

从考生出考情况看，2018 年专业阶段考试 6 个科目平均出考率仅为 35.46%，而过去 6 年的平均出考率始终低于 40%。这说明考生们当初的报名意愿和实际出考结果存在相当大的差距，值得深入思考和回味。与此形成鲜明对比的，近 6 年综合阶段考试的平均出考率为 79.47%。

从考生结构来看，可以更为全面了解注会的考试大军的构成。按照考生工作单位性质看，来自企业的考生占比最高，达到 40% 以上；按考生学历层次看，具有本科学历的考生占比高达 60%，其次是大专学历的考生占 18.8%，硕士学历为 9.7%；按考生的专业结构分析，会计审计类占比 52.83% 为最高，其次是非财经类为 26.5%，其他财经类考生占比 20.67%；从性别来看，统计结果没有任何意外，女性占 72.3%，男性占 27.7%；按年龄分析专业阶段考生情况，25 岁以下占比最高为 41%，26～30 岁为 34%，31～35 岁占比 15%，而 35 岁以上的考生仅为 11%；最后按照考生地域情况，2018 年报名前 5 位的地区依次为广东、北京、上海、江苏和山东，占比全国总量的 44% 左右。

其次，复盘 2018 年考试成绩。

从专业阶段考试来看，2018 年 6 个科目平均合格率为 27.93%，约 24.3 万人取得了至少 1 个科目的单科合格成绩，比 2017 年增加了 7.54 万人，增幅 45%。总的合格科次为 37.75 万人，比去年增加了 11.57 万人，增幅 44%。在 2018 年有 3.04 万人累计通过了专业阶段的 6 科考试，比 2017 年增加 9713 人，增幅 47%。让人"羡慕嫉妒恨"的是，2018 年一次性通过专业阶段 6 科考试的有 363 位"大神"，比 2017 年增加了 117 人。详见下表所示。

表　2016-2018 年专业阶段考试合格（人数、科次）情况　　单位：万人、万科次

年度	单科合格人数	专业阶段合格人数	出考科次	合格科次	平均合格率
2016	11.82	1.45	83.53	17.77	22.65%
2017	16.76	2.07	103.62	26.18	25.27%
2018	24.3	3.04	135.16	37.75	27.93%

注：数据来源于期刊《中国注册会计师》2019 年第 5 期

表　2016-2018 年专业阶段考试各科目合格率

年度	会计	审计	财务成本管理	经济法	税法	公司战略与风险管理
2016	13.19%	22.54%	25.99%	26.51%	20.49%	28.17%
2017	20.59%	31.18%	24.98%	25.29%	26.27%	28.62%
2018	21.93%	31.05%	29.39%	30.52%	29.46%	29.47%

注：数据来源于期刊《中国注册会计师》2019 年第 5 期

对比各科目的考试合格率与之前报名情况，从 2018 年来看，报名最多的会计科目，其合格率是最低的。而其他 5 个科目的合格率，在 2018 年平均达到 30%，远远高于会计科目。这一结果尤其值得 2020 年考生关注，需要深入思考的问题是，你报名注会考试的最主要动机是什么？属于你的个性化最优的报考科目顺序应该怎么安排？这也是一种参加田忌赛马的排兵布阵，值得细细考量。

从考生类别来看，来自会计师事务所的考生、学历高的考生、会计审计类专业的考生、男生考生以及 26～30 岁的考生，分别是同类别中合格率较高的。如果你是一名 28 岁男性，来自某会计师事务所，同时毕业于会计审计类专业的硕士，此时是否在暗暗得意？

最后，复盘 2018 年试题质量。

中注协考试部首先公布注册会计师考试试题质量。从难度系统来看，专业阶段的 6 个科目难度适中，其中会计和财务成本管理两个科目最难，公司战略与风险管理和审计科目相对容易。总体来看，专业阶段考试难度高于综合阶段。

另外，统计数据表明，2018 年专业阶段考试 6 个科目考生成绩呈现比较合理的正态分布特征；各科目信度值都大于 0.7，表明各科目试卷的信度较高，可靠性较好；从效度方面看，考试试题均没有超出考试大纲规定的范围，考核重点较为突出，试卷效度较好。

二、大纲内容体系

依据财政部注册会计师考试委员会颁布的考试大纲要求，《公司战略与风险管理》科目的考试目标确定为：考生应当根据本科目考试内容与能力等级的要求，理解、掌握或运用下列相关的专业知识和职业技能，坚守职业价值观、遵循职业道德、坚持职业态度，解决实务问题。

1. 公司战略的基本理论；
2. 战略管理的特征与过程；
3. 外部环境分析与内部环境分析的主要内容与方法；
4. 公司三个层次战略的主要内容；
5. 公司各种战略的开发方向与实现途径；
6. 战略实施和控制的主要内容、过程与方法；
7. 公司治理的概念及理论；
8. 公司内部治理结构和外部治理机制；
9. 公司治理的基础设施；
10. 风险管理基本原理；
11. 风险管理的基本流程和管理体系；
12. 风险管理的主要技术与方法；
13. 内部控制的主要内容及其在风险管理中应用。

从以上十三项内容来看，本科目主要包括公司战略、公司治理、内部控制与风险管理等三大部分内容。经管类本科高校基本上在学校的人才培养方案中包括这三门课程，但是财经类专业多数把公司战略和公司治理这两门课程作为专业选修课安排，实际上学生们在本科阶段学过这两门课的情况并不多见。内部控制与风险管理课程往往是财经类学生的必修课程，但是成绩往往并不乐观。

根据考试大纲要求，本科目的具体考试内容与能力等级，如下表所示：

表 《公司战略与风险管理》科目考试内容及能力等级

考试内容	能力等级
一、战略与战略管理	
(一)公司战略的基本理论	
1. 公司战略的定义	1
2. 公司的使命和目标	2
3. 公司战略的层次	2
(二)战略管理概述	
1. 战略管理的内涵	2
2. 战略管理的特征	2
3. 战略管理过程	2
4. 战略变革管理	2
二、战略分析	
(一)企业外部环境分析	
1. 宏观环境分析	2
2. 产业环境分析	
(1)产品生命周期	2
(2)产业五种竞争力	3
(3)成功关键因素分析	2
3. 竞争环境分析	
(1)竞争对手分析	2
(2)产业内的战略群组	2
4. 国家竞争优势(钻石模型)分析	2
(二)企业内部环境分析	
1. 企业资源与能力分析	
(1)企业资源分析	2
(2)企业能力分析	2
(3)企业的核心能力	3
2. 价值链分析	
(1)价值链的两类活动	2
(2)价值链确定	2
(3)企业资源能力的价值链分析	2
3. 业务组合分析	
(1)波士顿矩阵	2
(2)通用矩阵	2
(三)SWOT 分析	
1. 基本原理	2
2. SWOT 分析法的应用	3

续表

考试内容	能力等级
三、战略选择	
(一)总体战略	
1. 总体战略的主要类型	
(1)发展战略	3
(2)稳定战略	1
(3)收缩战略	2
2. 发展战略的主要途径	
(1)发展战略可选择的途径	3
(2)并购战略	2
(3)内部发展战略	2
(4)企业战略联盟	2
(二)业务单位战略	
1. 基本竞争战略	
(1)成本领先战略	2
(2)差异化战略	2
(3)集中化战略	2
(4)基本竞争战略的综合分析—"战略钟"	3
2. 中小企业的竞争战略	
(1)零散型产业中的竞争战略	2
(2)新兴产业中的竞争战略	2
3. 蓝海战略	
(1)蓝海战略的内涵	1
(2)蓝海战略制定的原则	2
(3)重建市场边界的基本法则	2
(三)职能战略	
1. 市场营销战略	2
2. 研究与开发战略	2
3. 生产运营战略	2
4. 采购战略	2
5. 人力资源战略	2
6. 财务战略	2
(四)国际化经营战略	
1. 企业国际化经营动因	2
2. 国际市场进入模式	2
3. 国际化经营的战略类型	2
4. 新兴市场的企业战略	2

考试内容	能力等级
四、战略实施	
(一)公司战略与组织结构	
1. 组织结构的构成要素	1
2. 纵横向分工结构	2
3. 企业战略与组织结构	3
(二)公司战略与企业文化	
1. 企业文化的概念	1
2. 企业文化的类型	1
3. 文化与绩效	2
4. 战略稳定性与文化适应性	2
(三)战略控制	
1. 战略控制的过程	2
2. 战略控制方法	
(1)预算与预算控制	2
(2)企业业绩衡量指标	2
(3)平衡计分卡的业绩衡量方法	3
(4)统计分析与专题报告	1
(四)战略管理中的权力与利益相关者	
1. 企业的主要利益相关者	1
2. 企业利益相关者的利益矛盾与均衡	2
3. 权力与战略过程	1
(五)信息技术在战略管理中的作用	
1. 信息技术与组织变革	2
2. 信息技术与竞争战略	2
3. 信息技术与企业价值链网	2
4. 大数据时代企业战略转型	2
五、公司治理	
(一)公司治理概述	
1. 企业的起源与演进	2
2. 公司治理问题的产生	2
3. 公司治理的概念	2
4. 公司治理理论	2
(二)三大公司治理问题	
1. 经理人对于股东的"内部人控制"问题	2
2. 终极股东对于中小股东的"隧道挖掘"问题	2
3. 企业与其他利益相关者之间的关系问题	2

考试内容	能力等级
(三)公司内部治理结构和外部治理机制	
1. 公司内部治理结构	2
2. 外部治理机制	2
(四)公司治理基础设施与治理原则	
1. 公司治理基础设施	2
2. 公司治理原则	2
六、风险与风险管理	
(一)风险管理基本原理	
1. 风险的概念	1
2. 企业面对的风险种类	2
3. 风险管理的概念	1
(二)风险管理的目标	2
(三)风险管理基本流程	
1. 收集风险管理初始信息	2
2. 进行风险评估	2
3. 制定风险管理策略	3
4. 提出和实施风险管理解决方案	3
5. 风险管理的监督与改进	2
(四)风险管理体系	
1. 风险管理策略	2
2. 风险管理组织体系	2
3. 内部控制系统	2
4. 风险理财措施	2
5. 风险管理信息系统	2
(五)风险管理技术与方法	
1. 头脑风暴法	2
2. 德尔菲法(Delphi Method)	2
3. 失效模式影响和危害度分析法(FMECA)	2
4. 流程图分析法(Flow Charts Analysis)	2
5. 马尔科夫分析法(Markov analysis)	2
6. 风险评估系图法	2
7. 情景分析法	2
8. 敏感性分析法	2
9. 事件树分析法(ETA)	2
10. 决策树法	2
11. 统计推论法	2

注：能力等级是对考生专业知识掌握程度的划分。分为三个级别：

能力等级1—知识理解能力。是指考生应当理解注册会计师执业所需掌握学科领域的基本概念和基本原理。

能力等级2—基本应用能力。是指考生应当在理解基本概念和基本原理的基础上，在比较简单的职业环境中，坚持正确的职业价值观，遵从职业道德要求，保持正确的职业态度，运用相关专业学科知识解决实务问题。

能力等级3—综合运用能力。是指考生应该在理解基本概念和基本原理的基础上，在相对复杂的职业环境中，坚持正确的职业价值观，遵从职业道德要求，保持正确的职业态度，综合运用专业学科知识和职业技能解决实务问题。

学员们在学习过程中，要熟知以上考试内容及对应的能力等级要求。不难发现，绝大多数的考试内容都要求考生掌握到能力等级2，也就是基本应用能力。而要求掌握到能力等级3的考试内容不超过10个，从大纲要求角度来看，这些内容往往也是简答题和综合题中应该被考核的内容，值得考生特别关注。

另外，本科目的考试大纲还包括五个参考法规，具体内容如下：

（1）中央企业全面风险管理指引（国资发改革［2006］108号，2006年6月6日）；

（2）企业内部控制基本规范（财会［2008］7号，2008年5月22日）；

（3）企业内部控制应用指引（财会［2010］11号，2010年4月15日）；

（4）企业内部控制评价指引（财会［2010］11号，2010年4月15日）；

（5）企业内部控制审计指引（财会［2010］11号，2010年4月15日）。

从近三年考试试题来看，前三个法规是考生应该重点熟悉掌握的内容，而后两个法规近几年几乎很少出现在试卷中。

三、命题规律及应试方法

（一）命题规律

《公司战略与风险管理》试卷总分为100分，60分合格。题型分为"客观题（单选题和多选题）"和"主观题（简答题和综合题）"两大类。从2012年以来，题型题量及分值分布情况，没有发生任何变化，具体情况如下表所示：

表　近几年题型题量分值情况及答题时间建议

题型	题量	分值情况	答题时间建议
单项选择题	24道	每小题1分，小计24分	每小题40秒，小计16分钟
多项选择题	14道	每小题1.5分，小计21分	每小题1分钟，小计14分钟
简答题	4道	小计30分-35分（第1道如果选择英文回答并正确的话，加5分）	每小题15分钟左右，60分钟内完成
综合题	1道	小计25分（相当于2至3道简答题）	30分钟内完成

根据考试大纲颁布的六大模块内容，以及近几年出题规律来看，每一部分的预计考试分值占比、重要程度及复习难度，详见下表所示：

表　各模块考试内容分值占比及重要程度和复习难度

考试内容的六大模块	具体内容	分值占比	重要程度	复习难度
战略与战略管理	公司的使命与目标、公司战略的层次、战略管理的特征、战略管理过程和战略变革管理等	3%-5%	★	★
战略分析	外部环境分析、内部环境分析以及SWOT分析	15%-18%	★★	★★
战略选择	总体战略、竞争战略、职能战略以及国际化经营战略	40%-45%	★★★	★★★
战略实施	组织结构、企业文化、战略控制、权力与利益相关者、信息技术在战略管理中的作用、大数据时代企业战略转型	8%-12%	★★	★★★

考试内容的六大模块	具体内容	分值占比	重要程度	复习难度
公司治理	公司治理的概念及理论、三大公司治理问题、公司内部治理结构和外部治理机制、公司治理基础设施与治理原则	4%–7%	★	★★
风险与风险管理	风险管理基本原理、风险管理的目标、基本流程、体系以及技术方法	15%–18%	★★	★★

本科目分为两大部分，分别为公司战略部分和风险管理部分（含公司治理及内部控制），其中公司战略部分是历年的考试重点，近三年左右占考试分值的70%左右。

从整个科目内容来看，按照重要性程度可划分为三个层级。第一层次为战略分析和战略选择，考试分值合计60分左右，尤其是战略选择模块是整个科目中最重要的内容；第二层级为风险与风险管理，考试分值20至25分左右，近三年合计分值呈现下降趋势，尤其是其中的内部控制模块考分下降明显；第三层级是剩余的其他章节内容。

另外，从客观题近三年考试情况来看，呈现以下四个明显特点：

一是题量基本固定。单选题24个，每小题1分；多选题14个，每小题1.5分。客观题总题量38道，总分值45分。

二是客观题考核形式以案例分析题为主。尤其是近三年，以案例分析形式的考题占客观题分值已经达到九成以上，考试难度大增。

三是客观题字数明显增加。近三年客观题字数从5千字左右增加至1万字以上，越来越考验考生的阅读速度和能力，以及对内容的熟练程度，一定程度上加大了考试难度。

最后一个特点是考核内容覆盖面广，近几年来看，所谓非重要的知识点也出现在试卷中，几乎是全覆盖无死角。

(二)应试方法(备考战略)

《公司战略与风险管理》科目最大特征是涉及多门学科的内容，要懂战略的话就要什么知识都至少懂一些！具体包括经济学原理、管理学原理、风险管理、内部控制、国际贸易理论、国际金融、市场营销、人力资源、公司治理、管理信息系统等。所以本科目知识点具有跨学科的属性，其中大量的内容都需要在理解基础之上记忆。战略家一定是一位略通诸子百家的杂家。因此，要在较短的时间内掌握较多较新的内容，并在考试中取得好成绩，掌握一种好的学习方法是非常重要且必要的。

1. 端正学习态度，树立必胜信心

注册会计师考试本身就有相当的难度，但我们学财务的人都知道，考试越难通过，说明CPA证书的含金量越高。考生在学习过程中遇到困难很正常，切不可一遇到困难就灰心，怀疑自己。考生要清楚，教材内容对于所有人来说都一样，每个人的记忆能力和理解能力不同，遇到的困难比自己多的人肯定还有很多，因此遇到困难时一定要努力克服，能够通过考试的人无不是一路披荆斩棘走过来的，学习本身就是一个痛苦挣扎后破茧而出的过程。大家千万不要在报名时雄心壮志、学习中垂头丧气、考试前临阵逃避，一定要积极主动，利用好平时碎片化的时间。学习态度端正是顺利通过考试的前提！

若想成功做一件事，信心是第一位的，所谓"一鼓作气，再而衰，三而竭"，要有"亮剑"的精神！参加CPA考试，既要与别人竞争，更要挑战自我，整个备考过程实际上就是一个自我挑战的过程。要成功挑战自我，关键是要对自己充满信心。我们的战略目标是通过CPA考

试！要"偏执"地坚信自己一定能通过！一个经济学原理告诉我们，预期往往会自我实现。因为你这样想了，会不知不觉地暗示自己也要这样做，慢慢地目标就实现了。当然前提是既能制定好战略，又能很好地执行战略，那就是一定要制定并完成学习计划！

2. 自己看书备考还是听课参加培训？

如果你具备极强的学习能力，并且能够很好地掌控学习的时间和进度的话，当然是自己看书备考。估计对于多数考生来讲，是一个"臣妾做不到"的回答。那么就请你一定参加CPA的辅导培训。一方面的好处是可以保证你的学习进度，因为教师讲课是有时间进度安排的；另一方面更大的好处就是，听老师讲解一遍知识点，远比自己花力气看一遍的效果要更好！所以，请来参加中华会计网校的视频课堂或面授课堂吧！（画外音：允许插播有道理的广告宣传！）

3. 什么样的学习计划是有效的？

最重要的事情就是，一定要根据自己的实际情况，制定一个个性化的学习计划。制定学习计划就是编制一个预算。因为虽然有了战略目标，还要通过编制预算来分解落实战略目标，并有效执行预算，这样才能最终实现既定的目标。那么，如何制定学习计划呢？

首先，学习时一定要抓住重点。在全面复习的基础上，考生应把主要的时间和精力投入到重要的内容上。哪些内容是重点内容呢？当然是以CPA考试大纲为依据，而中华会计网校的"梦想成真"系列丛书，对每一科每一章的重点内容都进行详细解读。

其次，要合理安排学习轮次。一般来说，学习是一个从不熟悉到熟悉、从没掌握到掌握的过程，因此要不断重复考核内容。最好能有三个轮次的学习：

第一轮的口诀是"听课+泛读"。 先听老师讲一遍后有一个整体印象，然后认认真真地读一遍教材，读的时候该划重点划重点，该划问号划问号，最后再翻看中华会计网校的"梦想成真"系列辅导书。建议一章一章来完成效果会更好。第一轮次的主要目的是对教材相关知识点的基本熟悉及掌握，解决"懂"的问题。第一轮次最花费时间，预计占全部单科备考时间的60%左右。

第二轮的口诀是"做题+精读"。 这一轮次要按章节来完成练习题，然后对照答案以检验一下第一轮次的学习效果。对于答错的或不熟悉的章节内容，在做完练习题后，重新打开教材有针对性地精读一遍。第二轮次的主要目的是对各章节内容熟练掌握；把相关知识点串起来，做到全面了解和整体把握，解决"通"的问题。第二轮次花费的时间，一般预计占全部单科备考时间的30%左右。

第三轮的口诀是"模拟卷+补读"。 这一轮次需要进行全真模拟，按照CPA真正考试时间的要求，在规定的120分钟之内分完成模拟试卷，做三至五套，然后对照答案再次翻阅教材，针对出错的掌握不熟练的知识点，有针对性地补读教材。第三轮次的目的是查遗补缺，解决"熟"的问题。这一轮次预计花费的时间占10%左右。

最后，针对时间的规划安排要留有余地。 计划毕竟只是一种对未来行动的打算，在计划实施过程中，有许多不确定因素会干扰计划的执行，因此，在制定计划时要留有余地，要提前预留一些不可预见的时间安排。

许多考生经常会产生这样的感觉：看书的时候，好像没有什么不理解的内容，书本一合上，尤其在答题的时候，脑子里似乎什么也没有。这说明，对所学知识缺乏整体上的把握。当需要处理复杂的问题时，思路是否清晰是关键。《公司战略与风险管理》课程所涉及的知识繁杂，要在短时间内迅速掌握，并非易事。

关于学习方法的问题，大家可以登录网校论坛（http：//bbs. chinaacc.com/），与其他学员共同探讨。

4. 时间管理

本书认为，对于一般考生来讲完成以上三个轮次的学习计划需要 100 个小时左右。当然对于有些考生来讲，大块大块的时间不是每天都能安排的，那么最为重要的一种时间管理方法，就是一定要充分利用每天的碎片化时间！

一个非常行之有效的措施就是，在上下班途中听课程音频教程、做饭吃饭时听音频教程、锻炼跑步时听音频教程。一开始听网校老师的音频教程，到后面就自己录制音频教程，把自己尚不熟练、记忆不深、需要背诵记忆的内容，自己录制在手机之中。这种方式非常有效，用过的考生都强烈表达了"疗效"的显著性。因为从记忆学的视角来看，学习一门课程，如果自己的身体多个感官都参与的话，可以起到事半功倍的效果。

5. 应试技巧

（1）认真审题，果断答题。考试中一定要认真审题，弄清题目的含义和要求。对单选题可以采用"直接挑选法"或"排除法"；对多选题可采用"逐项判断法"；对没有把握的选择题既不要纠缠，也不要轻易放弃，就是用猜测法也要确定一个答案。对简答题和综合题应先看清题目要求，再阅读题目所给的资料，并在阅读分析的同时按答题步骤和要求完成答题。

（2）答题时应注意时间的把握。客观题一般每题用时绝对不能超过 1 分钟，不能拖延时间，如果客观题用时过多，主观题就有可能做不完。《公司战略与风险管理》的考试近几年都在 10 月中旬的某一个下午进行，考试时间一共 120 分钟，要确保在 30 分钟之内完成 24 道单选题和 14 道多选题，遇到难题，实在做不出答案，应先跳过去做下面的简答题和综合题。四道简答题需要在 60 分钟以内完成，也就是说每一道简答题平均 15 分钟左右，最后需要留出至少 30 分钟用以完成综合题，综合题从题量上来衡量至少相当于两道简答题。因为考试时间很紧张，应确保会做的题目都做完，且保证准确率，这样通过考试的希望就会很大。

（三）本书的写作风格

本书不同于市面上其他常见的考试辅导用书的写作风格，内容上不仅仅包含单纯以应试为目的所谓"要点"和"干货"，作者也特别注意尝试着从经济学和管理学的视角讲授相关知识体系的由来，让考生们搞清楚"是什么""为什么"以及"怎么用"。实践证明，从根本上本着求知学习的逻辑所掌握的内容更不容易遗忘，通过 CPA 考试是掌握知识后水到渠成的自然结果。（画外音：一个真正的教育工作者，是不屑于仅仅停留在"教授考试技巧帮助学员通过考试作为唯一目的"的层面上）另一方面，本书也在行文的风格上，追求"易读性"和"趣味性"，用一种通俗的、好玩的，甚至是"调侃"的形式来完成各章节知识的讲解释义，秉承这样的一种理念：备考 CPA 已经是很枯燥无聊的事了（这里学霸除外，不要质疑），如果用一种有趣的、轻松好玩的方式来完成学习备考，将是学习的最高境界了！（此处应有掌声！）

本书是在 2019 年版本基础上修订完成的，在内容上更加紧扣考试大纲的要求，对于相关知识点的解读更加精练准确易于理解。相信各位学员一定会喜欢上这本精心设计的武术秘籍——能帮助您顺利通过注会战略科目的通关战略！

学员们可以同时购买中注协组织编写的辅导用书，在近几年中注协编写的《公司战略与风险管理》科目每一章节中，都会穿插一些案例内容，许多考生都会问到一个问题"这些案例要不要花时间去看呢，对考试有帮助吗？"答案是肯定的，因为近几年教材中的案例内容，多数是前些年的考试真题，建议各位考生认真学习一下案例问题的解答思路，以及里面涉及的相关知识点，这个训练的过程对于在考试中完成简答题和综合题是非常有帮助的。

最后，需要提醒各位考生，对于考试一定不要抱有侥幸心理，能够顺利通过考试的人永远是学习基础扎实的考生，所以考生需要关注基础知识，注意各个章节的融会贯通。总体而言，注册会计师《公司战略与风险管理》科目的考试，只要考生能下定决心、坚定信心、保持恒心，按照上述学习方法和应试技巧，精心准备，就一定能**梦想成真**！

关于左侧二维码，你需要知道——

2020考试变化讲解

亲爱的读者，无论你是新学员还是老考生，本着"逢变必考"的原则，今年考试的变动内容你都需要重点掌握。扫描左侧二维码，网校名师为你带来2020年本科目考试变动解读，助你第一时间掌握重要考点。

第2部分

2020

应试指导及同步训练

怀着追求并从中得到最大快乐的人，才是成功者。

——梭罗

第1章　战略与战略管理

考情解密

历年考情概况

本章属于基础章节，内容相对简单，考试所占比例不高，属于备考的次重点章。但对于从未学习过任何战略相关课程的考生来说，本章内容应该特别引起重视，因为这一章的内容是对后面第2章至第4章内容的概述，属于战略管理导论性质的内容。学习时，需要尽可能地理解和记忆相关知识点，以便在头脑中形成一个关于战略与战略管理的整体框架。

本章主要包括了公司的使命与目标、公司战略的层次、战略管理的特征、战略管理过程和战略变革管理等内容。其中，战略变革管理属于本章的考试重点。考试主要以选择题为主，战略变革管理也可能出现在主观题中，并结合其他知识点来考核。近七年以来，本章客观题知识点共考核14次，其中的高频考点集中在公司战略的层次（4次）、公司的使命与目标（3次）、战略变革管理（3次）、战略管理过程（2次）和公司战略的定义（2次）。本章主观题的考点集中在战略变革管理（2次）和公司的使命与目标（1次）。预计2020年考试分值在3-5分左右。

近年考点直击

考点	主要考查题型	考频指数	考查角度
公司的使命与目标	客观题、主观题	★★	（1）直接考核公司使命的内涵； （2）通过案例形式，要求判断属于公司使命的哪个方面
公司战略的层次	客观题	★★	通过小案例形式，要求判断属于公司战略的哪个层次
战略变革管理	客观题、主观题	★★★	（1）通过案例形式考核战略变革的实现、战略变革的类型等； （2）给出具体表述，要求判断正误

学习方法与应试技巧

本章的学习要求是：掌握整体框架，理清思路。由于本章属于大纲第二、三、四章的概括，所以在学习的时候，首先要做到的就是树立框架，理清学习思路，学习过程中重在理解。对本章的重点内容要结合大纲案例加强理解和记忆，比如战略变革管理。对本章非重点内容要通读，以应对"偏"题。学完基础知识后，需要利用同步拓展训练进行练习巩固。

本章2020年考试主要变化

本章主要内容对比2019年基本没有变化，仅修正几处错误及少量语句的重新表述。

考点详解及精选例题

一、公司战略的基本概念

扫我解疑难

(一)公司战略的定义—知识理解能力 ★★*

公司战略有传统概念和现代概念之分。传统概念是由美国哈佛大学教授波特给出的，他认为，"战略是公司为之奋斗的终点与公司为达到它们而寻求的途径的结合物"。简单地理解，波特认为"战略=终点+途径"。这个定义的给出是基于波特当时处在一个社会进步与环境变化相对较慢的历史时期。

加拿大学者明茨伯格则在考虑了接下来的组织面临了更多未知不可测的内部环境因素后，修正了波特所给出的战略定义，"一系列或整套的决策或行动方式"。其实就是"战略=途径(决策或行动方式)"。明茨伯格的想法是，波特您老人家说的终点无法事先设定，因为这个世界变化太快了！

实际上，传统和现代的两个战略概念不同，是由于两位学者所处的历史时期不同所导致的，都是正确的。二者属性的差异如表1-1所示。

表 1-1　公司战略的概念和属性

概念	属性
传统概念	计划性、全局性和长期性(小口诀：计、全、长)
现代概念	应变性、竞争性和风险性(小口诀：应、风、竞)

【例题1·多选题】"战略是公司为之奋斗的终点与公司为达到它们而寻求的途径的结合物。"下列关于这句话的说法中，正确的有(　　)。

A. 体现的是战略的现代概念

B. 体现的是战略的传统概念

C. 强调了公司战略的计划性、全局性和长期性属性

D. 强调了公司战略的应变性、竞争性和风险性属性

解析 ▶ 美国哈佛大学教授波特(Porter M.)对战略的定义堪称为公司战略传统定义的典型代表。他认为，"……战略是公司为之奋斗的终点与公司为达到它们而寻求的途径的结合物。"波特的定义概括了计划学派和定位学派对公司战略的普遍认识。它强调了公司战略的一方面属性—计划性、全局性和长

关于"扫我解疑难"，你需要知道——

　　亲爱的读者，下载并安装"中华会计网校"APP，扫描对应二维码，即可获赠知识点概述分析及知识点讲解视频(前10次试听免费)，帮助夯实相关考点内容。若想获取更多的视频课程，建议选购中华会计网校辅导课程。

---

　　* 本书用"★"来表示各知识点的重要程度。★一般重要；★★比较重要；★★★非常重要。

期性。 **答案▶BC**

【相关链接】1. 一个大牛级别的人物——波特(Porter M.)

出生于 1947 年，获哈佛商学院的大学教授(University Professor，获哈佛大学的最高荣誉，是该校历史上第四位获得此项殊荣的教授)。在世界管理思想界是"活着的传奇"，是当今全球第一战略权威，是商业管理界公认的"竞争战略之父"，曾在 2005 年世界管理思想家 50 强排行榜上位居第一。在当今所有战略管理的书籍中，波特关于战略的相关理论，足以撑起半边天，几乎没有一本经典的战略教材，不会提及波特的战略相关理论，本书也不例外。学习战略课程，至少要记住的一位学者——波特(Porter M.)！

2. 从"定位学派"到"能力学派"再到"适应性战略"

如果用一句话概括经营战略近五六十年历史的话，可以这样说——1960-1980 年代是定位学派为主导，80 年代后是能力学派占优势，进入 21 世纪则是适应性战略的舞台。

波特(1947—)是定位学派公认的领军人物，但能力学派和适应性战略的领头人则众说纷纭。定位学派的观点是"外部环境很重要，经营战略的制定可由定量分析和计划流程来解决"，而能力学派的观点是"内部环境重要，企业自身优势才是取胜的关键"。但是当 21 世纪的经济和技术发展变化速度突飞猛进，适应新时代的将会是综合考虑内外环境之下的适应性战略。而教材中所讲的传统概念就是定位学派对公司战略的理解，现代概念则可以理解为是适应性战略。经营战略领域的超级通才明茨伯格(1939—)是这样认为：

"一切依照实际情况。当外部环境较重要时就使用定位学派理论，当内部环境较重要时则使用能力学派理论。"

本科目指定教材中的内容就是秉承适应性战略的观点，即考虑外部环境也同时重视内部环境。

【知识点拨】明茨伯格的战略历程十大流派

在国际管理界，加拿大管理学家亨利·明茨伯格的角色是叛逆者。他是最具原创性的管理大师，对管理领域常提出打破传统及偶像迷信的独到见解。具体内容如表 1-2 所示。

表 1-2 明茨伯格的战略历程十大流派

流派名称	主要观点
设计学派	战略形成是一个深思熟虑孕育的过程
计划学派	战略形成是一个程序化的过程
定位学派	战略形成是一个分析的过程
企业家学派	战略形成是一个构筑愿景的过程
认知学派	战略形成是一个心理作用的过程
学习学派	战略形成是一个自发的过程
权力学派	战略形成是一个协调的过程
文化学派	战略形成是一个集体思维的过程
环境学派	战略形成是一个适应性的过程
结构学派	战略形成是一个变革的过程

资源来源：亨利·明茨伯格，战略历程：纵览战略管理学派【M】. 魏江，译，北京：机械工业出版社，2006

（二）公司的使命与目标——**基本应用能力★★**

教材将企业生存、发展、获利等根本性目的作为公司使命的一部分，而将公司目标作为使命的具体化，如图 1-1 所示。

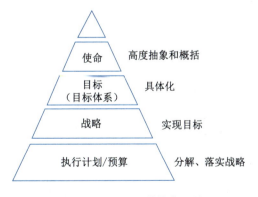

图 1-1 公司的使命

波特讲的终点 = 使命 + 目标，以下分别阐述：

1. 公司的使命(mission)

公司的使命首先是要阐明公司组织的根本性质与存在理由，一般包括三个方面，也就是"使命＝目的＋宗旨＋经营哲学"，如表1-3所示。

表1-3　公司的使命

方面	说明
公司目的	公司目的是企业组织的根本性质和存在理由的直接体现。 组织按其存在理由可以分为两大类：营利组织和非营利组织。 以营利为目的而成立的组织，其首要目的是为其所有者带来经济价值。其次的目的是履行社会责任，以保障企业主要经济目标的实现。 以非营利目的成立的组织，其首要目的是提高社会福利、促进政治和社会变革，而不是营利。 一般而言，企业是最普通的营利组织，红十字会是最普通的非营利组织
公司宗旨	公司宗旨旨在阐述公司长期的战略意向，其具体内容主要说明公司目前和未来所要从事的经营业务范围。公司经营业务范围包括：产品(或服务)、顾客对象、市场和技术等几个方面。 公司宗旨反映出企业的定位
经营哲学	经营哲学是公司为其经营活动方式所确立的价值观、基本信念和行为准则，是企业文化的高度概括。经营哲学主要通过公司对利益相关者的态度、公司提倡的共同价值观、政策和目标以及管理风格等方面体现出来。经营哲学同样影响着公司的经营范围和经营效果

【知识点拨】愿景（Vision）与使命（Mission）

愿景是企业期望成为的样子。愿景指明了未来想要前进的方向，是想要成为什么。比如麦当劳的愿景是"成为世界上服务最快、最好的餐厅"。福特汽车成立时的企业愿景是"让每个美国人都能拥有汽车"。当然你小的时候的愿景可能是"成为有最多玩具的小朋友"或"让每个中国人都能给你1块钱"。

愿景是使命的基础。使命比愿景更加具体，使命要与愿景保持一致。使命需要指明一家企业想要基于什么样的经营哲学，用什么样的技术，生产或提供什么样的产品或服务，选择所要服务的市场和顾客。比如麦当劳的使命是"世界上任何一个社区都成为我们的员工最好的雇主，在每一家餐厅为我们的顾客提供专业优秀的服务"。这个使命与前面讲到的"成为世界上服务最快、最好的餐厅"是保持一致的。你现在需要思考的问题是，确定什么样的使命可以实现"让每个中国人都能给你1块钱"呢？

【相关链接1】京东的使命、愿景和核心价值观

企业的使命：科技引领生活。

企业的愿景：成为全球最值得信赖的企业。

核心价值观：客户为先、诚信、协作、感恩、拼搏、担当。

【相关链接2】美的集团的使命、愿景和核心价值观

企业的使命：联动人与万物，启迪美的世界。

企业的愿景：科技尽善，生活尽美。

核心价值观：敢知未来—志存高远、务实奋进、包容共协、变革创新。

【相关链接3】阿里巴巴的使命、愿景及价值观

1. 使命—让天下没有难做的生意

（1）我们旨在赋能企业，帮助其变革营销、销售和经营的方式，提升其效率。我们为商家、品牌及其他企业提供技术基础设施以及营销平台，帮助其借助新技术的力量与用户和客户进行互动，并更高效地进行经营。

（2）我们的业务包括核心商业、云计算、数字媒体及娱乐以及创新业务。除此之外，我们的非并表关联方蚂蚁金服为我们平台上的消费者和商家提供支付和金融服务。围绕着我们的平台与业务，一个涵盖了消费者、商家、品牌、零售商、第三方服务提供商、

战略合作伙伴及其他企业的数字经济体已经建立起来。

2. 愿景

我们旨在构建未来的商业基础设施。我们的愿景是让客户相会、工作和生活在阿里巴巴。我们不追求大，不追求强；我们追求成为一家活102年的好公司。

（1）相会在阿里巴巴：

我们赋能数以亿计的用户之间、消费者与商家之间、各企业之间的日常商业和社交互动。

（2）工作在阿里巴巴：

我们向客户提供商业基础设施和新技术，让他们建立业务、创造价值，并与我们数字经济体的参与者共享收益。

（3）生活在阿里巴巴：

①我们致力于拓展产品和服务范畴，让阿里巴巴成为我们客户日常生活的重要部分。

②随着我们的业务不断扩展，从商业拓展至云计算、数字媒体及娱乐等众多其他领域，阿里巴巴已进化为一个独特的、充满活力与创新的数字经济体。我们已设立了五年目标，到2024财年底，我们的中国消费者业务将服务超过10亿的年度活跃消费者，并实现超过人民币10万亿元的年度消费额。我们相信五年目标使我们能更接近实现2036年的愿景：服务全世界20亿消费者，帮助1000万家中小企业盈利以及创造1亿就业机会。

（4）102年：

阿里巴巴集团创立于1999年，持续发展最少102年就意味着我们将跨越三个世纪，取得少有企业能实现的成就。我们的文化、商业模式和系统的建立都要经得起时间考验，让我们得以长期可持续发展。

3. 企业文化

阿里巴巴集团的文化关乎维护小企业的利益。我们的数字经济体的所有参与者，包括消费者、商家、第三方服务供应商和其他人士，都享有成长或获益的机会。我们的业务成功和快速增长有赖于我们尊崇企业家精神和创新精神，并且始终如一地关注和满足客户的需求。

4. 价值观

阿里巴巴集团的六个价值观对于我们如何经营业务、招揽人才、考核员工以及决定员工报酬扮演着重要的角色。

（1）客户第一，员工第二，股东第三。

（2）因为信任，所以简单。

（3）唯一不变的是变化。

（4）今天最好的表现是明天最低的要求。

（5）此时此刻，非我莫属。

（6）认真生活，快乐工作。

2. 公司的目标

目标是使命的具体化，目标体系的设定让使命的实现更具有可操作性。公司目标是一个体系，其目的是将公司的使命转换成明确、具体的业绩标准，有一个**可测度的目标**，如表1-4所示。

表1-4　公司的两大目标体系

体系	指标
财务目标体系（达到较好结果）	市场占有率、收益增长率、投资回报率、股利增长率、股票价格评价、现金流以及公司的信任度等
战略目标体系（赢得结果）	获取足够的市场竞争优势，在产品质量、客户服务或产品革新等方面压倒竞争对手，使整体成本低于竞争对手的成本，提高公司在客户中的声誉，在国际市场上建立更大的立足点，建立技术上的领导地位，获得持久的竞争优势，抓住诱人的成长机会等

【备考战略】（1）战略目标体系的作用是让人密切注意，公司的管理层不但要提高公司的财务业绩，还要提高公司的竞争力量，改善公司长远的业务前景。

（2）财务目标体系和战略目标体系都应该从短期目标和长期目标两个角度体现出来。

短期目标体系主要是集中精力提高公司的短期经营业绩和经营结果；长期目标体系则主要是促使公司的管理者考虑现在应该采取什么行动，才能使公司进入一种可以在相当长的一段时期内经营得好的状态。

（3）要学会辨析两类不同指标体系中的指标的差异。战略目标体系中的指标多是经过PK竞争后得到的结果，注意用词"足够的、压倒、低于、更强大、领导地位"等。

【例题2·单选题】 光大公司是一家拥有自主进出口权限的公司，以国内外销售贸易、批发零售贸易和进出口贸易为主。光大公司始终遵循国际贸易惯例，秉承"重合同、守信用、优质服务、互利双赢"的经营理念，通过贸易纽带紧密联结国内与国际市场，且与国内外多家知名公司建立了良好的合作关系。该公司的经营理念体现了公司使命中的( )。

A. 公司目的　　　　B. 公司目标
C. 公司宗旨　　　　D. 经营哲学

解析 经营哲学是公司为其经营活动方式所确立的价值观、基本信念和行为准则，是企业文化的高度概括。光大公司的经营理念体现了公司使命中的经营哲学。 **答案** D

【思路点拨】 本题需要对经营哲学有很清晰的理解，能够根据资料进行分析，属于考试常见的出题思路之一，在准备应对此类题目时可以结合相关的小例子灵活掌握。

【例题3·多选题】 下列属于战略目标体系的建立为公司赢得的结果有( )。

A. 获取足够的市场份额
B. 提高公司在客户中的声誉
C. 满意的投资回报率
D. 获得持久的竞争优势

解析 满意的投资回报率是财务目标体系的建立为公司赢得的结果。 **答案** ABD

（三）公司战略的层次—基本应用能力 ★★

公司的战略分为三个层次：总体战略、业务单位战略和职能战略，如图1-2和表1-5所示。

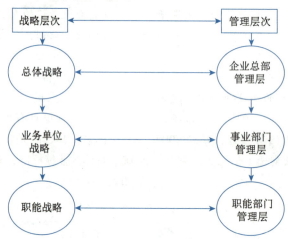

图1-2 公司战略的三个层次

表1-5 公司战略的层次

公司战略层次	含义	关键词
总体战略	又称公司层战略，需要根据企业的目标，选择企业可以竞争的经营领域，合理配置企业经营所必需的资源，使各项经营业务相互支持、相互协调。常常涉及整个企业的财务结构和组织结构方面的问题	业务组合 资源配置

公司战略层次	含义	关键词
业务单位战略	又称为竞争战略，涉及各业务单位的主管以及辅助人员。这些经理人员的主要任务是将公司战略所包括的企业目标、发展方向和措施具体化，形成本业务单位具体的竞争与经营战略。业务单位战略要针对不断变化的外部环境，在各自的经营领域中有效竞争。 单一业务企业的总体战略与竞争战略是一样的	竞争
职能战略	又称职能层战略，主要涉及企业内各职能部门，如营销、财务、生产、研发、人力资源、信息技术等，如何更好地配置企业内部资源，为各级战略服务，提高组织效率	效率

【例题 4·单选题】甲公司是一家生产高端家电产品的进出口公司，在经济危机中遭受重大损失。该公司最高管理层针对金融危机爆发后的全球经济环境，重新确定了未来10年的战略规划，决定转向国内市场，生产面向大众的产品，降低产品生产成本，扩大客户群体，并根据这一规划明确了公司人财物的配置。该战略属于(　　)。

　　A. 总体战略

　　B. 竞争战略

　　C. 业务单位战略

　　D. 职能战略

解析▶ 总体战略需要根据企业的目标，选择企业可以竞争的经营领域，合理配置企业经营所必需的资源。甲公司确定了未来10年的战略规划，并根据这一规划明确了人财物的配置，因此属于总体战略。　答案▶ A

【思路点拨】本题属于通过案例形式对公司战略层次的知识点进行考核，主要根据关键词进行判断。本题的关键词是"战略规划"和"人财物配置"。

二、公司战略管理

扫我解疑难

(一)战略管理的内涵与特征—基本应用能力 ★

企业战略管理是为实现企业的使命和战略目标，科学地分析企业的内外部环境与条件，制定战略决策，评估、选择并实施战略方案，控制战略绩效的动态管理过程。

【相关链接】经营战略的扫地神僧—安索夫

安索夫(1918－2002)于1936年随家人从俄罗斯移居美国，他先后取得数学和物理硕士学位以及应用数学博士学位，1950年加盟美国海军，在兰德研究所供职6年，1963年在他45岁时任卡内基梅隆大学教授。他借用了"战略"这个军事词汇，并引入"市场竞争"概念，战略管理一词就是他首次提出来的。

1979年安索夫出版了《战略管理》，他认为战略性企业经营不只要顺应外部环境，同时也应重视内部因素。书中认为单纯重视定位论或单纯重视能力论都会导致失败，只有两方面一致并且配合环境才不会失败。当环境动荡变得激烈时，应使用创造性战略和试错法。但遗憾的是，这本著作被埋在历史中没能广泛地传播。(这其实就是21世纪公认的适应性战略)

与传统的职能管理相比，战略管理具有如下特征：

(1)战略管理是企业的综合性管理。战略管理指明企业基本方向和前进道路，是涉及所有管理部门、业务单位和所有相关因素的管理活动。

(2)战略管理是企业的高层次管理。战略管理的核心是对企业现在及未来的整体经营活动进行的规划和管理，必须由企业高层领导来推动和实施。

(3)战略管理是企业的一种动态性管理。

战略管理活动应根据企业内外部各种条件和因素的变化进行适当调整或变更。

【例题5·多选题】下列各项中，属于战略管理特征的有(　　)。

A. 战略管理是企业的高层次管理

B. 战略管理是由企业的职能部门经理来推动和实施的

C. 战略管理是企业的一种动态性管理

D. 战略管理是企业的综合性管理

解析▶ 与传统的职能管理相比，战略管理具有如下特征：(1)战略管理是企业的综合性管理；(2)战略管理是企业的高层次管理；(3)战略管理是企业的一种动态性管理。战略管理是企业的高层次管理，战略管理必须由企业的高层领导来推动和实施，选项B说法错误。

答案▶ ACD

(二)战略管理过程—基本应用能力 ★

战略管理包含三个关键要素：战略分析—了解组织所处的环境和相对竞争地位；战略选择—战略制定、评价和选择；战略实施—采取措施使战略发挥作用。也就是说，教材认为，战略管理过程包含三个步骤—分析、选择与实施，这三部分内容分别形成了第二、三和四章。具体内容如图1-3所示。

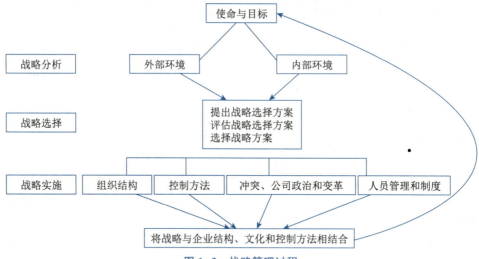

图1-3 战略管理过程

1. 战略分析

战略分析涉及外部环境分析和内部环境分析，战略分析的目的是明确企业处于什么内外环境之下，在什么位置。如表1-6所示。

表1-6 战略分析

战略分析	分析方面	分析目的
外部环境分析	从企业所面对的宏观环境、产业环境、竞争环境和国家竞争优势分析几个方面展开	了解企业所处的环境正在发生哪些变化，这些变化给企业将带来更多的机会还是更多的威胁
内部环境分析	从企业的资源与能力、价值链分析和业务组合分析等几个方面展开	了解企业自身所处的相对地位，具有哪些资源以及战略能力

【备考战略】 波士顿矩阵、通用矩阵、SWOT分析等方法都是常用的战略分析工具。

【例题6·多选题】下列各项中，属于企业外部环境分析的内容有(　　)。

A. 宏观环境分析

B. 产业环境分析

C. 企业资源与能力分析

D. 企业核心竞争力分析

解析▶ 外部环境分析包括宏观环境分析、产业环境分析、竞争环境分析和国家竞争优势分析等。内部环境分析包括企业资源与能力分析和企业的核心竞争力分析等几个方面。

答案 ▶ AB

【思路点拨】本题属于直接考核理论知识，可以结合第二章战略分析的内容进行判断。考生应该能够分清楚哪些属于内部环境分析的内容，哪些属于外部环境分析的内容，哪些属于内外部环境分析的内容。

2. 战略选择

战略分析解决的问题是企业在哪里，而战略选择解决的问题是企业要去哪里。

企业在战略选择阶段要考虑可选择的战略类型和战略选择过程两个方面的问题。

(1)可选择的战略类型。(见表1-7)

表1-7　可选择的战略类型

类型	具体分类
总体(公司层)战略	发展战略、稳定战略、收缩战略
业务单位(竞争)战略	基本竞争战略、中小企业的竞争战略、蓝海战略
职能(职能层)战略	市场营销战略、生产运营战略、研究与开发战略、人力资源战略、财务战略等

【例题7·多选题】下列各项战略中，属于公司层面战略的有(　　)。

A. 发展战略　　　B. 稳定战略

C. 差异化战略　　D. 收缩战略

解析 ▶ 公司层面的战略包括发展战略、稳定战略和收缩战略。选项C属于业务单位战略。

答案 ▶ ABD

(2)战略选择过程。

战略选择的过程包括如下四个步骤：

①制订战略选择方案。

根据不同层次管理人员介入战略分析和战略选择工作的程度，可以将战略形成的方法分为三种：自上而下的方法；自下而上的方法；上下结合的方法。三种方法的区别就在于对集权与分权的把握。

②评估战略备选方案。

评估战略备选方案通常使用三个标准：一是适宜性标准(用SWOT来衡量)；二是可接受性标准(是否被利益相关者所接受)；三是可行性标准(成本效益原则)。

③选择战略。

战略选择可以考虑以下三种方法：根据企业目标选择战略；提交上级管理部门审批；聘请外部机构。

④战略政策和计划。

3. 战略实施

战略实施就是将战略转化为行动，战略实施要解决以下五个主要问题：

(1)确定和建立一个有效的组织结构。

(2)保证人员和制度的有效管理。

(3)正确处理和协调公司内部关系。

(4)选择适当的组织协调和控制系统。

(5)协调好企业战略、结构、文化和控制诸方面的关系。

【提示说明】(1)确定和建立组织结构涉及如何分配企业内的工作职责范围和决策权力，需要做出如下决定：①企业的管理结构是高长型还是扁平型；②决策权力是集中还是分散；③企业的组织结构类型能否适应公司战略的定位等。

(2)战略管理是一个循环过程，而不是一次性的工作。要不断监控和评价战略的实施过程，修正原来的分析、选择与实施工作，这是一个循环往复的过程。

(3)企业战略管理的实践表明，战略制定固然重要，战略实施同样重要。制定一个良好的战略仅仅是战略成功的一部分，只有保证有效实施这一战略，企业的战略目标才能够顺利地实现。如果对一个良好的战略贯彻实施很差，则只会导致事与愿违，甚至失败的结果。如果企业没能制定出完善而合适的战略，但是在战略实施中，能够克服原有战略的不足之处，那么有可能最终导致该战略的完善与成功。

【例题 8·多选题】 战略管理流程是一个循环过程，构成这一循环过程的关键要素包括( )。

A. 战略变革 　　 B. 战略实施

C. 战略分析 　　 D. 战略选择

解析 ➧ 一般来说，战略管理过程包括三个关键要素：战略分析、战略选择和战略实施。

答案 ➧ BCD

(三)战略变革管理——基本应用能力 ★★★

1. 什么是战略变革

企业战略变革是指企业为了获得可持续竞争优势，根据所处的内外部环境已经发生或预测会发生的变化，结合环境、战略、组织三者之间的动态协调性原则，并涉及企业组织各要素同步支持性变化，改变企业战略内容的发起、实施、可持续化的系统性过程。

【备考战略】 当前无论国内国际环境变化都较快，战略变革对于许多企业来讲是一个新常态。基于此原因，战略变革的考核方式可能以主观题形式出现。

2. 渐进性变革与革命性变革的区别

企业为了适应环境变化而实施的变革按其范围和程度来划分，可分为渐进性的和革命性的。渐进性变革是一系列持续、稳步前进的变化过程，它使企业能够保持平稳、正常运转。渐进性变革往往在某一刻影响企业体系当中的某些部分。革命性变革是全面性的变化过程，使企业整个体系发生改变，如表1-8所示。

表 1-8　渐进性变革与革命性变革比较

渐进性变革的特点	革命性变革的特点
在企业生命周期中常常发生； 稳定地推进变化； 影响企业体系的某些部分	在企业生命周期中不常发生； 全面转化； 影响整个企业体系

3. 战略变革的四个发展阶段

(1)**连续阶段**：在这个阶段中，制定的战略基本上没有发生大的变化，仅有一些小的修正。

(2)**渐进阶段**：在这个阶段中，战略发生缓慢的变化。这种变化可能是零打碎敲性的，也可能是系统性的。

(3)**不断改变阶段**：在这个阶段中，战略变化呈现无方向或无重心的特点。

(4)**全面阶段**：在这个阶段中，企业战略是在一个较短的时间内、发生革命性或转化性的变化。

4. 战略变革的四种类型

(1)**技术变革**。技术变革往往涉及企业的生产过程，包括开发使之有能力与竞争对手抗衡的知识和技能。这些变革旨在使企业生产更有效率。技术变革涉及工作方法、设备和工作流程等技术。

(2)**产品和服务变革**。产品和服务变革是指企业的产出的变革，包括开发新产品或改进现有产品，这在很大程度上影响着市场机会。

(3)**结构和体系变革**。结构和体系变革指企业运作的管理方法的变革，包括结构变化、政策变化和控制系统变化。

(4)**人员变革**。人员变革是指企业员工价值观、工作态度、技能和行为方式的转变，目的是确保职工努力工作，完成企业目标。

【备考战略】 考核方式一般是给出一小段案例描述，要求判断属于哪一种类型的战略变革。战略变革的类型属于高频考点。企业的战略变革可能会涉及多种类型同时发生。

5. 战略变革的三大主要任务

(1)**调整企业理念**(既然要变革，首要的事情当然是"洗脑"，也就是调整理念)；

(2)企业**战略重新进行定位**("洗脑"后得重新制定新的战略)；

(3)**重新设计企业的组织结构**(新的战

略确定后，要重新设计组织结构。第四章中还会讲到一个理论，那就是组织结构调整服从战略调整理论）。

6. 战略变革的实现（见表1-9）

表1-9　战略变革的实现

战略变革的步骤	(1) 高级管理层是变革的战略家并决定应该做什么。
	(2) 指定一个代理人来掌握变革。
	(3) 变革代理人必须赢得关键部门管理人员的支持。
	(4) 变革代理人应督促各部门管理人员立即行动起来，并给予后者必要的支持
变革的影响	(1) 生理变化。由工作模式、工作地点的变化造成。（记忆关键词：由"工作"等引发）
	(2) 环境变化。如住新房子、建立新的关系、按照新规则工作。（记忆关键词："新"）
	(3) 心理变化。包括：①迷失方向；②不确定性可能导致无安全感；③无助。（记忆关键词：都是心理上的一些感觉）
变革的障碍	文化障碍	当企业所面对的环境产生了变化，并显著地要求企业对此适应以求得生存时，文化的不可管理性会使之成为一种惯性而阻碍变革的进程
	私人障碍	(1) 习惯；(2) 变革对个人收入的影响可能相当大；(3) 对于未知的恐惧；(4) 选择性的信息处理导致员工去选择应当听什么和忽略什么来判断他们的处境，从而忽略管理层对于变革的要求
克服变革的阻力	在处理变革的阻力时，管理层应当考虑变革的三个方面： (1) 变革的节奏。循序渐进与激进的权衡。 (2) 变革的管理方式。鼓励对话、提供学习、鼓励个人参与。（这充分说明管理也是一门艺术，体现变革者管理水平的高低。） (3) 变革的范围。全面变革与局部变革的考量。（改革开放是先从深圳开始的）

【备考战略】给出单选或多选类型，要求根据案例描述情况能够区分战略变革的三种影响、两种障碍以及三种克服变革阻力的方面。

【例题9·多选题】战略变革的主要任务包括（　　）。

A. 调整企业理念

B. 指定代理人掌握变革

C. 企业战略重新进行定位

D. 重新设计企业的组织结构

解析▶战略变革的主要任务包括调整企业理念，企业战略重新进行定位，重新设计企业的组织结构，选项ACD正确。指定代理人掌握变革属于变革支持者推进战略变革的步骤。

答案▶ACD

【例题10·多选题】在处理变革的阻力时，管理层应当考虑的变革方面包括（　　）。

A. 变革的节奏　　B. 变革的管理方式

C. 变革的性质　　D. 变革的范围

解析▶克服变革阻力的策略包括：变革的节奏、变革的管理方式、变革的范围。

答案▶ABD

真题精练

【公司战略的定义】

(2018年·多选题)*逸风公司是一家手机游戏软件开发商。该公司为实现预定的战略目标，借助大数据分析工具，及时根据市场需求的变化调整产品开发和经营计划，成效显著。以下的表述中体现逸风公

---

* 本书中所涉及的真题均为考生回忆，特此注明。

司上述做法的有( )。

A. 逸风公司的战略是理性计划的产物

B. 逸风公司的战略是在其内外环境的变化中不断规划和再规划的结果

C. 逸风公司的战略是事先的计划和突发应变的组合

D. 逸风公司采取主动态势预测未来

【公司的使命与目标】

1. (2019年·单选题)睿祥公司创业初期主营手机业务，后来成长为一家涵盖众多消费电子产品和软件的互联网企业。本案例体现了睿祥公司( )。

A. 公司宗旨的变化

B. 经营哲学的变化

C. 战略层次的变化

D. 公司目的的变化

2. (2019年·单选题)云飞公司最初是一家电子商务企业，后来成长为业务涵盖网上商城、餐饮、酒店和物流的大型多元化公司。云飞公司的发展体现了公司( )。

A. 经营哲学的变化

B. 公司宗旨的变化

C. 公司目的的变化

D. 战略层次的变化

3. (2015年·单选题)以营利为目的而成立的组织，其首要目的是( )。

A. 履行社会职责

B. 保证员工利益

C. 实现经营者期望

D. 为其所有者带来经济价值

【公司战略管理】

1. (2019年·多选题)传统型制造企业方达公司正在实施全方位战略变革。为克服变革阻力，公司高层循序渐进推进变革，时刻关注员工的心理变化，认真听取员工的意见和建议，并组织员工学习新技能，鼓励员工积极参与变革。方达公司克服变革阻力的主要策略有( )。

A. 调整变革范围

B. 采取适宜的变革节奏

C. 调整变革的任务

D. 采取适宜的变革管理方式

2. (2018年·单选题)春雨公司是一家主营婴幼儿保健用品的电子商务企业。2016年，该公司敏锐地发现市场潮流的变化，并着手建立了几家实体店进行试营业，取得较好业绩。从战略发展角度来看，春雨公司上述做法属于战略变革中的( )。

A. 连续阶段   B. 渐进阶段

C. 不断改变阶段   D. 全面阶段

3. (2018年·多选题)慧群公司在完成第三轮融资后，着手进行战略变革，针对消费潮流的变化开发出若干新产品，从一家互联网金融公司转型为一家集金融、科技、商贸为一体的公司，对企业员工的技能和行为提出了新的要求。慧群公司所实施的战略变革的类型有( )。

A. 产品和服务变革   B. 技术变革

C. 结构和体系变革   D. 人员变革

4. (2018年·多选题)2017年，方舟物流公司在应用互联网技术的基础上重新规划了网点布局和内部组织结构，启动了新一轮战略变革，为了减少变革的阻力，该公司对员工进行了所需新技术和业务能力的培训，并尽量用工作方式的改变代替工作团体的重组，方舟物流公司克服变革阻力所采用的策略涉及( )。

A. 变革的节奏   B. 变革的范围

C. 变革的力度   D. 变革的管理方式

5. (2017年·多选题)2015年以来，甲公司为了更好地应对企业变革中的阻力，决定邀请外部专家对员工开设一系列培训课程，内容涉及员工技能培训和业务能力提升等。根据以上信息，甲公司克服变革阻力的策略不包括( )。

A. 改变变革的范围

B. 改变变革的节奏

C. 改变变革的类型

D. 采用适宜的变革管理方式

【公司战略的定义】

BCD 【解析】该公司为实现预定的战略目标，借助大数据分析工具，及时根据市场需求的变化调整产品开发和经营计划，说明其战略是事先的计划和突发应变的组合，采取主动的态势预测未来，战略是在内外环境的变化中不断规划和再规划的结果，选项BCD都是正确的。

【公司的使命与目标】

1. A 【解析】"睿祥公司创业初期主营手机业务，后来长一家涵盖众多消费电子产品和软硬件的互联网企业"体现的是经营业务范围的调整，即公司宗旨的变化，选项A正确。

2. B 【解析】公司宗旨旨在阐述公司长期的战略意向，其具体内容主要说明公司目前和未来所从事的经营业务范围。"云飞公司最初是一家电子商务企业，后来成长为业务涵盖网上商城、餐饮、酒店和物流的大型多元化公司"体现的是经营业务范围的变化，即公司宗旨的变化，选项B正确。

3. D 【解析】以营利为目的成立的组织，其首要目的是为其所有者带来经济价值。例

如，通过满足客户需求、建立市场份额、降低成本等来增加企业价值。

【公司战略管理】

1. BD 【解析】"公司高层循序渐进推进变革"属于采取适宜的变革节奏，选项B正确。"时刻关注员工的心理变化，认真听取员工的意见和建议，并组织员工学习新技能，鼓励员工积极参与变革"属于采取适宜的变革管理方式，选项D正确。

2. B 【解析】春雨公司原来经营电子商务业务，2016年建立几家实体店进行试营业，试营业说明战略变革处于缓慢地变化，只建立几家实体店的试营业，可以看作是缓慢的系统性的。

3. AD 【解析】开发出若干新产品，属于产品和服务变革；对企业员工的技能和行为方式提出了新的要求，属于人员变革。

4. BD 【解析】该公司对员工进行培训，考虑了变革的管理方式；尽量用工作方式的改变代替工作团体的重组，考虑了变革的范围。选项BD正确。

5. ABC 【解析】甲公司邀请外部专家对员工开设一系列培训课程，体现的是变革的管理方式。

同步训练 限时30分钟

一、单项选择题

1. 甲公司是一家生产奶制品的企业，甲公司预测，随着国民健康消费意识的逐步提高，未来奶制品市场会大幅度提升，所以甲公司进一步扩大奶制品的生产。然而，随着三鹿奶粉损害婴幼儿健康的事件的爆发，奶制品的需求迅速下降，导致甲公司的库存产品大量堆积。这体现了公司战略的( )。
   A. 应变性　　　　　B. 计划性

   C. 长期性　　　　　D. 风险性

2. J公司是一家汽车生产企业，公司秉承着"汽车以质取胜；企业要拥有自主研发能力，拥有自有技术和自主品牌"。这体现的是( )。
   A. 公司目的　　　　B. 公司宗旨
   C. 经营哲学　　　　D. 公司目标

3. 下列关于公司目标的说法中，不正确的是( )。
   A. 公司目标是公司使命的具体化

B. 建立目标体系的目的是将公司的业务使命转换成明确具体的业绩标准，从而使得公司的进展有一个可以测度的目标

C. 从整个公司的角度来看，需要建立财务业绩和战略业绩两种类型的业绩标准

D. 目标体系的建立只能由公司高层管理者参与

4. 甲公司是一家饮料生产企业，划分为碳酸饮料事业部和果汁饮料事业部。碳酸饮料部通过"农村包围城市"的方式，先进军农村市场，然后逐步抢占城市市场；而果汁饮料部则先行开拓年轻人市场，然后逐步扩展到各年龄段消费者。碳酸饮料部和果汁饮料部的这两种战略属于（　　）。

A. 公司战略

B. 业务单位战略

C. 职能战略

D. 企业整体战略

5. 下列各项中，不属于战略管理特征的是（　　）。

A. 战略管理是企业的一种动态性管理

B. 战略管理是企业的综合性管理

C. 战略管理是企业的局部性管理

D. 战略管理是企业的高层次管理

6. 评估战略备选方案的标准不包括（　　）。

A. 可行性标准

B. 可接受性标准

C. 适宜性标准

D. 可理解性标准

7. 约翰逊 Johnson G. 和施乐斯 Scholes K. 在1989 年提出企业在发展中会改变其战略，但这种变化是渐进的。下列选项中表述错误的是（　　）。

A. 革命性变革在企业生命周期中不经常发生，但是只要发生就导致整个企业发生全面转化

B. 在不断改变阶段，企业战略变化呈现无方向或无重心的特点

C. 企业渐进阶段如果没有赶上环境变化，将不得不进行革命性变革

D. 环境的变化要求企业战略经常进行质的调整

8. 乙公司是一家污水处理厂，为了提高污水处理效果，增强污水处理器的抗冲击能力，去年 9 月，该公司对污水处理应急管网进行了技术改造，使高浓度的废水在进入处理器前能得到较好的稀释。同时还对处理器的排泥系统进行了技术革新，使污泥的沉降率由原来的 60% 提高至 80% 以上。该公司进行的战略变革属于（　　）。

A. 技术变革

B. 产品和服务变革

C. 结构和体系变革

D. 人员变革

9. 甲公司原先下设三大技术部门，分别负责公司三个关键领域的技术开发工作。公司管理层根据行业技术进步情况决定对公司进行变革以提高竞争力。为此，需要将原有三大技术部门裁减为两个部门，使得某一部门技术人员必须进行分流，遭到相关人员的反对，结果引发巨大阻力。根据以上信息可以判断，甲公司变革遇到的障碍属于（　　）。

A. 环境障碍　　　B. 文化障碍

C. 心理障碍　　　D. 私人障碍

二、多项选择题

1. S 公司是美国一家复印机生产企业，提供全行业最齐全的文件处理产品和服务，包括复印机、打印机、传真机、扫描仪等一系列的文件管理服务，下列属于 S 公司未来目标的有（　　）。

A. 未来 3 年内，海外营业额占总营业额的比重由 15% 提高到 20%

B. 到 2020 年，海外建成 15 个生产基地，实现 2/3 外销的目标

C. 在未来的三年内，股利增长率以及投资回报率增长一倍

D. 以服务取胜，为客户提供最优质的服务

2. 下列选项中可以体现出公司经营哲学的有（　　）。

A. 公司对利益相关者的态度

B. 公司提倡的共同价值观、政策和目标

C. 公司的组织结构

D. 公司的管理风格

3. 下列各项与公司总体战略有关的有（　　）。

A. 保证企业的竞争优势，有效控制资源的分配和使用

B. 选择经营领域，合理配置企业经营所需的资源

C. 涉及整个企业的财务结构和组织结构

D. 为各级战略服务，提高组织效率

4. 下列选项中，对于战略的说法不正确的有（　　）。

A. 公司战略是在战略业务单位这个层次制定的

B. 业务单位战略是企业最高层次的战略

C. 业务单位战略又称竞争战略

D. 业务单位战略侧重于企业内部特定职能部门的组织效率

5. 企业常用的战略分析工具包括（　　）。

A. 波士顿矩阵　　　B. 通用矩阵

C. 内插法　　　　　D. SWOT 分析

6. 如果由于用多个指标对多个战略方案的评价产生不一致的结果，最终的战略选择可以考虑的方法包括（　　）。

A. 根据企业目标选择战略

B. 提交上级管理部门审批

C. 建立内部审计机构

D. 聘请外部机构协助

7. 战略实施要解决的问题包括（　　）。

A. 企业需要有一个有效的组织结构

B. 人员和制度的有效管理

C. 选择适当的组织协调和控制系统

D. 要协调好企业战略、结构、文化和控制诸方面的关系

8. 战略变革的发展阶段包括（　　）。

A. 连续阶段

B. 渐进阶段

C. 不断改变阶段

D. 全面阶段

9. 甲公司是一家日化生产企业，近年来面临着激烈的市场竞争，使企业利润逐年下降，为此，企业管理层决定变革，大力研发新产品，改变员工的价值观，这体现了战略变革种类中的（　　）。

A. 技术变革

B. 产品和服务变革

C. 结构和体系变革

D. 人员变革

10. 战略变革的主要任务包括（　　）。

A. 调整企业理念

B. 企业战略重新进行定位

C. 重新安排企业生产任务

D. 重新设计企业的组织结构

三、简答题

华光眼镜有限公司（以下简称华光眼镜）成立于20世纪70年代。华光眼镜从20世纪90年代末开始拓展眼镜零售连锁网络，是国内较早从事眼镜连锁专卖店的企业。经过多年的发展，华光眼镜的市场份额占据省内（甲省）第一、全国第五的位置。2017年末，华光眼镜在全国拥有超过100家连锁店，其中80%在甲省及周边地区。

随着人们生活水平的提高和消费能力的增强，消费者除了重视眼镜的基本功能外，还越来越重视美观时尚。尤其是年轻人，不再等眼镜坏了才购买新的，而会频繁地更换新的款式。这一趋势引起华光眼镜总经理赵刚的重视。2018年年初，赵刚召集各部门开会，研究如何更好地把握市场动态，抓住潜在增长机遇。赵刚要求财务部利用过去3年的财务和业务数据，分析目前华光眼镜对年轻客户群的销售情况。

华光眼镜管理层通过研究和分析，提出一项新的市场开发战略—"明天"战略：针对年轻消费者追求美观时尚的习惯，以全新的理念打造"明天"品牌的新门店，通过"华光"和新"明天"两个业务线的市场细分，更好地抓住增长机遇。管理层意识到要获得消费者对"明天"店的认同，需要应

対新的挑战。管理层对新战略很有信心，制定了详细的业务计划书，"明天"战略最终获得了董事会的支持。

面对新战略实施给企业内部带来的变革，总经理赵刚意识到变革管理的重要性。在与各部门管理人员的交流中，他发现大家有三个方面的担忧，一是担心组织结构调整对个人职位的影响；二是担心现有的经验能否适应新业务的要求；三是担心新业务对个人绩效评价的影响。这些问题如果不能得到有效解决，牵涉其中的利益相关者必然会对新战略的实施带来影响。赵刚在了解了这些情况后，立即召集主要管理人员专门成立了一个变革管理小组。

要求：

(1)针对华光眼镜实施的"明天"战略，简要分析可能面临的阻碍。

(2)针对华光眼镜总经理赵刚发现大家存在的三个方面的担忧，简要提出变革管理的措施。

同步训练答案及解析

一、单项选择题

1. D 【解析】公司战略的现代概念有三种属性，即应变性、竞争性以及风险性。甲公司预计未来奶制品市场会大幅提升，制定了自己的战略，但是随着"三鹿"事件的发生导致大量库存产品堆积，这体现的是公司战略的风险性。

2. D 【解析】公司目标是公司使命的具体化，它们不是一种抽象，而是行动的承诺，借以实现企业的使命。汽车以质取胜；企业要拥有自主研发能力，拥有自有技术和自主品牌，体现了J公司要实现的目标，所以选项D正确。

3. D 【解析】目标体系的建立需要所有管理者的参与，而不仅仅是高层管理者的参与，所以选项D的说法不正确。

4. B 【解析】业务单位战略是事业部门管理层制定的竞争性战略。甲公司碳酸饮料事业部和果汁饮料事业部各自制定不同的战略在市场中加以竞争，体现的是业务单位战略。

5. C 【解析】与传统的职能管理相比，战略管理具有如下特征：（1）战略管理是企业的综合性管理；（2）战略管理是企业的高层次管理；（3）战略管理是企业的一种动态性管理。战略管理是企业的综合性管理，而不是局部性管理，选项C说法错误。

6. D 【解析】评估战略备选方案通常使用三个标准：适宜性标准、可接受性标准、可行性标准，不包括可理解性标准。

7. D 【解析】如果一家企业的战略经常发生质变，那么这家企业是无法正常运转的，选项D错误。战略变革的发展阶段：连续阶段：基本上没有发生大的变化，仅有一些小的修正。渐进阶段：发生缓慢的变化。这种变化可能是零打碎敲性的，也可能是系统性的。不断改变阶段：战略变化呈现无方向或无重心的特点。全面阶段：企业战略是在一个较短的时间内、发生革命性或转化性的变化。

8. A 【解析】技术变革旨在使企业生产更有效率或增加产量。该污水处理厂对污水处理应急管网以及处理器的排泥系统进行了技术革新，使得污泥的沉降率提高，因此属于技术变革。

9. D 【解析】甲公司将原有三大技术部门裁减为两个部门，导致一个部门的技术人员必须分流，因此此次变革受到被裁减部门人员的反对，这体现的是个人原因导致的私人障碍。文化障碍一般体现在企业文化上。

二、多项选择题

1. ABC 【解析】本题考核公司的目标。公司使命主要阐明企业组织的根本性质与存在理由，公司目标是公司使命的具体化，以服务取胜为客户提供最优质的服务是比较模糊的概念，属于公司使命的范畴。

2. ABD　【解析】经营哲学主要通过公司对利益相关者的态度、公司提倡的共同价值观、政策和目标以及管理风格等方面体现出来。公司的组织结构不属于经营哲学范畴。

3. BC　【解析】选项A与业务单位战略有关，选项D与职能战略有关。

4. ABD　【解析】业务单位战略又称竞争战略，是在战略业务单位这个层次制定的，所以选项A的说法不正确，选项C的说法正确；总体战略是企业最高层次的战略，所以选项B的说法不正确；职能战略侧重于企业内部特定职能部门的组织效率，选项D的说法不正确。

5. ABD　【解析】波士顿矩阵、通用矩阵、SWOT分析都是常用的战略分析工具。

6. ABD　【解析】如果由于用多个指标对多个战略方案的评价产生不一致的结果，最终的战略选择可以考虑以下几种方法：(1)根据企业目标选择战略。(2)提交上级管理部门审批。(3)聘请外部机构。

7. ABCD　【解析】战略实施要解决以下几个主要问题：(1)确定和建立一个有效的组织结构；(2)保证人员和制度的有效管理；(3)正确处理和协调公司内部关系；(4)选择适当的组织协调和控制系统；(5)协调好企业战略、结构、文化和控制诸方面的关系。

8. ABCD　【解析】战略变革的发展阶段包括：(1)连续阶段；(2)渐进阶段；(3)不断改变阶段；(4)全面阶段。

9. BD　【解析】大力研发新产品属于产品和服务变革，改变员工的价值观属于人员变革。

10. ABD　【解析】战略变革的主要任务包括：(1)调整企业理念；(2)企业战略重新进行定位；(3)重新设计企业的组织结构。

三、简答题

【答案】

(1)华光实施"明天"战略可能面临的障碍包括两个：一个是文化障碍，表现在现有的经验能否适应新业务的要求；第二是私人障碍，表现在企业组织结构调整对个人职位，以及新业务对个人绩效评价的影响上。

(2)在处理变革管理的阻力时，管理层应当考虑变革的三个方面：变革的节奏、变革的管理方式和变革的范围。

针对华光眼镜总经理赵刚发现大家存在的三个方面的担忧，应综合考虑以下内容：

第一，对于组织结构调整带来的问题，在设计新组织结构时，可以考虑循序渐进的变革节奏，以及由点及面的变革范围。权力及责任能够划分清楚的马上区分清楚，暂时无法清晰划分的事项可以放一放，采取合理的变革管理方式，例如通过建立沟通协调机制鼓励冲突领域对话。

第二，对于现有的经验能否适应新业务的要求，应采取合理的变革管理方式，例如开展员工培训，引入新的工作方法，鼓励个人和团队创新，也可以考虑从企业外部聘用有经验的员工作为补充。

第三，对于担心新业务对个人绩效评价的影响，更多应考虑采用合理的变革管理方式，例如加强员工沟通、设计一些奖励和激励机制鼓励员工参与等等。

【思路点拨】本题考核战略变革的实现。首先掌握战略变革的实现障碍及其应对策略的相关知识点，然后结合资料进行分析，将其理论贯穿于具体的案例分析中。本题是一个很好的体现，考生可以根据本题掌握此类题目的做题思路。

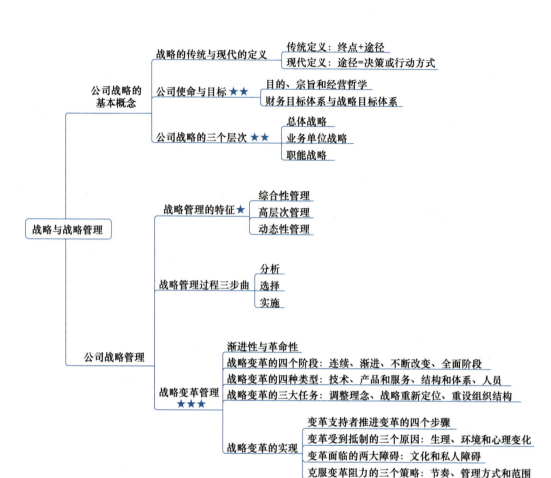

1. 公司战略概念的演进

从传统的"战略=终点+途径",到现代的"战略=决策或行动方式",再到折中的观点"战略=预先性的(预谋战略)+反应性的(适应性战略)"。

"传统属性=计划性+全局性+长期性""现代属性=应变性+竞争性+风险性"。

钱德勒教授认为,"战略=基本长期目标+行动途径+资源分配"。

2. 公司的使命与目标

公司的使命是要阐明公司组织的根本性质与存在理由。"使命=目的+宗旨+经营哲学"。

公司存在的目的是获得盈利。宗旨则是说明公司目前和未来所要从事的经营业务范围。

"经营业务范围(四大定位)=产品(或服务)+顾客对象+市场+技术"。

"经营哲学(企业文化)=价值观+基本信念+行为准则"。

"目标(是使命的具体化)=财务目标体系+战略目标体系"。

3. 公司战略的三个层次

"公司战略层次=总体战略+业务单位战略(竞争战略)+职能战略"

多元化经营的企业战略包括以上三个层次。单一业务的公司,总体战略和业务单位战略是合二为一的。

4. 公司战略管理的内涵及过程

"战略管理的三大特征=综合性+高层次性+动态性"

"战略管理的三要素=战略分析+战略选择+战略实施"

总体战略的三分类:发展战略、稳定战略和收缩战略

业务单位战略的分类:基本竞争战略、中小企业竞争战略和蓝海战略

职能战略的分类:市场营销战略、生产运营战略、研发战略、人力资源战略、采购战略和财务战略

5. 战略变革管理

"战略变革的四个发展阶段=连续+渐进+不断改变+全面阶段"

"战略变革的四种类型=技术变革+产品和服务变革+结构和体系变革+人员变革"

"战略变革的三大任务=调整企业理念+战略重新定位+重新设计组织结构"

"战略变革的三大影响因素=生理变化+环境变化+心理变化"

"战略变革的两大障碍=文化障碍+私人障碍"

"克服战略变革阻力的三方面=变革的节奏+变革的管理方式+变革的范围"

战略分析

考情解密

历年考情概况

本章节属于重点章，根据近三年的考题来看，客观题和主观题中都有可能涉及。可以直接考核知识点，也可以根据案例考核分析能力。预计2020年考试分值在15-18分左右。

本章主要介绍的是内外部环境分析，从不同的角度分析企业所处的环境，主要内容包括宏观环境分析、五力模型分析、产品生命周期、战略群组分析、钻石模型分析、企业资源与能力分析、价值链分析、波士顿矩阵、通用矩阵和SWOT分析等。

从近7年考试情况来看，本章客观题知识点共考核55次，其中产业环境分析（17次）、企业资源与能力分析（9次）、SWOT分析（7次）、竞争环境分析（7次）、波士顿矩阵（6次）、价值链分析（4次）、钻石模型分析（4次）和宏观环境分析（1次）；主观题高频考点集中在企业资源与能力分析（7次）、产业环境分析（4次）、价值链分析（4次）、宏观环境分析（2次）、竞争环境分析（2次）、国家竞争优势分析（1次）和业务组合分析（1次）。

近年考点直击

考点	主要考查题型	考频指数	考查角度
企业外部环境分析	客观题、主观题	★★★	(1)通过案例形式进行考核，比如要求对企业进行PEST分析、产业五种竞争力分析等； (2)要求根据案例具体分析属于宏观环境中的哪个因素、生命周期的哪个阶段、产业五种竞争力分析中的哪种力量、具体影响、钻石模型的哪个要素等； (3)直接考核具体知识点，比如产品生命周期各阶段的特征、五力模型的局限性、战略群组的含义等； (4)给出具体的表述，要求判断正误
企业内部环境分析	客观题、主观题	★★★	(1)通过案例形式，要求判断属于哪种基准类型、价值链中的哪种活动、波士顿矩阵的哪种业务等； (2)直接考核细小知识点，比如价值链的基本活动、支持活动、波士顿矩阵的运用等； (3)给出具体的表述，要求判断正误
SWOT分析	客观题、主观题	★★★	(1)根据案例对公司进行SWOT分析； (2)直接考核SWOT分析的含义； (3)根据分析结果，选择战略类型

学习方法与应试技巧

对比第三章和第四章的内容，第二章从内容上看，逻辑与条理特别清晰而简单，首先是对外部环境进行分析，其次展开对内部环境进行分析，最后是综合内外部环境分析的各种因素进行 SWOT 分析，从而选择最佳战略。

学习过程中需要注重对内外部环境分析中涉及的每一种模型（比如 PEST 模型、五力模型、SWOT 等）进行理解和记忆，并且需要实战演练。学完基础知识后，需要利用同步拓展训练进行练习巩固。

本章2020年考试主要变化

（1）外部环境分析增加突出"国家竞争优势"，从三个层面变为四个层面；

（2）宏观环境因素中的经济环境从六个方面合并为五个方面；

（3）案例进行了部分调整。

考点详解及精选例题

战略管理程序的三部曲，第一步就是针对外部与内部环境的战略分析。战略最早是源于军事用语，用兵打仗时首先就是对自身所处的周遭环境进行分析，然后就是看看自己的武器装备、辎重车马粮草等资源，最后才是做出适合自己的战略选择。所谓审时度势，尽可能选择基于天时、地利与人和基础之上的战略安排，才能战无不胜！

一、企业外部环境分析

扫我解疑难

企业的外部环境可以从宏观环境、产业环境、竞争环境和国家竞争优势几个层面展开，分别是代表从宏观环境、中观环境与微观环境，以及国家特征的分析，如图2-1所示。

图 2-1　企业环境分析

（一）宏观环境分析（PEST 分析）—基本应用能力 ★★★

针对宏观环境进行分析可以从多个维度与视角进行展开，但是最为常用的一个模型就是 PEST 分析，这个模型被绝大多数职业人所熟知，不知道什么是 PEST 分析，都不好意思说自己读过 MBA。

所谓 PEST，即 P 是政治和法律（Politics），E 是经济（Economy），S 是社会和文化（Society），T 是技术（Technology），这些是企业的外部环境，一般不受企业掌握，这些因素也被戏称为"pest（有害物质）"。

1. 政治和法律环境（Politics）（见表 2-1）

政治与法律因素是保障企业生产经营活动的基本条件！中国企业近些年走出国门跨国并购或设立海外子公司情况越来越多，对其中失败案例的分析可以看出，主要原因是对其他国家的政治与法律环境不熟悉，认知不够，准备不足等导致的。

表 2-1　政治和法律环境

要素	主要分析内容
政治环境分析	(1)企业所在国家和地区的政局稳定状况； (2)政府行为对企业的影响； (3)执政党所持的态度和推行的基本政策，以及这些政策的连续性和稳定性； (4)各政治利益集团对企业活动产生的影响
法律环境分析	国家主要是通过制定法律法规来间接影响企业的活动。这些法律法规的存在有以下目的： (1)保护企业，反对不正当竞争； (2)保护消费者； (3)保护员工； (4)保护公众权益免受不合理企业行为的损害

【例题1·单选题】甲公司是一家汽车生产企业。财政部、税务总局、工信部、科技部发布关于免征新能源汽车车辆购置税的公告，自 2018 年 1 月 1 日至 2020 年 12 月 31 日，对购置的新能源汽车免征车辆购置税，在一定程度上刺激了新能源汽车的消费需求。对于甲公司来说，属于 PEST 分析中的（　　）。

A. 政治与法律环境　　B. 经济环境
C. 社会文化环境　　　D. 技术环境

解析 ▶ 国家出台的政策属于宏观环境分析中的政治和法律环境因素。　答案 ▶ A

2. 经济环境（Economy）

经济环境对企业的影响更为直接和具体，具体内容包括以下六个方面，如表 2-2 所示。

表 2-2　经济环境五要素及主要内容

要素	主要分析内容
社会经济结构	产业结构(最重要)、分配结构、交换结构、消费结构和技术结构
经济发展水平与状况	国内生产总值(GDP)、人均 GDP 和经济增长速度；其他经济影响因素还包括税收水平、通货膨胀率、贸易差额和汇率、失业率、利率、信贷投放以及政府补助等
经济体制	是指一个国家制定并执行经济决策及各种机制的总和，是国家经济组织的形式
宏观经济政策	是指财政政策和货币政策、以及收入分配政策和对外经济政策等
其他一般经济条件	工资水平、供应商及竞争对手的价格变化等

【备考战略】五个要素分别用一个字代表，形成一个记忆口诀"结、水、制、宏、其"。考生在本知识点的掌握程度，要达到如果题目中给定内容，能够正确区分属于经济环境的哪一类要素。

【例题2·单选题】乙公司在对某投资对象国家进行考察时，发现该国近年来通货膨胀率居高不下，预计可能给公司的生产运营带来不小的压力，因此决定推迟针对该国的直接投资。从宏观环境角度分析，该公司在进行决策时考虑了（　　）。

A. 经济因素
B. 技术因素
C. 政治和法律因素
D. 社会和文化因素

解析 ▶ 影响企业的经济环境因素包括社

会经济结构、经济发展水平、经济体制、宏观经济政策、当前经济状况和其他一般经济条件，其中当前经济状况的其他经济影响因素包括：税收水平、通货膨胀率、贸易差额和汇率、失业率、利率、信贷投放以及政府补助等。乙公司在进行决策时考虑了通货膨胀率这一经济因素。

答案 ▶ A

3. 社会和文化环境（Society）

社会和文化环境是企业在确定投资方向、产品改进与革新等重大经营决策问题时必须考虑的因素，具体内容如表2-3所示。

表2-3 社会和文化环境

要素	主要分析内容
人口因素	企业所在地居民的地理分布及密度、年龄、教育水平、国籍等
社会流动性	社会的分层情况、各阶层之间的差异以及人们是否可在各阶层之间转换、人口内部各群体的规模、财富及其构成的变化以及不同区域（城市、郊区及农村地区）的人口分布等
消费心理	企业应有不同的产品类型以满足不同顾客的心理需求
生活方式变化	随着社会经济发展和对外交流程度的不断提高，人们的生活方式也会随之发生变化
文化传统	一个国家或地区在较长历史时期内形成的一种社会习惯
价值观	社会公众评价各种行为的观念标准

【备考战略】经济环境因素、社会和文化环境因素都是考试的重要出题点，学习过程中注意把握。记忆口诀"人、流、消、生、文、价"。考生在本知识点的掌握程度，要达到如果题目中给定内容，能够正确区分属于社会和文化环境的哪一类要素。

【例题3·单选题】我国正在进入老龄化社会，这对于一些生产老年人用品的企业可以说是一个利好信号，这属于（   ）。

A. 政治和法律环境

B. 经济环境

C. 社会和文化环境

D. 技术环境

解析 ▶ 进入老龄化社会属于人口的年龄分布情况，属于社会和文化环境中的人口因素。

答案 ▶ C

【思路点拨】本题属于案例分析型题目。根据资料反映的信息将其与宏观环境分析的四个方面对号入座即可，本题的关键词是"老龄化社会"。

4. 技术环境（Technology）

技术环境包括国家科技体制、科技政策、科技水平和科技发展趋势等，具体内容如表2-4所示。

表2-4 技术环境

要素	对战略产生的影响
技术环境	(1)技术进步使企业能对市场及客户进行更有效的分析； (2)新技术的出现使社会对本行业产品和服务的需求增加； (3)技术进步可创造竞争优势； (4)技术进步可导致现有产品被淘汰，或大大缩短产品的生命周期； (5)新技术的发展使企业更多关注环境保护、企业的社会责任及可持续成长等问题

【备考战略】从近几年的考试情况来看，宏观环境每一年都会涉及相关的考题，比如运用宏观环境分析的四要素，分析企业面临的宏观环境。"宏观环境分析"在考试大纲要求中，要求考生达到"基本应用能力"，也就是要理解PEST分析中每一个要素的本质，并且要学会运用PEST模型分析考试中案例企业面临的宏观环境。

【例题 4·单选题】2018 年 1 月 4 日，据《日本经济新闻》报道，BT 公司将采用我国 AL 公司基础设施，共同开发具备结算等功能的"互联汽车"。继 FT 汽车之后，中国互联网企业 AL 公司再次获得国际汽车品牌的认可，继续扩大在智能互联汽车领域的布局。这表明 BT 公司注意到了企业经营环境中的（ ）。

A. 政治和法律环境

B. 经济环境

C. 社会和文化环境

D. 技术环境

解析 ▶ BT 公司依据互联网的普及与 AL 公司共同开发互联汽车，表明是 BT 公司利用了技术环境。　　　　　　　　**答案** ▶ D

【思路点拨】本题属于案例分析型题目。根据资料反映的信息将其与宏观环境分析的四个方面对号入座即可，本题的关键词是"智能互联汽车"。

【备考战略】从近几年的考试情况来看，宏观环境每一年都会涉及相关的考题，比如运用宏观环境分析的四要素，分析企业面临的宏观环境。"宏观环境分析"在考试大纲要求中，要求考生达到"基本应用能力"，也就是要理解 PEST 分析中每一个要素的本质，并且要学会运用 PEST 模型分析考试中案例企业面临的宏观环境。特别需要关注的是，要求考生能够分析外部的宏观环境四大因素对于企业经营的影响，是带来机会（Opportunities）还是威胁（Threats）？

【拓展反思】PESTEL 是什么？它是在 PEST 分析基础上加上环境因素（Environmental）和法律因素（Legal）形成的。它是调查组织外部影响因素的方法，其每一个字母代表一个因素，可以分为 6 大因素：政治因素（Political）、经济因素（Economic）、社会因素（Social）、技术因素（Technological）、环境因素（Environmental）和法律因素（Legal）。需要注意的是，前文中讲解的 PEST 中的 P 包括政治与法律两个方面。

（二）产业环境分析 ★★★

回顾一下 PEST 内容，其中经济环境包括社会经济结构在内的六个要素，而社会经济结构内容中对于企业最为关注的是产业结构。产业环境分析则包括三方面内容，首先要熟知最为经典的产品生命周期理论，其次要重点掌握产业环境中存在的五种竞争力，最后学习掌握成功关键因素的内涵。产业环境分析是本章最高频的考点。

【拓展反思】产业与行业的异同是什么呢？

英文中对于产业和行业是同一个词—Industry。但中文对于两个词的理解和用法却有很大的差别。简单地理解，同一企业归属于哪一个产业的划分可以依据目的不同，划分的结果可大可小。比如第一产业、第二产业和第三产业；也可以说属于汽车零部件产业、发动机产业等。但是行业的分类就要按照标准进行，不能主观确定。目前国内常见的行业分类，可依据国家统计局起草的《国民经济行业分类》国家标准，该标准于 2017 年第四次修订，由国家市场监督管理总局、国家标准化管理委员会批准发布。除此之外，中国证监会还颁布《上市公司行业分类指引》（2012 年修订），这个分类与《国民经济行业分类》不完全一致。

需要注意的是，本科目使用的概念是产业！

1. 产品生命周期—基本应用能力

教材认为产品生命周期也同样适用于产业。典型的生命周期要经过 4 个阶段：导入期、成长期、成熟期和衰退期。这些阶段是以产业销售额增长率曲线的拐点划分的。产业的增长与衰退由于新产品的创新和推广过程而呈"S"形，当然这是最为常见的生命周期情形，这四个阶段会随着产业的不同而不同。如表 2-5 所示。

表 2-5　产品生命周期各阶段特征

阶段	导入期	成长期	成熟期	衰退期
产品技术特点	产品设计新颖但质量及可靠性还有待提高；产品类型、特点、性能和目标市场尚在变化当中	各厂家的产品在技术和性能方面有较大差异	产品逐步标准化，差异不明显，技术和质量改进缓慢	各企业的产品差别小，因此价格差异也会缩小。为降低成本，产品质量可能会出现问题
销量	产品用户很少，只有高收入用户会尝试新的产品	产品销量上升，产品的销售群已经扩大。消费者对质量的要求不高	新的客户减少，主要靠老客户的重复购买支撑。市场巨大，但已经基本饱和	客户对性价比要求很高
成本	为了说服客户购买，导入期的产品营销成本高，广告费用大，而且销量小，产能过剩，生产成本高	广告费用较高，但是每单位销售收入分担的广告费在下降。生产能力不足，需要向大批量生产转换，并建立大宗分销渠道	生产稳定，局部生产能力过剩	产能严重过剩，只有大批量生产并有自己销售渠道的企业才具有竞争力
利润	产品的独特性和客户的高收入使得价格弹性较小，可以采用高价格、高毛利的政策，但是销量小使得净利润较低。企业的规模可能会非常小	产品价格最高，单位产品净利润也最高	产品价格开始下降，毛利率和净利润率都下降，利润空间适中	产品的价格、毛利都很低。只有到后期，多数企业退出后，价格才有望上扬
竞争	只有很少的竞争对手	市场扩大，竞争加剧	竞争者之间出现价格竞争	有些竞争者先于产品退出市场
经营风险	非常高	仍然维持在较高水平，但有所下降	进一步降低，达到中等水平。销售额和市场份额、盈利水平都比较稳定，现金流量变得比较容易预测。经营风险主要是稳定的销售额可以持续多长时间，以及总盈利水平的高低	进一步降低，主要的悬念是在什么时间节点产品将完全退出市场
战略目标	扩大市场份额，争取成为"领头羊"	争取最大市场份额，并坚持到成熟期的到来	转向在巩固市场份额的同时提高投资报酬率	首先是防御，获取最后的现金流
战略路径	投资于研究与开发和技术改进，提高产品质量	市场营销，此时是改变价格形象和质量形象的好时机	提高效率，降低成本	控制成本，以求能维持正的现金流量。如果缺乏成本控制的优势，就应采用退却战略，尽早退出

【备考战略】上表内容中，要了解熟悉四个阶段中技术特点、销量、成本、利润和竞争不同，重点掌握四个阶段的经营风险、战略目标和战略路径的不同。要学会在考试中

根据给出的文字描述内容，正确判断公司处在哪个阶段，同时针对不同阶段给出正确的战略目标和战略路径，掌握程度要达到"基本应用能力"。生命周期理论在下一章的财务战略中还将再一次出现。

【例题 5·单选题】 甲公司面临的市场状况如下：消费者对产品认识深刻，挑剔性高，由于利润率下降明显，许多竞争对手开始退出该市场，甲公司必须集中于成本控制以维持正的现金流量。根据以上信息可以判断在产业生命周期的下列阶段中，甲公司处于（　　）。

A. 导入期　　　　　　B. 成长期
C. 成熟期　　　　　　D. 衰退期

解析 ▶ 消费者对产品认识深刻，挑剔性高，由于利润率下降明显，许多竞争对手开始退出该市场，甲公司必须集中于成本控制以维持正的现金流量，由此可以判断属于衰退期。　　　　　**答案** ▶ D

【拓展反思】 产品生命周期理论只是对产品及产业的未来趋势预测的工具，并且产品生命周期理论自身也有一定的局限性。比如生命周期每个阶段的持续时间会随着产业的不同而不同；人们对于不同的产品判断其究竟属于哪一阶段也往往存在着争议；有些产

业的某些生命周期阶段形状也存在很大的差异，并不总是整体呈现 S 型特征；有些特别牛的企业通过研发创新则可能会改变产品生命周期曲线的形状，比如苹果公司。另外，优秀的企业也不会等到进入成熟期和衰退期再进行创新，他们会未雨绸缪提前行动。

【相关链接】 产品生命周期理论由来及局限性

该理论早在 1950 年乔尔·迪恩（Joel Dean，1906-1979）发表于《哈佛商业评论》的文章就有所提及。菲利普·科特勒在他的著作《营销管理》中也介绍了产品生命周期理论。产品生命周期理论有一个明显的不足之处，就是竞争的概念，该理论认为"决定企业处于哪个阶段即可决定要做的事（战略）"，显然这一理论与竞争性市场战略有矛盾之处。

2. 产业五种竞争力—综合运用能力

产业结构分析的基本框架就是著名的五力分析模型。波特认为产业五种竞争力基本内容包括：潜在进入者的进入威胁；替代品的替代威胁；供应者讨价还价的能力；购买者讨价还价的能力；产业内现有企业的竞争。如图 2-2 所示。这五种力量共同决定<u>产业竞争的强度</u>以及<u>产业利润率</u>。

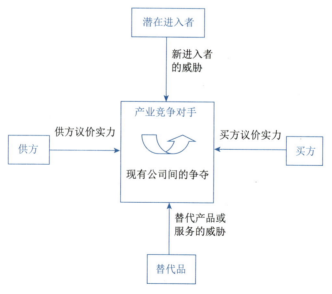

图 2-2　驱动产业竞争的力量

（1）五种竞争力分析。

①潜在进入者的进入威胁。

进入威胁表现为两个方面，一是对于现有在位企业市场份额的稀释，二是加剧了企业间的竞争。衡量潜在进入者的进入威胁取决于两个方面，一是进入障碍的大小，也称为"结构性障碍"，二是可能遇到现有在位者的反击，称为"行为性障碍"，统称为进入障碍。如表2-6所示。

表2-6　进入障碍

障碍	项目	内容
结构性障碍	规模经济	是指在一定时期内，企业所生产的产品或劳务的绝对量增加时，其单位成本趋于下降
	现有企业对关键资源的控制	一般表现为对资金、专利或专有技术、原材料供应、分销渠道、学习曲线等资源及资源使用方法的积累与控制
	现有企业的市场优势	主要表现在品牌优势上，这是产品差异化的结果；此外现有企业的优势还表现在政府政策上
行为性障碍（或战略性障碍）	限制进入定价	往往是在位的大企业报复进入者的一个重要武器，特别是在那些技术优势正在削弱、而投资正在增加的市场上，情况更是如此
	进入对方领域	是寡头垄断市场上常见的一种报复行为。其目的在于抵消进入者首先采取行动可能带来的优势，避免对方的行动给自己带来的风险

【备考战略】进入障碍＝结构性障碍＋行为性障碍

潜在进入者（新进入者）带来竞争压力的大小，首先取决于其面临进入障碍的大小。其面临的进入障碍越大则带来的竞争压力越小，反之亦然。这两道障碍相当于潜在进入者（新进入者）需要跨越的两道门槛，也是在位企业所拥有的先发优势，是在位企业的城墙与护城河。

【拓展反思】"学习曲线"给出未来预测与竞争

1963年波士顿咨询公司成立，1966年年仅23岁的约翰·克拉克森从哈佛商学院毕业到波士顿公司（当时只有6名员工），他在通用仪器公司开发"学习型曲线"后拓展为"经验曲线"。克拉克森等人将这个理论扩展到全部制造、销售成本的领域，并称其为累积经验量。他们发现每当累积经验量翻倍时，成本都会有一定比例的下降。

可以通过学习曲线预测本企业未来的竞争成本，可提早扩大生产，以销售量抢占市场份额，就能提早降低成本。以低价格战来追求市场份额扩大（不拘泥于短期利益）正是当时波士顿公司坚持的理念。

【拓展反思】规模经济与学习曲线的区别。

规模经济是指在一定时期内，企业所生产的产品或劳务的绝对量增加时，其单位成本趋于下降，这是财务管理课程中所提到的经营杠杆概念。学习曲线，又称经验曲线，是指当某一产品累计生产量增加时，由于经验和专有技术的积累所带来的单位产品成本的下降，这是熟能生巧的自然结果。

规模经济与学习曲线往往交叉地影响产品成本的下降水平。规模经济使得当经济活动处于一个比较大的规模时，能够以较低的单位成本进行生产；而学习经济是由于积累经验而导致的单位成本的减少，如图2-3、2-4所示。

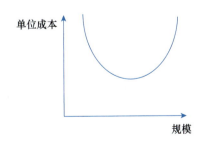

图2-3　规模经济

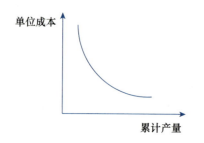

图 2-4 学习曲线

【例题 6·单选题】甲企业看好远程教育领域，打算进军远程教育行业，在外部环境分析中，甲企业发现行业内的领头羊乙公司有着良好的信誉和口碑，其品牌优势是甲企业目前无法比拟的。据此甲企业认为进入这个行业的壁垒很高的原因是(　　)。

A. 规模经济

B. 现有企业对关键资源的控制

C. 现有企业的市场优势

D. 现有企业对专利的控制

解析 ▶现有企业的市场优势主要表现在品牌优势上，这是产品差异化的结果。乙公司凭借其良好的信誉具有颇高的品牌优势，属于结构性障碍中的现有企业的市场优势。所以选项 C 的说法正确。　　**答案** ▶C

②替代品的替代威胁。

产品替代有两类，一类是直接产品替代，另一类是间接产品替代，如表 2-7 所示。

表 2-7　直接替代与间接替代

种类	定义及举例
直接产品替代	某一种产品直接取代另一种产品。如华为手机取代苹果手机
间接产品替代	由能起到相同作用的产品非直接地取代另外一些产品。如人工合成纤维取代天然布料

【提示说明】老产品能否被新产品替代，或者反过来说，新产品能否替代老产品，主要取决于两种产品的"性能—价格比"的比较。这里"性能—价格比"的概念事实上就是价值工程中"价值"的概念。即：**价值＝功能/成本**。

对于老产品来说，当替代品的威胁日益严重时，老产品往往已处于成熟期或衰退期，此时，产品的设计和生产标准化程度较高，技术已相当成熟。因此，老产品提高产品价值的主要途径是降低成本与价格。

替代品的替代威胁并不一定意味着新产品对老产品最终的取代。几种替代品长期共存也是很常见的情况。

【备考战略】五力模型中的替代是什么类型的替代？

波特的五力模型中所指的替代，是指间接替代，不包括直接替代。直接替代被看作是现有企业之间的竞争所引发的替代，比如大众汽车对丰田汽车的替代，就是在位企业之间赤裸裸的竞争。

【例题 7·单选题】某图书出版机构是德国最大的图书出版机构之一，在中国建了几十家传统书店，采取俱乐部会员制，每月寄图书目录打折销售。但在网上书店出现后，该企业经营每况愈下，最后黯然撤离中国。网上书店对传统书店的威胁属于(　　)。

A. 替代品

B. 现有企业间的竞争

C. 购买商

D. 供应商

解析 ▶网上书店对传统书店的威胁属于替代品的威胁。　　**答案** ▶A

【思路点拨】本题属于案例分析型题目。关键是区分清楚替代品的威胁和现有企业间的竞争，替代品意味着是一个新的事物，现有企业间的竞争意味着是现有产业中已经存在的企业之间的竞争。

③供应者、购买者讨价还价的能力。

这里是两种力量，分别是产业的上游和下游的议价能力大小。购买者和供应者讨价还价的能力大小，取决于他们各自以下**四个方面**的实力，如表 2-8 所示。

表 2-8 讨价还价能力的影响因素

影响因素	内容
买方(或卖方)的集中程度或业务量的大小	当购买者的购买力集中,或者对卖方来说是一笔很可观的交易时,该购买者讨价还价能力就会增加(这也说明团购商品价格会比较低的原因); 当少数几家公司控制着供应者集团,在其将产品销售给较为零散的购买者时,供应者通常能够在价格、质量等方面对购买者施加很大的压力(形成卖方市场)
产品差异化程度与资产专用性程度	当供应者的产品存在着差别,因而替代品不能与供应者所销售的产品相竞争,供应者讨价还价的能力就会增强; 如果供应者的产品是标准的,或者没有差别,会增加购买者讨价还价的能力
纵向一体化程度	购买者如果实行了部分一体化或存在后向一体化的现实威胁(兼并供应商),在讨价还价中就处于能迫使对方让步的有利地位; 当供应者表现出前向一体化的现实威胁(兼并经销商),会提高其讨价还价能力
信息掌握的程度	当购买者充分了解需求、实际市场价格,甚至供应商的成本等方面信息时,要比在信息贫乏的情况下掌握更多的讨价还价的筹码,保证自己能从供应者那里得到最优惠的价格,并可以在供应者声称它们的经营受到威胁时予以回击; 如果供应者充分地掌握了购买者的有关信息,了解购买者的转换成本(即从一个供应者转换到另一个供应者的成本),也会增加其讨价还价的能力,并在购买者还能承受的情况下,拒绝提供更优惠的供货条件

【提示说明】从本质上来说,购买商的议价能力与供应商的议价能力是相反的;劳动力也是供应者的一部分,他们可能对许多产业施加压力。

【例题8·单选题】美国第二大零售连锁店甲公司是全球最大的建筑材料购买商,下列各项中,会降低甲公司议价能力的有( )。

A. 甲公司充分了解供应商的成本等方面信息

B. 甲公司不能自行生产建筑材料

C. 甲公司购买建材的数量占供应商产出的很大比例

D. 市场上存在着多家建筑材料的供应商

解析 ▶ 购买者不能自行生产建筑材料,只能靠购买,因此会降低其议价能力。其他几项均会使甲公司的议价能力增强。

答案 ▶ B

【思路点拨】本题属于分析型题目。把握本题的关键:一方面是,明确分析的角度是购买者,还是供应者;一方面是,站在该角度分析给出的因素对议价能力的影响。

④产业内现有企业的竞争。

产业内现有企业的竞争是指一个产业内的企业为市场占有率而进行的竞争。

产业内现有企业的竞争在五种情况下可能是很激烈的:一是产业内有众多的或势均力敌的竞争对手;二是产业发展缓慢;三是顾客认为所有的商品都是同质的;四是产业中存在过剩的生产能力;五是产业进入障碍低而退出障碍高。

产业内现有企业之间的竞争,是战略分析的重点内容,接下来的竞争环境分析就是对产业内现有企业竞争分析的深入阐述。

【备考战略】波特的五种竞争力分析,近几年几乎是注会考试必考内容之一,既可能以选择题的形式考核,也可能以主观题的形式考核,考试大纲中的能力等级是最高的3级—综合运用能力。所以学习中要对该知识点足够重视,尤其要能够在综合题中使用五力模型分析给出的案例,这是本章的重点内容之一。

【拓展反思】五种竞争力的合力带来什么样的影响?

当这五种竞争力都产生了巨大的竞争压力,会使得产业利润率低到不能接受的程度,多数公司都会遭受损失，一些公司会退出这个产业。但是当五种竞争力都不是很强的时候，也可能表明这个产业没有吸引力。

事实上，五力当中的一两种力量足以产生激烈的竞争压力，一般而言，最强的那个竞争力决定了对整个产业利润率的影响程度。

【例题9·单选题】2016年是共享单车发展的元年，各路资金疯狂角力，一辆辆红色、黄色、蓝色、橘色等样式新颖颜色各异的共享单车在街头不断上演"彩虹大战"。已有摩拜、优拜、ofo、小鸣、小蓝、骑呗、快兔等20多家企业，并且部分平台获得了千万甚至上亿美元级别的大量风险投资。从竞争格局来看，这种变化属于(   )。

A. 替代品

B. 现有公司之间的争夺

C. 购买者

D. 供应者

解析➡ 20多家企业"杀入"这个市场，说明现有公司之间的争夺加剧。　答案➡ B

【思路点拨】本题属于案例分析型题目。关键是区分五种竞争力，根据资料判断属于潜在进入者、替代品、购买者、供应者、现有企业的哪一种。

(2)对付五种竞争力的战略。

五种竞争力分析表明了产业中的所有公司都必须面对产业利润的威胁力量。公司必须寻求几种战略来对抗这些竞争力量。

首先，公司必须自我定位，通过利用**成本优势**或**差异优势**把公司与五种竞争力相隔离，从而能够超过竞争对手。

其次，公司必须识别在产业中哪一个细分市场中，五种竞争力的影响更少一点，这就是波特提出的"**集中战略**"。

最后，公司必须努力去**改变**这五种竞争力。

其实，对付五种竞争力的战略，就是三种基本竞争战略的应用。

(3)五力模型的局限性。

①该分析模型基本上是静态的。然而，在现实中竞争环境始终在变化。

②该模型能够确定行业的盈利能力，但非营利机构的获利能力的假设可能是错误的。

③该模型假设：即一旦进行了这种分析，企业就可以制定企业战略来处理分析结果，但这只是一种过于理想的方式。

④该模型假设战略制定者可以了解整个行业(包括所有潜在的进入者和替代产品)的信息，但这一假设并不现实。

⑤该模型低估了企业与供应商、客户或分销商、合资企业之间建立长期合作关系以降低相互之间威胁的可能性。

⑥该模型没有考虑互动互补作用力。

【提示说明】第六个要素——互动互补作用力。

哈佛商学院教授大卫·亚非(David Yoffie)在波特教授研究的基础上，根据企业全球化经营的特点，提出互动互补作用力，丰富了五种竞争力理论框架，如图2-5所示。

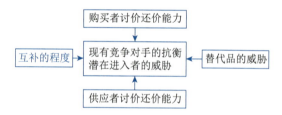

图2-5　影响产业利润的六个要素

企业识别具有战略意义的互动互补产品，采取适当的战略会使企业获得重要的竞争优势，这样也有助于改善整个行业结构。比如房地产开发商在偏远的市郊开发新的小区，首先与政府达成协议，开通新的公交线路、新的购物超市、医院、学校等互动互补产业，毫无疑问新的楼盘就会容易卖出了！(房地产开发商这样的做法已经好多年了，只不过有些事前承诺的互动互补品，事后违约的案例也不少见而已)。

【例题10·单选题】大卫·亚非教授在波特教授五种竞争力分析的基础上，提出了第六个要素，即(   )。

A. 互动互补作用力
B. 购买者讨价还价能力
C. 供应者讨价还价能力
D. 替代品的威胁

解析 哈佛商学院教授大卫·亚非（David Yoffie）在波特教授研究的基础上，根据企业全球化经营的特点，提出了第六个要素，即互动互补作用力。 **答案** A

【相关链接】 波特——定位学派的佼佼者

波特（1947-）在哈佛商学院取得MBA后，又在经济学院获得商业经济学的博士学位，而当时哈佛商学院的教员都是取得了DBA学位的人。波特在博士论文中创造了著名的"五力模型分析"。有趣的是，这篇论文在经济学院获得了优秀奖，然而在商学院却遭到极差的评价。波特在哈佛商学院任教几年后进行副教授晋级时，相关的全体人员投了反对票，他几乎要失业了！幸好下一任校长表示再留任观察一年，挽救了他。这一年波特开发了一门"产业与竞争分析"新课，大获MBA学员欢迎。后来，在1982年35岁的波特成为哈佛商学院史上最年轻的拥有终身资格的正教授。

波特最为让后人熟知的就是"五力分析""三大竞争战略"和"价值链分析"。他很重视"定位"，他认为企业应选择"有利可图的市场"以及优于竞争对手的"利润定位"。实际上，"五力分析"是仅用于判断商业目标是否是有利可图市场的工具，但人们把五力分析当作分析产业环境的通用工具。

3. 成功关键因素分析——基本应用能力

成功关键因素（KSF）是指公司在特定市场获得盈利必须拥有的技能和资产，KSF是企业取得产业成功的前提条件，是产业和市场层次的特征。成功关键因素不等于企业核心能力，下一小节中会有对比分析。KSF如表2-9所示。

表2-9 常见的几种成功关键因素（了解即可）

因素	内容
与技术相关的成功关键因素	科学研究技能（在下面这些领域中尤为重要：制药产业、空间探测以及其他一些高科技产业） 对产品生产工艺和生产过程有创造性改进的技术能力 产品革新能力 在既定技术上的专有技能 运用互联网发布信息、承接订单、送货或提供服务的能力
与制造相关的成功关键因素	低成本生产效率（获得规模经济，取得经验曲线效应） 固定资产很高的利用率（在资本密集型/高固定成本的产业中尤为重要） 低成本的生产企业定位 能够获得足够的娴熟劳动力 劳动生产率很高（对于劳动力成本很高的商品来说尤为重要） 成本低的产品设计和产品工程（降低制造成本） 能够灵活地生产一系列的模型和各种规格的产品以适合顾客的订单
与分销相关的成功关键因素	强大的批发分销商/特约经销商网络（或者拥有通过互联网建立起来的电子化的分销能力） 能够在零售商的货架上获得充足的空间 拥有公司自己的分销渠道和网点 分销成本低 送货很快

因素	内容
与市场营销相关的成功关键因素	快速准确的技术支持 礼貌的客户服务 顾客订单的准确满足(订单返回很少或者没有出现错误) 产品线和可供选择的产品很宽 商品推销技巧 有吸引力的款式/包装 顾客保修和保险(对于邮购零售、大批量购买以及新推出的产品来说尤为重要) 精明的广告
与技能相关的成功关键因素	劳动力拥有卓越的才能(对于专业型的服务,如会计和投资银行,这一点尤为重要) 质量控制诀窍 设计方面的专有技能(在时装和服装产业尤为重要,对于低成本的制造也是一个关键的成功因素) 在某一项具体的技术上的专有技能 能够创造性地开发出产品和取得创造性的产品改进 能够使最近构想出来的产品快速地经过研究与开发阶段到达市场上的组织能力 卓越的信息系统(对于航空旅游业、汽车出租业、信用卡行业和住宿业来说是很重要的) 能够快速地对变化的市场环境做出反应(简捷的决策过程,将新产品推向市场的时间很短) 能够娴熟地运用互联网和电子商务的其他侧面来做生意 拥有比较多的经验和诀窍
其他类型的成功关键因素	在购买者中间拥有有利的公司形象/声誉 总成本很低(不仅仅是在制造中) 便利的设施选址(对于很多的零售业务都很重要) 公司的职员与顾客打交道的时候都很有礼貌、态度和蔼可亲 能够获得财务资本(对那些最新出现的有着高商业风险的新兴产业和资本密集型产业来说是很重要的) 专利保护

随着产品生命周期的演变,成功关键因素也发生变化,如表 2-10 所示。

表 2-10 产品生命周期各阶段中的成功关键因素

阶段	导入期	成长期	成熟期	衰退期
市场	广告宣传,争取了解,开辟销售渠道	建立商标信誉,开拓新销售渠道	保护现有市场,渗入别人的市场	选择市场区域,改善企业形象
生产经营	提高生产效率,开发产品标准	改进产品质量,增加花色品种	加强和顾客的关系,降低成本	缩减生产能力,保持价格优势
财力	利用金融杠杆	集聚资源以支持生产	控制成本	提高管理控制系统的效率
人事	使员工适应新的生产和市场	发展生产和技术能力	提高生产效率	面向新的增长领域
研究开发	掌握技术秘诀	提高产品的质量和功能	降低成本,开发新品种	面向新的增长领域

【备考战略】以上两个表的内容，了解一下就行，不需要记忆。重点是理解成功关键因素的内涵，那就是，KSF 是每一个产业中做得好的那个企业所必须擅长的东西，是想取得成功必须要搞好的因素。考生对 KSF 考点的掌握程度要达到"基本应用能力"，要能够总结出给定案例中某一产业的 KSF。

另外，成功关键因素随着产业的不同而不同，甚至在相同的产业中，也会因产业驱动因素和竞争环境的变化而随时间变化。即使各个企业处于同一产业，也可能对该产业的成功关键因素有不同的侧重。

再一次强调，成功的关键因素是产业和市场层次的特征。

【例题 11 · 单选题】成功关键因素是指公司在特定市场获得盈利必须拥有的技能和资产。下列各项中，属于与市场营销相关的成功关键因素是（　　）。

A. 劳动生产率很高

B. 礼貌的客户服务

C. 固定资产很高的利用率

D. 质量控制诀窍

解析 选项 A 和选项 C 属于与制造相关的常见成功关键因素，选项 D 属于与技能相关的常见成功关键因素。　　**答案** B

【思路点拨】本题属于对理论内容的直接考核。应对本题的关键是熟悉常见的几种成功关键因素，区分与每个角度相关的关键因素。

（三）竞争环境分析 ★★

竞争环境分析是产业环境分析的补充，属于五力分析模型中的"产业内现有企业竞争"内容的深入阐述。竞争环境分析包括两个方面：一是从个别企业视角去分析竞争对手的实力；二是从产业竞争结构（也就是战略群组）视角分析企业所面对的竞争格局。

1. 竞争对手分析—基本应用能力

（1）基本框架。（见图 2-6）

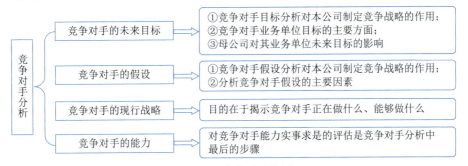

图 2-6　竞争对手分析

商场如战场，要尽可能做到知己知彼，方能百战不殆。

对竞争对手的未来目标进行分析与了解，有利于预测对手对其现状的满意程度，从而推断其未来改变战略的可能性以及对其他企业战略行为的敏感性。

分析竞争对手的假设，包括竞争对手对自身的评价、对其他企业的评价以及对整个产业的评价。分析这些内容有助于正确判断竞争对手未来的战略意图。如果发现竞争对手的假设出现错误或偏差，或是存在盲点，那么说明什么呢？说明机会来了！

在分析了竞争对手的未来目标与假设的基础上，判断竞争对手现行战略就是水到渠成的事了。但难点在于，由于信息不对称的存在及对手的保密等原因，想较为准确地做到这些并不是件容易的事（试想一下，可以用商业间谍吗？）。

分析竞争对手现行的战略，可揭示竞争对手正在做什么，而对竞争对手能力的分析，则可以知道竞争对手未来能够做什么，这是我们需要关注的另外一个重点内容。

【提示说明】竞争对手分析四个方面小结：

（1）竞争对手的驱动因素是什么，即它未来的目标；

（2）竞争对手正在做什么，能够做什么，即它当前的战略；

（3）竞争对手对行业有何看法，即它的假设；

（4）竞争对手的能力是什么，即它的优势和弱点，也决定了它未来能做什么。

【知识点拨】 收集竞争对手情报时，必须遵循相关的法律法规以及明确的道德准则。这涉及商业伦理问题。

（2）竞争对手的能力。

在具体分析竞争对手能力时，主要分析竞争对手以下五方面的能力，而这五个方面也同样适用于企业的自我分析，具体如表2-11所示。

表2-11　竞争对手能力分析

能力	具体描述
核心能力	①竞争对手在各职能领域中的能力如何？最强之处是什么？最弱之处在哪里？ ②竞争对手在其战略一致性方面表现怎样？ ③随着竞争对手的成熟，其能力是否可能发生变化？随时间的延长是增长还是减弱
成长能力	①如果竞争对手有所成长，其能力是增大还是减小？在哪些领域？ ②在人员、技能等方面竞争对手发展壮大的能力如何？ ③从财务角度看，竞争对手在哪方面能持续增长？它能够随着产业的增长而增长吗
快速反应能力	①竞争对手对其他公司的行动迅速作出反应的能力如何？ ②立即发动进攻的能力如何
适应变化的能力	①竞争对手的固定成本对可变成本的情况如何？ ②竞争对手适应各职能领域条件变化和对之作出反应的能力如何？ ③竞争对手能否对外部事件作出反应？ ④竞争对手是否与母公司的其他业务单位共用生产设施、销售队伍、其他设备或人员
持久力	竞争对手支撑可能对收入或现金流造成压力的持久战的能力有多大

【提示说明】 快速反应能力由下述因素决定：自由现金储备、留存借贷能力、厂房设备的余力、定型的但尚未推出的新产品。快速反应能力主要针对**其他公司**行动的反应能力，而适应变化的能力主要是针对**外部环境**变化后的适应能力。

【备考战略】 "竞争对手分析"的考点，要求达到"基本应用能力"。可以利用**"核、成、快反、适变、持久"**的口诀进行记忆。建议考生能够做到从竞争对手分析的四个方面对给出案例企业展开分析，比如从国美视角分析一下苏宁，从腾讯的视角分析一下阿里巴巴，实践中这些是相当常见的。每一个伟大成功者的对面都站着一个同样伟大的竞争对手！

【例题12·单选题】 2008年美国次贷危机爆发，波及中国大部分金融企业。在此期间，国外投行K预计其竞争对手中国的甲银行将会逐步降低权益类投资，并逐渐降低对客户的理财产品的收益率。投行K对甲银行进行的上述分析属于（　　）。

A. 财务能力分析

B. 快速反应能力分析

C. 成长能力分析

D. 适应变化的能力分析

解析 ▶▶ 次贷危机爆发的大环境下，投行K预计其竞争对手中国的甲银行将会逐步降低权益类投资，并逐渐降低对客户的理财产品的收益率，投行K对甲银行的上述分析属于适应变化的能力分析。　**答案** ▶▶ D

【思路点拨】 快速反应能力强调一个"快速"；而适应变化能力强调如何应对外部环境的改变。本题的关键词"次贷危机""逐步"。

2. 产业内的战略群组—**基本应用能力**

某一个产业中采用相同或相似战略的企业集合，就是一个战略群组。如果说产业可以比作武侠小说中江湖的话，那么产业内的不同战略群组，就是江湖上不同的武术流派，是源于少林呢，还是出自武当？抑或是邪教？

同一个战略群组内的不同企业具有相同战略特征，如表2-12所示。

表2-12　战略群组的特征及作用

项目	内容
特征 (了解)	产品(或服务)差异化(多样化)的程度； 各地区交叉的程度； 细分市场的数目； 所使用的分销渠道； 品牌的数量； 营销的力度(如广告覆盖面、销售人员的数目等)； 纵向一体化程度； 产品的服务质量； 技术领先程度(是技术领先者还是技术追随者)； 研究开发能力(生产过程或产品的革新程度)； 成本定位(如为降低成本而做的投资大小等)； 能力的利用率； 价格水平； 装备水平； 所有者结构； 与政府、金融界等外部利益相关者的关系； 组织的规模
作用 (掌握)	(1)有助于很好地了解战略群组间的竞争状况，主动地发现近处和远处的竞争者，也可以很好地了解某一群体与其他群组间的不同； (2)有助于了解各战略群组之间的"移动障碍"； (3)有助于了解战略群组内企业竞争的主要着眼点； (4)利用战略群组图还可以预测市场变化或发现战略机会

【备考战略】以上表格关于"特征"的内容了解即可，最为重要的是要理解战略群组分析的作用。另外，对于同一产业中不同战略群组的识别，选择上表中2至3个特征变量就可以识别出不同的战略群组。此处考点内容，考试大纲中要求达到"基本应用能力"，也就是考生要学会在给定的特征变量基础之上，对产业内的不同企业进行战略群组的划分，这个考核形式在注会考试历史上曾出现过。考生可认真学习一下教材中关于战略群组分析的两个案例来熟悉一下应该掌握到什么程度。

【提示说明】一般来说，一个产业中仅有几个群组，它们采用特征完全不同的战略。

需要强调，同一战略群组内的企业竞争更为激烈！想一想京东与天猫的竞争，就不难理解刘强东与马云对视时用什么样的眼神。

【例题13·单选题】甲公司打算进军饮料产业，结合内部环境分析，甲公司打算主营软饮料，据此甲公司确定了战略群组，则甲公司在确定战略群组时考虑的最主要因素是（　　）。

A. 产品类别　　　　B. 消费者群组
C. 业务区域　　　　D. 供应商

解析 根据题意，甲公司确定战略群组的依据是主营的产品——软饮料，说明产品类别是甲公司主要考虑的因素，所以选项A正确。

答案 A

【思路点拨】本题属于案例分析型题目。应对本题的关键是熟悉用于识别战略群组的特征的变量，根据资料对号入座即可。本题的关键词是"主营软饮料"。

【例题14·多选题】下列关于战略群组的表述中，正确的有（   ）。

A. 每个公司都有可能成为一个不同的战略群体

B. 通过战略群组分析，有助于企业了解相对于其他企业本企业的战略地位

C. 利用战略群组图可以预测市场变化

D. 企业应该选择"蓝海战略"，从而避免与同行业中的其他企业展开针锋相对的竞争

解析 就一种极端而言，每一个公司也可能成为一个不同的战略群体。战略群组分析有助于企业了解相对于其他企业本企业的战略地位以及公司战略变化可能引起的竞争性影响。进行战略群组分析的一方面意义就是可以预测市场变化或者发现战略机会。企业应该选择"蓝海战略"，避免采用"红海战略"与同行业企业展开竞争。本题的答案是选项ABCD。 答案 ABCD

（四）国家竞争优势（钻石模型）分析—基本应用能力 ★★

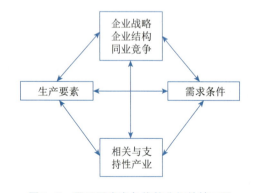

图2-7　用于国家竞争优势分析的钻石图

1990年波特在《国家竞争优势》一书中，试图对能够加强国家在产业中的竞争优势的特征进行分析。识别出国家竞争优势的四个决定因素，并以钻石图来显示（见图2-7），钻石模型四要素分别是生产要素、需求条件、相关与支持性产业、企业战略、企业结构和竞争对手的表现。

1. 生产要素

生产要素常见有两种分类结果，一种划分为初级生产要素和高级生产要素，初级生产要素指天然资源、地理位置、非技术工人、资金等，高级生产要素则是指信息、交通、受过高等教育的人力、研究机构等。需要记住的是，高级生产要素对获得竞争优势具有不容置疑的重要性。

另一种分类结果是一般生产要素和专业生产要素。高级专业人才、专业研究机构、专用的软硬件设施属于专业生产要素。

一个国家想通过生产要素来建立强大而又持久的产业优势，必须发展高级生产要素和专业生产要素。

波特也同时指出，人工短缺、资源不足等不利生产要素，有时反而会形成一种刺激产业创新的压力，促进企业竞争优势的持续升级。也就是说一个国家的竞争优势是可以在不利的生产要素中形成的。

2. 需求条件

国内市场是一个产业发展的动力，内行而挑剔的本地客户，会激发该国企业的竞争优势。另一方面，本地客户的预期性需要领先于其他国家，也可以成为本地企业的一种优势。

3. 相关与支持性产业

相关与支持性产业与一个国家的优势产业是休戚与共的关系，波特指出，一个优势产业不是单独存在的，要注意"产业集群"的现象。这类似于五力竞争模型中的第六种力量—互动互补作用力，有竞争力的本国产业通常会带动相关产业的竞争力，并且有国际竞争优势的上游供应商对整个产业的影响是正面的。

4. 企业战略、企业结构和竞争对手的表现

创造与持续产业竞争优势的最大关联因素是国内市场强有力的竞争对手。在国际竞争中，成功的产业必然先经过国内市场的搏

斗，迫使其进行改进和创新，而在政府的产业政策保护和补贴之下的"超级企业"通常并不具有国际竞争能力。

【备考战略】 本考点要达到"基本应用能力"，建议考生认真学习一下教材中的关于钻石模型的案例，尤其是学习一下如何在给定案例内容中，按照钻石模型理论，进行分析解答的思路。

【例题15·多选题】 天天公司是M国知名的汽车企业，准备到发展中国家N国进行投资设立C级汽车生产业务。天天公司对N国进行了认真细致地尽职调查。以下内容属于钻石模型要素的有( )

A.N国汽车市场质量高、价格低的C级轿车不多

B.该国劳动力成本特别低，同时工人文化与技术水平也较低

C.N国还没有出台汽车产业方面的政策

D.天天公司调查发现，如果在N国投资建厂，税收负担很低

解析 波特的钻石模型四要素，分别是生产要素、需求条件、相关与支持性产业、企业战略、企业结构和同业竞争。选项A是同业竞争，选项B是生产要素，而选项C和D则属于政策方面的内容，钻石模型并没有提及。 **答案** AB

【提示说明】 钻石模型是一个双向强化的系统(注意图2—7中的箭头是双向影响的)，其中任何一项因素的效果必然影响到另一项的状态。而当企业获得钻石体系中的任何一项因素的优势时，也会帮助它创造或提升其他因素上的优势。

迈克尔·波特还强调，"国家是企业最基本的竞争优势，因为它能创造并保持企业的竞争条件。国家不但影响企业所制定的战略，也是创造并延续生产与技术发展的核心。"(所谓国富则民强，国家强大了，企业也拥有了最基本的竞争优势)。

钻石模型不但可以用于识别一个国家的竞争优势，同样可以用于识别一个地区的竞争优势。你可以尝试用钻石模型分析一下粤港澳大湾区、长三角地区及京津冀地区的竞争优势，也可以用钻石模型去解释一下为什么有些企业想逃离北上广深是不容易的。

二、企业内部环境分析

扫我解疑难

在对企业进行详尽而全面的外部环境分析之后，战略分析的另一个方面是进行企业内部环境分析。通过内部环境分析，也就是对企业所拥有的独特资源与能力进行分析，可以了解企业能够做什么。

(一)企业资源与能力分析 ★★★

1.企业资源分析—基本应用能力

企业资源，是指企业所拥有或控制的有效因素的总和。企业资源分析的目的在于识别企业的资源状况、企业资源方面所表现出来的优势和劣势以及对未来战略目标制定和实施的影响如何。

(1)企业资源的三大主要类型。(见表2-13)

表2-13 企业资源的主要类型

主要类型	含义及分类
有形资源	是指可见的、能用货币直接计量的资源，主要包括物质资源和财务资源。物质资源包括企业的土地、厂房、生产设备、原材料等，是企业的实物资源。财务资源是企业可以用来投资或生产的资金，包括应收账款、有价证券等
无形资源	是指企业长期积累的、没有实物形态的、甚至无法用货币精确度量的资源。通常包括品牌、商誉、技术、专利、商标、企业文化及组织经验等
人力资源	是指组织成员向组织提供的技能、知识以及推理和决策能力

【拓展反思】(1)战略管理课程所提及的企业资源，其范畴远大于财务会计中所确认的资产。这里只关注资源是否具有战略价值，并不关心资源的财务价值。

(2)技术资源具有先进性、独创性和独占性等特点，使得企业可以据此建立竞争优势。

(3)对于产品质量差异较小的行业(如软饮料行业)，商誉可以说是最重要的企业资源。

【例题16·多选题】随着中国汽车市场竞争程度的日趋激烈，广大汽车销售企业的生存和发展压力也日益增大，企业拥有的资金、品牌、商誉、组织经验对企业的影响增大，其中属于无形资源的有(   )。

A. 资金　　　　　　B. 品牌

C. 商誉　　　　　　D. 组织经验

解析 ▶ 无形资源，是指企业长期积累的、没有实物形态的、甚至无法用货币精确度量的资源，通常包括品牌、商誉、技术、专利、商标、企业文化及组织经验等。选项A属于企业的有形资源。　　答案 ▶ BCD

【思路点拨】本题属于判断型题目。应对本题的关键是区分清楚有形资源、无形资源和人力资源。

(2)决定企业竞争优势的企业资源判断标准。

在分析一个企业拥有的资源时，必须知道哪些资源是有价值的，可以使企业获得竞争优势，如表2-14所示。

表2-14　企业资源判断标准

判断标准		含义及分类
资源的稀缺性		拥有稀缺的资源能够获得竞争优势，能够持久拥有稀缺性资源的企业具有可持续的竞争优势
资源的不可模仿性	物理上独特的资源	由物质本身的特性决定。如地理位置、矿物开采权、拥有法律保护的专利生产技术
	具有路径依赖性的资源	指那些必须经过长期的积累才能获得的资源。如完善的营销体制、周到的售后服务
	具有因果含糊性的资源	是组织中最常见的一种资源，难以被竞争对手模仿。如企业文化
	具有经济制约性的资源	指企业的竞争对手已经具有复制其资源的能力，但因市场空间有限不能与其竞争的情况。如特定市场上投入大量资本的领导企业
资源的不可替代性		如旅游景点的独特优势
资源的持久性		资源的贬值速度越慢，就越有利于形成核心竞争力。如一些品牌资源随着时代的发展实际上在不断地升值；反之通信技术和计算机技术迅速地更新换代却会对建立在这些技术之上的企业竞争优势构成严峻挑战

【备考战略】决定企业竞争优势的企业资源四个判断标准记忆口诀："两不、稀缺、持久"。其中"两不"指不可模仿、不可替代，以及稀缺性和持久性。

常见出题形式是给定一个案例描述，要求判断出属于哪一种决定企业竞争优势的企业资源，是客观题的出题点，学习的过程中注意把握。其中容易出错的是"两不"的区别。其中，"资源的不可替代性"是波特五力竞争模型中的替代性是一致的，如果资源能够被竞争者轻易地替代的话，企业将在竞争中处于弱势。

最后，资源的不可模仿性是企业竞争优势和价值创造的核心，包括四种形式：

(1)物理上的独特性。比如房产的位置(居民住宅的楼层高则视野好价格贵嘛)、矿物开采权和专利生产技术。

(2)具有路径依赖性。这需要长期的积累所形成的习惯，比如海尔建立良好的售后服务系统，让其他竞争者短期难以模仿。

(3)具有因果的含糊性。因果的含糊性往往指企业文化所带来的，让企业拥有了不可模仿的竞争优势。

(4)具有经济制约性。这主要是指由于市

场容量有限，所导致的竞争者不愿意进入市场的情景。

【拓展反思】满足"两不、稀缺、持久"的资源就决定企业竞争优势吗？

特别需要强调的是，决定企业竞争优势的资源，一定满足价值性测试！有价值的资源才能够帮助公司抵御面临的威胁或利用外部机会。

【例题17·多选题】下列哪种情况能够形成企业的竞争优势（　　）。

A. 甲公司拥有一个设计很好的企业网站

B. 乙公司的产品在目前市场中没有替代品

C. 丙公司在长期的发展中形成了独特的企业文化

D. 丁公司花巨资购买了一套先进的 ERP 系统

解析 ▶ 能够决定企业竞争优势的资源主要包括以下四种：（1）资源的稀缺性；（2）资源的不可模仿性，如企业文化等；（3）资源的不可替代性；（4）资源的持久性。选项 B 属于资源的不可替代性；选项 C 属于资源的不可模仿性。

答案 ▶ BC

2. 企业能力分析—基本应用能力

企业能力，是指企业配置资源，发挥其生产和竞争作用的能力。来源于企业有形资源、无形资源和人力资源的整合。企业能力常见五种类型，如表 2-15 所示。

表 2-15　企业能力分析

企业能力	说明
研发能力	研发能力是保持持续竞争能力的关键（华为公司坚持每年把至少营收的 10% 投入研发活动）。主要从研发计划、研发组织、研发过程和研发效果方面衡量
生产管理能力	生产活动是企业最基本的活动。涉及生产过程、生产能力、库存管理、人力资源管理和质量管理五个方面
营销能力	分为三种：产品竞争能力、销售活动能力和市场决策能力；产品竞争能力包括产品市场地位、收益性和成长性等方面；销售活动能力包括销售组织、销售绩效、销售渠道和销售计划等方面的能力（酒香也怕巷子深，产品再好也要会卖啊）；市场决策能力是以前面两种能力分析的结果为依据的
财务能力	两个方面：一是筹集资金的能力；二是使用和管理所筹集资金的能力
组织管理能力	包括五个方面：职能管理体系的任务分工、岗位责任、集权和分权的情况、组织结构、管理层次和管理范围的匹配

【备考战略】企业的五大能力，体现在企业经营活动的全过程，先从研发开始，研发成功后自然是交付生产管理，生产后必然是营销，再接下来是财务，以及组织管理等。考生要能够在给定案例描述后，区别是企业哪一类能力。

【例题18·单选题】企业筹集资金和使用资金的能力反映的是企业的（　　）。

A. 营销能力 B. 财务能力

C. 生产能力 D. 研发能力

解析 ▶ 企业的财务能力主要涉及两方面：一是筹集资金的能力；二是使用和管理所筹集资金的能力。

答案 ▶ B

3. 企业的核心能力—综合运用能力

所谓核心能力，就是企业在具有重要竞争意义的经营活动中能够比其竞争对手做得更好的能力。从总体上讲，核心能力的产生是企业中各个不同部分有效合作的结果，也就是各种单个资源整合的结果。这种核心能力深深地根植于企业的各种技巧、知识和人的能力之中，对企业的竞争力起着至关重要的作用。

（1）核心能力的基本内容。（见表 2-16）

表 2-16　核心能力的基本内容

项目	具体描述
概念	企业的核心能力可以是完成某项活动所需的**优秀技能**，也可以是在一定范围和深度上的企业的**技术诀窍**，或者是那些能够形成很大竞争价值的一系列具体**生产技能的组合**
满足核心能力的**三个必要条件**	①它对**顾客**是否有**价值**；②它与企业**竞争对手**相比是否有**优势**；③它是否**很难**被**模仿或复制**
识别核心能力的**三个方法**	功能分析：考察企业功能是识别企业核心竞争力常用的方法
	资源分析：分析实物资源比较容易，而分析像商标或者商誉这类无形资源则比较困难
	过程系统分析：对企业整个过程和系统进行分析，判断企业的经营状况，识别核心竞争力

【相关链接】核心竞争力

伦敦商学院的加里·哈默尔 36 岁时在《哈佛商业评论》发表核心竞争力论文。核心竞争力也就是教材中提及的核心能力一词。只有定位战略是不够的，企业还需要拥有与收益关联的持续性竞争优势能力，即核心竞争力。

核心竞争力是带着"机会"的"优势"。比如本田的引擎技术是其核心竞争力，以此为依托，本田从摩托车和汽车发展到了除草机和除雪机；夏普的液晶技术是其核心竞争力，以此为依托夏普研发了液晶屏幕、PDA 和平板电视等。核心竞争力就是可预见的未来的外部"机会"，以及能够走向未来的"优势"，这就是后面要讲的 SWOT 分析的思路。

（2）核心能力的评价。（见表 2-17）

表 2-17　核心能力的评价

方面	内容
评价的基础与方法	①企业的自我评价； ②产业内部比较； ③**基准分析**；（以下展开） ④成本驱动力和作业成本法； ⑤收集竞争对手的信息
基准分析概述与实践 基准分析，就是**标杆分析**BMK（Benchmarking），源于施乐。目的是发现竞争对手的优缺点，取长补短，选择突破口。 施乐公司利用标杆管理法开始对日本企业的反击行为。市场份额从 1982 年的 13%恢复到 1989 年的 46%	**基准对象**： ①占用较多资金的活动； ②能显著改善与顾客关系的活动； ③能最终影响企业结果的活动
	基准类型： ①内部基准：企业内部各个部门之间互为基准进行学习与比较； ②竞争性基准：直接以竞争对手为基准进行比较； ③过程或活动基准：以具有类似核心经营的企业为基准进行比较，但是两者之间的产品和服务不存在直接竞争的关系； ④一般基准：以具有相同业务功能的企业为基准进行比较； ⑤顾客基准：以顾客的预期为基准进行比较
	基准分析练习： 企业实施基准分析的具体步骤： ①选择基准对象，管理人员在明确基准对象时需要尽可能地精确； ②建立工作小组，决定需要进行基准分析的问题，以及哪家企业需要做这样的分析； ③收集对方的数据进行分析，把本企业的业绩与对方的业绩进行比较，以帮助自己找到可以改进的地方

【备考战略】企业核心能力的掌握要求是最高级的—综合运用能力，首先要理解，只有当企业的能力不仅仅是企业的优势（如SWOT中的S），而且这种能力满足了核心能力的三个必要条件时，这种优势才具有战略价值。另外，五种基准类型的辨析是历年来学员纠结的知识点。

【例题19·单选题】甲公司是一家教育培训机构，为了正确合理的评价自身的核心竞争力，提高服务水平，把一家知名的酒店作为基准对象进行分析，并实地考察，甲公司进行基准分析的类型属于（　）。

A. 内部基准　　　　B. 竞争性基准

C. 过程或活动基准　　D. 一般基准

解析▶甲公司和酒店都属于服务行业，但是不具有类似的核心经营，该基准类型属于一般基准。　　　　　　　答案▶D

【思路点拨】本题属于案例分析型题目。应对本题的关键是区分五种基本类型，尤其是竞争性基准、过程或活动基准、一般基准，可以参照表2-18进行掌握。

表2-18　基准类型判断标准

基准类型	直接竞争关系
竞争性基准	√
过程或活动基准	×
一般基准	×

（3）企业核心能力与成功关键因素KSF的区别。

成功关键因素KSF应被看作是产业和市场层次的特征，而不是针对某个个别公司。拥有成功关键因素是获得竞争优势的必要条件，而不是充分条件。而企业核心能力是针对个别具体企业而言的。

企业核心能力和成功关键因素的共同之处在于它们都是公司盈利能力的指示器。虽然它们在概念上的区别是清楚的，但在特定的环境中区分它们并不容易。

（二）价值链分析 ★★★

迈克尔·波特在1985年的《竞争优势》一书中引入了"价值链"的概念。波特认为，企业每项生产经营活动都是其创造价值的经济活动；那么，企业所有的互不相同但又相互关联的生产经营活动，便构成了创造价值的一个动态过程，即价值链。

【拓展反思】前面已经学习了企业的三大资源与五种能力，那么价值链又是个什么鬼呢？波特说了，价值链是综合分析企业资源与能力的理论框架，通过价值链的分解可以确定企业的竞争优势在哪里。

1. 价值链的两类活动—基本应用能力

价值链将企业的生产经营活动分为基本活动和支持活动两大类，如图2-8所示。

（1）基本活动。

基本活动，又称主体活动，是指生产经营的实质性活动，一般可以分为内部后勤、生产经营、外部后勤、市场销售和服务五种活动，如表2-19所示。

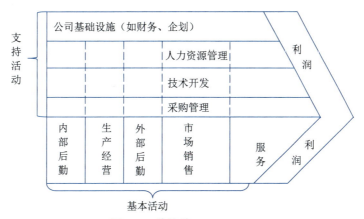

图2-8　价值链 Value Chain

表 2-19　基本活动

基本活动	描述
内部后勤(进货物流)	指与产品投入有关的进货、仓储和分配等活动,如原材料的装卸、入库、盘存、运输以及退货等
生产经营	指将投入转化为最终产品的活动,如机械加工、装配、包装、设备维修、检测等
外部后勤(出货物流)	指与产品的库存、分送给购买者有关的活动,如最终产品的入库、接受订单、送货等
市场销售	指与促进和引导购买者购买企业产品的活动,如广告、定价、销售渠道等
服务	指与保持和提高产品价值有关的活动,如培训、修理、零部件的供应和产品的调试等

(2)支持活动。

支持活动,又称辅助活动,是指用以支持基本活动而且内部之间又相互支持的活动,包括采购管理、技术开发、人力资源管理和企业基础设施,如表 2-20 所示。

表 2-20　支持活动

支持活动	描述
采购管理	企业聘请咨询公司为企业进行广告策划、市场预测、管理信息系统设计、法律咨询等
技术开发	指可以改进企业产品和工序的一系列技术活动(就是研发活动)
人力资源管理	指企业职工的招聘、雇用、培训、提拔和退休等各项管理活动。这些活动支持着企业中每项基本活动和支持活动,以及整个价值链
基础设施	指企业的组织结构、惯例、控制系统以及文化等活动。高层管理人员也往往被视作基础设施的一部分(包括财务人员)

【提示说明】 (1)这里的采购和技术开发是广义的,采购既包括生产原材料的采购,也包括其他资源投入的购买和管理;技术开发既包括生产性技术,也包括非生产性技术。

(2)每项辅助活动都会涉及基本活动。

(3)价值链中的"基础设施"不是会计上讲的厂房设备等,这些硬件都不属于"基础设施",这里指企业的制度、控制系统、企业文化、管理人员等。(波特他老人家竟然把财务人员划分为"基础设施",各位考生做梦都没想到吧!)

(4)价值链中的两大类活动所包含的九个活动,可以根据需要,每一个活动都可以进一步分解为一些相互分离的活动(看一下教材中价值链再分解的例子)

【备考战略】 价值链的两类活动,考生们首先要记住两类活动所包括的内容,其次在给定案例描述活动后,要求能够正确划分应该属于"5+4"的哪一类别。在往届的考试中主观题与客观题都考过此种类型题。也就是说,考生们要学会能够确定出给定企业的价值链。

【相关链接】 波特的"价值链"与理清经营管理流程的法约尔

1917 年法国实业家亨利·法约尔(1841-1925)把自己丰富的经营经验总结成独特的经营理论出版了《工业管理与一般管理》,他把企业不可或缺的活动分类整理成 6 个种类(括号中是现代说法):一是技术活动(开发和生产)、二是商业活动(销售和购买)、三是财务活动(财务)、四是保障活动(人事和后勤)、五是会计活动(会计)、六是经营活动(经营企划和管理)。其中的"经营活动"可以说是划时代的理论,因为法约尔提示了企业经营管理的流程,包括计划、组织、指令、调整和控制。

这些正是波特在 68 年后提及的"价值链"。但由于 1917 年法约尔的这本书是以法语出版，直到他去世 24 年后的 1949 年才出现英语版本，但书的内容依然带给人们震撼。

波特认为，企业若要成功，只有优秀（可盈利）的定位是不够的，还需要优秀（可盈利）的企业能力。但波特一直觉得能力应该是限定性和从属性的，能力跟随定位，能力强化是实现定位的手段。波特的价值链中，能力基本不涉及领导力和结构、企业文化等。

【例题 20·多选题】 按照波特的价值链理论，企业的下列活动中，属于基本活动的有（ ）。

A. 甲公司对材料进行机械加工

B. 乙公司改善人力资源管理

C. 丙公司加大广告宣传

D. 丁公司聘请咨询公司进行广告策划

解析 波特的价值链分析区分了五种基本活动和四种支持活动。五种基本活动的内容：内部后勤、生产经营、外部后勤、市场销售、服务。选项 A 属于生产经营，选项 C 属于市场销售。四种支持活动的内容：采购管理、技术开发、人力资源管理和企业基础设施。选项 B 属于人力资源管理，选项 D 属于采购管理。 **答案** AC

2. 企业资源能力的价值链分析—基本应用能力

资源分析必须是一个从资源评估到对怎样使用这些资源的评估过程。

企业资源能力的价值链分析要明确以下三点：

（1）确认那些支持企业竞争优势的关键性活动。

前面已经要求各位考生要掌握价值链的两大类活动内容，学会能够确认企业价值链的构成及分解，但更为重要的是从九个活动中，确认支持企业能够形成竞争优势的关键性活动有哪几个，这些关键性的活动对企业来说非常重要！

（2）明确价值链内各种活动之间的联系。

包括明确基本活动之间、支持活动之间以及基本活动与支持活动之间，是如何联系的。从提高企业价值创造和战略能力视角来说，企业要能够选择或建立价值链内的九个活动之间的最佳联系运作方式。也就是说找到这个链的最佳联系方式。

（3）明确价值系统内各项价值活动之间的联系。

这一点讲的是企业与企业的价值链之间应该如何联系，尤其是上下游企业之间的联系。企业不但要明确这些不同的链之间的联系，也要尽可能形成最佳的联系方式，形成所谓共赢的生态系统。

【例题 21·多选题】 价值活动的联系不仅存在于企业价值链内部，而且存在于企业与企业的价值链之间。下列各项中，属于不同企业之间价值链联系的有（ ）。

A. 甲乳制品公司将工厂建在某市最大的奶牛养殖场附近

B. 乙汽车零部件公司完善的供货系统带动某汽车生产商实行"零库存"管理系统

C. 丙公司要求其库存部门按照既定的订货费用、存货费用等因素设定最佳库存量

D. 丁公司依靠其出色的市场营销成功打入国际市场

解析 选项 A 和选项 B 体现的是购买商和供应商上下游之间的合作，是企业与企业之间的价值链分析；而选项 C 仅涉及企业内部基础设施与基本生产经营活动之间的联系，属于价值链内各项价值活动之间的联系；选项 D 中出色的市场营销形成了企业的竞争优势，属于支持企业竞争优势的关键性活动。 **答案** AB

（三）业务组合分析 ★★★

价值链分析仅适用于独立的产品、服务或业务单位的企业。如果企业是多元化经营，拥有多个产品或业务单位时，就需要进行业务组合分析。

业务组合分析将企业的资源和能力作为

一个整体来考虑。包括波士顿矩阵与通用矩阵两种主要的分析方法。

1. 波士顿矩阵—基本应用能力

波士顿矩阵(BCG Matrix),又称市场增长率—相对市场份额矩阵、波士顿咨询集团法、四象限分析法、产品系列结构管理法等。

BCG 矩阵可解决两个问题:一是如何使企业的产品品种及其结构适合市场需求的变化,二是如何将企业有限的资源有效地分配到合理的产品结构中。

BCG 认为,决定产品结构有两大基本因素:市场引力和企业实力。市场引力的衡量指标包括很多方面,其中最重要的是市场增长率;同样衡量企业实力的要素也很多,BCG 认为市场占有率是决定性的要素。

因此,波士顿矩阵的纵轴表示市场增长率,通常用10%平均增长率作为增长高、低的界限(10%的界定是 BCG 主观的,简单粗暴,没有原因,记住就好)。横轴表示相对市场占有率,分界线为1.0(在该点本企业的某项业务与该业务市场上最大竞争对手市场份额相等,如果大于1.0的话,说明你已经是市场上的老大了),该分界线将市场占有率划分为高、低两个区域,如图2-9、表2-21所示。其中图2-9中圆圈面积大小表示该业务或产品的收益占企业全部收益的百分比。

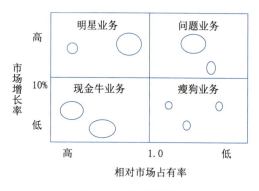

图 2-9　波士顿矩阵

表 2-21　波士顿矩阵四种业务分析

业务	描述
明星业务	(1)高增长—强竞争地位; (2)增长和获利有极好的长期机会,市场增长率高使得业务具有投资价值,需要大量投资支出; (3)适宜采用的战略:发展战略; (4)管理组织:最好采用事业部形式,由对生产技术和销售两方面都很内行的经营者负责
问题业务	(1)高增长—弱竞争地位; (2)需要大量的投资支出,但是能够生成的资金很少; (3)适宜采用的战略:发展、收割或放弃战略; (4)管理组织:最好是采取智囊团或项目组织等形式,选拔有规划能力、敢于冒风险的人负责
现金牛业务	(1)低增长—强竞争地位; (2)市场地位有利,盈利率高,本身不需要投资,反而能为企业提供大量资金,用以支持其他业务的发展,现金牛产品会创造大量的净现金流入; (3)适宜采用的战略:保持或收割战略; (4)管理组织:适合于用事业部制进行管理,其经营者最好是市场营销型人物
瘦狗业务	(1)低增长—弱竞争地位; (2)市场竞争激烈,可获利润很低,不能成为企业资金的来源; (3)适宜采用的战略:收割或放弃战略; (4)管理组织:与其他事业部合并,统一管理

通常有四种战略分别适用于不同的业务,如表2-22所示:

表 2-22　波士顿矩阵的运用战略

战略目标	目标及适用业务类型
发展	以提高相对市场占有率为目标，甚至不惜放弃短期收益。比如，想尽快变成"明星"的问题业务
保持	目标是保持业务单位现有的市场占有率。对于较大的"现金牛"可以此为战略
收割	目标是在短期内尽可能地得到最大限度的现金收入。处境不佳的"现金牛"类业务、没有发展前途的"问题"类业务和"瘦狗"类业务应视具体情况采取这种策略
放弃	目标在于清理和撤销某些业务，减轻负担，将有限的资源用于效益较高业务。适用于无利可图的"瘦狗"类和"问题"类业务

BCG 矩阵有以下四个方面的贡献：

（1）最早的组合分析方法之一，被广泛运用。

（2）将不同的经营业务综合在一个矩阵，简单明了。

（3）指出了每个业务经营单位在竞争中的地位、作用和任务，从而有选择和集中地运用有限的资金。

（4）可帮助企业推断竞争对手对相关业务的总体安排。其前提是竞争对手也使用波士顿矩阵方法。

BCG 矩阵也存在五个方面的局限性：

（1）在实践中要确定各业务的市场增长率和相对市场占有率是比较困难的。

（2）用市场增长率和企业相对市场占有率两个单一指标有些简单。

（3）暗含假设：企业的市场份额与投资回报是成正比的，假设有时不成立或不全面。

（4）另一个条件是资金是主要的资源，但时间和人员的创造力也很重要。

（5）在实际运用中有很多困难，例如文化变革问题。

【提示说明】　首先要全面掌握 BCG 矩阵的基本原理，其次要求考生能够在给定的案例描述中，正确区分企业的多种业务应该分别属于 BCG 矩阵的哪一种类型，同时能够根据实际情况，给出正确的战略选择，达到基本应用能力的程度。

【相关链接】　波士顿咨询公司经营历史上最大的商品——"BCG 矩阵"

1963 年布鲁斯·亨德森在他 48 岁时创立了波士顿咨询公司。1969 年 BCG 矩阵诞生了，这个小小的 2×2 矩阵成为被当时经营多种业务所累的经营者们最大的武器。创造出这个武器的是刚进入公司仅一年的理查德·洛克里吉。这个矩阵是有两层意义的划时代产品，一是用了很好理解的图表，二是将企业定位进行数值化分析。到了 1979 年，世界 500 强中近一半的企业都使用了 BCG 矩阵（统计数据来自 1982 年的哈佛商业评价）。

BCG 矩阵是"外部环境"与"竞争"组合起来的分析工具。这个工具诞生时，美国正处于严格执行反垄断法时代，大企业想要成长必须拓展多元化业务，许多大企业甚至拥有数十或数百种业务，这时需要一个简单的判断辅助工具。BCG 矩阵很好地诠释了大道至简，呈现给人们的是简约并实用之美。

【例题 22·多选题】　下列关于波士顿矩阵的说法中，正确的有（　　）。

A. 波士顿矩阵的纵坐标表示市场增长率，横坐标表示本企业的相对市场占有率

B. 对问题业务来说应该采用发展、收割或放弃战略

C. 对现金牛业务来说应该采用保持或收割战略

D. 明星业务会创造大量的净现金流入

解析　明星业务可以获得较多利润和营业现金流入，但同时较高的市场增长率使得业务具有投资价值，需要大量投资支出，因

此净现金流量不大。所以选项 D 的说法不正确。

答案 ▶ ABC

2. 通用矩阵—基本应用能力

通用矩阵，又称行业吸引力矩阵，是美国通用电气公司设计的一种投资组合分析方法，通用矩阵改进了波士顿矩阵过于简化的不足，增加了中间等级，同时 X 轴与 Y 轴的衡量多用了多因素指标（根据每个因素的相对重要程度，定出各自的权数和级数，加权平均综合计算可得）。如图2-10、表2-23所示。

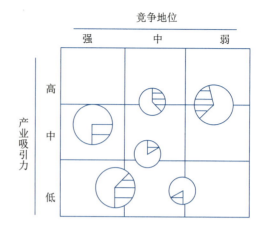

图 2-10　通用矩阵

表 2-23　通用矩阵的战略选择

业务	战略
处于左上方三个方格的业务	适于采取增长与发展战略，企业应优先分配资源
处于右下方三个方格的业务	一般就采取停止、转移、撤退战略
处于对角线三个方格的业务	应采取维持或有选择地发展的战略，保护原有的发展规模，同时调整其发展方向

【提示说明】（1）影响产业吸引力的因素，有产业增长率、市场价格、市场规模、获利能力、市场结构、竞争结构、技术及社会政治因素等。

（2）影响经营业务竞争地位的因素，有相对市场占有率、市场增长率、买方增长率、产品差别化、生产技术、生产能力、管理水平等。

（3）各个影响因素所占的权重，当然只能用主观方法人为确认。

（4）通用矩阵的九宫格中，圆圈面积的大小与所有产业规模呈正比，圆圈内扇形面积大小表示某项业务的市场占用率。

通用矩阵虽然看似解决了 BCG 矩阵过于简单的缺陷，但也同时带来了另外的局限性，正所谓解决了一个问题的同时也产生了另一个新的问题。

通用矩阵的局限性：

（1）用综合指标来测算，但指标在一个产业或一个企业的表现可能不一致，评价结果也会由于指标权数分配的不准确而产生偏差。

（2）划分较细，对于业务类型较多的多元

化大公司必要性不大，且需要更多数据，方法比较繁杂，不易操作。

【相关链接】麦肯锡的通用矩阵

麦肯锡公司是世界级领先的全球管理咨询公司，是由芝加哥大学商学院教授詹姆斯·麦肯锡（1889-1937）于 1926 年创建。但在1970 年代是公司经历最困难的 10 年。一方面成立于 1963 年的波士顿咨询公司占有业界第一的位置，另一方面，来自贝恩公司的压力也不容忽视。

后来麦肯锡把战略和组织作为公司业务发展的战略重点，分别任命了该领域领先的专家负责其发展。经过一系列的改革与调整，到 1979 年时，麦肯锡公司销售业绩有一半来自"战略"这个领域。麦肯锡公司终于在20世纪 80 年代初走出低谷，重新开始复兴和繁荣。但遗憾的是，在转型期间创造出来的众多战略概念几乎没有几个能存活下来，比如模仿 BCG 矩阵的 3×3 象限的通用矩阵（GE 矩阵），连麦肯锡高层自己都感觉复杂棘手。

【例题 23·单选题】下列关于通用矩阵

的说法中，不正确的是（　　）。

A. 矩阵中圆圈面积的大小与业务规模成正比

B. 矩阵中圆圈中的扇形部分表示某项业务的市场占有率

C. 通用矩阵对不同的竞争环境和不同地位的各类业务均可使用

D. 通用矩阵划分较细，对于业务类型较多的多元化公司均可适用

解析 ▶ 通用矩阵划分较细，对于业务类型较多的多元化公司必要性不大，且需要更多数据，方法比较繁杂，不易操作。选项D的说法不正确。　　　　　**答案** ▶ D

三、SWOT 分析—综合运用能力 ★★★

SWOT 分析是一种综合考虑企业内部条件和外部环境的各种因素，进行系统评价，从而选择最佳经营战略的方法。

S 是指企业内部的优势（Strengths）

W 是指企业内部的劣势（Weakness）

O 是指企业外部环境的机会（Opportunities）

T 是指企业外部环境的威胁（Threats）

SWOT 分析中最核心的部分是评价企业的优势和劣势、判断企业所面临的机会和威胁并做出决策，即在企业现有的内外部环境下，如何最优地运用自己的资源，并且考虑建立公司未来的资源。

优势和劣势是**相对于竞争对手**而言的，一般表现为资金、技术设备、员工素质、产品、市场、管理技能等方面，SW 属于内部因素。

机会与威胁是外部环境中对企业有利与不利的因素，OT 属于外部因素。

【相关链接】SWOT 分析法的真面目

SWOT 分析法的开创者是斯坦福研究所的阿尔伯特汉弗莱（1926-2005），但却是由哈佛商学院安德鲁斯教授推广开来。根据 2008 对 22 个国家的 450 个公司团体的调查，SWOT 分析法的使用率是 72%，排名第二。第一位的是客户满意度调查表。

其实 SWOT 矩阵只是一个整理用的工具，它只是将各要素组合起来，扩大了企业可选择的范围，因为 SWOT 本身并没有给出选择。

SWOT 分析详见如图 2-11、图 2-12 所示。

优势	劣势
·企业专家所拥有的专业市场知识 ·对自然资源的独有进入性 ·专利权 ·新颖的、创新的产品或服务 ·企业地理位置优越 ·由于自主知识产权所获得的成本优势 ·质量流程与控制优势 ·品牌和声誉优势	·缺乏市场知识与经验 ·无差别的产品和服务（与竞争对手比较） ·企业地理位置较差 ·竞争对手进入分销渠道并占据优先位置 ·产品或服务质量低下 ·声誉败坏
机会	威胁
·发展中国家新兴市场（如中国互联网） ·并购、合资或战略联盟 ·进入具有吸引力的新的细分市场 ·新的国际市场 ·政府规则放宽 ·国际贸易壁垒消除 ·某一市场的领导者力量薄弱	·企业所处的市场中出现新的竞争对手 ·价格战 ·竞争对手发明新颖的、创新性的替代产品或服务 ·政府颁布新的规则 ·出现新的贸易壁垒 ·针对企业产品或服务的潜在税务负担

图 2-11　典型的 SWOT 分析格式

	外部环境	
	机会 O	威胁 T
优势 S（内部环境）	增长型战略（SO）	多种经营战略（ST）
劣势 W	扭转型战略（WO）	防御型战略（WT）

图 2-12　SWOT 分析

【备考战略】如何理解 SWOT 矩阵的四种组合？

优势×机会组合，应采取积极的增长型战略（SO），所谓生逢其时，需要撸起袖子加油干！企业应开发市场、增加产量等。

劣势×机会组合，应采取扭转型战略（WO），要充分利用良好的外部机会，想方设法清除劣势。千万不要错过良机，留下一个"曾经有个机会摆在我面前，我却没有珍惜……"的千古遗憾。

劣势×威胁组合，应采取防御型战略（WT），这是最差的情景了，所谓福无双至，祸不单行。屋漏偏逢连夜雨，船迟又遇打头风。这时要忍住不哭，进行业务调整，设法避开威胁和消除劣势。

优势×威胁组合，应采取多种经营战略（ST），利用自身优势在多样化经营中寻找长期发展的机会；或是增强自身优势以对抗外部的威胁，此所谓扬长避短、趋利避害。

通过 SWOT 分析可以将企业战略分析过程中总结出的企业的优势与劣势、外部环境的机会与威胁转换为企业下一步的战略开发方向，SWOT 分析成为战略分析与战略选择两个阶段的连接点。在进行 SWOT 分析之后，对于可选择的战略方向还要进行总结和梳理，最终确定公司战略选择的主要方向。

【知识点拨】企业未来的发展和战略选择与所处的内外环境存在着高度相关。可以简单地理解 SWOT 矩阵中的四种可选择的战略：

SO 战略：依托内部优势，利用外部机会。

ST 战略：依托内部优势，规避外部威胁。

WO 战略：利用外部机会，克服内部弱点。

WT 战略：克服内部弱点，规避外部威胁。

SWOT 模型是设计学派最著名的工具，换句话说，设计出好的战略，就是找到一个模型来实现内部外部环境的匹配。这提供了一种结构化的思维模式，容易被大家所理解。

【例题 24·单选题】白富美公司是一家家化产品为主体的多元化经营企业，业务范围涉及洗发水、美白化妆品、假发、食品等产品。白富美公司对其业务现状进行了认真仔细地分析，请判断以下内容符合 SWOT 分析的是（　　）。

A. 洗发水行业增长迅速，但公司市场占有率不高，这时应该采用 SO 战略

B. 美白化妆品行业增长迅速，公司市场占有率很高，宜采用 WO 战略

C. 假发行业不景气，公司市场占有率不高，应采用 WT 战略

D. 食品行业近年来一直增长很快，但公司此项业务刚刚起步，应采用 ST 战略

解析 ▶▶ 选项 A 属于 WO 战略，选项 B 属于 SO 战略，而选项 D 属于 WO 战略。

答案 ▶▶ C

【宏观环境分析】

1. (2019 年·单选题)国家出台"每对夫妻可生育两个子女"的政策后，少儿智能学习机制造商龙华公司预测其产品的市场需求将明显增长，于是制定并实施了新的发展战略，扩大投资，提高生产能力，同时采用新智能技术实现产品升级。龙华公司外部环境分析所采用的主要方法是( )。

A. 五种竞争力分析

B. 成功关键因素

C. PEST 分析

D. 产业生命周期分析

2. (2019 年·单选题)2012 年政府颁布了《生活饮用水卫生标准》。然而，由于相关设施和技术等方面的原因，国内一些地区的自来水水质短期内还不能达到标准。同时，近年随着国内经济迅速发展，国民追求健康和高品质生活的愿望不断提高。通过对上述情况的分析，华道公司于 2013 年从国外引进自来水滤水壶项目，获得成功。本案例中，华道公司外部环境分析所采用的主要方法是( )。

A. 产品生命周期分析

B. 五种竞争力分析

C. PEST 分析

D. 钻石模型分析

【产业环境分析】

1. (2019 年·单选题)龙苑公司是一家制作泥塑工艺品的家族企业。该公司成立 100 多年来，经过世代相传积累了丰富的泥塑工艺品制作经验和精湛技艺，产品远销国内外。目前一些企业试图进入泥塑工艺品制作领域。根据上述信息，龙苑公司给潜在进入者设置的障碍是( )。

A. 资金需求 　　B. 学习曲线

C. 行为性障碍 　D. 分销渠道

2. (2019 年·单选题)专为商业零售企业提供管理咨询服务的智信公司于 2015 年预测中国的实体百货零售业已进入衰退期。该公司作出上述预测的依据应是( )。

A. 实体百货零售业投资额增长率曲线的拐点

B. 实体百货零售业利润额增长率曲线的拐点

C. 实体百货零售业工资额增长率曲线的拐点

D. 实体百货零售业销售额增长率曲线的拐点

3. (2019 年·多选题)惠丰公司是一家柴油机生产企业。最近，该公司拟把业务延伸到农机生产领域。下列各项中，属于惠丰公司进入新产业所面临的结构性障碍有( )。

A. 现有农机企业采取限制进入定价行为

B. 现有农机企业的品牌优势

C. 政府颁布的农机产业进入政策

D. 现有农机企业对销售渠道的控制

4. (2019 年·多选题)巨能公司是多家手机制造企业的电池供应商。根据波特的五种竞争力分析理论。下列各项关于巨能公司与其客户讨价还价能力的说法中正确的有( )。

A. 巨能公司能够进行向前一体化时，其讨价还价能力越强

B. 巨能公司掌握的客户的转换成本信息越多，其讨价还价能力越强

C. 巨能公司的客户购买量越大，巨能公司讨价还价能力越强

D. 巨能公司提供的电池差异化程度越高，其讨价还价能力越强

5. (2019 年·多选题)近几年 VR(虚拟现实)产品的销售量节节攀升，顾客群逐渐扩大；不同企业的产品在技术和性能方面有较大差异；消费者对产品质量的要求不

高。从市场角度看，现阶段 VR 行业的成功关键因素有( )。

A. 保护现有市场

B. 开拓新销售渠道

C. 建立商标信誉

D. 改善企业形象

6.（2018 年·单选题）近年来，国产品牌智能手机企业强势崛起，出货量迅猛增长，与国际品牌智能手机在市场上平分秋色。中低端智能手机市场基本被国产智能手机占领，新进入者难以获得市场地位，同时，由于运营商渠道调整，电商等渠道比重加大。产品"同质化"现象加剧，"价格战"日趋激烈。根据上述情况，国内智能手机产业目前所处于生命周期阶段是( )。

A. 成长期 　　 B. 导入期

C. 衰退期 　　 D. 成熟期

7.（2018 年·多选题）甲公司是一家互联网叫车平台公司，目前经营处于培育客户的阶段。该公司通过支付大量的营销费用来培养客户通过互联网叫车的习惯。下列各项中，属于甲公司现阶段经营特征的有( )。

A. 经营风险非常高而财务风险非常低

B. 具有中等的股利分配率

C. 价格/盈余倍数非常高

D. 主要资金来源是风险资本

8.（2018 年·多选题）近年来国内洗涤品生产企业面临日益沉重的竞争压力。国外著名洗涤品公司加快进入中国市场的步伐；原材料及用工成本不断上涨；国内洗涤品生产企业众多，产品差异较小，消费者选择余地大；新型洗涤品层出不穷，产品生命周期缩短，原有洗涤品不断遭到淘汰。从产业五种竞争力角度考察，国内洗涤品生产企业面临的竞争压力包括( )。

A. 产业内现有企业的竞争

B. 购买者讨价还价

C. 供应者讨价还价

D. 潜在进入者的进入威胁

9.（2017 年·单选题）20 世纪 90 年代，光美公司在国内推出微波炉产品，目前光美公司已建立覆盖全国的营销网络，包括电商销售平台、数以千计的超市专卖柜和实体店以及十几个仓储物流中心，近年来不少企业试图进入微波炉行业，均未能成功。光美公司给潜在进入者设置的进入障碍是( )。

A. 现有企业对关键资源的控制

B. 现有企业的市场优势

C. 行为性障碍

D. 规模经济

10.（2017 年·单选题）近年来，国内空调产业的销售额达到前所未有的水平，不同企业生产的空调在技术和质量等方面的差异不明显，空调生产企业的主要战略路径是提高效率，降低成本，按照产品生命周期理论，目前国内空调产业所处的阶段是( )。

A. 导入期 　　　 B. 衰退期

C. 成长期 　　　 D. 成熟期

11.（2017 年·单选题）2007～2013 年，S 公司在作为 P 公司最大的元器件和闪存供应商的同时，推出了原创智能手机和平板，成为 P 公司在智能手机和平板市场主要的竞争对手，P 公司很想摆脱对 S 公司的依赖，但由于 S 公司在生产关键零件方面的能力显著强于其他公司，因而短期内 P 公司仍离不开 S 公司，最后影响了 S 公司对 P 公司讨价还价能力的主要因素是( )。

A. 业务量

B. 产品差异化程度与资产专用性程度

C. 纵向一体化程度

D. 信息把握程度

12.（2017 年·单选题）近年来，国内智能家电产业的产品销量节节攀升，竞争者不断涌入。各厂家的产品虽然在技术和性能方面有较大差异，但均可被消费者接受。产品由于供不应求，价格高企。在产品生命周期的这个阶段，从市场角度看，国内智能家电产业的成功关键因素应当是( )。

A. 建立商标信誉，开拓新销售渠道

B. 保护现有市场，渗入别人的市场

C. 选择区域市场，改善企业形象

D. 广告宣传，开辟销售渠道

13. (2016年·单选题)甲专车公司是基于互联网的专车服务提供商。甲专车公司采用"专业车辆、专业司机"的运营模式，利用移动互联网及大数据技术为客户提供"随时随地、专人专车"的全新服务体验，在专车服务市场取得很大的成功。甲专车公司给潜在进入者设置的进入障碍是( )。

A. 规模经济 　　B. 资金需求

C. 价格优势 　　D. 产品差异

14. (2016年·单选题)哈佛商学院教授大卫·亚非在波特教授五种竞争力研究基础上，提出了影响产业利润的第六个要素。下列各项中，体现该要素作用的是( )。

A. 某火力发电企业并购了一家煤矿，降低了原材料成本

B. 某地区交通条件的改善促进了该地区房地产业的发展

C. 某牛奶供应商控制了全市的销售渠道，使其他牛奶供应商在该市难以立足

D. 两家大型超市通过降低销售，争夺消费者

15. (2015年·单选题)达美公司在全国各地拥有10多个仓储物流中心，还控制了多个中药材交易市场。基十此优势，达美公司决定构建一个中药材电子商务市场，并把它建成"实体市场与虚拟市场相结合"、中药材电子交易与结算服务为一体的中药材大宗交易平台。目前许多企业计划进入中药材电子商务业务。达美公司给潜在进入者设置的进入障碍是( )。

A. 规模经济

B. 资金需求

C. 现有企业的市场优势

D. 现有企业对关键资源的控制

16. (2015年·单选题)根据产品生命周期理论，产业从导入期到进入衰退期，其经营风险( )。

A. 不断下降

B. 不断提高

C. 先提高后下降

D. 先下降后提高

【竞争环境分析】

1. (2019年·单选题)七彩公司以"文化娱乐性"和"观光游览性"为两维坐标，将旅游业分为不同的战略群组，并将"文化娱乐性高、观光游览性低"的文艺演出与"文化娱乐性低、观光游览性高"的实景旅游两类功能结合起来，率先创建了"人物山水"旅游项目，它将震撼的文艺演出置于秀丽山水之中，让观众在观赏歌舞演出的同时将身心融于自然。七彩公司采用战略群组分析的主要思路是( )。

A. 了解战略群组间的竞争状况

B. 了解战略群组间的"移动障碍"

C. 预测市场变化或发现战略机会

D. 了解战略群组内企业竞争的主要着眼点

2. (2019年·单选题)2016年，多年成功经营的啤酒生产企业宝泉公司投资新建了一家果蔬饮料生产企业，但因管理不善出现持续亏损。最近宝泉公司组织果蔬饮料生产企业的管理人员到本公司的啤酒生产企业调研、学习，收效良好。宝泉公司所实施的基准分析的类型属于( )。

A. 顾客基准 　　B. 一般基准

C. 内部基准 　　D. 竞争性基准

3. (2019年·多选题)多年成功经营的丰盛纺织集团并购了某国一家濒临破产的纺织厂，并组织该厂管理人员到集团旗下国内某著名纺织厂调研、学习，收效良好。丰盛集团所收购的纺织厂基准分析的类型涉及( )。

A. 一般基准 B. 顾客基准

C. 竞争性基准 D. 内部基准

4. （2017 年·单选题）2016 年，R 国汽车制造商 G 预计，随着绿色环保理念的普及和政府相关产业政策推出，R 国的新能源汽车将迎来一个巨大的发展机遇，其本国竞争对手汽车制造商 S 公司将凭借雄厚资金实力和强大科研能力，把投资和研发重点转向新能源汽车领域。G 对 S 的上述分析属于（ ）。

A. 财务能力分析

B. 成长能力分析

C. 适应变化能力分析

D. 快速反应能力分析

5. （2016 年·简答题）2004 年，春城白药开始尝试进军日化行业。而此时日化行业的竞争已经异常激烈。B 公司、L 公司、D 公司、H 公司等国际巨头们凭借其规模经济、品牌、技术、渠道和服务等优势，基本上占领了 C 国日化行业的高端市场，占据了 C 国牙膏市场 60% 以上的份额；清雅公司、蓝天公司等本土日化企业由于普遍存在产品特色不突出、品牌记忆度弱等问题，加上自身实力不足，因而多是在区域市场的中低端市场生存。整个产业的销售额达到前所未有的规模，且市场基本饱和。谁想要扩大市场份额，都会遇到竞争对手的顽强抵抗。已有相当数量的本土日化企业淡出市场。价格竞争开始成为市场竞争的主要手段，定位在高端市场的国际巨头们也面临着发展的"瓶颈"，市场份额、增长速度、盈利能力都面临着新的考验，它们的产品价格开始向下移动。

春城白药进入日化行业先从牙膏市场开始。春城白药没有重蹈本土企业的中低端路线，而是反其道而行之。通过市场调研，春城白药了解到广大消费者对口腔健康日益重视，而当时市场上的牙膏产品大多专注于美白、防蛀等基础功能，具有更多口腔保健功能的药物牙膏还是市场"空白点"。于是，春城白药创出了一个独特的、有助于综合解决消费者口腔健康问题的药物牙膏—春城白药牙膏，并以此树立起高价值、高价格、高端的"三高"形象。春城白药进入牙膏市场短短几年表现突出，不仅打破本土品牌低端化的现状，还提升了整个牙膏行业价格体系。从 2010 年开始，随着春城白药推出功能化的高端产品，国际巨头们也纷纷凭借自身竞争优势推出功能化的高端产品抢占市场。B 公司推出抗过敏牙膏；L 公司推出全优七效系列牙膏；D 公司推出去渍牙膏；H 公司推出专效抗敏牙膏。这些功能性很强的口腔保健牙膏定价都与春城白药牙膏不相上下。这些功能化的高端牙膏产品出现后，消费者的需求得到进一步满足，整个市场呈现出"销售额增长大于销售量增长"的新特点。

要求：

（1）简要分析春城白药进军日化行业时，日化行业所处的产品生命周期发展阶段。

（2）运用"解决口腔健康问题功能程度"和"价格水平"两个战略特征，各分为"高""低"两个档次，对 2010 年以前的 B 公司、L 公司、D 公司、H 公司、清雅公司、蓝天公司、春城白药进行战略群组划分。

（3）根据战略群组分析的作用，分析：1）定位在高端市场的国际巨头们的产品价格开始向下移动的依据；2）春城白药在日化行业中战略群组定位的依据；3）B 公司、L 公司、D 公司、H 公司相继推出功能化高端牙膏的依据。

【钻石模型】

1. （2019 年·多选题）华泰医药公司拟在 J 国建立一个药品研发和生产基地，并对该国的相关情况进行了调查分析。下列各项中，符合钻石模型四要素分析要求的有（ ）

A. J 国近年来经济增长较快，对高质量药品需求与日俱增

B. J国政府近期颁布了多项支持医药产业发展的政策

C. J国药品研发人才不足，尚无一项药品专利

D. J国本土医药企业虽然数量较多，但规模小，竞争主要围绕价格进行

2. （2018年·单选题）甲公司是C国著名的生产和经营电动汽车的厂商，2017年，公司制定了国际化战略，拟到某发展中国家N国投资建厂。为此，甲公司委托专业机构对N国的现有条件进行了认真详细的分析。根据波特的钻石模型理论，下列分析中不属于钻石模型四要素的是（　　）。

A. N国电动汽车零部件市场比较落后，供应商管理水平较低

B. N国电动汽车市场刚刚兴起，市场需求增长较快

C. N国政府为了保护本国汽车产业，对甲公司的进入设定了限制条件

D. N国劳动力价格相对C国较低，工人技术水平和文化素质不高

3. （2017年·简答题）据专家预测，到2020年中国葡萄酒消费量将进入世界前三位，全球葡萄酒过剩时代结束，即将步入短缺时代。

葡萄酒界流传着"七分原料，三分工艺"的说法，意即决定葡萄酒品质最重要的因素是葡萄产地。G省的葡萄种植基地、葡萄酒生产企业主要集中在西北黄金产业带上。适宜的纬度、最佳光热水土资源组合，加之大幅度的昼夜温差、适宜有效的气温和干燥少雨的气候，使G省成为国内生产葡萄酒原料的最佳区域之一。

G省葡萄酒产业发展具有深厚的文化底蕴。"葡萄美酒夜光杯，欲饮琵琶马上催"等一系列脍炙人口的赞美葡萄酒的诗歌经久不衰。从历史史料中不难看出，自汉朝以来的2000多年，西北黄金产业带的葡萄酒，一直闻名遐迩，享誉盛赞。

然而，G省葡萄酒企业在国内市场的竞争地位却不尽人意。2011年国内四大葡萄酒知名品牌占据国内市场份额60%左右，而G省最具竞争力的高华品牌只在华南和西北地区占有很低的市场份额，省内另外几家企业的葡萄酒基本未进入省外市场。2011年G省葡萄酒企业年销量仅占全国销量的1.1%。

以下三个方面因素在一定程度上影响了G省葡萄酒企业的竞争力。其一，相对于国内东部产区而言，G省产区交通条件欠发达，因此葡萄酒产品在外运过程中成本较高。其二，随着市场的发展，包装对于葡萄酒来说不仅是保护商品，方便流通的手段，更成为一种差异化、准确定位目标市场的营销方式。而G省与葡萄酒产业相关的包装印刷业发展缓慢。企业产品包装品的制作和商标的印刷主要依靠南方地区的企业提供。其三，G省绝大多数葡萄酒生产企业规模小且分散，产品销售网覆盖地区有限，彼此之间的竞争不够充分。

近年来，为了进一步完善本地葡萄酒企业发展环境，G省酒类商品管理局实施了"抱团走出去，择优引进来"的策略，通过开展品牌宣传，招商引资等多种手段，努力提升G省葡萄酒在国内市场的知名度。

要求：

（1）根据钻石模型四要素，简要分析G省葡萄酒产业发展的优势与劣势。

（2）根据企业资源的判断标准，简要分析G省葡萄酒企业资源的不可模仿性有哪几种形式。

【企业资源与能力分析】

1. （2019年·多选题）研发和生产家用滤水壶的汇康公司秉承"使员工幸福，让顾客满意"的理念，建立并持续实施了一套以顾客需求为导向、充分调动员工积极性的管理体制，使该公司的技术发明专利数量、盈利率和顾客满意率长期稳居行业前列，显示出难以模仿的竞争优势。汇康公司的资源不可模仿性主要表现为（　　）。

A. 物理上独特的资源

B. 具有路径依赖性的资源

C. 具有因果含糊性的资源

D. 具有经济制约性的资源

2. (2019 年·简答题)海浪水泥公司成立于 1997 年，主要从事水泥及其熟料的生产和销售，2002 年 2 月成功上市。

海浪水泥总部坐落于 A 省。A 省是全国水泥生产主要原材料石灰石储量第二大的省份，且石灰石质量较高。海浪水泥凭借先天条件坐拥原材料成本和质量优势。

水泥产品体积大、单位重量价值低，而且其资源点和消费点的空间不匹配，这些是造成水泥行业运输成本居高不下的主要原因。海浪水泥利用自身位居长江附近的地理位置优势，积极推行其他水泥企业难以复制的"T 型"战略布局：在拥有丰富石灰石资源的区域建立大规模生产的熟料基地，利用长江的低成本水运物流，在长江沿岸拥有大容量水泥消费的城市群建立粉磨厂，形成"竖端"熟料基地＋长江水运、"横端"粉磨厂深入江、浙、沪等地市场的"T 型"生产和物流格局，改变了之前通过"中小规模水泥工厂＋公路运输＋工地"的生产物流模式，解决了长江沿岸城市石灰石短缺与当地水泥消耗量大之间的矛盾。

海浪水泥不断完善"T 型"战略布局，率先在国内新型干法水泥生产线低投资、国产化的研发方面取得突破性进展，这标志着中国水泥制造业的技术水平跨入世界先进行列，确保公司为市场提供规模可观的低价高质产品；公司在沿江、沿海建造了多个万吨级装卸水泥和熟料的专用码头，着力建设或租赁中转库等水路上岸通道；集团设立了物流公司和物流调试中心；公司强化对终端销售市场的开拓，推行中心城市一体化销售模式，在各区域市场建立贸易平台；公司物流实现了工业化和信息化的深度融合，以 GPS 和 GIS 为核心的物流调度信息系统实现了一体化、可视化的管理。通过"T 型"战略的实施，海浪水泥进一步巩固了其"资源—生产—物流—市场"的产业链优势。

2018 年海浪水泥年报显示公司营业收入同比大幅增长 70.50%，净利润同步增长 88.05%，净利润增长幅度超过营业收入增长幅度。

要求：

(1)从企业资源角度，简要分析海浪水泥的竞争优势；分析海浪水泥资源"不可模仿性"的主要形式。

(2)简要分析海浪水泥企业能力。

3. (2019 年·简答题)日升公司于 1995 年成立，1996 年在国内设立生产基地，建设了五个制造厂房。日升公司最初主要从事 OEM 代工业务，为 M 国的客户 FC 公司贴牌生产家具配套及小巧家具组件。之后，公司业务扩展至餐厅及卧房家具，成为国内首家生产卧房家具的企业。1998 年，日升公司单月出货量从 100 个货柜大幅提升至 300 个货柜，制造能力远远超过昔日家具业的龙头老大。

1999 年以前，日升公司的家具几乎全部外销，只做 OEM 代工业务而没有自己的品牌。公司在低附加值的经营中认识到打造自身品牌的重要性。1999 年 3 月，日升公司在 M 国组建公司并创立公司品牌"LC"，主要从事中低端家具的生产和销售。然而，日升公司在 M 国自创品牌的成效并不显著。于是，公司先后实施四次跨国并购，获取了欧美知名企业的品牌、渠道、研发设计及制造能力等战略性资产，实现了从 OEM 向原始设计制造商 OBM 的升级。2001 年，日升公司斥资完成对原委托方 FC 公司的收购，直接进入 M 国中高档家具市场。2005 年日升公司成功上市。上市后，公司市值从 2004 年的 1.37 亿美元跃升至 2005 年的 3.69 亿美元，增长 2.69 倍。

在强大的资金和产能支持下，日升公司于

2006年至2013年又先后收购国际三大品牌家具制造商。四次跨国收购使日升公司的产品组合由单一的中低端木制家具拓展为包含中低端、高端、顶级木制家具，以及沙发、酒店家具的组合；销售市场由M国扩展到欧洲。2000年和2008年，在国内设立研发中心的基础上，日升公司又分别在M国和欧洲设立了研发中心。

2007年以来，全球经济环境发生了很大变化。出于对国内市场潜力的判断，日升公司适时调整经营策略，决定在巩固海外市场的同时，进军国内市场。多年的国际化经历使日升公司在生产、设计、销售方面储备、积累了大量人才和经验。2008年日升公司在国内展会上全面亮相，展出专门针对国内市场开发的三大品牌—"日升家居""日升家园""日升屋"。2009年9月在国内建成了日升国际风尚馆。

日升公司在原有多个知名品牌的基础上，运用特许经营品牌、针对细分客户设立新品牌等策略，进一步巩固日升公司的OBM业务。2010年，开展酒店家具业务，并在J国和N国设立生产基地。2009年、2012年，先后推出特许品牌"PDH"和"PDK"；2011年，推出青年家具品牌"SM"；2012年，M国日升推出特许品牌"MH"2013年，推出特许品牌"WB"；2014年，推出婴儿家具品牌"SB"。日升公司的OBM业务约占总业务的90%。

目前，日升公司在国内18个城市23家门店销售产品。国际市场仍然是日升公司的主要市场。

要求：

简要分析日升公司"从OEM向OBM升级"所显示的企业能力。

4.（2018年·单选题）以生物药品研发为主营业务的康力公司多年来不断完善科研管理体制建设，为科研人才的创造性活动提供了坚实的基础和保障，使公司在激烈的市场竞争中获得了明显的优势，康力公司的竞争优势来源于（　　）。

A. 物理上独特的资源

B. 具有路径依赖性的资源

C. 具有经济制约性的资源

D. 具有因果含糊性的资源

5.（2018年·多选题）甲公司是一家电力设备制造企业。为了正确评价自身的核心能力，甲公司选取了国内一家知名的同类上市公司进行基准分析。下列各项中，属于甲公司选择基准对象时应关注的领域有（　　）。

A. 能够显著改善客户关系的活动

B. 能够衡量企业业绩的活动

C. 能够最终影响企业结果的活动

D. 占用企业较多资金的活动

6.（2017年·单选题）西康酒店是一家位于中国西部某著名旅游景区的五星级酒店，为了提升管理水平，西康酒店定期派人去东部旅游景区的五星级酒店学习，从而逐步提升了服务质量和财务业绩。西康酒店进行基准分析的基准类型是（　　）。

A. 内部基准

B. 过程或活动基准

C. 一般基准

D. 竞争性基准

7.（2016年·单选题）M国的甲航空公司专营国内城际航线，以低成本战略取得很大成功。专营H国国内城际航线的H国乙航空公司，也采用低成本战略，学习甲公司的成本控制措施，在H国竞争激烈的航空市场取得了良好的业绩。乙公司的基准分析类型是（　　）。

A. 内部基准

B. 竞争性基准

C. 一般基准

D. 过程或活动基准

8.（2016年·单选题）西江公司是一家拥有100多年历史的医药公司，其使用国家级保密配方配制的某种药品，从20世纪初推出以来，疗效显著，一直深受患者欢迎。

西江公司拥有的具有不可模仿性的资源属于（　　）。

  A. 物理上独特的资源

  B. 具有因果含糊性的资源

  C. 具有路径依赖性的资源

  D. 具有经济制约性的资源

9. （2015年·单选题）W航空公司以"家庭式愉快，节俭而投入"的企业文化为基础，构建起在U国航空业的竞争优势，竞争对手对其难以模仿。W航空公司的竞争优势来源于（　　）。

  A. 物理上独特的资源

  B. 具有路径依赖性的资源

  C. 具有因果模糊性的资源

  D. 具有经济制约性的资源

【价值链分析】

1. （2018年·简答题）2003年，"电池大王"环亚公司收购了一家汽车制造公司，成立了环亚汽车公司。环亚汽车公司将其电池生产技术优势与汽车制造技术相结合，迅速成为国内新能源汽车领域的龙头企业。

新能源汽车生产的关键在于掌握三大核心零部件电机、电控与电池的生产制造技术以及具有完备的整车组装能力。环亚汽车公司下大力气增强企业这些关键性活动的竞争优势。

环亚汽车公司在包括电机、电控与电池生产领域投入的研发费用占销售收入比重达4.13%，远高于国内同类汽车生产企业的研发投入占比，与国际知名汽车品牌企业相当。环亚汽车公司自主研发的磷酸铁锂电池（锂电池的一种）及管理系统安全性能好、使用寿命长；环亚汽车公司的锂电池专利数量名列国内第一。环亚汽车公司自主研发的永磁同步电机功率大、扭矩大，足够满足双模电动汽车（拥有燃油驱动与电能驱动两种动力系统，驱动力可以由电动机单独供给，也可以由发动机与电动机耦合供给，与混合动力汽车并无差别）与纯电动车的动力需求。环亚汽车公司自主

研发的动力系统匹配技术能够保证动力电池、驱动电机及整车系统的匹配，保证整车运行效率。此外，2008年环亚汽车公司以近2亿元的价格收购了半导体制造企业中达公司，此次收购使环亚汽车公司拥有了电动汽车驱动电机的研发能力和生产能力。2011年环亚汽车公司与国际知名老牌汽车制造企业D公司成立合资企业，借助D公司掌握的汽车结构以及安全领域的专有技术，增强公司在汽车整车组装方面的研发能力和生产能力。

为了进一步扩大新能源汽车生产制造规模，环亚汽车公司又将在新能源轿车制造的优势延展至新能源客车制造。2009年环亚汽车公司以6000万元的价格收购国内美泽客车公司，获得客车生产许可证；2014年环亚汽车公司又与国内广贸汽车集团分别按51%和49%的持股比例合资设立新能源客车公司，注册资本3亿元人民币。

近年来，环亚汽车公司开启了向产业上下游延展的战略新举措。2015年环、亚汽车公司收购专门从事盐湖资源综合利用产品的开发、加工与销售的东州公司，这一收购整合了环亚汽车公司汽车零部件的生产。2016年环亚汽车公司以49%的持股比例，与青山盐湖工业公司及深域投资公司共同建立合资企业，注册资本5亿元人民币。此次合作实现了环亚汽车公司的动力锂电池优势与盐湖锂资源优势相结合。2015年环亚汽车公司与广安银行分别以80%和20%的持股比例合资成立环亚汽车金融公司，注册资本5亿元人民币。这是环亚汽车公司向汽车服务市场延伸的一个重大事件。

到目前为止，环亚汽车公司是全球少有的同时掌握新能源电池、电机、电控及充电配套、整车制造等核心技术以及拥有成熟市场推广经验的企业之一。环亚新能源汽车的足迹已遍布全球六大洲50个国家和地区。

要求：

简要分析环亚汽车公司在分析自身的资源和能力，从而构筑其竞争优势的过程中，是如何体现价值链分析方法的。

2. (2017年·单选题)根据波特的价值分析理论，下列属于企业支持活动(辅助活动)的是(　　)。

A. 聘请咨询公司实施广告策略

B. 物流配送产品

C. 通过互联网进行广告宣传

D. 生产设备维修

3. (2017年·多选题)华生公司开发了有助于失明患者进行义眼移植的Y产品，并且取得了发明专利。公司随后建立了生产Y产品的工厂，目前形成了较为完善的进货、生产、发货、服务与分销体系。从企业价值链角度考察，华生公司与Y产品有关的价值活动包括(　　)。

A. 基础设施　　　　B. 生产经营

C. 内部后勤　　　　D. 技术开发

4. (2016年·单选题)东海公司为了提升公司的信息化管理水平，聘请某知名咨询公司为其开发一套管理信息系统。东海公司的上述活动属于价值链支持活动中的(　　)。

A. 采购管理

B. 人力资源管理

C. 公司基础设施

D. 技术开发

5. (2015年·多选题)按照波特的价值链分析方法，企业支持活动中的基础设施包括(　　)。

A. 财务管理

B. 厂房、道路等

C. 企业高层管理人员

D. 企业的组织结构、惯例、控制系统以及文化等活动

【业务组合分析】

1. (2019年·单选题)实行多元化经营的达梦公司在家装行业有很强的竞争力，市场占有率达50%以上，近年来家装市场进入低速增长阶段，根据波士顿矩阵原理，下列各项中，对达梦公司的家装业务表述正确的是(　　)。

A. 该业务应采用撤退战略，将剩余资源向其他业务转移

B. 该业务的经营者最好是市场营销型人物

C. 该业务应由对生产技术和销售两方面都很内行的经营者负责

D. 该业务需要增加投资以加强竞争地位

2. (2018年·单选题)H公司经营造船、港口建设、海运和相关智能设备制造四部分业务，这些业务的市场增长率分别为7.5%、9%、10.5%和18%，相对市场占有率分别为1.2、0.3、1.1和0.6。该公司四部分业务中，适合采用智囊团或项目组等管理组织是(　　)。

A. 港口建设业务

B. 造船业务

C. 相关智能设备制造业务

D. 海运业务

3. (2017年·单选题)环美公司原以家电产品的生产和销售为主，近年来逐渐把业务范围扩展到新能源、房地产、生物制药等行业，依据波士顿矩阵分析，下列对业务定位错误的是(　　)。

A. 家电业务的多数产品进入成熟期，公司在家电行业竞争优势显著，公司应加大投入力度，以维持优势地位

B. 新能源行业发展潜力巨大，前景广阔，公司该领域竞争优势不足，公司应对新能源重点投资提高市场占有率

C. 房地产进入寒冬期，公司房地产业务始终没有获利，应果断撤出

D. 生物制药行业今年发展迅猛，公司收购的一家生物制药企业由弱到强，竞争优势迅猛展现，公司应在短期内优先供给其所需资源，支持发展

4. (2016年·单选题)近年来中国公民出境游市场处于高速发展的阶段，实行多元化经营的鸿湖集团于2006年成立了甲旅行社，该旅行社专门提供出境游的服务项目，其

市场份额位列第二。根据波士顿矩阵原理，鸿湖集团的甲旅行社业务属于(　　)。

A. 明星业务　　　　B. 瘦狗业务

C. 问题业务　　　　D. 现金牛业务

【SWOT 分析】

1. (2019 年·单选题)近年来新能源汽车产业及市场迅猛增长。国内汽车制造商华新公司于 2018 年进入新能源汽车制造领域，但是受技术和管理水平制约，其产品性能欠佳，市场占有率较低。根据 SWOT 分析，该公司应采用的战略是(　　)。

A. 增长型战略　　　B. 多元化战略

C. 防御型战略　　　D. 扭转型战略

2. (2018 年·单选题)平阳公司是国内一家中型煤炭企业，近年来在政府出台压缩过剩产能政策。行业竞争异常激烈的情况下，经营每况愈下，市场份额大幅缩减，根据 SWOT 分析，甲公司应采取(　　)。

A. 扭转型战略　　　B. 增长型战略

C. 防御型战略　　　D. 多种经营战略

3. (2017 年·单选题)扬帆集团是一家中药企业，2015 年以来，主打的 Q 产品治疗热毒肿痛功效显著，被认为是国宝名药，近来中药市场需求旺盛，但此公司 Q 产品销售增长缓慢，公司业绩与市值增长指标不如其他著名中药企业，据 SWOT 分析，此集团目前应采取的战略是(　　)。

A. 增长型战略　　　B. 防御型战略

C. 扭转型战略　　　D. 多种经营战略

4. (2016 年·单选题)受国家政策扶持，3D 打印产业及市场呈现爆发式增长，智创三维有限公司是国内一家 3D 打印设备制造商，该公司通过仿造国外同类产品，制造用来打印珠宝、齿科产品等中小型产品的 3D 打印设备。但是，受技术水平的制约，其产品质量欠佳，故障率明显高于国外同类产品。根据 SWOT 分析，该公司应采取的战略是(　　)。

A. 增长型战略　　　B. 扭转型战略

C. 防御型战略　　　D. 多元化战略

5. (2015 年·多选题)甲公司是国内火力发电装备制造行业的龙头企业，拥有雄厚的资金实力和品牌优势。2012 年，甲公司在国家政策支持下，投资开展了为核电企业提供配套设备的新业务。由于相关技术研发力量不足，且市场竞争激烈，该业务一直处于亏损状态。下列各项对甲公司所作的分析并提出的相应战略中，正确的有(　　)。

A. 甲公司新业务的相关技术研发力量不足，且市场竞争激烈，应将新业务出售。此为 WT 战略

B. 甲公司拥有雄厚的资金实力和品牌优势，但自身研发能力不足，应寻找有实力的公司，结成战略联盟。此为 WO 战略

C. 甲公司虽然新业务的相关技术研发力量不足，但面对国家政策的支持，应寻找有实力的公司，结成战略联盟。此为 ST 战略

D. 甲公司拥有雄厚的资金实力和品牌优势，应借国家政策支持的东风，加强技术攻关力度，争取新业务尽快扭亏为盈。此为 SO 战略

真题精练答案及解析

【宏观环境分析】

1. C 【解析】本题考核"宏观环境分析"。国家出台"二孩"政策，该公司根据政策出台预测其产品需求会增长，属于宏观环境分析中的政治和法律环境对企业的影响。选项 C 正确。

2. C 【解析】"2012 年政府颁布了《生活饮用水卫生标准》"属于政治和法律环境因素，"由于相关设施和技术等方面的原因，

第 2 章　战略分析

国内一些地区的自来水水质短期内还不能达到标准"属于技术环境因素，"国内经济迅速发展"属于经济环境因素，"国民追求健康和高品质生活的愿望不断提高"属于社会和文化环境因素。综上，华道公司外部环境分析采用的是 PEST 分析，选项 C 正确。

【产业环境分析】

1. B 【解析】"学习曲线"又称经验曲线，是指当某一产品累积生产量增加时，由于经验和专有技术的积累所带来的产品单位成本的下降。"该公司成立 100 多年来，经过世代相传积累了丰富的泥塑工艺品制作经验和精湛技艺"说明龙苑公司给潜在进入者设置的进入障碍是学习曲线。选项 B 正确。

2. D 【解析】产业发展要经过 4 个阶段：导入期、成长期、成熟期和衰退期。这些阶段以产业销售额增长率曲线的拐点划分。选项 D 正确。

3. BCD 【解析】选项 A 属于行为性障碍中的限制进入定价；选项 B、C 属于结构性障碍中的现有企业的市场优势；选项 D 属于结构性障碍中的现有企业对资源的控制。

4. ABD 【解析】当供应商能够进行前向一体化，即供应商能够控制销售环节，购买者购买供应商的价格就不可能太低，所以供应商会拥有较强议价能力，所以 A 选项正确；供应者充分地掌握了购买者的有关信息，了解购买者的转换成本的信息（即从一个供应者转换到另一个供应者的成本），就会增加了供应者的议价能力，所以 B 选项正确；购买者集中度高，业务量大，议价能力强，此时供应者议价能力弱，选项 C 不正确；供应者的产品存在着差别化，议价能力强，所以供应者的议价能力强，选项 D 正确。

5. BC 【解析】近几年 VR（虚拟现实）产品的销售量节节攀升，顾客群逐渐扩大；不

同企业的产品在技术和性能方面有较大差异；消费者对产品质量的要求不高。可以判断出 VR 行业处于成长期。从市场角度看，建立商标信誉，开拓新销售渠道是其成功关键因素。

6. D 【解析】产品"同质化"现象加剧，"价格战"日趋激烈，体现了国内智能手机产业处于生命周期阶段的成熟期。

7. ACD 【解析】互联网叫车产业处于培育客户的阶段，即导入期。导入期经营风险非常高财务风险非常低，不分配股利，价格/盈余倍数非常高，主要资金来源是风险资本，选项 ACD 正确。

8. ABCD 【解析】国外著名洗涤品公司加快进入中国市场的步伐，体现了潜在进入者的进入威胁大，选项 D 正确。原材料及用工成本不断上涨，体现了供应者的议价能力强，选项 C 正确。国内洗涤品生产企业众多，产品差异较小，消费者选择余地大，体现了产业内现有企业的竞争激烈和购买者讨价还价能力强，选项 AB 正确。

9. A 【解析】现有企业对资源的控制一般表现为对资金、专利或专有技术、原材料供应、分销渠道、学习曲线等资源及资源使用方法的积累与控制。如果现有企业控制了生产经营所必需的某种资源，那么它就会受到保护而不被进入者所侵犯。营销网络属于关键性资源，光美公司已建立覆盖全国的营销网络，属于现有企业对关键资源的控制，使得潜在进入者很难进入该产业。

10. D 【解析】成熟期产品逐步标准化，差异不明显，技术和质量改进缓慢。主要战略路径是提高效率，降低成本。

11. B 【解析】当供应者的产品存在着差异化，因而替代品不能与供应者所销售的产品相竞争时，供应者讨价还价的能力就会增强。由于 S 公司在生产关键零件方面的能力显著强于其他公司，因而短期内 P 公司仍离不开 S 公司，最后影响了 S

公司对 P 公司的讨价还价能力。

12. A 【解析】国内智能家电产业的产品销量节节攀升，竞争者不断涌入；各厂家的产品虽然在技术和性能方面有较大差异，但均可被消费者接受；产品由于供不应求，价格高企。这些特征说明智能家电产业处于成长期。从市场角度看，应该建立商标信誉，开拓新销售渠道，选项 A 正确。

13. D 【解析】甲专车公司为客户提供全新服务体验，属于差异化，所以选项 D 正确。

14. B 【解析】哈佛商学院教授大卫·亚非在波特教授研究的基础上，根据企业全球化经营的特点，提出了第六个要素，即互动互补作用力。亚非认为，任何一个产业内部都存在不同程度的互补互动（指互相配合一起使用）的产品或服务业务。例如，对于房地产业来说，交通、家具、电器、学校、汽车、物业管理、银行贷款、有关保险、社区、家庭服务等会对住房建设产生影响，进而影响到整个房地产业的结构。所以选项 B 正确。

15. D 【解析】达美公司在商品流通渠道、中药材市场包括电子商务市场中占据着资源优势，因此选项 D 正确。

16. A 【解析】导入期的经营风险非常高，成长期的经营风险有所下降，主要是产品本身的不确定性在降低。成熟期的经营风险进一步降低，达到中等水平。进入衰退期后，经营风险会进一步降低，主要的悬念是什么时间产品将完全退出市场。由此可以看出，产业的经营风险是不断降低的。

【竞争环境分析】

1. C 【解析】"将震撼的文艺演出置于秀丽山水之中，让观众在观赏歌舞演出的同时将身心融于自然"对于七彩公司来说，这属于一个新的市场机会或战略机会。选项 C 正确。

2. C 【解析】宝泉公司组织果蔬饮料生产企业的管理人员到本公司的啤酒生产企业调研、学习，属于企业内部之间的学习与比较，即内部基准。选项 C 正确。

3. AD 【解析】两者同是纺织厂，通过横向并购之后，不存在竞争关系，因此可以排除竞争性基准，另外，由于同属于集团下的纺织厂，因此，属于内部基准。

4. C 【解析】本题中制造商 G 对 S 公司的分析属于竞争对手能否对外部事件作出反应，即适应变化的能力。

5. 【答案】

(1)春城白药进军日化行业时，日化行业呈现出成熟期的典型特征：

①竞争者之间出现挑衅性的价格竞争。"价格竞争开始成为市场竞争的主要手段""国际巨头的产品价格开始向下移动"。

②成熟期虽然市场巨大，但是已经基本饱和。"整个产业的销售额达到前所未有的规模，且市场基本饱和。谁想要扩大市场份额，都会遇到竞争对手的顽强抵抗。已有相当数量的本土日化企业淡出市场"。

③产品差异不明显。"当时市场上的牙膏大多专注于美白，防蛀等基础功能"。

④局部生产能力过剩。"市场基本饱和""定位在高端市场的国际巨头们也面临着发展的'瓶颈'"。

综上，春城白药进军日化行业时，日化行业处于产品生命周期的成熟阶段。

(2)运用"解决口腔健康问题功能程度"和"价格水平"两个战略特征，各分为"高""低"两个档次，将案例中所提及的 B 公司、L 公司、D 公司、H 公司、清雅公司、蓝天公司、春城白药进行战略群组划分，可分为 3 个群组：

第一群组：解决口腔健康问题功能程度低、价格水平高的群组：B 公司、L 公司、D 公司、H 公司；

第二群组：解决口腔健康问题功能程度低、价格水平低的群组：清雅公司、蓝天公司；

第三群组：解决口腔健康问题功能程度高、价格水平高的群组：春城白药。

（3）根据战略群组分析的作用，分析：

①定位在高端市场的国际巨头们产品价格开始向下移动，是因为第一群组与第二群组之间以及各群组内部竞争激烈，"日化行业的竞争已经异常激烈""谁想要扩大市场份额，都会遇到竞争对手的顽强抵抗。已有相当数量的本土日化企业淡出市场""定位在高端市场的国际巨头们也面临着发展的'瓶颈'"。而对于第一群组的国际巨头们来说，进入第二群组移动障碍不高，"国际巨头们凭借其规模经济、品牌、技术、渠道和服务等优势……占据了C国牙膏市场60%以上的份额"。

②春城白药定位于日化行业第三群组，是因为那是一片蓝海，"具有更多口腔保健功能的药物牙膏还是市场'空白点'"。

③B公司、L公司、D公司、H公司相继推出功能化的高端牙膏，是尝试进入第三群组。对国际巨头而言，这一移动障碍也不高。"国际巨头们也纷纷凭借自身竞争优势推出功能化的高端产品抢占市场"。

【钻石模型】

1. ACD 【解析】选项A体现的是钻石模型中的需求条件因素；选项B体现的是宏观环境分析中的政治因素；选项C体现的钻石模型中的生产要素，选项D体现的是企业战略、企业结构和同业竞争。

2. C 【解析】钻石模型四要素是：生产要素、需求条件、相关与支持性产业、企业战略、企业结构和同业竞争对手的表现。A属于相关与支持性产业，B属于需求条件，D属于生产要素。C不属于钻石模型的内容。

3. 【答案】

（1）优势：

生产要素。"决定葡萄酒品质最重要的因素是葡萄产地。G省的葡萄种植基地、葡萄酒生产企业主要集中在西北黄金产业带上。适宜的纬度、最佳光热水土资源组合，加之大幅度的昼夜温差、适宜有效的气温和干燥少雨的气候，使G省成为国内生产葡萄酒原料的最佳区域之一。"

需求条件。"据专家预测，到2020年中国葡萄酒消费量将进入世界前三位，全球葡萄酒过剩时代结束，即将步入短缺时代。"

劣势：

相关与支持性产业。"其一，相对于国内东部产区而言，G省产区交通条件欠发达，因此葡萄酒产品在外运过程中成本较高。其二，随着市场的发展，包装对于葡萄酒来说不仅是保护商品、方便流通的手段，更成为一种差异化、准确定位目标市场的营销方式。而G省与葡萄酒产业相关的包装印刷业发展缓慢。企业产品包装品的制作和商标的印刷主要依靠南方地区的企业提供。"

企业战略、企业结构和竞争对手的表现。"G省葡萄酒企业在国内市场的竞争地位却不尽人意。2011年国内四大葡萄酒知名品牌占据国内市场份额60%左右，而G省最具竞争力的高华品牌只在华南和西北地区占有很低的市场份额。2011年G省葡萄酒企业年销量仅占全国销量的1.1%。""G省绝大多数葡萄酒生产企业规模小且分散，产品销售网覆盖地区有限，彼此之间的竞争不够充分""省内另外几家企业的葡萄酒基本未进入省外市场"。

（2）G省葡萄酒企业资源的不可模仿性有如下几种形式：

①物理上独特的资源。"决定葡萄酒品质最重要的因素是葡萄产地。G省的葡萄种植基地、葡萄酒生产企业主要集中在西北黄金产业带上。适宜的纬度、最佳光热水土资源组合，加之大幅度的昼夜温差、适宜有效的气温和干燥少雨的气候，使G省成为国内生产葡萄酒原料的最佳区域之一。"

②具有路径依赖性的资源。"G 省葡萄酒产业发展具有深厚的文化底蕴。'葡萄美酒夜光杯，欲饮琵琶马上催'等一系列脍炙人口的赞美葡萄酒的诗歌经久不衰。从历史史料中不难看出，自汉朝以来的 2000 多年，西北黄金产业带的葡萄酒，一直闻名遐迩，享誉盛赞。"

【企业资源与能力分析】

1. ABC 【解析】"使员工幸福，让顾客满意的概念"属于具有因果含糊性的资源；"建立并持续实施了一套以顾客需求为导向、充分调动员工积极性的管理体制"属于路径依赖性的资源；"该公司的技术发明专利数量……长期稳居行业前列"属于物理上独特的资源。因此，选项 ABC 正确。

2. 【答案】

(1)海浪水泥所展示的竞争优势。有形资源方面："海浪水泥凭借着先天优势坐拥原材料成本和质量优势""海浪水泥利用自身位居长江入水口的地理位置优势，积极推行别家水泥企业难以复制的'T 型'战略布局""公司率先在国内新型干法水泥生产线的……方面取得突破性进展""公司在沿江、沿海建造了多个万吨级装卸水泥和熟料的专用码头，着力建设或租赁中转库等水路上岸通道；集团下设物流公司，在集团总部建设了物流调度中心"。

无形资源方面："公司率先在国内新型干法水泥生产线的低投资、国产化方面的研发取得突破性进展，标志着中国水泥制造业的技术水平已经跨入世界先进行列""公司强化终端销售市场，推行中心城市一体化销售模式，在各区域市场建立贸易平台；公司物流体系实现了工业化和信息化的深度融合，以 GPS 和 GIS 为核心的物流调度信息系统实现了一体化、可视化的管理"。

海浪水泥资源"不可模仿性"的主要形式包括：

①物理上独特的资源。"海浪水泥凭借着先天优势坐拥原材料成本和质量优势""海浪水泥利用自身位居长江入水口的地理位置优势，积极推行别家水泥企业难以复制的'T 型'战略布局"。

②具有路径依赖性的资源。"通过 T 型战略的实施，海浪进一步巩固了其'资源—生产—物流—市场'的产业链优势"。

(2)海浪水泥的企业能力如下：

①研发能力。"公司率先在国内新型干法水泥生产线的低投资、国产化方面的研发取得突破性进展，标志着中国水泥制造业的技术水平已经跨入世界先进行列，确保公司为市场提供规模可观的低价高质的产品"。

②生产管理能力。"'T 型'生产和物流格局，改变了之前通过'中小规模工厂+公路运输+工地'的生产物流模式，解决了长江沿岸城市石灰石短缺与当地水泥消耗量大之间的矛盾""通过'T 型'战略的实施，海浪进一步巩固了其'资源—生产—物流—市场'的产业链优势"。

③营销能力。

A. 产品竞争能力。"海浪水泥凭谱着先天优势坐拥原材料成本和质量优势""确保公司为市场提供规模可观的低价高质的产品"。

B. 销售活动能力。"公司强化终端销售市场，推行中心城市一体化销售模式，在各区域市场建立贸易平台；公司物流体系实现了工业化和信息化的深度融合，以 GPS 和 GIS 为核心的物流调度信息系统实现了一体化、可视化的管理"。

C. 市场决策能力。"积极推行别家水泥企业难以复制的'T 型'战略布局""公司率先在国内新型干法水泥生产线的低投资、国产化方面的研发取得突破性进展""海浪水泥不断完善'T 型'战略布局"。

④财务能力。"2018 年海浪水泥年报显示：公司营收同比大幅增长 70.50%，净利润也同步提升 88.05%，且净利润增长幅度

超过营收增长"。

⑤组织管理能力。"积极推行别家水泥企业难以复制的'T型'战略布局""海浪水泥不断完善'T型'战略布局"。

3.【答案】

日升公司"从OEM向OBM升级"所显示的企业能力有研发能力、生产管理能力、营销能力、财务能力和组织管理能力。

①研发能力。"2000年和2008年，在国内设立了研发中心的基础上，日升公司又分别在M国和欧洲设立了研发中心。""公司先后实施四次跨国并购，获取了欧美知名企业的品牌、渠道、研发设计及制造能力等战略性资产，实现了从OEM向原始设计制造商OBM的升级。"

②生产管理能力。"1998年，日升公司单月出货量从100个货柜大幅提升至300个货柜，制造能力远远超过昔日家具业的龙头老大""公司先后实施四次跨国并购，获取了欧美知名企业的品牌、渠道、研发设计及制造能力等战略性资产，实现了从OEM向原始设计制造商OBM的升级。""多年的国际化经历使日升公司在生产、设计、销售方面储备、积累了大量人才和经验"。

③营销能力。"2007年以来，全球经济环境发生了很大变化。出于对国内市场潜力的判断，日升公司适时调整经营策略，决定在巩固海外市场的同时，进军国内市场""日升公司在原有多个知名品牌的基础上，运用特许经营品牌、针对细分客户设立新品牌等策略，进一步巩固日升公司的OBM业务""2010年，开展酒店家具业务，并在J国和N国设立生产基地。……2014年，推出婴儿家具品牌'SB'"。

④财务能力。"在强大的资金和产能支持下，日升公司于2006年至2003年又先后收购国际二大品牌家具制造商""公司市值从2004年的1.37亿美元跃升至2005年的39亿美元，增长2.69倍"。

⑤组织管理能力。"公司先后实施四次跨国并购""出于对中国大陆市场潜力巨大的判断，日升公司适时调整经营策略，决定在巩固海外市场的同时，进军国内市场""日升公司在原有多个知名品牌的基础上，运用特许经营品牌、针对细分客户设立新品牌等策略""日升公司在国内18个城市23家门店销售产品"。

4. B 【解析】具有路径依赖性的资源是指那些必须经过长期的积累才能获得的资源。康力公司多年来不断完善的科研管理体制建设，属于具有路径依赖性的资源。

【思路点拨】本题属于典型的案例分析型题目。本题解题关键是要读懂资料，分析出关键线索。"康力公司多年来不断完善科研管理体制建设"表明这个资源必须经过长期的积累才能获得，所以属于具有路径依赖性的资源。

5. ACD 【解析】选择基准对象，企业可以主要关注几个领域：占用较多资金的活动；能显著改善与顾客关系的活动；能最终影响企业结果的活动。

6. C 【解析】一般基准以具有相同业务功能的企业为基准进行比较。西康酒店位于中国西部，与东部旅游景区的五星级酒店不存在竞争关系，而且同是五星级酒店，具有相同的业务功能，所以是一般基准。

7. C 【解析】甲和乙属于具有相同业务功能的企业，以具有相同业务功能的企业为基准进行比较说明是一般基准。注意成本控制措施并不是某一个职能领域，所以不是过程或活动基准。

8. A 【解析】有些资源的不可模仿性是物质本身的特性所决定的。例如，企业所拥有的房地产处于极佳的地理位置，拥有矿物开采权或是拥有法律保护的专利生产技术等。这些资源都有它的物理上的特殊性，是不可能被模仿的。本题属于拥有法律保护的专利生产技术，所以属于物理上独特的资源。

9. C 【解析】企业的文化常常是一种因果含

糊性的资源，企业对有些资源的形成原因并不能给出清晰的解释。所以选项 C 正确。

【价值链分析】

1.【答案】

①确认那些支持企业竞争优势的关键性活动。虽然价值链的每项活动，包括基本活动和支持活动，都是企业成功所必经的环节，但是，这些活动对企业竞争优势的影响是不同的。在关键活动的基础上建立和强化这种优势很可能使企业获得成功。"新能源汽车生产的关键在于掌握三大核心零部件电机、电控与电池的生产制造技术以及具有完备的整车组装能力。环亚汽车公司下大力气增强企业这些关键性活动的竞争优势，……"。

②明确价值链内各种活动之间的联系。价值链中基本活动之间、基本活动与支持活动之间以及支持活动之间存在各种联系，选择或构筑最佳的联系方式对于提高价值创造和战略能力是十分重要的。"环亚汽车公司在包括电机、电控与电池生产领域投入的研发费用占销售收入比重达 4.13%，远高于国内同类汽车生产企业的研发投入占比，与国际知名汽车品牌企业相当""2008 年环亚汽车公司以近 2 亿元的价格收购了半导体制造企业中达公司，此次收购使环亚汽车公司拥有了电动汽车驱动电机的研发能力和生产能力。2011 年环亚汽车公司与国际知名老牌汽车制造企业 D 公司成立合资企业，借助 D 公司掌握的汽车结构以及安全领域的专有技术，增强公司在汽车整车组装方面的研发能力和生产能力""2009 年环亚汽车公司收购国内美泽客车公司，获得客车生产许可证；2014 年环亚汽车公司又与国内广贸汽车集团分别按 51% 和 49% 的持股比例合资设立新能源客车公司"，都是环亚汽车公司选择或构筑了公司价值链内各种活动最佳的联

系方式，以提高公司价值创造和战略能力。

③明确价值系统内各项价值活动之间的联系。价值活动的联系不仅存在于企业价值链内部，而且存在于企业与企业的价值链之间。价值系统内包括供应商、分销商和客户在内的各项价值活动之间的许多联系。"近年来，环亚汽车公司开启了向产业上下游延展的战略新举措""2015 年环亚汽车公司收购专门从事盐湖资源综合利用产品的开发、加工与销售的东州公司，这一收购整合了环亚汽车公司汽车零部件的生产""2016 年环亚汽车公司以 49% 的持股比例，与青山盐湖工业公司及深域投资公司共同建立合资企业，……实现了环亚汽车公司的动力锂电池优势与盐湖锂资源优势相结合""2015 年环亚汽车公司与广安银行……合资成立环亚汽车金融公司，……向汽车服务市场延伸"，都是环亚汽车公司选择和构筑了价值系统中企业与企业的价值链之间最佳的联系方式。

2. A 【解析】选项 A 属于辅助活动中的采购管理，选项 B 属于基本活动中的外部后勤，选项 C 属于基本活动中的市场销售，选项 D 属于基本活动中的生产经营。

3. AD 【解析】形成了较为完善的进货、生产、发货、服务与分销体系，属于基础设施；开发了有助于失明患者进行义眼移植的 Y 产品，并且取得了发明专利，属于技术开发。

4. A 【解析】这里的采购是广义的，既包括生产原材料的采购，也包括其他资源投入的购买和管理。例如，企业聘请咨询公司为企业进行广告策划、市场预测、管理信息系统设计、法律咨询等属于采购，本题选项 A 是正确的。

5. ACD 【解析】基础设施指企业的组织结构、惯例、控制系统以及文化等活动。企业高层管理人员往往在这些方面发挥着重

要的作用，因此高层管理人员也往往被视作基础设施的一部分，同时企业财务、企划也属于基础设施的组成部分。选项 ACD 正确。

【业务组合分析】

1. B 【解析】市场占有率达 50% 以上，近年来家装市场进入低速增长阶段，属于低增长-强竞争地位的"现金牛"业务。该业务应采用收获战略，选项 A 不正确，选项 D 不正确。其竞争者最好是市场营销型人物，选项 B 正确，选项 C 不正确。

2. C 【解析】通过波士顿矩阵分析，问题类业务适合采用智囊团或项目组等形式。问题类业务相对市场占有率低（小于 1.0），港口建设和相关智能设备制造符合，市场增长率高（大于 10%），海运和相关智能设备制造符合。综合以上，相关智能设备制造符合题意。

【思路点拨】本题属于案例分析型选择题，具有一定难度。首先需要知道适合采用智囊团或项目组等管理组织的是问题业务。然后需要结合资料判断题中的四部分业务分别属于哪种业务。从中找出问题业务，就是正确答案。本题中造船的市场增长率为 7.5%（小于 10%）、相对市场占有率为 1.2（大于 1.0）说明是现金牛业务；港口建设的市场增长率为 9%（小于 10%）、相对市场占有率为 0.3（小于 1.0）说明是瘦狗业务；海运的市场增长率为 10.5%（大于 10%）、相对市场占有率为 1.1（大于 1.0）说明是明星业务；相关智能设备制造的市场增长率为 18%（大于 10%）、相对市场占有率为 0.6（小于 1.0）说明是问题业务。

3. A 【解析】选项 A 属于现金牛业务，本身不需要投资，说法错误。选项 B 属于问题业务，选项 C 属于瘦狗业务，选项 D 属于

明星业务，说法都是正确的。

4. C 【解析】因为出境旅游处于高速发展阶段，说明是高市场增长率；甲旅行社的市场份额位列第二，所以相对市场占有率小于 1，说明是低相对市场占有率。所以甲旅行社业务为问题业务。

【SWOT 分析】

1. D 【解析】"近年来新能源汽车产业及市场迅猛增长"属于机会，华新公司"受技术和管理水平制约，其产品性能欠佳，市场占有率较低"属于劣势，该公司采取的战略是扭转型战略（WO）。

2. C 【解析】政府出台压缩产能政策和行业激烈竞争说明该公司面临外部环境的威胁（W）；经营状况每况愈下和市场份额大幅缩减说明该公司内部环境处于劣势（T）。根据 SWOT 分析，甲公司应该采取的战略是 WT 战略，即防御型战略。

3. C 【解析】此公司 Q 产品销售增长缓慢，公司业绩与市值增长指标不如其他著名中药企业，是企业的劣势 W，近来中药市场需求旺盛，是外部的机会 O，此集团目前应采取的战略是扭转型战略 WO。

4. B 【解析】企业外部面临着巨大的机会，内部受到劣势的限制，企业应采用扭转型战略，充分利用环境带来的机会，设法清除劣势。所以本题选项 B 正确。

5. AD 【解析】甲公司新业务的相关技术研发力量不足（存在劣势），且市场竞争激烈（存在威胁），应选择 WT（防御型）战略，所以选项 A 正确。选项 B 只是描述了企业存在的优势和劣势，并没有表明外部的威胁和机会情况，所以判定为 WO 战略错误。选项 C 企业自身存在不足，但是外界存在机会，应判定为 WO 战略。选项 D 企业拥有自身优势，同时具有外界的机会，所以选项 D 正确。

一、单项选择题

1. 在利用波特钻石模型分析德国或日本的汽车产业时，发现这些国家的汽车产业背后都有强大的钢铁、电子等产业存在，这属于（　）。

   A. 生产要素

   B. 需求条件

   C. 相关与支持性产业

   D. 企业战略、企业结构和同业竞争

2. 甲公司是一家综合性上市证券公司，目前该公司的市场部正在调研自己的投资顾问产品，在调查过程中，发现本公司的投顾产品一直在本区域内处于领先地位，但受困于当前市场环境低迷，当前投顾产品一直处于难以拓展的情况，根据波士顿矩阵的原理，对其投顾产品应该采用的策略正确的是（　）。

   A. 加大宣传力度，利用强大的市场定位营销

   B. 维持现状，以保持现有市场份额为主

   C. 继续对投顾产品的研究开发，推出更具竞争力的投顾产品

   D. 市场环境低迷，应该果断退出投顾领域，转向其他领域

3. Q公司是一家农作物秸秆综合利用，利用农作物秸秆生产有机肥料、本色生活用纸、本色文化用纸生产公司，公司凭借先进的技术，带来了巨大的收益，技术中心已授权专利33项，其中有效发明专利有13项。Q公司拥有的具有不可模仿性的资源属于（　）。

   A. 物理上独特的资源

   B. 具有因果含糊性的资源

   C. 具有路径依赖性的资源

   D. 具有经济制约性的资源

4. 下列各项中，不属于识别战略群组特征的变量是（　）。

   A. 各地区交叉的程度

   B. 纵向一体化程度

   C. 品牌的数量

   D. 所属地理位置

5. 乙公司是一家生产中档汽车的企业。在下列表述中，乙公司的主要直接竞争对手是（　）。

   A. 属于不同战略群组的绿色汽车企业

   B. 生产低档汽车的企业

   C. 属于同一战略群组的汽车企业

   D. 生产高档汽车的企业

6. 下列关于波士顿矩阵的说法中，错误的是（　）。

   A. 在实践中，企业确定各业务的市场增长率和相对市场占有率是比较困难的

   B. 对于明星业务应该采取选择性投资战略

   C. 市场增长率是决定企业产品结构是否合理的外在因素

   D. 市场占有率是决定企业产品结构的内在因素

7. 下列各项活动中，属于价值链中支持活动的是（　）。

   A. 丁公司生产的空调除了提供安装以外，三个月内还免费上门清洁一次

   B. 乙公司最近借助"世界杯"，成功地进行了一次市场促销活动，使销售量大增

   C. 丙公司最近改造了其使用多年的仓库，使产成品霉损率进一步降低

   D. 甲公司决定进军欧盟市场，为避免不必要的法律违规和纠纷，将法律合规职能从总裁办公室中分离出来，单独成立了法律合规部

8. 某跨国公司在A国的子公司成本控制的绩效非常突出，该跨国公司其他子公司纷纷向A国的子公司学习，这属于（　）。

   A. 竞争性基准　　B. 过程或活动基准

   C. 一般基准　　　D. 内部基准

9. H公司是一家汽车制造公司，公司的零部件主要从供应商A公司处采购。近年来，原材料价格上涨，A公司要求提高零部件的供应价格，由于供应商比较单一，公司不得不同意A公司的涨价要求。A公司的影响力属于波特五力模型中所提及的( )。

A. 购买商的议价能力

B. 替代产品的威胁

C. 供应商的议价能力

D. 产业内现有企业的竞争

10. 在元宵节这个传统节日，市场对元宵的需求量就会大幅增加，而相关食品企业也不会放过这个销售黄金时间，纷纷从品种和价格上下功夫，提高销售量。从环境分析角度看，这属于( )。

A. 政治—法律因素

B. 经济因素

C. 社会文化因素

D. 技术因素

11. 在中国发达地区，如北京、上海等城市购买者所购买的汽车基本上是一种标准化产品，同时向多个卖主购买产品在经济上也完全可行。这说明( )。

A. 购买者的讨价还价能力低

B. 购买者的讨价还价能力高

C. 产业内现有企业的竞争不激烈

D. 潜在进入者的威胁大

12. B公司的主营业务为啤酒，2017年上半年新开辟了一种品牌，截至2018年初该品牌啤酒前两个年度的市场增长率就达25%，并且已经占据了最大的市场份额。下列关于该业务的说法中，正确的是( )。

A. 此业务属于现金牛业务

B. 此业务处于最差的现金流量状态

C. 对于此业务该公司的战略是积极扩大经济规模和市场机会，加强竞争地位

D. 该公司应该整顿产品系列，将此业务与其他事业部合并，进行统一的管理

13. ON和VM是闻名于欧洲的丹麦时装公司—B公司拥有的两个品牌，这两款服装价位相差不大，面向的市场也是一样的，设计风格也没有明显的差别，这两个品牌的竞争主要是依靠公众的品牌忠诚度，那么这两个品牌建立企业核心竞争力的资源属于( )。

A. 不可被模仿的资源

B. 不可替代的资源

C. 持久的资源

D. 稀缺性的资源

14. 丁公司是一家钢板加工企业。下列关于该公司的各种活动中，属于外部后勤活动的是( )。

A. 生产设备维修

B. 接受客户的订单

C. 在有关媒体上投放广告

D. 聘请咨询公司进行市场预测

15. 价值链中的每一个活动都能分解为一些相互分离的活动。这些活动被分离的基本原则不包括( )。

A. 在成本中比例很大或所占比例在上升

B. 能显著改善与顾客的关系

C. 对产品差异化产生很大的潜在影响

D. 具有不同的经济性

16. 互联网进入中国已经三十多个年头，给中国带来了深刻的改变。到现阶段，互联网已经进入成熟期。下列选项中属于成熟期主要战略路径的是( )。

A. 投资于研究与开发和技术改进，提高产品质量

B. 市场营销，此时是改变价格形象和质量形象的好时机

C. 提高效率，降低成本

D. 控制成本，以求能维持正的现金流量

17. 启明公司决定重点发展本公司的C产品，为了保证决策的准确性，决定聘请咨询公司对公司所在产业进行研究。咨询公司给出如下结论：产品的销售群已经扩大，消费者对质量的要求不高，各厂家的产品在技术和性能方面有较大差异。

根据以上信息可以判断该产品在该阶段最适合的战略路径是( )。

A. 投资于研究与开发和技术改进，提高产品质量

B. 市场营销，此时是改变价格形象和质量形象的好时机

C. 提高效率，降低成本

D. 控制成本，如果缺乏成本控制的优势，就应尽早退出

18. 国家出台的"二胎"政策在未来一段时间内会对婴幼儿产品市场带来非常大的机遇，这属于 PEST 影响因素中的( )。

A. 政治与法律环境　　B. 经济环境

C. 社会文化环境　　　D. 技术环境

二、多项选择题

1. 下列各项中，购买者的讨价还价能力比较强的有( )。

A. 购买者从卖方购买的产品占卖方销售量的比例不大

B. 市场上存在大量替代品

C. 购买者充分了解供应商的成本信息

D. 购买者有能力自行制造或提供供应商的产品或服务

2. 甲公司是国内第二大互联网游戏企业，公司除了考虑继续增加市场份额之外，还要考虑新资本进入给企业带来的威胁。下列选项中，可能构成进入障碍的因素有( )。

A. 政府是否会颁布法规对互联网游戏产业进行限制

B. 互联网游戏产业整体增长速度

C. 互联网游戏的差异化程度较低

D. 现有互联网游戏企业是否在基础设施方面投入大额的资金

3. 甲公司是一家钢铁企业，在 2017 年的市场分析中，主要涉及了下列情况，其中会造成产业内现有企业竞争激烈的有( )。

A. 由于国家财政的支持和基建投资、地产投资的快速增长，钢铁产业的发展迅速

B. 钢铁产品具有标准化，购买者可以轻易地转换供应商

C. 钢铁产业生产能力过剩

D. 由于国家政策的限制和行业投入资本金较多，市场上竞争对手数量较少

4. 战略的外部环境分析需要考虑经济环境因素，下列说法正确的有( )。

A. 社会经济结构中包括产业结构

B. 国民收入分配政策、财政政策、货币政策属于经济环境因素中的经济体制

C. 2008 年金融危机爆发，使得汽车产业走下坡路，汽车的需求疲软，这属于经济环境因素

D. 经济环境因素包括社会经济结构、经济发展水平、经济体制、当前经济状况等

5. 甲企业是我国一家生产空调的龙头企业，在最近的市场调查中发现，国内另外一家生产手机的知名公司乙公司正准备进入空调产业，于是甲企业开始进行大幅度降价，以阻止该公司的进入，甲企业的行为属于进入障碍中的( )。

A. 规模经济

B. 现有企业对关键资源的控制

C. 限制进入定价

D. 行为性障碍

6. 乙公司是一家集团企业，业务涉及金融、出版、饮用水、水泥生产等。集团公司管理层针对饮用水业务进行分析时，发现该产业新的客户减少，主要靠老客户的重复购买支撑，收购环境较差。对此，乙公司的主要战略路径有( )。

A. 提高效率　　　B. 降低成本

C. 控制成本　　　D. 市场营销

7. 甲公司近两年效益持续下滑，公司董事会委派专人对企业经营进行了详尽分析。分析结果表明，企业效益下滑的主要原因是组织能力下降，效率低下。董事会需要对现有组织能力进行衡量，以明确改进突破口。下列选项中，甲公司董事会可用于衡量企业组织能力的因素有( )。

A. 销售组织分析　　B. 组织结构

C. 岗位责任　　　　D. 人力管理

8. 某玩具制造商花费大量的费用进行原材料控制，实施所有玩具制造的机械化和制定每天24小时的生产计划，组建自己的车队以便能迅速向销售网点运送成品玩具，该玩具公司的上述活动涉及价值链中的( )。
   A. 内部后勤　　　B. 生产经营
   C. 市场营销　　　D. 外部后勤

9. 甲公司是一家医药保健产品的生产销售企业，近年来国民教育水平逐步提高，越来越多的人愿以科学的眼光看待药品和保健品，且各种新型的萃取技术可能在制药领域得到广泛应用，这对于甲公司的影响因素有( )。
   A. 政治与法律环境
   B. 经济环境
   C. 社会文化环境
   D. 技术环境

10. 下列关于战略群组的说法中，正确的有( )。
   A. 如果产业中所有的公司基本认同了相同的战略，则该产业就只有一个战略群组
   B. 极端情况下，每一个公司也可能成为一个不同的战略群体
   C. 一般来说，在一个产业中仅有几个战略群组，它们采用特征完全不同的战略
   D. 选择划分产业内战略群组的特征要避免选择同一产业中所有公司都相同的特征

11. M公司刚刚进入冰箱行业，目前冰箱市场的70%被该行业的龙头企业W公司占有，M公司经过市场分析后，决定大幅降价，但是W公司获得消息后拒不降价，结果使得M公司的销售大幅上升，W公司的市场失掉"半壁江山"，这一情况说明( )。
   A. W公司相信它的产品拥有市场上最高的顾客忠诚度
   B. W公司关于其公司情形的假设不正确
   C. M公司对W公司的假设是不正确的

D. M公司对W公司的分析基于"竞争对手假设分析对本公司制定竞争战略的作用"方面

12. 下列因素中，能够决定产业进入障碍大小的因素包括( )。
   A. 现有企业有较强的学习曲线效应
   B. 规模经济
   C. 现有企业的市场优势
   D. 对分销渠道的控制

13. 下列属于对社会和文化环境分析的表述有( )。
   A. 随着人们环保意识的加强，在生产时更倾向于选择对环境污染少的原料，这对钢铁生产提出了新要求
   B. 在日本人们的寿命较长，而出生率下降，从而导致人口老化，因而提供老年人产品将会有比较大的市场潜力
   C. 金融危机的发生使得我国钢铁的出口明显减少，近年来我国持续实施积极的财政政策和适度宽松的货币政策，认真落实各项重大财税政策措施，促进钢铁行业的生产和出口
   D. 世界钢铁工业快速增长带动了对铁矿石等资源性商品的需求，目前原材料铁矿石等资源价格的持续上涨，同时也会影响钢铁企业的生产

14. 东华公司是全国最大的建筑材料供应商，下列各项中会降低东华公司讨价还价能力的有( )。
   A. 近年来，东华公司采购人员素质下降
   B. 东华公司不具有前向一体化的条件
   C. 东华公司80%的商品销售给少数的几个大客户
   D. 市场上存在着多家相同建筑材料的供应商

15. 德利机械厂的机器设备在市场中十分独特以致难以收回对该机器设备的高额初始投资，并且人员的遣散成本也很高。这样，即使该行业的投资回报率较低，该企业也会仍然坚持竞争，从而令该行

业的竞争强度加大。根据该资料分析，下列内容不属于影响产业内现有企业竞争强度的情况有（　　）。

A. 产业内有众多的竞争对手

B. 产业发展缓慢

C. 顾客认为所有的商品都是同质的

D. 产业中存在过剩的生产能力

16. 产业内现有企业竞争一直是企业无法回避的问题，但是同产业之间并不一定都会出现激烈的竞争，也可能存在着"和平共处"的状态。但某些情况下，这种"和平共处"的状态会荡然无存，这些情况包括（　　）。

A. 产品的差异性比较小

B. 产品的转换成本高

C. 产业处于成熟期，市场增长率缓慢

D. 人员的遣散成本比较高

17. 下列关于波士顿矩阵的说法中，正确的有（　　）。

A. "明星"业务的管理组织最好采用矩阵制形式，由对生产技术和销售两方面都很内行的经营者负责

B. 对问题产品的管理组织，最好是采用智囊团或项目组织等形式，选拔有规划能力、敢于冒风险的人负责

C. 对于"现金牛"产品，适合于用事业部制进行管理，其经营者最好是市场营销型人物

D. 对于"瘦狗"产品首先应减少批量，逐渐撤退，对那些还能自我维持的业务，应缩小经营范围，加强内部管理

18. 通用矩阵，又称行业吸引力矩阵，是美国通用电气公司设计的一种投资组合分析方法。关于通用矩阵正确的表述有（　　）。

A. 通用矩阵的纵轴用多个指标反映产业吸引力，横轴用多个指标反映企业竞争地位

B. 产业吸引力和竞争地位的值决定着企业某项业务在矩阵上的位置

C. 处于对角线三个方格的业务，应采取

维持或有选择地发展的战略，保护原有的发展规模，同时调整其发展方向

D. 通用矩阵经常用于业务类型较多的多元化大公司

19. 钢铁产业是一个多投入多产出的资本密集型产业，规模经济显著。E 公司是一家钢铁生产企业，经过多年的积累，已经实现了规模经济，面临新进入者的威胁，该公司会采取降低价格的方式阻止新进入者的进入。F 公司为了实现多元化发展，决定进入钢铁产业。由此可知，F 公司面临的进入障碍包括（　　）。

A. 规模经济

B. 现有企业对关键资源的控制

C. 限制进入定价

D. 进入对方领域

20. 某酒店在客户满意度调查中发现在服务方面并未完全满足商务旅行者的需求，遂决定向航空业了解如何从服务上更好地满足这类客户。根据以上信息可以判断，该酒店主要采用了（　　）。

A. 内部基准

B. 竞争性基准

C. 过程或活动基准

D. 顾客基准

21. 下列关于企业资源和能力的价值链分析的说法中，正确的有（　　）。

A. 价值链中各项活动对组织竞争优势的影响不同

B. 价值链中的基本活动之间、支持活动之间和基本活动与支持活动之间都会存在各种联系

C. 价值活动的联系只存在于企业价值链内部

D. 企业与企业之间的价值链也会存在一定的联系

22. 北京 YJ 啤酒集团公司创建于 1980 年，是中国啤酒行业最大、效益最好的企业之一。为了开拓全国啤酒市场，扩大生产规模，提高市场竞争能力和全国市场占

有率，先后并购了无名啤酒和三孔啤酒。下列各项中，属于啤酒行业成功关键素的有（　　）。

A. 强大的批发分销商网络

B. 上乘的广告

C. 充分利用酿酒能力

D. 新型啤酒的研发能力

23. 下列关于成功关键因素的说法中，正确的有（　　）。

A. 成功关键因素是指公司在特定市场获得盈利必须拥有的技能和资产

B. 成功关键因素随着产业的不同而不同，相同产业中的企业的成功关键因素是相同的

C. 同一个产业中的不同企业对该产业的成功关键因素的侧重可能是不同的

D. 成功关键因素是企业取得产业成功的前提条件

24. 根据波特教授的产品生命周期理论，下列各项表述中，正确的有（　　）。

A. 成熟期可以产生大量的现金流入，销售额和市场份额、盈利水平都比较稳定

B. 成长期的战略目标是争取最大的市场份额

C. 产品生命周期各阶段的持续时间是确定的，公司不可能改变

D. 当产业处于不同生命周期时，竞争的性质是会发生变化的

25. 产品处于生命周期的不同阶段，应该采取不同的战略，下列说法正确的有（　　）。

A. 导入期的主要战略路径是投资于研究与开发和技术改进，提高产品质量

B. 成长期主要的战略路径是市场营销

C. 成熟期主要的战略路径是提高产品价格

D. 衰退期的战略路径是提高效率，降低成本

26. 甲公司是一家大型电力企业，现如今该公司决定进入风能领域，发展风能业务，对此该公司进行了 SWOT 分析。下列关

于 SWOT 分析的表述中，正确的有（　　）。

A. 甲公司拥有良好的办电经验及客户关系，而国家近期出台了相关政策，支持发展风电产业，甲公司决定规模化发展风电产业。该公司的战略属于增长型战略

B. 甲公司风电产业开发经验不足，但是国家近期出台了相关政策，支持发展风电产业，该公司决定寻找有经验的国际战略合作伙伴。该公司的战略属于多元化战略

C. 国家近期出台了相关政策，甲公司具有率先行动者的机遇，但是该公司风电产业开发经验不足，甲公司决定寻找有经验的国际战略合作伙伴。该公司的战略属于扭转型战略

D. 甲公司面临中小水电的替代压力，并且该公司风电产业开发经验不足，甲公司决定进行业务调整，选择进入新型高效风机业务领域，尽快形成规模并积累经验。该公司的战略属于防御型战略

27. 对于一个国内奶制品企业来讲，下列哪些因素代表的是该企业的机会（　　）。

A. 本国居民更加关注健康

B. 该企业改进工艺，提高了产品质量

C. "三聚氰胺事件"

D. 主要包装材料市场价格下降

三、简答题

1. "百口居"是京城具有近百年历史的老字号，主营北京传统的风味小吃，由于做工精细、口味纯正，深受广大顾客喜爱。数十年来，百口居经营者为了保持店面特色，从不设立分店，并且店址也固定在相对较为偏远的发源地。近年来，随着北京城区建设，原本偏僻的小店地址逐步成了繁华地段，"百口居"的品牌得以进一步提升，受到了世界各地游客的好评，一致认为"要品京味，就上百口居"。

要求：

(1)建立企业核心能力的资源主要包括

哪些？

(2)分析百口居具有哪些可能成为核心能力的资源(至少列出两种)。

2. 鑫龙制药(集团)有限公司(以下简称鑫龙制药或公司)是一家较早成立于我国东北地区的大型制药企业集团,主要从事抗生素原料药及制剂的生产和销售,属于医药行业中的化学药品制造业。

通过长期努力,鑫龙制药逐步形成了研发、生产、销售齐头并进的企业发展格局。虽然其产品以低级仿制药品为主,技术含量不高,导致在原料采购、销售方面的定价能力有限,但相比国内其他公司则仍具有较强的研发能力,研发并注册了药品监管部门认可的诸多国家级医药专利,培养了一批精通药事法规、药品生产的专业人员。鑫龙制药不仅拥有成熟的销售渠道,同时锻炼出了一支人员稳定、市场营销意识强、经营能力突出的管理团队。但随着规模持续扩大,资产负债率逐年上升,面临较大财务风险。

随着人口老龄化、居民健康意识的增强以及新医改政策的实施,医药市场需求持续增长。虽然我国化学制药企业数量多,但存在着规模普遍较小、知识产权亟待保护等问题。大量企业以低端化学原料药制造为主,药品品种雷同且药性上相差无几,创新能力不够,国际市场竞争力较弱。近年来国家出台多项政策支持制药企业加快整合和鼓励技术创新,行业集中度有所提高,行业前百强企业凭借先进入市场的优势,较早完成了专利的积累,并拥有成熟的销售渠道、成本优势和较高的品牌认知度,因而这些制药企业的市场份额达45%以上。

由于药品关系到人民生命健康和安全,因此国家建立了严格的法律体系来规范医药行业,加强监督药品的研制、进出口及上市后的销售和使用。对化学药品制造企业而言,成为国家行政监管的重点对象,质量标准、监管要求逐步提高。另外,药品价格也同样受到国家监管,国家会经常出台药品价格政策和管理规定,使药品定价受到约束。大部分的抗生素类药品都属于国家价格管理的范围,预计在未来相当长一段时间内,降价的趋势仍将持续,行业的整体利润率可能会继续下降。

要求:

利用波特五力模型对鑫龙制药所处化学药品制造业的五种竞争力进行分析,并说明理由。

3. F企业是生产专业电气开关设备的公司,产品生产多年已处于成熟期,产品市场份额为10%。在该产业中位于前三名的企业市场份额分别为:A企业30%,B企业27%,C企业20%。该产业市场稳定,但竞争也十分激烈,特别是A企业为维持现有地位,对任何其他竞争对手的进攻都会做出迅速而有力的反应。F企业知道这些情况后,采取尽量维护现有市场的做法,针对专业电气开关设备对售后服务的要求,主动与客户建立起了结构性关系,使客户对企业的服务形成无法通过其他途径弥补的依赖,阻止了新进入者的进入。通过这种做法,F企业以优质的客户服务,获得了客户的认同,也维持了现有的市场份额。

要求:

(1)根据波士顿矩阵原理,计算F企业的相对市场占有率。

(2)根据五种竞争力分析,该企业主动与客户建立起了结构性关系,体现了五种竞争力分析的哪方面?

四、综合题

1. L集团是一家民营企业,主要从事机械制造及相关业务,是国内的行业龙头。L集团主要股东包括集团创始人Z先生和另外八位公司关键管理人员。L集团的业务包括以下四个板块,在集团管理架构中分属于四个事业部。

（1）通用机械（General Machinery）。L集团在创业之初是从生产通用机械起家的。产品包括各类通用型的机床、磨床等生产设备，其制造的设备广泛应用于各类生产型企业，并由于质量稳定、价格适中，一直受到客户的普遍认可，在国内保持着较高的市场份额，每年无需大量的资金投入即可为L集团带来稳定而可观的收益。但由于通用机械国内总体市场增长缓慢，因此L集团这一板块的业务增长也较为缓慢。

（2）专用机械（Special Machinery）。从20世纪90年代，L集团开始进入利润更高、增长更快的专用机械市场。与通用机械不同，专用机械应用于特定行业，一般按客户订单生产，需要符合客户特定的技术要求，因此需要公司在研发和技术方面给予大量的投入。L集团经过多年不懈的努力，其生产的专用机械在国产专用设备市场上的份额已跻身前三，近年来一直保持着强劲的增长速度。

然而L集团的管理层也清晰地意识到，自身的技术水平虽然在国内居于领先，但与国际同行相比仍相差甚远，高端领域的客户仍然毫无例外地采购欧美进口的专用设备。虽然专用机械业务有着很好的长期发展前景，但此项业务的长期发展还需L集团持续地加大投入。

（3）配件及服务（Components and Services）。这一业务板块主要是销售上述两类设备的配件，以及提供维修、保养、技术培训、技术咨询等服务。目前这一业务板块在L集团总体销售收入中的比例不到5%，市场份额很低，增长缓慢，并处于亏损状态。管理层通过调研发现，配件及服务市场整体近年来正在快速增长，事实上，在中国开展业务的国际同行们在配件及服务上取得的销售收入可以达到总体销售收入20%以上，并且利润率非常可观。他们经过深入研究后认为，L集团应当可以凭借多年来积累的客户基础将这一业务板块发

展起来，形成新的增长点。

（4）钢材贸易（Steel Trading）。L集团在2000年左右开始涉足钢材贸易，初衷是通过这一业务，一方面获取贸易利润，另一方面服务自身的原料采购。然而，由于钢材贸易市场竞争激烈，市场趋于饱和，该业务的市场份额非常小，可获利润很低却反而常常需要占用的营运资金却很多，而且也并没有服务L集团自身的原料采购。由于其并非L集团的核心业务，公司无法投入相应足够的资源去支持这一业务板块的发展。

要求：

（1）利用波士顿矩阵（瘦狗、现金牛、明星、问题）对L集团的四个业务板块作出分析，指出这四个业务板块分别属于波士顿矩阵中的哪一类型业务并简要阐述判断依据。

（2）基于四个业务板块所属类型的特点和现状，分别针对下一步战略简要提出建议。

2. 保圣公司是一家汽车制造企业。保圣公司进行战略分析后，选择了成本领先战略作为其竞争战略，并通过重构价值链各项活动以求获取成本优势。保圣公司主要重构措施包括：

（1）与汽车发动机的供应厂家建立良好关系，保证生产进度不受影响。

（2）生产所需要的外购配件大部分由就近的朝辉公司生产，与保圣公司总装厂距离非常近，减少了物流费用。

（3）内部各个配件厂分布在保圣公司总装厂周围，建立大规模生产线实现规模经济；并根据销售量数据预测制订生产计划，最大限度地减少库存。

（4）总装厂根据装配工序，采用及时生产模式（JIT），让配件厂按照流程进度提供配件，减少存储费用。

（5）订单处理人员根据全国汽车经销商的分布就近调配车型，并选择最优路线配送

以降低物流费用。

(6)利用售前热线开展市场调查活动，有的放矢地进行广告宣传，提高广告效率。

(7)终端车主可以通过售后热线反馈不同车型的质量问题，将信息与汽车经销商共享，以获得最佳配件库存，提高前来维修的客户的满意度。

(8)通过市场调查，开发畅销车型，提高资金周转率。

(9)定期对员工进行培训，使其及时掌握公司所采用的最新技术、工艺或流程，尽快实现学习经济。

(10)从产品研发阶段就开始实施成本企划来控制成本，事业部制和矩阵式相交融，在减少了管理层次的同时提高了效率。

要求：

(1)依据企业价值链分析理论，对保圣公司的价值活动进行分类。

(2)依据成本领先战略的实施条件中关于"实现成本领先战略的资源和能力"所包括的内容，简要分析保圣公司是如何获得这些资源与能力的。（注释：本小题知识点属于第三章）

同步训练答案及解析

一、单项选择题

1. C 【解析】钻石模型包含四个要素：生产要素；需求条件(主要是本国市场的需求)；相关与支持性产业；企业战略、企业结构和同业竞争。其中相关与支持性产业强调的是产业和相关上游产业是否有国际竞争力。

2. B 【解析】该公司产品处于市场领先地位，说明市场份额高，而市场环境低迷，说明增长率低，因此属于现金牛产品，针对较大的现金流产品，适合采用保持策略，故选项 B 正确。

3. A 【解析】具体考核的是资源的不可模仿性，物理上独特的资源。有些资源的不可模仿性是物质本身的特性所决定的。例如，企业所拥有的房地产处于极佳的地理位置，拥有矿物开采权或是拥有被法律保护的专利生产技术等。这些资源都有它的物理上的特殊性，是不可能被模仿的。本题属于拥有法律保护的专利生产技术，所以属于物理上独特的资源。

4. D 【解析】选项 D 不属于战略群组特征包括的变量。

5. C 【解析】同一战略群组的汽车企业是乙公司的主要直接竞争对手。选项 ABD 中的

企业与乙公司之间不存在直接的竞争关系。

6. B 【解析】对问题业务应采取选择性投资战略，对那些经过改进可能会成为"明星"的业务进行重点投资，提高市场占有率，使之转变成明星业务。

7. D 【解析】选项 A 属于服务；选项 B 属于市场销售，选项 C 属于外部后勤，选项 D 是企业组织结构的变化，属于企业的基础设施建设。

8. D 【解析】该跨国公司其他子公司纷纷向 A 国的子公司学习，这是企业内部各个部门之间互为基准进行学习与比较，因此是内部基准。

9. C 【解析】A 公司属于 H 公司的供应商，A 公司的涨价要求属于供应商的议价能力。

10. C 【解析】元宵佳节市场对元宵的需求量大幅增加，相关食品企业抓住这个销售黄金时期，采取对策以提高销售量，属于社会文化环境中的文化传统因素。

11. B 【解析】购买者同时向多个卖主购买产品在经济上完全可行，说明购买商转换其他供应商购买的成本较低，则购买商的讨价还价能力高。

12. C 【解析】由于该品牌啤酒的市场增长

率已经达到 25%，并且占据最大的市场份额，所以该业务属于明星业务，选项 A 错误。问题业务通常属于最差的现金流量状态，选项 B 错误。明星业务事宜采用的战略是积极扩大经济规模和市场机会，以长远利益为目标，提高市场占有率，加强竞争地位，选项 C 正确。在瘦狗业务的后期，企业应该整顿产品系列，最好将"瘦狗"产品与其他事业部合并，统一管理，选项 D 错误。

13. A 【解析】公众的品牌忠诚度属于不可被模仿的资源。

14. B 【解析】外部后勤活动又称出货物流，是指与产品的库存、分送给购买者有关的活动，如最终产品的入库、接受订单、送货等，选项 B 正确。选项 A 生产设备维修属于生产经营活动，选项 C 在有关媒体上投放广告属于市场销售活动，选项 D 聘请咨询公司进行市场预测属于采购管理活动。

15. B 【解析】这些活动被分离的基本原则是：(1)具有不同的经济性；(2)对产品差异化产生很大的潜在影响；(3)在成本中所占比例很大或所占比例在上升。企业的每一项活动是否可以作为基准对象，应该重点关注以下几个领域：占用较多资金的活动；能显著改善与顾客关系的活动；能最终影响企业结果的活动，选项 B 错误。

16. C 【解析】成熟期的主要战略路径是提高效率，降低成本，选项 C 正确。

17. B 【解析】产品的销售群已经扩大，消费者对质量的要求不高，各厂家的产品在技术和性能方面有较大差异。所以该产品处于成长期。成长期的战略路径是市场营销，此时是改变价格形象和质量形象的好时机。

18. A 【解析】国家出台的政策属于政治环境因素。

二、多项选择题

1. BCD 【解析】购买者从卖方购买的产品占卖方销售量的比例不大，购买者对于卖方来说不构成威胁，处于劣势地位，议价能力比较弱。选项 A 不符合题意。

2. AD 【解析】构成进入障碍的主要因素有以下几方面：规模经济、现有企业对关键资源的控制、现有企业的市场优势(三者统称为结构性障碍)以及行为性障碍。选项 B 反映的是产业内现有企业的竞争，选项 C 反映的是购买者讨价还价的能力或产业内现有企业的竞争。

3. BC 【解析】产业内现有企业的竞争在下面几种情况下可能是很激烈的：(1)产业内有众多的或势均力敌的竞争对手，选项 D 不符合题意。(2)产业发展缓慢，选项 A 不符合题意。(3)顾客认为所有的商品都是同质的，选项 B 符合题意。(4)产业中存在过剩的生产能力，选项 C 符合题意。(5)产业进入障碍低而退出障碍高。

4. ACD 【解析】社会经济结构主要包括五个方面的内容：产业结构、分配结构、交换结构、消费结构和技术结构等，选项 A 的说法正确；宏观经济政策，指的是实现国家经济发展目标的战略与策略，它包括综合性的全国发展战略和产业政策、国民收入分配政策、价格政策、物资流通政策等，选项 B 的说法不正确；金融危机导致经济衰退，反映的是一国的经济状况，因此属于经济环境因素，选项 C 的说法正确；经济环境包括社会经济结构、经济发展水平、经济体制、宏观经济政策、当前经济状况和其他一般经济条件等要素，选项 D 的说法正确。

5. CD 【解析】行为性障碍是指现有企业对进入者实施报复手段所形成的进入障碍。报复手段，主要有两类：限制进入定价和进入对方领域。本题中甲企业为防止乙公司进入空调产业，降低自身定价，属于行为性障碍中的限制进入定价。

6. AB 【解析】乙公司发现该产业新的客户减少，主要靠老客户的重复购买支撑，收购环境较差，由此可以判断处于成熟期。成熟期的主要战略路径是提高效率，降低成本。

7. BC 【解析】组织管理能力主要可以从以下一些方面进行衡量：（1）职能管理体系的分工；（2）岗位责任；（3）集权和分权的情况；（4）组织结构（直线职能、事业部等）；（5）管理层次和管理范围的匹配。选项A属于营销能力分析因素。选项D属于生产管理能力分析因素。

8. ABD 【解析】某玩具制造商花费大量的费用进行原材料控制（内部后勤），实施所有玩具制造的机械化和制定每天24小时的生产计划（生产经营），组建自己的车队以便能迅速向销售网点运送成品玩具（外部后勤）。

9. CD 【解析】国民教育水平的逐步提高属于社会和文化环境因素中人口因素里的教育水平，各种新型的萃取技术可能在制药领域得到广泛应用属于技术环境因素，因此本题正确答案为选项CD。

10. ABCD 【解析】一个战略群组是指一个产业中在某一战略方面采用相同或相似战略，或具有相同战略特征的各公司组成的集团。如果产业中所有的公司基本认同了相同的战略，则该产业就只有一个战略群组；就另一极端而言，每一个公司也可能成为一个不同的战略群体。一般来说，在一个产业中仅有几个战略群组，它们采用特征完全不同的战略。选择划分产业内战略群组的特征要避免选择同一产业中所有公司都相同的特征。

11. ABD 【解析】竞争对手关于其公司情形的假设可能正确也可能不正确。不正确的假设可造成令他人感兴趣的战略契机。例如，假如某竞争对手相信它的产品拥有市场上最高的顾客忠诚度，而事实上并非如此的话，则刺激性降价就可能是抢占市场的好方法。这个竞争对手很可能拒绝作相应降价，因为它相信该行动并不会影响它的市场占有率。只有发现

已丢失了一大片市场时，它可能才认识到其假设是错误的。正如竞争对手对它自己持一定假设一样，每个公司对产业及其竞争对手也持一定假设。同样，这可能正确也可能不正确。本题中，M公司对W公司的假设是正确的，所以选项C不是答案。

12. ABCD 【解析】结构性障碍中波特指出存在七种主要障碍：规模经济、产品差异、资金需求、转换成本、分销渠道、其他优势及政府政策。贝恩将这七种主要障碍归纳为三类，分别是：规模经济、现有企业对关键资源的控制以及现有企业的市场优势。学习曲线效应、分销渠道属于关键资源。

13. AB 【解析】选项A属于对人们价值观的表述，选项B属于对人口因素的表述，价值观和人口因素都属于社会和文化环境。选项CD属于对经济环境分析的表述。

14. ABCD 【解析】选项A采购人员素质下降，不具有高超的谈判技巧会降低东华公司的讨价还价能力；选项B不具有自行销售产品的条件会降低东华公司的讨价还价能力；选项C大客户的采购量占东华公司销售量的比例很高，会降低东华公司的讨价还价能力；选项D市场上供应商数目多会提高购买商讨价还价能力，降低供应商的讨价还价能力。

15. ABCD 【解析】高额的初始投资和遣散成本使该企业难以退出这个行业，这说明退出障碍高。资料中没有对竞争对手、产业发展速度、商品同质性及过剩生产能力进行描述。

16. ACD 【解析】产品的差异性比较小，购买商可以轻易更换供应商，供应商之间就会相互竞争，产业内企业竞争激烈，所以选项A正确；产品的转换成本高，则购买者不能轻易更换供应商，产业内现有企业竞争相对不激烈，选项B不正确；产业处于成熟期，市场增长率缓慢，

现有企业之间争夺既有市场份额的竞争就会变得激烈，所以选项 C 正确；人员的遣散成本高，退出障碍比较高，竞争激烈，所以选项 D 正确。

17. BCD 【解析】"明星"业务的管理组织最好采用事业部形式，由对生产技术和销售两方面都很内行的经营者负责。选项 A 的说法错误。

18. ABC 【解析】通用矩阵分划较细，对于业务类型较多的多元化大公司必要性不大，且需要更多数据，方法比较繁杂，不易操作。选项 D 错误。

19. AC 【解析】由于钢铁产业规模经济显著，所以 F 公司进入该产业时，会面临结构性障碍—规模经济；由于 E 公司(在位企业)面临新进入者的威胁，会采取降低价格的措施，所以 F 公司还面临行为性障碍—限制进入定价。

20. CD 【解析】基准类型包括：(1)内部基准：企业内部之间互为基准进行学习与比较。(2)竞争性基准：直接以竞争对手为基准进行比较。(3)过程或活动基准：以具有类似核心经营的企业为基准进行比较，但是二者之间的产品和服务不存在直接竞争的关系。(4)一般基准：以具有相同业务功能的企业为基准进行比较。(5)顾客基准：以顾客的预期为基准进行比较。本题中，客户满意度调查可以理解为顾客基准，就满足商务旅行者的需求向航空业学习可以理解为过程或活动基准。

21. ABD 【解析】价值活动的联系不仅存在于企业价值链内部，而且存在于企业与企业的价值链之间。选项 C 错误。

22. ABC 【解析】在啤酒行业，其成功关键因素是充分利用酿酒能力(以使制造成本保持在较低的水平上)、强大的批发分销商网络(以尽可能多地进入零售渠道)、上乘的广告(以吸引饮用人购买某一特定品牌的啤酒)。

23. ACD 【解析】成功关键因素随着产业的不同而不同，甚至在相同的产业中，也会因产业驱动因素和竞争环境的变化而变化。选项 B 的说法不正确。

24. ABD 【解析】公司可以通过产品创新和产品的重新定位，来影响增长曲线的形状，选项 C 说法错误。

25. AB 【解析】在产品的导入期，企业的战略目标是扩大市场份额，争取成为领头羊。主要的战略路径是投资于研究与开发和技术改进，提高产品质量。选项 A 正确；在产品的成长期，企业的战略目标是争取最大市场份额，并坚持到成熟期的到来，主要的战略路径是市场营销，此时是改变价格形象和质量形象的好时机。选项 B 正确；在产品的成熟期，经营战略的重点转向巩固市场份额的同时提高投资报酬率，主要的战略路径是提高效率，降低成本。选项 C 错误。在产品的衰退期，企业的经营战略目标首先是防御，获取最后的现金流，战略途径是控制成本，以求能维持正的现金流量。选项 D 错误。

26. ACD 【解析】选项 B 属于扭转型战略。

27. AD 【解析】首先判断选项 ACD 三个选项属于外部环境要素的变化，而选项 B 属于该企业内部因素，因而可以排除选项 B。选项 A 本国居民更加关注健康，表明会有更多的消费者消费奶制品或增加奶制品的消费量，因而是一个机会。选项 C 三聚氰胺事件的发生会降低消费者对奶制品企业的信任感，制约消费者对奶制品的消费，属于威胁。选项 D 主要包装材料市场价格下降，可以使企业降低成本，因此是一个机会。因此正确答案是选项 AD。

三、简答题

1.【答案】

(1)一般来说，能够建立企业核心竞争力的资源主要包括以下四种：稀缺资源、不可被模仿的资源、不可替代的资源和持久的资源。

（2）百口居处于繁华地段，这属于不可被模仿的资源中物理上独特的资源；公众已经接受了"百口居"品牌，并具有一定的忠诚度，这属于不可被模仿的资源；百口居具有近百年历史，品牌价值在不断提升，这属于持久的资源。

2.【答案】

化学药品制造业的五种竞争力的分析如下：

（1）潜在进入者的进入障碍高（或门槛高/威胁低）。

理由：

①抗生素类药品价格受国家监管且下降趋势将持续，处于有效规模经营的现有企业对于新进入者而言具有成本优势，从而构成进入障碍。

②现有企业率先对专利或专有技术、销售渠道等关键资源进行积累和控制，对新进入者构成进入障碍。

③国家有权监督药品的研制、进出口及上市后的销售、使用，使得现有企业在许可政策上具有优势。现有企业品牌更易于被市场接受，品牌认知度方面存在优势。

（2）替代品的替代障碍低（或门槛低/威胁高）。

理由：由于我国化学药品制造公司创新能力不够，生产的药品以低级化学原料药为主，品种雷同而且药性上相差无几，从而很容易被其他公司生产的药品所替代。

（3）对供应者讨价还价的能力不高（或供应者讨价还价的能力强）。

理由：

①制药企业规模普遍较小，导致买方的业务量较小。

②大量企业生产的药品品种雷同且药性上相差无几将导致对上游相同成分原料的依赖。

（4）对购买者讨价还价的能力不高（或购

买者讨价还价的能力强）。

理由：

①大量企业生产的药品品种雷同且药性上相差无几将导致产品的差异化不大，增加了购买者讨价还价的能力。

②国家会经常出台药品价格政策和管理规定，使药品定价受到约束的同时，也使购买者掌握信息更容易，增加了购买者讨价还价的能力。

（5）产业内现有公司的竞争激烈。

理由：

①化学制药企业数量多，规模普遍较小。

②大量企业生产药品的同质化较为明显。

3.【答案】

（1）F企业的市场份额为10%，其最大竞争对手为A企业（市场份额30%），二者相除：F企业的相对市场占有率=10%÷30%=33.33%。

（2）根据五种竞争力分析，该企业主动与客户建立起了结构性关系，使客户对企业的服务形成无法通过其他途径弥补的依赖，阻止了新进入者的进入，实际上是提高了购买者转换其他供应者的成本，从而增强了新进入者的进入障碍，降低了产业新进入者的威胁。

【思路点拨】 本题考核波士顿矩阵和产业五种竞争力。（1）在波士顿矩阵中，纵坐标表示市场增长率，横坐标表示本企业在产业中的相对市场占有率。相对市场占有率是将本企业的市场份额与最大竞争者的市场份额进行比较。（2）五种竞争力分析的内容是历年考试涉及的比较多的，应对此类题目需要掌握五种竞争力的内容，然后结合资料对号入座，熟练记忆五力模型的具体内容。

四、综合题

1.【答案】

（1）①通用机械属于"现金牛"业务（或低增长—强竞争地位的业务）；

通用机械业务总体市场增长缓慢，并且L

集团的该业务保持着较高的市场份额，每年为 L 集团带来稳定而可观的收益，而无需大量的资金投入，反而能为企业提供大量资金，所以属于"现金牛"业务。

②专用机械属于"明星"业务（或高增长—强竞争地位的业务）；

专用机械业务处于一个利润更高、增长更快的市场，并且 L 集团的该业务已跻身全国前三，在 L 集团的四个业务板块中专用机械业务有着极好的长期发展前景，但需要公司在研发和技术方面给予大量的持续的投入来支持其发展，所以属于"明星"业务。

③配件及服务属于"问题"业务（或高增长—弱竞争地位的业务）；

配件及服务业务整体市场近年来正在快速增长，而 L 集团此项业务的市场份额却很低，而且目前处于亏损状态，所以属于"问题"业务。

④钢材贸易属于"瘦狗"业务（或低增长—弱竞争地位的业务）；

钢材贸易市场竞争激烈，市场趋于饱和，L 集团该业务的市场份额非常小，可获利润很低却反而常常需要占用大量的营运资金，所以属于"瘦狗"业务。

（2）①通用机械业务板块（"现金牛"）可以把设备投资和其他投资尽量压缩，可采用榨油式方式，争取在短时间内获取更多利润，从而为其他业务的发展提供资金支持，也可以进一步进行市场细分，维持其现有的增长率或延缓增长率下降的速度，通用机械事业部的领导者最好是市场营销型人物。

②对于专用机械业务板块（"明星"），L 集团应在短期内优先提供其所需的资源，保护其专用机械在国内市场上的领先地位，持续地在研发和技术上给予大力投入，积极扩大经济规模和市场机会，以长远利益为目标，进一步提高市场占有率，专用机械事业部最好是由对生产技术和销售两方面都很内行的人才来领导。

③配件及服务业务（"问题"）由于具备成为

新增长点的基础条件，因此可以努力将其从问题业务转化为将来的明星业务，应当详细分析目前阻碍配件及服务业务发展的问题所在并作出改进，集团需在一段时期内对该板块给予扶持，并将扶持方案列入集团的长期计划中，配件及服务事业部应当选拔有规划能力、敢于冒险、有才干的人才来领导，可以采取智囊团或项目组织等形式来发展该业务。

④钢材贸易业务（"瘦狗"）由于可获利润很低却反而常常需要占用大量的营运资金，也并没有帮到 L 集团自身的原料采购，因此应采用撤退战略，逐步缩小，停止此业务，将资源留给其他业务板块，钢材贸易事业部可取消，其人员可合并至其他事业部担任合适的岗位。

2.【答案】

（1）价值链将企业的生产经营活动分为基本活动和支持活动两大类。

①基本活动（或主体活动）。基本活动是指生产经营的实质性活动，一般可以分为内部后勤（进货物流）、生产经营、外部后勤（出货物流）、市场销售和服务五种活动。

②支持活动（或辅助活动）。支持活动是指用以支持基本活动而且内部之间又相互支持的活动，包括采购、技术开发、人力资源管理和企业基础设施。

按照价值链活动的分类，保圣公司的 10 类活动可如下划分：

①内部后勤（进货物流）：活动（2）；

②生产经营：活动（3）、（4）；

③外部后勤（出货物流）：活动（5）；

④市场销售：活动（6）；

⑤服务：活动（7）；

⑥采购管理：活动（1）；

⑦技术开发：活动（8）；

⑧人力资源管理：活动（9）；

⑨企业基础设施：活动（10）。

（2）依据成本领先战略的实施条件中关于"实现成本领先战略的资源和能力"所包括

的主要方面，保圣公司的具体做法是：

①在规模经济显著的产业中装备相应的生产设备来实现规模经济。"建立大规模生产线实现规模经济"。

②降低各种要素成本。"生产所需要的外购配件大部分由就近的朝辉公司生产，与保圣总装厂距离非常近，减少了存储费用""各个配件厂分布在保圣总装厂周围……最大限度地减少库存""总装厂……减少物流费用""订单处理……选择最优路线以降低物流费用""从产品研发阶段就开始实施成本企划来控制成本"。

③提高生产率。"各个配件厂分布在总装厂周围……最大限度地减少库存""总装厂……减少存储费用""订单处理……选择最优路线以降低物流费用""有的放失地进行广告宣传""在减少了管理层次的同时提高了效率""定期对员工进行培训……尽快实现学习经济""开发畅销车型，提高资金周转率""与发动机的供应厂家建立良好关系，保证生产进度不受影响"。

④改进产品工艺设计。"使其及时掌握公司所采用的最新技术、工艺或流程"。

⑤提高生产能力利用程度。"通过市场调查，开发畅销车型""提高广告效率""终端车主可以通过售后热线反馈不同车型的质量问题，保证来维修的客户的满意度"。（保证销量，从而保证生产能力利用率）。

【思路点拨】本题对应本章的内容，主要考核价值链理论及其应用。这类题型一般至少要求是基本应用能力，要求熟知理论内容，并能够运用理论内容，解决给定的案例内容。考生尤其注意本题的第二小题的答题方式，也就是首先给出理论定位，然后找出案例中相关文字作为"证据"。

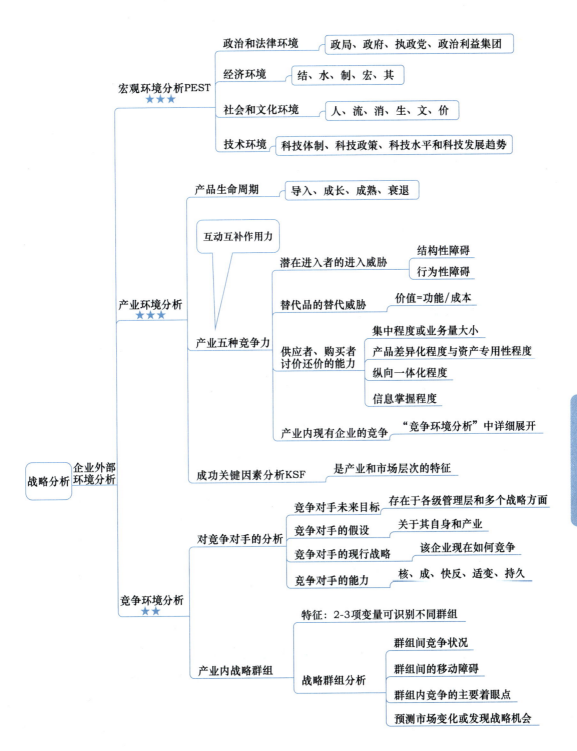

宏观环境分析PEST ★★★
- 政治和法律环境 —— 政局、政府、执政党、政治利益集团
- 经济环境 —— 结、水、制、宏、其
- 社会和文化环境 —— 人、流、消、生、文、价
- 技术环境 —— 科技体制、科技政策、科技水平和科技发展趋势

产业环境分析 ★★★
- 产品生命周期 —— 导入、成长、成熟、衰退
- 互动互补作用力
- 产业五种竞争力
  - 潜在进入者的进入威胁
    - 结构性障碍
    - 行为性障碍
  - 替代品的替代威胁 —— 价值=功能/成本
  - 供应者、购买者讨价还价的能力
    - 集中程度或业务量大小
    - 产品差异化程度与资产专用性程度
    - 纵向一体化程度
    - 信息掌握程度
  - 产业内现有企业的竞争 —— "竞争环境分析"中详细展开
- 成功关键因素分析KSF —— 是产业和市场层次的特征

竞争环境分析 ★★
- 对竞争对手的分析
  - 竞争对手未来目标 —— 存在于各级管理层和多个战略方面
  - 竞争对手的假设 —— 关于其自身和产业
  - 竞争对手的现行战略 —— 该企业现在如何竞争
  - 竞争对手的能力 —— 核、成、快反、适变、持久
- 产业内战略群组
  - 特征：2-3项变量可识别不同群组
  - 战略群组分析
    - 群组间竞争状况
    - 群组间的移动障碍
    - 群组内竞争的主要着眼点
    - 预测市场变化或发现战略机会

战略分析 —— 企业外部环境分析

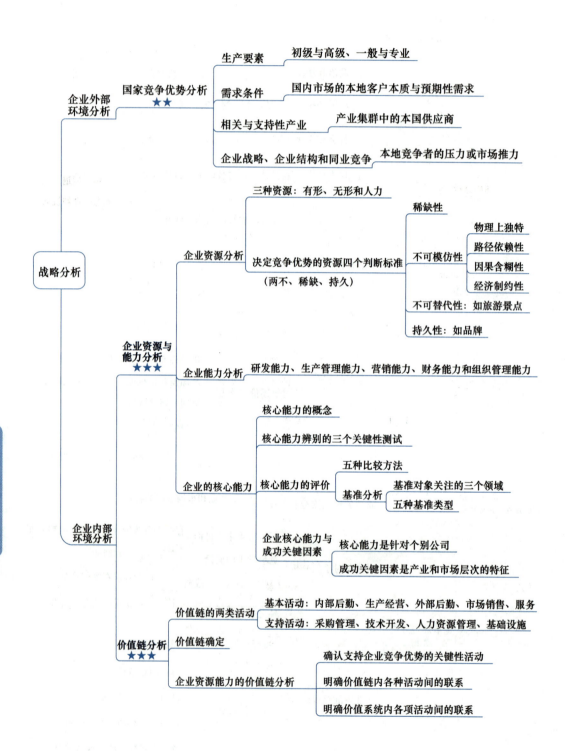

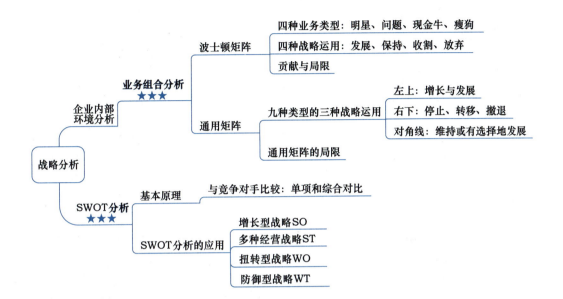

战略分析
├─ 企业内部环境分析
│   └─ 业务组合分析 ★★★
│   ├─ 波士顿矩阵
│   │   ├─ 四种业务类型：明星、问题、现金牛、瘦狗
│   │   ├─ 四种战略运用：发展、保持、收割、放弃
│   │   └─ 贡献与局限
│   └─ 通用矩阵
│   ├─ 九种类型的三种战略运用
│   │   ├─ 左上：增长与发展
│   │   ├─ 右下：停止、转移、撤退
│   │   └─ 对角线：维持或有选择地发展
│   └─ 通用矩阵的局限
└─ SWOT分析 ★★★
    ├─ 基本原理
    │   └─ 与竞争对手比较：单项和综合对比
    └─ SWOT分析的应用
        ├─ 增长型战略SO
        ├─ 多种经营战略ST
        ├─ 扭转型战略WO
        └─ 防御型战略WT

1. 宏观环境分析

(1)战略分析三大步骤：外部环境分析、内部环境分析和 SWOT 分析。

(2)企业外部环境分析的四个层面：宏观环境、产业环境和竞争环境，以及国家竞争优势。

(3)宏观环境(PEST)＝政治和法律环境+经济环境+社会和文化环境+技术环境。

(4)经济环境的五个方面：社会经济结构、经济发展水平与状况、经济体制、宏观经济政策和其他一般经济条件。

(5)社会和文化环境的六个要素：人口因素、社会流动性、消费心理、生活方式变化、文化传统和价值观。

2.（中观）产业环境分析

(1)产业环境分析的三大方面：产品生命周期理论、五种竞争力、成功关键因素。

(2)产品生命周期的四阶段：导入期、成长期、成熟期和衰退期。

(3)产品生命周期理论的三大要点(需要掌握各阶段的)：经营风险、战略目标、战略路径。

(4)产业五种竞争力＝产业已有竞争对手+潜在进入者+替代品+供方+买方。

(5)潜在进入者的两大进入障碍＝结构性障碍+行为性障碍。

(6)结构性障碍三大方面：规模经济、现有企业对关键性资源的控制、现有企业的市场优势。

(7)行为性障碍(或战略性障碍)两大方面：限制进入定价、进入对方领域。

(8)替代品的两大种类：直接产品替代和间接产品替代(能否替代取决于"价值＝功能/成本")。

(9)供应者和购买者的议价能力大小的四个影响方面：集中程度或业务量大小、产品差异化程度与资产专用性程度、纵向一体化程度、信息掌握程度。

(10)成功关键因素(KSF)，是企业取得产业成功的前提条件，是产业和市场层次的特征。

3.（微观）竞争环境分析

(1)竞争环境分析的两大视角：从个别企业视角、从战略群组视角。

(2)竞争对手分析框架的四个方面：未来目标、假设、现行战略和能力。

(3)竞争对手的五大能力：核心能力、成长能力、快速反应能力、适应变化能力和持久力。

(4)战略群组，是一个产业中采用相同或相似战略的企业集合。

(5)同一战略群组内的不同企业具有相同的战略特征，一般是 3 个左右共同特征。

4. 国家竞争优势分析

(1)国家竞争优势(钻石模型)的四要素=生产要素+需求条件+相关与支持性产业+企业战略企业结构和竞争对手的表现。

(2)高级生产要素和专业生产要素可建立更持久的产业优势。

(3)内行而挑剔的本地客户及本地客户预期性需要,可成为需求条件的一种优势。

(4)产业集群可带来一个国家的优势产业。

(5)国内市场中强有力的竞争对手,是创造与持续产业竞争优势的最大关联因素。

5. 企业三大资源分析

(1)企业内部环境分析包括:三大资源+五种能力。

(2)企业资源的三大类型=有形资源+无形资源+人力资源。

(3)决定竞争优势的企业资源四个判断标准:稀缺性+不可模仿性+不可替代性+持久性。

6. 企业五种能力分析

企业能力的五种类型=研发能力+生产管理能力+营销能力+财务能力+组织管理能力

7. 企业核心能力分析

(1)核心能力,是指在具有重要竞争意义的经营活动中能够比其他竞争对手做得更好的能力。

(2)满足核心能力的三个必要条件=对顾客是否有价值+与竞争对手相比是否有优势+是否很难被模仿或复制。

(3)核心能力评价的五个基础与方法:自我评价、产业内部比较、基准分析、成本驱动力和作业成本法、收集竞争对手信息。

(4)常见的三种基准对象:占用较多资金的活动、能显著改善与顾客关系的活动、能最终影响企业结果的活动。

(5)五种常见的基准类型:内部基准、竞争性基准、过程或活动基准、一般基准和顾客基准。

8. 价值链分析

(1)价值链,是综合分析企业资源与能力的理论框架,可确定企业的竞争优势。

(2)价值链的两类活动=基本活动+支持活动。

(3)五种基本活动=内部后勤+生产经营+外部后勤+市场销售+服务。

(4)四种支持活动=采购管理+技术开发+人力资源管理+基础设施。

(5)价值链分析的三要点:一是确认支持企业竞争优势的关键性活动,二是明确价值链内活动的联系,三是明确价值系统内各项活动的联系。

（6）价值链分析用于独立的产品、服务或业务单位的企业。

9. 波士顿矩阵

（1）业务组合分析用于多元化经营、拥有多个产品或业务单位的企业。

（2）业务组合分析的两大方法：波士顿矩阵与通用矩阵。

（3）波士顿矩阵的横轴是企业业务的相对市场份额，纵轴是整个行业市场增长率，如下图所示。

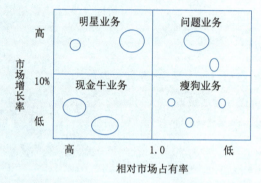

（4）明星业务（高增长—强竞争）：适宜采用发展战略；采用事业部，由对生产技术和销售都很内行的经营者负责。

（5）问题业务（高增长—弱竞争）：适宜采用发展收割或放弃战略；采用智囊团或项目组织，有规划能力敢于冒风险的人负责。

（6）现金牛业务（低增长—强竞争）：适宜采用保持或收割战略；适用事业部管理，经营者选用市场营销型负责。

（7）瘦狗业务（低增长—弱竞争）：适宜采用收割或放弃战略；可与其他事业部合并统一管理。

10. 通用矩阵

（1）通用矩阵是改良版的波士顿矩阵，横轴是企业业务的竞争地位，纵轴是产业吸引力，分别用多因素来衡量。如下图所示。

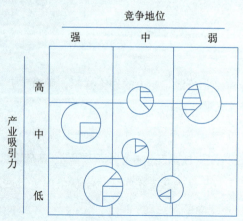

（2）通用矩阵中处于左上方三个方格业务，采取增长与发展战略，优先分配资源。

（3）通用矩阵中处于右下方三个方格业务，采取停止、转移、撤退战略。

（4）通用矩阵中处于对角线三个方格业务，采取维持或有选择地发展战略。

11. SWOT 分析

（1）SWOT 分析是综合考虑内外环境因素，进行系统评价选择最佳经营战略的方法。

（2）SWOT 分析最核心的是如何最优运用自己的资源，并考虑建立公司未来的资源。

		外部环境	
		机会 O	威胁 T
内部环境	优势 S	增长型战略（SO）	多种经营战略（ST）
	劣势 W	扭转型战略（WO）	防御型战略（WT）

战略选择

考情解密

历年考情概况

本章属于历年考试的重点章节，也是本科目的核心章节，或者说是本科目最重要的章节也不为过。在近三年的考试中，本章所占的分值在 40 分以上，建议广大考生给予足够的重视。预计在 2020 年考试中所占分值在 40-45 分左右。

本章重点内容包括总体战略、业务单位战略、职能战略和国际化经营战略。考试形式多样，每种题型都会涉及，尤其要注意主观型题目，也就是简答题与综合题。

从近 7 年考试情况来看，本章知识点在客观题共考核 72 次，考点集中在总体战略的主要类型（13 次）、财务战略（9 次）、基本竞争战略（7 次）、市场营销战略（7 次）、发展战略实现的主要途径（7 次）、企业国际化经营动因（5 次）、中小企业竞争战略（5 次）、国际化经营的战略类型（5 次）、新兴市场企业战略（5 次）、采购战略（3 次）、国际市场进入模式（2 次）、蓝海战略（2 次）、生产运营战略（2 次）、人力资源战略及研发战略（各 1 次）。本章内容主观题近 7 年高频考点集中在发展战略的主要途径（13 次）、基本竞争战略（8 次）、总体战略的主要类型（8 次）、市场营销战略（6 次）、研究与开发战略（6 次）、蓝海战略（5 次）、国际化经营动因（3 次）及新兴市场企业战略（2 次）。

近年考点直击

考点	主要考查题型	考频指数	考查角度
总体战略、业务单位战略的类型	客观题、主观题	★★★	(1)通过案例形式，要求分析公司采用的战略类型； (2)直接考核某种公司战略的含义、适用条件、优缺点等； (3)给出某种战略的优缺点等，要求判断正误； (4)对细小知识点进行考核，给出表述，要求判断正误
发展战略的主要途径	客观题、主观题	★★★	(1)直接考核三种发展战略途径的内涵、动因等； (2)通过案例形式，要求判断公司采用的发展战略途径； (3)对细小知识点的考核，比如并购类型、企业并购产生的协同效应、企业并购失败的原因等
职能战略	客观题、主观题	★★	(1)通过案例形式，要求分析企业采用了哪些职能战略； (2)直接或通过案例形式考核职能战略中的细小知识点，比如产品定价方法、准时生产系统、货源策略、财务战略矩阵等； (3)给出具体的表述，要求判断正误
国际化经营战略	客观题	★★	(1)通过案例形式，要求判断采用的国际化经营战略类型、国际化经营动因、国际市场进入模式等； (2)直接对细小知识点进行考核，比如全资子公司优缺点、新兴市场企业战略等

本章的学习要求是：熟读知识点，重在理解；先搭框架、再加内容；及时做题，巩固记忆。由于本章是本科目的"大章"，知识结构清晰，但是具体知识点特别繁多，需要考生经常把思路跳出来，要求能够站在一定高度来理解和记忆整个框架内容。学习过程中要注意先建立"树干"，后填充"枝叶"。把相关知识点串起来，做到全面了解和整体把握，解决"通"的问题。学习过程中要做到头脑中"既有树木，也要有森林"。

本章2020年考试主要变化

（1）把新兴产业发展的"三大障碍"改为"五大障碍"；

（2）删除新兴产业发展的"早期进入障碍"的相关内容；

（3）促销策略中"分销渠道"分类进行改写；

（4）增加调整部分案例内容。

考点详解及精选例题

战略管理程序的三部曲是"分析、选择和实施"。上一章针对外部与内部环境完成了战略分析，而本章是战略管理最为重要的内容—战略选择。在第一章中我们已经学习了企业战略的三个层次，分别是总体战略、业务单位战略和职能战略。本章就是从这三个层次渐次展开讲解的。

一、总体战略（公司层战略）

扫我解疑难

总体战略，也称为公司层战略，是公司最高层次的战略。总体战略可分为三大类：发展战略、稳定战略和收缩战略。"发展、稳定、收缩"这三大类实际上是一个公司的未来方向。其中"发展战略"是多数公司为之奋斗的理想目标；"稳定战略"则是在特定情况之下，在前期获得成功的企业"想留住目前幸福状态"的一种战略选择，但往往会"树欲静而风不止"；"收缩战略"则成为内外环境发生较大变化后，企业无奈的一种现实战略选择。

（一）总体战略的主要类型 ★★★

1. 发展战略—综合运用能力

发展战略又可分为三种基本类型：一体化战略、密集型战略和多元化战略。

（1）一体化战略。（见表3-1）

表3-1　一体化战略

具体类型			适用条件
纵向一体化战略	前向一体化	获得分销商或零售商的所有权或加强对他们的控制权的战略	①现有销售商的销售成本较高或者可靠性较差；②所在产业的增长潜力较大；③具备前向一体化所需的资金、人力资源等；④销售环节的利润率较高
	后向一体化	获得供应商的所有权或加强对其控制权	①现有供应商的供应成本较高或者可靠性较差；②所在产业的增长潜力较大；③具备后向一体化所需的资金、人力资源等；④供应环节的利润率较高；⑤产品价格稳定对企业十分关键，后向一体化有利于控制原材料成本，确保价格稳定；⑥供应商数量较少而需求方竞争者众多（后两条是后向一体化特有的）

具体类型		适用条件
横向一体化战略	指企业向产业价值链相同阶段方向扩张的战略	①所在产业竞争较为激烈； ②所在产业的规模经济显著； ③横向一体化符合反垄断法律法规，能够在局部地区获得一定的垄断地位； ④所在产业的增长潜力较大； ⑤具备横向一体化所需的资金、人力资源等

【备考战略】（1）纵向一体化战略是企业与**上游企业（后向一体化战略）**、**下游企业（前向一体化战略）**的关联；横向一体化战略是企业与竞争企业的关联。注意！每年都有学生把前向一体化与后向一体化理解反了。

（2）纵向一体化战略的风险：不熟悉新业务领域所带来的风险；一般涉及的投资数额较大且资产专用性较强，增加了企业在该产业的退出成本（尤其是后向一体化战略）。

无论哪种一体化战略，共同的适用条件中都要求"产业增长潜力较大"（要有吸引力），"企业具备一体化所需的资金、人力资源"（要有钱、有人）。

【例题1·多选题】横向一体化战略的主要目的有（　）。

A. 获得竞争优势

B. 控制关键原材料的投入成本

C. 实现规模经济

D. 控制和掌握市场

解析 ▶ 企业采用横向一体化战略的主要目的是实现规模经济以获取竞争优势，所以选项 A 和选项 C 是正确答案。选项 B 是后向一体化战略的目的。选项 D 是前向一体化战略的目的。　　答案 ▶ AC

（2）密集型战略。

让我们先来学习一下安索夫矩阵（产品-市场战略矩阵），如表3-2所示：

表3-2　安索夫矩阵（产品-市场战略矩阵）

安索夫矩阵	现有产品	新产品
现有市场	**市场渗透**：在单一市场，依靠单一产品，增加市场占有率	**产品开发**：延长产品生命周期
新市场	**市场开发**：在现有实力、技能和能力基础上发展	**多元化**：以现有产品或市场为基础的相关多元化；与现有产品或市场无关的非相关多元化

【相关链接】经营战略的扫地神僧究竟有多牛？

安索夫矩阵是用于企业经营战略制订的，这个有名且长寿的矩阵，最初发表于1957年。

经营战略可看作是"现在与未来的纽带"。现在广泛使用的"差距分析"也是安索夫创造的。差距分析就是设想公司将来的样子，明确公司现在的样子，分析二者之间的差距并弥补这些差距。安索夫所在的时代，许多企业拥有多种业务，安索夫矩阵可帮助企业制定多元化方针。安索夫也提出了竞争中的思维方式。"若要在竞争中取胜就必须有核心竞争力"，这正是后来学者（1991 和 1994）提出的核心能力理论。

安索夫功绩远不止如此，他的理论几乎包含了此后数十年陆续发展出的各种理论。神僧在此，哪个敢乱讲造次？

密集型战略则包括安索夫矩阵中的市场渗透、产品开发和市场开发三种，如表3-3所示：

表 3-3　密集型战略

战略	具体类型		含义	适用情况
密集型战略	市场渗透战略	现有产品，现有市场	这种战略强调发展单一产品，试图通过更强的营销手段来获得更大的市场占有率。市场渗透战略的基础是增加现有产品或服务的市场份额，或增加正在现有市场中经营的业务。目标是通过各种方法来增加产品的使用频率	主要适用于以下几种情况：①整个市场正在增长，那些想要增加市场份额的企业能够以较快的速度达到目标；②企业决定将利益局限在现有产品或市场领域；③其他企业由于各种原因离开了市场；④企业拥有强大的市场地位，并且能够利用经验和能力来获得强有力的竞争优势；⑤对应的风险较低、高级管理者参与度较高，且需要的投资相对较少
	市场开发战略	现有产品，新市场	是指将现有产品或服务打入新市场的战略。主要途径包括开辟其他区域市场和细分市场	主要适用于以下几种情况：①存在未开发或未饱和的市场；②可得到新的、可靠的、经济的和高质量的销售渠道；③企业在现有经营领域十分成功；④企业拥有扩大经营所需的资金和人力资源；⑤企业存在过剩的生产能力；⑥企业的主业属于正在迅速全球化的产业
	产品开发战略	新产品，现有市场	是在原有市场上，通过技术改进与开发研制新产品。可以延长产品的生命周期，提高产品的差异化程度，满足市场新的需求，从而改善企业的竞争地位	主要适用于以下几种情况：①企业产品具有较高的市场信誉度和顾客满意度；②企业所在产业属于适宜创新的高速发展的高新技术产业；③企业所在产业正处于高速增长阶段；④企业具有较强的研究与开发能力；⑤主要竞争对手以近似价格提供更高质量的产品

【备考战略】上表的总结中，关于密集型战略三种类型的适用条件一定要理解基础上记忆，关键在于对其含义的理解，机械的记忆条款无助于掌握知识本身，要在理解基础之上进行记忆，应试中要求达到基本应用能力。

另外，关于密集型战略，还需要掌握以下相关知识点：

①在市场渗透战略中，市场增长的三种方法：扩大市场份额；开发小众市场；保持市场份额。市场渗透战略对于管理者来说，难度最小。

②采用产品开发战略的四个原因：充分利用企业对市场的了解；保持相对于竞争对手的领先地位；从现有产品组合的不足中寻求新的机会；使企业能继续在现有市场中保持稳固的地位。一般来说，产品开发战略的难度是最大的。需要注意的是，提供不同尺寸、不同颜色和不同包装的产品，这些都属于产品开发。

③采用市场开发战略的三个原因：现有产品生产过程的性质导致难以转而生产全新的产品；市场开发往往与产品改进结合在一起；现有市场或细分市场已经饱和。市场开发战略的难度介于前两者之间。

【例题2·单选题】某玩具店为了扩大产品的销售，获得更大的市场占有率，在进行实体店经营的同时，也在淘宝商城进行销售，同时招聘微商进行代理销售。该企业采用的战略是（　　）。

A. 市场开发战略　　B. 市场渗透战略

C. 产品开发战略　　D. 一体化战略

解析 ▶ 市场渗透战略强调发展单一产品，试图通过更强的营销手段而获得更大的市场占有率。该企业采取的这些措施都是为了扩大现有产品的销售，获得更大的市场占有率，所以采取的是市场渗透战略。

答案 ▶ B

【思路点拨】本题属于案例分析型题目。应对本题的关键是区分市场开发战略、市场渗透战略和产品开发战略。可以从两个角度进行把握：一是从含义方面进行区分；二是从适用情况方面进行区分。

（3）多元化战略。（见表3-4）

表3-4　多元化战略

类别		相关描述	
多元化战略 （新产品和新市场）	相关多元化战略 （同心多元化）	企业以现有业务或市场为基础进入相关产业或市场	企业在产业或市场内具有较强的竞争优势，而该产业或市场的成长性或吸引力逐渐下降
	非相关多元化战略（离心多元化）	企业进入与当前产业和市场均不相关的产业或市场	企业当前产业或市场缺乏吸引力，而企业也不具备较强的能力和技能转向相关产品或市场
多元化战略的原因	①在现有产品或市场中持续经营并不能达到目标；②企业由于以前在现有产品或市场中成功经营而保留下来的资金超过了其在现有产品或市场中的财务扩张所需要的资金；③与在现有产品或市场中的扩张相比，多元化战略意味着更高的利润		
优点	①分散风险；②能更容易地从资本市场中获得融资；③当企业在原产业无法增长时找到新的增长点；④利用未被充分利用的资源；⑤运用盈余资金；⑥获得资金或其他财务利益；⑦运用企业在某个产业或某个市场中的形象和声誉来进入另一个产业或市场		
风险	①原有经营产业的风险；②市场整体风险；③产业进入风险；④产业退出风险；⑤整合的内部经营风险		

【备考战略】发展战略的所有相关知识点，要求考生掌握，达到综合运用能力的程度。对于难度最高的综合运用能力等级的知识点，考生们一是要把发展战略包括的三大知识点（一体化、密集型和多元化）的内涵吃透理清，二是要达到能在综合题中解题的程度（建议考生仔细研读一下教材中案例问题的解题思路和过程）。一体化战略包括横向和纵向，也就是画一个"十字架"，而"密集型战略+多元化战略"="安索夫矩阵"。从内容上来讲，可以这样记忆：发展战略就是"**安索夫背着一个十字架**"。

【例题3·单选题】甲公司是一家传统胶片生产企业，受消费者需求变化和技术发展的影响，该公司利润一直处于下滑状态。由于甲公司长期以来一直集中于胶片的生产，忽视了相关产品的发展，致使自身缺乏相关

产品的生产能力。根据以上信息可以判断，甲公司较为现实的选择是（　　）。

A. 相关多元化战略

B. 非相关多元化战略

C. 一体化战略

D. 收缩战略

解析 ▶ 如果企业当前产业或市场缺乏吸引力，而企业也不具备较强的能力和技能转向相关产品或市场，较为现实的选择就是采用非相关多元化战略。

答案 ▶ B

【思路点拨】本题属于案例分析型题目。应对本题的关键是区分各种战略的适用情况，结合案例资料中的关键语句进行分析判断。本题的关键语句是"由于甲公司长期以来一直集中于胶片的生产，忽视了相关产品的发展，致使自身缺乏相关产品的生产能力"。

【拓展反思】中国企业的"多元化做大做

强情结”

改革开放 41 年以来，成就了许多的成功或曾经成功的企业。但多数企业在其发展的巅峰时候，往往会通过多元化来实现其"做大做强"的梦想。但最终的结果却是成功和失败的几率各占一半左右。从学术上的实证研究结果来看，也验证了这个结果。当年 TCL 的李东生也表示企业要先做大再做强，通过相关多元化战略来实现企业发展，今天的 TCL 却只实现了"大而不强"。我们需要认真梳理一下其中的逻辑关系，企业做大不一定导致最终做强，而企业做强却是做大的必要条件。多元化经营从某种角度来说，是管理层通过多元化来分散了自己的经营风险，并不会必然导致企业利润的增长。投资风险的分散化可以由股东自己来完成，不必由其聘请的职业经理人代为完成，因为每个职业经理人都有其专长，不是多面手。

这就像我们每一个人，能够有自己一两个最擅长的领域或专业就已经很成功了，而不必要求自己一定要"上知天文、下知地理"，在多个领域都出色出彩，这不太现实。毕竟像达·芬奇这种天才，几千年才出现一个。结论就是，在人生的舞台上，专业化比多元化更重要！

2. 稳定战略—知识理解能力（见表 3-5）

表 3-5　稳定战略

类别	相关描述
稳定战略（维持战略）	是指限于经营环境和内部条件，企业在战略期所期望达到的经营状况基本保持在战略起点的范围和水平上的战略
适用条件	稳定战略适用对战略期环境的预测变化不大，而企业在前期经营相当成功的企业
优点	(1)企业可以充分利用原有生产经营领域中的各种资源； (2)避免开发新产品和新市场所必需的巨大资金投入和开发风险； (3)避免资源重新配置和组合的成本； (4)防止由于发展过快、过急造成的失衡状态
风险	(1)一旦外部环境发生较大变动，企业战略目标、外部环境、企业实力三者之间就会失去平衡，企业就会陷入困境； (2)容易使企业减弱风险意识，甚至会形成惧怕风险、回避风险的企业文化，降低企业对风险的敏感性和适应性

采取稳定战略的情况并不多见。所谓"永远不变的是变化""树欲静而风不止"。教材中对此战略着笔墨也不多。

3. 收缩战略—基本应用能力（见表 3-6）

表 3-6　收缩战略

类别		相关描述
收缩战略（撤退战略）		是指企业缩小原有经营范围和规模的战略
采用收缩战略的两大原因	主动原因	(1)大企业战略重组的需要；(2)小企业的短期行为
	被动原因	(1)外部原因。由于整体经济形势、产业周期、技术变化、政策变化、社会价值观或时尚变化、市场饱和、竞争行为等，导致企业赖以生存的外部环境出现危机。 (2)企业（或企业某业务）失去竞争优势。由于企业内部经营机制不顺、决策失误、管理不善等原因，企业经营陷入困境，不得不采用防御措施

类别		相关描述
收缩战略的三种方式	紧缩与集中战略	往往集中于短期效益，主要涉及采取补救措施制止利润下滑，以期立即产生效果。具体做法：（1）机制变革；（2）财政和财务战略；（3）削减成本战略
	转向战略	涉及企业经营方向或经营策略的改变。具体做法有：（1）重新定位或调整现有的产品和服务；（2）调整营销策略
	放弃战略	涉及企业（或子公司）产权的变更，是彻底的撤退方式。包括六种类型： （1）特许经营。企业卖给被特许经营企业有限权利，而收取一次性付清的费用。 （2）分包。公司采用招标的方式让其他公司生产本公司的某种产品或者经营本公司的某种业务。 （3）卖断。指母公司将其所属的业务单位卖给其他企业，从而与该业务单位断绝一切关系。 （4）管理层杠杆收购。把大部分业务卖给管理层或是另外一家财团，母公司可以在短期或者中期保留股权。 （5）拆产为股/分拆。母公司的一部分分拆为战略性的法人实体，以多元持股的形式形成子公司的所有权。 （6）资产互换与战略贸易。所有权的转让通过企业之间交换资产实现
收缩战略的困难	对企业或业务状况的判断（了解即可）	收缩战略效果如何，取决于对公司或业务状况判断的准确程度。汤普森提出了一个详尽的清单，对企业或业务状况判断的能力会有一定帮助：（1）企业产品所处的寿命周期以及今后的盈利情况和发展趋势；（2）产品或业务单位的当前市场状况，以及竞争优势和机会；（3）腾下来的资源应如何运用；（4）寻找一个愿出合理价格的买主；（5）放弃一部分获利业务或者一些经营活动，转而投资其他可能获利较大的业务是否值得；（6）关闭一家企业或者一家工厂，是否比在微利下仍然维持运转合算；（7）准备放弃的那部分业务在整个公司中所起的作用和协同优势；（8）用其他产品和服务来满足现有顾客需求的机会；（9）企业降低分散经营的程度所带来的有形和无形的效益；（10）寻找合适的买主
	五大退出障碍（掌握）	（1）固定资产的专用性程度；（2）退出成本；（3）内部战略联系；（4）感情障碍；（5）政府与社会约束

【备考战略】考生需要能够在案例中区别企业所实施收缩战略采取的具体方式是哪一种类型：

（1）"紧缩与集中战略"可采取机制变革、削减成本以及财政财务战略等方式，力求能在较短时间内带来成效，以扭转不利的局面，但经营方向并不改变；

（2）"转向战略"则是对经营方向和经营战略的改变；

（3）"放弃战略"是指的对企业产权（所有权）的放弃。

【例题4·多选题】紧缩与集中战略往往集中于短期效益，主要涉及采取补救措施制止利润下滑，以期立即产生效果，该战略的具体做法有（ ）。

A. 资源重新配置　　B. 机制变革

C. 财政和财务战略　D. 削减成本战略

解析 ▶ 紧缩与集中战略往往集中于短期效益，主要涉及采取补救措施制止利润下滑，以期立即产生效果。具体做法有：（1）机制变革；（2）财政和财务战略；（3）削减成本战略。

答案 ▶ BCD

（二）发展战略的主要途径 ★★★

1. 发展战略可选择的途径—综合运用能力（见表3-7）

表 3-7　发展战略可选择的途径

可选择的三种途径	概念	经济学解析
(1) 外部发展(并购)	通过取得外部经营资源谋求发展的战略——收购与合并	以企业组织形态取代市场组织形态(存量不变)
(2) 内部发展(新建)	利用自身内部资源谋求发展的战略	以市场组织形态取代企业组织形态(增加增量)
(3) 战略联盟	指两个或两个以上经营实体之间为了达到某种战略目的而建立的一种合作关系	中间形态

【备考战略】在这里，学员只需要先掌握为实现发展战略可选择的三种途径的概念就行了。接下来的内容就是对这三种实现途径的详细解析，每一部分都要求掌握到基本应用能力的程度，但考试大纲中明确要求，发展战略可选择的途径要求达到综合运用能力，也就是要求学员要能够综合运用这三种实现途径去解决给定案例中的实务问题。

2. 并购战略—基本应用能力

首先需要明确的是，此处是把"并购"作为实现"发展战略"的途径之一，也就是说，并购不是一种战略类型，仅是实现发展战略的一种途径。

(1) 并购的类型。(见表 3-8)

表 3-8　并购的类型

分类标志	类型	含义
并购双方所处的产业	横向并购	指并购方与被并购方处于同一产业
	纵向并购	指在经营对象上有密切联系，但处于不同产销阶段的企业之间的并购，可分为前向并购与后向并购
	多元化并购	指处于不同产业、在经营上也无密切联系的企业之间的并购
被并购方的态度	友善并购	通常指并购方与被并购方通过友好协商确定并购条件，在双方意见基本一致的情况下实现产权转让的一类并购
	敌意并购	又叫恶意并购，通常是指当友好协商遭到拒绝后，并购方不顾被并购方的意愿采取强制手段，强行收购对方企业的一类并购
并购方的身份	产业资本并购	一般由非金融企业进行，即非金融企业作为并购方，通过一定程序和渠道取得目标企业全部或部分资产所有权的并购行为
	金融资本并购	一般由投资银行或非银行金融机构(如金融投资企业、私募基金、风险投资基金等)进行
收购资金来源	杠杆收购	收购方的主体资金来源是对外负债，即是在银行贷款或金融市场借贷的支持下完成的
	非杠杆收购	收购方的主体资金来源是自有资金

【备考战略】前向并购，是企业并购下游企业；后向并购，是企业并购上游企业。近几年考试中，在这个知识经常出现一道客观题。对于这个基础知识点，考生们要能够正确区分给定实务问题属于哪一种并购类型。

(2) 并购的三大动机。

① 避开进入壁垒，迅速进入，争取市场机会，规避各种风险。(一个字：快)

a. 新建一般要比并购慢得多；

b. 政府的有关法令也会影响到新建的速度。

② 获得协同效应。(也就是 1+1>2 的效应)

"聚集效应"、资源统一调配、"作用力"的耦合反馈

③克服企业负外部性，减少竞争，增强对市场的控制力。

负的外部性＝"个体理性导致集体非理性"

（3）并购失败的四大原因。

①决策不当。

a. 一是并购前，没有认真地分析成本和效益，无法对被并购企业进行合理的管理；

b. 二是高估并购对象所在产业的吸引力和自己的管理能力，从而高估并购带来的潜在经济效益。

②并购后不能很好地进行企业整合。

a. 并购后战略、组织、制度、业务和文化等多方面整合的困难；

b. 企业文化的整合是最基本、最核心，也是最困难的。

③支付过高的并购费用。

a. 价值评估是双方较量的焦点；

b. 高代价并购会增加企业的财务负担。

④跨国并购面临政治风险。

a. 加强对东道国政治风险评估，完善动态监测和预警系统；

b. 采取灵活的国际投资策略，构筑风险控制的坚实基础；

c. 实行企业当地化策略，减少与东道国之间矛盾和摩擦。

【备考战略】 对于并购的三大动机和并购失败的四大原因，考生们要在理解基础之上记忆相关知识要点，并结合相关案例以达到基本应用能力的程度。

【例题5·单选题】 "男人的衣柜"—华海之家，于2017年10月10日公告，公司全资子公司华海投资拟以自有资金6.6亿元受让新云等股东持有的宝伊婴童约44%股权。华海之家称，为了把握婴童市场快速增长的发展机遇，增加新的利润增长点，决定参股投资宝伊婴童，交易完成后，华海投资将成为宝伊婴童的第二大股东。宝伊的品牌在年轻妈妈中知名度较高，其业绩也较不错。这属于（　　）。

A. 纵向并购　　　　B. 横向并购

C. 多元化并购　　　D. 敌意并购

解析 华海之家主营男装，参股主营婴童市场的公司，两者面对的细分市场不同，但都属于服装业，是以现有业务或市场为基础进入相关产业或市场，所以是相关多元化并购。　　　　**答案** C

【例题6·单选题】 甲公司原有业务为糖果食品，而在糖果食品行业要想获得进一步的发展比较困难。但是发现宠物食品行业得到了空前的发展，所以该公司利用这一时机，通过收购美国最大的宠物食品公司，成功进军宠物食品行业，其背后的动因可归结为（　　）。

A. 争取市场机会　　B. 获得协同效应

C. 设置壁垒　　　　D. 获得规模经济

解析 甲公司利用这一时机，通过收购美国最大的宠物食品公司成功进军宠物食品行业的动因是争取市场机会。　　　　**答案** A

【思路点拨】 本题属于案例分析型题目。应对本题的关键是掌握并购的动机，结合案例资料中的关键语句进行分析判断。本题的关键语句是"所以该公司利用这一时机，……，成功进军宠物食品行业"。

【例题7·单选题】 2010年5月7日，丹阳矿业公司宣布将与中非发展基金联合收购C公司所持有的P公司全部已发行股份及C集团内部应收账款，获得D公司铜钴矿项目及E公司铜钴矿项目的控股权，收购总花费约为2.84亿美元。5月10日，《美国之声》援引刚果（金）矿业部长的幕僚长的话称，该项联合收购协议，"违反有关规定，在刚果（金）没有效力"。从丹阳矿业公司豪情满怀地发布《丹阳矿业关于收购P公司股权公告》，到媒体报道该收购被刚果（金）政府宣布无效，再到丹阳矿业宣布放弃收购，这一过程可谓极具戏剧化。该公司并购失败的原因是（　　）。

A. 决策不当

B. 并购后不能很好地进行企业整合

C. 支付过高的并购费用

D. 跨国并购面临政治风险

解析 丹阳矿业公司由于不懂法律和政策而带来的损失，案例中"被政府宣布无效"，说明这是跨国并购所面临的政治风险。

答案 ▶ D

3. 内部发展(新建)战略—基本应用能力

（见表3-9）

表3-9　内部发展战略

类别	相关描述
含义	内部发展，也称内生增长，是指企业在不并购其他企业的情况下利用自身的规模、利润、活动等内部资源来实现扩张
十大动因	(1)开发新产品的过程使企业能最深刻地了解市场及产品； (2)不存在合适的收购对象； (3)保持统一的管理风格和企业文化； (4)为管理者提供职业发展机会； (5)代价较低，因为获得资产时无须为商誉支付额外的金额； (6)并购通常会产生隐藏的或无法预测的损失，而内部发展不太可能产生这种情况； (7)这可能是唯一合理的、实现真正技术创新的方法； (8)可以有计划地进行，容易从企业资源获得财务支持，并且成本可以按时间分摊； (9)风险较低； (10)内部发展的成本增速较慢
五大缺点	(1)与并购市场中现有的企业相比，在市场上增加了竞争者，这可能会激化某一市场内的竞争； (2)企业不能接触到其他企业的知识及系统，可能会更具风险； (3)从一开始就缺乏规模经济或经验曲线效应； (4)当市场发展得非常快时，内部发展会显得过于缓慢； (5)进入新市场可能要面对非常高的障碍
应用条件	(1)产业处于不均衡状况，结构性障碍还没有完全建立起来； (2)产业内现有企业的行为性障碍容易被制约； (3)企业有能力克服结构性壁垒与行为性障碍，或者企业克服障碍的代价小于企业进入后的收益。 克服进入障碍的能力表现为： ①企业现有业务的资产、技能、分销渠道同新的经营领域有较强的相关性；(有协同效应，就值得做) ②企业进入新领域后，有独特的能力影响其行业结构，使之为自己服务；(可影响行业游戏规则，达到利己目的，这也算牛人。不多见的情况) ③企业进入新经营领域后，有利于发展企业现有的经营内容。(也是一种醉翁之意不在酒的打法，同时也可理解为互动互补作用力)

【备考战略】从应试角度来看，一般超过六条以上的知识点出题的概率很小，所以像内部发展战略的十大动因这个知识点，理解为主，无须背诵。另外，应用条件要记住，这是从五力竞争模型内容中"进入障碍"的角度来给出的应用条件。

【例题8·多选题】S公司在2017年的董事会会议上，讨论公司发展战略的实现途径，大部分董事认为公司应该采用内部发展，并提出了几点理由，则下列理由成立的有（　）。

A. 行业泡沫未灭，行业内大部分资产被高估，收购可能会产生损失

B. 企业管理风格和企业文化正在逐步强化，外部收购可能影响公司的企业文化

C. 可以实现资源互补

D. 可以避开行业的结构性障碍

解析 ▶ 选项C和D属于采用并购战略的动因分别对应协同效应和进入壁垒，另外，选项C和D也不是内部发展战略能够实现的。选项A和B属于采用内部发展的动因。

答案 ▶ AB

4. 企业战略联盟—基本应用能力

111

企业战略联盟是现代企业组织制度创新中的一种，被誉为"20世纪20年代以来最重要的组织创新"。是并购与新建的中间状态。

（1）企业战略联盟的特征、动因及类型。（见表3-10、表3-11）

表3-10　战略联盟的特征、动因及类型

类别	相关描述	
三个基本特征	从经济组织形式来看，战略联盟是介于企业与市场之间的一种"中间组织"	
	从企业关系来看，组建战略联盟的企业各方是在资源共享、优势相长、相互信任、相互独立的基础上通过事先达成协议而结成的一种平等的合作伙伴关系（共赢）	
	从企业行为来看，联盟行为是一种战略性的合作行为	
六大动因	促使战略联盟形成的主要动因：①促进技术创新；②避免经营风险；③避免或减少竞争；④实现资源互补；⑤开拓新的市场；⑥降低协调成本。【记忆口诀】"创、险、竞、资、市、成"	
三种主要类型	合资企业（最常见）	指将各自不同的资产组合在一起进行生产，共担风险和共享收益。特征：更多体现联盟企业之间的战略意图，并非仅限于寻求较高的投资回报率
	相互持股投资	联盟成员之间通过交换彼此的股份而建立起一种长期的相互合作关系。特征：不需要将设备和人员合并，便于使双方在某些领域采取协作行为；仅持有对方少量股份，联盟企业之间仍保持其相对独立性，且持股是双向的
	功能性协议	是一种契约式的战略联盟，更强调相关企业的协调与默契，更具有战略联盟的本质特征

表3-11　股权式战略联盟与契约式战略联盟的主要区别（对比熟悉即可）

类型	区别
契约式联盟	相对于股权式战略联盟而言，契约式战略联盟由于更强调相关企业的协调与默契，从而更具有战略联盟的本质特征。其在经营的灵活性、自主权和经济效益等方面比股权式战略联盟具有更大的优越性。但也有一些先天不足，如企业对联盟的控制能力差、松散的组织缺乏稳定性和长远利益、联盟内成员之间的沟通不充分、组织效率低下等
股权式联盟	相对而言，股权式战略联盟有利于扩大企业的资金实力，并通过部分"拥有"对方的形式，增强双方的信任感和责任感，因而更利于长久合作，不足之处是灵活性差

（2）战略联盟的管控。

战略联盟企业之间关系松散，怎样订立联盟以及管理联盟，是战略联盟能否实现预期目标的关键，如表3-12所示，需要解决两个方面：

表3-12　战略联盟管控的两个方面

项目	内容
订立协议	(1)严格界定联盟的目标(要解决如何实现优势互补)
	(2)周密设计联盟结构(要明确各自的身份和作用)
	(3)准确评估投入的资产(容易忽视无形资产)
	(4)规定违约责任和解散条款(把丑话说在前，设立重大变化条款)
建立合作信任的联盟关系	信任可以成为企业有价值的、稀缺的、难以模仿以及难以替代的战略资源

【提示说明】联盟企业之间的协作关系主要表现为：①相互往来的**平等**性；②合作关系的**长期**性；③整体利益的**互补**性；④组织形式的**开放**性。

战略联盟相关的内容，考生一定要掌握的包括战略联盟的三种主要类型和六大动因，以及战略联盟管控的两个方面。一方面要在理解基础上达到记忆，另一方面更为重要的是要能够依据理论解决在给定的案例中的实务问题。

【例题9·多选题】2017年12月18日，甲公司、乙公司和丙公司共同宣布，三方达成最终协议，甲公司和乙公司将在交易交割时以现金形式向丙公司投资总计约8.63亿美元。在签订股权认购协议的同时，甲公司和乙公司分别与丙公司达成了战略合作协议，甲公司、乙公司和丙公司将于交易交割后建立合作伙伴关系。根据战略合作协议，甲公司将在其微信钱包界面给予丙公司入口。乙公司也将会在其手机App主界面和微信购物一级入口的主界面接入丙公司，帮助丙公司在乙公司渠道上达成一定的交易额目标。根据以上信息可以判断，三个公司采用战略联盟的动因有(   )。

A. 促进技术创新

B. 避免经营风险

C. 实现资源互补

D. 开拓新的市场

解析 "甲公司将在其微信钱包界面给予丙公司入口。乙公司也将会在其手机App主界面和微信购物一级入口的主界面接入丙公司"，这属于资源互补。"帮助丙公司在乙公司渠道上达成一定的交易额目标"，这是开拓新的市场。 **答案** CD

【思路点拨】本题属于案例分析型题目。根据案例给出的特点再结合战略联盟的动因就可以快速选出答案。

【例题10·多选题】下列关于契约式战略联盟的说法中正确的有(   )。

A. 相对于股权式战略联盟而言，契约式战略联盟更强调相关企业的协调与默契

B. 在经营的灵活性上股权式战略联盟比契约式战略联盟具有更大的优越性

C. 契约式战略联盟要求组成具有法人地位的经济实体

D. 股权式战略联盟要求组成具有法人地位的经济实体

解析 相对于股权式战略联盟而言，契约式战略联盟由于更强调相关企业的协调与默契，从而更具有战略联盟的本质特征。其在经营的灵活性、自主权和经济效益等方面比股权式战略联盟具有更大的优越性。股权式战略联盟要求组成具有法人地位的经济实体，对资源配置、出资比例、管理结构和利益分配均有严格规定；而契约式战略联盟无须组成经济实体，也无须常设机构，结构比较松散，协议本身在某种意义上只是无限制性的"意向备忘录"。 **答案** AD

二、业务单位战略（竞争战略）

扫我解疑难

总体战略是公司最高层次的战略，而业务单位战略则是将总体战略所包括的企业目标、发展方向和措施具体化，以形成所在的业务单位具体的竞争与经营战略。

（一）基本竞争战略 ★★★

波特的知名著作之一就是《竞争战略》(1980)，他说竞争战略是企业用来对付五种竞争力的，包括三种基本竞争战略：成本领先战略、差异化战略和集中化战略。首先，要确定市场范围。就是战略目标定位于全产业还是特定细分市场。其次是竞争过程中的定位手段。是成本领先还是差异化。详见图3-1。

图 3-1　三种基本竞争战略

1. 成本领先战略与差异化战略—基本应用能力（见表3-13）

表 3-13　成本领先战略与差异化战略对比（重点掌握）

	成本领先战略	差异化战略
含义	通过在内部加强成本控制，在研究开发、生产、销售、服务和广告等领域把成本降到最低限度； 成本领先战略应该体现为产品相对于竞争对手而言的低价格； 可持续成本领先 典型企业：春秋航空	如果一个企业的产品或服务的溢出价格超过因其独特性所增加的成本，创造和拥有这种差异化的企业将获得竞争优势 典型企业：苹果手机
优势	(1)形成进入障碍； (2)增强讨价还价能力； (3)降低替代品的威胁； (4)保持领先的竞争地位	(1)形成进入障碍； (2)增强讨价还价能力； (3)抵御替代品威胁； (4)降低顾客敏感程度
实施条件—市场情况	(1)产品具有较高的价格弹性，市场中存在大量价格敏感用户； (2)产业中所有企业的产品都是标准化的产品，产品难以实现差异化； (3)购买者不太关注品牌，大多数购买者以同样的方式使用产品； (4)价格竞争是市场竞争的主要手段，消费者的转换成本较低	(1)产品能够充分地实现差异化，且为顾客所认可； (2)顾客需求是多样化的； (3)企业所在产业技术变革较快、创新成为竞争的焦点
实施条件—资源和能力	(1)在规模经济显著的产业中建立生产设施来实现规模经济； (2)降低各种要素成本。力求获得各种要素的最优惠供给价格； (3)提高生产率。采用最新的技术、工艺、流程和充分利用学习曲线来降低成本都是提高生产率必要的手段； (4)改进产品工艺设计。企业价值工程是寻找物美价廉的替代品。减少产品的功能但同时又能充分满足消费者需要； (5)提高生产能力利用程度。其决定分摊在单位产品上的固定成本的多少； (6)选择适宜的交易组织形式。是采取内部化生产，还是靠市场获取？ (7)重点集聚。集中力量针对某一经营领域，可能会比分散地使用资源获取更高的效率	(1)具有强大的研发能力和产品设计能力； (2)具有很强的市场营销能力； (3)具有能够确保激励员工创造性的激励体制、管理体制和良好的创造性文化； (4)具有从总体上提高某项经营业务的质量、树立产品形象、保持先进技术和建立完善分销渠道的能力

	成本领先战略	差异化战略
风险	(1)技术的变化可能使过去用于降低成本的投资(如扩大规模、工艺革新等)与积累的经验一笔勾销; (2)产业的新进入者或追随者通过模仿或者以高技术水平设施的投资能力,达到同样的甚至更低的产品成本; (3)市场需求从注重价格转向注重产品的品牌形象,使得企业原有的优势变为劣势	(1)企业形成产品差别化的成本过高; (2)市场需求发生变化—我国家电产品的竞争; (3)竞争对手的模仿和进攻使已建立的差异缩小甚至转向

【春秋航空的成本领先战略】

春秋航空是国内首家低成本航空公司。自成立以来,在严格确保飞行安全和服务质量的前提下,恪守低成本航空的经营模式,借鉴国外低成本航空的成功经验,最大限度地利用现有资产,实现高效率的航空生产运营。

公司的经营模式可概括为"两单""两高"和"两低":

(1)"两单"—单一机型与单一舱位。

单一机型:本公司全部采用空客 A320 系列机型,统一配备 CFM 发动机,单一机型可通过集中采购降低飞机购买和租赁成本、飞机自选设备项目成本、自备航材采购成本及减少备用发动机数量;通过将发动机、辅助动力装置包修给原制造商以达到控制飞机发动机大修成本;通过集约航材储备降低航材日常采购、送修、仓储的管理成本;降低维修工程管理难度;降低飞行员、机务人员与客舱乘务人员培训的复杂度。

单一舱位:本公司飞机只设置单一的经济舱位,不设头等舱与公务舱。可提供座位数较通常采用两舱布局运营 A320 飞机的航空公司高 15%-20%,可以有效摊薄单位成本。2015 年 9 月起,公司开始引进空客新客舱布局的 A320 飞机,座位数量在保持间隔不变的情况下由 180 座增加至 186 座,截至 2018 年末已有 36 架 186 座 A320 飞机。

(2)"两高"—高客座率与高飞机日利用率。

高客座率:在机队扩张、运力增加的情况下,公司始终保持较高的客座率水平。

高飞机日利用率(小时):公司通过单一机型、更加紧凑合理的航线编排以及较少的货运业务获得更高的运行效率。此外,公司利用差异化客户定位的优势在确保飞行安全的前提下,更多地利用延长时段(8 点前或 21 点后起飞)飞行,从而增加日均航班班次,提升飞机日利用率。由于公司固定成本占主营业务成本比重约为 1/3,因此通过提高飞机日利用率,能够更大程度地摊薄单位固定成本(固定成本/可用座位公里),从而降低运营成本。

(3)"两低"—低销售费用与低管理费用

低销售费用:公司以电子商务直销为主要销售渠道,一方面通过销售特价机票等各类促销优惠活动的发布,吸引大量旅客在本公司网站预订机票;另一方面主动适应移动互联网发展趋势,积极推广移动互联网销售模式,拓展电子商务直销渠道,有效降低了公司的销售代理费用。2018 年,公司除包机包座业务以外的销售渠道占比中,电子商务直销(含 OTA 旗舰店)占比达到 90.7%。2018 年,公司单位销售费用(销售费用/可用座位公里)为 0.0067 元,远低于行业可比上市公司水平。

低管理费用:本公司在确保飞行安全、运行品质和服务质量的前提下,通过最大程度地利用第三方服务商在各地机场的资源与服务,尽可能降低日常管理费用。同时通过先进的技术手段实现业务和财务一体化,以实现严格的预算管理、费控管理、科学的绩效考核以及人机比的合理控制,有效降低管理人员的人力成本和日常费用。2018 年,公司单位管理费用(管理费用/可用座位公里)0.0052 元,远低于行业可比上市公司水平。

(资料来源:节选自春秋航空 2018 年年报内容)

【备考战略】成本领先战略与差异化战略一直以来是高频考点，考生要全面掌握上表中的内容，至少达到基本应用能力的程度。

【提示说明】正确理解差异化战略

差异化战略是要以顾客认为重要的差异化方式来生产产品或提供服务。通过开发新产品或服务，以一种新的方式来进行产品创新帮助解决顾客的问题，这对企业和顾客都是重要的。所以说，创新对差异化战略的成功运用是非常关键的。

差异化战略的具体含义、优势、实施的条件以及风险的相关知识点，详见表3-13所示第三列内容，并把成本领先战略与差异化战略进行了对比分析，以便于考生的记忆。

(1)差异化战略要能够持续成功的话，公司必须要提供顾客认可的具体差异化特征的产品和服务，并且在不明显增加成本的情况下，为顾客创造价值。

(2)差异化战略的重点不在于成本，而是不断地投资和开发能为顾客创造价值的差异化特征的产品和服务。

(3)差异化的来源，包括与众不同的特征、及时的顾客服务、良好的声誉、不同的口味、出色的设计和功能、快速产品创新和领先的技术等。

(4)从某种角度来说，企业实现差异化战略的办法要比降低成本要多一些。

2. 集中化战略—基本应用能力（见表3-14）

表3-14 集中化战略

类别	相关描述
含义	集中化战略针对某一特定购买群体、产品细分市场或区域市场，采用成本领先或产品差异化来获取竞争优势的战略。 具体分为：集中成本领先战略与集中差异化战略
优势	(1)成本领先和差异化战略抵御产业五种竞争力的优势都能在集中化战略中体现出来； (2)对于中小企业来说，可以增强它们相对的竞争优势； (3)对于大企业来说，能避免与竞争对手正面冲突，使企业处于一个竞争的缓冲地带
实施条件	(1)购买者群体之间在需求上存在着差异； (2)目标市场在市场容量、成长速度、获利能力、竞争强度等方面具有相对的吸引力； (3)在目标市场上，没有其他竞争对手采用类似的战略； (4)企业资源和能力有限，难以在整个产业实现成本领先或差异化，只能选定个别细分市场
风险	(1)狭小的目标市场导致的风险； (2)购买者群体之间需求差异变小； (3)竞争对手的进入与竞争

【提示说明】

(1)集中化战略的特定市场包括三类：特定顾客、特定产品和特定区域。

(2)业务单位战略中的差异化战略、集中化战略及成本领先战略的优势与五力竞争模型的知识有很强的关联性，建议学习时加强对前后知识的联系，提升对知识的综合运用能力。

【宜家的集中化战略】

宜家的目标顾客群体是追求"低价与时尚

的年轻人"。一方面，宜家致力于"以非常低的价格提供更广泛系列的设计优秀、功能化的家居产品，使尽可能多的人能够买得起这些产品"；宜家还要求顾客自己负责运输所购买的家具以降低成本。另一方面，宜家同时也提供能吸引目标顾客群的差异化特征，包括独特的家具设计、店内的儿童游乐场以及延长营业时间等。这些表明宜家是一个集中成本领先战略的实施者，但不包含低成本产品的差异化特征。

【例题11·单选题】甲企业是一家服装设计和生产企业，在设计服装时坚持高质量、体现个性化色彩的原则。在营销理念上，主要是通过专卖店的方式进行销售，而且销售人员都通过专门的培训，要求他们掌握销售技巧并树立为顾客服务的理念和行为准则。根据以上信息可以判断，该企业的战略是（　　）。

A. 成本领先战略　　　B. 差异化战略

C. 集中化战略　　　D. 多样化战略

解析 📖 根据案例信息资料可以判断该企业采用的是差异化战略。差异化战略是指企业向顾客提供的产品和服务在产业范围内独具特色，这种特色可以给产品带来额外的加价，如果一个企业的产品或服务的溢出价格超过因其独特性所增加的成本，那么，拥有这种差异化的企业将获得竞争优势。

答案 ▶ B

3. 基本战略的综合分析—"战略钟"—综合运用能力

克利夫·鲍曼（Cliff Bowman）将以上所有竞争战略问题收到一个体系内，并称这一体系为"战略钟"。

"战略钟"把价格作为横坐标，把顾客对产品认可的价值作为纵坐标。企业可能的竞争战略选择用8种途径表现出来，详见图3-2。

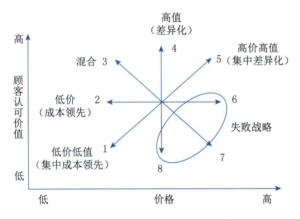

图3-2　"战略钟"—竞争战略的选择

"战略钟"的八种途径，可以具体分为以下四种类型的战略：

（1）成本领先战略。

包括途径1和途径2。途径1可以看成是一种集中成本领先战略。途径2则是企业寻求成本领先战略时常用的典型途径，即在降低价格的同时，努力保持产品或服务的质量不变。

（2）差异化战略。

包括途径4和途径5。途径4是企业广泛使用的战略，即以相同或略高于竞争者的价格向顾客提供高于竞争对手的顾客认可价值。途径5则是以特别高的价格为顾客提供更高的认可价值。

（3）混合战略。

仅包括途径3。在某些情况下，企业可以在为顾客提供更高的认可价值的同时，获得成本优势。（低价高值对于顾客来说就是物美价廉，福音啊！这种战略类型在实践中确实存在，也是波特理论的盲点。）

从理论角度看，以下因素会导致一个企业同时获得两种优势：

①提供高质量产品的公司会增加市场份额，而这又会因规模经济而降低平均成本。

②生产高质量产品的经验累积降低成本的速度比生产低质量产品快。

③注重提高生产效率可以在高质量产品的生产过程中降低成本。

（4）失败的战略。

包括途径6、途径7、途径8。途径6是提高价格，但不为顾客提供更高的认可价值。途径7是途径6更危险的延伸，降低产品或服务的顾客认可价值，同时却在提高相应的价格。途径 8 是在保持价格不变的同时降低顾客认可的价值，这同样是一种危险的战略，虽然它具有一定的隐蔽性，在短期内不被那些消费层次较低的顾客所察觉，但是这种战略是不能持久的，因为有竞争对手提供的优质产品作为参照，顾客终究会辨别出产品的优劣。

【实务案例】 苹果公司不断推出新产品，而且定价非常高，但是一直深受用户的推崇，该公司究竟采用的是哪种竞争战略获得竞争地位的呢？

苹果公司推出的产品都是差异化的，有其独特性，价格相对也是比较高的。定位的客户就是愿意用比较高的价格购买高价值的产品，即属于高价高质，采用的是集中差异化战略。

【备考战略】 "战略钟"是一个容易被忽视的重要知识点，可以这样评价"战略钟"的江湖地位—集所有竞争战略之大成者。考试大纲中能力等级是最高的，也就是要求考生全面掌握竞争战略的八种途径，能够解决实务中的具体问题。

【例题 12·单选题】 下列关于战略钟的说法中，不正确的是（ ）。

A. 在实务中，企业不可能为顾客提供更高认可价值的同时获得成本优势

B. 选择低价低值战略实际上是一种集中成本领先战略

C. 选择高值战略是指以相同或略高于竞争者的价格向顾客提供高于竞争对手的顾客认可的价值

D. 在保持价格不变的同时降低顾客认可的价值，最终只会导致战略的失败

解析 战略钟的混合战略（途径3）体现的就是企业可以在为顾客提供更高的认可价值的同时，获得成本优势，所以选项 A 的表述不正确。　　　　　　　**答案** A

（二）中小企业竞争战略—基本应用能力★★（见表3-15）

需要强调的是，大企业的管理逻辑与中小企业是有区别的。同理，波特也特别关注中小企业竞争战略的特殊性问题。以下内容分别从产业集中程度、产业成熟度角度分析了零散产业（产业集中程度很低）和新兴产业（产业成熟度低，多以中小企业为主）。

表3-15　中小企业竞争战略

战略	项目	内容
零散产业中的竞争战略	产业零散的三个原因	(1)进入障碍低或存在退出障碍；（进来容易或者出去难） (2)市场需求多样导致高度产品差异化；（需求的个性化突出） (3)不存在规模经济或难以达到经济规模。（不容易做大）
	零散产业的战略选择	(1)克服零散—获得成本优势；（成本领先战略） 克服途径：①连锁经营或特许经营；②技术创新以创造规模经济；③尽早发现产业趋势
		(2)增加附加价值—提高产品差异化程度；（差异化战略） 给商品增加附加值，讲点文化，讲点历史等
		(3)专门化—目标集聚；（集中化战略） ①产品类型或产品细分的专门化；②顾客类型专门化；③地理区域专门化
	谨防潜在的战略陷阱	(1)避免寻求支配地位；（我本零散，不要太有野心） (2)保持严格的战略约束力；（战略上要有所不为是难得的） (3)避免过分集权化；（保持分权的灵活性） (4)了解竞争者的战略目标与管理费用；（不容易了解，不算陷阱吧） (5)避免对新产品做出过度反应。（不要盲目投资新产品）

战略	项目	内容
新兴产业中的竞争战略	新兴产业的**内部结构的共同特征**	(1)技术的不确定性；（新兴产业嘛，技术上多种并存，没有最好） (2)战略的不确定性；（战略上也没有所谓"明确的"） (3)成本的迅速变化；（学习曲线和规模效应） (4)萌芽企业和另立门户；（新兴阶段的高流动性） (5)首次购买者。（顾客多观望；选择顾客并诱导初始购买）
	新兴产业发展五大**障碍**	(1)专业技术选择、获取与应用的困难。 (2)原材料、零部件、资金与其他供给的不足。 (3)顾客的困惑与等待观望。 (4)被替代产品的反应。 (5)缺少承担风险的胆略与能力。 需要注意的是，从五力模型的另外两个方面—"潜在进入者的进入成本"和"现有企业的竞争程度"来看，新兴产业无疑拥有更多的发展机遇，而不是障碍
	新兴产业的**战略选择**	(1)塑造产业结构；（这需要有大格局大视野，也是想当老大的选择） (2)正确对待产业发展的外在性；（权衡对产业倡导和追求自身狭窄利益之间的利弊取舍） (3)注意产业机会与障碍的转变，在产业发展中占据主动地位； (4)选择适当的进入时机与领域

【备考战略】零散产业的战略选择，其实是三种基本竞争战略(业务单位战略)在零散产业中的具体应用而已。需要重点掌握零散产业成本的原因及存在的战略陷阱！

【相关链接】全国各地独具地方特色的小吃

中餐是这个地球上的奇迹一般存在的特色餐饮。独具地方特色的小吃又是中国各地文化特色的代表之一。江浙一带的爱吃甜、四川贵州湖南偏爱辣、东北人偏爱咸等等。这些不同地域不同人们的饮食文化和偏好，使得地方小吃成为零散产业的最佳代言。我喜欢各种清淡的米线，那么各位亲爱的学员，你喜欢什么小吃呢？

【提示说明】早期进入新兴产业的适当情况与危险情况：

具备以下四种情况时，早期进入是**适当**的：

①企业的形象和声望对顾客至关重要时；

②学习曲线很重要，经验很难模仿；

③顾客忠诚非常重要时；

④通过早期对原材料供应、分销渠道的承诺可带来利益。

下列三种情况下，早期进入将是**危险**的：

①早期竞争细分市场与产业发展成熟后的情况不同，早期进入的企业建立了竞争基础后，面临过高的转换成本。（产业变化太快，先等等吧）

②为了塑造产业结构，需付出开辟市场的高昂代价，其中包括顾客教育、法规批准、技术开拓等，而开辟市场的利益无法成为企业专有。（可以成为先驱，不能成为先烈）

③技术变化使早期投资过时，并使晚期进入的企业因拥有最新产品和工艺而获益。（技术变化太快，后来者容易居上）

中小企业竞争战略的内容，要抓住两个重要的名词：**产业集中度**与**产业成熟度**，从而真正理解零散产业和新兴产业的本质特征。另外，要结合之前学习过的五力竞争模型、基本竞争战略三种类型的内容来掌握理解。

【例题13·多选题】从三种基本竞争战略的角度出发，零散产业的战略选择有(　　)。

A. 克服零散—获得成本优势

B. 增加附加价值—提高产品差异化程度

C. 集中化—提高竞争优势

D. 专门化—目标集聚

第3章 战略选择

解析 ▶ 零散产业中有很多企业，每个企业的资源和能力条件会有很大差异，因此零散产业的战略选择可以从多个角度考虑，如果从三种基本竞争战略的角度出发，零散产业的战略选择可分为以下三类：克服零散—获得成本优势、增加附加值—提高产品差异化程度、专门化—目标集聚，所以本题正确答案为 ABD。 **答案** ▶ ABD

(三)蓝海战略 ★★

基于波特的基本竞争战略的理论，企业如果选择差异化战略则意味着高成本的付出，如果选择成本领先战略则需要接受低利润结果。但无论企业采用哪一种竞争战略，在今天激烈的市场经济竞争之下，企业未来获利性增长空间都在减少。那么企业如何在激烈竞争中开启和保持获利性增长呢？欧洲学者给出了答案—选择蓝海战略！

1. 蓝海战略的内涵—**知识理解能力**

"蓝海"战略是指不局限于现有产业边界，而是极力打破边界条件，通过提供创新产品和服务，开辟并占领新的市场空间的战略。相对而言，"红海"战略主要是立足当下的行业和市场，采用常规的竞争方式与对手展开竞争。表3-16归纳了红海战略与蓝海战略的差异。

表3-16　红海和蓝海战略的特征比较(掌握)

红海战略	蓝海战略
在已经存在的市场内竞争	拓展非竞争性市场空间
参与竞争	规避竞争
争夺现有需求	创造并攫取新需求
遵循价值与成本互替定律	打破价值与成本互替定律
根据差异化或低成本的战略选择，把企业行为整合为一个体系	同时追求差异化和低成本，把企业行为整合为一个体系

蓝海战略的逻辑是"价值创新"，它并不着眼于竞争，而是力图实现客户和企业的价值的共赢，从而开辟一个全新的、非竞争的市场空间。

【备考战略】要求考生准确理解蓝海战略的内涵，尤其是注意比较与传统的红海战略之间的差异，能够准确区别给定企业案例体现了蓝海战略的哪些特征。

2. 蓝海战略制定的原则—**基本应用能力**(见表3-17)

表3-17　蓝海战略的六项原则

战略制定原则	各原则降低的风险因素
重建市场边界	↓搜寻的风险
注重全局而非数字	↓规划的风险
超越现有需求	↓规模的风险
遵循合理的战略顺序	↓商业模式风险
战略执行原则	**各原则降低的风险因素**
克服关键组织障碍	↓组织的风险
将战略执行建成战略的一部分	↓管理的风险

【备考战略】此处知识点要求考生在给定蓝海战略制定的各原则后，能够准确判断出在给定企业案例中所降低的哪一种风险因素。

3. 重建市场边界的基本法则—**基本应用能力**

重建市场边界就是要准确地挑选出具有蓝海特征的市场机会，有六条基本法则(路径框架)可供选择，如表3-18所示。

表 3-18　从肉搏式竞争到蓝海战略（重建市场边界的六条法则）

	肉搏式竞争	开创蓝海战略
产业	专注于产业内的竞争者	审视他择产业
战略群体	专注于战略群体内部的竞争地位	跨越产业内不同的战略群体看市场
买方群体	专注于更好地为买方群体服务	重新界定产业的买方群体
产品或服务范围	专注于在产业边界内将产品或服务的价值最大化	放眼互补性产品或服务
功能-情感导向	专注于产业既定功能-情感导向下性价比的改善	重设产业的功能与情感导向
时间	专注于适应外部发生的潮流	跨越时间参与塑造外部潮流

【备考战略】此处知识点是蓝海战略中最为重要的部分，建议考生仔细阅读六条法则对应的案例内容，做到如果给定企业案例，就能够准确判断出该企业实施蓝海战略重建市场边界所采用了哪些基本法则。

【相关链接】让人向往的蓝海！

蓝海战略的两位提出者，是位于法国巴黎郊外枫丹白露的英士国际商学院的两位教授（虽是欧洲的学者，但却是一个出生于韩国，一个出生于美国）。不同于波特说过的"战略就是要在竞争中取胜。"蓝海战略提倡"优秀的战略应该是创造一个没有敌人的新市场。""战略其实是设计新的市场概念以及将其实现的能力（价值与创新）。"

苹果的 iPod、太阳马戏团、星巴克以及日本的 QB HOUSE（理发店）都是创新的例子。

需要强调的是，蓝海是短暂的，探索创新是永恒的。一片蓝海中，只要有人成功就会招致竞争者的参与，从而迅速变成红海。（美好的总是短暂的，稀缺的总是珍贵的。没有基业可以永远常青。）

蓝海战略绝非局限于业务战略的范畴，它着重了企业产业和市场边界的重建，是基于对现有市场现实的重新排序和构建，因而更多地涉及公司层战略的范畴。一个小建议，考生可以购买一本《蓝海战略》的原著，一个小薄册子，本教材中的内容都是摘自这本原著，包括相关内容及案例等。通读一下原著对理解教材中的内容是大有裨益的。

【例题 14·多选题】下列属于蓝海战略特征的有（　）。

A. 在已存在的市场内竞争

B. 规避竞争

C. 打破价值与成本互替定律

D. 争夺现有需求

解析　选项 AD 属于红海战略的特征，选项 BC 属于蓝海战略的特征。　答案　BC

扫我解疑难

三、职能战略

职能层面的战略涉及企业各职能部门如何更好地配置企业内部资源，为各级战略服务，提高组织效率。以下按照价值链的几个主要活动讲解六大职能层面的战略，包括市场营销、研究与开发、生产运营、采购、人力资源、财务管理、信息管理等。

（一）市场营销战略—基本应用能力 ★★★

市场营销战略是职能战略中最常见的高频考点。把市场营销概念推广开来的是被称为"营销之父"的美国西北大学商学院的菲利普·科特勒（Philip Kotler，1931-），他创立了营销学这门学科，感兴趣的学员请阅读科特勒的经典教材《营销管理》，至今已发行了第 15 版。当然书中的概念并非都是他的原创，但系统归纳整理并普及开来，不能不说是他的功绩。

在本科目中，掌握市场营销战略的内容只需要掌握最基本的两大内容以及七个字母，也就是"市场营销战略=STP+4P。"

市场营销战略包括两大内容，一是确定目标市场（STP）；二是设计市场营销组合（4P）。

1. 确定目标市场(STP)

确定目标市场有三个主要工作：一是市场细分（消费者市场与产业市场），二是目标市场选择（三种选择），三是市场定位（就是产品定位）。

所有的营销战略都建立在 STP—市场细分（Segmentation）、目标市场选择（Targeting）和市场定位（Positioning）的基础上。有效的目标市场营销要求营销者：首先是识别并描绘出因需要和欲望不同而形成的独特购买者群体（市场细分）；其次选择一个或多个细分市场进入（目标市场选择）；最后，对于每一个目标细分市场，确立并传达公司市场供给的显著优势（市场定位）。这就是熟知的营销"STP 战略"。

确定目标市场（STP）= Segmentation + Targeting + Positioning。

STP 理论的根本要义在于选择确定目标消费者或客户，或称市场定位理论。根据 STP 理论，市场是一个综合体，是多层次、多元化的消费需求集合体，任何企业都无法满足所有的需求，企业应该根据不同需求、购买力等因素把市场分为由相似需求构成的消费群，即若干子市场。这就是市场细分。企业可以根据自身战略和产品情况从子市场中选取有一定规模和发展前景，并且符合公司的目标和能力的细分市场作为公司的目标市场。随后，企业需要将产品定位在目标消费者所偏好的位置上，并通过一系列营销活动向目标消费者传达这一定位信息，让他们注意到品牌，并感知到这就是他们所需要的。

STP 理论是指企业在一定的市场细分的基础上，确定自己的目标市场，最后把产品或服务定位在目标市场中的确定位置上。具体而言，市场细分是指根据顾客需求上的差异把某个产品或服务的市场逐一细分的过程。目标市场是指企业从细分后的市场中选择出来的决定进入的细分市场，也是对企业最有利的市场组成部分。而市场定位就是在营销过程中把其产品或服务确定在目标市场中的一定位置上，即确定自己产品或服务在目标市场上的竞争地位，也叫"竞争性定位"。

（1）市场细分（Segmentation）。（见表3-19）

表 3-19　市场细分

类别	相关描述
消费者市场细分的依据 分类标准口诀："地、行、人、心"	①地理细分，按照消费者所在的地理位置以及其他地理变量(城市农村、地形气候、交通运输等)来细分消费者市场
	②人口细分，按照人口变量(年龄、性别、收入、职业、教育水平、家庭规模、家庭生命周期阶段、宗教、种族、国籍等)来细分消费者市场
	③心理细分，按照消费者的生活方式、个性等心理变量来细分消费者市场
	④行为细分，按照消费者购买或使用某产品的时机、消费者所追求的利益、使用者情况、消费者对某种产品的使用率、消费者对品牌(或商店)的忠诚程度、消费者待购阶段和消费者对产品的态度等行为变量来细分消费者市场
产业市场细分的依据（也称为企业市场）	细分产业市场的变量，包括追求利益、使用者情况、使用程度、对品牌的信赖程度、购买准备阶段、使用者对产品的态度、最终用户、顾客规模等

【备考战略】要求考生能够准确判断出给定案例内容属于哪一类细分市场的依据。

【提示说明】细分市场不是根据产品品种、产品系列来进行的，而是从消费者（指最终消费者和工业生产者）的角度进行划分的，是根据市场细分的理论基础，即消费者的需求、动机、购买行为的多元性和差异性来划分的。通过市场细分对企业的生产、营销起着极其重要的作用。

企业进行市场细分的目的是通过对顾客

需求差异予以定位，来取得较大的经济效益。众所周知，产品的差异化必然导致生产成本和推销费用的相应增长，所以，企业必须在市场细分所得收益与市场细分所增成本之间做一权衡。一般而言，有效的细分市场必须具备以下特征：

（1）可衡量性。指各个细分市场的购买力和规模能被衡量的程度。如果细分变数很难衡量的话，就无法界定市场。

（2）可营利性。指企业新选定的细分市场容量足以使企业获利。

（3）可进入性。指所选定的细分市场必须与企业自身状况相匹配，企业有优势占领这一市场。可进入性具体表现在信息进入、产品进入和竞争进入。考虑市场的可进入性，实际上是研究其营销活动的可行性。

（4）差异性。指细分市场在观念上能被区别并对不同的营销组合因素和方案有不同的反应。

【例题15·单选题】 G公司曾推出了M系列完全针对女性用户使用的手机，在市场上引起了不小的轰动，G公司采取的消费者市场细分依据属于（　　）。

A．人口细分　　　　B．心理细分
C．工业细分　　　　D．地理细分

解析 ▶ G公司推出的完全针对女性用户使用的手机，是按性别进行细分的，按性别细分属于人口细分。所以选项A是答案。

答案 ▶ A

【思路点拨】 本题属于案例分析型题目。应对本题的关键是区分市场细分的依据，把握关键语句，根据资料进行分析判断。本题的关键语句是"针对女性用户使用的手机"。

（2）目标市场选择（Targeting）。

市场细分的目的在于认知市场，认知后则是如何有效地选择并进入目标市场。

著名的市场营销学者麦卡锡提出了应当把消费者看作一个特定的群体，称为目标市场。通过市场细分，有利于明确目标市场，通过市场营销策略的应用，有利于满足目标市场的需要。即：目标市场就是通过市场细分后，企业准备以相应的产品和服务满足其需要的一个或几个子市场。

选择目标市场，明确企业应为哪一类用户服务，满足他们的哪一种需求，是企业在营销活动中的一项重要策略。

为什么要选择目标市场呢？因为不是所有的子市场对本企业都有吸引力，任何企业都没有足够的人力资源和资金满足整个市场或追求过分大的目标，只有扬长避短，找到有利于发挥本企业现有的人、财、物优势的目标市场，才不至于在庞大的市场上盲目试错。

选择目标市场选择一般运用下列三种类型：

第一，无差异市场营销战略。

就是企业把整个市场作为自己的目标市场，只考虑市场需求的共性，而不考虑其差异，运用一种产品、一种价格、一种推销方法，吸引可能多的消费者。

【实务案例】 美国可口可乐公司从1886年问世以来，一直采用无差别市场策略，生产一种口味、一种配方、一种包装的产品满足世界156个国家和地区的需要，称作"世界性的清凉饮料"，资产达74亿美元。由于百事可乐等饮料的竞争，1985年4月，可口可乐公司宣布要改变配方的决定，不料在美国市场掀起轩然大波，许多电话打到公司，对公司改变可口可乐的配方表示不满和反对，不得不继续大批量生产传统配方的可口可乐。可见，采用无差别市场策略，产品在内在质量和外在形体上必须有独特风格，才能得到多数消费者的认可，从而保持相对的稳定性。

无差异市场营销战略优点是产品单一，容易保证质量，能大批量生产，降低生产和销售成本。但如果同类企业也采用这种策略时，必然要形成激烈竞争。闻名世界的肯德基炸鸡，在全世界有800多个分公司，都是同样的烹饪方法、同样的制作程序、同样的质量指标、同样的服务水平，采取无差别策略，生产很红火。

第二，差异市场营销战略。

差异市场营销战略就是把整个市场细分为若干子市场，针对不同的子市场，设计不同的产品，制定不同的营销策略，满足不同的消费需求。

美国有的服装企业，按生活方式把妇女分成三种类型：时髦型、男子气型、朴素型。时髦型妇女喜欢把自己打扮得华贵艳丽，引人注目；男子气型妇女喜欢打扮的超凡脱俗，卓尔不群；朴素型妇女购买服装讲求经济实惠，价格适中。公司根据不同类妇女的不同偏好，有针对性地设计出不同风格的服装，使产品对各类消费者更具有吸引力。又如某自行车企业，根据地理位置、年龄、性别细分为几个子市场：农村市场，因常运输货物，要求牢固耐用，载重量大；城市男青年，要求快速、样式好；城市女青年，要求轻便、漂亮、闸灵。针对每个子市场的特点，制定不同的市场营销组合策略。这种策略的优点是能满足不同消费者的不同要求，有利于扩大销售、占领市场、提高企业声誉。其缺点是由于产品差异化、促销方式差异化，增加了管理难度，提高了生产和销售费用。目前只有力量雄厚的大公司采用这种策略。如青岛双星集团公司，生产多品种、多款式、多型号的鞋，满足国内外市场的多种需求。

第三，集中市场营销战略。

集中市场营销战略就是在细分后的市场上，选择少数几个细分市场作为目标市场，实行专业化生产和销售。在个别少数市场上发挥优势，提高市场占有率。

采用这种策略的企业对目标市场有较深的了解，这是大部分中小型企业应当采用的策略。日本尼西奇起初是一个生产雨衣、尿布、游泳帽、卫生带等多种橡胶制品的小厂，由于订货不足，面临破产。总经理多川博利用一个偶然的机会，从一份人口普查表中发现，日本每年约出生250万个婴儿，如果每个婴儿用两条尿布，一年需要500万条。于是，他们决定放弃尿布以外的产品，实行尿布专业化生产。一炮打响后，又不断研制新材料、开发新品种，不仅垄断了日本尿布市场，还远销世界70多个国家和地区，成为闻名于世的"尿布大王"。

采用集中市场营销战略，能集中优势力量，有利于产品适销对路，降低成本，提高企业和产品的知名度。但有较大的经营风险，因为它的目标市场范围小，品种单一。如果目标市场的消费者需求和爱好发生变化，企业就可能因应变不及时而陷入困境。同时，当强有力的竞争者打入目标市场时，企业就要受到严重影响。因此，许多中小企业为了分散风险，仍应选择一定数量的细分市场为自己的目标市场。

前文所述，目标市场选择就是企业决定要为多少个子市场服务，也就把三种基本竞争战略应用于市场营销活动，总结目标市场选择内容如表3-20所示。

表3-20　目标市场战略类型

目标市场战略类型	含义
无差异市场营销	企业在市场细分之后，不考虑各子市场的特性，而只注重子市场的共性，决定只推出单一产品，运用单一的市场营销组合，力求在一定程度上适合尽可能多的顾客的需求
差异市场营销	企业同时为几个子市场服务，设计不同的产品，并在渠道、促销和定价方面都加以相应的改变，以适应各个子市场的需要
集中市场营销	企业集中所有力量，以一个或少数几个性质相似的子市场作为目标市场，试图在较少的子市场上占领较大的市场份额

【提示说明】 企业在选择以上三种目标市场战略时，还需要考虑五个主要因素：企业资源、产品同质性、市场同质性、产品的生命周期阶段、竞争对手的目标市场战略类型。

【例题16·单选题】 甲公司是一家多元化企业。涉足的产品包括儿童的营养液、时尚青年的果汁饮料，以及八宝粥。根据以上信息可以判断该企业的目标市场选择战略是（ ）。

A. 无差异市场营销

B. 集中市场营销

C. 差异市场营销

D. 全面市场营销

解析▶ 目标市场涵盖战略包括三种：无差异市场营销、差异市场营销和集中市场营销。甲公司针对不同细分市场推出不同产品，因此属于差异市场营销。 答案▶ C

【思路点拨】 本题属于案例分析型题目。应对本题的关键是区分三种目标市场战略类型，把握关键语句，根据资料进行分析判断。本题的关键语句是"涉足的产品包括儿童的营养液、时尚青年的果汁饮料，以及八宝粥"。

（3）市场定位（Positioning）。

市场定位是指企业针对潜在顾客的心理进行营销设计，创立产品、品牌或企业在目标顾客心目中的某种形象或某种个性特征，保留深刻的印象和独特的位置，从而取得竞争优势。

市场定位（Market Positioning）是20世纪70年代由美国学者阿尔·赖斯提出的一个重要营销学概念。所谓市场定位就是企业根据目标市场上同类产品竞争状况，针对顾客对该类产品某些特征或属性的重视程度，为本企业产品塑造强有力的、与众不同的鲜明个性，并将其形象生动地传递给顾客，求得顾客认同。市场定位的实质是使本企业与其他企业严格区分开来，使顾客明显感觉和认识到这种差别，从而在顾客心目中占有特殊的位置。

传统的观念认为，市场定位就是在每一个细分市场上生产不同的产品，实行产品差异化。事实上，市场定位与产品差异化尽管关系密切，但有着本质的区别。市场定位是通过为自己的产品创立鲜明的个性，从而塑造出独特的市场形象来实现的。一项产品是多个因素的综合反映，包括性能、构造、成分、包装、形状、质量等，市场定位就是要强化或放大某些产品因素，从而形成与众不同的独特形象。产品差异化乃是实现市场定位的手段，但并不是市场定位的全部内容。市场定位不仅强调产品差异，而且要通过产品差异建立独特的市场形象，赢得顾客的认同。

需要指出的是，市场定位中所指的产品差异化与传统的产品差异化概念有本质区别，它不是从生产者角度出发单纯追求产品变异，而是在对市场分析和细分化的基础上，寻求建立某种产品特色，因而它是现代市场营销观念的体现。

市场定位目的：找出客户需要，也就是产品的市场定位。

市场定位的主要方法包括：根据属性和利益定位；根据价格和质量定位；根据用途定位；根据使用者定位；根据产品档次定位；根据竞争格局定位；各种方法组合定位等。

重新定位前需考虑的两个因素：一是企业将自己的定位从一个子市场转移到另一个子市场所需的全部费用；二是企业重新定位后的收入有多少，而收入多少又取决于该子市场上的购买者和竞争者情况、取决于在该子市场上销售价格能定多高等。

2. 设计市场营销组合

美国营销学学者杰罗姆·麦卡锡教授在20世纪的60年代提出"产品、价格、地点（渠道）、促销"4大营销组合策略即为4P。产品（Product）、价格（Price）、渠道（Place）、推广（Promotion）四个单词的第一个字母缩写为4P。

用科特勒的话说就是"如果公司生产出适当的产品，定出适当的价格，利用适当的分销渠道，并辅之以适当的促销活动，那么该公司就会获得成功"（科特勒，2001）。所以市场营销活动的核心就在于制定并实施有效的市场营销组合。

（1）产品策略。

产品策略包括三大内容，一是产品组合策略，二是品牌和商标策略，三是产品开发策略，如表3-21所示。

表3-21　产品策略

产品策略		相关描述
产品组合策略	产品组合的宽度、长度、深度和关联性	**宽度**，是指一个企业有多少产品大类（产品线）； **长度**，是指一个企业的产品组合中所包含的产品项目的总数； **深度**，是指产品大类中每种产品有多少花色、品种、规格； **关联性**，是指一个企业的各个产品大类在最终使用、生产条件、分销渠道等方面的密切相关程度
	产品组合策略类型	可选择的策略类型有：**扩大产品组合**；**缩减产品组合**；**产品延伸**
品牌和商标策略	**单一**的企业名称	对所有产品都使用同一商标。这种策略优点：可以将一种产品具备的特征传递给另一种产品，从而简化了新产品上市的过程，无须为新产品建立新的品牌认知度
	每种产品都有**不同**的品牌名称	如果企业生产的产品在市场中的定位不同，或者市场被高度细分，则企业通常对每种产品都采用不同的品牌名称
	自有品牌	许多零售商销售自有品牌的商品，以使客户建立对该零售商而不是对产品生产商的忠诚度
产品开发策略	产品开发的原因	①具有较大的市场份额与较强的品牌实力，有竞争优势； ②市场上有潜在增长力； ③客户需要新产品； ④需要进行技术开发或采用技术开发； ⑤需要对市场的竞争创新作出反应
	产品开发的投资风险	①缺乏新产品构思； ②市场容量下降； ③复杂的研发过程； ④开发费用昂贵； ⑤即使成功，存在被"模仿"的风险

（2）促销策略。（见表3-22）

企业将其产品或服务的特性传达给预期客户的方式被称为促销组合。

表3-22　促销策略

项目	相关描述
促销目的	赢得潜在客户的注意；产生利益；激发客户的购买渴望；刺激客户的购买行为（其实就是教育消费者熟悉产品的方式）
促销组合的四大要素	①**广告促销**。需要考虑时间、地点、频率和形式—比如上海外滩的大屏幕广告。 ②**营业推广**。非媒体促销手段，如试用品、折扣、礼品等。 ③**公关宣传**。宣传企业形象。 ④**人员推销**。销售代表面对面的解答、演示

促销组合反映了使产品到达目标客户的各种方式。

【例题17·单选题】 甲公司是一家化妆品企业。在推出一款新产品时，为了吸引消费者，采取了免费赠送试用品的方式。根据以上信息可以判断该企业采取的这种方式属于( )。

A. 广告促销　　　　B. 营业推广

C. 公关宣传　　　　D. 人员推销

解析 采用非媒体促销手段，比如为"鼓励"客户购买产品或服务而设计的刺激性手段。例如，试用品、折扣、礼品等方式都属于营业推广的方式。　　**答案** B

(3)分销策略。(见表3-23)

表3-23　分销策略

项目	相关描述		
含义	是确定产品到达客户手上的最佳方式； 要克服地点、时间、数量和所有权上的差异； 要解决如何分销产品以及如何确定实体店的位置等问题		
分销渠道类型	传统分类	直接分销	产品直接从生产商到消费者
		间接分销	经过中间商(批发商或零售商)，又分为独家分销与密集分销两种
	互联网时代分类	线上	以网络为渠道
		线下	以面对面或非网络方式

分销策略必须与其他4P要素密切配合。另外，分销还可以采用独家分销和密集分销(多家)两种类型。

(4)价格策略。

企业的定价目标可以有多个选择：

①利润最大化—经济学理论中的目标。

②实现投资目标回报率(ROI)—会导致成本导向定价。

③实现目标市场份额(渗透定价法)。

④当市场对价格非常敏感时，定价目标是增强竞争力而不是领导市场。

企业可以采用不同的价格策略：比如质优价高、跟随市场领导者或市场、差别定价、产品上市定价，其中差别定价法与产品上市定价法如表3-24所示。

表3-24　差别定价法与产品上市定价法

定价策略	相关描述
产品差别定价法	差别定价就是对市场不同部分中的类似产品确定不同的价格。 差别定价法的前提：不同市场必须具有不同的弹性，并且市场间的"渗漏"必须很小，保持市场的相对独立性。 (1)基于细分市场定价—老年公交卡 (2)基于地点定价—剧院或飞机的座位位置 (3)基于产品的版本定价—软件或手机 (4)基于时间定价—机票 (5)动态定价—宾馆
产品上市定价法	(1)渗透定价法：低价抢占市场 ①牺牲短期利润来换取长期利润 ②可尽快进入成长期和成熟期 (2)撇脂定价法：高价获取利润 在产品生命周期的最初阶段获取较高单位利润

【提示说明】 无论选择采用何种定价策略，重要的是企业应懂得价格与其他营销要素之间具有很强的相互作用。定价必须考虑到相对竞争者而言产品的质量和促销费用。

常见的两种现象：

一是质量和广告费用相对较高的品牌会取得最高的价格。反之，产品的售价就比较低廉。

二是质量中等但广告费用相对较高的品牌能够收取高价。消费者愿意为知名产品支付更高的价格。

【例题18·多选题】 下列关于价格策略的说法中，正确的有( )。

A. 定价必须考虑到相对竞争者而言产品的质量和促销费用

B. 撇脂定价法是一种通过牺牲短期利润来换取长期利润的策略

C. 渗透定价法旨在产品生命周期的极早阶段获取较高的单位利润

D. 要实现成功的差别定价，不同市场必须具有不同的弹性，并且实施差别定价的市场间的"渗漏"必须很小

解析 渗透定价法是指在新产品投放市场时确定一个非常低的价格，以便抢占销售渠道和消费者群体，从而使竞争者较难进入市场。因而，这是一种通过牺牲短期利润来换取长期利润的策略。撇脂定价法是指在新产品上市之初确定较高的价格，并随着生产能力的提高逐渐降低价格。这一方法旨在产品生命周期的最初阶段获取较高的单位利润。

答案 AD

【思路点拨】 本题属于直接考核型题目。主要是区分渗透定价法和撇脂定价法，可以通过"渗透定价法—低价抢占市场；撇脂定价法—高价获取利润"进行记忆。

【拓展反思】 4P与4C

（1）4P 理论即产品（product）、价格（price）、促销（promotion）、渠道（place）四要素，即产品营销。

（2）4C 理论即顾客需求（Consumer's Needs）、成本（Cost）、沟通（Communication）、便利性（Convenience）四要素，即整合营销。

（3）4Ps与4Cs是互补的而非替代关系，即Customer，是指用"客户"取代"产品"，要先研究顾客的需求与欲望，然后再去生产、经营那个和销售顾客确定想要买的服务产品；Cost，是指用"成本"取代"价格"，了解顾客要满足其需要与欲求所愿意付出的成本，再去制定定价策略；Convenience，是指用"便利"取代"地点"，意味着制定分销策略时要尽可能让顾客方便；Communication，是指用"沟通"取代"促销"，"沟通"是双向的，"促销"无论是推动策略还是拉动战略，都是线性传播方式。

【海尔的4P】

（1）产品 Product。

海尔集团根据市场细分的原则，在选定的目标市场内，确定消费者需求，有针对性地研制开发多品种、多规格的家电产品，以满足不同层次消费者需要。如海尔洗衣机是我国洗衣机行业跨度最大、规格最全、品种最多的产品。在洗衣机市场上，海尔集团根据不同地区的环境特点，考虑不同的消费需求，提供不同的产品。针对江南地区"梅雨"天气较多，洗衣不容易干的情况，海尔集团及时开发了洗涤、脱水、烘干于一体的海尔"玛格丽特"三合一全自动洗衣机，以其独特的烘干功能，迎合了饱受"梅雨"之苦的消费者。此产品在上海、宁波、成都等市场引起轰动。针对北方的水质较硬的情况，海尔集团开发了专利产品"爆炸"洗净的气泡式洗衣机，即利用气泡爆炸破碎软化作用，提高洗净度20%以上，受到消费者的欢迎。针对农村市场，研制开发了下列产品：①"大地瓜"洗衣机，适应盛产红薯的西南地区农民图快捷省事，在洗衣机里洗红薯的需要；②小康系列滚筒洗衣机，针对较富裕的农村地区；③"小神螺"洗衣机，价格低、宽电压带、外观豪华，非常适合广大农村市场。

（2）价格 Price。

海尔产品定价的目的是树立和维护海尔的品牌和品质形象。具体的定价策略如下：

海尔的价格策略从来都不是单纯的卖产品策略，而是依附于企业品牌形象和尽善尽美的服务之上的价格策略。这种价格策略赢得了消费者的心，也赢得了同行的尊重与敬佩，更赢得了市场。

海尔的定价策略还依托于其强大的品牌影响力，这点在大中城市尤为明显。海尔在每个城市的主要商场，都是选择最佳、最大的位置，将自己的展台布置成商场内最好的展台形象；在中央和地方媒体上常年坚持不断的广告宣传，这其中几乎全是企业品牌形象宣传和产品介绍，对于价格则从没"重视"过。正因为如此，**"海尔"** 两个字已经成为优质、放心、名牌的代言词。海尔的定价策略概括起来，即价值定价策略与创新产品高价策略。

（3）渠道 Place。

海尔的渠道组合策略如下：

①采取直供分销制，自建营销网络。

所谓直供分销制就是由厂商自主独立经营，不通过中间批发环节，直接对零售商供货。海尔直供分销制的具体做法是根据自身产品类别多、年销售量大、品牌知名度高等特点，进行通路整合，在全国每个一级城市（省会和中心城市）设有海尔工贸公司；在二级城市（地级市）设有海尔营销中心，负责当地所有海尔产品的销售工作；在三级市场（县）按"一县一点"设专卖店。海尔现在已建立了一个庞大、完善的营销网络，拥有服务网点 11976 个，销售网点 53000 个（海外38000 个）。海尔在全国共设有 48 个工贸公司，实行逐级控制，终端的销售信息当天就可反馈到总部。

②采取特许经营方式，建立品牌专卖店。

海尔设立品牌专卖店的主要目的是通过全面展示产品，提升品牌形象，提高海尔品牌的知名度和信誉度，同时促进产品的销售。海尔设立专卖店有利于品牌的树立，专卖店以其统一的形象出现在消费者面前，有利于企业整体品牌的塑造。专卖店采用统一的标识、统一的布置、统一的服务标准，保证了产品的质量和服务的质量，防止了假冒伪劣产品，保证了产品的货真价实，避免了伪劣产品造成的冲击。专卖店由被选定的经销商自己投资改造，这其中利用的实际上就是海尔的品牌价值。海尔试图以品牌优势达到经销商和自己的双赢：自己节省开支，而经销商借海尔提升形象。海尔的专卖店一般开在社区、郊区和居民小区等比较"边缘"的地带，避免了与海尔另一大营销体系—综合商场、大型百货"重复建设"，发生"商圈"冲突。由于海尔多元化家电的定位，在海尔专卖店里，可以有电视机、空调、洗衣机、微波炉和燃气灶等十几个种类的"海尔造"商品，避免了其他家电企业专卖店只卖一两种电器的情况，摆脱了"成本偏高效率偏低"的困境。

（4）促销 Promotion。

广告是品牌传播的主要方式之一，它通过报纸、杂志、电视、户外展示和网络等大众传媒向消费者或受众传播品牌信息，诉说品牌情感，在建立品牌认知、培养品牌动机和转变品牌态度上发挥着重要作用。海尔品牌广告的广告语有：

①"海尔，中国造"。

这一广告语朴实真挚、掷地有声、铿锵有力，是海尔向世界的宣战，显示出海尔征服国际市场的决心和信心，是海尔向世界名牌挺进的关键一步。这句广告词从消费者记忆的角度来说，十分有利于记忆。广告语"海尔，中国造"这句话传递的信息就在于，海尔要让全世界的人都知道，中国的家电产品中有一个叫**"海尔"**的名牌，它会像**"德国造"** **"日本造"**的产品一样，以质量、技术在国际市场上竞争，并立足于世界，改变中国产品低劣的形象。

②"真诚到永远"。

这句广告语是海尔优质服务的高度凝练，注重与消费者情感的交流，建立起与消费者

以心换心的关系，增强了消费者对海尔的信任度

此外，海尔还特别注重树立其品牌形象。海尔制作完成国内第一部212集大型系列儿童教育动画片《海尔兄弟》，通过动画片创造了一个与未来的家电购买者—少年儿童共通、互动、共鸣、共感的机会，并最终达成共识，进而在海尔未来最有潜力的目标社会群中塑造、传播和维护了海尔的企业形象。

（二）研究与开发战略—基本应用能力 ★（见表3-25）

表3-25　研究与开发战略

项目	相关描述
研发的两大类型	(1)产品研究—新产品开发； (2)流程研究—节约资金和时间，提高生产率
研发的动力来源	(1)"需求拉动"的，即市场的新需求拉动创新以满足需求—研发与营销的协调。 (2)"技术推动"的，即创新来自发明的应用—需要考虑市场
研发的战略作用 （体现在四个方面）	(1)波特的基本战略。产品创新是产品差异化的来源。流程创新使企业能够采用成本领先战略或差异化战略。 (2)波特的价值链。研发被纳入价值链的支持性活动。通过提供低成本的产品或改良的差异化产品可以强化价值链。 (3)安索夫矩阵。研发支持四个战略象限。可以通过产品求精来实现市场渗透战略和市场开发战略。产品开发和产品多元化需要更显著的产品创新。 (4)产品的生命周期。产品研发会加速现有产品的衰退，因而也需要研发来为企业提供替代产品
研发定位	(1)成为向市场推出新技术产品的企业(风险较大)； (2)成为成功产品的创新模仿者(需要优秀的研发人员和营销部门)； (3)成为成功产品的低成本生产者(需要工厂和设备的不断投资)
研发政策 （一般性了解）	研发政策一般考虑以下七个方面： (1)强化产品或流程改良； (2)强化应用型研究的基础； (3)成为研发领导者或跟随者； (4)开发智能化技术或手动流程； (5)对研发投入高额、适中或低额资金； (6)在企业内部进行研发或者将研发外包； (7)利用大学或私营企业的研究力量。 研发战略特别要求管理层制定鼓励创新性构思的政策。包括七个方面： (1)必须对创新给予财务支持，可以通过为研发和市场研究投入资金以及为新构思投入风险资金来实现； (2)必须使员工有机会在一个能够产生创新构思的环境中工作，这需要适当的管理风格和组织结构； (3)管理层积极地鼓励员工和客户提出新构思； (4)组建开发小组并由企业负责项目小组工作； (5)在适当情况下，企业的招聘政策应集中于招聘具有必备创新技能的员工； (6)由专门的管理者负责从环境中或从企业的内部沟通中获取与创新构思有关的信息； (7)战略计划应有助于创新目标的达成；对成功实现目标的员工应给予奖励

【实务案例】 华为公司的研究与开发

华为聚焦全连接网络、智能计算、创新终端三大领域,在产品、技术、基础研究、工程能力等方面持续投入,使能客户数字化转型,构建智能社会的基石。坚持多路径、多梯次、多场景化,构建解决方案竞争力持续领先。

华为是全球最大的专利持有企业之一,截至 2018 年 12 月 31 日,在全球累计获得授权专利 87805 件,其中中国授权专利累计 43371 件,中国以外国家授权专利累计 44434 件。90% 以上专利为发明专利。

华为坚持每年将 10% 以上的销售收入投入研究与开发。2018 年,从事研究与开发的人员有 8 万多名,约占公司总人数的 45%;研发费用支出为人民币 101509 百万元,约占全年收入的 14.1%。近十年累计投入的研发费用超过人民币 480000 百万元。

此外,华为宣布成立华为战略研究院,负责研发 5 年以上的前沿技术,每年 3 亿美金的合作经费,支持学术界开展基础科学研究。华为战略研究院将专注基础理论的突破和革命性技术的发明,比如光计算、NDA 存储、原子制造等新技术,并围绕信息的产生、计算存储、传送、处理和显示过程,并与全球大学合作以及进行技术投资来推动新技术发展。

(资料来源:华为公司官网)

【例题 19·单选题】 企业的研发战略至少存在三种定位。下列表述中不属于研发战略定位的是( )。

A. 成为向市场推出新技术产品的企业

B. 成为成功产品的创新模仿者

C. 成为成功产品的低成本生产者

D. 成为成功产品的差异化生产者

解析 ▶ 企业研发战略的定位包括:成为向市场推出新技术产品的企业;成为成功产品的创新模仿者;成为成功产品的低成本生产者。

答案 ▶ D

(三)生产运营战略—基本应用能力 ★★

企业三种传统核心职能:生产运营、市场营销、研究与开发。

1. 生产运营战略所涉及的主要因素和阶段(见表 3-26)

表 3-26 生产运营战略所涉及的主要因素和阶段

主要因素及阶段		说明
生产运营流程的**四要素**	批量	(1)较高的投入或产出批量:大规模生产,低成本,可实现专业化分工 (2)较低的投入或产出批量:小规模生产,高成本,无法实现专业化分工
	种类	(1)种类繁多:多品种、高成本、灵活性 (2)种类有限:少品种、低成本、标准化
	需求变动	(1)需求变动较大:需求波动,高成本,产能利用率低 (2)需求稳定:需求稳定,低成本,产能利用率较高
	可见性	(1)可见性高:单位成本可能比较高,员工技巧要求高 (2)可见性较低:单位成本可能比较低,员工技巧要求低
生产运营战略的五个阶段		(1)确定生产运营目标; (2)将业务战略或营销战略转化为生产运营战略; (3)通过与竞争者的绩效相比较来评估企业当前的运营绩效; (4)以缺口分析为基础来制定运营战略; (5)执行战略,并通过对环境变化作出反应来不断地检查、改善和改良战略

2. 生产流程计划

生产流程通常构成了企业总资产中的大部分资产。

生产流程计划或决策包括以下几个方面：工厂规模、工厂地点、产品设计、设备的选择、工具的类型、库存规模、库存控制、质量控制、成本控制、标准的使用、工作专业化、员工培训、设备与资源利用、运输与包装及技术创新。

3. 产能计划（见表3-27）

"产能"指在指定时间内能够完成的最大工作量。而产能计划是指确定所需的生产能力以满足其产品不断变化的需求的过程。

企业产能与客户需求之间的差距会导致效率低下，产能计划的目标就是使差距最小化。

表3-27　产能计划的类型及平衡产能与需求的方法

类别		说明
产能计划的类型	领先策略（进攻型）	根据对需求增长的预期增加产能
	滞后策略（保守型）	仅当企业因需求增长而满负荷生产或超额生产后才增加产能
	匹配策略（稳健型）	少量地增加产能来应对市场需求的变化
平衡产能与需求的方法	资源订单式生产	当需求不确定时，企业仅在需要时才购买所需材料并开始生产所需的产品或提供所需的服务。"订单—资源—生产"：比如建筑公司—最保守
	订单生产式生产	企业可能对未来需求的上涨非常有信心，从而持有为满足未来订单所需的一种或多种资源的存货。"资源—订单—生产"：比如餐馆
	库存生产式生产	许多企业在收到订单之前或在知道需求量之前就开始生产产品或提供服务。"资源—生产—订单"：比如节日礼物—最激进

【例题20·单选题】为了平衡产能与需求之间的关系，某企业只在收到订单、签订合同之后开始采购资源和生产，则该企业所应用的方法是（　）。

A. 资源订单式生产

B. 订单生产式生产

C. 库存生产式生产

D. 滞后生产式生产

解析 ▶ 资源订单式生产：当需求不确定时，企业仅在需要时才购买所需材料并在需要时才开始生产所需的产品或提供所需的服务。该企业只在收到订单、签订合同之后开始采购资源和生产，属于资源订单式生产。

答案 ▶ A

4. 准时生产系统（JIT）（见表3-28）

概念与原理：指生产的产品能够精准地满足客户在时间、质量和数量上的需求。例如丰田汽车的JIT管理。

表3-28　准时生产系统

类别	相关描述
JIT理论的关键五要素	（1）不断改进。目标是尽快满足需求并提供最佳的质量而又避免造成浪费； （2）消除浪费。浪费共有七种类型：生产过剩的浪费、等待的浪费、搬运的浪费、加工的浪费、库存的浪费、动作的浪费、不良产品的浪费； （3）良好的工作场所整理。工作场所整洁有条理； （4）缩短生产准备时间。增强灵活性并使小批量生产成为可能； （5）企业中所有员工的参与。该理念应该被企业中所有员工接受

类别	相关描述
JIT 的优点	(1) 库存量低。这意味着减少了仓储空间，从而节约了租赁和保险费用； (2) 由于仅在需要时才取得存货，因此降低了花费在存货上的运营成本； (3) 降低了存货变质、陈旧或过时的可能性； (4) 避免因需求突然变动而导致大量产成品无法出售的情况出现； (5) 降低了检查和返工产品的时间
JIT 的缺点	(1) 少量的库存导致生产环节出错后的弥补空间较小； (2) 生产对供应商的依赖性较强； (3) 缺少备用的产成品来满足意外的订单
JIT 的适用范围	可用于服务型企业和制造型企业。 (1) 制造型企业旨在降低库存； (2) 服务型企业旨在消除客户排队的现象

【相关链接】 日本丰田的生产方式—JIT

JIT(Just In Time)，准时生产，又译实时生产系统，简称 JIT 系统，在 1953 年由日本丰田公司的副总裁大野耐一提出。

JIT 生产方式(JIT，Just in time)，其实质是保持物质流和信息流在生产中的同步，实现以恰当数量的物料，在恰当的时候进入恰当的地方，生产出恰当质量的产品。这种方法可以减少库存，缩短工时，降低成本，提高生产效率。

JIT 哲理的核心是：消除一切无效的劳动与浪费，在市场竞争中永无休止地追求尽善尽美。JIT 十分重视客户的个性化需求；重视全面质量管理；重视人的作用；重视对物流的控制，主张在生产活动中有效低采购、物流成本。

准时化生产 JIT 是二战以后最重要的生产方式之一。由于它起源于日本的丰田汽车公司，因而曾被称为"丰田生产方式"，后来随着这种生产方式的独特性和有效性，被越来越广泛地认识、研究和应用，人们才称为 JIT。

JIT 生产方式的基本思想是"只在需要的时候，按需要的量，生产所需的产品"，也就是追求一种无库存，或库存达到最小的生产系统。JIT 的基本思想是生产的计划和控制及库存的管理。

JIT 生产方式以准时生产为出发点，首先暴露出生产过量和其他方面的浪费，然后对设备、人员等进行淘汰、调整，达到降低成本、简化计划和提高控制的目的。在生产现场控制技术方面，JIT 的基本原则是在正确的时间，生产正确数量的零件或产品，即准时生产。它将传统生产过程中前道工序向后道工序送货，改为后道工序根据"看板"向前道工序取货，看板系统是 JIT 生产现场控制技术的核心，但 JIT 不仅仅是看板管理。

JIT 的基础之一是均衡化生产，即平均制造产品，使物流在各作业之间、生产线之间、工序之间、工厂之间平衡、均衡地流动。为达到均衡化，在 JIT 中采用月计划、日计划，并根据需求变化及时对计划进行调整。

JIT 提倡采用对象专业化布局，用以减少排队时间、运输时间和准备时间，在工厂一级采用基于对象专业化布局，以使各批工件能在各操作间和工作间顺利流动，减少通过时间；在流水线和工作中心一级采用微观对象专业化布局和工作中心形布局，可以减少通过时间。

JIT 可以使生产资源合理利用，包括劳动力柔性和设备柔性。当市场需求波动时，要求劳动力资源也做出相应调整。如需求量增加不大时，可通过适当调整具有多种技能操作者的操作来完成；当需求量降低时，可采用减少生产班次、解雇临时工、分配多余的操作工去参加维护和维修设备。这就是劳动力柔性的含义；而设备柔性是指在产品设计时就考虑加工问题，发展多功能设备。

JIT强调全面质量管理，目标是消除不合格品。消除可能引起不合格品的根源，并设法解决问题，JIT中还包含许多有利于提高质量的因素，如批量小、零件很快移到下工序、质量问题可以及早发现等。

JIT以订单驱动，通过看板，采用拉动方式把供、产、销紧密地衔接起来，使物资储备，成本库存和在制品大为减少，提高了生产效率。

（四）采购战略—基本应用能力 ★★

采购的任务包括识别潜在供应商以及对其评价；招标；报价；对价格及支付事项谈判；下订单；跟踪已下达的订单；检查进货，以及对供应商付款。

1. 货源策略（见表3-29）

表3-29 三大货源策略

策略	优点	缺点
单一货源策略	(1)采购方能与供应商建立较为稳固的关系； (2)便于信息的保密； (3)能产生规模经济； (4)随着与供应商的关系的加深，采购方更可能获得高质量的货源	(1)若无其他供应商，则该供应商的议价能力就会增强； (2)采购方容易受到供应中断的影响； (3)供应商容易受到订单量变动的影响
多货源策略	(1)能够取得更多的知识和专门技术； (2)一个供应商的供货中断产生的影响较低； (3)供应商之间的竞争有利于对供应商压价	(1)难以设计出有效的质量保证计划； (2)供应商的承诺较低； (3)不利于实现规模经济
由供应商负责交付一个完整的子部件	(1)允许采用外部专家和外部技术； (2)可为内部员工安排其他任务； (3)采购方能够就规模经济进行谈判	(1)第一阶供应商处于显要地位； (2)竞争者能够使用相同的供应商，因此企业在货源上不太可能取得竞争优势

【提示说明】 由供应商负责交付一个完整的子部件：某超市在超市内划出一个区域专门出售生鲜食品。由于各类生鲜食品的供应商数量繁多，因此很难管理生鲜食品的采购。该超市需要将这些食品的采购外包给专门的第三方进行，即由供应商负责交付一个完整的子部件(生鲜食品)。

【例题21·多选题】 下列关于采购方选择多货源策略的表述中，正确的有( )。

A. 能够取得更多的知识和专门技术

B. 供应商的议价能力较强

C. 能产生规模经济

D. 难以设计出有效的质量保证计划

解析 多货源策略的优点是：(1)能够取得更多的知识和专门技术；(2)一个供应商的供货中断产生的影响较低；(3)供应商之间的竞争有利于对供应商压价。缺点是：(1)难以设计出有效的质量保证计划；(2)供应商的承诺较低；(3)不利于实现规模经济。

答案 ▶ AD

2. 采购组合

(1)采购策略会因其采用的基本战略不同而异。

(2)低成本战略的企业着重于以尽可能低的成本进行采购。

(3)大型企业能够通过要求数量折扣以低成本进行采购。

(4)采购量占供应商较大比重的，具有很强的议价能力。

(5)小型企业也可组成产业网络以实现低成本采购。

(6)低成本并不是唯一的考虑要素—最佳成本需要在质量与成本之间权衡。

(7)最佳采购组合的四要素：**质量、数量、价格、交货**。

3. 采购经理的六项职责

当采购具有战略重要性时，最高级别的采购经理应当是董事会成员或者至少应向执行总监报告，采购经理的职责包括六个方面：

（1）成本控制。

（2）管理投入。

（3）生产投入。

（4）供应商管理。

（5）获取信息，评价采购方案：可用性、质量、价格、分销及供应商。

（6）维持库存水平。

【例题 22·多选题】 下列选项中，属于采购经理职责的有（　　）。

A. 供应商管理

B. 维持库存水平

C. 获取有关事项的信息，用于评价各种采购方案

D. 生产投入

答案 ABCD

（五）人力资源战略—基本应用能力 ★

以下分别从人力资源战略的主要内容、人力资源规划、招聘与选拔、继任计划、激励和奖励机制、绩效评估、员工的培训和发展等七个方面展开。

1. 人力资源战略的主要内容

有效的人力资源战略的内容包括八个方面（了解一下即可）：

（1）精确识别出企业为实现短期、中期和长期的战略目标所需要的人才类型；

（2）通过培训、发展和教育来激发员工潜力；

（3）尽可能地提高任职早期表现出色的员工在员工总数中所占的比重；

（4）招聘足够的、有潜力成为出色工作者的年轻新就业者；

（5）招聘足够的、具备一定经验和成就的人才，并使其迅速适应新的企业文化；

（6）确保采取一切可能的措施来防止竞争对手挖走企业的人才；

（7）激励有才能的人员达到更高的绩效水平，并激发其对企业的忠诚度；

（8）创造企业文化，使人才能在这种文化中得到培育并能够施展才华。

2. 人力资源规划

人力资源规划包括两个层次和四个步骤。

首先，人力资源规划的两个层次：

（1）总体规划：包括 HR 管理的总目标、总政策、实施步骤和总预算的安排。

（2）业务计划：包括人员补充计划、分配计划、提升计划、教育培训计划、工资计划、保险福利计划、劳动关系计划、退休计划等。

其次，人力资源规划的四大步骤如下：

（1）调查、收集和整理涉及企业战略决策和经营环境的各种信息。

（2）根据企业或部门实际确定人力资源规划的期限、范围和性质。

（3）在分析人力资源供给和需求影响因素的基础上，采用以定量为主结合定性分析的各种科学预测方法对企业未来人力资源供求进行预测。

（4）制定人力资源供求平衡的总计划和各项业务计划。

3. 招聘与选拔

招聘方法：内部招聘与外部招聘。

内部招聘的四个优点：

（1）内部晋升能调动员工积极性，鼓舞整体士气；

（2）通过已知数据选拔及内部反馈来考察合适性；

（3）节约招聘和选拔时间及费用；

（4）内部招聘的员工能更快地适应培训的要求。

内部招聘的四个缺点：

（1）落选员工可能的负面情绪；同事变主管带来的管理困难；

（2）适合的人未必在企业内部；

（3）外部招聘人员可能带来新理念和新思维；

（4）内部招聘可能诱发拉关系或骄傲自满等。

一般而言，外部招聘的优缺点与内部招

聘正好相反，但是应注意以下两点：

（1）当无法在内部找到特殊技术和技能的员工时，外部招聘必不可少。外部招聘对重建人员配备很必要。

（2）外部招聘可带来新思想和不同工作方法，但也可能难以改变其做事方式，并且难以适应新技术和新方法。

4. 继任计划

继任计划发现并追踪具有高潜质的雇员的过程。主要是为高层职位寻找并确认具有胜任能力的人员，储备核心的人力资本。涉及 HR 培训与开发、职业生涯管理和绩效测评等方面。继任计划的要求包括以下四个方面：（1）重点关注未来的需求，特别是战略和文化上的要求；（2）由高级管理层主导，各级管理层也负有重要责任；（3）对相关管理人员的发展表现作出评估；（4）评估应当客观。

5. 激励和奖励机制

激励员工的方法包括：职业保障；给予物质激励；制定自我实现目标；制定企业或企业内团队的发展目标。

激励与奖励机制的实施的重点包括：

（1）制定工作实施方面的决策时，允许员工参与其中；

（2）尽可能使工作变得有趣，使员工有满足感；

（3）将员工个人的努力融入团队，相互交流并营造氛围；

（4）确保激励结果与战略目标的关联。

6. 绩效评估

企业绩效计量的四要素：（1）工作的效果；（2）目标的实现程度；（3）达成效率；（4）资源利用情况。

绩效评估的五种方法：

（1）员工的等级评定：根据员工总体绩效为其评级。

（2）评级量表：将个人绩效拆分成若干特征或绩效领域，如工作数量、工作质量以及主动性。

（3）核对表：提供一份与工作绩效相关的表述清单，评分者需要为员工选择最恰当的表述。

（4）自由报告：为每个员工完成一份自由度高的报告。

（5）评估面谈：通常与上述方法结合使用，是关键环节。

7. 员工的培训和发展（见表 3-30）

表 3-30　员工的培训和发展（了解）

项目	内容
员工培训的要素	受训学员；培训主题；培训教材；培训师资；培训活动；培训条件
员工培训的流程	培训需求分析；培训目标设置；培训计划设计；培训实施；培训评估
员工培训需求分析	(1)培训需求分析的三个层次： ①组织分析：找出组织存在的问题及产生的根源 ②人员分析：通过对员工的绩效评价找出存在的问题 ③任务分析：分析工作任务及所需要的技能和知识 (2)培训需求的分析方法(3+N)： ①观察法；关键人员谈话法；问卷法 ②分级讨论法、测试法、文献调查法、记录报告法、自我评价法、工作样本法等
培训计划的设计	(1)进行课程描述；(2)确定培训目标；(3)制定培训方案
培训方法选择应遵循的原则	(1)从成人特点出发；(2)从学员需求出发；(3)从培训目标出发；(4)从实际效果出发；(5)从创新开拓出发
常用的培训模式	(1)独立办学培训模式；(2)联合型培训模式；(3)全面委托型培训模式；(4)"学习型组织"培训模式

项目	内容
培训结果评估的主要方法	员工提交培训总结、召开座谈会、征集反馈意见、检查员工行为改进情况、撰写评估报告
职业生涯规划应考虑的因素	(1)需求与职业的匹配；(2)性格与职业的匹配；(3)兴趣与职业的匹配；(4)能力与职业的匹配；(5)社会环境与职业的匹配

(六)财务战略—**基本应用能力** ★★★

1. 财务战略的概念

企业战略也分为**财务战略**和**非财务战略(经营战略)**两类。

财务战略分为**资金筹集战略**和**资金管理战略**。

狭义的财务战略仅指筹资战略，包括资本结构决策、筹资来源决策和股利分配决策等。

资金管理涉及的实物资产的购置和使用，是由经营战略指导的。

2. 财务战略的确立

(1)四种融资方式(见表3-31)。

表3-31　四种融资方式对比

融资方式		优点	缺点
内部融资		管理层在做此融资决策时不需要听取任何企业外部组织或个人的意见，可以节省融资成本	要求企业有足够的盈利能力，而对于那些陷入财务危机的企业来说压力很大
股权融资		当企业需要的资金量比较大时，股权融资就占很大优势，仅仅需要在企业盈利时向股东支付股利	股份容易被恶意收购从而引起控制权的变更，成本也比较高
债权融资	贷款	与股权融资相比，融资成本较低、融资的速度较快，并且方式也较为隐蔽	当企业陷入财务危机或者企业的战略不具竞争优势时，还款的压力会增加企业的经营风险
	租赁	可以不需要为购买设备、工具进行融资；可能使企业享有更多的税收优惠；可以增加企业的资本回报率	使用租赁资产的权利是有限的，因为资产的所有权不属于企业
资产销售融资		简单易行，并且不用稀释股东权益	比较激进，操作后无回旋余地；如果销售的时机选择的不准，销售的价值就会低于资产本身的价值

【备考战略】①内部融资是企业最普遍采用的方式。②限制企业融资能力的两个主要方面：一是债务融资面临的困境；二是股利支付面临的困境。本科目关于四种融资方式优缺点，对于不熟悉财务管理内容的考生，需要认真学习准确理解。尤其注意本科目的融资分类标准与其他科目是不同的。

【例题23·单选题】管理层在做融资决策时不需要听取任何企业外部组织或个人意见的融资方式是(　　)。

A. 内部融资　　　　B. 股权融资
C. 资产销售融资　　D. 债权融资

解析 ▶ 内部融资是利用企业的内部留存利润来进行再投资，不涉及新的出资方，所以管理层在做此融资决策时不需要听取任何企业外部组织或个人的意见。　答案 ▶ A

【阿里巴巴香港上市案例】

2019年11月26日，在时隔7年之后，阿里巴巴集团控股有限公司(以下简称"阿里")回到香港，在香港交易所成功挂牌上市。此番阿里虽然"低调""回家"，但是其对于阿里的全球化发展、香港国际金融中心的巩固和中国互联网新经济的推动等，将产生十分重要的影响。

阿里在香港交易所挂牌之后，已成功创造多个历史纪录—成为首家同时在美国和香港资本市场上市的中国互联网公司，是港交所上市制度改革后首个在香港第二上市的海外发行人，也是2019年迄今为止全球最大规模的新股发行。

26日当天，阿里巴巴在港交所挂牌开盘报每股187港元，较发售价上涨约6.25%；收盘报每股187.6港元，较发售价上涨6.59%。按收市价计算，其总市值突破4万亿港元，位列全球第七大公司，成为香港的"新股王"。阿里此次按照每股176港元的定价，最多在港集资1012亿港元（约合130亿美元），成为港股历史上第三大IPO（首次公开募股）股票。

（资料来源：金融时报2019年11月26日）

（2）资本成本与最优资本结构（见表3-32）。

表3-32　资本成本与最优资本结构

项目		说明
融资成本	股权资本成本	①用资本资产定价模型（CAPM）估计权益资本成本；②用无风险利率加风险溢价来估计权益资本成本
	长期债务资本成本	各种债务利息费用的加权平均数扣除税收的效应
	加权平均资本成本	权益资本成本与长期债务资本成本的加权平均（WACC）
最优资本结构的考虑因素	主要因素	资本成本、代理成本、可接受的债务目标水平、管理层的融资偏好
	其他因素	企业的举债能力、管理层对企业的控制能力、企业的资产结构、增长率、盈利能力以及有关的税收成本
	难以量化的因素	企业未来战略的经营风险、企业对风险的态度、企业所处行业的风险、竞争对手的资本成本与资本结构、影响利率的潜在因素

【备考战略】资本结构指的是权益资本与债务资本的比例。在本科目历年考试中从未出现过计算资本成本及确定最优资本结构的试题。

（3）股利分配策略。

企业留存盈余和发放股利的决策，通常受到以下因素的影响：

①留存供未来使用的利润的需要。

②分配利润的法定要求。

③债务契约中的股利约束。

④企业的财务杠杆。

⑤企业的流动性水平。

⑥即将偿还债务的需要。

⑦股利的信号作用。

一般而言，实务中的股利政策有四大类：固定股利政策、固定股利支付率政策、零股利政策和剩余股利政策，如表3-33所示。

表3-33　四大类股利分配政策

股利政策	相关描述	优缺点
固定股利政策	每年支付固定或稳定增长的股利	优点：为投资者提供可预测的现金流量，减少管理层将资金转移到盈利能力差的活动的机会，为成熟企业提供稳定的现金流。缺点：盈余下降时可能导致股利发放遇到困难
固定股利支付率政策	按每股盈余的固定百分比支付股利	优点：能保持盈余、再投资率和股利现金流之间的稳定关系。缺点：投资者无法预测现金流，无法表明管理层的意图或期望
零股利政策	不支付股利	企业在成长阶段通常采用这种方式
剩余股利政策	只有在没有现金净流量为正的项目时才会支付股利	在那些处于成长阶段，不能轻松获得其他融资来源的企业中比较常见

【备考战略】关于股利分配政策,《公司战略与风险管理》和《财务成本管理》中的分配方式有所不同,我们应该分别掌握(明显就不是一个人写的,内容上也没有相应地协调一致)。

3. 财务战略的选择

以下介绍基于两种分类的财务战略选择:一是**基于产品生命周期**的财务战略选择;二是**基于价值创造或增长率**的财务战略选择。

(1)基于产品生命周期的财务战略选择。

①产品生命周期不同阶段的财务战略(见表3-34)。

表3-34　企业在产品生命周期不同发展阶段的经营特征

	产品生命周期阶段			
	导入期	成长期	成熟期	衰退期
经营风险	非常高	高	中等	低
财务风险	非常低	低	中等	高
资本结构	权益融资	主要是权益融资	权益+债务融资	权益+债务融资
资金来源	风险资本	权益投资增加	保留盈余+债务	债务
股利	不分配	分配率很低	分配率高	全部分配
价格/盈余倍数	非常高	高	中	低
股价	迅速增长	增长并波动	稳定	下降并波动

【备考战略】考生们需要仔细阅读教材中相关内容,才能准确理解上表的总结。此处内容是高频考点之一。

【例题24·多选题】乙公司是一家成熟期的企业。乙公司管理层正在实施企业特征分析,以便选择合适的财务战略。下列各项关于乙公司企业特征和财务战略选择的表述中,不正确的有(　　)。

A. 乙公司属于经营风险较高的企业

B. 乙公司适合风险投资者投资

C. 乙公司适宜进行高负债筹资

D. 乙公司适宜派发大量股利

解析 处于成熟期的企业,本身经营风险较低,适宜进行高负债筹资,所以选项A错误,选项C正确。成熟期的企业适宜派发大量股利,选项D正确。风险投资者会在导入期进行投资,选项B错误。　**答案** AB

②财务风险与经营风险的搭配(见图3-3和表3-35)。

经营风险的大小是由特定的经营战略决定的,而财务风险的大小是由资本结构决定的。经营风险与财务风险**反向搭配**是制定资本结构的一项战略性原则。

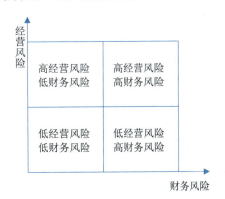

图3-3　财务风险-经营风险矩阵图

表3-35　财务风险与经营风险的搭配

搭配类型	总体风险	可行性
高经营风险与高财务风险搭配	很高	这种搭配不符合债权人的要求。因此,事实上这种搭配会因找不到债权人而无法实现

搭配类型	总体风险	可行性
高经营风险与低财务风险搭配	中等程度	是一种可以同时符合股东和债权人期望的现实搭配
低经营风险与高财务风险搭配	中等程度	是一种可以同时符合股东和债权人期望的现实搭配
低经营风险与低财务风险搭配	很低	低经营风险与低财务风险搭配，不符合权益投资人的期望，是一种不现实的搭配

（2）基于价值创造或增长率的财务战略选择。

①影响价值创造的主要因素（见表3-36）。

表 3-36 影响价值创造的主要因素

主要因素	说明
企业的市场增加值 MVA	计量企业价值创造的有效指标，即某一时点的企业资本（包括所有者权益和债务）的市场价值与占用资本的差额。 企业市场增加额=企业资本市场价值-企业占用资本
影响企业市场增加值的三大因素	影响企业市场增加值的因素有三个： 第一，投资资本回报率；第二，资本成本；第三，增长率
销售增长率、筹资需求与价值创造	在资产的周转率、销售净利率、资本结构、股利支付率不变并且不增发和回购股份情况下（税率不变）时，当销售增长率超过或低于可持续增长率时，出现两种结果：现金短缺或剩余。 综上，影响价值创造的因素主要有：投资资本回报率；资本成本；增长率；可持续增长率

【提示说明】这里提及的增长率，就是企业实际销售增长率。另外，可持续增长率概念和计算在财务成本管理科目中会涉及。在本科目中熟悉两个增长率的含义即可。也就是说，可持续增长率可理解为保持其他条件不变（不增发或回购股票，经营效率和财务政策不变）的情况下，企业能够实现的最大的增长率。

当企业实际增长率超过可持续增长率，即增长过快，则必然出现资金短缺情况；相反地，实际增长率小于可持续增长，即增长过慢，则企业的现金资源将出现剩余闲置的现象。

建议考生不要看关于市场增加值 MVA 与经济增加值 EVA 相关的公式。一是历史上从未在此考过计算内容，二是书上公式存在错误及表述不清楚的地方。此处知识点要求考生掌握上述表格中的内容即可。

②价值创造和增长率矩阵。

财务战略矩阵，是把价值创造（投资资本回报率-资本成本）和现金余缺（销售增长率-可持续增长率）联系起来，可以作为评价和制定战略的分析工具（见图3-4和表3-37）。

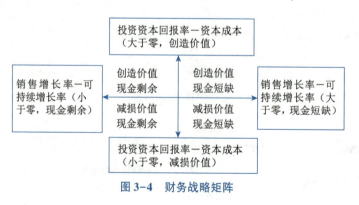

图 3-4　财务战略矩阵

表 3-37　财务战略矩阵(重点掌握)

四个象限	财务战略选择
增值型现金短缺 即:(投资资本回报率-资本成本)大于0 (销售增长率-可持续增长率)大于0	①如果高速增长是暂时的,则应通过借款来筹集所需资金。 ②如果高速增长是长期的,则资金问题有两种解决途径:一是提高可持续增长率(包括提高经营效率和改变财务政策),使之向销售增长率靠拢;二是增加权益资本(增发股份、兼并成熟企业),提供增长所需资金
增值型现金剩余 即:(投资资本回报率-资本成本)大于0 (销售增长率-可持续增长率)小于0	①首选的战略是利用剩余现金加速增长。途径包括:内部投资;收购相关业务。 ②如果加速增长之后仍有剩余现金,找不到进一步投资的机会,则应把多余的钱还给股东。途径包括:增加股利支付;回购股份
减损型现金剩余 即:(投资资本回报率-资本成本)小于0 (销售增长率-可持续增长率)小于0	①首选的战略是提高投资资本回报率,途径有:提高税后经营利润率;提高经营资产周转率。 ②在提高投资资本回报率的同时,如果负债比率不当,可以适度调整,以降低平均资本成本。 ③如果企业不能提高投资资本回报率或者降低资本成本,则应该将企业出售
减损型现金短缺 即:(投资资本回报率-资本成本)小于0 (销售增长率-可持续增长率)大于0	①如果是公司独有的问题,并且觉得有能力扭转价值减损的局面,则可以选择"彻底重组";否则,应该选择出售。 ②如果是整个行业的衰退引起的,则应该选择的财务战略是"尽快出售"以减少损失

【备考战略】要求考生一定要熟练掌握价值创造和增长率矩阵的内容,达到基本应用能力的程度。此处是每年的高频考点之一。

【例题 25·单选题】当某个业务单元的投资资本回报率小于资本成本并且可持续增长率小于销售增长率时,可以采用的战略是(　　)。

A. 提高财务杠杆

B. 分配剩余现金

C. 出售该业务单元

D. 降低资本成本

解析 当某个业务单元的投资资本回报率小于资本成本并且可持续增长率小于销售增长率时,属于减损型现金短缺。可供选择的战略包括两个:(1)彻底重组。这样做的风险是:如果重组失败,股东将蒙受更大损失。(2)出售。如果盈利能力低是整个行业的衰退引起的,企业无法对抗衰退市场的自然结局,应尽快出售以减少损失。即使是企业独有的问题,由于缺乏核心竞争力,无法扭转价值减损的局面,也需要选择出售。在一个衰退行业中挽救一个没有竞争力的业务,成功的概率不大,往往成为资金的陷阱。由此可知,应选择选项C。　　答案 ▶ C

【思路点拨】本题属于分析判断型题目。应对本题的关键是区分财务战略矩阵的四个象限及其应该采取的措施。投资资本回报率衡量的是企业收益,资本成本衡量的是企业成本,前者大是增值,前者小是减损;销售增长率衡量的是企业预期增长率,可持续增长率衡量的是企业在一定情况下可实现的最大增长率,前者大是超增长,现金短缺,前者小是低增长,现金剩余。

四、国际化经营战略

扫我解疑难

国际化经营战略是公司三个层次战略在国际市场上的具体应用。以下分别从四个方面展开:一是企业国际化经营动因;二是国际市场进入模式；三是国际化经营的战略类型；四是新兴市场的企业战略。

（一）企业国际化经营动因 ★

经济学家对企业国际化经营动因的理论和研究，是沿着两个思路：一是国际生产要素的组合；二是企业国际化经营所面临的市场特征（特别是寡头垄断市场特征）。

1. 国际生产要素的最优组合—基本应用能力（见表3-38）

表3-38　国际生产要素的最优组合（五种理论）

理论类型	相关内容
垄断优势理论	理论逻辑：市场不完全导致了对外直接投资，而跨国企业在不完全竞争下取得了各种垄断优势。 其中：市场不完全表现为四种类型： （1）产品和生产要素市场不完全； （2）由规模经济导致的市场不完全； （3）由政府干预引起的市场不完全； （4）由税赋与关税引起的市场不完全。 另外在不完全竞争下，跨国企业取得的三个垄断优势： （1）来自产品市场不完全的优势； （2）来自生产要素市场不完全的优势； （3）企业拥有的内部规模经济与外部规模经济
区位理论	理论逻辑：国际市场的不完全性会导致各国之间的市场差异，即在生产要素价格、市场规模、市场资源供给等方面存在差异。如果差异带来有利的条件，企业会发生对外直接投资。 其中：影响区位优势的主要因素：生产要素、市场定位、贸易壁垒、经营环境等
产品生命周期理论	理论逻辑：将垄断因素与区位因素结合的动态分析，认为企业的优势最终体现在产品上，随着产品生命周期阶段的变化，产品生产的地域从一个国家转移到另一个国家，以寻求最佳的区位优势，获得自己的竞争优势。 是从产品的研发与生产角度进行考察 『注意』这与之前的产品生命周期理论是完全不同的
内部化理论	理论逻辑：市场不完全并非是指规模经济、寡头垄断或关税壁垒，而是因为某些市场失效，导致市场交易成本增加。财产内部化过程给了跨国企业以特有的优势，就产生了对外直接投资。 其中：内部化理论建立的基本假设： （1）企业在市场不完全的情况下从事经营的目的是追求利润最大化； （2）当生产要素特别是中间产品市场不完全时，企业有可能统一管理经营活动，以内部市场代替外部市场； （3）内部化越过国界时就会产生国际企业
国际生产折中理论（国际生产综合理论）	理论逻辑：之前没有一种理论能单独解释清楚跨国公司的全部行为，需要综合一下。 所有权优势+内部化优势+区位优势=对外直接投资 另外，所有权优势+内部化优势=出口贸易 所有权优势=技术转移

【备考战略】要求考生要熟悉以上五种理论的要点，掌握各个理论彼此之间的区别，达到基本应用能力的程度。

2. 寡占市场（即寡头垄断市场）的反应

（1）海默论跨国企业的寡头垄断反应行为。

各国寡占企业通过在竞争对手的领土上建立地盘来加强自己在国际竞争中的地位。对外直接投资只是国内寡占竞争行为在国际范围内的延伸。

（2）尼克博克"寡占反应理论"。

对外直接投资分为"进攻性投资"与"防御性投资"。决定防御性投资行为的寡占反应，目的在于抵消竞争对手首先采取行动所得到的好处，避免对方的行动给自己带来风险，保持彼此之间的力量均衡。

3. 发展中国家企业国际化经营动因

传统的对外投资理论更适合解释发达国家的企业进行国际化经营的动因，发展中国家跨国公司对外投资决策的四大动机与三大竞争优势的总结，如表3-39所示。

表3-39　发展中国家跨国公司对外投资决策的四大动机与三大竞争优势

类别	具体说明
四大动机	（1）寻求市场。如"一带一路" （2）寻求效率。适用较先进的发展中国家 （3）寻求资源。比如中国和印度企业的对外投资 （4）寻求现成资产。如吉利并购沃尔沃 寻求市场、寻求效率、寻求资源为主要动机的投资都属于"资产利用战略"。 而寻求现成资产型的投资是一种"资产扩展战略"
三大竞争优势	（1）具有更大的创造就业机会的潜力。可能比较倾向于劳动力密集型产业。 （2）技术和经营模式比较接近于发展中东道国公司所用的技术和模式，有益联系和技术吸收的可能性较大。 （3）在进入模式上往往采取新建投资的方式

【备考战略】要求考生要熟悉以上四大动机与三大竞争优势的要点，在理解基础之上记忆，达到基本应用能力的程度。

【实务案例】吉利控股90亿美元收购戴姆勒，国际化战略再下一棋：

并购方：吉利控股集团

被并购方：戴姆勒公司9.69%股权

并购金额：90亿美元

行业：汽车制造

事件回顾：2018年2月24日，吉利控股集团以90亿美元入股戴姆勒，并持有9.69%的股权。吉利控股集团成为戴姆勒最大长期股东。此前一年吉利凭借汽车销量成为中国销量最高的自主乘用车品牌。

2018年，也是吉利牵手沃尔沃后度过七年之痒的第一年。有网友戏称，今后无论你买沃尔沃，还是买奔驰，不就图个吉利吗？到目前为止，吉利已经全资收购了沃尔沃汽车、收购沃尔沃集团8.2%股份成为第一大股东、收购宝腾与路特斯、收购Terrafugia飞行汽车公司、收购戴姆勒9.69%股份成为第一大股东，从高/中/低市场、跑车市场、科技公司上都有所布局，进行了汽车研发/生产技术的升级。如果此次收购能够彻底打开与戴姆勒深层次合作的大门，这对吉利成长为一家成功的全球性汽车企业，将是十分关键的一步。

（资料来源：富途牛牛网站，2018年度十大并购）

【例题26·单选题】甲公司生产一种特效驱蚊虫的日用品，经过几年的发展，已经成为国内市场占有率最大的企业。在企业发展的过程中，发现国内市场已经饱和，其规模已经很难满足企业进一步的发展，该企业领导人将眼光投向了近邻东南亚国家，发现在这些东南亚国家市场上尚无与本企业类似的产品，而消费者对这种产品有较高的需求，随即决定进军东南亚国家。根据以上信息可以判断，甲公司此次国际化经营的动因是（　　）。

A. 寻求资源　　　　B. 寻求市场

C. 寻求效率　　　　D. 寻求现成资产

解析　本题考核企业国际化经营的动因。甲公司通过进军东南亚市场扩大自己的产品市场，所以公司的国际化经营的动因是寻求市场。　　**答案**　B

【思路点拨】本题属于案例分析型题目。

寻求效率是寻求东道国的低廉劳动力，寻求资源主要是寻求自然资源或其他资源，寻求现成资产是寻求发达国家的技术、管理等，寻求市场是通过对外直接投资，走出国门，从而进入东道国的市场，寻求市场的扩张。

（二）国际市场进入模式—基本应用能力 ★

企业进入国外市场的模式一般有出口、股权投资、非股权安排等。

（1）出口。（见表3-40）

表 3-40　出口

类别	相关说明
目标市场选择	①目标市场的区域路径。两种方式： 第一种是传统方式。 a. 高新技术产品在发达国家出口的国别路径：首选发达国家，再到发展中国家； b. 发展中国家出口的国别路径：首选发展中国家，再逐步走向发达国家。 c. 发展中国家的农产品、矿产品等初级产品和劳动密集型低端产品：主要流向是发达国家。 第二种是新型方式。 高新技术产品出口的国别路径：首选发达国家（特别是美国），再走向发展中国家。 ②选择目标客户。 a. 目标客户选择的基础：市场细分。 b. 各国的细分市场存在差别：比如韩国与中国 c. 消费品细分市场的影响因素：人口、收入等 d. 工业机械和原材料细分市场影响因素：工资、科技水平、工业产品的结构等。 一般情况下，高科技、自动化及非专用机器—目标客户是北欧、日本和加拿大 标准化、大批量生产的机器—目标客户是新兴的工业化国家 老式的标准化机器—目标客户是发展中国家
选择进入战略	Q：应该在全球推广标准化的产品，还是针对不同国家的不同需求修改产品和营销组合？ A：每个国家的企业做法不同。一家公司也可能对同一产品同时采取两种策略，它可能在一些国家销售标准产品，而在另一些国家销售改型产品。同样，一家公司可以对一些产品实行标准产品策略，而对另一些产品实施改造型策略。（根据情况自行判断决策，没有标准答案）
选择分销渠道与出口营销	国际分销渠道的四个特征： ①更复杂，涉及更多的中间环节。 国内：生产者-批发商-零售商； 国际：生产者-出口代理商-进口代理商-大型批发商-小型批发商-零售商。 ②成本高。 ③有时通过与国内市场不同的分销渠道。营销技巧更重要。 ④公司提供海外市场信息。 另外，出口商的贸易中介的归类： ①商品的所有权：有或无 ②对销售渠道的控制：直接或间接 分销渠道与出口营销决策需要在四种组合中选择
出口市场上的定价	针对海外市场一般有四种定价策略： ①定价偏高，以期获得大于国内市场的收益； ②制定使海外市场与国内市场收益水平接近的价格； ③在短期内定价较低，即使收益偏低甚至亏损也在所不惜； ④只要在抵消变动成本之后还能增加利润，就按能把超过国内市场需求量的产品销售出去的价格定价

（2）对外股权投资。

对外股权投资是一种控制程度更强、参与程度更大的进入方式。具体包括两种类型，如表 3-41 所示。

表 3-41　对外股权投资的两种类型

种类	相关描述		
对外证券投资	考虑以下三个因素： ①可能成为直接投资的前奏； ②可以作为企业长期计划的一部分； ③也是扩大企业在其他国家利益的一种方法		两个缺点： ①不能管理企业所持有的资产； ②很难充分发挥该公司的技术或产品优势
对外直接投资	全资子公司	两个优点： ①管理者可以完全控制子公司在目标市场上的日常经营活动； ②可以摆脱合资经营在利益、目标等方面的冲突问题	三个缺点： ①可能耗费大量资金； ②需要占用公司的大量资源，面临的风险可能会很高； ③没有东道国企业的合作与参与，规避政治风险的能力小
	合资经营	创建四大动因： ①加强现有业务； ②将现有产品打入国外市场； ③将国外产品引入国内市场； ④一种新业务经营	两个缺点： ①合资各方目标的差异； ②合资各方的文化差异

（3）非股权形式。

非股权形式包括合约制造、服务外包、订单农业、特许经营、许可经营、管理合约及其他类型的合约关系，跨国公司通过这些关系协调其在全球价值链的活动并影响东道国公司的管理，而并不拥有其股份。

非股权形式可看作是对外直接投资与贸易两种方式的中间选择。

【例题 27·多选题】甲公司是国内一家服装生产企业，在国内市场的销量和增长率都较高，因此想进入国外市场，甲公司可以采取的主要模式有（　　）。

A. 出口　　　　　B. 对外直接投资
C. 与国外企业合资　D. 非股权投资

解析 ▶ 企业进入国外市场的模式一般有出口、股权投资、非股权安排等几种，其中股权投资包括对外证券投资和对外直接投资两种，而对外直接投资方式可以分为全资子公司与合资两种形式。　答案 ▶ ABCD

【思路点拨】本题属于伪案例型题目。应对此类题目主要还是掌握基本理论，不被资料信息所迷惑，看清问题，直接作答即可。

（三）国际化经营的战略类型—基本应用能力 ★★

以"全球协作程度"和企业的"本土独立性和适应能力"所构成的两维坐标，可以把企业国际化经营战略分为以下四种类型（见图 3-5 及表 3-42）。

图 3-5　国际化经营战略矩阵

表 3-42　国际化经营的战略类型（重点）

国际化经营战略	概念	特征
国际战略	企业将其具有价值的产品与技能转移到国外的市场，以创造价值	多把产品开发的职能留在母国，而在东道国建立制造和营销职能；适应性较差，加大经营成本
多国本土化战略	根据不同国家的不同市场，提供更能满足当地市场需要的产品和服务	满足各地个性化需求，适应性强；成本结构较高，无法获得经验曲线效益和区位效益
全球化战略	向全球推销标准化的产品和服务，并在较有利的国家集中地进行生产经营活动，形成经验曲线和规模经济效益，以获得高额利润	目的是实施成本领先战略，通过提供标准化产品来促使不同国家的习俗和偏好趋同
跨国战略	是要在全球激烈竞争的情况下，形成以经验为基础的成本效益和区位效益，转移企业内的特殊竞争力，同时注意当地市场的需要	运用经验曲线效应，形成区位效益，能够满足当地市场的需求，达到全球学习的效果

【备考战略】要求考生首先要掌握国际化经营战略矩阵中的四种类型，并能够结合教材中每个类型对应的案例，全面熟悉掌握每种类型的特征。

（四）新兴市场的企业战略——基本应用能力 ★

新兴市场是指一些市场发展潜力巨大的发展中国家，处在新兴市场的企业应该如何应对经济全球化呢？以下让我们首先学习一下新兴市场的企业如何按照产业特性配置资源，在此基础上，再学习本土企业有哪四种战略选择。

在争夺新兴市场大战中，跨国公司并非占尽优势，本土企业要关注两个问题：

第一，所处的产业面临的全球化压力有多大？这需要本土企业了解跨国竞争对手的优势和劣势，明确自身在产业中合适的定位。图 3-6 是一个示例。

第二，评估自身的优势资源如何？这些资源包括本土的销售网络；与政府官员的长期紧密交往；有符合当地偏好的特色产品；廉价原材料；细分市场的服务经验等。这些优势资源是本土企业捍卫本国市场及能够向外扩张的资本与后盾。

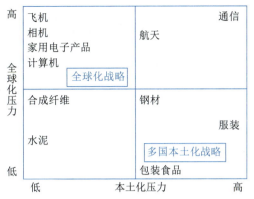

图 3-6　全球化对企业的影响

下面我们来重点讲解在全球化竞争中，新兴市场中本土企业的战略选择，如图 3-7、表 3-43所示。

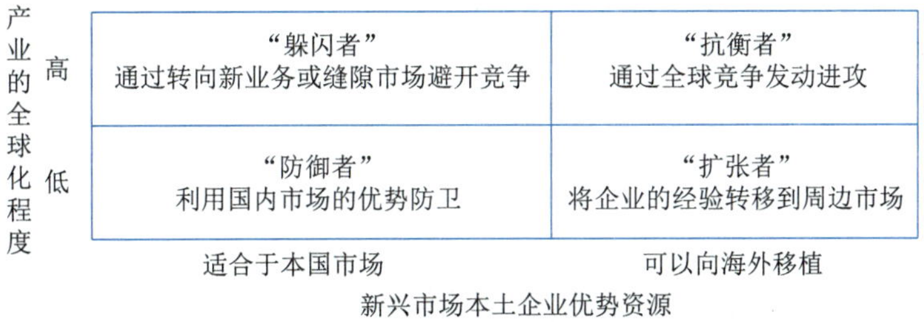

		适合于本国市场	可以向海外移植
产业的全球化程度	高	"躲闪者" 通过转向新业务或缝隙市场避开竞争	"抗衡者" 通过全球竞争发动进攻
	低	"防御者" 利用国内市场的优势防卫	"扩张者" 将企业的经验转移到周边市场
		适合于本国市场	可以向海外移植

新兴市场本土企业优势资源

图 3-7　本土企业的战略选择

表 3-43　新兴市场的四种战略类型

类型	说明
"防御者"的战略： 利用本土优势进行防御 （六神花露水）	①集中于喜欢本国产品的客户，不考虑崇尚国际品牌的客户。 ②频繁调整产品和服务，以适应客户特别甚至是独一无二的需求。 ③加强分销网络的建设和管理，缓解国外竞争对手的竞争压力。 面对跨国竞争对手挑战时，应注意： ①不要试图赢得所有顾客。 ②不要一味模仿跨国竞争对手的战略
"扩张者"战略： 向海外延伸本土优势 （老干妈辣酱）	①不局限于保住现有市场，通过可移植的优势资源，向其他市场扩张。 ②慎重并有选择地将海外扩张战略用于企业的核心资源，可增加收入，促进规模经济，获得经验。 ③注意寻找在消费者偏好、地缘关系、分销渠道或政府管制方面与本国市场类似的市场。 ④可面向"移居国外的本国人"
"躲闪者"战略： 避开跨国公司的冲击 （斯柯达卖给 大众汽车）	不能仅指望公司的本土资源，要重新考虑自身的商业模式，可能的选择包括： ①与跨国公司建立合资、合作企业。 ②将企业出售给跨国公司。 ③重新定义自己的核心业务，避开直接竞争。 ④根据自身的本土优势专注于细分市场。 ⑤生产与跨国公司产品互补的产品或专为本国人口味生产产品。 这可能是最难的一种战略，应在被淘汰出局前完成调整

类型	说明
"抗衡者"战略: 在全球范围内对抗 (吉利汽车)	①不要拘泥于成本上的竞争,应在生产力、产品质量和服务水平上不断追赶。 ②找到一个定位明确又易于防守的市场,如加入一个发达国家跨国公司主导的战略联盟。 ③在一个全球化的产业中找到一个合适的突破口。(重组、业务剥离、外包) ④学习从发达国家获取资源,以克服自身技能不足和资本匮乏

【备考战略】 新兴市场的四种战略类型既是难点也是重点。首先要理解四种类型的涵义,结合教材中的案例来理解是一个很不错的选择。其次,考生要达到根据给定企业案例资料,准确判断应该归属于哪一种战略类型,并能够掌握四种战略类型的特征。

真题精练

【总体战略的类型】

1. (2019年·多选题)京川餐饮公司近期实行了新的经营方式,顾客既可以按照公司提供的菜谱点餐,也可以自带菜谱和食材请公司的厨师加工烹饪,还可以在支付一定学习费用后在厨师指导下自己操作,从而在享受美食的同时提高厨艺。这些新的经营方式使该公司的顾客数量和营业收入均增长20%以上。从密集型战略角度看,京川餐饮公司的上述做法属于( )。

A. 市场开发战略

B. 市场渗透战略

C. 产品开发战略

D. 一体化战略

2. (2019年·多选题)近年来大数据和云计算的快速发展,使主营传统数据库业务的甲公司受到极大冲击,经营业绩大幅下滑。2019年初,甲公司裁员1800人,并重组开发团队和相关资源,大力开拓和发展云计算业务,以改善公司的经营状况。甲公司采用的总体战略类型有( )。

A. 转向战略

B. 稳定战略

C. 市场开发战略

D. 紧缩与集中战略

3. (2018年·单选题)长森公司是一家从事智能化产品研发和生产的高科技公司,最初的产品是智能手机。近两年来,公司业务范围扩展到智能家电和智能机器人制造等领域,长森公司的发展战略类型属于( )。

A. 同心多元化   B. 离心多元化

C. 市场渗透   D. 产品开发

4. (2018年·多选题)甲公司是一家特种钢材生产企业,其产品主要用于大型采矿机械、采油设备的生产。为了增强对钢铁市场需求变化的敏感性,甲公司决定把前向一体化作为发展战略。下列各项中,符合该公司发展战略的有( )。

A. 参股海城矿山机械公司

B. 与东港石油公司签订集研发、生产、销售为一体的合作协议

C. 投资建立铁矿资源开发和生产企业

D. 与南岗煤炭集团建立战略联盟

5. (2018年·简答题)原本是地方特产的辣椒调味品"乡中情"辣酱,如今成了全国世界众多消费者佐餐和烹饪的佳品。乡中情公司在国内65个大中城市建立了省级、市级代理机构。2001年,乡中情公司产品已出口欧洲、北美、澳洲、亚洲、非洲多个国家和地区,一个曾经的"街边摊",发展成一个上缴利税上亿元的国家级重点龙头企业。

"乡中情"辣酱热销多年,无一家其他同类产品能与其抗衡,关键原因就在于其高度稳定的产品品质和低廉的价格。

"乡中情"辣酱恰到好处的平衡了辣、香、咸口味，让大多数消费者所接受，"乡中情"辣酱制作从不偷工减料，用科、配料和工艺流程严谨规范，保持产品风味，迎合消费者口味，乡中情公司对辣椒原料供应户要求十分严格，提供的辣椒全部要剪蒂，保证分装没有杂质。只要辣椒供应户出现一次质量差错，乡中情公司就坚决终止合作关系。为了确保原料品质与低成本的充足供应，乡中情公司在Z地区建立了无公害辣椒基地和绿色产品原料基地，搭建了一条"企业+基地+农户"的农业产业链，90%以上的原料来源于这一基地。

中低端消费人群是"乡中情"辣酱的目标客户，与此相应的就是低价策略。"乡中情"产品相继开发的十几种品类中，主打产品风味豆豉和鸡油辣椒，210克规格的锁定在8元左右，280g规格的占据9元左右价位。其他几种品类产品根据规格不同，大多也集中在7-10元的主流消费区间。"乡中情"产品价格一直非常稳定，涨幅微乎其微。

多年来，"乡中情"产品从未更换包装和瓶贴，乡中情公司的理念是，包装便宜，就意味着消费者花钱买到的实惠更多，而节省下来的都是真材实料的辣酱。事实上，"乡中情"产品土气的包装和瓶贴，已固化为深入消费者内心的品牌符号。

乡中情公司不做广告，不搞营销活动。公司产品推广有两条绝招：一是靠过硬的产品，让消费者口口相传；二是靠广泛深入的铺货形成高度的品牌曝光，直接促成及时的现实销售。

乡中情公司的经销商策略极为强势：（1）先打款后发货，现货现款；（2）以火车皮为单位，量小不发货；（3）没有优惠政策支持，而且利润很低，一瓶甚至只有几毛钱。（4）大区域布局，一年一次经销商会。乡中情公司如此强势的底气来自产品，将产品做成了硬通货，经销商只要能拿到货，就不愁卖不出，流通速度快，风险小，是利润的可靠保障。

多年来，乡中情公司专注辣椒调味品制品，着力打造"乡中情"品牌，坚持不上市，不贷款，不冒进，不投资控股其他企业，规避了民营企业创业后急于扩张，可能面对的各种风险，走出了一条传统产业中家族企业稳健发展的独特之路。

要求：

(1)简要分析乡中情公司发展战略的类型及其适用条件。

(2)简要分析乡中情公司的营销组合策略。

6. (2017年·单选题)为了克服对客户需求的变化缺乏敏感性、公司结构性产能过剩问题，神大钢铁公司近年来收购了远航造船厂，参股国兴造船厂，与天州钢帘线制造厂签订合作协议。神大钢铁公司的发展战略是(   )。

A. 前向一体化战略

B. 后向一体化战略

C. 多元化战略

D. 密集型战略

7. (2017年·单选题)甲公司是一家知名淮扬菜餐厅，在全国有100多家门店，为了在行业中始终保持领先，公司内设立研究所，紧跟市场需求变化，定期开发特色菜上市，赢得消费者好评。甲公司采取的发展战略类型是(   )。

A. 多元化战略　　B. 市场开发战略

C. 市场渗透战略　　D. 产品开发战略

8. (2017年·单选题)竹岭公司是我国知名的白酒生产企业，随着我国公务消费改革的日益推进，白酒市场需求发生了重大变化，该公司积极应对这一变化，对旗下白酒品牌重新进行了定位，并按照"系列酒薄利多销"的策略，快速实现了从满足公务消费到大众消费需求的转型。该公司采取的总体战略类型是(   )。

A. 多元化　　B. 产品开发

C. 放弃　　D. 转向

9. (2017年·单选题)甲公司是一家玩具生产企业，1998年以来，该公司依靠其成本优势将产品成功打入了东南亚、欧洲和北美市场。去年，为了进入F国市场，甲公司在该国第二大城市经济开发区建设成立了一家工厂，并顺利将其产品销往F国各地。甲公司采取的战略类型是（　　）。

A. 市场开发　　　　B. 产品开发

C. 市场渗透　　　　D. 相关多元化

10. (2017年·单选题)神大钢铁公司为确保公司铁砂资源与煤炭的稳定供应，成功收购了甲铁矿石企业，同时与龙潭煤炭公司签订了长期购销协议，神大公司的发展战略是（　　）。

A. 前向一体化战略

B. 后向一体化战略

C. 密集型战略

D. 多元化战略

11. (2017年·简答题)南天集团是一家川味特色餐饮集团，成立于2001年，通过不断创新菜品和高端餐饮的定位，在国内餐饮市场上赢得了一席之地。2012年以来，受宏观经济的影响，国内餐饮行业整体增长趋势明显放缓，行业收入增速同比下降。特别是2012年年底政府出台各种限制"三公"消费的政策，这些政策引起了社会公众的强烈反响，个人消费攀比之风得到遏制，大众的消费需求更加理性。高端餐饮行业受到猛烈冲击，市场需求萎缩。此外，房地产市场的火爆推升了房租价格，也加大了餐饮行业的经营成本。

面对前所未有的困局，南天集团决定向"大众餐饮"转型，主推中低档大众菜品。近年来国内移动互联网行业呈现井喷式发展，催生出了新的商业模式和消费习惯，南天集团开始通过微信、微博和网络外卖等互联网工具扩大销售，并通过大数据来发现客户的就餐习惯和餐饮偏好，提升服务质量。与此同时，南天集团认为环保行业将是产业政策的下一个风口，前景看好。2015年南天集团通过收购洁丽公司大举进入环保行业。由于环保行业竞争日趋激烈，短期内盈利前景不明朗，南天集团用于环保业务的资本支出不断加大。同时两家公司的文化存在差异，内耗不断。洁丽公司的经营一直处于亏损状态，导致了后来南天集团现金流断裂，不仅使集团在新业务上进退两难，还拖累了刚走出低谷的餐饮业务。

要求：

(1)运用PEST分析方法，简要分析2012年以来南天集团面临的机会与威胁。（注：第2章知识点）

(2)简要分析南天集团多元化经营面临的风险。

12. (2016年·单选题)福海公司是国内一家著名的肉类加工企业。为了保持业绩持续增长，福海公司近年来陆续收购了几家规模较大的养殖场、肉类连锁超市。福海公司采取的发展战略属于（　　）。

A. 多元化战略　　　B. 差异化战略

C. 一体化战略　　　D. 产品开发战略

13. (2016年·多选题)甲公司是吉祥集团控股的一家钢铁厂。几年来由于扩张过快和市场竞争激烈等原因，甲公司陷入不能偿还到期债务的危机，由于钢铁厂的高炉等设备难以转产，所以吉祥集团拟通过甲公司破产的方式退出钢铁行业，并用买断方式终止与甲公司员工的劳动合同，但引起职工抵触。后来在当地政府的协调下，甲公司被外资企业收购。在上述案例中，吉祥集团面临的退出障碍有（　　）。

A. 退出成本

B. 政府与社会约束

C. 固定资产专用性程度

D. 感情障碍

14. (2016年·多选题)下列选项中，属于企业采用市场渗透战略的有( )。

A. 某酒店收购一家旅游公司，进入新的业务市场

B. 甲银行与乙航空公司发行联名卡，刷该银行信用卡客户可累积航空里程积分

C. 甲公司通过与国外经销商合作的方式将生产出来的智能手机销往拉美国家

D. 某超市为了提高牙膏的销售，采用美化包装、买赠的促销方式

15. (2016年·多选题)后向一体化战略的适用条件包括( )。

A. 企业增长潜力大

B. 销售成本高或可靠性差

C. 供应商少而需求方竞争者多

D. 企业价格稳定，对企业非常重要

16. (2015年·单选题)某旅行社与航空公司，出租汽车公司合作，采用代购机票，免费机场接送的营销方法吸引更多的客户。该旅行社采用的战略是( )。

A. 市场开发战略

B. 产品开发战略

C. 相关多元化战略

D. 市场渗透战略

17. (2015年·多选题)下列各项中，属于后向一体化战略主要适用条件的有( )。

A. 公司的销售商利润率较高

B. 企业现有供应商可靠性差

C. 企业现有销售商可靠性差

D. 控制原材料成本对企业非常重要

[发展战略的主要途径]

1. (2019年·单选题)为了拓展国际业务，国内玩具制造商甲公司收购了H国玩具制造商乙公司，并很快打开H国玩具市场。其后不久，甲公司发现乙公司在被收购前卷入的一场知识产权纠纷，将导致甲公司面临严重的经营风险。甲公司在并购中失败的原因是( )。

A. 决策不当

B. 支付过高的并购费用

C. 并购后不能很好地进行企业整合

D. 跨国并购所面临的政治风险

2. (2019年·单选题)国内著名商业零售企业东海公司与主营大数据业务的高胜公司签订战略合作协议，商定由东海公司免费向高胜公司开放相关数据收集平台，高胜公司则无偿为东海公司提供数据分析及应用方案。下列各项中，属于上述两个公司结成的战略联盟的特点是( )。

A. 企业对联盟的控制力较强

B. 更具有战略联盟的本质特征

C. 有利于企业长久合作

D. 有利于扩大企业资金实力

3. (2019年·多选题)经过多次磋商签订协议后，汽车制造商甲公司凭借自有资金2亿元和发行债券融资5亿元，实现了对汽车零部件商乙公司的收购。从并购的类型来看，上述收购属于( )。

A. 杠杆收购　　　B. 前向收购

C. 友善收购　　　D. 金融资本收购

4. (2019年·多选题)国内零售企业海川公司与主营大数据业务的出云公司签订战略合作协议，商定由海川公司向出云公司开放相关数据收集平台，出云公司无偿为海川公司提供数据分析及应用方案。下列各项中，属于上述两个公司所采用的战略联盟特点的有( )。

A. 有利于扩大企业的资金实力

B. 具有较好的灵活性

C. 有利于企业长久合作

D. 更具有战略联盟的本质特征

5. (2019年·简答题)2004年1月，以B2C为主要经营模式的综合性网络零售商喜旺公司注册成立。此时在电商领域，无论是用户规模或是平台数量，早期进入者云里公司已占尽先机。为了突破云里公司一家独大的状况，喜旺公司采取一系列战略举措，实现对产业链上下游的整合和控制，打造自身的竞争优势。

(1)自建物流体系，喜旺公司早期与大多数电商一样，采用第三方物流配送商品。

随着商品年销售量的不断增加，第三方物流配送能力不足、每天数千单货物积压问题日益显著，严重影响服务质量和客户满意度。喜旺公司决定自建物流体系，并于2007年投资2000万元建立东速快递公司，专门为喜旺商城提供物流服务，服务范围覆盖200多座城市，东速快递公司的成立，大大提高了喜旺商城全国配送商品的速度，为喜旺商城的用户带来良好的体验。此后，喜旺公司不断完善物流配送体系，将大量资金用于物流队伍、运输车队、仓储体系建设。到2011年，喜旺公司在全国各地建立7个一级物流中心和20多个二级物流中心，以及118个大型仓库。

(2)进一步整合物流配送资源和能力，2014年3月，喜旺公司并购迅风物流，喜旺公司与国有邮政公司达成战略合作；2016年5月，喜旺公司并购"快快"，实现"两小时极速达"的个性化增值服务。喜旺公司这一系列举措，使得其下游配送的效率取得质的飞跃。

(3)运用多种方式整合与完善商品采购与供给端。为了确保上游供给商品的质量与可靠性。2014年4月，喜旺公司与国内最大海洋牧场微岛公司达成合作协议；2014年6月，喜旺公司投资智能体重体脂称P产品；2015年5月，喜旺公司投资7000美元建立生鲜电商果园；2015年8月，喜旺公司与国信医药公司合作，使用户在喜旺平台可购买处方药品；2015年8月，喜旺公司出资43亿元战略入股永芒超市，取得10%股权。永芒超市是国内超市中最好的生鲜品供应商，拥有业内最低的生鲜品采购成本。永芒超市的门店超过350家，但还不能覆盖全国。线上线下两大零售巨头原本是竞争对手，达成合作后，在永芒超市门店尚未覆盖的区域，喜旺公司可以与永芒超市共同提供O2O服务（即online线上网店和offline线下消费），因此双方还有较大的潜在合作空间。

要求：

（1）简要分析喜旺公司所实施的发展战略类型及其实施该战略的动因（或优势）。

（2）简要分析喜旺公司实施发展战略所采用的途径。

6.（2019年·简答题）日升公司于1995年成立，1996年在国内设立生产基地，建设了五个制造厂房。日升公司最初主要从事OEM代工业务，为M国的客户FC公司贴牌生产家具配套及小巧家具组件。之后，公司业务扩展至餐厅及卧房家具，成为国内首家生产卧房家具的企业。1998年，日升公司单月出货量从100个货柜大幅提升至300个货柜，制造能力远远超过昔日家具业的龙头老大。

1999年以前，日升公司的家具几乎全部外销，只做OEM代工业务而没有自己的品牌。公司在低附加值的经营中认识到打造自身品牌的重要性。1999年3月，日升公司在M国组建公司并创立公司品牌"LC"，主要从事中低端家具的生产和销售。然而，日升公司在M国自创品牌的成效并不显著。于是，公司先后实施四次跨国并购，获取了欧美知名企业的品牌、渠道、研发设计及制造能力等战略性资产，实现了从OEM向原始设计制造商OBM的升级。2001年，日升公司斥资完成对原委托方FC公司的收购，直接进入M国中高档家具市场。2005年日升公司成功上市。上市后，公司市值从2004年的1.37亿美元跃升至2005年的3.69亿美元，增长2.69倍。

在强大的资金和产能支持下，日升公司于2006年至2003年又先后收购国际二大品牌家具制造商。四次跨国收购使日升公司的产品组合由单一的中低端木制家具拓展为包含中低端、高端、顶级木制家具，以及沙发、酒店家具的组合；销售市场由M国扩展到欧洲。2000年和2008年，在国内设立研发中心的基础上，日升公司又分别在 M 国和欧洲设立了研发中心。

2007 年以来，全球经济环境发生了很大变化。出于对国内市场潜力的判断，日升公司适时调整经营策略，决定在巩固海外市场的同时，进军国内市场。多年的国际化经历使日升公司在生产、设计、销售方面储备、积累了大量人才和经验。2008 年日升公司在国内展会上全面亮相，展出专门针对国内市场开发的三大品牌——"日升家居""日升家园""日升屋"。2009 年 9 月在国内建成了日升国际风尚馆。

日升公司在原有多个知名品牌的基础上，运用特许经营品牌、针对细分客户设立新品牌等策略，进一步巩固日升公司的 OBM 业务。2010 年，开展酒店家具业务，并在 J 国和 N 国设立生产基地。2009 年、2012 年，先后推出特许品牌"PDH"和"PDK"；2011 年，推出青年家具品牌"SM"；2012 年，M 国日升推出特许品牌"MH"2013 年，推出特许品牌"WB"；2014 年，推出婴儿家具品牌"SB"。日升公司的 OBM 业务约占总业务的 90%。

目前，日升公司在国内 18 个城市 23 家门店销售产品。国际市场仍然是日升公司的主要市场。

要求：

简要分析日升公司"从 OEM 向 OBM 升级"所采用的发展途径。

7.（2018 年·多选题）甲客运公司与乙旅行社 2010 年开启深度战略合作，联合推出"车票+地接"打包旅游产品。其中，甲客运公司提供用于打包产品的"低价票"，乙旅行社则提供比以往更加丰富、优质的旅游目的地和地接服务。该产品的推出明显提升了合作双方的竞争力。本案例中，甲客运公司与乙旅行社进行战略合作的动因有（　　）。

A. 保持统一的管理风格和企业文化

B. 防范信任危机

C. 实现资源互补

D. 开拓新的市场

8.（2018 年·简答题）2003 年，"电池大王"环亚公司收购了一家汽车制造公司，成立了环亚汽车公司。环亚汽车公司将其电池生产技术优势与汽车制造技术相结合，迅速成为国内新能源汽车领域的龙头企业。新能源汽车生产的关键在于掌握三大核心零部件电机、电控与电池的生产制造技术以及具有完备的整车组装能力。环亚汽车公司下大力气增强企业这些关键性活动的竞争优势。

环亚汽车公司在包括电机、电控与电池生产领域投入的研发费用占销售收入比重达 4.13%，远高于国内同类汽车生产企业的研发投入占比，与国际知名汽车品牌企业相当。环亚汽车公司自主研发的磷酸铁锂电池（锂电池的一种）及管理系统安全性能好、使用寿命长；环亚汽车公司的锂电池专利数量名列国内第一。环亚汽车公司自主研发的永磁同步电机功率大、扭矩大，足够满足双模电动汽车（拥有燃油驱动与电能驱动两种动力系统，驱动力可以由电动机单独供给，也可以由发动机与电动机耦合供给，与混合动力汽车并无差别）与纯电动车的动力需求。环亚汽车公司自主研发的动力系统匹配技术能够保证动力电池、驱动电机及整车系统的匹配，保证整车运行效率。此外，2008 年环亚汽车公司以近 2 亿元的价格收购了半导体制造企业中达公司，此次收购使环亚汽车公司拥有了电动汽车驱动电机的研发能力和生产能力。2011 年环亚汽车公司与国际知名老牌汽车制造企业 D 公司成立合资企业，借助 D 公司掌握的汽车结构以及安全领域的专有技术，增强公司在汽车整车组装方面的研发能力和生产能力。

为了进一步扩大新能源汽车生产制造规模，环亚汽车公司又将在新能源轿车制造的优势延展至新能源客车制造。2009 年环亚汽车公司以 6000 万元的价格收购国内美泽客车公司，获得客车生产许可证；2014年环亚汽车公司又与国内广贸汽车集团分别按51%和49%的持股比例合资设立新能源客车公司，注册资本3亿元人民币。

近年来，环亚汽车公司开启了向产业上下游延展的战略新举措。2015年环、亚汽车公司收购专门从事盐湖资源综合利用产品的开发、加工与销售的东州公司，这一收购整合了环亚汽车公司汽车零部件的生产。2016年环亚汽车公司以49%的持股比例，与青山盐湖工业公司及深域投资公司共同建立合资企业，注册资本5亿元人民币。此次合作实现了环亚汽车公司的动力锂电池优势与盐湖锂资源优势相结合。2015年环亚汽车公司与广安银行分别以80%和20%的持股比例合资成立环亚汽车金融公司，注册资本5亿元人民币。这是环亚汽车公司向汽车服务市场延伸的一个重大事件。

到目前为止，环亚汽车公司是全球少有的同时掌握新能源电池、电机、电控及充电配套、整车制造等核心技术以及拥有成熟市场推广经验的企业之一。环亚新能源汽车的足迹已遍布全球六大洲50个国家和地区。

要求：

简要分析环亚汽车公司实施发展战略所采用的主要途径。

9. (2016年·多选题)甲公司是一家提供社交媒体服务的互联网公司，乙公司是一家著名的电子商务公司。2015年，甲公司和乙公司签署交换彼此30%股份达成战略合作协议。根据协议，双方将在网络支付服务方面进行合作，同时，甲公司向乙公司提供社交媒体客户端的一级入口位置及其他主要平台的支持。甲公司和乙公司结成的战略联盟的特点有( )。

A. 投资转置成本较高

B. 联盟内成员之间的沟通不充分

C. 双方具有较好的信任感和责任感

D. 企业对联盟的控制能力差

10. (2015年·单选题)与契约式战略联盟相比，股权式战略联盟( )。

A. 更具有战略联盟的本质特征

B. 更强调相关企业的协调与默契

C. 初始投入较大，转置成本较高

D. 在经营的灵活性、自主权等方面具有更大的优越性

11. (2015年·单选题)与股权式战略联盟相比，契约式战略联盟( )。

A. 更具有战略联盟的本质特征

B. 更具有合作的稳定性和长期性

C. 更有利于扩大企业的资金实力

D. 企业对联盟的控制力更强

【基本竞争战略】

1. (2019年·单选题)从事苹果种植与销售的秋实公司率先采取了一种新的经营方式，在种植区内增设了园林景观、运动场、游戏场等，到秋收季节，顾客可前来付费进行休闲娱乐等活动，同时能以市场最低的价格采摘和购买苹果。顾客采摘和购买的苹果达到一定数量，可免费参加休闲娱乐活动。这一经营方式受到市场的热捧。秋实公司采用的上述战略属于( )。

A. 成本领先战略

B. 差异化战略

C. 集中化战略

D. 混合战略

2. (2019年·简答题)1992年，以家电研发、生产和销售为主业的信达公司确立了"技术立企"的发展战略。公司董事长程静强调："那些只引进不研发、落伍了再引进的企业，没有追求，必死无疑"。信达公司拒绝参与彩电行业价格战，每年将销售收入的5%投入研发。公司实行奖金与开发成果挂钩的制度，将技术开发人员工资涨到一线工人的3倍。几十年来，在信达公司彩电业务的发展过程中，经历了四个关键的转折点。

(1)2005年研发成功"中国芯"，中国首块

拥有自主知识产权并产业化的数字视频处理芯片在信达公司诞生，彻底打破了国外芯片的垄断地位。2013年国内首款网络多媒体电视SOC主芯片研制成功并实现量产。2015年发布VP画质引擎芯片，使信达公司正式比肩国际行业巨头，成为中国拥有自主高端画质芯片的企业。

（2）建成中国电视行业第一条液晶模组线，彻底扭转中国液晶模组几乎全部依赖外国企业的状况，率先完成平板电视上有产业链的突破。

（3）UL电视与激光电视并行。其中，"UL显示技术"是信达公司十年来对电视行业上游垄断发起的第3次突围战。凭借历时7年研发的激光电视提前锁定主动权，在全球大屏幕电视市场赢得了一席之地。

（4）转型布局智能电视。2017年，信达公司推出的V5智能系统由简单的单项人机交互向更简洁的触控交互、智能交互发展，主动感知用户需求，实现智能化推荐。

信达公司以强大的研发实力为后盾，以优秀的销售团队为支撑，产品销售额与营销收入实现稳步增长。根据有关部门提供的信息，2018年，信达公司电视机的营业收入位居全球品牌第三位，国内品牌第一位。

要求：

（1）简要分析信达公司所实施的竞争战略类型，并从资源和能力角度分析信达公司实行这一竞争战略的条件。

（2）简要分析信达公司的研发定位。

3. （2018年·单选题）绿屋咖啡店率先采取了一项新的经营方式：顾客点单付费后，亲自操作咖啡机自取咖啡。此举节省了店员的操作和相关费用，相应地把咖啡价格降低到行业最低水平，同时使顾客产生宾至如归的亲切感，"回头客"明显增加。绿屋咖啡店采用的战略属于（　　）。

A. 成本领先战略　　B. 集中化战略

C. 混合战略　　　　D. 差异化战略

4. （2018年·综合题）

资料一

2010年4月，由6名工程师、2名设计师组成的联合团队创建的科通科技公司正式成立。公司成立之初，公司CEO赵小明与股东们有了一个想法，要做一款设计好、品质好、价格便宜的智能手机。

2010年的手机市场，还是国际品牌的天下，功能机仍是主体，智能手机的价格至少在3000-4000元。虽然也有一些国产品牌手机，但大多数是低质低价的山寨机。为了开发物美价廉的智能手机，科通公司首先运用互联网工具，让用户参与到手机硬件的设计、研发之中，通过用户的反馈意见，了解市场的最新需求。而此前其他公司的研发模式都是封闭的，动辄一两年，开发者以为做到了最好，但其实未必是用户喜欢的，而且一两年时间过去，市场很可能已经变化。其次，坚持做顶级配置，真材实料，高性能，高体验，强调超用户预期的最强性价比。第三、以品牌和口碑积累粉丝，靠口口相传，节省大量广告费用。第四、开创了官网直销预定购买的发售方式，不必通过中间商，产品可以直接送到消费者手上，省去了实体店铺的各种费用和中间的渠道费用。2011年8月16日，科通公司发布了第一款"为发烧而生"的科通手机。这款号称顶级配置的手机定价只有1999元。几乎是同配置手机价格的一半。科通手机2012年实现销售量719万部。2014年二季度，科通手机占据国内智能手机市场的第一名，科通公司在全球也成为第三大手机厂商。短短5年时间，科通公司的估值增长180倍，高达460亿美元。科通成为国内乃至全球成长最迅猛的企业，一度是全国估值最高的初创企业。赵小明总结科通公司成功的秘诀是"用互联网思维做消费电子，这是科通在过去5年取得成绩的理论基础"。在赵小明看来，"互联网思维"体现在两个关键点上：一是用户体验，利用互联网接近用户，了解他们的感受和需求；二是效率，利用互联网技术提高企业的运行效率，使优质的产品以高性价比的形式出现，做到感动人心、价格厚道。科通的成功模式成为各行各业观摩学习的范本，大量企业开始对标科通，声称要用科通模式颠覆自己所在行业。"做××行业的科通"，成为众多企业的口号。

资料二

然而，在2015年，迅猛增长的科通遇到了前所未有的危机。一方面，销量越来越大就意味着要与数百个零部件供应商建立良好高效的合作协同关系，不能有丝毫闪失。而科通的供货不足、发货缓慢被指为"饥饿营销"，开始颇受质疑，另一方面，竞争对手越来越多、越来越强大。H公司推出的互联网手机品牌R手机成为科通手机强劲的对手。O公司和V公司也借助强大的线下渠道开始崛起。芯片供应商G公司的一脚急刹车成为导火线。在经历了5年的超高速增长后，2015年下半年，科通公司放缓了飞速前进的脚步。由于市场日趋饱和，整个智能手机行业的增速下滑，虽然科通手机2015年7000万部的销量依然是国内出货量最高的手机，但CEO赵小明在年初喊出8000万部销量的目标没能实现。

科通手机销量下滑的趋势并没有止住。2016年，科通手机首次跌出全球出货量前五；在国内市场，科通手机也从第一跌到了第五，季度出货量跌幅一度超过40%，全年出货量暴跌36%。而这一年，以线下渠道为主的O公司和V公司成为手机行业的新星，其手机出货量不仅增幅超过100%，而且双双超过科通公司进入全球前五、国内前三。

因为增速放缓，一直被顶礼膜拜的科通模式在这一年开始遭遇前所未有的质疑。科通公司似乎自己也乱了节奏，在渠道、品牌和产品等方面都出现了不少问题。

科通公司认识到过于迅猛的发展背后还有很多基础没有夯实，亟待主动减速、积极补课。2016年，科通公司内部开始进行架构和模式多维调整。

（1）赵小明亲自负责科通手机供应链管理。前供应链负责人转任首席科学家，负责手机前沿技术研究。这意味着科通公司从组织架构上加大对供应链的管理力度。

（2）开启"新零售"战略。所谓新零售就是指通过线上线下互动融合的运营方式，将电商的经验和优势发挥到实体零售中。让消费者既能享用线下看得见摸得着的良好体验，又能获取电商一样的低价格。截至2018年3月10日，全国范围内已有330个实体店科通之家，覆盖186座城市。

（3）早年一直坚持口碑营销从未请过代言人的科通公司在2016年开始改变策略，先后邀请几位明星作为代言人，赢得不少新老客户。2017年科通公司开始重新恢复高速增长。2017年第二季度，科通手机的出货量环比增长70%，达2316万部，开创了科通手机季度出货量的新纪录。2017年第四季度，在其他全球前五名的智能手机厂商出货量全部负增长的情况下，科通手机出货量增长96.9%。

资料三

2014年，CEO赵小明开始意识到"智能硬件"和"万物互联（Internet of Things，IoT）"可能是比智能手机更大的发展机遇。于是，科通公司开启了科通生态链计划，运用科通公司已经积累的大量资金，准备在5年内投资100家创业公司，在这些公司复制科通模式。科通公司抽出20名工程师，让他们从产品的角度看待拟投资的创业公司，通过与创业公司团队的沟通，了解这家公司的未来走向。科通生态链团队不仅做投资，而且是一个孵化器，从ID、外观、结构、硬件、软件、云服务、供应链、采购、品牌等诸多方面给予创业公司全方位的支持。这些创业公司有一大半是科通生态链团队从零开始孵化的。但是，科通公司并没有控股任何一家科通生态链公司，所有的公司都是独立的。这样有利于在统一的价值观和目标下，生态链企业各自发挥技术创新优势，同时降低科通公司整体内部协调成本，规避经营风险。

科通生态链的投资主要围绕以下5大方向：(1)手机周边，如手机的耳机、移动电源、蓝牙音箱；(2)智能可穿戴设备，如科通手环、智能手表；(3)传统白电的智能化，如净水器、净化器；(4)极客酷玩类产品，如平衡车、3D打印机；(5)生活方式类，如科通插线板。2016年，科通生态链宣布使用全新的麦家品牌，除了手机、电视、路由器等继续使用科通品牌，科通生态链的其他产品都将成为"麦家"成员。2016年，科通生态链企业的总营业收入超过了150亿元。至2018年5月，科通已经投资了90多家生态链企业，涉足上百个行业。在移动电源、空气净化器、可穿戴设备、平衡车等许多新兴产品领域，麦家的多个产品已做到全球数量第一。科通生态链公司也出现多个独角兽(指那些估值达10亿美元以上的初创企业)。由于科通品牌给人们高性价比的印象已经根深蒂固，因而不少人认为科通生态链企业的产品无法赢利。但实际上，科通生态链企业已经有多家实现盈利。这是因为科通公司利用其规模经济带来的全球资源优势帮助这些生态链企业提高效率。科通公司运用其全球供应链优势能够让生态链上的小公司瞬间拥有几百亿供应链提供的能力。科通公司还建成了全球最大消费类IoT平台，连接超过1亿台智能设备。通过这种独特的战略联盟模式，科通公司投资和带动了更多志同道合的创业者，围绕手机业务构建起手机配件、智能、生活消费产品三层产品矩阵；科通公司也从一家手机公司过渡到一个涵盖众多消费电子产品、软硬件和内容全覆盖的互联网企业。2018年4月，科通公司成功上市。

要求：

(1)简要分析科通公司从初创时期到上市之前公司宗旨的变化。(注：第1章知识点)

(2)依据"战略钟"理论，简要分析科通智能手机与科通生态链产品所采用的竞争战略类型；依据信息技术与竞争战略关系的相关理论，简要分析科通智能手机与科通生态链产品所采用的竞争战略的实施条件。(注：分别是第3章与第4章知识点)

(3)针对"科通的成功模式成为各行各业观摩学习的范本"依据核心能力评价理论，简要分析本案例中向科通公司学习的企业进行基准分析的基准类型。(注：第2章知识点)

(4)简要分析科通公司在2015年面临的市场风险。(注：第6章知识点)

(5)简要分析科通公司2016年所采用的收缩战略(撤退战略)的主要方式。(注：第3章知识点)

(6)简要分析科通生态链所采用的发展战略的类型及其优点、途径及该途径的动因。(注：第3章知识点)

(7)简要分析科通公司的企业能力。(注：第2章知识点)

5.(2017年·单选题)轿车生产企业华美公司起步初期，国内汽车市场基本被跨国巨头公司瓜分殆尽。华美公司生存和发展的唯一途径就是走低价值路线，过去国内汽车市场一直流传一句话"卖一高档车赚一中档车，卖一低档车只能赚一辆自行车"。华美公司轿车在入市时只是一般低档车价格的1/2，利润微薄可想而知，依据基本战略的"战略钟"分析，华美当时的竞争战略是(   )。

A. 集中成本领先战略

B. 失败战略

C. 混合战略

D. 成本领先战略

6. （2017年·单选题）甲是一家餐饮外卖公司，该公司运用大数据挖掘新技术，对某软件园区的客户订餐行为进行了深入调查并分析结果，针对该区域的客户制定和实施了一套促销方案，取得了良好效果，甲实施的竞争战略是（　　）。

A. 差异化战略　　B. 蓝海战略

C. 集中化战略　　D. 成本领先战略

7. （2015年·多选题）甲公司专门经营一项其率先推出的手机业务。该业务以基于位置定位的手机信息系统为核心，使用户到与甲公司合作的商家消费时，可得到一定的优惠，甲公司也可从合作商家得到佣金。甲公司实施的竞争战略有（　　）。

A. 混合战略　　　B. 差异化战略

C. 集中化战略　　D. 成本领先战略

8. （2015年·多选题）下列各项关于"战略钟"中几种竞争战略的表述中，正确的有（　　）。

A. 成本领先战略包括集中成本领先战略

B. 低价低值战略是一种很有生命力的战略

C. 混合战略包括可能导致企业失败的战略

D. 差异化战略包括高值战略与高价高值战略

9. （2015年·简答题）创办于1996年。近20年来，太乐公司运用成本领先战略，迅速提高市场占有率，在国内外享有较高的知名度。

太乐公司集中全部资源，重点发展厨具小家电产品。公司利用与发达国家企业OEM合作方式获得的设备，进行大批量生产，从而获得规模经济优势。在此基础上，公司多次主动大幅度降低产品价格，以致连生产劣质产品的企业都无利可图，在市场上既淘汰了高成本和劣质企业，又令新进入者望而却步。

太乐公司实行24小时轮班制，设备的利用率很高，因而其劳动生产率与国外同类企业基本持平。同时，由于国内劳动力成本低，公司产品成本中的人工成本大大低于国外家电业的平均水平。

对于一些成本高且太乐公司自身有生产能力的上游资源，如集成电路等，公司通过多种形式自行配套生产。这样，一方面可以大幅度降低成本，确保质量，降低经营风险，另一方面还可以获得核心元器件的生产和研发技术。而对于一些成本高、自身还不具备生产能力的上游资源，公司由于在其他各环节上成本低于竞争对手，也能够消化这些高成本投入物的价格。

近几年来，C国厨具小家电的销售数量每年递增30%左右，吸引了众多国内外大型家电企业加入。这些企业放弃了原有在大家电市场走的高端产品路线，以中低端的价格进入市场。这些企业认为，在厨具小家电市场，企业销售的都是标准化的产品，消费者大都对价格比较敏感，价格竞争仍然是市场竞争的主要手段。

要求：

（1）简要分析太乐公司在C国厨具小家电市场采用成本领先战略的优势。

（2）从市场情况和企业资源能力两个方面，简要分析太乐公司在C国厨具小家电市场实施成本领先战略的条件。

10. （2015年·简答题）在C国，卫浴产品属于兼具功能性和时尚性的产品，其功能性和外观时尚性的不同导致了不同企业之间的差异。

T公司、K公司都为知名的国际品牌企业，设计研发水平高，在品牌塑造上投入较大，具有很强的品牌影响力，其提供的产品和服务的特征是追求顾客的高端体验，满足了顾客对于功能性与外观时尚性完美结合的要求，在行业中处于标杆地位。

英鸟、达成、维亚、恩典、雄高是C国国内老品牌，通过模仿国际品牌高端产品，其外观和功能都达到一定水准。生产这些产品的企业注重节约设计和研发成本，通过价格优势和广告攻势，不断扩大市场份额，实现了规模经济效益。

还有一批以各大产区的杂牌为代表的企业，其产品的功能和外观较为低端、简陋。但由于产品简单，生产线投资成本小，产品价格低廉，适合不发达地区一部分用户的需求。

近年来，伴随人工成本、原料成本的不断攀升，以及恶性竞争带来的大量广告支出，英鸟、达成、维亚、恩典、雄高等产品生产企业的利润率逐年下降，企业亟待寻求新的出路。由于 T 公司、K 公司等国际品牌的产品研发成本很高，固定资产投入大，退出壁垒高，追赶这些企业难度较大。有专家建议，国内这些老品牌企业可以从增强售后服务功能寻找出路，因为目前 C 国国内各类品牌卫浴产品的生产企业都未对安装、更换、维修等售后服务投入应有的精力，而消费者对这类服务的需求很高。

要求：

(1)运用"功能性""外观时尚性"两个战略特征，各分为"高""中""低"3 个档次，将案例中所提及的 C 国卫浴产品生产企业进行战略群组划分。

(2)简要分析案例中所提及的 C 国各类卫浴产品生产企业竞争战略的定位。

(3)根据战略群组分析的作用，分析专家建议国内这些老品牌企业可以从增强售后服务功能寻找出路的依据。

【中小企业竞争战略】

1. (2019 年·多选题)理发业由很多中小企业组成。其中没有任何一个企业占有显著的市场份额或对整个产品的发展产生重大影响。造成理发业上述状况的原因有（ ）。

A. 理发业的经营成本变化迅速

B. 理发业难以达到规模经济

C. 理发市场需求多样导致高度产品差异化

D. 理发业进入障碍低

2. (2019 年·多选题)快餐业由很多中小餐饮企业组成，其中没有任何一个企业占有显著的市场份额或对整个产业的发展产生重大影响。造成快餐业上述状况的原因有（ ）。

A. 快餐业进入障碍低

B. 快餐业的经营成本变化迅速

C. 快餐业难以达到规模经济

D. 快餐市场需求多样导致产品高度差异化

3. (2019 年·简答题)2008 年，传统汽车生产企业旭辉公司决定研发、生产国内第一款新能源汽车。此举在同行眼中无异于一种"逆风而上"的冒险行为。

首先，对传统汽车企业而言，研发新能源汽车是一个全新的挑战。能源汽车的驱动原理与传统燃油汽车有着本质性的区别。技术的不确定性以及业务创新对技术和人才储备的要求都是对企业严峻的考验。

其次，新能源汽车的运营模式、行业规范和服务体系等方面无法仿照传统燃油汽车，存在诸多不确定性。

第三，新能源汽车供应链处于初建期，企业原材料、零部件及其他供给不足；分销渠道、充电设备、维修保养、保险业务等服务很不完善。

第四，传统汽车企业与消费者的困惑与等待观望。2014 年下半年政府推出一系列扶持新能源汽车产业的政策，而此前传统汽车企业大多采取深耕传统燃油汽车的策略以降低被新能源汽车替代的风险。消费者普遍认为新能源汽车技术尚不成熟，服务设施尚不完善，价格过高且伴随规模经济与经验曲线的形成肯定会大幅度降价，第二代和第三代产品将迅速取代现有产品，因而采取等待观望态度，在这种情况下，企业市场销售的中心活动只能是选择顾客对象并诱导初始购买行为。

旭辉公司以一往无前的勇气和高瞻远瞩的眼力，坚守十年时间，实现了对新能源汽车领域核心技术的掌控与完整的产业链布局，也迎来新能源汽车销量在国内外的全面爆发。到目前为止，旭辉公司是全球唯一一家同时掌握新能源汽车电池、电机、电控及充电配套设施、整车制造等核心技术以及拥有成熟市场推广经验的企业。旭辉公司物美价廉的新能源汽车已遍布全球六大洲的 50 个国家和地区。

要求：

简要分析作为新兴产业，新能源汽车行业内部结构的特征。

4. (2018 年·单选题) 经营中式快餐的淮扬公司于 2015 年宣布其战略目标是建成门店覆盖全国的"快餐帝国"。由于扩张过快、缺乏相关资源保障、各地流行菜系经营者的激烈竞争以及不同消费者口味难以调和的矛盾，该战略目标未能实现，公司经营也陷入危机。从零散产业角度看，下列各项中，属于淮扬公司进行战略选择未能避免的战略陷阱是( )。

A. 不能保持严格的战略约束力

B. 寻求支配地位

C. 不了解竞争者的战略目标和管理费用

D. 过分集权化

5. (2018 年·多选题) 近年来，随着汽车销量的上升，洗车行业迅速发展。由于洗车业务不需要复杂的技术和大量的投资，且消费者需要的洗车地点分散，因而洗车公司数量大量增加，洗车行业呈零散状态。根据以上信息，造成洗车产业零散的原因有( )。

A. 成本的迅速变化

B. 进入障碍低

C. 技术的不确定性

D. 市场需求多样导致高度产品差异化

6. (2018 年·简答题) 羊乐火锅成立于 1999 年 8 月。羊乐火锅以其风格多样的"美味锅底无需蘸料"的特色和旨在"让消费者到处能看到我的店"的全国连锁经营布局赢得消费者的喜爱。2002 年，羊乐火锅的营业额达到 25 亿元，一跃成为国内本土餐饮业的佼佼者。2008 年 6 月，羊乐火锅登陆香港交易所主板上市。

2010 年，国内最大的餐饮企业千百集团领导层判断，中餐市场的发展势不可挡，而火锅占中餐市场三分之一，羊乐火锅又位居国内火锅企业中的龙头地位，因而加快了收购羊乐火锅的步伐。

2012 年 2 月，千百集团以 6.5 港元/股的注销价格(溢价 30%)，总额近 46 亿港元现金完成了对羊乐火锅的高价收购，持股比例高达 93.2%，剩余的 6.8% 股权则由羊乐火锅的两位创始人持有，一年后，千百集团再次加码，以现金收购羊乐火锅全部股权。曾经的"国内火锅第一股"的称号也随羊乐火锅从交易所退市而隐匿。

正式收购羊乐火锅后，千百集团启动了标准化品牌升级工作，发布了全新品牌形象和运营标准，将传统厨艺与先进的管理理念相结合，努力将羊乐火锅打造成为知名火锅连锁品牌。

然而收购后的几年中，羊乐火锅的运营情况不尽如人意，客流量与门店数量不断下滑。在国内一项行业评比中，收购前一直名列前茅的羊乐火锅仅位列第 9 位。业内人士分析，造成这种情况的原因如下：

(1)收购后的标准化管理未必适合饮食文化多元化的中餐，即使对于形式相对简单的火锅也不例外。经过多年的发展和改良，火锅种类的划分更加细化，作为一种餐饮文化，很难用标准化的管理模式去经营。消费者对口味的感受需要多元化的体验。羊乐火锅标准化管理的升级将着重于店面的装修风格和菜品的精致程度向千百旗下的外资餐饮企业看齐，而羊乐火锅原来引以为傲的"美味锅底无需蘸料"的特色被改掉，没有及时更新菜品，不能针对不同顾客提供差异化服务(如南北方消费者对调料的不同需求)，使得消费者失去了以往享用羊乐火锅的乐趣。

（2）千百集团运用"关、延、收、合"四字诀对羊乐火锅的加盟店整顿，使得原来羊乐火锅的门店数量大幅缩减，又没有及时对羊乐火锅门店开展新的布局，因此失去了羊乐火锅旨在"让消费者到处能看到我的店"打造的规模经济优势。

（3）2013年千百集团收购羊乐火锅两位创始人持有的剩余股权后，羊乐火锅原创团队离开，之前多年积累的企业竞争优势也随之消失殆尽。例如羊乐火锅当时完全有能力去整合M省肉羊全产业链，而原创团队散伙后，这一功能被M省另一家企业取而代之。

（4）中国庞大的火锅餐饮市场吸引着新的企业不断加入，火锅业态近几年涌现不少实力强大的竞争对手。这些公司各自以其鲜明的特色，不断地推陈出新，清晰的市场定位，以及不断拓展的门店布局，赢得日益挑剔的消费者的青睐，对羊乐火锅的市场地位形成巨大的威胁。

要求：

（1）依据并购战略"并购失败的原因"，简要分析千百集团收购羊乐火锅效果不尽如人意的主要原因。

（2）依据"零散产业的战略选择"，结合本案例，简要分析餐饮企业应当如何选择和实施波特三种基本竞争战略。

7.（2017年·多选题）靓影公司是一家经营照相、冲印、彩扩的企业。靓影公司应当采用的竞争战略有（　）。

A. 聚焦细分市场需求，如婚庆大尺寸照片的拍摄、冲印、美化等

B. 适应多样化的顾客需求，开发多种服务品种

C. 增加服务的附加价值，如在顾客等候时提供茶水、杂志等

D. 连锁经营或特许经营，将服务点分散在居民生活区中

8.（2015年·单选题）下列各项中，属于造成产业零散原因的是（　）。

A. 技术的不确定性

B. 战略的不确定性

C. 成本的迅速变化

D. 市场需求多样导致高度产品差异化

9.（2015年·单选题）下列各项中，属于新兴产业共同的结构特征的是（　）。

A. 进入障碍低或存在退出障碍

B. 不存在规模经济或难以达到经济规模

C. 市场需求的多样导致产品的差异化

D. 战略的不确定性

【蓝海战略】

1.（2019年·简答题）随着社会消费水平的提高与消费观念的转变，酒店行业中高端消费的市场越来越大。专注于三四线城市经济连锁酒店经营的优尚公司意识到，不同消费群体有不同的消费需求，酒店行业细分已成为未来的大趋势；仅仅集中于三四线城市经营经济型酒店将面临新的风险。优尚公司开始拓展业务与品牌，进军中高档酒店，不断挖掘投资者及细分人群的需求，兼顾投资者和消费者利益，寻求最佳平衡点。

2015年7月，优尚公司对外发布三大新酒店品牌，标志着公司开始着手中高档酒店品牌建设。为了设计出成本低、质量好，又能确保加盟商能盈利的产品，几年来，优尚公司推出一系列创新模式。

（1）"投一产多"的运营模式。除了经营酒店住宿业外，还开展了辅助业务，如在酒店大堂开设蛋糕店、面吧，在房间销售毛巾、浴巾等产品。运营一年后，酒店辅助业务的盈利远远超过住宿业务的盈利。"投一产多"运营模式比传统运营模式酒店多35%的收益。

（2）"住酒店可以不花钱"与"投一产多"运营模式相配套，优尚公司为顾客构建了一个生活分享平台：大堂的沙发、灯具、各种装饰，以及客房的床垫、靠枕、床单、小摆件、毛巾、浴巾、洗浴用品、水杯、家具甚至壁纸，顾客只要体验后喜欢的，

都可以通过手机扫描二维码下单购买。顾客只要购买等同房价的物品，就可以免收房间费用，优尚公司这一举措的基本思路是，家居用品行业大约有50%的毛利，但生产厂家净利不超过5%，因为销售过程中会产生仓储、商场展示、扣点、物流等费用。如果家居用品生产厂家把酒店作为一个商场来展示和销售商品，就会节约所有铺货的费用，那么只需从50%的毛利中拿出一部分补贴酒店，就可以收到双赢的效果。

（3）打造互联网智能公寓。优尚公司将旗下的中高档酒店蓝港公寓定位于互联网智能公寓，引领时代潮流。公司引入O2O（即online线上和offline线下）模式和酒店式标准化管理，推广"住宿、社交、管家式生活服务"的酒店模式。智能酒店系统可以远程调控客房里的温度、灯光模式、音乐、空气温度与洁净度；移动设备可无线连接智能电视，实现双屏互动。智能化体验为投资者和消费者带来更多的惊喜和便利。

（4）与生产经营家电、金融、旅游、家居、智能门锁的五大行业巨头达成品牌合作。通过强强联合，增加信用住宿、无息贷款、投资扶持、微信开锁等功能，优尚公司的酒店生态更加开放，为酒店行业发展探索新的契机。

要求：

（1）依据市场营销战略目标市场选择理论，简要说明优尚公司在2015年前后目标市场选择类型的变化。

（2）依据蓝海战略重建市场边界的基本法则（开创蓝海战略的途径），简要分析优尚公司在中高档酒店品牌建设中开创新的生存发展空间的路径。

2. （2018年·简答题）随着生活节奏的加快，生活在都市的人们越来越希望能有一方净土，在空闲的时光摆脱繁忙的工作，通过劳动来净化自己的心灵，回归到最简单的生活方式中。此外，消费者对有机农产品的需求与日俱增，而一些企业的不规范行为导致消费者对市场销售的有机农产品的真实性产生质疑。

一种新型的社区支持型农业顺应这些需求而产生，其中以小马驹市民农园最为知名。小马驹市民农园成立于2008年。农园将农业、休闲业、教育产业融为一体，以会员制的模式运作，会员分为两种类型——配送份额会员和劳动份额会员。对于配送份额会员，农园提供配送服务，包括宅配和取菜点两种方式。宅配即配送到家，配送频率为每周一次或两次；小马驹农园在市区设立了三个取菜点，会员可以自行选择时间和取菜点。这些配送为消费者提供了便利，使他们享受到被关爱的体验。

劳动份额会员可以在空闲时间到农场耕种自己的园地，有儿童的家庭特别青睐这种亲近自然、家庭团聚、寓教于乐的模式，小马驹农园策划了很多节目活动，包括开锄节、立夏节、端午节、立秋节、中秋节、丰收节等，在这些节事活动中，对小朋友进行传统农耕和文化教育，农园还开展了一些活动激发小朋友的兴趣，包括认识植物、喂养动物、挖红薯、拔萝卜、荡秋千、玩沙子、滚铁环、拔河、在野地里撒欢等，这些活动是孩子们在城市中不可能见到的。在农园一处设立了一个大食堂，会员在劳动过程中，可以到食堂用餐，农园要求会员用餐后自己洗碗，洗碗用的不是洗涤灵，而是麦麸，更增添了农园天然质材环保的色彩。

小马驹市民农园新鲜的有机农产品去掉了中间商，可以直接被会员们购买，在传统农产品的激烈竞争中，确保了稳定的市场和农民可靠的收入来源。同时，由于降低了农产品物流和包装成本，会员们能够亲身经历有机农产品的生产过程，也满足了会员们能够放心地享用物美价廉有机农产品的消费需求。

要求：

（1）依据红海战略和蓝海战略的关键性差异，简要分析小马驹农园怎样体现蓝海战略的特征。

（2）依据蓝海战略重建市场边界的基本法则（开创蓝海战略的途径），简要分析小马驹农园如何在激烈的农产品生产领域，开创新的生存与发展空间。

3. （2017年·简答题）近年来，乡村旅游因其特有的自然资源、风俗民情和历史脉络而对游客产生了越来越强的吸引力，然而刚刚起步的乡村旅游大多充斥着廉价的兜售、毫无地方特色的"农家乐"和旅游揽客，忽视了其特有的文化内涵；对少数成功的案例盲目效仿，对周边村落缺乏统一有效的协调和对比借鉴，出现了定位趋同、重复建设的现象。

Y地区的"人物山水"完全不同于传统旅游项目，它将震撼的文艺演出现场效果与旅游地实景紧密结合起来，置身于秀丽山水之中的舞台，让观众在观赏歌舞演出的同时将身心融于自然。山水实景构筑的舞台，如梦似幻的视觉效果，给观众带来了特殊的感受。因为将歌舞与风景结合在一起，所以同时赢得了观光客和民歌爱好者的喜爱。"人物山水"在运营上也有独到之处。剧组聘请了几百名演员，他们几乎都是当地的农户，没有经过系统的训练，以前也从未登台演出过。对于以体现当地民情民风为主的"人物山水"来说，起用这些乡村百姓，让观众更直观地体验到"人物山水"是真正从山水和农民中产生的艺术和文化。没有大牌明星的加入，使得剧组成本降低，还给当地人民带来经济利益，为当地旅游带来巨大的品牌效益。除此之外，大量游客因为观赏"人物山水"而在Y地区出入和停留，使一条原本幽静的山道成为当地政府开发的新景点，让人们看到了一个旅游产业带动周边产业发展的经济现象。

以文艺演出的形式推出的"人物山水"，用其独有的魅力吸引着一批又一批来到当地旅游的国内外游客。它已经不仅是一场文艺演出，而且更是当地旅游的经典品牌。

要求：

（1）依据红海战略和蓝海战略的关键性差异，简要分析"人物山水"怎样体现了蓝海战略的特征。

（2）依据蓝海战略重建市场边界的基本法则（开创蓝海战略的路径），简要分析"人物山水"如何在竞争激烈的文化旅游领域，开创了新的生存与发展空间。

4. （2017年·简答题）学朗书吧位于某大学城内，其主要顾客为学生和教师。该书吧主人在创建该书吧前进行了市场调查，调查结果显示：该大学城现有书店两家，书店内空间较少，书籍种类较少，以各种考试辅导用书为主。由于商品严重同质化，两家书店的竞争异常激烈，该大学城还有若干饮品店，它们只外卖各种冷饮和奶茶，没有给顾客留出休憩的位置。学朗书吧的创建者决定把书店和饮品店具有的两类互补性功能结合起来，建立一个集读书、休闲、生活服务为一体的综合性服务书吧。

现有一些书吧往往注重营造高雅的环境，通过豪华装修来吸引顾客，比如在书架旁放置高大的古董瓷瓶、在墙壁上挂上油画等。但这并不是大学城附近的消费者关注的重点，却会产生高昂的成本。学朗书吧抛弃这些流行的理念和做法，只在墙壁上描绘一些山水画提高意境，舍去了昂贵的摆设，大大地降低了成本，进而降低了饮品和图书的售价，提升了竞争力。

随着电子商务的普及，饮品的网上销售日益火爆，许多网站均提供网售平台。学朗书店与时俱进，也提供网上点单、送货上门。另外，现在大学中自习室紧张，抢位现象严重，学朗书吧计划打造自习位出租系列，并提供午餐，为学生们提供理想的学习和休息场所。

学朗书吧以创新的理念和定位，进入竞争激烈的文化和生活服务领域，开创了新的生存与发展空间。

要求：

(1)依据红海战略和蓝海战略的关键性差异，简要分析学朗书吧的经营怎样体现了蓝海战略的特征。

(2)依据蓝海战略重建市场边界的基本原则(开创蓝海战略的路径)，简要分析学朗书吧如何在竞争激烈的文化和生活服务领域，开创了新的生存与发展空间。

5. (2016年·单选题)甲公司是一家区别于传统火锅店方式的火锅餐饮企业，在给顾客提供餐饮服务的同时，还免费给顾客提供擦鞋、美甲、擦拭眼镜等服务。甲公司的经营模式取得了成功，营业额高速增长。甲公司实施蓝海战略的路径是( )。

A. 跨越时间

B. 重新界定产业的买方群体

C. 跨越战略群体

D. 重设客户的功能性或情感性诉求

6. (2015年·单选题)下列各项关于蓝海战略的表述中，正确的是( )。

A. "蓝海"的开创是基于价值的创新

B. "蓝海"的开创是基于技术的突破

C. "蓝海"不会萌生在产业现有的"红海"之中

D. 企业不能以系统的、可复制的方式去寻求"蓝海"

7. (2015年·单选题)下列各项中，属于蓝海战略内涵的是( )。

A. 遵循价值与成本互替定律

B. 专注于适应外部发生的潮流

C. 根据差异化或低成本的战略选择，把企业行为整合为一个体系

D. 拓展非竞争性空间

【市场营销战略】

1. (2019年·单选题)嘉利啤酒公司经过数据分析发现，其产品的89%是被50%的顾客

(重度饮用啤酒者)消费掉的，另外50%顾客(轻度饮用啤酒者)的消费量只占总消费量的11%。该公司据此推出了吸引重度饮用啤酒者而放弃轻度饮用啤酒者的促销策略。该公司进行市场细分的依据是( )。

A. 地理细分　　　B. 人口细分

C. 行为细分　　　D. 心理细分

2. (2019年·多选题)新年前夕，某出版商推出反映不同民族生活习俗特点的系列年画，深受目标消费市场的消费者喜爱。该出版商进行市场细分的依据有( )。

A. 人口细分　　　B. 地理细分

C. 心理细分　　　D. 行为细分

3. (2019年综合题)

(说明：这道题的有7个小题，多数涉及第3章知识点，但只有第7小题考核营销战略)

资料一

1994年，电表行业的巨头升达公司进军空调行业。由于当时国内空调还是属于少数人的奢侈品，升达公司与业内其他公司一样，产品定位于比较高档的空调。因为升达空调没有品牌优势，产品价格又与竞争对手不相上下，所以升达空调在规模上一直没有多大突破，年产量不到60万台。

经过几年的努力，升达公司生存下来。1999年之后，升达公司意识到，国内空调从少数人的奢侈品转为大众消费品的时机已经来临，市场需要大量百姓买得起、用得起的"民牌"空调。处于弱势地位的升达公司找到了挑战竞争对手、壮大自身的法宝—以价格制胜。

经过缜密的策划之后，2002年4月，面对百余名记者，升达公司突然抛出《空调成本白皮书》，文中指出，一台1.5匹的冷暖型空调的生产成本为1378元，加上销售费用370元、商家利润80元、厂家利润52元，市场零售价应该是1880元。而当时市场上同为1.5匹的其他空调价格大多在2800元到3800元之间。

升达公司在公布空调成本的同时，将其空调产品全线降价，平均降幅达20%。升达公司得罪了同行，却赢得无数的消费者。2003年，升达空调销量达到了250万台，进入国内前三强，比2002年高出近100万台。升达公司发动的价格战也使整个空调行业的产品价格节节下滑，市场均价从2002年的2500元降到2003年的2000元。升达公司在空调制造业发动价格战并非鲁莽之举，而是以其自身优势为底气的。

首先，在升达公司家乡N市，做空调配件的企业很多，整个空调产业链已经成型，升达公司通过整合这些企业，产品零部件自制率达到90%，与同类企业一般不超过50%的自制率相比，在零部件成本、生产率、设备利用率、规模经济等方面都具备整机制造成本优势。以空调的关键元器件冷凝器和蒸发器为例，其成本在空调总成本中一般占80%以上，而升达公司自2000年建立分厂以来，该种元器件的成本就下降至原来外购时的3/5左右，而且质量更好。

其次，公司在2001年引进全球最先进的信息化管理工具ERP，配合内部各个部门严格的承包制的实施，对提高企业效率和降低运营成本起到了极大的作用。

第三，在采购环节，升达公司同时采用自制和外购两条路线，当自制的质量和价格有优势时，采用自制……自制明显不如外购有竞争力，就毫不犹豫地采用外购，甚至关掉自制部门。升达公司借鉴国外企业"全球论质比价采购"的模式，其加工蒸发器和冷凝器的自动生成设备购自J国；保证镀层10年不脱皮泛锈的瓦格纳喷涂设备是引进D国的；制造空调塑壳的ABS粉料来自H国；机身上的所有接插件购自M国。这些设备和原料共有的特点是品质在全球范围内相对较好，价格最低。

最后，以年轻人为主体的人员结构和灵活的民营企业机制是升达公司成本优势的又一源泉。升达公司是新办的企业，没有下岗职工和离退休人员的负担；升达公司发挥其灵活的民营企业机制，实施全方位的承包责任制，激发了各级人员的积极性、主动性和创造性，对于提高企业效率和降低运营成本发挥了重要作用。

资料二

然而，质疑甚至批评之声一直伴随着升达公司："升达公司的'价格屠夫'策略是不是在自断创新之路？""升达公司低价营销得到了规模优势，但牺牲了品牌优势。"近年来随着国内消费升级与产品更新换代，大众的空调消费需求开始从"功能型"向"品质型"转变。升达公司日益认识到启动新的战略转型的必要性与紧迫性。

早在2012年，升达公司就敏锐察觉到互联网发展的大趋势，积极与电商平台合作，在整体布局上确定了互联网、智能化发展战略。

为了避开与国内空调行业优势品牌的正面较量，升达公司将目标客户聚焦在新一代网络消费群体，充分依托电商平台，用18-35岁年轻消费者熟悉的代言人和沟通方式，建立起年轻化、时尚化的品牌形象，打造了"倾国倾城""淑女窈窕"等情感化的明星产品，吸引了一批有时尚要求、重情感又注重性价比的年轻人群。这样的选择让升达公司的产品品质与创新力不断提升，从而实现了跨越式的增长。在随后的2013年，升达公司开始进行企业产品升级，累计投入超过30亿元用于技术创新、效率提升。先后推出二级供应链管理、引进全球领先检测设备、吸纳超过50%的硕博人才组成创新研究团队，从根本上把控产品品质。2017年，升达公司智能工厂落成投产，以更加标准化、高周转率的技术实力，实现产品品质的又一次提升；在J国建立研发中心，实现智能化产品占比超80%；筹建多个智能制造基地累计投资超过150亿元，为实现空调产业全智能一体化做好准备。

资料三

2017年下半年以来，升达公司意识到，虽然电商存量市场很大，但增长速度开始下降，线上流量红利在下滑。面对市场环境新的变化，升达公司采用了两个新的战略举措。

一是与国内著名电商普天组建联合团队，打通商家与平台的供应链，全面提升电商渠道供应链效率。升达公司和普天旗下天鸟、乐淘融合的智慧供应链系统销售预测准确率达到70%。升达空调原来的电商渠道供应链SOP（即标准操作程序）分为18个节点，操作共需33个小时，新的系统上线以后优化为6个节点，操作只需1个多小时，大大提升了供应链效率。

二是抓住国内电商平台纷纷下沉开店的机遇，向基层市场渗透，逐步熟悉终端零售商渠道。升达公司放弃了向经销商层层压货、完成销售任务后给予返利的销售模式，而是采用"互联网直卖"方式，只发展一层终端零售商，产品订货起点定为8台。这样做的好处是投资少，不压货。目前升达公司拥有1.5万多家终端零售商，这些终端零售商通过手机APP直接下单，升达公司接单后通过各区域的仓储中心调配，由第三方物流发货到店。升达公司已建成社会化的售后服务网点7500个，覆盖国内98%的县市。终端零售商或用户通过云平台寻找所在地的升达公司售后服务人员，由他们抢单帮助安装、维修。在"互联网直卖"模式下，终端零售商不管卖多少台产品，每一台的利润都是固定的，不和总销量挂钩。这不仅有利于市场价格体系的稳定，也克服了传统模式下渠道库存严重、层层加价、经销商资金周转慢、利润不稳定等弊端。

2018年11月，升达公司与以线下销售为主的长宁家电零售公司合作，共创智慧零售新模式。升达公司作为长宁家电品牌主力军，通过长宁零售公司快速开启渠道下沉绿色通道，从线上渠道转移至线下渠道，在运营上借助长宁零售公司在市场上的口碑和服务，形成很强的品牌竞争力。

2018年12月，升达公司召开新闻发布会，宣布启动"双轮战略"规划，从以前"通过厂家直供的方式真正让利于经销商，打造至真至诚的利益共同体"，进一步延伸到"以升达公司主导产业为基础搭建O2O（即Online TO offline，线上到线下）平台，为更多中小企业服务，全面赋能线下经销商"。"双轮战略"的实施，将进一步实现线上线下融合、深耕零售发展的模式。

2018年，升达空调总销售量达到1500万台，在国内排名第三；在电商平台上，升达是销量最大的空调品牌。升达公司致力于推动模式创新、技术革新、品质升级，已然成为国内家电行业的佼佼者、互联网时代空调智能化的"领头羊"。

要求：

（1）从市场情况与资源能力两个方面，简要分析从2002年开始升达公司实施成本领先战略的条件。（第3章知识点）

（2）简要分析升达公司在1999年之后、2012年之后、2017年之后所意识到的市场风险，并简要说明升达公司相应的三次战略转型（变革）的类型。（第1章知识点）

（3）根据资料二，简要分析作为跟跑者的升达公司在于国内强大竞争对手竞争时所体现的蓝海战略特征（即红海战略与蓝海战略的关键性差异）；简要分析升达公司在竞争激烈的空调市场开辟新的生存与发展空间的途径（即蓝海战略重建市场边界的基本法则）。（第3章知识点）

（4）依据企业价值链两类活动，简要分析升达公司的主要竞争优势。（第2章知识点）

（5）依据信息技术与企业价值网相关理论，简要分析2017年下半年以后，升达公司所采用的新的战略举措，是如何在网络经济

背景下，构建以顾客为核心的价值创造体系的。（第2章和第4章知识点）

（6）简要分析升达公司与普天公司、长宁公司结成战略联盟的动因。（第3章知识点）

（7）依据市场营销组合四个要素，简要分析升达公司在其三次战略转型进程中市场营销组合策略的变化。（第3章知识点）

4.（2018年·多选题）乐融旅行社定期开展会员俱乐部活动，活动期间，该社向参加活动的社员提供免费茶点，风景摄影及旅游知识讲座，旅游新项目推广等，建立了良好的公众形象。在上述活动中，乐融旅社采用的促销组合要素有（ ）。

A. 营业推广　　　B. 广告促销

C. 公关宣传　　　D. 人员推销

5.（2017年·简答题）智勤公司成立于2010年，是一家研究开发智能手机的企业。智勤公司从创立之初就做了大量的市场调研，发现智能手机市场上国内中低端品牌与国际高端品牌的技术差距正在逐步缩小，消费者更多地关注产品价格，价格竞争开始成为市场竞争的主要手段。在此基础上，智勤公司对消费者的年龄进行了细分，将目标市场消费者的年龄定位在25岁至35岁之间，这个阶段的年轻人相对经济独立，普遍处于事业的发展期，并且个性张扬，勇于尝试，对于新鲜事物的接受程度比其他年龄段的人更高。

为了适应目标顾客对价格敏感的特点，智勤手机以其"高性价比"走入大众视线，为了降低智勤手机的成本和价格，智勤公司采取了以下措施：

（1）开创了官网直销预订购买的发售方式，减少了昂贵的渠道成本，使智勤手机生产出来之后，不必通过中间商就可以到达消费者手中。

（2）在营销推广方面，智勤公司没有使用传统的广告营销手段，而是根据消费者的不同类型，分别在智勤官网、QQ空间、智勤论坛、微信平台等渠道进行智勤手机的出售和智勤品牌的推广，在很大程度上采用粉丝营销、口碑营销的方式，有效降低了推广费用。

（3）采用低价预订式抢购模式。这种先预订再生产的方式使智勤公司的库存基本为零，大大减少了生产运营成本。

（4）智勤手机定价只有国际高端的1/3，而其硬件成本要占到其定价的2/3以上。为了既保证高性价比又不降低手机的产品质量，智勤公司为手机瘦身，把不需要的硬件去掉，把不需要的功能替换掉，简化框架结构设计，使用低成本的注塑材质工艺等。

（5）将手机硬件的研发和制造外包给其他公司，提高了生产率，大大减小了智勤成立之初的资金压力。

（6）实现规模经济，2011－2015年智勤手机的销售量突飞猛进地增长，进而为智勤手机通过规模经济降低成本和价格奠定了基础。

要求：

（1）从市场情况和资源能力两个方面，简要分析智勤手机实施成本领先战略的条件。

（2）从确定目标市场和设计营销组合两个方面，简要分析智勤手机的营销策略。

6.（2017年·单选题）某发达国家X公司的滤水壶是壶式滤水器领域中的世界第一品牌。在德国，消费者购买X滤水壶的主要原因是它可以降低当地水质的硬度，软化后的过滤水可以带来更好的口感。在法国和意大利，消费者将其作为瓶装水的一种低成本替代品。而在进入中国大陆市场初期，X滤水壶定位为高端生活改善消费品，它代表健康的水质和时尚的生活感受，在本案例中，消费者的市场细分不包括（ ）。

A. 人口细分　　　B. 心理细分

C. 行为细分　　　D. 地理细分

7.（2016年·综合题）

资料一

20世纪90年代，兰微公司在C国推出微波炉产品。兰微公司充分利用市场对微波炉产品价格的高度敏感，通过集中生产少数品种、规模经济、减少各种要素成本、提高生产效率、不断改进产品工艺设计、承接外包等多种手段降低成本，以"价格战"不断摧毁竞争对手的防线，抬高行业的进入门槛，使自己成为微波炉行业的"霸主"，国内市场占有率超过70%，全球产量占比超过30%。国内微波炉生产厂商从超过200家迅速下降到不足30家。

1999年，在众人的质疑声中，光美公司宣布大举进入微波炉行业。光美公司当时的战略决策是基于两点理由：一是从制造技术的角度看，微波炉和光美公司已生产的电饭煲、电磁炉等产品都是使用电能转换加热系统，因此对微波炉的技术研发、生产制造和营销网络都有着极其便利的条件和经验，还可以利用光美公司在其他厨具小家电市场上树立的品牌优势开拓市场；二是光美公司的主打产品空调、风扇等，销售旺季集中在每年的3~8月，在其余时间里资金和经销商资源的利用都明显不足，而推出微波炉产品可以弥补这一缺陷，有利于优化公司整体运作和产品结构，建立新的增长点。

对于光美公司的挑战，兰微公司予以迎击，不仅再次祭起了"价格战"的大旗，而且宣布大举进军光美公司已拥有优势的产业，如空调、冰箱、风扇、电暖气等产业。针对兰微公司的行为和兰微公司价格血洗形成的行业规模壁垒，光美公司的微波炉业务确立了"低成本、规模化"的跟随发展策略，利用光美公司强大的品牌优势、销售网络和资源实力，以"低价渗透"的方式与兰微公司展开正面的激烈对抗，开启了微波炉行业"两强争霸"的征程。

在与兰微公司竞争力的对比分析中，光美公司清楚地看到，自己的微波炉业务竞争

地位不稳固，多年来一直被迫接受价格战，而没有通过差异化创新建立与兰微公司相抗衡的产品特色和品牌形象。

2006年，在一次光美公司每年例行的经营策略高层研讨会上，与会人员对微波炉行业的发展趋势形成了统一的判断和认识。

与炉灶等加热工具相比，微波炉具有多种优点，它不仅能快速加热或烹调食物，而且没有油烟，还能保持食物的原汁原味与减少营养损失。在C国，虽然80%以上的家庭已经使用微波炉，但微波炉只是作为一个加热工具，它的多种优点还没被消费者充分认识。同时，市场上的微波炉设计、构造与性能雷同，缺少创新型产品。如果能够开发并向市场推出使消费者迅速认识并接受微波炉的多种优点的产品，微波炉市场将进入另一个高速发展期。

光美公司对全球微波炉产销调研情况显示，在国际市场，日本、韩国垄断了中高端市场，C国企业控制了中低端市场，而全球微波炉市场中低端制造向C国转移已经接近尾声。随着材料成本、物流成本的快速上升，微波炉行业的利润空间将进一步缩小。日本、韩国企业由于在规模、产业链的配套上不如C国企业，成本劣势将进一步凸显，只能逐步退出制造领域，因此为C国企业进入中高端制造领域、实现中高端产品出口增长提供了机会。

与会人员一致认为，公司应当从以跟随为主的"低成本"战略向"差异化"战略转变；公司竞争的焦点应当从关注竞争对手向关注消费者、关注客户需求转变；用3~5年时间，扭转目前品牌竞争的被动局面，由"中低端"向"中高端"转变，最终超越兰微公司成为全球微波炉行业霸主，成为全球最优秀的微波炉供应商。

资料二

光美公司于2006年在国内率先推出具备蒸功能的产品，这不仅是第一款针对国内市场消费者使用习惯开发的本土化创新产

品，实现了 C 国传统烹饪习惯与微波炉功能优点的有效结合，而且在核心技术上形成了对兰微公司的技术壁垒，突破了兰微公司的价格和产品封锁。经过将近一年的推广，市场反响很好，显示了巨大的发展潜力。光美公司决定通过对微波炉"蒸功能"的持续升级和传播实现战略转型，扭转在国内市场上竞争的被动局面。

2007 年，公司确立了以"80 后"白领阶层以及一、二线城市家庭作为具备"蒸功能"微波炉的主要目标客户群，推出了第二代具备蒸功能的产品——"全能蒸"微波炉，这款微波炉可以使国内 8 大菜系的代表性菜式烹饪通过"蒸功能"实现，并将健康、营养、口感、杀菌与外观的时尚及使用的安全、便捷完美地结合在一起。此后，光美公司以"蒸功能"为主题的产品功能不断升级，针对不同消费群体的产品线不断扩充，"蒸文化"逐步普及，公司和产品的品牌形象日益鲜明。

2008 年，光美公司发布了 5 个系列 14 款"蒸功能"微波炉。该产品在智能化、时尚设计方面对第二代产品进行了升级，并针对不同细分市场推出系列新品。

2009 年，公司第三代产品"蒸立方"面世，该款产品创造了三项纪录：首创新的蒸技术，即不借助其他器具，由蒸汽将食物蒸熟；首创炉腔内蒸汽温度达到 300℃，使食物脱脂减盐，更有效地保留营养；首创自动供水、排水系统，使用更加便捷，也更省电。

2010 年，光美公司发布第五代"蒸功能"系列新品，新产品顺应节能、绿色、环保的时代潮流，率先将历时 4 年开发的变频技术应用在微波炉上，产品更节能。同时，光美公司宣布，退出 300 元以下微波炉市场，主流变频蒸立方产品价格集中在 3000~5000 元，最高端变频高温产品的零售价格高达 10000 元。

2012 年光美公司发布了半导体、太阳能和云技术微波炉三大创新产品，而且宣布把蒸立方作为独立的高端品牌。从 2012 年开始，超市系统将停止销售 399 元以下产品，在连锁销售系统中将停止销售 599 元以下产品。光美公司解释，从光美公司掌握的数据看，国内市场的高端化消费趋势已经非常明显，低端产品对消费者已不具吸引力。

光美公司在不断创新和推出产品的过程中，成功地开展了一系列促销活动。

2006 年，光美公司开启了以"食尚蒸滋味"为主题的全年推广活动，首次在各大电视台开展广告营销活动，同时在全国主要市场开展产品的循环演示活动。2008 年，光美公司主办了"蒸夺营养冠军"的全国推广活动。2009 年，光美公司推出"全蒸宴"的全国演示推广活动。2010 年，光美公司推出"蒸出营养与健康——光美公司蒸立方"微波炉的电视形象广告片。

配合线上的品牌广告推广以及线下的循环演示活动，2010 年光美公司耗巨资在国内主要城市的核心终端，开辟了 1000 个"蒸立方"品牌专柜。

2011 年公司开发上线了新一代营销管理系统，该系统实现了全国主要终端的销售、库存数据动态更新，公司能及时了解市场销售变化情况。2012 年光美公司推出另一项重大变革措施，变以产定销为以销定产。这项变革成效显著，仅 2012 年第一个季度工厂库存就下降了 60%。

自 2007 年起，光美公司在海外前 15 大市场设立了区域经理，同时针对不同区域的主流客户设立了专门的产品开发团队。通过资源的聚焦、本土化市场拓展以及公司技术、品质等后台支持体系的不断强化，至 2010 年，光美公司生产的微波炉在 9 个国家成功实现对竞争对手产品的超越，在 10 个国家中市场占有率排名首位。

资料三

提升自主创新能力一直是光美公司努力的

方向和管理的重点。光美公司在这方面开展的主要工作有：

(1)确定公司技术发展方向以及技术发展路线。2009年公司制定了三年技术路线图，其中不仅规划出公司主要技术发展方向，而且第一次将产品实现技术（关键制造技术）纳入技术规划中，形成基础研究、核心技术研究、产品开发的阶梯创新模式，实现了技术与市场的有效对接。

(2)开展广泛技术合作。2008年光美公司引进变频器开发的鼻祖—日本D公司的变频技术以及高温蒸汽技术和生产工艺。经过一年多的消化吸收，公司于2010年在国内市场推出"变频蒸立方高端新品"，树立了光美公司在微波炉"蒸功能"上的绝对技术领先地位。此外，公司广泛开展与国内外科研院校、零部件供应商在研发项目上的合作。公司还与其他单位建立联合实验室，开展长期的合作研究。

(3)投入巨资改善软硬件条件。到2012年年底，光美公司研发体系的人员从转型前的约100人增加到240人，形成了10多个前沿、关键技术研究团队。公司调整了研发项目激励方式，提高了基础研究项目的激励比例。同时，公司调整了科技人员的薪酬结构，减少年底绩效收入，提高固薪，以稳定研发队伍。公司累计投资3亿多元，建立了包括零部件质量检验、整机性能寿命检测，消费者体验研究，营养分析等在内的全球最先进、最完善的研发测试体系。

(4)大刀阔斧进行组织变革。2009年之后，公司不断完善基于以市场、客户为导向的矩阵式管理模式，各产品、客户经理对经营结果负责，并拥有相应的产品企划和定价、供应商选择、人员选择等关键决策权力；其他管理人员在各自职责体系中对产品、客户经理经营提供后台支持。

(5)变革学习、考核机制。公司不断加大对各类人员培训的投入，同时转变培训方式。公司要求中高层管理者每年必须走访市场不少于4次，倾听市场和客户的声音。公司定期组织中高层管理者赴日本、韩国企业进行学习交流取经。公司每年投入超过1000万元的培训费用于员工的专业技能培训。公司出台专项政策，鼓励员工进行再学习、再深造。公司经常组织读书心得分享会，书目由公司总经理亲自选定，均与公司当期推动的变革措施有关。光美公司的绩效导向文化逐渐深入到员工骨髓，公司也结合各阶段工作重点在绩效考核导向方面进行不断的调整和优化。

(6)提高成本竞争力。为了避免差异化成本过高，光美公司通过加大部件自制、精益运营、加强价值链信息共享和协同降低运营成本等手段来创新成本管控，解决成本与结构升级的矛盾，应对资源要素价格的持续上升，保证成本优势。

经过多年的努力，光美公司在2010年成功超越兰微公司成为微波炉出口冠军；在2012年，光美公司微波炉国内市场品牌价格指数全面超越兰微公司，由行业跟随者升级为行业领导者，跳出行业"价格战"的恶性循环，实现了企业业绩持续增长。

要求：

(1)简要分析光美公司实行多元化经营进入微波炉产业的动因（即采用多元化战略的优点）。

(2)简要分析兰微公司微波炉产品实施成本领先战略的条件（从市场情况、资源能力两个方面）与风险。

(3)简要分析光美公司微波炉产品战略转型、实施差异化战略的条件（从市场情况、资源能力两个方面），以及光美公司如何防范差异化战略的风险。

(4)简要分析兰微公司为阻止光美公司进入微波炉产业所设置的行为性障碍。

(5)简要分析光美公司战略变革的要任务。

(6)简要分析光美公司战略转型中研发的

类型、动力来源和定位。

(7)依据市场营销组合四个要素，简要分析光美公司如何运用市场营销来实现战略转型。

8. (2015年·单选题)某办公用品公司将顾客细分为两类：一类是大客户，这类顾客由该公司的全国客户经理负责联系；另一类是小客户，由外勤推销人员负责联系。该公司进行市场细分的依据是( )。

A. 顾客规模

B. 消费者的欲望和需求

C. 消费者对某种商品的使用率

D. 最终用户

9. (2015年·单选题)某轮胎制造商为汽车制造商和农用拖拉机制造商分别生产两种安全标准不同的轮胎，其中为汽车制造商生产的轮胎安全标准高于为农用拖拉机制造商生产的轮胎安全标准。该轮胎制造商进行市场细分的依据是( )。

A. 最终用户

B. 顾客规模

C. 消费者的欲望和需要

D. 消费者对某种商品的使用率

【生产运营战略】

1. (2019年·单选题)智达公司是一家计算机制造企业。为了减少库存，公司对生产过程实施订单管理。生产部门依据销售部门提供的客户订购的产品数量安排当期生产。智达公司的生产运营战略所涉及的主要因素是( )。

A. 种类　　　　B. 批量

C. 需求变动　　D. 可见性

2. (2017年·单选题)下列各项中，对准时生产系统(JIT)的作用说法错误的是( )。

A. 该系统降低了存货变质、陈旧或过时的可能性

B. 该系统可能导致生产环节一旦出错则弥补空间小

C. 该系统能够减少对供应商的依赖

D. 该系统避免了因需求突然变动而导致

大量产品无法出售的情况

3. (2016年·单选题)瑞祥公司是一家啤酒制造和销售企业。2016年年初，公司管理层预计该年夏天温度较高，加上该年属于奥运年，啤酒的销量将比上年有较大的增长。因此瑞祥公司决定加大公司上半年的产量，以应对未来需求的增长。瑞祥公司采用的平衡产能与需求的方法是( )。

A. 库存生产式　　B. 订单生产式

C. 资源订单式　　D. 准时生产式

4. (2016年·单选题)甲公司是一家高科技环保企业，其自主研发的智能呼吸窗刚一推向市场，即受到消费者欢迎，产品供不应求，企业一直处于满负荷生产状态。为满足持续增长的订单要求，公司决定增加一条生产流水线。甲公司所实施的产能计划属于( )。

A. 滞后策略　　　B. 匹配策略

C. 维持策略　　　D. 领先策略

【采购战略】

1. (2019年·多选题)生产农用运输车辆的江陵公司将柴油发动机的生产授权给一个供应商。下列各项中，属于该公司货源策略优点的有( )。

A. 能够取得更多的知识和专门技术

B. 采购方能够就规模经济进行谈判

C. 允许采用外部专家和外部技术

D. 有利于在货源上取得竞争优势

2. (2017年·多选题)甲公司是一家电动摩托车制造商，长期从一家电机公司购买发动机，下列各项中，属于甲公司货源策略优点的有( )。

A. 便于信息的保密

B. 能产生规模经济

C. 随着与供应商关系的加强，更可能获得价格上的优惠

D. 能与供应商建立较为稳固的关系

3. (2016年·单选题)甲公司是一家中式连锁快餐企业，长期分别从三家粮油公司采购大米、面粉和色拉油等。下列各项中，不

属于甲公司货源策略优点的是（ ）。

 A. 可利用三家粮油公司之间的竞争压低采购价格

 B. 有利于促使三家粮油公司提供统一质量保证的商品

 C. 不会因某家粮油公司的供货问题而严重影响企业经营

 D. 有利于从三家粮油公司获得更多的知识和技术信息

【财务战略】

1. （2019年·单选题）甲燃气公司负责某市的民用天然气供给业务。近年来该市的民用天然气需求量比较稳定，甲燃气公司主要通过向银行贷款取得更新设备所需的资金。该公司财务风险与经营风险的搭配属于（ ）。

 A. 高经营风险与低财务风险

 B. 高经营风险与高财务风险

 C. 低经营风险与高财务风险

 D. 低经营风险与低财务风险

2. （2019年·多选题）甲公司是一家煤炭企业集团。近年来，煤炭产品的客户对性价比的要求很高；各煤炭企业的产品差别很小，价格差异缩小且处于很低水平；产品毛利很低，只有大规模生产并有自己销售渠道的企业才具有竞争力；大量中小煤炭企业陆续退出市场。在该产业发展的现阶段，甲公司具备的财务特征（ ）。

 A. 经营风险低

 B. 财务风险高

 C. 股价稳定

 D. 资金来源于保留盈余和债务

3. （2019年·多选题）甲公司某年的投资回报率5%，销售增长率为10%，经测算甲公司的加权平均成本为8%，可持续增长率为6%，在上述情况下，甲公司应选择的财务战略有（ ）。

 A. 彻底重组

 B. 出售

 C. 提高资本回报率

 D. 改变财务政策

4. （2018年·单选题）近年来，建筑机械制造商凯达公司所处行业的市场基本饱和，销售额比较稳定，企业之间的价格竞争十分激烈。在这种情况下，凯达公司宜采用的股利分配政策是（ ）。

 A. 零股利政策

 B. 低股利政策

 C. 稳健的高股利分配政策

 D. 全部分配的股利政策

5. （2016年·多选题）甲公司是一家制造和销售洗衣粉的公司。目前洗衣粉产业的产品逐步标准化，技术和质量改进缓慢，洗衣粉市场基本饱和。处于目前发展阶段的甲公司具备的财务特征有（ ）。

 A. 股价迅速增长

 B. 股利分配率高

 C. 资金来源于保留盈余和债务

 D. 财务风险高

6. （2015年·单选题）下列股利政策中，适合于成熟企业且能为投资者提供可预测的现金流量的是（ ）。

 A. 零股利政策

 B. 固定股利政策

 C. 剩余股利政策

 D. 固定股利支付率政策

7. （2015年·多选题）在企业经营风险与财务风险结合的几种方式中，同时符合股东和债权人期望的有（ ）。

 A. 高经营风险与高财务风险搭配

 B. 高经营风险与低财务风险搭配

 C. 低经营风险与高财务风险搭配

 D. 低经营风险与低财务风险搭配

【企业国际化经营动因】

1. （2017年·单选题）国内家电企业宏洁集团在2016年5月宣布，将斥资45亿美元收购发达国家G工业机器人制造商K，K是该国市场上专注于工业制造流程数字化企业，其研发的机器人已经被用来装配轿车和飞机，宏洁集团收购K的动机是（ ）。

A. 寻求市场　　　　B. 寻求效率

C. 寻求资源　　　　D. 寻求现成资产

2. (2017 年·综合题)

资料一

20 世纪 90 年代，亚洲 H 国有近百家自行车企业转移到亚洲 C 国。留在 H 国的自行车企业采用多种路径实现了整体产业升级，这些路径主要有：

(1) 产业重新定位，形成产业分工模式。H 国排名前三位的自行车厂商均在 C 国设厂。基于对自行车商品在"后工业社会""休闲社会"大背景下的功能、特性以及消费特点的重新认识和深刻理解，H 国自行车企业将留在本国的企业定位于生产中高价位的多品种车型，致力于自动化生产与研发；而将设在 C 国的企业定位于生产中低价位、以交通工具为主的少品种车型，以充分利用 C 国劳动力成本低、生产效率高、规模经济显著、生产能力利用程度高等优势。明确的分工使 H 国自行车企业摆脱了与 C 国自行车企业的低价竞争，奠定了其在全球高级自行车供应领域的领先地位。

(2) 研发新材料与新工艺，实现产品与技术的跨越升级。面对日益挑剔和多样化的国内外消费者对自行车产品的需求，H 国自行车企业集中力量在新材料和新工艺上实现了技术跨越，积极研发设计和生产关键零部件，引进了美国模块化技术与日本供应链模式。1983 年至今，H 国自行车材料从钢管发展到钛合金、镁合金，甚至碳纤合金，重量由原来的 30 公斤降低至 7 公斤；制造技术从铜焊发展到氩焊，从一体成型发展到无氧化电弧焊接，实现了产品轻量化，同时保持了高标准的刚性、韧性和强度。

(3) 在发展自有品牌的同时注重品牌并购，获取新市场机会与新技术。H 国第二大自行车企业"星友"通过并购发达国家 U 国自行车品牌 SP 和 D 国品牌 CE，以较低的成本和较短的时间就获得发达国家的许多市场机会和先进技术，其订单掌握度、生产安排效率及在欧美高档车市场占有率大幅提高。

(4) 从 OEM 到 ODM 再到 OBM，沿着价值链升级。OEM (Original Equipment Manufacturer) 是指品牌企业提供设计图纸，制造企业按单生产；ODM (Original Design Manufacturer) 是指品牌企业看中生产企业设计制造的某一产品，生产企业按品牌企业的要求生产该产品，OBM (Original Brand Manufacturer) 则是指制造企业做自有品牌。H 国自行车企业普遍实现了从模仿到创新性改进，再到领先的产品设计与创新的过程。通过这一过程，H 国自行车企业将研究开发、生产制造、市场营销三个主要环节在企业发展不同阶段采用不同模式进行资源配置与整合。例如，H 国第一大自行车企业"天空机械"原来以 OEM 为主，发挥其生产制造的优势；进而为发达国家 U 国 CH 公司做 ODM，打造自身设计能力。之后，"天空机械"开始创建自有品牌，在不断提高自身设计与营销能力的同时，将其具有自主品牌和研发优势的一部分零部件和整车的生产制造以 OEM 方式向 C 国企业转移。现在"天空机械"自有品牌销售收入占其总收入的比重为 70%。其 ODM 客户均为全球知名品牌。

(5) 组织创新，建立新的网络型战略联盟。H 国自行车企业实现从 OEM 到 ODM 再到 OBM 的升级，网络型战略联盟发挥了重要作用。2003 年，H 国自行车第一大企业"天空机械"联合其主要竞争对手"星友"及 11 家零部件生产企业组成行业战略联盟"ATC"。"ATC"具有如下功能：

第一，形成大企业带动小企业、中心厂带动卫星厂的"中心卫星体系"。这一体系内的两大企业"天空机械"和"星友"以"ATC"为载体，与零部件生产企业形成中心卫星体系，卫星企业订单稳定，完全致力于专业性生产，同时借助中心企业的协助并按照合约要求提高生产力。而中心企业集中力量开展生产调研与拓展、研发、检验与装配等工作。相互的整合活动，带动了整个产业向高技术、高附加值升级和发展。

第二，高度的互动学习机制。"ATC"打破了竞争对手不该彼此交换信息的旧模式，降低了企业在产业内的交易成本和信息不对称的程度。通过高度的互动学习机制，横向促进成员紧密交流，纵向共建产业链并加强合作，确保各方优先共享先进经验和提高信任程度。联盟内频繁的活动及由此产生的组织学习，使零部件企业在产品开发初期就能参与研发活动；各个企业的研发力量集合起来，同步工程缩短产品上市时间，联盟内部知识的消化能力变得更为强大。

第三，协同发展。"ATC"规定优先供应成员间具有竞争力的产品，协助改善作业流程，提供辅导与培训，鼓励成员创新设计和参与特殊车种的合作开发，参与各种自行车会展，并与科研院所合作建设信息平台，"ATC"为成员企业提供了良好的技术开发和服务环境，实现了整车企业与零部件企业的协同发展。

2003年成立的"ATC"仅有22家成员企业，在H国343家自行车企业中只是少数，但其销售收入占比却达六成至七成。对比表明，"ATC"企业的绩效明显优于非"ATC"企业。例如，"ATC"企业在2006年出口自行车平均单价为350美元，大大高于行业平均单价206.6美元。另外，"ATC"成员中有95.2%是以自有品牌销售，而行业平均水平是55.46%，说明"ATC"有效推动了产业整体升级。

资料二

H国自行车产业经过重大调整与转型，实现了整体升级，目前已在全球占据高端、高附加值市场。H国第一大自行车企业"天空机械"的自有品牌已成为欧洲市场上的三大品牌之一，全球销售网络分布在50多个国家和地区，拥有10000多个经销服务点，是全球企业组织网分布最广、最绵密的公司之一。H国第三大自行车品牌"神飞"，2003年以自有品牌扩展到美国与亚洲的市场。

C国和H国均是全球自行车的主要产销地。1991年C国自行车外销数量首度超过H国，2000年起外销量与出口值双双超越H国。近年来C国自行车出口量占全球之一，但年均出口总值已达到C国的一半。

近年来，C国自行车产业也面临升级的压力。一方面，人们生活观念的变化以及收入水平的提高，使自行车不再是单纯的交通工具，而是演化为集健身用品、休闲用具、玩具、高档消费品于一体的商品。由此，出现了对自行车新的需求，形成了多个新的细分消费市场。C国用途单一的低端自行车生产线的优势在国际市场受到极大挑战；另一方面，由于C国劳动力成本大幅上升，自行车产业的低端产品开始向劳动力成本更低的东南亚转移。业内人士指出，C国自行车产业转型升级势在必行。

要求：

(1)说明H国与C国的自行车企业所实施的竞争战略的类型，并从资源和能力角度简要分析H国与C国自行车企业实施该种竞争战略的条件，以及C国自行车企业实施的竞争战略面临的风险。

(2)运用价值链分析方法，简要分析H国自行车企业是如何实现"从OEM到ODM再到OBM，沿着价值链升级"的。

(3)简要分析H国自行车第一大企业"天空机械"联合其主要竞争对手"星友"及11家零部件企业组成的行业战略联盟群体"ATC"的类型与动因。

(4)依据钻石模型，简要分析H国自行车产业的竞争优势。

(5)简要分析H国自行车企业进入欧美市场的动机。

(6)依据企业发展战略可采用的 3 种途径，简要分析 H 国自行车企业进入欧美市场所采用的发展战略的途径。

3.（2016 年·简答题）C 国北方机床集团于 1993 年组建，主导产品是两大类金属切削机床。销售市场覆盖全国 30 多个省、市、自治区，并出口 M 国、G 国等 80 多个国家和地区。

G 国 S 公司是一个具有 140 多年历史的世界知名机床制造商，其重大型机床加工制造技术始终处于世界最高水平。但 S 公司内部管理存在诸多问题，其过高的技术研发成本造成资金链断裂。2004 年年初，S 公司宣布破产。

2004 年 10 月，北方机床集团收购了 S 公司全部有形资产和无形资产。北方机床集团在对 S 公司进行整合中颇费思量，首先，采取"以诚信取信于 G 国员工"的基本策略，承诺不解雇一个 S 公司员工，S 公司的总经理继续留任；其次，北方机床集团与 S 公司总经理多次沟通，谋求双方扬长避短、优势互补，使"混合文化形态"成为 S 公司未来的个性化优势，以避免跨国并购可能出现的文化整合风险；最后，在运行整合方面，仍由 S 公司主要负责开发、设计及制造重要机械和零部件，组装则在 C 国完成，力求实现 S 公司雄厚的技术开发能力和 C 国劳动力成本优势的最佳组合。

整合后第二年，S 公司实现 2000 多万欧元的销售收入，生产经营状况已恢复到 S 公司历史最高水平。

然而 2008～2009 年，受世界金融危机的影响，加上 S 公司内部原有的管理问题尚未彻底解决，公司陷入亏损的困境。北方机床集团不得不开始更换 S 公司的管理团队，逐渐增强北方机床集团在 S 公司的主导地位。2010 年，S 公司经营情况有所好转，实现 3500 万欧元销售收入，但仍处于亏损状态。

2012 年，由于受到国内下游需求方—汽车、铁路等固定资产投资放缓的影响，北方机床集团销售收入同比下降 8%。尽管如此，北方机床集团仍然表示将继续投资 S 公司项目，因为 S 公司承载着北方机床集团孜孜以求的核心技术和迈入国际高端市场的梦想，而且由于并购后在技术整合上存在缺陷，北方机床集团尚未掌握 S 公司的全部核心技术。集团计划到 2015 年对 S 公司投入近 1 亿欧元，同时招聘新的研发人员。

要求：

（1）2006 年 UNCTAD《世界投资报告》提出影响发展 C 国跨国公司对外投资决策的四大动机，简要分析北方机床集团跨国并购 G 国 S 公司的主要动机。

（2）简要分析北方机床集团并购 G 国 S 公司所面对的主要风险。

4.（2015 年·单选题）根据国际生产折中理论，如果企业同时具备所有权优势、区位优势与内部化优势，企业最适合采用的国际化经营方式是（　　）。

A. 技术转移　　　　B. 出口贸易

C. 证券投资　　　　D. 对外直接投资

5.（2015 年·简答题）C 国亚威集团是一家国际化矿业公司，其前身是主营五金矿产进出口业务的贸易公司。

2004 年 7 月，亚威集团在"从贸易型企业向资源型企业转型"的战略目标指引下，对北美 N 矿业公司发起近 60 亿美元的收购。当时国际有色金属业正处于低潮，收购时机较好。2005 年 5 月，虽然购并双方进行了多个回合沟通和交流，但 N 矿业公司所在国政府否决了该收购方案，否决的主要理由有两点：一是亚威集团资产负债率高达 69.82%，其收购资金中有 40 亿美元由 C 国国有银行贷款提供，质疑此项收购有 C 国政府支持；二是亚威集团在谈判过程中一直没有与工会接触，只与 N 矿业公司管理层谈判，这可能导致收购方案在管理与企业文化整合方面存在不足。

Z公司原是澳洲一家矿产上市公司，其控制的铜、锌、银、铅、金等资源储量非常可观。2008年，国际金融危机爆发，Z公司面临巨大的银行债务压力，于当年11月停牌。之后Z公司努力寻求包括出售股权在内的债务解决方案。亚威有色公司是亚威集团下属子公司，主营业务为生产经营铜、铅、锌、锡等金属产品。2009年6月，经过双方充分协商，亚威有色公司以70%的自有资金，成功完成对Z公司的收购，为获取Z公司低价格的有色金属资源奠定了重要条件。

要求：

（1）根据并购的类型，从不同角度简要分析亚威集团和亚威有色公司跨国收购的类型。

（2）简要分析亚威集团收购N矿业公司失败的主要原因。

（3）简要分析亚威集团和亚威有色公司通过跨国收购实现国际化经营的主要动机。

【国际化经营的战略类型】

1. （2019年·单选题）2015年，国内研发和制造铁路设备的东盛公司开启了国际化经营战略，在国外成立了多家子公司。东盛公司在国内的母公司保留技术和产品开发的职能，在国外的子公司只生产由母公司开发的产品。东盛公司采取的国际化经营战略类型的特点是（　）。

A. 全球协作程度低，本土独立性和适应能力高

B. 全球协作程度高，本土独立性和适应能力低

C. 全球协作程度高，本土独立性和适应能力高

D. 全球协作程度低，本土独立性和适应能力低

2. （2018年·单选题）多邦公司是一家驼羊毛制品生产和销售企业，产品销往多个国家和地区。为了确保产品质优价廉，该公司在最适合驼羊生存的L国建立统一的驼羊养殖场，并在加工条件最好的N国设厂生产驼羊毛制品。多邦公司国际化经营的战略类型是（　）。

A. 多国本土化战略

B. 国际战略

C. 跨国战略

D. 全球化战略

3. （2016年·单选题）甲公司是一家玩具制造商，其业务已经扩展到国际市场。甲公司在劳动力成本较低的亚洲设立玩具组装工厂，在欧洲设立玩具设计中心，产品销往全球100多个国家和地区。甲公司国际化经营的战略类型属于（　）。

A. 跨国战略

B. 国际化战略

C. 全球化战略

D. 多国本土化战略

【新兴市场的企业战略】

1. （2019年·单选题）面对国外著名医药公司在中国市场上不断扩张，多年从事药品研发、生产和销售的康达公司为了自身的长期发展，把药品的生产和销售业务转让给其他公司，同时与国外某医药公司合作专注于新药品的研发业务。从本土企业战略选择的角度看，康达公司扮演的角色可称为（　）。

A. 防御者　　　　B. 扩张者

C. 抗衡者　　　　D. 躲闪者

2. （2018年·多选题）顺驰公司是国内一家汽车玻璃制造商。面对国内生产要素成本不断上涨和产品订单日趋减少，该公司把一部分资金和生产能力转移至生产综合成本相对较低的汽车产销大国M国。通过独立投资和横向并购M国一家拥有国际知名品牌的企业，顺驰公司在M国不仅很快站稳脚跟，而且获得M国汽车制造商的大量订单，业务量大幅增长。在本案例中，顺驰公司向M国投资的动机有（　）。

A. 寻求效率　　　　B. 寻求市场

C. 寻求资源　　　　D. 寻求现成资产

3. (2017年·单选题)奇天公司是国内通信行业的知名企业，面对日益加剧的全球化压力，奇天公司于1998年开始实施全球化扩张行动，成功建立了全球性的市场网络和研发平台。奇天公司始终坚持在通信行业的主航道上聚焦，在国际市场上站稳了脚跟，根据以上描述，奇天公司作为新兴市场本土企业所选择的的战略是(　　)。

A. "防御者"战略　　B. "躲闪者"战略

C. "抗衡者"战略　　D. "扩张者"战略

4. (2017年·简答题)2000年以来，随着国内经济的快速发展、居民生活水平的提高以及人口老龄化的加剧，国内市场对医药产品的需求快速增长，世界著名医药跨国公司纷纷进入国内市场。

神农医药公司(简称神农公司)是国内一家生产和经销药品及医疗器械的企业，由于缺乏拥有自主知识产权的药品，多年来以生产仿制药为主；其生产的医疗器械科技含量较低，难以满足用户对高科技医疗器械的需要，国内高科技医疗器械市场基本被进口产品占领。神农公司的管理层通过对其进行的深入分析认识到，与国外跨国公司相比，自己在规模及利润两个方面存在着巨大差距，在研发经费的投入方面差距更大。如2012年，神农公司投入的研发费用占营业收入的比重2.3%，而国外一家同类企业Y公司投入的研发费用占营业收入的比重高达19%。此外，神农公司还存在着专业化程度和品牌认知度较低等问题。上述种种差距，使神农公司不仅在国内市场上面临国外跨国公司的巨大挑战，而且进入国际市场步履维艰。

2013年初，神农公司管理层制定并实施了新的发展战略。新战略的核心是设立若干个中小型医药高科技分公司，每个分公司相对独立经营，有的专攻国外跨国公司关注的盲区(如罕见病、特殊需求)，在产品上逐渐形成自己的特色；有的通过承接国

外跨国公司医药研发外包业务，将业务重点转向价值链的研发环节，还有的着力于将自身具有相对优势的本土医药产品拓展至周边欠发达国家和地区。几年来，神农公司在国内市场与跨国公司的较量中，注重向跨国公司学习，合理整合和运用国内外优势资源，克服自身技能和资本匮乏的缺陷，以期发展为实力强大的大型跨国企业。在国内外市场上与国外跨国医药公司展开真正的较量。

要求：

(1)依据"进入障碍"中几种主要"结构性障碍"，简要分析神农公司进入国际市场举步维艰的主要原因。

(2)依据新兴市场本土企业战略选择理论，简要分析神农公司面对跨国公司的大规模进入和挑战所做出的战略选择。

5. (2016年·单选题)飞翔公司是国内一家奶粉生产企业。近年来，很多具有品牌优势的国外奶粉制造商纷纷涉足中国市场，竞争十分激烈。飞翔公司为了自身的长期发展，与新西兰乳品巨头甲公司结成战略联盟，双方以50%：50%的股权比例合资成立一家新的公司，产品从奶粉扩展到各类奶制品。从战略选择角度看，飞翔公司扮演的角色可称为(　　)。

A. 防御者　　　　B. 扩张者

C. 躲闪者　　　　D. 抗衡者

6. (2015年·单选题)当产业面临的全球化压力很大，而企业优势资源可以转移到其他市场时，新兴市场本土企业可以选择的战略方向是(　　)。

A. 作为"抗衡者"，通过全球竞争发动进攻

B. 作为"防御者"，利用国内市场的优势防卫

C. 作为"扩张者"，将企业的经验转移到周边市场

D. 作为"躲闪者"，通过转向新业务或缝隙市场避开竞争

真题精练答案及解析

1. BC 【解析】"京川餐饮公司近期实行了新的经营方式，顾客既可以按照公司提供的菜谱点餐，也可以自带菜谱和食材请公司的厨师加工烹饪，还可以在支付一定学习费用后在厨师指导下自己操作，从而在享受美食的同时提高厨艺"属于产品开发战略。"这些新的经营方式使该公司的顾客数量和营业收入均增长20%以上"属于市场渗透战略。选项B、C正确。

2. AD 【解析】"甲公司裁员1800人"属于紧缩与集中战略中的削减成本战略，选项D正确；"重组开发团队和相关资源，大力开拓和发展云计算业务"属于转向战略中的重新定位或调整现有的产品和服务，选项A正确。

3. A 【解析】智能家电和智能机器人制造等领域是新产品、新市场，属于多元化战略，而且与智能手机同属于智能化产品，所以属于相关多元化(同心多元化)。

4. AB 【解析】前向一体化战略是指获得分销商或零售商的所有权或加强对他们的控制权的战略。甲公司的产品主要用于大型采矿机械、采油设备的生产。所以参股海城矿山机械公司、与东港石油公司签订合作协议，属于前向一体化战略。选项AB正确。投资建立铁矿资源开发和生产企业，属于后向一体化战略。与南岗煤炭集团建立战略联盟，属于后向一体化战略。

5. 【答案】

(1)①密集型战略。

A. 市场渗透—现有产品和现有市场。"坚守阵地"，这种战略强调发展单一产品，试图通过更强的营销手段来获得更大的市场占有率。"多年来，乡中情公司专注辣椒调味制品"。对于乡中情公司而言，实施这一战略的主要条件是：

a. 如果其他企业由于各种原因离开了市场，那么采用市场渗透战略比较容易成功。"'乡中情'辣酱热销多年，无一家其他同类产品能与其抗衡，……"。

b. 企业拥有强大的市场地位，并且能够利用经验和能力来获得强有力的独特竞争优势，那么实施市场渗透战略是比较容易的。"'乡中情'辣酱热销多年，无一家其他同类产品能与其抗衡，关键原因就在于其高度稳定的产品品质和低廉的产品价格"。

c. 当市场渗透战略对应的风险较低，且在需要的投资较少的时候，市场渗透战略也会比较适用。"多年来，乡中情公司专注辣椒调味制品，……不投资控股其他企业，规避了民营企业创业后急于扩张可能面对的各种风险，走出了一条传统产业中家族企业稳健发展的独特之路"。

B. 市场开发—现有产品和新市场。市场开发战略是指将现有产品或服务打入新市场的战略。"乡中情公司在国内65个大中城市建立了省级、市级代理机构。2001年，乡中情公司产品已出口欧洲、北美、澳洲、亚洲、非洲多个国家和地区"。

对于乡中情公司而言，实施这一战略的主要条件是：

a. 存在未开发或未饱和的市场。"原本是地方特色的辣椒调味品'乡中情'辣酱，如今成了全国和世界众多消费者佐餐和烹饪的佳品"，说明地方特色产品开发为被全国乃至世界接受的产品。

b. 企业在现有经营领域十分成功。"'乡中情'辣酱热销多年，无一家其他同类产品能与其抗衡，关键原因就在于其高度稳定的产品品质和低廉的产品价格"。

c. 企业拥有扩大经营所需要的资金和人力资源；企业存在过剩的生产能力。"乡中情公司在 Z 地区建立了无公害辣椒基地和绿色产品原材料基地，搭建了一条"企业+基地+农户"的农业产业链，90%以上的原料都来源于这一基地""先打款后发货，现货现款，乡中情公司将产品做成了硬通货，经销商只要能拿到货，就不愁卖，流通速度快""不贷款"。

d. 企业的主业属于正在迅速全球化的产业。"原本是地方特产的辣椒调味品'乡中情'辣酱，如今成了全国和世界众多消费者佐餐和烹饪的佳品"，说明地方特色产品变为全球化产品。

C. 产品开发—新产品和现有市场。这种战略是在原有市场上，通过技术改进与开发研制新产品。"'乡中情'产品相继开发的十几种品类"。

对于乡中情公司而言，实施这一战略的主要条件是：

企业具有较高的市场信誉度和顾客满意度。"'乡中情'辣酱热销多年，无一家其他同类产品能与其抗衡，关键原因就在于其高度稳定的产品品质和低廉的产品价格""'乡中情'辣酱恰到好处地平衡了辣、香、咸口味，让最大多数消费者所接受。'乡中情'辣酱制作从不偷工减料，用料、配料和工艺流程严谨规范，保持产品乡中情，虏获消费者的舌尖。乡中情公司对辣椒原料供应户要求十分严格，提供的辣椒全部要剪蒂，保证分装没有杂质"。

②一体化战略，纵向一体化战略中的后向一体化。是指获得供应商的所有权或加强对其控制权。"为了确保原料品质与低成本的充足供应，乡中情公司在 Z 地区建立了无公害辣椒基地和绿色产品原材料基地，搭建了一条"企业+基地+农户"的农业产业链，90%以上的原料都来源于这一基地"。

对于乡中情公司而言，实施这一战略的主要条件是：

A. 企业现有的供应商供应成本较高或者可靠性较差而难以满足企业对原材料、零件等的需求。"为了确保原料品质与低成本的充足供应"。

B. 企业所在产业的增长潜力较大。"一个曾经的'街边摊'，发展成为一个上缴利税上亿元的国家级重点龙头企业"。

C. 企业具备后向一体化所需的资金、人力资源等。"搭建了一条"企业+基地+农户"的农业产业链"（说明以企业具备人力资源）；"先打款后发货，现货现款，乡中情公司将产品做成了硬通货，只要能拿到货，就不愁卖，流通速度快""不贷款"（都说明现金流充足）。

D. 企业产品价格的稳定对企业而言十分关键，后向一体化有利于控制原材料成本，从而确保产品价格的稳定。"'乡中情'产品价格一直非常稳定，价格涨幅微乎其微""为了确保原料品质与低成本的充足供应"。

（2）①产品策略。

A. 产品组合策略。乡中情公司的产品组合很简单，从产品组合的宽度看，就是 1 大类，"乡中情"辣酱。从产品组合的深度看，"乡中情"相继开发了十几种品类产品。

乡中情公司的产品组合策略，也是 1 种，扩大产品组合，加强产品组合的深度。"相继开发了十几种品类产品"。

B. 品牌和商标策略。乡中情公司的品牌和商标策略属于单一的企业名称。"着力打造'乡中情'品牌""多年来'乡中情'产品从未更换包装和瓶贴，……，'乡中情'产品土气的包装和瓶贴，已固化为最深入消费者内心的品牌符号"。

C. 产品开发策略。"相继开发了十几种品类产品"。

②促销策略。在促销组合的四个要素构成（广告促销、营销推广、公关宣传、人员推销）中，乡中情公司以其独特的方法，主要采用后两种。

A. 公关宣传。指宣传企业形象，以便为企业及其产品建立良好的公众形象。"二是靠广泛深入的铺货形成高度的品牌曝光，直接促成了即时的现实销售"。

B. 人员推销。"一是靠过硬的产品让消费者口口相传"。

③分销策略。乡中情公司采用间接分销渠道，"大区域布局，一年一次经销商会"。

④价格策略。"中低端人群是'乡中情'辣酱的目标客户，与此相应的就是低价策略""'乡中情'产品价格一直非常稳定，涨幅微乎其微"。

6. A 【解析】前向一体化战略通过控制销售过程和渠道，有利于企业控制和掌握市场，增强对消费者需求变化的敏感性，提高企业产品的市场适应性和竞争力。远航造船厂、国兴造船厂、天州钢帘线制造厂都是神大钢铁公司的下游企业，所以其发展战略是前向一体化战略。

7. D 【解析】产品开发战略是在原有市场上，通过技术改进与开发研制新产品。这种战略可以延长产品的生命周期，提高产品的差异化程度，满足市场新的需求，从而改善企业的竞争地位。甲公司定期推出新菜，面对的还是现有的消费群体，目的是为了在行业中始终保持领先，所以是产品开发战略。

8. D 【解析】转向战略涉及企业经营方向或经营策略的改变，包括重新定位或调整现有的产品和服务以及调整营销策略。本题中，该公司对旗下白酒品牌重新进行了定位，并按照"系列酒薄利多销"的策略实现了转型，因此可以判定为是转向战略。

9. A 【解析】甲公司"将产品成功打入了东南亚、欧洲和北美市场"及"F国市场"说明进行了市场扩张行动，所以甲公司的战略类型是市场开发战略。

10. B 【解析】后向一体化战略是指获得供应商的所有权或加强对其的控制权。后向一体化有利于企业有效控制关键原材料等投入的成本、质量及供应可靠性，确保企业生产经营活动稳步进行。后向一体化战略在汽车、钢铁等产业采用得较多。本题中，神大公司收购铁矿石供应企业，属于控制供应商所有权，因此属于后向一体化战略。

11. 【答案】

(1)机会：技术环境因素。近年来国内移动互联网行业呈现井喷式发展，催生出了新的商业模式和消费习惯，南天集团开始通过微信、微博和网络外卖等互联网工具扩大销售，并通过大数据来发现客户的就餐习惯和餐饮偏好，提升服务质量。

威胁：①政治和法律环境因素。2012年年底政府出台各种限制"三公"消费的政策。

②经济环境因素。受宏观经济的影响，国内餐饮行业整体增长趋势明显放缓，行业收入增速同比下降。房地产市场的火爆推升了房租价格，也加大了餐饮行业的经营成本。环保行业竞争日趋激烈，短期内盈利前景不明朗。

③社会和文化环境因素。个人消费攀比之风得到遏制，大众的消费需求更加理性。

(2)南天集团多元化经营面临的风险包括：

①产业进入风险。"由于环保行业竞争日趋激烈，短期内盈利前景不明朗，南天集团用于环保业务的资本支出不断加大。"

②内部经营整合风险。"两家公司的文化存在差异，内耗不断。"

③来自原有经营产业的风险。"南天集团用于环保业务的资本支出不断加大，洁丽公司一直亏损，导致了后来南天集团现金流断裂，不仅使集团在新业务上进退两难，还拖累了刚走出低谷的餐饮

业务。"

④产业退出风险。"洁丽公司一直亏损，导致了后来南天集团现金流断裂，使集团在新业务上进退两难。"

⑤市场整体风险。"环保行业竞争日趋激烈，短期内盈利前景不明朗。"

12. C 【解析】因为福海公司是经营肉类加工的企业，收购养殖场，是后向一体化，收购肉类连锁超市是前向一体化。所以采取的是一体化战略。

13. ACD 【解析】高炉等设备难以转产，说明是固定资产专用性程度高，而买断职工劳动合同属于退出成本，职工抵触说明是感情障碍。

14. BD 【解析】选项 A 属于多元化战略，选项 C 属于市场开发战略。

15. ACD 【解析】后向一体化战略主要适用条件包括：①企业现有的供应商供应成本较高或者可靠性较差而难以满足企业对原材料、零件等的需求；②供应商数量较少而需求方竞争者众多；③企业所在产业的增长潜力较大；④企业具备后向一体化所需的资金、人力资源等；⑤供应环节的利润率较高；⑥企业产品价格的稳定对企业而言十分关键，后向一体化有利于控制原材料成本，从而确保产品价格的稳定。选项 B 是前向一体化的适用条件。

16. D 【解析】某旅行社采用这样的营销方法吸引更多的客户，增加了现有市场占有率，属于市场渗透战略。

17. BD 【解析】后向一体化战略的适用条件包括：企业现有的供应商供应成本较高或者可靠性较差而难以满足企业对原材料、零件等的需求；供应商数量较少而需求方竞争者众多；企业所在产业的增长潜力较大，企业具备后向一体化所需的资金、人力资源等；供应环节的利润率较高；企业产品价格的稳定对企业十分关键，后向一体

化有利于控制原材料成本，从而确保产品价格的稳定。

【发展战略的主要途径】

1. A 【解析】"其后不久，甲公司发现乙公司在被收购前卷入的一场知识产权纠纷，将导致甲公司面临严重的经营风险"体现了企业在并购前没有认真地分析目标企业的潜在成本和效益，过于草率地并购，结果无法对被并购企业进行合理的管理，这属于决策不当。选项 A 正确。

2. B 【解析】根据资料"国内著名商业零售企业东海公司与主营大数据业务的高胜公司签订战略合作协议"，两个公司结成的战略联盟是功能性协议，属于契约式战略联盟。相对于股权式战略联盟而言，契约式战略联盟更具有战略联盟的本质特征，选项 B 正确。选项 A、C、D 属于股权式战略联盟的特点。

3. AC 【解析】汽车制造商甲公司凭借自有资金 2 亿元和发行债券融资 5 亿元作为资金来进行收购，主体资金是对外负债，属于杠杆并购，所以选项 A 正确；双方多次磋商之后签订协议，完成收购活动，属于友善并购，所以选项 C 正确；汽车制造商甲公司是非金融企业，属于产业资本并购，所以选项 D 不正确；汽车制造商甲公司对汽车零部件商乙公司进行收购，属于纵向并购中的后向并购，所以选项 B 不正确。

4. BD 【解析】"国内零售企业海川公司与主营大数据业务的出云公司签订战略合作协议"说明该合作形式为契约式战略联盟。选项 B、D 正确。选项 A、C 属于股权式战略联盟的特点。

5. 【答案】

(1)①前向一体化战略。前向一体化战略是指获得分销商或零售商的所有权或加强对他们的控制权的战略。"喜旺公司决定自建物流体系，并于 2007 年投资 2000 万元建立东速快递公司，专门为喜旺商城提

供物流服务";"喜旺公司不断完善物流配送体系，将大量资金用于物流队伍、运输车队、仓储体系建设";"进一步整合物流配送资源和能力，2014年3月，喜旺公司并购迅风物流，喜旺公司与国有邮政公司达成战略合作；2016年5月，喜旺公司并购'快快'，实现'两小时极速达'的个性化增值服务。喜旺公司这一系列举措，使得其下游配送的效率取得质的飞跃"。

动因（或优势）：企业现有的下游物流配送服务可靠性较差，难以满足企业的需要。"喜旺公司早期与大多数电商一样，采用第三方物流配送商品。随着商品年销售量的不断增加，第三方物流配送能力不足、每天数千单货物积压问题日益显著，严重影响服务质量和客户满意度"。

②后向一体化战略。后向一体化战略是指获得供应商的所有权或加强对其控制权。"运用多种方式整合与完善商品采购与供给端。为了确保上游供给商品的质量与可靠性"。

动因（或优势）：有效控制商品的成本、质量及供应可靠性，确保企业生产经营活动稳步进行。"为了确保上游供给商品的质量与可靠性。2014年4月，喜旺公司与国内最大海洋牧场微岛公司达成合作协议；2014年6月，喜旺公司投资智能体重体脂称P产品；2015年5月，喜旺公司投资7000美元建立生鲜电商果园；2015年8月，喜旺公司与国信医药公司合作，使用户在喜旺平台可购买处方药品；2015年8月，喜旺公司出资43亿元战略入股永芒超市，取得10%股权。永芒超市是国内超市中最好的生鲜品供应商，拥有业内最低的生鲜品采购成本"。

（2）①内部发展（新建）。"喜旺公司决定自建物流体系，并于2007年投资2000万元建立东速快递公司，专门为喜旺商城提供物流服务，服务范围覆盖200多座城市，东速快递公司的成立，大大提高了喜旺商

城全国配送商品的速度，为喜旺商城的用户带来良好的体验。此后，喜旺公司不断完善物流配送体系，将大量资金用于物流队伍、运输车队、仓储体系建设。到2011年，喜旺公司在全国各地建立7个一级物流中心和20多个二级物流中心，以及118个大型仓库";"2014年6月，喜旺公司投资智能体重体脂称P产品；2015年5月，喜旺公司投资7000美元建立生鲜电商果园"。

②外部发展（并购）。"2014年3月，喜旺公司并购迅风物流""2016年5月，喜旺公司并购'快快'"。

③战略联盟。"喜旺公司与国有邮政公司达成战略合作""喜旺公司与国内最大海洋牧场微岛公司达成合作协议""2015年8月，喜旺公司与国信医药公司合作""2015年8月，喜旺公司出资43亿元战略入股永芒超市，取得10%股权"。

6.【答案】

日升公司"从OEM向OBM升级"所采用的发展途径有：内部发展（新建）、外部发展（并购）以及战略联盟。

①内部发展（新建）。"1999年3月，日升公司在M国组建公司并创立公司品牌'LC'，主要从事中低端家具的生产和销售""2000年和2008年……国际风尚馆""2010年，开展酒店家具业务……2014年，推出婴儿家具品牌'SB'"。

②外部发展（并购）。"公司先后实施四次跨国并购，获取了欧美知名企业的品牌、渠道、研发设计及制造能力等战略性资产""2001年，日升公司斥资完成对原委托方FC公司的收购，直接进入M国中高档家具市场""在强大的资金和产能支持下，日升公司于2006年至2008年又先后收购国际三大品牌家具制造商"。

③战略联盟。"日升公司在原有多个知名品牌的基础上，运用特许经营品牌、针对细分客户设立新品牌等策略，进一步巩固

日升公司的 OBM 业务。……OBM 业务约占总业务的90%"。

7. CD 【解析】甲客运公司与乙旅行社进行战略合作属于战略联盟，通过合作推出产品，提升了合作双方的竞争力，体现了实现资源互补和开拓新市场的动因。选项CD正确。

8. 【答案】
发展战略一般可以采用三种途径，即外部发展(并购)、内部发展(新建)与战略联盟。环亚汽车公司实施发展战略所采用的三种途径具体表现为：
①内部发展(新建)。"环亚汽车公司在包括电机、电控与电池生产领域投入的研发费用占销售收入比重达4.13%""环亚汽车公司自主研发的磷酸铁锂电池(锂电池的一种)及管理系统安全性能好、使用寿命长""环亚汽车公司自主研发的永磁同步电机功率大、扭矩大，足够满足双模电动汽车与纯电动车的动力需求""环亚汽车公司自主研发的动力系统匹配技术能够保证动力电池、驱动电机及整车系统的匹配，保证整车运行效率"。
②外部发展(并购)。"2003年，环亚公司收购了一家汽车制造公司，成立了环亚汽车公司""2008年环亚汽车公司以近2亿元的价格收购了半导体制造企业中达公司""2009年环亚汽车公司收购国内美泽客车公司，获得客车生产准生证""2015年环亚汽车公司收购专门从事盐湖资源综合利用产品的开发、加工与销售的东州公司"。
③战略联盟。"2011年环亚汽车公司与国际知名老牌汽车制造企业D公司成立合资企业""2014年环亚汽车公司又与国内广贸汽车集团分别按51%和49%的持股比例合资设立新能源客车公司""2016年环亚汽车公司以49%的持股比例，与青山盐湖工业公司及深域投资公司共同建立合资企业""2015年环亚汽车公司与广安银行分别以80%和20%的持股比例合资成立环亚汽车

金融公司"。

9. AC 【解析】甲乙互换股份，属于股权式战略联盟。选项AC正确，选项BD属于契约式战略联盟的特点。

10. C 【解析】相对于股权式战略联盟而言，契约式战略联盟由于更强调相关企业的协调与默契，从而更具有战略联盟的本质特征。其在经营的灵活性、自主权和经济效益等方面比股权式战略联盟具有更大的优越性。所以选项A、B、D错误。股权式战略联盟的初始投入较大，转置成本较高，投资难度大，灵活性差，政府的政策限制也很严格，而契约式战略联盟则不存在这类问题。所以选项C正确。

11. A 【解析】相对于股权式战略联盟而言，契约式战略联盟由于更强调相关企业的协调与默契，从而更具有战略联盟的本质特征。所以选项A正确。股权式战略联盟有利于扩大企业的资金实力，并通过部分"拥有"对方的形式，增强双方的信任感和责任感，因而更利于长久合作，所以选项BC错误。契约式战略联盟对联盟的控制能力差，所以选项D错误。

【基本竞争战略】

1. D 【解析】"从事苹果种植与销售的秋实公司率先采取了一种新的经营方式，在种植区内增设了园林景观、运动场、游戏场等，到秋收季节，顾客可前来付费进行休闲娱乐等活动，同时能以市场最低的价格采摘和购买苹果"体现了企业可以在为顾客提供更高的认可价值的同时，获得成本优势，即为混合战略，选项D正确。

2. 【答案】
(1)信达公司通过研发，促进产品的更新并保持产品独创性，因此信达公司实施的竞争战略的类型是差异化战略。
资源和能力：
①具有强大的研发能力和产品设计能力。"2005年研发成功'中国芯'，中国首块拥

有自主知识产权并产业化的数字视频处理芯片在信达公司诞生，彻底打破了国外芯片的垄断地位"；"2017年，信达公司推出的V5智能系统由简单的单项人机交互向更简洁的触控交互、智能交互发展，主动感知用户需求，实现智能化推荐""凭借历时7年研发的激光电视提前锁定主动权，在全球大屏幕电视市场赢得了一席之地""信达公司以强大的研发实力为后盾，以优秀的销售团队为支撑，产品销售额与营销收入实现稳步增长"。

②具有很强的市场营销能力。"信达公司以强大的研发实力为后盾，以优秀的销售团队为支撑，产品销售额与营销收入实现稳步增长"。

③有能够确保激励员工创造性的激励体制、管理体制和良好的创造性文化。"信达公司拒绝参与彩电行业价格战，每年将销售收入的5%投入研发。公司实行奖金与开发成果挂钩的制度，将技术开发人员工资涨到一线工人的3倍"。

④具有从总体上提高某项经营业务的质量、树立产品形象、保持先进技术和建立完善分销渠道的能力。"信达公司以强大的研发实力为后盾，以优秀的销售团队为支撑，产品销售额与营销收入实现稳步增长，根据有关部门提供的信息，2018年，信达公司电视机的营业收入位居全球品牌第三位，国内品牌第一位"。

(2)研发定位包括：成为向市场推出新技术产品的企业；成为成功产品的创新模仿者；成为成功产品的低成本生产者。

信达公司研发定位是成为成功产品的创新模仿者。这种方法必须有先驱企业开发第一代新产品并证明存在该产品的市场，然后由跟随的企业开发类似的产品。这种战略要求企业拥有优秀的研发人员和优秀的营销部门。"2005年研发成功'中国芯'，彻底打破了国外芯片的垄断地位""建成中国电视行业第一条液晶模组线，打破了中

国液晶模组几乎全部依赖外企的状况""'ULED显示技术'是信达10年来对电视行业上游垄断发起的第3次突围战，凭借历时7年研发的激光电视提前锁定主动权，终于在全球大屏幕电视市场赢得了一席之地"。

3. C 【解析】节省了店员的操作和相关费用，相应地把咖啡价格降低到行业最低水平，同时使顾客产生宾至如归的亲切感，属于低价格、高顾客认可价值，即混合战略。

【思路点拨】本题属于典型的案例分析型题目。本题解题关键是要读懂资料，分析出关键线索。"咖啡店率先采取了一项新的经营方式……使顾客产生宾至如归的亲切感"表明公司采取了差异化，"节省了店员的操作和相关费用，相应地把咖啡价格降低到行业最低水平"说明公司实现了成本领先，所以公司做到了在为顾客提供更高认可价值的同时，获得成本优势，即混合战略。

4. 【答案】

(1)公司宗旨旨在阐述公司长期的战略意向，其具体内容主要说明公司目前和未来所要从事的经营业务范围。科通公司初创时期的业务定位是做手机业务，"要做一款设计好、品质好而价格又便宜的智能手机"；而历经8年的发展，到2018年科通公司上市之前，公司的业务定位是"涵盖众多消费电子产品、软硬件和内容全覆盖的互联网企业"。

(2)依据"战略钟"理论，科通智能手机与生态链产品所采用的竞争战略类型是混合战略，即在为顾客提供更高的认可价值的同时，获得成本优势。亦即差异化与成本领先兼顾的战略。"科通坚持做顶级配置，真材实料，高性能，高体验，强调超用户预期的最强性价比""这款号称顶级配置手机定价只有1999元，几乎是同配置手机价格的一半""由于科通品牌给人们高性价比

的印象已经根深蒂固，因此不少人认为科通生态链企业的产品无法赢利。但实际上，科通生态链企业已经有多家实现盈利""感动人心、价格厚道"。

科通智能手机与生态链产品能够实现混合战略主要依靠互联网信息技术。

首先，企业可以借助信息技术推出区别于竞争对手的新产品、新服务，从而获得竞争优势。"科通公司首先是运用互联网工具，让用户参与到手机硬件的设计、研发之中，通过用户的反馈意见，了解市场的最新需求。而此前其他公司的研发模式都是封闭的，动辄一两年，开发者以为做到了最好，但其实未必是用户喜欢的，而且一两年时间过去，市场很可能已经变化""在赵小明看来，'互联网思维'体现在两个关键点上：一是用户体验，利用互联网接近用户，了解他们的感受和需求；……，做到感动人心、价格厚道"。

其二，信息技术在企业中的应用可以帮助企业在生产、工程、设计、服务等环节有效降低成本，甚至达到行业中最低的运营成本""开创了官网直销预订购买的发售方式，不必通过中间商，产品可以直接送到消费者手上，省去了实体店铺的各种费用和中间的渠道费用""在赵小明看来，'互联网思维'体现在两个关键点上：……，二是效率，利用互联网技术提高企业的运行效率，使优质的产品能够以高性价比的形式出现，做到感动人心、价格厚道"。

(3)"科通的成功模式成为各行各业观摩学习的范本"，依据核心能力评价理论，向科通公司学习的企业基准分析的基准类型是过程或活动基准，即以具有类似核心经营的企业为基准进行比较，但是二者之间的产品和服务不存在直接竞争关系。这类基准分析的目的在于找出企业做得最突出的方面。"大量企业开始对标科通，声称要用科通模式颠覆自己所在行业，'做XX行业的科通'，成为众多企业的口号"，说

明不是同一行业企业，当然也不存在直接竞争关系。

(4)科通公司在 2015 年所面临的市场风险主要表现在两个方面：

①能源、原材料、配件等物资供应的充足性、稳定性和价格的变化带来的风险。"销量越来越大就意味着要与数百个零部件供应商建立良好高效的合作协同关系，不能有丝毫闪失。而科通的供货不足、发货缓慢被指为'饥饿营销'，开始颇受质疑""芯片供应商 G 公司的一脚急刹车成为导火线"。

②潜在进入者、竞争者、与替代品的竞争带来的风险。"竞争对手越来越多、越来越强大。H 公司推出的互联网手机品牌 R 手机成为科通手机强劲的对手，O 公司和 V 公司也借助强大的线下渠道开始崛起""以线下渠道为主的 O 公司和 V 公司成为手机行业的新星，其手机出货量不仅增幅超过 100%，而且双双超过科通公司进入全球前五、国内前三"。

(5)科通公司 2016 年所采用的收缩战略（撤退战略）的主要方式有：

①紧缩与集中战略中的机制变革，主要做法是调整管理层领导班子。"赵小明亲自负责科通手机供应链管理。前供应链负责人转任首席科学家，负责手机前沿技术研究。这意味着科通公司从组织架构上加大对供应链的管理力度"。

②转向战略中的调整营销策略，在价格、广告、渠道等环节推出新的举措。"开启'新零售'战略，……通过线上线下互动融合的运营方式，将电商的经验和优势发挥到实体零售中。让消费者既能享用线下看得见摸得着的良好体验，又能获取电商一样的低价格""早年一直坚持口碑营销从未请过代言人的科通公司在 2016 年开始改变策略，先后请来几位明星作为代言人，赢得了不少新老客户"。

(6)科通生态链所采用的发展战略的类型

属于相关多元化(同心多元化)。"科通生态链的投资主要围绕以下5大方向：手机周边，如手机的耳机、移动电源、蓝牙音箱；智能可穿戴设备，如科通手环、智能手表；传统白电的智能化，如净水器、净化器；极客酷玩类产品，如平衡车、3D打印机；生活方式类，如科通插线板""围绕手机业务构建起手机配件、智能、生活消费产品三层产品矩阵"。

科通公司采用这一战略的优点：

①有利于企业利用原有产业的产品知识、制造能力、营销渠道、营销技能等优势来获取融合优势，即两种业务或两个市场同时经营的盈利能力大于各自经营时的盈利能力之和。"科通生态链团队从ID、外观、结构、硬件、软件、云服务、供应链、采购、品牌等诸多方面给予创业公司全方位的支持""麦家的多个产品已经做到了全球数量第一，科通生态链公司也出现多个独角兽(指那些估值达到10亿美元以上的初创企业)""科通公司也从一家手机公司过渡到一个涵盖众多消费电子产品、软硬件和内容全覆盖的互联网企业"。

②利用未被充分利用的资源。"科通公司抽出20名工程师，让他们从产品的角度看待拟投资的创业公司，通过与创业公司团队的沟通，了解这家公司的未来走向"。

③运用盈余资金。"运用科通公司已经积累的大量资金"。

④运用企业在某个产业或某个市场中的形象和声誉来进入另一个产业或市场，而在另一个产业或市场中要取得成功，企业形象和声誉是至关重要的。"科通生态链团队从ID、外观……品牌等诸多方面给予创业公司全方位的支持"。

科通生态链所采用的实施发展战略的途径是战略联盟。"科通生态链团队不仅做投资，而且是一个孵化器……但是，科通公司并没有控股任何一家科通生态链公司，所有的公司都是独立的""通过这种独特的

战略联盟模式，科通投资、带动了更多志同道合的创业者，围绕手机业务构建起手机配件、智能、生活消费产品三层产品矩阵"。

科通公司采用这种方式的动因：

①促进技术创新。"生态链企业各自发挥技术创新优势""许多新兴产品领域，麦家的多个产品已经做到了全球数量第一，科通生态链公司也出现多个独角兽"。

②避免经营风险。"同时……规避经营风险"。

③实现资源互补。"从ID、外观、结构、硬件、软件、云服务、供应链、采购、品牌等诸多方面给予创业公司全方位的支持""科通公司利用其规模经济所带来的全球资源优势帮助这些生态链企业提高效率，科通公司运用其全球供应链优势能够让生态链上的小公司瞬间拥有几百亿的供应链能力"。

④开拓新的市场。"科通已经投资了90多家生态链企业，涉足上百个行业"。

⑤降低协调成本。"同时降低科通公司整体的内部协调成本"。

(7)①研发能力。"科通公司首先是运用互联网工具，让用户参与到手机硬件的设计、研发之中，通过用户的反馈意见，了解市场的最新需求。而此前其他公司的研发模式都是封闭的，动辄一两年，开发者以为做到了最好，但其实未必是用户喜欢的，而且一两年时间过去，市场很可能已经变化。其次，科通坚持做顶级配置，真材实料，高性能，高体验，强调超用户预期的最强性价比""从ID、外观、结构、硬件、软件、云服务、供应链、采购、品牌等诸多方面给予创业公司全方位的支持""许多新兴产品领域，麦家的多个产品已经做到了全球数量第一"。

②生产管理能力。"利用互联网技术提高企业的运行效率，使优质的产品能够以高价比的形式出现""科通公司利用其规模经

济所带来的全球资源优势帮助这些生态链企业提高效率，科通公司运用其全球供应链优势能够让生态链上的小公司瞬间拥有几百亿供应链提供的能力"。

③营销能力。

A. 产品竞争能力。"这款号称顶级配置的手机定价只有1999元，几乎是同配置手机价格的一半，科通手机2012年实现销售量719万部。2014年二季度，科通手机成为国内智能手机市场的第一名，科通公司在全球也成为第三大手机厂商""麦家的多个产品已经做到了全球数量第一，科通生态链公司也出现多个独角兽"。

B. 销售活动能力。"以品牌和口碑积累粉丝，靠口口相传，节省大量广告费用""开创了官网直销预订购买的发售方式，不必通过中间商，产品可以直接送到消费者手上，省去了实体店铺的各种费用和中间的渠道费用""开启'新零售'战略，通过线上线下互动融合的运营方式，将电商的经验和优势发挥到实体零售中""早年一直坚持口碑营销从未请过代言人的科通公司在2016年开始改变策略，先后请来几位明星作为代言人，赢得了不少新老客户"。

C. 市场决策能力。"公司成立之初，时任CEO的赵小明与他的合伙人们就有一个想法：要做一款设计好、品质好而价格又便宜的智能手机。2010年的手机市场，还是国际品牌的天下，功能机仍是主体，智能手机的价格至少也要在3000~4000元。虽然也有一些国产品牌手机，但大多数是低质低价的山寨机""2014年，赵小明开始意识到'智能硬件'和'万物互联'可能是比智能手机还要大的发展机遇。于是，科通公司开启了科通生态链计划"。

④财务能力。"科通公司开启了科通生态链计划，运用科通公司已经积累的大量资金""2018年7月，科通公司成功上市""不少人认为科通生态链企业的产品无法实现利润，但实际上，科通生态链企业已经有多家实现盈利。这是因为科通公司利用其规模经济所带来的全球资源优势帮助这些生态链提高效率"。

⑤组织管理能力。"科通公司内部开始进行架构和模式多维调整。赵小明亲自负责科通手机供应链管理，前供应链负责人转任首席科学家，负责手机前沿技术研究，这意味着科通公司从组织架构上加大对供应链的管理力度""科通公司抽出20名工程师，让他们从产品的角度看待拟投资的创业公司，通过与公司团队的沟通，了解这家公司的未来走向""科通公司并没有控股任何一家科通生态链公司，所有的公司都是独立的。这样有利于在统一的价值观和目标下，生态链企业各自发挥技术创新优势，同时降低科通公司整体内部协调成本，规避经营风险"。

5. A 【解析】华美公司入市时价格是低档车价格的1/2，说明采取了低价策略，低价低值战略属于集中成本领先战略。

6. C 【解析】集中化战略是指针对某一特定购买群体、产品细分市场或区域市场，采用成本领先或产品差异化来获取竞争优势的战略。本题中，该公司针对某软件园区的客户实施促销方案，说明客户群体是特定区域中的，因此采用的是集中化战略。

7. BC 【解析】甲公司率先推出该种手机业务，并因此得到相应的利润，所以选项B正确。用户集中在"与甲公司合作的商家"市场中，可以理解为是集中化战略，所以选项C正确。

8. ABD 【解析】混合战略指"战略钟"中的途径3，而失败战略指"战略钟"中的途径6、7和8。

9.【答案】

(1) 太乐公司在C国厨具小家电市场采用成本领先战略的优势：

①形成进入障碍。"太乐公司多次主动大幅度降低产品价格……令新进入者望而却步。"

②增强讨价还价能力。"而对于一些成本高、自身还不具备生产能力的上游资源，公司由于在其他各环节上成本低于竞争对手，也能够应付和消化这些高成本投入物的价格。"

③保持领先的竞争地位。"在市场上淘汰了高成本和劣质企业""快速提高市场占有率，在国内外享有较高的知名度"。

(2)太乐公司在C国厨具小家电市场实施成本领先战略的条件：

市场情况：

①产品具有较高的价格弹性，市场中存在大量的价格敏感用户；"消费者大都对价格比较敏感"。

②产业中所有企业的产品都是标准化的产品，产品难以实现差异化；"在家具小家电市场，企业的产品都是标准化的产品"。

③价格竞争是市场竞争的主要手段；"价格竞争仍然是市场竞争的主要手段"。

资源和能力：

①规模经济显著的产业中建立生产设备来实现规模经济；"利用与发达国家企业合作方式获得的设备，进行大批量生产，从而获得规模经济优势"。

②降低各种要素成本；"由于国内劳动力成本低，公司产品成本中的人工成本大大低于国外制造业的平均水平""对于一些成本高且太乐公司自身有生产能力的上游资源，公司通过多种形式自行配套生产，可以大幅度降低成本"。

③提高生产率；"太乐公司实行24小时轮班制，设备的利用率很高，因而其劳动生产率与国外同类企业基本持平"。

④提高生产能力利用程度；"太乐公司实行24小时轮班制，设备的利用率很高。因而其劳动生产率与国外同类企业基本持平。"

⑤选择适宜的交易组织形式；"对于一些成本高且太乐公司自身有生产能力的上游资源，如集成电路等，公司通过多种形式

自行配套生产，可以大幅度降低成本"。

⑥重点集聚；"太乐公司集中全部资源，重点发展厨具小家电产品"。

10.【答案】

(1)运用"功能性""外观时尚性"两个战略特征，各分为"高""中""低"3个档次，对案例中所提及的C国卫浴产品企业进行战略群组划分，可分为3个战略群组：

①功能性高、外观时尚性高的群组，包括T公司、K公司；

②功能性中等、外观时尚性中等的群组，包括英鸟、达成、维亚、恩典、雄高等企业；

③功能性低、外观时尚性低的群组，包括一批以各大产区的杂牌为代表的企业。

(2)T公司、K公司竞争战略定位在差异化。"设计研发水平高，在品牌塑造上投入较大，具有很强的品牌影响力，其提供的产品和服务的特征是追求高端的顾客体验，满足了顾客对于功能性与外观时尚度完美结合的要求，在行业中处于标杆地位"。

英鸟、达成、维亚、恩典、雄高5大品牌企业竞争战略定位在成本领先。"其外观和功能都达到一定水准。这些产品的生产企业注重节约设计和研发成本，通过价格战和广告攻势，不断扩大市场份额，实现了规模经济效益"。

一批以各大产区的杂牌为代表的企业竞争战略定位在集中成本领先。"其功能和外观较为低端、简陋。但由于产品简单，生产线投资成本小，产品价格低廉，适合不发达地区的一部分用户的需求"。

(3)战略群组分析有助于企业了解相对于其他企业本企业的战略地位以及公司战略变化可能的竞争性影响。

①有助于很好地了解战略群组间的竞争状况，主动地发现近处和远处的竞争者。

②有助于了解各战略群组之间的"移动障碍"。

③有助于了解战略群组内企业竞争的主要着眼点。

④可以预测市场变化或发现战略机会。

"由于T公司、K公司等国际品牌的产品研发和成本很高，固定资产投入大，退出壁垒高，追赶这些企业难度较大"是基于对战略群组间的竞争状况、各战略群组之间的移动障碍、战略群组内企业竞争的主要着眼点的了解，专家建议"国内这些老品牌企业可以从增强售后服务功能寻找出路，因为目前C国国内各类卫浴产品品牌都未对安装、更换、维修等售后服务投入应有的精力，消费者对这类服务的需求很高"，则是预测市场变化或发现战略机会的体现，建议C国老品牌企业向功能高、外观时尚性中等的群组移动，这是一片蓝海。

【中小企业竞争战略】

1. BCD 【解析】根据资料表述，理发业属于零散产业。造成产业零散的原因包括：(1)进入障碍低或存在退出障碍。(2)市场需求多样导致高度产品差异化。(3)不存在规模经济或难以达到经济规模。选项BCD正确。

2. ACD 【解析】根据资料的表述，快餐业属于零散产业。造成产业零散的原因有：进入障碍低或存在退出障碍；市场需求多样导致高度产品差异化；不存在规模经济或难以达到经济规模。

3. 【答案】

①技术的不确定性。"技术的不确定性以及业务创新对技术和人才储备的要求都是对企业严峻的考验""消费者普遍认为新能源汽车技术尚不成熟，服务设施尚不完善"。

②战略的不确定性。"新能源汽车的运营模式、行业规范和服务体系等方面无法仿照传统燃油汽车，存在诸多不确定性""企业市场销售的中心活动只能是选择顾客对象并诱导初始购买行为"。

③成本的迅速变化。"服务设施尚不完善，价格过高且伴随规模经济与经验曲线的形成肯定会大幅度降价，第二代和第三代产品将迅速取代现有产品""新能源汽车供应链处于初建期，企业原材料、零部件及其他供给不足"。

④首次购买者。"服务设施尚不完善，价格过高且伴随着规模经济与经验曲线的形成肯定会大幅度降价，第二代和第三代产品将迅速取代现有产品，因而采取等待观望态度，在这种情况下，企业市场销售的中心活动只能是选择顾客对象并诱导初始购买行为"。

4. B 【解析】淮扬公司的战略目标是建成门店覆盖全国的"快餐帝国"。由于扩张过快、缺乏相关资源保障、各地流行菜系经营者的激烈竞争以及不同消费者口味难以调和的矛盾。体现的是零散产业谨防潜在的战略陷阱中的避免寻求支配地位。零散产业的基本结构决定了寻求支配地位是无效的，除非可以从根本上出现变化。

5. BD 【解析】洗车业务不需要复杂的技术和大量的投资，说明洗车产业进入障碍低，消费者需要的洗车地点分散，说明市场需求多样导致高度产品差异化(消费者消费地点的零散)，选项BD正确。

6. 【答案】

(1)依据并购战略"并购失败的原因"，简要分析千百集团收购羊乐火锅效果不如尽人意的主要原因如下：

①决策不当。本案例主要体现在高估自己对被并购企业的管理能力，从而高估并购带来的潜在经济效益，结果遭到失败。"收购后的标准化管理未必适合饮食文化多元化的中餐，即使对于形式相对简单的火锅也不例外，……羊乐火锅标准化管理的升级着重于店面的装修风格和菜品的精致程度向千百旗下的外资餐饮企业看齐，而羊乐原来引以为傲的'美味锅底无需蘸料'的特色被改掉了，又没有及时地更新

菜品，也不能针对不同顾客提供差异化服务（如南北方消费者对调料的不同需求）。使得原来的消费者失去了以往享用羊乐火锅的乐趣""千百集团运用'关、延、收、合'四字诀对羊乐火锅的加盟店进行整顿，使原先羊乐火锅的门店大幅缩减，又没有及时进行羊乐火锅门店新的布局。因而丧失了羊乐火锅以'让消费者到处能看到我的店'为宗旨打造的规模经济优势"。

②并购后不能很好地进行企业整合。"羊乐原创团队散伙了，之前原创团队多年积累的企业竞争优势也随之消失殆尽""羊乐火锅标准化管理的升级着重于店面的装修风格和菜品的精致程度向千百旗下的外资餐饮企业看齐，而羊乐原来引以为傲的'美味锅底无需蘸料'的特色被改掉了，又没有及时地更新菜品，也不能针对不同顾客提供差异化服务（如南北方消费者对调料的不同需求）""千百集团……对羊乐火锅的加盟店进行整顿，使原先羊乐火锅的门店大幅缩减，又没有及时进行羊乐火锅门店新的布局"。

③支付过高的并购费用。"千百集团以6.5港元/股的价格（溢价30%）、总额近46亿港元现金完成了对羊乐火锅的高价收购"。

（2）依据"零散产业的战略选择"，结合本案例，简要分析餐饮企业应当如何选择和实施波特三种基本竞争战略如下：

①克服零散—获得成本优势。本案例的事例主要体现在通过连锁经营或特许经营将消费者分散的需求集中起来，克服零散。"羊乐火锅以'让消费者到处能看到我的店'为宗旨的全国连锁经营赢得消费者的喜爱""千百集团……对羊乐火锅的加盟店进行整顿，使原先羊乐火锅的门店大幅缩减，又没有及时进行羊乐火锅门店新的布局。因而丧失了羊乐火锅以'让消费者到处能看到我的店'为宗旨打造的规模经济优势""这些公司……以及不断拓展的门店布局，赢得日益挑剔

的消费者的青睐"。

②增加附加价值—提高产品差异化程度。"火锅作为一种中国特色的餐饮文化，很难用标准化的管理模式去'经营'，消费者味蕾的感受需要多元化的体验。羊乐火锅标准化管理的升级着重于店面的装修风格和菜品的精致程度向千百旗下的外资餐饮企业看齐，而羊乐原来引以为傲的'美味锅底无需蘸料'的特色被改掉了，又没有及时地更新菜品，也不能针对不同顾客提供差异化服务（如南北方消费者对调料的不同需求）。让原来的消费者丧失了以往享用羊乐火锅的乐趣""这些公司各自以其鲜明的特色、不断地推陈出新……赢得日益挑剔的消费者的青睐"。

③专门化—目标集聚。零散产业需求多样化的特点，为企业实施重点集中战略提供了基础条件。"经过多年的发展和改良，火锅种类的划分更加细化，比如以'麻、辣、烫'著称的重庆火锅属于南派火锅，还有以涮羊肉为代表的北派火锅和新派火锅等等。火锅作为一种中国特色的餐饮文化，很难用标准化的管理模式去'经营'，消费者味蕾的感受需要多元化的体验""这些公司各自以其鲜明的特色、不断地推陈出新、清晰的细分市场定位……赢得日益挑剔的消费者的青睐"。

7. ACD 【解析】靓影公司所处产业属于零散产业，该产业的战略选择包括：（1）克服零散—获得成本优势。（2）增加附加价值—提高产品差异化程度。（3）专门化—目标集聚。选项B属于多元化战略。

8. D 【解析】造成产业零散的原因包括进入障碍低或存在退出障碍，市场需求多样导致高度产品差异化，不存在规模经济或难以达到经济规模，除此之外还包括政府政策和地方法规对某些产业集中的限制以及一个新产业中还没有企业掌握足够的技能和能力以占据重要的市场份额。选项ABC属于新兴产业共同的内部结构特征。

9. D 【解析】新兴产业的共同结构特征分别为：(1)技术的不确定性；(2)战略的不确定性；(3)成本的迅速变化；(4)萌芽企业和另立门户；(5)首次购买者。

【蓝海战略】

1. 【答案】

(1)2015年优尚公司目标市场选择由集中市场营销转变为差异市场营销。

2015年之前实施集中市场营销。指企业集中所有力量，以一个或少数几个性质相似的子市场作为目标市场，试图在较少的子市场上占领较大的市场份额。"专注于三四线城市经济连锁酒店经营的优尚公司意识到，不同消费群体有不同的消费需求……集中于三四线城市经营经济型酒店将面临新的风险"。

2015年之后实施差异市场营销。指企业决定同时为几个子市场服务，设计不同的产品，并在渠道、促销和定价方面都加以相应的改变，以适应各个子市场的需要。"仅仅集中于三四线城市经济型酒店经营将面临新的风险，优尚公司开始了业务与品牌拓展，进军中高档酒店，以不断挖掘投资者及细分人群的需求，兼顾投资者和消费者利益，找到最佳平衡点"。

(2)①审视他择产业或跨越产业内不同的战略群体。"投一产多"的运营模式。"除了经营酒店住宿业外，还开展了辅助业务，如在酒店大堂开设蛋糕店、面吧，在房间销售毛巾、浴巾等产品""'住酒店可以不花钱'与'投一产多'运营模式相配套，优尚公司为顾客构建了一个生活分享平台……都可以通过手机扫描二维码下单购买"。

②重设客户的功能与情感性诉求。"'住酒店可以不花钱'与'投一产多'运营模式相配套，优尚公司为顾客构建了一个生活分享平台……都可以通过手机扫描二维码下单购买""公司引入O2O(即online线上和offline线下)模式和酒店式标准化管理，推广'住宿、社交、管家式生活服务'的酒店模式……智能化体验为投资者和消费者带来更多的惊喜和便利。"

③放眼互补性产品和服务。"除了经营酒店住宿业外，还开展了辅助业务，如在酒店大堂开设蛋糕店、面吧，在房间销售毛巾、浴巾等产品""'住酒店可以不花钱'与'投一产多'运营模式相配套，优尚公司为顾客构建了一个生活分享平台……都可以通过手机扫描二维码下单购买""与生产经营家电、金融、旅游、家居、智能门锁的五大行业巨头达成品牌合作。通过强强联合，增加信用住宿、无息贷款、投资扶持、微信开锁等功能，优尚公司的酒店生态更加开放，为酒店行业发展探索新的契机"。

④跨越时间。"优尚公司将旗下的中高档酒店蓝港公寓定位于互联网智能公寓，引领时代潮流。公司引入O2O(即online线上和offline线下)模式和酒店式标准化管理，推广'住宿、社交、管家式生活服务'的酒店模式"。

2. 【答案】

(1)①规避竞争，拓展非竞争性市场空间。"在传统农产品的激烈竞争中，确保了稳定的市场和农民可靠的收入来源"。

②创造并攫取新需求。"随着生活节奏的加快，生活在都市的人们越来越希望能有一方净土，在空闲的时光摆脱繁忙的工作，通过劳动来净化自己的心灵，回归到最简单家庭亲情的生活方式中。此外，消费者对有机农产品的需求与日俱增，而一些企业的不规范行为导致消费者对市场销售的有机农产品的真实性产生质疑。一种新型的社区支持型农业顺应这些需求而产生"。

③打破价值与成本互替定律，同时追求差异化和低成本，把企业行为整合为一个体系。"小马驹市民农园新鲜的有机农产品去掉了中间商，可以直接被会员们购

买……由于降低了农产品物流和包装成本，会员们能够亲历有机产品的生产过程，也满足了会员们能够放心地享用物美价廉有机农产品的消费需求"。

(2)①审视他择产业或跨越产业内不同的战略群组。"农园将农业、休闲业、教育产业融为一体"。

②重新界定产业的买方群体。"小马驹市民农园新鲜的有机农产品去掉了中间商，可以直接被会员们购买"。

③放眼互补性产品或服务。"农园将农业、休闲业、教育产业融为一体"。

④重设客户功能性或情感性诉求。"这些配送为消费者提供了便利，使他们享受到被关爱的体验""有儿童的家庭特别青睐这种亲近自然、家庭团聚、寓教于乐的模式。小马驹农园策划了很多节事活动，在这些节事活动中，对小朋友进行传统农耕和文化教育""农园还开展了一些活动激发小朋友的兴趣，这些活动是孩子们在城市中不可能见到的""在农园一角设立了一个大食堂，会员在劳动过程中，可以到食堂用餐，农园要求会员用餐后自己洗碗，洗碗用的不是洗涤灵，而是麦麸，更增添了农园天然质朴环保的色彩"。

⑤跨越时间参与塑造外部潮流。"一种新型的社区支持型农业顺应这些需求而产生，其中以小马驹市民农园最为知名"。

3.【答案】

(1)依据红海战略和蓝海战略的关键性差异，简要分析"人物山水"体现蓝海战略的特征如下：

①规避竞争，拓展非竞争性市场空间。"刚刚起步的乡村旅游出现了定位趋同、重复建设的现象""'人物山水'完全不同于传统的旅游项目……在运营上也有其独到之处""以文艺演出的形式推出的'人物山水'，用其独有的魅力吸引着一批又一批来到当地旅游的国内外游客。它已经不单单是一场文艺演出，而是当地旅游的经典

品牌"。

②创造并攫取新需求。"让观众在观赏歌舞演出的同时将身心融于自然。山水实景构筑的舞台、如梦似幻的视觉效果、给观众带来了特殊的震撼""大量游客因为'人物山水'而在Y地区出入和停留，使一条原本幽静的山道成为当地政府开发的新景点，让人们看到了一个旅游产业带动周边产业发展的经济现象"。

③打破价值与成本互替定律，同时追求差异化和低成本，把企业行为整合为一个体系。"启用这些乡村百姓，让观众更直观地体验到'人物山水'是真正从山水和农民中降生的艺术和文化。由于没有大牌明星的加入，使得剧组成本降低，还给当地人民带来实在的经济利益，为当地旅游带来了巨大的品牌效应"。

(2)依据蓝海战略重建市场边界的基本法则(开创蓝海战略的路径)，简要分析"人物山水"在竞争激烈的文化休闲领域中开创新的生存与发展空间的路径如下：

①审视他择产业或跨越产业内不同的战略群体。"将歌舞与风景结合在一起，同时赢得了观光客和民歌爱好者的欣赏""以文艺演出的形式推出的'人物山水'用其独有的魅力吸引着一批又一批来到当地旅游的国内外游客。它已经不单单是一场文艺演出，而是当地旅游的经典品牌"。

②放眼互补性产品或服务。"将歌舞与风景结合在一起""它已经不单单是一场文艺演出，而是当地旅游的经典品牌"。

③重设产业的功能与情感导向。"它将震撼的文艺演出现场效果与旅游地实景紧密结合起来，置身于秀丽山水之中的舞台，让观众在观赏歌舞演出的同时将身心融于自然。山水实景构筑的舞台、如梦似幻的视觉效果、给观众带来了特殊的震撼"。

④跨越时间参与塑造外部潮流："以文艺演出的形式推出的'人物山水'，用其独有的魅力吸引着一批又一批来到当地旅游的

国内外游客。它已经不单单是一场文艺演出，而是当地旅游的经典品牌"。

4.【答案】

(1)依据红海战略和蓝海战略的关键性差异，简要分析学朗书吧的经营体现的蓝海战略的特征如下：①规避竞争，拓展非竞争性市场空间。"两家书店竞争异常激烈""学朗书吧的创建者决定将书店和饮品店具有的两类互补性的功能结合起来，建立一个集读书、休闲、生活为一体的综合性服务书吧"。②创造并攫取新需求。"现在大学中自习室紧张，抢位现象愈发严重，学朗书吧计划打造自习位出租系列，并且提供午餐，为学生们提供理想的学习和休息场所"。③打破价值与成本互替定律，同时追求差异化和低成本，把企业行为整合为一个体系。"现有的一些书吧往往注重营造高雅的环境，通过豪华装修来吸引顾客""学朗书吧抛弃这些流行的理念和做法，只是在墙壁上描绘一些山水画提高意境，舍去了昂贵的摆设，大大降低了成本，进而降低了饮品和图书的售价，提升了竞争力"。

(2)依据蓝海战略重建市场边界的基本法则(开创蓝海战略的路径)，简要分析"学郎书吧"在竞争激烈的文化休闲领域中开创新的生存与发展空间的路径如下：①审视他择产业或跨越产业内不同的战略群组。"学朗书吧的创建者决定将书店和饮品店具有的两类互补性的功能结合起来，建立一个集读书、休闲、生活为一体的综合性服务书吧"。②放眼互补性产品或服务。"学朗书吧的创建者决定将书店和饮品店具有的两类互补性的功能结合起来，建立一个集读书、休闲、生活为一体的综合性服务书吧"。③重设客户功能性或情感性诉求。"现有的一些书吧往往注重营造高雅的环境，通过豪华装修来吸引顾客，比如在书架旁放置高大的古董瓷瓶，在墙壁上挂上油画等，但这并不是大学城

附近消费者关注的重点，却会产生巨大的成本。学朗书吧抛弃这些流行的理念和做法，只是在墙壁上描绘一些山水画提高意境，舍去了昂贵的摆设，大大降低了成本，进而降低了饮品和图书的售价，提升了竞争力"。④跨越时间参与塑造外部潮流。"随着电子商务的普及，饮品的网上销售日益火爆，许多网站均提供网售平台。学朗书吧与时俱进，也提供网上点单，送货到门。另外，现在大学中自习室紧张，抢位现象愈发严重，学朗书吧计划打造自习位出租系列，并且提供午餐，为学生们提供理想的学习和休息场所"。

5. D 【解析】本题考核"蓝海战略"的知识点。本题通过为顾客提供经营范围之外的其他服务，更好地满足消费者的需求，属于重设客户的功能性或情感性诉求。选项D正确。

6. A 【解析】蓝海战略代表着战略管理领域的示范性的转变，即从给定结构下的定位选择向改变市场结构本身的转变。由于蓝海的开创是基于价值的创新而不是技术的突破，是基于对现有市场现实的重新排序和构建而不是对未来市场的猜想和预测，企业就能够以系统的、可复制的方式去寻求它；"蓝海"既可以出现在现有产业疆域之外，也可以萌生在产业现有的"红海"之中。

7. D 【解析】选项ABC都是红海战略的特征，不属于蓝海战略的内涵的内容。

【市场营销战略】

1. C 【解析】"其产品的89%是被50%的顾客(重度饮用啤酒者)消费掉的，另外50%顾客(轻度饮用啤酒者)的消费量只占总消费量的11%"，属于根据消费者的使用情况分析，这种细分方式属于行为细分。选项C正确。

2. AC 【解析】消费者市场的细分变量主要有地理、人口、心理和行为四类变量。"不同民族"是人口变量，属于人口细分，

"生活习俗"是一种生活方式，属于心理细分。选项 AC 是正确答案。

3.【答案】

（1）市场情况：

①产品具有较高的价格弹性，市场中存在大量的价格敏感用户。"国内空调从少数人的奢侈品转为大众消费品的时机已经来临，市场需要大量老百姓买得起、用得起的'民牌'空调""升达得罪了同行，却赢得了无数的消费者"。

②购买者不太关注品牌。"市场需要大量老百姓买得起、用得起的'民牌'空调"。

③价格竞争是市场竞争的主要手段，消费者的转换成本较低。"升达公司在公布空调成本的同时，其空调全线降价，平均降幅达 20%。升达公司得罪了同行，却赢得了无数的消费者"。

资源和能力：

①在规模经济显著的产业中装备相应的生产设施来实现规模经济。"在升达公司老家 N 市，做空调配件的企业很多，整个空调产业链已经成型，升达公司通过整合这些企业，产品零部件自制率达到 90%，在……规模经济等诸方面都具备整机制造成本优势"。

②降低各种要素成本。"在升达公司老家 N 市，做空调配件的企业很多，整个空调产业链已经成型，升达公司通过整合这些企业，产品零部件自制率达到 90%，在零部件成本……诸方面都具备整机制造成本优势""在采购环节，升达公司同时采用自制和外购两条路线……这些设备和原料共有的特点是品质在全球范围内相对较好，价格相对最低""以年轻人为主体的人员结构和灵活的民营企业机制是升达公司成本优势的又一源泉。升达公司是新办的企业，没有下岗职工和离退休人员的负担……对于降低运营成本发挥了重要作用"。

③提高生产率。"在升达公司老家 N 市，做空调配件的企业很多，整个空调产业链

已经成型，升达公司通过整合这些企业，产品零部件自制率达到 90%，在……生产率等诸方面都具备整机制造成本优势""公司在 2001 年引进全球最先进的信息化管理工具 ERP，配合其内部各个部门严格的承包制，对提高企业效率和降低运营成本起到了极大的作用""年轻的人员架构和灵活的民营企业机制是升达公司成本优势的又一源泉。升达公司是新办的企业，没有下岗职工和离退休人员的负担……对于提高企业效率发挥了重要作用"。

④提高生产能力利用程度。"在升达公司老家 N 市，做空调配件的企业很多，整个空调产业链已经成型，升达公司通过整合这些企业，产品零部件自制率达到 90%，在……设备利用率……诸方面都具备整机制造成本优势"。

⑤选择适宜的交易组织形式。在不同情况下，是采取内部化生产，还是靠市场获取，成本会有很大的不同。"在采购环节，升达公司同时采用自制和外购两条路线，当自制的质量和价格有优势时，采用自制；而当自制明显不如外购有竞争力时，就毫不犹豫地采用外购，甚至关掉自制部门……这些设备和原料共有的特点是品质在全球范围内相对较好，价格相对最低"。

（2）①1999 年之后，升达公司所意识到的市场风险是产品或服务的价格及供需变化带来的风险。"变化发生在 1999 年之后。经过几年的拼打，升达公司意识到，国内空调从少数人的奢侈品转为大众消费品的时机已经来临，市场需要大量老百姓买得起、用得起的'民牌'空调"。升达公司此次战略变革的类型包括：

第一，技术变革。技术变革往往涉及企业的生产过程，包括开发使之有能力与竞争对手抗衡的知识和技能。这些变革旨在使企业生产更有效率或增加产量。技术变革涉及工作方法、设备和工作流程等技术。"公司在 2001 年引进全球最先进的信息化

管理工具 ERP，配合其内部各个部门严格的承包制，对提高企业效率和降低运营成本起到了极大的作用"。

第二，产品和服务变革。"升达公司在公布空调成本的同时，其空调全线降价，平均降幅达 20%"。

第三，结构和体系变革。"公司在 2001 年引进全球最先进的信息化管理工具 ERP，配合其内部各个部门严格的承包制，对提高企业效率和降低运营成本起到了极大的作用"。

第四，人员变革。"以年轻人为主体的人员结构和灵活的民营企业机制是升达公司成本优势的又一源泉。升达公司是新办的企业，没有下岗职工和离退休人员的负担；升达公司发挥其灵活的民营企业机制，实施全方位的承包责任制，激发了各级人员的积极性、主动性和创造性，对于提高企业效率和降低运营成本发挥了重要作用"。

②2012 年之后，升达公司所意识到的市场风险是产品或服务的价格及供需变化带来的风险。"随着国内消费升级与产品更新换代，大众的空调消费需求开始从'功能型'向'品质型'转变。升达公司日益认识到启动新的战略转型的必要性与紧迫性"。升达公司此次战略变革的类型包括：第一，技术变革。"升达公司……累计投入超过 30 亿元用于技术创新、效率提升……引进全球领先检测设备、吸纳超过 50% 的硕博人才组成创新研究团队，从根本上把控产品品质……在 J 国建立研发中心，实现了智能化产品占比超过 80%，筹建多个智能制造基地累计投资超过 150 亿元，为实现空调产业全智能一体化做好准备"。

第二，产品和服务变革。"升达充分依托电商平台，用 18～35 岁年轻消费者熟悉的代言人和沟通方式，建立起年轻化、时尚化的品牌形象，打造了'倾国倾城''淑女窈窕'等情感化的明星产品，吸引了一批

有时尚要求、重情感又注重性价比的年轻人群。升达公司迈开步伐进行企业产品升级……先后推出二级供应链管理、引进全球领先检测设备、吸纳超过 50% 的硕博人才组成创新研究团队，从根本上把控产品品质。2017 年升达智能工厂落成投产，以更加标准化、高周转率的技术实力，实现了产品品质的又一次提升；在 J 国建立研发中心，实现了智能化产品占比超过 80%，筹建多个智能制造基地累计投资超过 150 亿元，为实现空调产业全智能一体化做好准备"。

第三，结构和体系变革。"先后推出二级供应链管理……2017 年升达智能工厂落成投产……在 J 国建立研发中心，实现了智能化产品占比超过 80%，筹建多个智能制造基地累计投资超过 150 亿元，为实现空调产业全智能一体化做好准备"。

第四，人员变革。"吸纳超过 50% 的硕博人才组成创新研究团队，从根本上把控产品品质"。

③2017 年之后，升达公司所意识到的市场风险是能源、原材料、配件等物资供应的充足性、稳定性和价格的变化带来的风险（本案例主要体现为销售渠道稳定性变化带来的风险）。"2017 年下半年以来，升达公司意识到，虽然电商存量市场很大，但增长速度开始下降，线上流量红利在下滑"。升达公司此次战略变革的类型包括：第一，技术变革。"打通商家与平台的供应链，全面提升电商渠道供应链效率。升达空调原来的电商渠道供应链 SOP（即标准操作程序）分为 18 个节点、共需 33 个小时，新的系统上线以后优化为 6 个节点、只需 1 个多小时，大大提升了供应链效率"。

第二，结构和体系变革。"打通商家与平台的供应链，全面提升电商渠道供应链效率""采用'互联网直卖'方式，只发展一层终端零售商，产品订货起点为 8 台"。

第三，人员变革。"目前升达公司拥有1.5万多家终端零售商，这些终端零售商通过手机APP直接下单，升达公司接单后通过各区域的仓储中心调配，由第三方物流送货到店；升达公司已建成社会化的售后服务网点7500个，可以覆盖98%的县市。终端零售商或用户通过云平台寻找所在地的升达公司售后服务人员，由他们抢单帮助安装、维修。在'互联网直卖'模式下，终端零售商不管卖多少台产品，每一台的利润都是固定的，不和总销量挂钩，这不仅有利于市场价格体系的稳定，也克服了传统模式下渠道库存严重、层层加价、经销商资金周转慢、利润不稳定等弊端"。

（3）升达空调在与恒立等强大竞争对手竞争时所体现出的蓝海战略特征：

①规避竞争，拓展非竞争性市场空间。"为了避开与国内空调行业优势品牌的正面较量，升达空调将目标客户聚焦在新一代的网络消费群体"。

②创造并攫取新需求。"升达充分依托电商平台，用18~35岁年轻消费者熟悉的代言人和沟通方式，建立起年轻化、时尚化的品牌形象，打造了'倾国倾城''淑女窈窕'等情感化的明星产品，吸引了一批有时尚要求、重情感又注重性价比的年轻人群"。

③打破价值与成本互替定律，同时追求差异化和低成本。"吸引了一批有时尚要求、重情感又注重性价比的年轻人群"。

升达空调在竞争激烈的空调市场中开辟新的生存与发展空间的途径：

①重新界定产业的买方群体。"升达空调将目标客户聚焦在新一代的网络消费群体……充分依托电商平台，用18~35岁年轻消费者熟悉的代言人和沟通方式，建立起年轻化、时尚化的品牌形象"。

②重设产业的功能与情感导向。"打造了'倾国倾城''淑女窈窕'等情感化的明星产品，吸引了一批有时尚要求、重情感又注

重性价比的年轻人群"。

③跨越时间参与塑造外部潮流。"早在2012年，升达公司就敏锐察觉到互联网发展的大趋势，积极与电商平台合作，在整体布局上确定了互联网、智能化发展战略"。

（4）基本活动：

①内部后勤。"在升达公司老家N市，做空调配件的企业很多，整个空调产业链已经成型""公司在2001年引进全球最先进的信息化管理工具ERP，配合其内部各个部门严格的承包制，对提高企业效率和降低运营成本起到了极大的作用"。

②生产经营。"升达公司通过整合这些企业，产品零部件自制率达到90%，与同类企业一般不超过50%的自制率相比，在零部件成本、生产率、设备利用率、规模经济等诸方面都具备整机制造成本优势""升达公司迈开步伐进行企业产品升级，累计投入超过30亿元用于技术创新、效率提升。先后推出二级供应链管理、引进全球领先检测设备、吸纳超过50%的硕博人才组成创新研究团队，从根本上把控产品品质。2017年升达智能工厂落成投产，以更加标准化、高周转率的技术实力，实现了产品品质的又一次提升；在J国建立研发中心，实现了智能化产品占比超过80%，筹建多个智能制造基地累计投资超过150亿元，为实现空调产业全智能一体化做好准备"。

③外部后勤。"公司在2001年引进全球最先进的信息化管理工具ERP，配合其内部各个部门严格的承包制，对提高企业效率和降低运营成本起到了极大的作用""这些终端零售商通过手机APP直接下单，升达公司接单后通过各区域的仓储中心调配，由第三方物流送货到店"。

④市场销售。"升达充分依托电商平台，用18~35岁年轻消费者熟悉的代言人和沟通方式，建立起年轻化、时尚化的品牌形

象，打造了'倾国倾城''淑女窈窕'等情感化的明星产品，吸引了一批有时尚要求、重情感又注重性价比的年轻人群""与国内著名电商普天组建联合团队，打通商家与平台的供应链""抓住国内电商平台纷纷下沉开店的机遇，向基层市场渗透，逐步熟悉终端零售商渠道""升达公司与以线下销售为主的长宁家电零售公司合作，共创智慧零售新模式""升达公司召开新闻发布会，宣布启动'双轮战略'规划，从以前'通过厂家直供的方式真正让利于经销商，打造至真至诚的利益共同体'，进一步延伸到'以升达公司主导产业为基础搭建O2O（即Online To Offline，线上到线下）平台，为更多中小企业服务，全面赋能线下经销商'"。

⑤服务。"升达公司已建成社会化的售后服务网点7500个，可以覆盖98%的县市。终端零售商或用户通过云平台寻找所在地的升达公司售后服务人员，由他们抢单帮助安装、维修"。

支持活动：

①采购管理。"在采购环节，升达公司同时采用自制和外购两条路线，当自制的质量和价格有优势时，采用自制；而当自制明显不如外购有竞争力时，就毫不犹豫地采用外购，甚至关掉自制部门。升达公司借鉴国外企业'全球论质比价采购'的模式，其加工蒸发器和冷凝器的自动生产设备购自J国；保证镀层10年不脱皮泛锈的瓦格纳喷涂设备是引进D国的；制造空调塑壳的ABS粉料是来自H国；机身上的所有接插件购自M国。这些设备和原料共有的特点是品质在全球范围内相对较好，价格相对最低"。

②技术开发。"升达公司迈开步伐进行企业产品升级，累计投入超过30亿元用于技术创新、效率提升。先后推出二级供应链管理、引进全球领先检测设备、吸纳超过50%的硕博人才组成创新研究团队，从根

本上把控产品品质。2017年升达智能工厂落成投产，以更加标准化、高周转率的技术实力，实现了产品品质的又一次提升；在J国建立研发中心，实现了智能化产品占比超过80%，筹建多个智能制造基地累计投资超过150亿元，为实现空调产业全智能一体化做好准备"。

③人力资源管理。"以年轻人为主体的人员结构和灵活的民营企业机制是升达公司成本优势的又一源泉。升达公司是新办的企业，没有下岗职工和离退休人员的负担；升达公司发挥其灵活的民营企业机制，实施全方位的承包责任制，激发了各级人员的积极性、主动性和创造性，对于提高企业效率和降低运营成本发挥了重要作用""吸纳超过50%的硕博人才组成创新研究团队，从根本上把控产品品质""终端零售商或用户通过云平台寻找所在地的升达公司售后服务人员，由他们抢单帮助安装、维修"。

④基础设施。"升达公司意识到，国内空调从少数人的奢侈品转为大众消费品的时机已经来临""早在2012年，升达公司就敏锐察觉到互联网发展的大趋势，积极与电商平台合作，在整体布局上确定了互联网、智能化发展战略""2017年下半年以来，升达公司意识到，虽然电商存量市场很大，但增长速度开始下降，线上流量红利在下滑。面对市场环境新的变化，升达公司采用了两个新的战略举措"。

(5)①信息技术与企业价值网。价值网络强调"以顾客为中心"，在专业化分工的生产服务模式下，把处于"价值链"上不同位置并存在密切关联的企业或者相关利益体整合在一起，建立一个以顾客为核心的价值创造体系，共同为顾客创造价值。2017年下半年以后升达所采用的战略举措对这一内涵体现为："国内著名电商普天组建联合团队，打通商家与平台的供应链，全面提升电商渠道供应链效率……升达空调

197

第3章 战略选择

原来的电商渠道供应链SOP（即标准操作程序）分为18个节点、共需33个小时，新的系统上线以后优化为6个节点、只需1个多小时，大大提升了供应链效率""采用'互联网直卖'方式，只发展一层终端零售商，产品订货起点为8台""升达公司与以线下销售为主的长宁家电零售公司合作，共创智慧零售新模式"。

②信息技术与企业生态系统。其主要特点包括以下方面：①由一个或少数几个企业统领着这个生态系统，并建造了平台以供其他专业定位企业应用。②信息技术在企业生态系统建立与运作中扮演着强有力的角色。2017年下半年以后升达所采用的战略举措对这一内涵体现为："升达公司召开新闻发布会，宣布启动'双轮战略'规划，从以前'通过厂家直供的方式真正让利于经销商，打造至真至诚的利益共同体'，进一步延伸到'以升达公司主导产业为基础搭建O2O（即Online To Offline，线上到线下）平台，为更多中小企业服务，全面赋能线下经销商'。'双轮战略'的实施，将进一步实现线上线下的融合，深耕零售发展道路"。

（6）①促进技术创新。"打通商家与平台的供应链，全面提升电商渠道供应链效率……升达空调原来的电商渠道供应链SOP（即标准操作程序）分为18个节点、共需33个小时，新的系统上线以后优化为6个节点、只需1个多小时，大大提升了供应链效率"。

②避免经营风险。"2017年下半年以来，升达公司意识到，虽然电商存量市场很大，但增长速度开始下降，线上流量红利在下滑。面对市场环境新的变化，升达公司采用了两个新的战略举措"。

③避免或减少竞争。"打通商家与平台的供应链""通过厂家直供的方式真正让利于经销商，打造至真至诚的利益共同体"。

④实现资源互补。"打通商家与平台的供

应链，全面提升电商渠道供应链效率""升达公司作为长宁家电品牌主力军，通过长宁零售公司快速开启渠道下沉绿色通道，从线上渠道转移至线下渠道，在运营上借助长宁零售公司在市场上的口碑和服务，形成很强的品牌竞争力"。

⑤开拓新的市场。"将进一步实现线上线下的融合，深耕零售发展道路"。

（7）①产品策略。"1994年，由于当时国内空调产品还属于少数人的奢侈品，升达公司与业内其他公司一样，产品定位于比较高档的空调""1999年之后，经过几年的拼打，升达公司意识到，国内空调从少数人的奢侈品转为大众消费品的时机已经来临，市场需要大量老百姓买得起、用得起的'民牌'空调。处于弱势地位的升达公司找到了挑战竞争对手、壮大自身的法宝——以价格制胜""2012年之后，随着国内消费升级与产品更新换代，大众的空调消费需求开始从'功能型'向'品质型'转变。升达公司日益认识到启动新的战略转型的必要性与紧迫性。升达空调将目标客户聚焦新一代的网络消费群体。升达充分依托电商平台，用18～35岁年轻消费者熟悉的代言人和沟通方式，建立起年轻化、时尚化的品牌形象，打造了'倾国倾城''淑女窈窕'等情感化的明星产品，吸引了一批有时尚要求、重情感又注重性价比的年轻人群"。

②促销策略。"2002年4月，面对百余名记者，升达突然抛出《空调成本白皮书》……升达公司在公布空调成本的同时，其空调全线降价，平均降幅达20%""2012年之后，升达充分依托电商平台，用18～35岁年轻消费者熟悉的代言人和沟通方式，建立起年轻化、时尚化的品牌形象，打造了'倾国倾城''淑女窈窕'等情感化的明星产品，吸引了一批有时尚要求、重情感又注重性价比的年轻人群"。

③分销策略。"早在2012年，升达公司就敏锐察觉到互联网发展的大趋势，积极合

作电商平台，在整体布局上确定了互联网、智能化发展战略""2017 年下半年以来，抓住国内电商平台纷纷下沉开店的机遇，向基层市场渗透，逐步熟悉终端零售商渠道""2018 年 12 月，'双轮战略'的实施，将进一步实现线上线下的融合，深耕零售发展道路"。

④价格策略。"1999 年之后，升达公司在公布空调成本的同时，其空调全线降价，平均降幅达 20%……升达'价格屠夫'策略""2012 年之后，吸引一批有时尚要求、重情感又注重性价比的年轻人群"。

4. ACD 【解析】该旅行社向参加活动的社员提供免费茶点、风景摄影及旅游知识讲座，旅游新项目推广等，属于营业推广和人员推销。建立良好的公众形象，属于公关宣传。

5. 【答案】

(1)实施成本领先战略的市场情况条件：

①产品具有较高的价格弹性，市场中存在大量的价格敏感用户；"消费者更多地关注产品价格，价格竞争开始成为市场竞争的主要手段。"

②产业中所有企业的产品都是标准化的产品，产品难以实现差异化；"智能手机市场上国内中低端品牌与国际高端品牌的技术差距正在逐步缩小。"

③购买者不太关注品牌，大多数购买者以同样的方式使用产品；"消费者更多地关注产品价格，价格竞争开始成为市场竞争的主要手段。"

④价格竞争是市场竞争的主要手段，消费者的转换成本较低；"消费者更多地关注产品价格，价格竞争开始成为市场竞争的主要手段。"

实施成本领先战略的资源能力条件：

①在规模经济显著的产业中建立生产设备来实现规模经济；"实现规模经济，2011-2015 年智勤手机的销售量突飞猛进地增长，进而为智勤手机通过规模经济降低成

本和价格奠定了基础。"

②降低各种要素成本；"采用低价预订式抢购模式。""开创了官网直销预订购买的发售方式，减少了昂贵的渠道成本，使智勤手机生产出来之后，不必通过中间商就可以到达消费者手中。""为了既保证高性价比又不降低手机的产品质量，智勤公司为手机瘦身，把不需要的硬件去掉，把不需要的功能替换掉，简化框架结构设计，使用低成本的注塑材质工艺等。"

③提高生产率；"将手机硬件的研发和制造外包给其他公司，提高了生产率，大大减少了智勤成立之初的资金压力。"

④改进产品工艺设计；"为了既保证高性价比又不降低手机的产品质量，智勤公司为手机瘦身，把不需要的硬件去掉，把不需要的功能替换掉，简化框架结构设计，使用低成本的注塑材质工艺等。"

⑤提高生产能力利用程度；"开创了官网直销预订购买的发售方式，减少了昂贵的渠道成本，使智勤手机生产出来之后，不必通过中间商就可以到达消费者手中。"

⑥重点集聚。"智勤公司对消费者的年龄进行了细分，将目标市场消费者的年龄定位在 25 岁至 35 岁之间。"

(2)从确定目标市场方面：

①市场细分。智勤公司对消费者的年龄进行了细分，将目标市场消费者的年龄定位在 25 岁至 35 岁之间，这个阶段的年轻人相对经济独立，普遍处于事业的发展期，并且个性张扬，勇于尝试，对于新鲜事物的接受程度比其他年龄段的人更高。采用的市场细分变量是人口细分和心理细分。

②目标市场选择。在营销推广方面，智勤公司没有使用传统的广告营销手段，而是根据消费者的不同类型，分别在智勤官网、QQ 空间、智勤论坛、微信平台等渠道进行智勤手机的出售和智勤品牌的推广。属于差异市场营销。

③市场定位。为了适应目标顾客对价格敏

199

第 3 章 战略选择

感的特点，智勤手机以其"高性价比"走入大众视线。

从设计营销组合方面：

①产品策略。智勤手机推出的是智勤品牌，采用的是单一名称的品牌和商标策略。

②促销策略。在营销推广方面，智勤公司没有使用传统的广告营销手段，而是根据消费者的不同类型，分别在智勤官网、QQ空间、智勤论坛、微信平台等渠道进行智勤手机的出售和智勤品牌的推广，在很大程度上采用粉丝营销、口碑营销的方式，有效降低了推广费用。采用的是公关宣传。

③分销策略。开创了官网直销预订购买的发售方式，减少了昂贵的渠道成本，使智勤手机生产出来之后，不必通过中间商就可以到达消费者手中。采用的是直接分销策略。

④价格策略。智勤手机以其"高性价比"走入大众视线，采用的是渗透定价法。

6. C 【解析】德国、法国、意大利和中国大陆是地理细分。德国的消费者购买滤水壶是为了降低当地水质的硬度，法国和意大利的消费者购买滤水壶是为了将其作为瓶装水的一种低成本替代品，这体现出在不同地理位置的消费者对企业的产品各有不同的需求和偏好，属于地理细分。进入中国大陆市场初期，X滤水壶定位于高端生活改善消费品，它代表健康的水质和时尚的生活感受，体现了心理细分。

7.【答案】

(1)①分散风险。"光美公司的主打产品空调、风扇等，销售旺季集中在每年的3~8月，在其余时间里资金和经销商资源的利用都明显不足，而推出微波炉产品可以弥补这一缺陷"。

②找到新的增长点。"有利于优化公司整体运作和产品结构，建立新的增长点"。

③利用未被充分利用的资源。"从制造技术的角度看，微波炉和光美公司已生产的电饭煲、电磁炉等产品都是使用电能转换加热系统，因此对微波炉的技术研发、生产制造和营销网络都有着极其便利的条件和经验""在其余时间里资金和经销商资源的利用都明显不足"。

④运用盈余资金。"在其余时间里资金和经销商资源的利用都明显不足"。

⑤运用企业在某个产业或某个市场中的形象和声誉来进入另一个产业或市场。"还可以利用光美公司在其他厨具小家电市场上树立的品牌优势开拓市场"。

(2)实施条件(市场情况)：

①市场中存在大量的价格敏感用户。"兰微公司充分利用市场对微波炉产品价格的高度敏感"。

②产品难以实现差异化。"通过集中生产少数品种……使自己成为微波炉行业的'霸主'"。

③价格竞争是市场竞争的主要手段。"充分利用市场对微波炉产品价格的高度敏感""以'价格战'不断摧毁竞争对手的防线"。

实施条件(资源和能力)：

①实现规模经济。"通过……规模经济……多种手段降低成本"。

②降低各种要素成本。"通过……减少各种要素成本……多种手段降低成本"。

③提高生产率。"通过……提高生产效率……多种手段降低成本"。

④改进产品工艺设计。"通过……不断改进产品工艺设计……多种手段降低成本"。

⑤选择适宜的交易组织形式。"通过……承接外包等多种手段降低成本"。

⑥重点集聚。"通过集中生产少数品种……多种手段降低成本"。

风险：

市场需求从注重价格转向注重产品的品牌形象，使得企业原有的优势变为劣势。"从光美公司掌握的数据看，国内市场的高端化消费趋势已经非常明显，低端产品对消费者已不具吸引力"光美公司在2010年成功超越兰微公司成为微波炉出口冠军；在2012年，光美公司微波炉国内市场品牌价格指数全面超越兰微公司，由行业跟随者升级为行业领导者，跳出行业'价格战'的恶性循环，实现了企业业绩持续增长"。

(3)实施条件(市场情况)：

①产品能充分地实现差异化，且为顾客所认可。"如果能够开发并向市场推出使消费者迅速认识并接受微波炉的多种优点的产品，微波炉市场将进入另一个高速发展期""从光美公司掌握的数据看，国内市场的高端化消费趋势已经非常明显，低端产品对消费者已不具吸引力"。

②顾客的需求是多样化的。"微波炉具有多种优点，它不仅能快速加热或烹调食物，而且没有油烟，还能保持食物的原汁原味与减少营养损失。在C国，虽然80%以上的家庭已经使用微波炉，但微波炉只是作为一个加热工具，它的多种优点还没被消费者充分认识"。

③创新成为竞争的焦点。"如果能够开发并向市场推出使消费者迅速认识并接受微波炉的多种优点的产品，微波炉市场将进入另一个高速发展期""从光美公司掌握的数据看，国内市场的高端化消费趋势已经非常明显，低端产品对消费者已不具吸引力"。

实施条件(资源和能力)：

①具有强大的研发能力和产品设计能力，具有很强的研究开发管理人员。"确定公司技术发展方向及技术发展路线""开展广泛技术合作""投入巨资改善软硬件条件""变革学习、考核机制"。

②具有很强的市场营销能力，具有很强的市场营销能力的管理人员。"光美公司在不断创新和推出产品的过程中，成功地开展了一系列促销活动""2010年光美公司耗巨资在国内主要城市的核心终端，开辟了1000个'蒸立方'品牌专柜""2011年公司开发上线了新一代营销管理系统""光美公司在海外前15大市场设立了区域经理，同时针对各不同的区域的主流客户设立了专门的产品开发团队"。

③有能够确保激励员工创造性的激励体制、管理体制和良好的创造性文化。"公司不断加大对各类人员培训的投入，同时转变培训方式。公司要求中高层管理者每年必须走访市场不少4次，倾听市场和客户的声音。公司定期组织中高层管理者赴日本、韩国企业进行学习交流取经。公司每年投入超过1000万元的培训费用用于员工的专业技能培训。公司出台专项政策，鼓励员工进行再学习、再深造。公司经常组织读书心得分享会，书目由公司总经理亲自选定，均与公司当期推动的变革措施有关。光美公司的绩效导向文化逐渐深入到员工骨髓，公司也结合各阶段工作重点在绩效考核导向方面进行不断的调整和优化""2009年之后，公司不断完善基于以市场、客户为导向的矩阵式管理模式"。

④具有从总体上提高某项经营业务的质量、树立产品形象、保持先进技术和建立完善分销渠道的能力。"为了避免差异化成本过高，光美公司通过加大部件自制、精益运营、加强价值链信息共享和协同降低运营成本等手段来创新成本管控，解决成本与结构升级的矛盾，应对资源要素价格的持续上升，保证成本优势""确定公司技术发展方向以及技术发展路线""光美公司在不断创新和推出产品的过程中，成功地开展了一系列促销活动""光美公司在海外15大市场设立了区域经理，同时针对各不同的区域的主流客户设立了专门的产品开发团队"。

光美公司注重防范差异化战略的风险：

①企业形成产品差异化的成本过高。"为了避免差异化成本过高，光美公司通过加大部件自制、精益运营、加强价值链信息

共享和协同降低运营成本等手段来创新成本管控，解决成本与结构升级的矛盾，应对资源要素价格的持续上升，保证成本优势"。

②竞争对手的模仿和进攻使已建立的差异缩小甚至转向。"光美公司以'蒸功能'为主题的产品功能不断升级，针对不同消费群体的产品线不断扩充……公司和产品的品牌形象日益鲜明"。

（4）①限制进入定价。"对于光美公司的挑战，兰微公司予以迎击……再次祭起了'价格战'的大旗"。

②进入对方领域。"兰微公司宣布大举进军光美公司已拥有优势的产业，如空调、冰箱、风扇、电暖气等产业"。

（5）战略变革的主要任务：

①调整企业理念。"与会人员一致认为，公司应当从以跟随为主的'低成本'战略向'差异化'战略转变；公司竞争的焦点应当从关注竞争对手向关注消费者、关注客户需求转变"。

②企业战略重新进行定位。"用 3~5 年时间，扭转目前品牌竞争的被动局面，由'中低端'向'中高端'转变，最终超越兰微公司成为全球微波炉行业霸主，成为全球最优秀的微波炉供应商"。

③重新设计企业的组织结构。"大刀阔斧进行组织变革。2009 年之后，公司不断完善基于以市场、客户为导向的矩阵式管理模式，各产品、客户经理对经营结果负责，并拥有相应的产品企划和定价、供应商选择、人员选择等关键决策权力；其他管理人员在各自职责体系中对产品经理经营提供后台支持""光美公司在海外前 15 大市场设立了区域经理，同时针对不同区域的主流客户设立了专门的产品开发团队"。

『提示』本小题中涉及"战略变革的动因"的知识点，教材已经删除，大家了解考核形式即可，对于知识本身不必深究。

（6）①研发的类型：产品研究—新产品开发。

②研发的动力来源：既是"需求拉动"，也是"技术推动"。"如果能够开发并向市场推出使消费者迅速认识并接受微波炉的多种优点的产品，微波炉市场将进入另一个高速发展期""光美公司于 2006 年在国内率先推出具备蒸功能的产品，这不仅是第一款针对国内市场消费者使用习惯开发的本土化创新产品，实现了 C 国传统烹饪习惯与微波炉功能优点的有效结合……经过将近一年的推广，市场反响很好，显示了巨大的发展潜力"。

③研发的定位：成为向市场推出新技术产品的企业。"光美公司于 2006 年在国内率先推出具备蒸功能的产品"。

（7）①产品策略。"对微波炉'蒸功能'的持续升级和传播""2007 年，推出了第二代具备蒸功能的产品—'全能蒸'微波炉""2008 年，光美公司发布了 5 个系列 14 款'蒸功能'微波炉""2009 年，公司第三代产品'蒸立方'面世""2010 年，光美公司发布第五代'蒸功能'系列新品""2012 年光美公司发布了半导体、太阳能和云技术微波炉三大创新产品"。

②促销策略。"光美公司在不断创新和推出产品的过程中，成功地开展了一系列促销活动""2006 年，光美公司开启了以'食尚蒸滋味'为主题的全年推广活动，首次在各大电视台开展广告营销活动，同时在全国主要市场开展产品的循环演示活动。2008 年，光美公司主办了'蒸夺营养冠军'的全国推广活动。2009 年，光美公司推出'全蒸宴'的全国演示推广活动。2010 年，光美公司推出'蒸出营养与健康—光美公司蒸立方'微波炉的电视形象广告片"。

③分销策略。"2010 年光美公司耗巨资在国内主要城市的核心终端，开辟了 1000 个'蒸立方'品牌专柜""2011 年公司开发上线了新一代营销管理系统，该系统实现了全国主

要终端的销售、库存数据动态更新，公司能及时了解市场销售变化情况""自2007年起，光美公司在海外前15大市场设立了区域经理，同时针对各不同的区域的主流客户设立了专门的产品开发团队"。

④价格策略。"退出300元以下微波炉市场，主流变频蒸立方产品价格集中在3000～5000元，最高端变频高温产品的零售价格高达10000元""从2012年开始，超市系统将停止销售399元以下产品，在连锁销售系统中将停止销售599元以下产品"。

8. A 【解析】本题中将顾客细分为大客户和小客户，是根据顾客的规模进行划分的。选项A是正确的。

9. A 【解析】本题中轮胎制造商为汽车制造商和农用拖拉机制造商分别生产两种安全标准不同的轮胎，是根据最终用户进行划分的。选项A是正确的。

【生产运营战略】

1. C 【解析】从生产运营战略的横向考察，所有生产运营流程都涉及转化过程，但是转化过程在四个方面或因素上有所不同，它们分别是批量、种类、需求变动以及可见性。生产部门依据销售部门提供的客户订购的产品数量安排当期生产属于需求变动。选项C正确。

2. C 【解析】JIT的缺点之一是生产对供应商的依赖性较强，故选项C错误。

3. A 【解析】本题考核"平衡产能与需求的方法"的知识点。库存生产式生产，是指许多企业在收到订单之前或在知道需求量之前就开始生产产品或提供服务。该公司在预计销售有较大增长时就采取加大生产，属于在收到订单之前或在知道需求量之前就开始生产产品或提供服务，即库存生产式生产。

4. A 【解析】滞后策略是指仅当企业因需求增长而满负荷生产或超额生产后才增加产能。甲公司一直处于满负荷生产状态，为满足持续增长的订单要求，公司决定增加

一条生产流水线，属于滞后策略。所以选项A正确。

【采购战略】

1. BC 【解析】"生产农用运输车辆的江陵公司将柴油发动机的生产授权给一个供应商"属于由供应商负责交付一个完整的子部件，选项A属于多货源策略的优点；竞争者能够使用相同的外部企业，因此企业在货源上不太可能取得竞争优势，选项D错误。

2. ABD 【解析】甲公司选用的是单一货源策略。随着与供应商关系的加强，更可能获得高质量的货源。选项C错误。

3. B 【解析】本题考核"采购战略—货源策略"的知识点。甲公司采取的是多货源策略。多货源策略的优点：（1）能够取得更多的知识和专门技术；（2）一个供应商的供货中断产生的影响较低；（3）供应商之间的竞争有利于对供应商压价。选项B错误。

【财务战略】

1. C 【解析】"需求量比较稳定"体现的是低经营风险，"主要通过向银行贷款取得更新设备所需的资金"体现的是高财务风险，所以选项C正确。

2. AB 【解析】"煤产品的客户对性价比的要求很高；各煤炭企业的产品差别很小，价格差异缩小且处于很低水平；产品毛利很低，只有大规模生产并有自己销售渠道的企业才具有竞争力；大量中小煤炭企业陆续退出市场"说明目前处于衰退期，选项A、B正确。选项C、D属于成熟期财务特征。

3. AB 【解析】投资回报率5%小于加权平均成本8%，减损价值；销售增长率10%大于可持续增长率6%，现金短缺。减损价值、现金短缺属于财务战略矩阵的第四象限，应选择的财务战略是彻底重组或出售，选项AB正确。

4. C 【解析】根据题干资料判断该公司所

处行业属于成熟期，适合采用分配率高的股利政策，选项 C 正确。

5. BC 【解析】本题考核"财务战略"的知识点。"洗衣粉产业的产品逐步标准化，技术和质量改进缓慢，洗衣粉市场基本饱和"，说明产品处于成熟期，处于成熟期的企业财务风险是中等，股利分配率高，资金来源于保留盈余和债务，股价稳定。所以选项 BC 正确。

6. B 【解析】固定股利政策，每年支付固定的或者稳定增长的股利，将为投资者提供可预测的现金流量，减少管理层将资金转移到盈利能力差的活动的机会，并为成熟企业提供稳定的现金流。

7. BC 【解析】高经营风险与低财务风险搭配这种搭配具有中等程度的总体风险是一种可以同时符合股东和债权人期望的现实搭配。低经营风险与高财务风险搭配这种搭配具有中等程度的总体风险是一种可以同时符合股东和债权人期望的现实搭配。所以选项 BC 正确。

【企业国际化经营动因】

1. D 【解析】寻求现成资产型对外投资主要是发展中国家跨国公司向发达国家投资，其主要动机是主动获取发达国家企业的品牌、先进技术与管理经验等现成资产。国内家电企业宏洁集团收购发达国家 G 工业机器人制造商 K，是因为 K 拥有成熟的工业制造流程数字化技术，所以收购的动机是寻求现成资产。

2.【答案】

（1）H 国自行车企业所实施的竞争战略是差异化战略。

实施差异化战略需要具备的资源和能力包括：

①具有强大的研发能力和产品设计能力，具有很强的研究开发管理人员。"面对日益挑剔和多样化的国内外消费者对自行车产品的需求，H 国自行车企业集中力量在新材料和新工艺上实现了技术跨越，积极

研发设计和生产关键零部件，引进了美国模块化技术与日本供应链模式。1983 年至今，H 国自行车材料从钢管发展到钛合金、镁合金，甚至碳纤合金，重量由原来的 30 公斤降低到 7 公斤；制造技术从铜焊发展到氩焊，从一体成形发展到无氧化电弧焊接，实现了产品轻量化，同时保持高标准的刚性、韧性和强度"。

②具有很强的市场营销能力，具有很强的市场营销能力的管理人员。"通过这一过程，H 国自行车企业将研发开发、生产制造、市场营销三个主要环节在企业发展不同阶段采用不同模式进行资源配置与整合""H 国第一大自行车厂商'天空机械'，原本以 OEM 为主……在不断完善自身设计与营销能力的同时，将其具有自主品牌和研发优势的一部分零部件和整车的生产制造以 OEM 方式向 C 国企业转移。现在'天空机械'自有品牌销售收入占其总收入的比重为 70%"。

③有能够确保激励员工创造性的激励体制、管理体制和良好的创造性文化。"组织创新，建立新的网络型战略联盟""形成大企业带动小企业、中心厂带动卫星厂的'中心卫星体系'""高度的互动学习机制""协同发展"。

④具有从总体上提高某项经营业务的质量、树立产品形象、保持先进技术和建立完善分销渠道的能力。"H 国自行车产业的发展经过重大调整与转型，实现了整体升级"。

C 国自行车企业所实施的竞争战略是成本领先战略。

实现成本领先战略需要具备的资源和能力包括：

①能够实现规模经济。"充分利用 C 国……规模经济显著……优势""1991 年 C 国自行车外销数量首度超过 H 国，2000 年起外销量与出口值更是双双超越 H 国，近年来 C 国自行车出口量占全球贸易量的 60%"。

②降低各种要素成本。"充分利用 C 国劳动力成本低……优势"。

③提高生产率。"充分利用 C 国……生产效率高……优势"。

④提高生产能力利用程度。"充分利用 C 国……生产能力利用程度高等优势"。

⑤选择适宜的交易组织形式。"H 国排列前三位的自行车企业均在 C 国设厂""将 C 国企业定位于生产中低价位、以交通工具为主的少品种车型"。

⑥重点集聚。"将 C 国企业定位于生产中低价位、以交通工具为主的少品种车型"。

采取成本领先战略的风险包括:

①技术的变化可能使过去用于降低成本的投资(如扩大规模、工艺革新等)与积累的经验一笔勾销。"出现了对自行车产品的新的需求,形成了多个新的细分消费市场,C 国用途单一的低端自行车生产线的优势在国际市场上受到极大挑战"。

②产业的新加入者或追随者通过模仿或者以高技术水平设施的投资能力,用较低的成本进行学习。"自行车产业低端产品开始向劳动力成本更低的东南亚转移"。

③市场需求从注重价格转向注重产品的品牌形象,使得企业原有的优势变为劣势。"人们生活观念的变化以及收入水平的提高,自行车不再是单纯的交通工具,已演化为集健身用品、休闲用具、玩具、高档消费品于一体的商品。出现了对自行车的新的需求,形成了多个新的细分消费市场"。

(2)确认那些支持企业竞争优势的关键性活动。"H 国第一大自行车厂商'天空机械',原本以 OEM 为主,发挥其生产制造的优势"(这一阶段,确认生产制造是关键性活动);"进而为发达国家 U 国 CH 公司做 ODM,打造自身设计能力"(这一阶段,生产制造、研发设计是关键性活动);"之后,'天空机械'开始创建自有品牌,不断提高自身设计与营销能力的同时,开始将其

具有自有品牌和研发优势的一部分零部件和整车的生产制造以 OEM 方式向 C 国企业转移"(这一阶段,研发设计、市场营销是关键性活动)。

明确价值链内各种活动之间的联系。"H 国第一大自行车厂商'天空机械',原本以 OEM 为主,发挥其生产制造的优势"(这一阶段价值链内各种活动之间的联系:外部企业研发设计和市场营销与本企业生产制造活动之间相联系);"进而为发达国家 U 国 CH 公司做 ODM,打造自身设计能力"(这一阶段价值链内各种活动之间的联系:外部企业市场营销与本企业生产制造和研发设计活动之间相联系);"之后,'天空机械'开始创建自有品牌,不断提高自身设计与营销能力的同时,开始将其具有自有品牌和研发优势的一部分零部件和整车的生产制造以 OEM 方式向 C 国企业转移"(这一阶段价值链内各种活动之间的联系:外部企业生产制造与本企业研发设计和市场营销活动之间相联系)。

明确价值系统内各项价值活动之间的联系。包括供应商、分销商和客户在内的各项价值活动之间的许多联系。"H 国自行车实现从 OEM 到 ODM 再到 OBM 的升级,网络型战略联盟发挥了重要的作用""形成大企业带动小企业、中心厂带动卫星厂的'中心卫星体系'""高度的互动学习机制""协同发展战略"。

(3)H 国自行车第一大企业"天空机械"联合其主要竞争对手"星友"及 11 家零部件生产企业组成行业战略联盟"ATC",形成大企业带动小企业、中心厂带动卫星厂的"中心卫星体系"。这一体系内的两大企业"天空机械"和"星友"以"ATC"为载体,与零部件生产企业形成中心卫星体系,微型企业订单稳定,完全致力于专业性生产,同时借助中心企业的协助并按照合约要求提高生产力。而中心企业集中力量开展生产调研与拓展、研发、检验与装配等工

作。因此，ATC战略联盟的类型为功能性协议（或称契约式战略联盟）。

动因：

①促进技术创新。"高度的互动学习机制……确保各方优先共享先进经验和提高信任程度。联盟内频繁的活动及由此产生的组织学习，使零部件企业在产品开发初期就能参与研发活动；各个企业的研发力量集合起来，同步工程缩短产品上市时间，联盟内部知识的消化能力变得更强大""协同发展。ATC规定优先供应成员间具竞争力的产品……鼓励成员创新设计和参与特殊车种的合作开发，参与各种自行车会展，并与科研院所合作建设信息平台。ATC为成员企业提供了良好的技术开发和服务环境"。

②避免经营风险。"卫星厂商订单稳定，完全致力于专业性生产""ATC打破了竞争对手不该彼此交换信息的旧模式，降低了企业在产业内的交易成本和信息不对称的程度"。

③避免或减少竞争。"ATC打破了竞争对手不该彼此交换信息的旧模式，降低了企业在产业内的交易成本和信息不对称"。

④实现资源互补。"形成大企业带动小企业、中心厂带动卫星厂的'中心卫星体系'""高度的互动学习机制""协同发展"。

⑤开拓新的市场。"2003年成立的八ATC仅有22家成员企业，在H国343家自行车企业中只是少数，但其销售收入占比却达六至七成……ATC厂商在2006年出口平均单价约为350美元，大大高于行业平均单价206.6美元。另外，ATC成员中有95.2%是以自有品牌销售，而行业水平是55.46%"。

（4）H国自行车产业的竞争优势：

生产要素。"研发新材料与新工艺，实现产品与技术的跨越升级。面对日益挑剔和多样化的国内外消费者对自行车产品的需求，H国自行车企业集中力量在新材料和新工艺上实现了技术跨越，积极研发设计和生产关键零部件，引进了美国模块化技术与日本供应链模式。1983年至今，H国自行车材料从钢管发展到钛合金、镁合金，甚至碳纤合金，重量由原来的30公斤降低到7公斤；制造技术从铜焊发展到氩焊，从一体成形发展到无氧化电弧焊接，实现了产品轻量化，同时保持高标准的刚性、韧性和强度""通过高度的互动学习机制……确保各方优先共享先进经验和提高信任程度""协同发展……鼓励成员创新设计和参与特殊车种的合作开发……并与科研院所合作建设信息平台。ATC为成员企业提供了良好的技术开发和服务环境"。

需求条件。"面对日益挑剔和多样化的国内外消费者对自行车产品的需求"。

相关与支持性产业。"形成大企业带动小企业、中心厂带动卫星厂的中心卫星体系，这一体系内两大企业'天空机械'和'星友'以ATC为载体，与零部件生产企业形成中心卫星体系"。"高度的互动学习机制……纵向共建产业链并加强合作，确保各方优先共享先进经验和提高信任程度。联盟内频繁的活动及由此产生的组织学习，使零部件企业在产品开发初期就能参与研发活动；各个企业的研发力量集合起来，同步工程缩短产品上市时间，联盟内部知识的消化能力变得更强大""协同发展。ATC规定优先供应成员间具竞争力的产品……实现整车企业及零部件企业的协同发展"。

企业战略、企业结构和同业竞争。"H国自行车第一大企业'天空机械'联合其主要竞争对手'星友'及11家零部件生产企业组成行业战略联盟ATC（在H国存在强有力的竞争对手之间竞争与合作关系）"。

（5）寻求市场。"H国第一大自行车企业'天空机械'的自有品牌已成为在欧洲市场的三大品牌之一""H国第二大自行车企业'星友'通过并购发达国家U国自行车品牌

SP 和 D 国品牌 CE，以较低的成本和较短的时间就获得发达国家的许多市场机会和先进技术""H 国第三大自行车品牌'神飞'，2003 年以自有品牌扩展到美国与亚洲市场"。

寻求现成资产。"H 国第二大自行车企业'星友'通过并购发达国家 U 国自行车品牌 SP 和 D 国品牌 CE，以较低的成本和较短的时间就获得发达国家的许多市场机会和先进技术"。

(6)外部发展(并购)。"H 国第二大自行车企业'星友'通过并购发达国家 U 国自行车品牌 SP 和 D 国品牌 CE……"。

内部发展(新建)。"H 国第一大自行车企业'天空机械'的自有品牌已成为在欧洲市场的三大品牌之一""H 国第三大自行车品牌'神飞'，2003 年以自有品牌扩展到美国与亚洲市场"。

战略联盟。"H 国第一大自行车厂商'天空机械'，……为发达国家 U 国 CH 公司做 ODM"。

3.【答案】

(1)2006 年 UNCTAD《世界投资报告》提出影响发展 C 国跨国公司对外投资决策的四大动机是：寻求市场；寻求效率；寻求资源；寻求现成资产。

北方机床集团跨国并购 G 国 S 公司的主要动机是：

①寻求市场。"S 公司承载着北方机床集团孜孜以求的核心技术和迈入国际高端市场的梦想"。

②寻求现成资产。"北方机床集团收购了 S 公司全部有形资产和无形资产"。

(2)北方机床集团并购 G 国 S 公司所面对的主要风险有：

①决策不当的并购。表现为：

可能高估并购对象所在产业的吸引力，"受世界金融危机的影响……S 公司经营情况有所好转，实现 3500 万欧元销售收入，但仍处于亏损状态"。

可能高估自己对被并购企业的管理能力。"北方机床集团在对 S 公司进行整合中颇费思量……加上 5 公司内部原有的管理问题尚未彻底解决，公司陷入亏损的困境"。

②并购后不能很好地进行企业整合。北方机床集团为减少新的协同问题，"在对 S 公司进行整合中颇费思量，首先，采取'以诚信取信于 G 国员工'的基本策略，承诺不解雇一个 S 公司员工，S 公司的总经理继续留任；其次，北方机床集团与 S 公司总经理多次沟通，谋求双方扬长避短、优势互补，使'混合文化形态'成为 S 公司未来的个性化优势，以避免跨国并购可能出现的文化整合风险""在运营整合方面，仍由 S 公司主要负责开发、设计及制造重要机械和零部件，组装则在 C 国完成，力求实现 G 国 S 公司雄厚的技术开发能力和 C 国劳动力成本优势的最佳组合""然而……S 公司内部原有的管理问题尚未彻底解决，公司陷入亏损的困境。北方机床集团不得不开始更换 S 公司的管理团队，逐渐增强北方机床集团在 S 公司的主导地位"。

4. D 【解析】邓宁的国际生产折中理论可以概括为一个简单的公式：所有权优势+内部化优势+区位优势＝对外直接投资。邓宁还指出，企业可以根据自己所具备的不同优势，分别采用不同的国际经营方式。企业对外直接投资，必须同时具备所有权优势、内部化优势与区位优势；该企业如果只拥有所有权优势与内部化优势，只能进行出口贸易；企业如果只有所有权优势，则只能考虑采用技术转移的形式，将技术出让给其他企业；如果企业具有上述 3 种优势，却只采取技术转移的方法，则会丧失内部化优势与区位优势所能带来的收益。所以选项 D 是正确答案。

5.【答案】

(1)按并购双方所处的产业分类，亚威集团收购 N 矿业公司属于纵向并购，"从贸易型企业向资源型企业转型";亚威有色公司对Z公司的收购属于横向并购,"亚威有色公司是亚威集团下属子公司,主营业务为生产经营铜、铅、锌、锡等金属产品;Z公司是澳洲一家矿产公司,其控制的铜、锌、银、铅、金资源储量非常可观"。

按被并购方的态度分类,亚威集团收购N矿业公司为友善并购,"购并双方进行了多个回合沟通和交流";亚威有色公司对Z公司的收购也属于友善并购,"经过双方充分协商"。并购方的身份分类,亚威集团收购N矿业公司为产业资本并购;亚威有色公司对Z公司的收购也属于产业资本并购。

按收购资金来源分类,亚威集团收购N矿业公司属于杠杆收购,"亚威集团收购资金中有40亿美元由C国国有银行贷款提供(总共60亿美元的收购)";亚威有色公司对Z公司的收购属于非杠杆收购,"亚威有色公司以70%的自有资金,成功完成对Z公司的收购"。

(2)亚威集团收购N矿业公司失败的主要原因:

①并购后不能很好地进行企业整合。"亚威集团在谈判过程中一直没有与工会接触,只与N矿业公司管理层谈判,这可能导致收购方案在管理与企业文化整合方面存在不足"。

②跨国并购面临政治风险。"N矿业公司所在国政府否决了该收购方案……其收购资金中有40亿美元由C国国有银行贷款提供,质疑此项收购有C国政府支持"。

(3)发展中国家企业对外投资的主要动机有:①寻求市场;②寻求效率;③寻求资源;④寻求现成资产。亚威集团公司和亚威有色公司跨国收购的主要动机都是寻求资源,"将亚威从贸易型企业向资源型企业转型""为获取Z公司低价格的有色金属资源奠定了重要的条件"。

【国际化经营的战略类型】

1. D 【解析】国际战略,企业多把产品开发的职能留在母国,而在东道国建立制造和营销职能。"东盛公司在国内的母公司保留技术和产品开发的职能,在国外的子公司只生产由母公司开发的产品"属于国际战略,特点是全球协作程度低,本土独立性和适应能力低,选项D正确。

2. D 【解析】为了确保产品质优价廉,多邦公司在最适合驼羊生存的L国建立统一的驼羊养殖场,并在加工条件最好的N国设厂生产驼羊毛制品,在较有利的国家集中地进行生产经营活动,属于全球化战略。

【思路点拨】本题属于案例分析型选择题,题中的关键表述"产品销往多个国家和地区"说明企业向全世界的市场推销标准化的产品;"该公司在最适合驼羊生产的L国建立统一的驼羊养殖场,并在加工条件最好的N国设厂生产驼羊毛制品"说明企业在较有利的国家集中进行生产经营活动,形成经验曲线和规模经济效益,综上,可以判断出企业采用的是全球化战略。

3. C 【解析】甲公司将产品生产的不同环节配置在不同国家,产品销往全球100多个国家和地区,主要是实现了规模经济,采用的是全球化战略。

【新兴市场的企业战略】

1. D 【解析】"把药品的生产和销售业务转让给其他公司,同时与国外某医药公司合作专注于新药品的研发业务",这是企业在全球化压力很大的产业中,不仅仅指望公司的本土资源,还重新考虑自身的商业模式,这是躲闪者战略。选项D正确。

躲闪者的选择可能是以下几个:

(1)与跨国公司建立合资、合作企业。

(2)将企业出售给跨国公司。

(3)重新定义自己的核心业务,避开与跨国公司的直接竞争。

(4)根据自身的本土优势专注于细分市场,将业务重心转向价值链中的某些环节。

(5)生产与跨国公司产品互补的产品，或者将其改造为适合本国人口味的产品。

2. ABD　【解析】国内生产要素成本不断上涨和产品订单日趋减少，分别体现了寻求效率和寻求市场。通过独立投资和横向并购M国一家拥有国际知名品牌的企业，体现了寻求现成资产。

3. C　【解析】奇天公司面对的全球化压力大，并且进行了全球扩张（优势资源可以向海外转移），所选择的是"抗衡者"战略。此外，"全球性的市场网络和研发平台"表明从发达国家获取资源，"始终坚持在通信行业的主航道上聚焦"表明在一个全球化的产业中找到一个合适的突破口。

4.【答案】
(1)神农公司进入国际市场举步维艰的主要原因包括：

①规模经济方面。"与国外跨国公司相比，自己在规模及利润两个方面存在着巨大差距，在研发经费的投入方面差距更大。"说明神农公司缺乏规模经济优势。

②现有企业对关键资源的控制方面。"由于缺乏拥有自主知识产权的药品，多年来以生产仿制药为主；其生产的医疗器械科技含量较低，难以满足用户对高科技医疗器械的需要，国内高科技医疗器械市场基本被进口产品占领。"说明神农公司缺乏对关键资源的控制。

③现有企业的市场优势方面。"此外，神农公司还存在着专业化程度和品牌认知度较低等问题"说明神农公司缺乏市场优势。

(2)神农公司面对跨国公司的大规模进入和挑战所做出的战略选择是"抗衡者"战略：在全球范围内对抗。

理由：世界著名医药跨国公司纷纷进入国内市场，产业的全球化程度是比较高的，企业自身的优势资源是可以向海外移植的。"新战略的核心是设立若干个中小型……真正的较量。"均体现了在全球范围内对抗，所以属于"抗衡者"战略。

5. C　【解析】本题考核"本土企业的战略选择"的知识点。如果全球化压力大，企业就会面临更大的挑战。如果企业优势资源只能在本土发挥作用，企业就必须围绕仍有价值的本土资源，对其价值链的某些环节进行重组，以躲避外来竞争对手的冲击，从而保持企业的独立性。这类企业，我们称之为"躲闪者"。其战略定位是通过转向新业务或缝隙市场避开竞争。本题中飞翔公司选择与跨国公司建立合资、合作企业的方式改变自身的商业模式。

6. A　【解析】"产业面临的全球化压力很大，而企业优势资源可以转移到其他市场"说明企业处在"抗衡者"的地位。

"抗衡者"战略：在全球范围内对抗，其战略定位是通过全球竞争发动进攻。

(1)不要拘泥于成本上竞争，而应该比照行业中的领先公司来衡量自己的实力。

(2)找到一个定位明确又易于防守的市场。

(3)在一个全球化的产业中找到一个合适的突破口。

(4)学习从发达国家获取资源，以克服自身技能不足和资本的匮乏。

同步训练　限时170分钟

一、单项选择题

1. 进入夏季，啤酒会受到广大消费者的格外青睐，为了吸引消费者的购买欲望，酒类生产商都会纷纷降价销售，各大卖场也会开设啤酒促销专区。为了减少残酷的竞争，获得竞争优势，Q公司决定并购位于S省的竞争对手——L啤酒公司。由此可见，Q公司进行并购的动机是(　　)。

A. 避开进入壁垒，迅速进入，争取市场机会，规避各种风险

B. 获得协同效应

C. 克服企业负外部性，减少竞争，增强对市场的控制力

D. 决策不当的并购

2. 下列选项中，能够帮助相关企业降低商业模式风险的原则是( )。

A. 重建市场边界

B. 将战略执行建成战略的一部分

C. 超越现有需求

D. 遵循合理的战略顺序

3. 丙公司是一家以创新为中心的粮食产品生产公司，为了满足消费者的新鲜感，现将优质的大米配上玉米、燕麦等加工成混合保健食品，开发出一些特种大米的系列食品。由此可以分析出丙公司采用的战略是( )。

A. 市场开发战略

B. 产品开发战略

C. 前向一体化战略

D. 后向一体化战略

4. C 国的 A 公司与 X 国的 B 电脑公司，达成战略联盟，充分利用 A 公司的资金和技术，B 公司的市场信息优势，从而两家公司很快拥有了开拓海外市场的能力。通过上述案例可以判断，AB 公司形成战略联盟的原因是( )。

A. 促进技术创新

B. 避免经营风险

C. 避免或减少竞争

D. 实现资源互补

5. 某企业以一种儿童营养液起家，一句广告词"喝了×××，吃饭就是香"传遍大江南北。在此基础上，该企业进一步决定以"×××"为品牌生产儿童服装。根据以上信息可以判断该企业的战略属于( )。

A. 相关多元化战略

B. 产品开发战略

C. 市场开发战略

D. 非相关多元化战略

6. 甲公司是一家生产护肤美容品的公司，总部和研发中心位于美国。该公司以主要国家和地区来划分战略业务单位，并授权各国的管理者根据消费需求、消费习惯等特征生产本土化产品。根据以上内容，甲公司所采用的国际化战略是( )。

A. 全球化战略

B. 多国本土化战略

C. 成长性战略

D. 跨国化战略

7. 飞翔公司是国内一家奶粉生产企业。近年来，很多具有品牌优势的国外奶粉制造商纷纷涉足中国市场，竞争十分激烈。飞翔公司为了自身的长期发展，与新西兰乳品巨头甲公司结成战略联盟，双方以 50%：50%的股权比例合资成立一家新的公司，产品从奶粉扩展到各类奶制品。从战略选择角度看，飞翔公司扮演的角色可称为( )。

A. 防御者　　　　B. 躲闪者

C. 抗衡者　　　　D. 扩张者

8. 甲公司是一家粮油贸易公司，在金融危机期间，对外贸易业务受到极大影响，该公司领导痛定思痛，决定以粮油贸易为基础，开始从事粮油加工、粮食种植、培育自己的粮油品牌等，以此扩大经营规模，实现企业成长，这属于( )。

A. 相关多元化战略

B. 一体化战略

C. 成本领先战略

D. 非相关多元化战略

9. 甲公司是一家汽车制造公司，经营状况良好。在董事长的提议下，战略管理人员利用 SWOT 模型对本公司的内部环境进行了分析。分析报告显示，汽车销售环节的利润率非常高，于是董事长决定在当地成立自己的销售专卖店。根据以上资料分析，该公司采取的战略是( )。

A. 横向一体化战略

B. 前向一体化战略

C. 后向一体化战略

D. 市场开发战略

10. 乙公司是一家日用洗涤品生产企业，其在市场调研中发现，购买日用洗涤品的消费者主要是家庭主妇，而她们不太关注品牌，但是对价格非常敏感。并且乙公司主要竞争对手的产品与乙公司的产品类似。在这种情况下，最适合乙公司采取的竞争战略是(　　)。

A. 成本领先战略

B. 差异化战略

C. 集中化战略

D. 相关多元化战略

11. 甲公司是一家国际化经营的企业，其在全球多个国家设有销售机构，公司的产品由总部统一研发，而各地区的分支机构仅负责营销。甲公司采用的国际化经营战略类型是(　　)。

A. 国际战略

B. 全球化战略

C. 多国本土化战略

D. 跨国战略

12. 甲公司是一家食品生产企业，经过多年经营，一直保持比较稳定的盈利水平，能够稳健地为股东创造财富。临近春节，该公司管理层预计未来一段时间市场内对本公司产品的需求会大幅上升，该公司将会迎来一段高增长时期，高增长可能会使公司面临资金短缺的局面，公司管理层拟在近期采取措施以解决现金短缺的问题，根据财务战略矩阵的原理，下列最适合甲公司采用战略是(　　)。

A. 提高经营效率，以提高可持续增长率

B. 发行新股，筹集资金

C. 通过并购，以获得更大增长机会

D. 与银行签订短期流动资金贷款

13. 甲公司是我国一家大型汽车生产企业，该公司拥有强大的研发能力和较强的产品设计能力，以及很强的市场营销能力。2010年该公司进入非洲某一国家，经过调研，发现该国消费者对汽车需求多

样化。根据以上信息可以判断，适合甲公司实施的战略类型是(　　)。

A. 差异化战略

B. 暂停战略

C. 横向一体化战略

D. 成本领先战略

14. 某生产儿童饮料的企业，从儿童饮料起步逐渐发展，目前主要经营的业务包括：奶制品(乳酸奶、纯牛奶)、水(纯净水)、茶、可乐(非常可乐、非常柠檬、非常甜橙)、八宝粥。该企业采取的战略属于(　　)。

A. 前向一体化战略

B. 非相关多元化战略

C. 相关多元化战略

D. 后向一体化战略

15. H公司是一家汽车制造商，为扩展业务层面，提高企业利润，于是并购了一家出租车汽车公司，安排出租车汽车公司将其生产的品牌汽车出租给最终消费者，从而达到并购的目的。该并购属于(　　)。

A. 杠杆并购

B. 敌意并购

C. 金融资本并购

D. 纵向并购

16. M公司是一家生产日用洗涤品的企业，在其市场调研中发现，采购日用洗涤品的消费者不太关注产品的品牌，并且该企业面对的市场中存在大量的价格敏感用户并且消费者的转换成本比较低。到目前为止，该公司的主要竞争对手生产的产品与M公司的产品大同小异。通过上述资料，M公司最适合选择的业务单位战略是(　　)。

A. 成本领先战略

B. 集中化战略

C. 差异化战略

D. 一体化战略

17. 面对国内彩电市场，甲公司发现本土品牌尚没有开发大屏幕液晶彩电，外来品牌大

屏幕液晶彩电价格普遍偏高，大众消费者无法承受，一时难以普及。甲及时研究开发，改进技术，乘虚而入，终于取得了成功。甲公司这一战略属于( )。

A. 产品开发战略

B. 市场开发战略

C. 市场渗透战略

D. 一体化战略

18. 甲公司是一家大型的餐饮公司，随着公司规模的扩大，公司决定通过进军房地产业务逐步实现多元化发展。由于对新市场不了解，公司决定专门针对在异地工作的高级白领开展房地产业务，争取在这个市场上获得较大的市场份额。该公司采取的市场营销策略是( )。

A. 无差异市场营销

B. 差异市场营销

C. 集中市场营销

D. 集中差异市场营销

19. 甲公司是一家民营机械企业，经过多年的发展，企业拥有了较强的学习和内部能力来开拓市场，分摊成本。但在谋求企业发展的过程中，苦于在市场上无法找到合作伙伴或收购对象，则适合该公司的战略发展途径是( )。

A. 特许经营　　B. 合营企业

C. 内部发展　　D. OEM

20. 甲公司是美国本土一家软饮料公司，美国软饮料市场几乎被 M 公司和 W 公司两大巨头占领，而甲公司规模较小，也无法通过规模经济实现成本领先，最终甲公司决定专门致力于可乐饮料，则甲公司采取的战略是( )。

A. 集中化战略　　B. 差异化战略

C. 一体化战略　　D. 密集型战略

21. 甲企业是国内一家家电生产企业，在国内家电市场趋于饱和的情况下，开始向周边的东南亚国家市场扩张，经过市场调研，发现这些国家存在如下情况：目标市场具有较大的需求空间或增长潜力，存在大量

的价格敏感用户，这些消费者对品牌并不是很关注，但很多国际家电企业都已经注意到了这个市场，竞争开始加剧。根据以上信息，请判断甲企业在进军东南亚市场时最适合的战略是( )。

A. 成本领先战略

B. 集中化战略

C. 差异化战略

D. 多元化战略

22. 美国的某电子公司把企业名称的缩写制作成品牌的标志，在所有产品中都采用这一标志。据此，该企业采用的品牌策略是( )。

A. 每个产品都有不同的品牌名称

B. 组合品牌

C. 单一的企业名称

D. 自有品牌

23. 甲企业是一家新兴的建筑设备生产企业，集中企业所有力量生产相关系列的建筑设备，主要客户为建筑公司。根据以上信息可以判断该企业的目标市场选择类型是( )。

A. 无差异市场营销

B. 差异市场营销

C. 集中市场营销

D. 低成本市场营销

24. 火车的卧铺分为上中下三种，分别制定不同的价格，这属于差别定价中的( )。

A. 细分市场　　　B. 地点

C. 时间　　　　　D. 动态定价

25. 甲企业是一家生产婴幼儿用品的企业，随着人口出生率的下降，婴幼儿市场出现了萎缩的趋势。该企业决定将原有婴幼儿洗护用品直接推向成人市场，广告宣传注重"儿童使用的洗护用品对皮肤的刺激性最小，成人使用更没有问题"的主题。这种战略在企业产品—市场战略组合中称为( )。

A. 市场渗透战略　B. 市场开发战略

C. 产品开发战略　D. 多元化战略

26. 甲公司是一家家电生产企业。公司管理层预测市场需求会逐步上升，因此需要提高企业产能。为了将客户从企业的竞争者手中吸引过来，该公司管理层决定加快产品生产，根据市场对需求增长的预期来增加产能。根据以上信息可以判断，该企业采取的产能计划类型属于(　　)。

    A. 领先策略　　　B. 匹配策略

    C. 滞后策略　　　D. 人员推销

27. 某西餐厅将原料采购外包给一家商贸公司，由其负责每天的原料采购及送货，该西餐厅的货源策略属于(　　)。

    A. 单一货源策略

    B. 多货源策略

    C. 由供应商负责交付一个完整的子部件

    D. 由采购商负责交付一个完整的子部件

28. 麦当劳是一个国际知名品牌，而它的成长需要借助于它的销售方式。外界投资者，只需要支付一定加盟费，就可以麦当劳的名称从事经营活动。麦当劳这样的分销渠道属于(　　)。

    A. 零售商　　　B. 批发商

    C. 代理商　　　D. 特许经营

29. A公司是一家刚刚创立的高科技企业，对于风险投资者来说，最希望A公司采用的财务风险与经营风险的搭配是(　　)。

    A. 高经营风险与高财务风险的搭配

    B. 高经营风险与低财务风险的搭配

    C. 低经营风险与低财务风险的搭配

    D. 低经营风险与高财务风险的搭配

30. 甲公司是一家桥梁建筑公司。公司积极开拓市场，在一季度签订了大量订单，并根据订单的要求，加大了水泥和钢材的采购量。根据以上信息可以判断，甲公司采用的方式为(　　)。

    A. 资源订单式生产

    B. 库存生产式生产

    C. 订单生产式生产

    D. 库存订单式生产

31. 甲是一家小型的洗衣店，属于零散产业中的一个企业，甲公司为了获得成本优势，可以采用的途径不包括(　　)。

    A. 连锁经营或特许经营

    B. 技术创新以创造规模经济

    C. 增加商品附加值

    D. 尽早发现产业趋势

32. 甲公司是一家正处于高速成长的民营企业，企业对资金的需求缺口非常大。但作为民营企业，又无法获得银行贷款。为此，公司董事会经过讨论，并经股东大会决定，在未来几年内将企业所有剩余盈余都投回本企业，用于企业扩大再生产。根据以上信息可以判断，该公司的股利分配政策是(　　)。

    A. 固定股利政策

    B. 固定股利支付率政策

    C. 零股利政策

    D. 剩余股利政策

33. 甲公司所在产业的全球化程度比较高，企业自身的优势资源可以转移到其他市场。适合甲公司的战略定位是(　　)。

    A. 利用国内市场的优势防卫

    B. 将企业的经验转移到周边市场

    C. 通过转向新业务或缝隙市场避开竞争

    D. 通过全球竞争发动进攻

34. 某企业在对员工绩效进行评估时，将员工个人绩效拆分成若干特征或绩效领域，例如可接受工作的数量、工作质量以及主动性等，力图全面对员工绩效进行评估。根据以上信息可以判断，该企业采用的业绩评估方法是(　　)。

    A. 员工的等级评定

    B. 核对表

    C. 评级量表

    D. 评估面谈

35. 甲公司对2019年的财务进行了预测，预测结果如下：

销售增长率	60%
可持续增长率	45%
投资资本回报率	25%
资本成本	15%

则下列财务政策中，甲公司可以采用的是（　　）。

A. 增加债务比例

B. 支付现金股利

C. 降低资本成本

D. 重组

36. H集团是一家进行国际化经营的企业，其总部设在中国，而海外经营单位均实行本地化管理，以满足当地消费者的特定需要。根据以上信息判断，该集团采用的国际化经营战略类型是（　　）。

A. 国际战略

B. 多国本土化战略

C. 全球化战略

D. 跨国战略

37. 甲公司是一家金融投资企业，在2008年金融危机的冲击下，不得不选择采用收缩战略，由此可见，企业采用收缩战略的原因是（　　）。

A. 小企业的短期行为

B. 外部原因

C. 企业失去竞争优势

D. 大企业战略重组的需要

38. 甲公司是一家婴幼儿手推车生产商，最近甲公司通过市场调查发现，一些双胞胎小孩的家庭，在带小孩出行时要买两辆手推车才行，很不方便，于是通过研究设计出一款能够同时放两个小孩的手推车，专门满足那些有双胞胎小孩的家庭。根据以上信息判断，甲公司采用这种竞争战略的实施条件是（　　）。

A. 目标市场在市场容量、成长速度、获利能力、竞争强度等方面具有相对的吸引力

B. 在目标市场上，没有其他竞争对手采

用类似的战略

C. 顾客的需求是多样化的

D. 购买者群体之间在需求上存在差异

39. 浙江某民营企业的主营业务为厨房用具，随着市场竞争日益加剧，企业仍坚持经营厨房用具，并且采用定位高端市场，舍弃中端和低端市场的战略。该企业的这种战略属于（　　）。

A. 成本领先战略

B. 差异化战略

C. 集中成本领先战略

D. 集中化战略

40. S公司是一家跨国性电器制造公司，在全世界设有230多家公司。T集团股份有限公司是一家从事家电、信息、通讯、电工产品研发、生产及销售为一体的特大型国有控股企业。目前S公司与T公司在家电领域进行合作，S公司希望借用T公司在二三级城市的网络优势，而T公司希望学习跨国公司的营销方式、获得尖端技术的开发能力还有关键零部件上的采购优惠。根据以上信息可以判断，S公司与T公司的合作属于（　　）。

A. 横向并购　　　　B. 纵向并购

C. 战略联盟　　　　D. 内部发展

41. 根据企业进入国外市场的主要模式，选择出口这种形式的企业可以采用的定价策略不包括（　　）。

A. 定价偏高，以期获得大于国内市场的收益

B. 制定使海外市场与国内市场收益水平接近的价格

C. 在长期内定价较低，即使收益偏低甚至亏损也在所不惜

D. 只要在抵消变动成本之后还能增加利润，就按能把超过国内市场需求量的产品销售出去的价格定价

42. 甲公司是一家手机生产企业，它的总部设在美国，除了研发中心在总部之外，营销中心设在北欧、客服中心放在南美、

生产中心设在南非，由这些职能部门协作在全世界范围内生产和销售同一类型和质量的手机，甲公司采用的国际化战略类型是（　　）。

A. 多国本土化战略

B. 国际战略

C. 全球化战略

D. 跨国战略

43. 某食品企业在为某一地区零售商提供配送服务时，考虑到这些零售商在规模上的差异，采取了不同的策略。例如针对大型连锁超市提供送货上门服务，并且随叫随到。而针对一般的小卖部，则要求其自行提货。根据以上信息可以判断，该企业使用的细分变量属于（　　）。

A. 地理细分　　　B. 规模细分

C. 人口细分　　　D. 收入细分

44. 某可乐公司的广告策略侧重于渲染"活力、运动"的主题，表明这些企业对消费者市场细分采用的是（　　）。

A. 地理细分　　　B. 人口细分

C. 心理细分　　　D. 行为细分

45. 相对于股权式战略联盟而言，契约式战略联盟由于更强调相关企业的协调与默契，从而更具有战略联盟的本质特征，除此之外，关于这两种战略类型的表述中，正确的是（　　）。

A. 股权式战略联盟中各方处于平等和相互依赖的地位，并在经营中保持相对独立性

B. 契约式战略联盟无须组成经济实体，也无须常设机构，结构比较松散

C. 股权式战略联盟的灵活性比较好，但是不利于长久合作

D. 契约式战略联盟按出资比例分配利益

46. 丁公司是一家出口手机零配件的公司，通过多元化经营扩大了业务规模，然而在2008年金融危机的冲击下，该家公司却难以在各个经营领域与最强硬的对手展开竞争，最终使得多项业务被竞争对手各个击破。上述案例体现出该公司在实施多元化战略时面临的风险是（　　）。

A. 原有经营产业的风险

B. 市场整体风险

C. 产业进入风险

D. 产业退出风险

47. 美国某汽车公司，从最初生产电灯泡开始发展成为经营家用电器、牵引汽车、发电设备、金融服务、航空运输等业务的综合性企业，则该公司采用的战略是（　　）。

A. 相关多元化战略

B. 非相关多元化战略

C. 一体化战略

D. 市场渗透战略

二、多项选择题

1. 某电器生产商拟实施规模经济，目标是成为产业中的成本领先者。如果该企业采用成本领先战略，那么可能发生的风险包括（　　）。

A. 技术发生了变化导致已经积累的经验一笔勾销

B. 产业中的新进入者通过模仿该企业的模式，也实现了较低的成本

C. 市场上消费者的需求从注重价格开始转向注重产品的品牌

D. 能够对产业内的潜在进入者形成进入障碍

2. 乙钢铁公司希望通过内生增长的方式实现企业的扩张，公司采取该种方式可能的动因有（　　）。

A. 没有合适的收购对象

B. 为了保持同样的管理风格和企业文化

C. 通过自身开发新产品利于更加了解市场及产品

D. 所处产业处于不均衡状况，结构性障碍还没有完全建立起来

3. 下列各项中属于非股权形式的有（　　）。

A. 售后服务外包

B. 业务流程外包

C. 成立合资企业

D. 出口

4. 下列选项中属于连接某国生产者与异国消费者分销渠道特征的有( )。

A. 一般说来，国际分销渠道比国内分销渠道更复杂，涉及更多的中间环节

B. 国际分销渠道的成本通常比国内分销渠道的成本高

C. 出口商有时必须通过与国内市场不同的分销渠道向海外市场进行销售

D. 国际分销渠道通常为公司提供海外市场信息，包括产品在市场上的销售情况及其原因

5. 采用"扩张者"战略的企业在向海外延伸本土优势的过程中，应当寻找与本国市场相类似的市场，以最有效地利用自己的资源。下列属于该类企业可以考虑的市场有( )。

A. 消费者偏好与本国市场相类似

B. 分销渠道与本国市场相类似

C. 政府管制与本国市场相类似

D. 地缘关系与本国市场相类似

6. 甲公司是一家手机制造商，一直以来都采用一种竞争战略，致力于让顾客以最低的价格买到最高配置的手机，成为行业中最低成本的手机制造商。甲公司采用这种竞争战略的优势有( )。

A. 形成进入障碍

B. 保持领先的竞争地位

C. 降低顾客敏感程度

D. 降低替代品的威胁

7. A公司是一家以创新为中心的粮食食品公司。该公司看准开发大米系列食品的现有市场的潜力，在原有方便米粉的基础上，研制了方便米片、精米点心和大米膨化食品。则A公司采取的密集型战略的适用情况包括( )。

A. 企业产品具有较高的市场信誉度和顾客满意度

B. 企业所在产业正处于高速增长阶段

C. 企业具有较强的研究与开发能力

D. 可以充分利用企业对市场的了解

8. 某公司是一家食品公司，2010年初该公司生鲜食品部门制定了部门发展战略，下列战略中可能是该部门制定的有( )。

A. 成本领先战略

B. 差异化战略

C. 集中化战略

D. 多元化战略

9. 国外某公司的产品A，在欧美热销，通过不断的促销活动取得了更大的市场份额；同时和中国最大的国有通信公司之一的联通公司达成协议，正式登陆中国市场。据此可知，该公司采用的战略包括( )。

A. 多元化战略

B. 市场渗透战略

C. 市场开发战略

D. 产品开发战略

10. 甲公司是一家电脑生产商，公司在采购原材料时，一味强调材料的成本，只选最便宜的，不选最好的，最终生产出来的产品有很多质量问题，经过分析，该公司在采购中忽略了除价格外的其他因素。因此如果甲公司准备找到最佳的采购组合，还需要考虑( )。

A. 质量　　　　B. 数量

C. 生产　　　　D. 交货

11. 甲公司是一家零售商店，在某省占有率第一。近期该公司决定进军周边省市市场。考虑到地域的分散性会导致公司运营成本急剧上升，公司领导层正在思考以何种方式克服。根据以上信息可以判断，下列选项中属于该公司可以考虑的战略路径包括( )。

A. 建立区域物流中心

B. 改进公司信息系统，提高效率

C. 增加分店数量

D. 加强供应商信用管理

12. 美福粮是一家知名的粮食加工公司，经过一段时间的考察，计划通过股权收购

的方式，收购位于中部地区某省的一家产品品质较高、但品牌知名度较低的江华粮食加工公司的全部股权。美福粮所处的行业和业务模式得到了某私募股权投资机构 AP 公司的关注。AP 公司拟通过分批股权投资的方式，获取美福粮60%的股份。上面资料涉及的并购类型包括（ ）。

A. 横向并购

B. 杠杆并购

C. 金融资本并购

D. 产业资本并购

13. A 银行信用卡中心在某超市门口促销信用卡，每一位客户来办理信用卡时，都会赠送一个工具箱，并且非常热情的帮助客户填写申请表，通过资料可以看出，主要涉及的促销组合要素包括（ ）。

A. 广告促销　　　B. 营业推广

C. 公关宣传　　　D. 人员推销

14. A 公司是一家儿童用品制造商，该公司一直注重挖掘市场需求，推出满足市场新需求的产品，最近该公司经过市场调查发现，许多家长在孩子上幼儿园时，非常希望能够掌握孩子的最新动态，有情况能够及时与孩子沟通，经过研发，该公司推出了一款能够打电话的手表，让孩子能够随时和家长沟通，产品一推出，就受到市场的追捧。该公司采用的这种战略的优势有（ ）。

A. 能够避免正面冲突，使企业处于一个竞争缓冲地带

B. 能够抵御替代品的威胁

C. 形成进入障碍

D. 对于资源能力有限的中小企业而言可以增强相对的竞争优势

15. W 公司是一家零售企业，根据 2012 年的市场调研情况，公司董事会提出采用成本领先战略，则下列情况中，支持这一战略的有（ ）。

A. 市场中存在大量的价格敏感用户

B. 目标市场具有较大的需求空间或增长潜力

C. 企业所在产业技术变革较快，创新成为竞争的焦点

D. 购买者不太关注品牌

16. A 公司是一家位于甲市的家电制造企业，由于甲市的家电销售渠道已经被当地的几大连锁渠道垄断，为了能够在大型零售卖场销售自己的产品，A 公司需要支付高额的通道费用，为了克服这种威胁，A 公司一方面建设自己品牌的零售专卖店，向家电零售业务发展；另一方面，在乙市开发新市场，希望能在乙市新开发的市场上销售企业的家电，进一步扩大市场占有率和销售额。A 公司采取的战略包括（ ）。

A. 前向一体化战略

B. 横向一体化战略

C. 产品开发战略

D. 市场开发战略

17. 颖杰是一家家具制造企业，该企业以低价和产品的完美设计及实用功能，以年轻消费者为目标市场，通过以下方法实现成本领先：（1）追求以合理且经济的方式，开发并制造自己的产品，以减低物料的浪费；（2）在全球范围内进行制造外包，大量采购，以最大限度地降低制造成本；（3）采用"平板包装"的方式运输商品节省仓储及运输费用或要求顾客自行运输购买的物品。根据以上信息可以判断该企业采用的策略包括（ ）。

A. 成本领先战略

B. 集中化战略

C. 集中成本领先战略

D. 差异化战略

18. W 公司是一个家电企业，经过分析得到该公司的投资资本回报率高于资本成本，但是其销售增长率却低于公司的可持续增长率，据此可以判断（ ）。

A. 该公司处于增值型现金短缺状态

B. 该公司可以通过加速增长来增加股东财富

C. 该公司的策略可以是增发股份

D. 如果该公司加速增长后，找不到进一步投资的机会，可以回购股份

19. 丙公司是一家铝罐制造公司，现通过建立生产设备等措施实现了规模经济，并且其他方面也符合采取成本领先战略的条件。如果丙公司决定采取成本领先战略，则可能面临的风险有(   )。

A. 由于技术的变化可能使过去用于降低成本的投资与积累的经验一笔勾销

B. 产业的新加入者通过模仿用较低的成本进行学习

C. 市场需求从注重价格转向注重产品的品牌形象，使得企业原有的优势变为劣势

D. 企业形成的产品差别化的成本过高

20. 甲公司和乙公司为了开拓市场和增强市场地位，决定建立合资企业，在订立协议的过程中，需要明确的基本内容有(   )。

A. 严格界定联盟的目标

B. 周密设计联盟结构

C. 准确评估投入的资产

D. 规定违约责任和解散条款

21. 甲公司是一家享誉世界的家电制造巨头，在其涉足的各项家电业务领域，一直坚持差异化战略，强调原创技术、性能卓越、品质不凡且价格高昂。但甲公司近年连续出现亏损。从差异化战略的风险角度分析，甲公司亏损的原因可能包括(   )。

A. 竞争对手推出了性能更好的差异化产品

B. 甲公司形成产品差异化的成本过高

C. 随着家电行业的发展和成熟，消费者对产品的差异化需求下降

D. 家电行业技术扩散速度加快，竞争对手的模仿能力迅速提高

22. 某公司由于市场竞争激烈，导致整个市场容量下跌，同时公司内部经营机制不顺、决策失误、管理不善等原因，公司在其业务市场难以为继，不得不采用防御措施。下列选项中，适合该公司战略采用的方式有(   )。

A. 削减人工成本

B. 调整营销策略，在价格、广告等环节推出新的举措

C. 收购竞争对手企业

D. 将该业务卖出

23. 某服装有限公司主要经营外贸服装，公司在生产过程中出现了一系列问题。公司在加工服装的过程中出现了纰漏，生产出有缺陷的产品，同时很多的加工程序是多余的；因生产活动的上游不能按时交货或提供服务，导致该公司停工待料。上面资料体现的浪费类型包括(   )。

A. 生产过剩的浪费

B. 不良产品的浪费

C. 等待的浪费

D. 加工的浪费

24. 甲公司是一家化肥厂，为有效应对市场竞争，经与乙化肥厂协商，将双方的股权(包括资产与负债)合并在一起，成立一家新的化肥厂。这种方式被称为(   )。

A. 横向并购

B. 金融资本并购

C. 友善并购

D. 杠杆收购

25. 下列各项中属于企业采取内部发展动因的有(   )。

A. 不存在合适的收购对象

B. 保持统一的管理风格和企业文化

C. 风险较低

D. 内部发展速度较快

26. 甲公司是一家法国饮料公司，通过收购美国最大的宠物食品公司成功进军宠物食品行业，其背后的动因不包括(   )。

A. 实现营销优势

B. 争取市场机会

C. 设置壁垒

D. 获得政治利益

27. 我国某纺织机械总公司拟定与瑞士某公司共同出资组建合资经营企业，促使双方创建合资经营企业的动因主要包括( )。

A. 加强双方企业的现有业务

B. 将双方企业的现有产品投放新市场

C. 开发可以在双方企业的现有市场上销售的新产品

D. 经营一种新业务

28. X 企业生产的卫生纸采用优质的木浆为材料制作而成，外观精巧，气味清新，纸质柔韧细腻，是高档卫生纸的代表，对于高收入的消费群体来说，X 牌卫生纸的集中化战略是成功的。但是随着人们收入的提高以及价值观念的更新，过去的高档卫生纸成为普及的一般商品，导致 X 牌卫生纸逐渐成为众多品牌中不引人注目的品牌，不得不进行价格战。通过 X 牌卫生纸的例子，可以看出采取集中化战略的风险不包括( )。

A. 竞争对手的模仿使已建立的差异缩小甚至转向

B. 竞争对手的进入与竞争

C. 购买者群体之间的需求差异变小

D. 狭小的目标市场导致的风险

29. 甲公司是一家自来水企业，目前的经营状况良好，企业管理层相对比较保守，打算在目前的经营环境和内部条件下进行经营，甲公司目前采用的这种战略的缺点有( )。

A. 外部环境发生变化时，会使企业陷入困境

B. 增加资源重新配置和组合的成本

C. 降低企业对风险的敏感性和适应性

D. 风险非常大

30. 高端私人成衣手工定制是产业集中度很低，没有任何企业占有显著市场份额的零散产业。对于由顾客消费地点或消费口味不同造成的生产规模的不经济性，大部分高端私人成衣手工定制店选择连锁经营，此类成衣定制店的战略选择，不包括( )。

A. 克服零散

B. 增加附加价值

C. 专门化

D. 提高产品差异化程度

三、简答题

1. 近年来，印度公众对耐用消费品如洗衣机、电冰箱、彩电等的支出明显增加。但从对印度本国家电企业的调查情况可以看出，一般的家电制造商只能生产黑白电视、电子钟表、录像机、放像机、电子游戏机、计算器等，只有一些大的制造商才能生产所谓的"白色家电"，即洗衣机、电冰箱等。总体来说，产品档次低，升级换代慢。在印度市场上，CD 机和 VCD 机大多是进口的。

据印度全国应用经济研究理事会的调查显示：随着印度中产阶级数量的增长，一个家电需求的大市场正在形成。人们越来越注重产品的品牌、质量、外观和方便程度。

印度大约有 70% 的人生活在农村，近年来农村市场发展很快，随着印度粮食生产能力的提高，有力地促进了农村居民对家电消费的需求，电视等电器产品得到普及，消费品类别非常广泛，自行车、机械手表、收音机等在农村市场的份额超过 75%。

印度拥有一个非常广泛的销售分配网络。据估计，农村市场大约有 100 多万中间商，即批发商、零售商和储运商，他们把各种消费商品分散输送到全国各地，并利用这一网络渠道，将市场深入到 3800 个城镇，50 多万个村庄。

综上所述，无论是城市还是农村，我们都有理由相信，印度对中国企业来说是一个潜在的消费大市场。在这一巨大的市场占有一席之地，是我国企业开拓南亚市场，

实现跨国经营战略的重要步骤。

我国 A 跨国企业经过大量的考察研究，决定向印度投资，采用对外直接投资模式，将管理、技术、营销、资金等资源以自己控制企业的形式转移到印度，在印度建立全资子公司。

要求：

(1)列举发展中国家跨国公司对外投资的主要动机，并结合案例资料说明中国企业对印度投资的主要动机是什么？

(2)我国 A 公司进入国外市场的模式是什么，并说明该模式的优缺点。

(3)市场营销战略中的目标市场选择有几种，在本案例中，最适合的是哪一种？

2. C 公司是北京一家综合性会计师事务所，是经北京市财政局批准，依据《公司法》和《注册会计师法》设立的有限责任公司，成立于 2005 年，注册资本 500 万元，由甲、乙、丙三位合伙人组成。公司业务范围包括：企业会计报表审计；企业注册资本验证；办理企业合并、分立、清算事宜中的审计；经济效益、经营业绩专项审计；企事业单位领导任期经济责任审计；企事业单位领导离任审计；证券、期货相关业务审计；从事金融相关审计业务；国有及非国有资产评估；基本建设施工预决算审计验证；甲级工程造价咨询；财务咨询业务；法律、行政法规规定的其他审计业务。其主要业务对象是北京地区的大小企业，由三位合伙人分别负责不同的项目。经过几年的发展公司的规模不断扩大，由最初的几个人发展到现在的几十人。2017年，C 公司会计报表审计业务的投资资本回报率为 9%，销售增长率为 12%，测算得到的加权平均资本成本为 7%，可持续增长率为 15%。

随着市场的发展，北京地区涌现出了大大小小的会计师事务所，三位合伙人开始考虑公司未来的发展方向，商议以后决定拓宽目标市场范围，以北京地区为中心开始

向周边省市发展，并在几个重点城市建立了自己的办公区。截至 2017 年底，自北至南于沈阳、济南、郑州、武汉、合肥、上海、南昌、昆明、广州、深圳设立了分支机构。目前公司具有注册会计师、注册资产评估师、注册造价工程师、注册税务师等资格证书的各类执业人员 500 多名，平均年龄 32 岁，具有三年以上工作经验的专业人员近 80%。

27 名合伙人均为年富力强的业内精英，在首席合伙人张先云先生的带领下，全体员工秉承苦练内功、严谨执业、开拓进取、服务至上的理念，刻苦学习，勤奋工作，打造一流的服务品牌，做精做专，全力为广大客户提供高品质的专业服务。

要求：

(1)依据财务战略矩阵理论，简要分析会计报表审计业务处于财务战略矩阵的哪个象限及相关的财务战略选择。

(2)简述产品—市场战略组合的战略类型，结合材料分析 C 公司选择的战略类型。

3. 甲公司为一家生产计算机外部设备的高新科技企业。其产品包括与计算机相关的鼠标、键盘、音箱、鼠标垫等。该公司原来的音箱仅具有扩音功能，且外观设计极为简单；该公司最近推出一款新型号的音箱，不仅在音质上更优秀，而且外观设计为一系列卡通人物形象，在音箱使用时还具有七色光功能，同时有电子时钟，且可设置成闹表。该款音箱仍使用公司的统一知名商标"展翅"。由于该复合型音箱为新款产品，市场上尚未有类似产品。因此，甲公司在刚推出时定价高，比同类音箱价格高出 35%。甲公司一方面在各大城市电脑商城进行宣传，雇用劳务工人发放纸质传单，并在主要商家派驻销售代表。与此同时，借全国最大的电子产品商城京东商城十年店庆之际，开展新品宣传活动。

新型号的音箱新品主要通过两种方式销售，一种是电脑商城中大品牌音箱专卖

店，另一种就是通过京东商城来销售。自新型号的音箱上市以来，销售势头很猛，取得了预期效果。

要求：

请根据上述材料，从市场营销组合角度对甲公司进行分析。

4. 我国某跨国公司生产一种特效护肤的日用品，经过几年的发展，已经成为国内市场占有率最大的企业。在企业发展的过程中，发现国内市场已经饱和，其规模已经很难满足企业进一步的发展，该企业领导人将眼光投向了近邻东南亚国家，发现在这些东南亚国家市场上尚无与本企业类似的产品，而消费者对这种产品有较高的需求，随即决定进军这些东南亚国家。

要求：

(1)简要分析该企业进军这些东南亚国家市场的动因。

(2)在企业国际化过程中，除了上面的动因之外，还有哪些动因存在？

(3)简述发展中国家跨国公司对外投资的主要竞争优势。

5. 1984年到1991年是海星实施品牌战略的阶段，别的企业上产量，而海星扑下身子抓质量。此战略在海星创立之初即以公司主管砸冰箱的戏剧化举动宣告推出。此后的六七年间，海星完善了生产过程的全面质量管理，同时在销售方面推出星级服务的概念，在消费者心目中树立起品质量超群的国产品牌形象。海星在实践中，形成一套以人本主义为核心的企业文化。在此基础上，海星在20世纪90年代初提出了OEC工作法，它的中文表述则为"日事日毕，日清日高"。至此，海星以其全面质量管理、OEC工作法、以星级服务为特色的营销方式和顾客导向的产品改进与开发，三位一体形成了一个高效率、高品质的经营管理体系。

20世纪90年代初，海星集团年利润不过3000多万元。其发展必须采取低成本扩张的方式。海星从本地政府和武汉、广东等外地政府手上以低廉的代价接管了多家亏损企业，并依托这些企业建立了空调、洗衣机和彩电等新事业部，1991年海星兼并青岛空调器厂和电冷柜总厂，标志着大规模多元化进程的开始，并持续到1998年。由于拥有水平明显高于大多数国内企业的管理能力平台并善于将其植入被兼并的企业，同时借助公司上市募集的资金在海星工业园新建了一批企业，海星在20世纪90年代将自己扩展为一个横跨白色家电、黑色家电、米色家电（PC等）、各种小家电以及制药、生物工程、金融服务等领域的多部门公司。海星为适应其多产品的产业格局，在组织结构上完成了事业部制结构的改造，形成了成本中心、利润中心和资源调度中心的三级架构。

20世纪90年代后期，海星开始了第三阶段即通过国际化创建全球品牌的进程。到2000年，海星的出口额达2.8亿美元，不但在中国家电业独占鳌头，而且领先第二名近1倍。目前，海星在国外已设立10余家工厂；为绕过贸易壁垒，其布局基本上按世界各大自由贸易区或经济联盟设置。海星在全球激烈竞争的情况下，形成以经验为基础的成本效益和区位效益，转移企业内的特殊竞争力，同时注意当地市场的需要。

如今海星正在做的就是美国、欧盟MBA案例库的一个案例"市场链"，内部员工相互之间的关系不再是完全上下级的关系和同事的关系，而变成市场的关系。每个人都对着市场，每个人只对他的市场目标负责，每个人的收入只和业绩挂钩，也就是彻底的绩效主义。海星集团有3万多人，过去集团只有一张财务报表，一张资产负债表，一张损益表，一张现金流量表。现在变成3万多张，每个人1张，这意味着每个人必须把自己变成一个主体，你对着的不是你的上级、不是你的同事，而是对着市场。

海星"市场链"理论受启发于波特教授的"价值链"理论（目前许多大企业正在努力学习并运用与实践）。虽然两者都以企业流程再造为实现形式，但两者又有本质的不同。价值链是以边际效益最大化为目标，而"市场链"则以顾客满意度最大化为目标。海星实施"市场链"的最终目标，是要使企业的每一个人都成为一个SBU，也就是要把外部竞争的压力传递给企业的每一个员工，同时为他们提供个性化的创新空间，使每一个人都能成为自主创新的主体。

综合分析海星战略演变的历程及其阶段，可以发现一种重要的匹配关系，即企业战略与能力之间的配合。一种战略的导入对企业的相关能力提出了基本的要求，而企业核心能力的建立和发展则为战略的展开提供了必要的支撑，并为下一阶段的战略推进创造了部分条件。由此反复进行，构成一个阶梯式上升且不断放大的平台体系。

要求：

（1）根据该资料，分析海星集团都采取了哪些总体战略和基本竞争战略。

（2）根据该资料，分析海星集团的国际化经营战略类型属于哪一种？

四、综合题

甲公司是一家主营钢铁生产的民营企业，资产达到1100亿元，年产钢能力超过3000万吨，年营业收入超过1400亿元。从开始创办至2005年，该企业从未从中国证券市场上筹过一分钱，完全依靠自有资金滚动发展而来。正是因为没有外部融资，因此该企业成本意识非常强烈，是中国成本最低、生产效率最高的钢厂。

2005年，国家出台钢铁产业规划，原则上不再审批新建项目的建设规模。在此背景下，该企业开始走上以资本为纽带的整合外延式扩张之路。2006年，该企业收购一家地方性钢铁企业A企业。A企业在收购

前是亏损的，但收购后两年就扭亏为盈。主要原因是：

（1）A企业在被甲公司收购前，银行不愿意贷款给它，收购之后，凭借甲公司的信誉，A企业很容易获得银行贷款，仅银行贷款利息一年可以节省8000万到1个亿；

（2）原来A企业的钢渣都浪费了，收购之后，钢渣再利用这一项目又可获得收益近亿元；

（3）收购之后，A企业使用氧气的成本也降低了50%；

（4）通过向A企业输出管理和文化，极大提升了A企业的制造水平。

除了收购钢铁企业，甲公司还于2006年联合国内几家钢铁企业控股了某外资企业，该外资企业拥有250到300万吨的铁矿石储量。2007年又在澳大利亚建立全资子公司，力图以此为桥头堡，进一步渗透澳大利亚丰富的铁矿资源。

作为一家钢铁企业，甲公司也面临着中国钢铁业产能过剩的尴尬局面。为了企业的长远发展，甲公司于2007年与国内几家金融企业联合建立了万成保险公司。

万成保险经营的核心业务都以提供单一保障为目标，产品包括财产保险、人寿保险、养老保险、医疗保险等，这些产品均处于领先地位。在整个保险市场中还有几个主要的参与者，它们的营运方式与万成保险相同。

保险行业在兴起阶段，市场不成熟，消费者对保险处于观望态度。国民对保险的意识较弱，人们相信养儿防老，对保险公司并不太信任，这主要是由于保险市场普遍采用佣金制，导致保险公司代理人的短期行为较严重，只注重销售新单而忽视业务质量后续服务。

随着经济发展进入高速成长阶段，国民可消费的收入增多，对健康及生活保障的要求提高了很多。在消费市场上的保险产品多是单一险种的产品，如财产保险、人寿

保险、养老保险、医疗保险等，而这些产品一般在各保险公司都能提供，所以国民对保险公司的可选择性较强。可是，国民对于保险代理人或中介机构销售保险后的服务质量(特别是在客户提出理赔申请时)还是抱着怀疑和不信任的态度。

在其他一些发展中国家，保险业发展的一大趋势就是保险业务与银行之间的互相融合。银保合作不但实现了业务互补的目标，同时让保险公司能够有效利用银行强大的定点销售渠道。

2010年，万成保险公司管理层团队在讨论公司未来三年的业务发展目标及计划后，得出以下的初步结果：

方案(一)：制定新的密集型战略。不再只销售单一保险业务，参考发达国家的成功案例，利用银保跨行业合作的概念，在全国推出含储蓄成分的保险产品或其他含保本、投资和多种保险元素的综合性产品。

对于此方案，万成保险的首席执行官李大辉认为在实施此战略的时候，应根据地区特性、消费者特性或期望来实施这战略。

方案(二)：推行电子商务，开拓网上业务。利用互联网的平台提供不同资讯和服务，其中包括让客户可以在网上查阅或下载有关万成保险各类险种的信息、进行网上购买、享用更及时和方便的在线客户查询服务以及提出理赔申请等。

对于此方案，万成保险的管理团队一致认为首要任务是设立一个专用的信息系统处理电子商务交易。

要求：

(1)简要分析甲公司2006年发展战略的途径。并列举该种途径的动机。

(2)针对甲公司进行并购取得协同效应的系统论，简要分析甲公司并购A企业的协同效应。

(3)简要分析该企业2006年采取的战略类型。并简要分析甲公司在澳大利亚建立子公司的优缺点。

(4)简要说明2007年，甲公司与国内几家金融企业联合建立万成保险公司所属的战略类型及途径(如能细化，应细化)，并简要分析该种战略可能的风险。

(5)指出万成保险公司管理层团队所提方案(一)中开发综合性保险产品所属密集型成长战略中的哪种细分战略类别。结合行业和万成的实际情况，简要分析支持万成保险采用这种战略的原因。

(6)方案(二)提出推行电子商务，简要分析该方案在销售方面所支持的是密集型战略中哪种细分战略类型并说明原因。

同步训练答案及解析

一、单项选择题

1. C 【解析】企业负外部性的一种表现是"个体理性导致集体非理性"，两个独立企业的竞争表现了这种负外部性，其竞争的结果往往使其两败俱伤，而并购战略可以减少残酷的竞争，同时还能够增强对其他竞争对手的竞争优势。Q公司并购L公司的动机是克服企业负外部性，减少竞争，增强对市场的控制力，选项C正确。决策不当的并购属于并购失败的原因。

2. D 【解析】本题考核蓝海战略，相关知识点如下表所示：

战略制定原则	各原则降低的风险因素
重建市场边界	↓搜寻的风险
注重全局而非数字	↓规划的风险
超越现有需求	↓规模的风险
遵循合理的战略顺序	↓商业模式风险
战略执行原则	各原则降低的风险因素
克服关键组织障碍	↓组织的风险
将战略执行建成战略的一部分	↓管理的风险

3. B 【解析】由于丙公司将优质大米开发出一些特种大米系列食品，是对现有产品的改变，属于产品开发战略。

4. D 【解析】资源在企业之间的配置总是不均衡的，在资源方面或拥有某种优势，或存在某种不足，通过战略联盟可以达到资源共享、优势互补的效果。AB 公司达成战略联盟的原因是实现资源互补。

5. A 【解析】相关多元化，也称同心多元化，是指企业以现有业务为基础进入相关产业或市场的战略。采用相关多元化战略，有利于企业利用原有产业的产品知识、制造能力和营销技能优势来获取融合优势，即也就是两种业务或两个市场同时经营的盈利能力大于各自经营时的盈利能力之和。相关多元化的相关性可以是产品、生产技术、管理技能、营销技能以及用户等方面的类似。

6. B 【解析】多国本土化战略是指一个企业的大部分活动，如战略和业务决策权分配到所在国以外的战略业务单位进行，由这些单元向本地市场提供本土化的产品，从而把自己有价值的技能和产品推向外国市场而获得收益。该公司总部和研发中心位于美国，又以主要国家和地区来划分战略业务单位，并授权各国的管理者根据消费需求、消费习惯等特征生产本土化产品。属于多国本土化战略。

7. B 【解析】本题考核"本土企业的战略选择"的知识点。如果全球化压力大，企业就会面临更大的挑战。如果企业优势资源只能在本土发挥作用，企业就必须围绕仍有价值的本土资源，对其价值链的某些环节进行重组，以躲避外来竞争对手的冲击，从而保持企业的独立性。这类企业，我们称之为"躲闪者"。其战略定位是通过转向新业务或缝隙市场避开竞争。本题中飞翔公司选择与过跨国公司建立合资、合作企业的方式改变自身的商业模式。

8. B 【解析】本题考核一体化战略。一体化战略是指企业对具有优势和增长潜力的产品或业务，沿其经营链条的纵向或横向扩大业务的深度和广度，扩大经营规模，实现企业成长。该公司以粮油贸易为基础，进军粮油加工、粮食种植、培育自己的粮油品牌，是沿着产业链进行的扩张，因此属于一体化战略。此题不应选相关多元化战略，因为题目更强调沿着经营链条扩张，所以是一体化战略。

9. B 【解析】前向一体化战略是指获得分销商或零售商的所有权或加强对他们的控制权的战略。甲公司在当地成立自己的销售专卖店，实现了前向一体化。

10. A 【解析】购买者不太关注品牌，并且对价格非常敏感，属于成本领先战略的适用条件。根据乙公司的情况，最适合采取成本领先战略。

11. A 【解析】国际战略的特点是本土独立性差且全球协作程度低，甲公司的分支机构只负责营销产品，而产品的开发职能保留在每国，说明本土独立性差，缺乏全球协作，所以是国际战略，选项 A 正确。

12. D 【解析】甲公司一直稳健地为股东创造价值，说明投资回报率高于资本成本，而临近春节市场需求大幅增长，说明是创造价值型现金短缺，但这个短缺是季节性的，非长期性的，所以最佳方式是通过短期借款解决资金短缺问题，选项 D 最合适；选项 A、B 适合长期高速增长的情况；选项 C 适合增值型现金剩余的企业。

13. A 【解析】甲公司拥有强大的研发能力和较强的产品设计能力，以及很强的市场营销能力，同时该国消费者对于汽车需求多样化，表明甲公司适合采用差异化战略。

14. C 【解析】相关多元化也称同心多元化，是指企业以现有业务或市场为基础进入相关产业或市场的战略。本题中该企业由儿童饮品发展到奶制品、水、可乐、八宝粥等业务，都属于食品饮料方面的业务，因此属于相关多元化战略。

15. D 【解析】纵向并购是指在经营对象上有密切联系，但处于不同产销阶段的企业之间的并购。按照产品实体流动的方向，纵向并购又可分为前向并购与后向并购。汽车制造商并购出租车汽车公司，属于沿着产品实体流动方向所发生的并购，属于前向并购。

16. A 【解析】因为市场上的消费者不太关注品牌，该企业面对的市场中存在大量的价格敏感用户并且消费者的转换成本比较低，所以 M 公司最适合选择成本领先战略。

17. A 【解析】产品开发战略是指在原有市场上，通过技术改进与开发研制新产品。甲公司采用的战略是在现有的彩电市场开发新产品，所以选项 A 正确。

18. C 【解析】本题考核市场营销策略。集中市场营销是指企业集中所有力量，以一个或少数几个性质相似的子市场作为目标市场，试图在较少的子市场上占领较大的市场份额。实行集中市场营销的企业，一般是资源有限的中小企业，或者是初次进入新市场的大企业。该公司决定专门针对在异地工作的高级白领开展房地产业务，争取在这个市场上获得较大的市场份额；属于集中市场营销。

19. C 【解析】由于该公司本身具备较强的学习和内部能力，同时又无法找到合作伙伴或收购对象，因此适合的战略发展途径为内部发展。

20. A 【解析】集中化战略针对的是某一特定购买群体、产品细分市场或区域市场，甲公司在众多的软饮料中选择了可乐饮料，由此可以看出选择的是集中化战略。

21. A 【解析】目标市场具有较大的需求空间或增长潜力，存在大量的价格敏感用户，这些消费者对品牌并不是很关注，这些信息表明该企业最适合采取成本领先战略。

22. C 【解析】单一的企业名称是指企业对所有产品都使用同一商标，该电子公司将所有产品都用企业名称的缩写作为标志，因此采用的是单一名称。

23. C 【解析】集中市场营销是指企业集中所有力量，以一个或少数几个性质相似的子市场作为目标市场，试图在较少的子市场上占领较大的市场份额。

24. B 【解析】差别定价是指对市场不同部分中的类似产品确定不同的价格。火车的卧铺根据位置的不同制定不同的价格，属于地点的不同导致的差别定价。

25. B 【解析】在企业产品—市场战略组合矩阵中，现有产品和新的产品、现有的市场和新的市场有四种组合，其中，现有产品与新的市场构成的战略称为市场开发战略。甲企业原有的婴幼儿洗护用品没有经过改变，但市场由婴幼儿市场转向了成人这个新市场，正好符合这个战略的定义，因此正确答案为选项 B。

26. A 【解析】领先策略是指根据对需求增长的预期增加产能。领先策略是一种进攻性策略，其目标是将客户从企业的竞争者手中吸引过来，因此甲公司采用的是领先策略。

27. C 【解析】指定"第一阶"供应商供货，而不是与若干供应商进行交易，属于由供应商负责交付一个完整的子部件。西餐厅的原材料肯定不止一种，全部原材料对它来说是一个子部件，全部由一家供应商送货是由这个供应商交付一个完整的子部件。

28. D 【解析】本题考核分销渠道的类型。特许经营是一家独立的企业，其支付一定加盟费并被允许在母企业名称下从事经营活动并取得一定销售份额，麦当劳的分销渠道就是特许经营。

29. A 【解析】对于风险投资者来说，他们希望高财务风险与高经营风险的搭配，他们只需要投入很小的权益资本，就可以开始冒险活动，所以选项 A 是正确答案。不过这种搭配会因找不到债权人而无法实现，是一种不现实的搭配。

30. A　【解析】平衡产能与需求的方法如下表所示。

方法	做法
资源订单式生产	订单→资源→生产
订单生产式生产	资源→订单→生产
库存生产式生产	资源→生产→订单

31. C　【解析】零散产业的特点就是零散，企业无规模经济，根据造成产业零散的原因，克服零散的途径有如下几条：连锁经营或特许经营、技术创新以创造规模经济、尽早发现产业趋势。增加商品附加值是增加附加价值—提高产品差异化程度中的战略途径。

32. C　【解析】"在未来几年内将企业所有剩余盈余都投回本企业"说明是不发股利的，所以是零股利政策。

33. D　【解析】甲公司所在产业的全球化程度比较高，企业自身的优势资源可以转移到其他市场，适合的战略选择是"抗衡者"，其战略定位是通过全球竞争发动进攻。选项 D 的说法正确。

34. C　【解析】员工绩效评估方法包括：(1)员工的等级评定；(2)评级量表；(3)核对表；(4)自由报告；(5)评估面谈。将员工个人绩效拆分成若干特征或绩效领域，例如可接受工作的数量、工作质量及主动性等属于评级量表。

35. A　【解析】由于甲公司销售增长率大于可持续增长率，投资资本回收率大于资本成本，所以属于增值型现金短缺，可以通过提高可持续增长率解决，而提高可持续增长率可以通过增加借款解决。所以本题选 A。

36. B　【解析】本题考核国际化经营的战略类型。为了满足所在国的市场需求，企业可以采用多国本土化战略。这种战略

与国际战略不同的是根据不同国家的不同的市场，提供更能满足当地市场需要的产品和服务。H 公司的总部设在中国，而海外经营单位均实行本地化管理，以满足当地消费者的特定需要。由此可以看出，H 公司实行的是多国本土化战略。

37. B　【解析】企业采用收缩战略的原因有多种，大致可分为主动和被动两大类，其中被动原因分为外部原因和企业失去竞争优势两种，所谓的外部原因，指的是由于多种原因，如整体经济形势、产业周期、技术变化、社会价值观或时尚的变化、市场的饱和、竞争行为等，导致整个产业市场容量下跌。本题中甲公司采用收缩战略的原因是由于整体经济形势不景气。

38. D　【解析】甲公司针对双胞胎家庭的独特要求，设计出专门可以同时放两名小孩的手推车，采用的集中化战略，能够实施这个战略的条件是因为双胞胎这个目标市场的需求与别的市场存在差异，选项 D 正确。

39. D　【解析】该公司集中于高端的厨房用具，因此属于集中化战略。

40. C　【解析】本题考核战略联盟。战略联盟是指两个或两个以上经营实体之间为了达到某种战略目的而建立的一种合作关系。合并或兼并就意味着战略联盟的结束。

41. C　【解析】针对海外市场一般有四种定价策略：①定价偏高，以期获得大于国内市场的收益；②制定使海外市场与国内市场收益水平接近的价格；③在短期内定价较低，即使收益偏低甚至亏损也在所不惜，所以选项 C 错误；④只要在抵消变动成本之后还能增加利润，就按能把超过国内市场需求量的产品销售出去的价格定价。此外，还有一些分销成本与厂商定价有关，如存货成本、代理

费用和某些关税等。

42. C 【解析】全球化战略是向全世界的市场推销标准化的产品和服务，并在较有利的国家集中地进行生产经营活动，由此形成经验曲线和规模经济效益，以获得高额利润。

43. B 【解析】细分产业市场的常用变量：①最终用户。②顾客规模。③其他变量。针对不同规模的销售商采用不同的配货策略属于按照顾客规模进行的划分。

44. C 【解析】心理细分主要是按照消费者的生活方式、个性等心理变量来细分消费者市场。"活力、运动"是消费者性格和生活方式的体现，所以选项 C 是答案。

45. B 【解析】契约式战略联盟中各方处于平等和相互依赖的地位，并在经营中保持相对独立性，所以选项 A 不正确；契约式战略联盟无须组成经济实体，也无须常设机构，结构比较松散，协议本身在某种意义上只是无限制性的"意向备忘录"，所以选项 B 正确；契约式战略联盟的灵活性比较好，但是不利于长久合作，所以选项 C 不正确；股权式战略联盟按出资比例分配利益，而契约式战略联盟中各方可根据各自的情况，在各自承担的工作环节上从事经营活动，获取各自的收益，所以选项 D 不正确。

46. B 【解析】由于市场经济中的广泛相互关联性决定了多元化经营的各产业面临共同的风险，在宏观金融危机的冲击之下，企业的多元化经营由于资源分散，从而导致了实施多元化战略的风险。企业在实施多元化战略时面临的宏观金融危机的冲击属于市场整体风险。

47. B 【解析】非相关多元化战略是指企业进入与当前产业和市场均不相关的产业，该公司后来发展的产业与电灯泡生产并不相关，因而属于非相关多元化战略。

二、多项选择题

1. ABC 【解析】企业采取成本领先战略的风险包括：（1）技术的变化可能使过去用于降低成本的投资（如扩大规模、工艺革新等）与积累的经验一笔勾销。（2）产业的新加入者或追随者通过模仿或者以高技术水平设施的投资能力，达到同样的甚至更低的产品成本。（3）市场需求从注重价格转向注重产品的品牌形象，使得企业原有的优势变为劣势。选项 D 属于采取成本领先战略的优势。

2. ABC 【解析】选项 D 属于内生增长战略的应用条件。

3. AB 【解析】企业进入国外市场的模式一般有出口、股权投资、非股权安排等几种。非股权形式包括合约制造、服务外包、订单农业、特许经营等。合资企业属于对外直接投资。

4. ABCD 【解析】连接某国生产者与异国消费者分销渠道有以下 4 个十分重要的特征：
①一般说来，国际分销渠道比国内分销渠道更复杂，涉及更多的中间环节。
②国际分销渠道的成本通常比国内分销渠道的成本高。
③出口商有时必须通过与国内市场不同的分销渠道向海外市场进行销售。
④国际分销渠道通常为公司提供海外市场信息，包括产品在市场上的销售情况及其原因。

5. ABCD 【解析】在向海外延伸本土优势时应当注意寻找在消费者偏好、地缘关系、分销渠道或政府管制等方面与本国市场相类似的市场，来最有效地利用自己的资源。

6. ABD 【解析】甲公司采用的是成本领先战略，该战略的优势有：（1）形成进入障碍。（2）增强讨价还价能力。（3）降低替代品的威胁。（4）保持领先的竞争地位。选项 ABD 正确；选项 C 是差异化战略的优势。

7. ABC 【解析】A公司以现有市场为基础研制了方便米片、精米点心和大米膨化食品，采用的是产品开发战略。产品开发战略适用于以下几种情况：①企业产品具有较高的市场信誉度和顾客满意度；②企业所在产业属于适宜创新的高速发展的高新技术产业；③企业所在产业正处于高速增长阶段；④企业具有较强的研究与开发能力；⑤主要竞争对手以近似价格提供更高质量的产品。选项D属于采用产品开发战略的原因。

8. ABC 【解析】选项D属于公司总体战略。生鲜食品部门是公司的一个业务部门，所以它所制定的战略应该属于竞争战略的范畴，所以选项A、B、C满足题意。

9. BC 【解析】产品A在欧美热销，通过不断的促销活动取得了更大的市场份额，这是市场渗透战略；和中国最大的国有通信公司之一的联通公司达成协议，正式登陆中国市场，将产品打入新市场，这是市场开发战略。

10. ABD 【解析】在确定最佳采购组合时，可以考虑以下四个领域：质量、数量、价格、交货。

11. AB 【解析】案例材料表明考虑到地域的分散性会导致公司运营成本急剧上升，因此主要问题是降低成本。选项A属于连锁经营降低物流成本。选项B属于技术创新降低成本。

(1)克服零散—获得成本优势	克服零散的途径有如下几条： ①连锁经营或特许经营。 ②技术创新以创造规模经济。 ③尽早发现产业趋势
(2)增加附加价值—提高产品差异化程度	
(3)专门化—目标集聚	在零散产业中可以考虑以下几种专门化战略： ①产品类型或产品细分的专门化。 ②顾客类型专门化。 ③地理区域专门化

12. ACD 【解析】根据并购方的身份类型，美福粮收购江华公司所属的并购类型属于产业资本并购，即非金融企业作为并购方，通过直接向江华公司股东购买股份的方式取得目标企业全部股权的行为。AP收购美福粮60%股份属于金融资本并购。金融资本并购一般是由投资银行或者非银行金融机构进行。而美福粮和江华都是粮食加工行业，所以属于横向并购。

13. BD 【解析】促销组合由四个要素组成：(1)广告促销，其涉及在媒体中投放广告，以此来使潜在客户对企业产品和服务产生良好印象；(2)营业推广，其采用非媒体促销手段，比如试用品、折扣、礼品等方式都已被许多企业所采用；(3)公关宣传，通常是指宣传企业形象，以便为企业及其产品建立良好的公众形象；(4)人员推销，采用人员推销时，企业的销售代表直接与预期客户进行接触。

14. BC 【解析】该企业推出的能够打电话的手表，是和一般手表不一样的产品，由此判断采用的是差异化战略，采用差异化战略的优势主要表现在以下几方面：(1)形成进入障碍。(2)降低顾客敏感程度。(3)增强讨价还价能力。(4)抵御替代品威胁。选项BC正确；选项AD是集中化战略的优势。

15. AD 【解析】选项B应该采取集中化战略，选项C应该采取差异化战略。

16. AD 【解析】在销售渠道被垄断的甲市建设自己品牌的专卖店向零售业发展，属于前向一体化战略。在乙市开拓新市场，属于市场开发战略。

17. BC 【解析】该企业以年轻消费者为目标市场，说明采用的是集中化战略，选项 B 正确，而具体的在该市场上又采取各种措施降低成本，所以是集中成本领先战略，选项 C 正确。

18. BD 【解析】该公司的投资资本回报率高于资本成本，销售增长率却低于公司的可持续增长率，处于财务战略矩阵的第二象限，属于增值型现金剩余，所以选项 A 不正确；处于第二象限的企业可以为股东创造价值，但是增长缓慢，因此通过加速增长可以增加股东财富，选项 B 正确；由于资金有剩余，所以公司应该将多余的资金用于投资，并不需要再次增发股份，选项 C 不正确；如果该公司加速增长后，找不到进一步投资的机会，应该把多余的钱还给股东，可以通过增加股利支付和回购股份来实现。

19. ABC 【解析】企业采取成本领先战略的风险包括：(1)技术的变化可能使过去用于降低成本的投资(如扩大规模、工艺革新等)与积累的经验一笔勾销。(2)产业的新加入者或追随者通过模仿或者以高技术水平设施的投资能力，用较低的成本进行学习。(3)市场需求从注重价格转向注重产品的品牌形象，使得企业原有的优势变为劣势。选项 D 属于企业采用差异化战略的风险。

20. ABCD 【解析】战略联盟通过契约或协议关系生成时，如何订立协议需要明确一些基本内容，主要包括：严格界定联盟的目标、周密设计联盟结构、准确评估投入的资产、规定违约责任和解散条款。

21. ABCD 【解析】采用差异化战略的风险包括：①企业形成产品差别化的成本过高。②市场需求发生变化。③竞争对手的模仿和进攻使已建立的差异缩小甚至转向。选项 ABCD 的说法都是正确的。

22. ABD 【解析】由于市场竞争激烈，导致整个市场容量下跌，同时公司内部经营机制不顺、决策失误、管理不善等原因，公司在其业务市场难以为继，不得不采用防御措施。该公司应该采取的是收缩战略。选项 A 属于收缩战略中的紧缩与集中战略，选项 B 属于收缩战略中的转向战略，选项 C 属于发展战略中的横向一体化战略，选项 D 属于收缩战略中的放弃战略。

23. BCD 【解析】公司在加工服装的过程中出现了纰漏，生产出有缺陷的产品，这属于不良产品的浪费；很多的加工程序是多余的，这属于加工的浪费；因生产活动的上游不能按时交货或提供服务，导致该公司停工待料，这属于等待的浪费。

24. AC 【解析】本题考核并购的类型。双方都属于化肥厂，属于横向并购，选项 A 正确。双方经协商完成合并，属于友善并购，选项 C 正确。

25. ABC 【解析】企业采取内部发展有以下动因：(1)开发新产品的过程使企业能最深刻地了解市场及产品；(2)不存在合适的收购对象；(3)保持统一的管理风格和企业文化；(4)为管理者提供职业发展机会；(5)代价较低，因为获得资产时无须为商誉支付额外的金额；(6)并购通常会产生隐藏的或无法预测的损失，而内部发展不太可能产生这种情况；(7)这可能是唯一合理的、实现真正技术创新的方法；(8)可以有计划地进行，很容易从企业资源获得财务支持，并且成本可以按时间分摊；(9)风险较低，而在收购中，购买者可能还需承担以前业主所做的决策而产生的后果；(10)内部发展的成本增速较慢。内部发展会显得过于缓慢，这是内部发展的缺点之一，所以选项 D 的表述不正确。

26. ACD 【解析】并购的包括动机：(1)避开进入壁垒，迅速进入，争取市场机会，规避各种风险。(2)获得协同效应。(3)克服企业负外部性，减少竞争，增强对市场的控制力。

27. ABCD 【解析】创建国际合资经营企业的动因，包括加强该企业现有业务、将该企业现有产品投放新市场、开发可以在该公司现有市场上销售的新产品和经营一种新业务。

28. ABD 【解析】本题考核集中化战略的风险。由于技术进步、替代品的出现、价值观念的更新、消费偏好变化等多方面的原因，目标市场与总体市场之间在产品或服务的需求上差别变小，企业原来赖以形成集中化战略的基础也就消失了。

29. AC 【解析】甲公司打算在目前的经营环境和内部条件下进行经营，因此采用的战略属于稳定战略。采用稳定战略也有一定的风险。一旦企业外部环境发生较大变动，企业战略目标、外部环境、企业实力三者之间就会失去平衡，将会使企业陷入困境。稳定战略还容易使企业减弱风险意识，甚至会形成惧怕风险、回避风险的企业文化，降低企业对风险的敏感性和适应性。避免资源重新配置和组合的成本属于稳定战略的优点之一，所以选项 B 不正确。采用稳定战略的风险比较小，所以选项 D 不正确。

30. BCD 【解析】本题考核零散产业的战略选择。根据造成产业零散的原因，克服零散的途径有如下几条：①连锁经营或特许经营。②技术创新以创造规模经济。③尽早发现产业趋势。

三、简答题

1.【答案】

(1)主要动机：寻求市场；寻求效率；寻求资源；寻求现成资产。

在本案例中，A 企业对外投资的主要动机是寻求市场。无论是城市还是农村，我们都有理由相信，印度对中国企业来说是一个潜在的消费大市场。在这一巨大的市场占有一席之地，是我国企业开拓南亚市场，实现跨国经营战略的重要步骤。

(2)我国 A 跨国企业经过大量的考察研究，决定向印度投资，采用对外直接投资模式，在印度建立全资子公司。这是采用的对外股权投资模式中的对外直接投资，A 企业采用全资子公司模式。

采用全资子公司的形式进入一国市场主要有两个优点：第一，管理者可以完全控制子公司在目标市场上的日常经营活动，并确保有价值的技术、工艺和其他一些无形资产都留在子公司。第二，可以摆脱合资经营在利益、目标等方面的冲突问题，从而使国外子公司的经营战略与企业的总体战略融为一体。

全资子公司也有三个重要的缺陷：第一，这种方式可能得耗费大量资金，公司必须在内部集资或在金融市场上融资以获得资金。第二，由于成立全资子公司需要占用公司的大量资源，所以公司面临的风险可能会很高。第三，由于没有东道国企业的合作与参与，全资子公司难以得到当地的政策与各种经营资源的支持，规避政治风险的能力也明显小于合资经营企业。

(3)目标市场选择包括：①无差异市场营销；②差异市场营销；③集中市场营销。在本案例中，适合采用的是差异市场营销，针对城市市场和农村市场的不同特点，有针对性的分别采用不同的营销战略。

2.【答案】

(1)投资资本回报率9%大于加权平均资本成本7%，创造价值。销售增长率12%小于可持续增长率15%，现金剩余。所以 C 公司会计报表审计业务处于财务战略矩阵的第二象限。

该业务的财务战略选择：

①由于企业可以创造价值，加速增长可以增加股东财富，因此首选的战略是利用剩余的现金加速增长。加速增长的途径包括：a. 内部投资。b. 收购相关业务。

②如果加速增长后仍有剩余现金，找不到进一步投资的机会，则应把多余的钱还给股东。分配剩余现金的途径包括：a. 增加股利支付；b. 回购股份。

(2)产品—市场战略组合的战略类型有：市场渗透战略、市场开发战略、产品开发战略、多元化战略四种类型。

市场渗透战略：在单一市场，依靠单一产品，目的在于大幅度增加市场占有率。

产品开发战略：在现有市场上推出新产品；延长产品寿命周期。

市场开发战略：将现有产品推销到新地区；在现有实力、技能和能力基础上发展，改变销售和广告方法。

多元化战略：以新技术或市场而言的相关多元化；与现有产品或市场无关的非相关多元化。

C公司三位合伙人决定拓宽目标市场范围，以北京地区为中心开始向周边省市发展，属于市场开发战略。

3.【答案】

市场营销组合是企业市场营销战略的一个重要组成部分。市场营销组合中所包含的可控制的变量很多，可以概括为四个基本变量，即产品、促销、分销、价格。

(1)从产品策略来看，甲公司推出的一款新型号音箱比原来产品更高端，所以属于产品组合策略中产品延伸的向上延伸。新型号音箱产品仍使用公司的统一知名商标，则其采用了单一的企业名称(同一商标)的品牌策略。

(2)从促销策略看，甲公司采用了广告促销(京东十年店庆新品宣传等)和人员推销(派发传单、向主要商家派驻销售代表)。

(3)从分销策略来看，采用了传统的柜台销售和新兴的网络销售，但都属于间接销售。

(4)从价格策略来看，新款复合型音箱刚推出时定价高，比同类音箱价格高出近35%，运用的是撇脂定价法。

4.【答案】

(1)该企业进军这些东南亚国家市场的动因是寻求市场。东南亚国家市场上尚无与该企业类似的产品，而消费者对这种产品有较高的需求，所以进军这些国家的动因是寻求市场。

(2)除了寻求市场之外，还存在如下动因：

①寻求效率：寻求效率的投资往往是基于两个方面的驱动因素，一是母经济体生产成本上涨，特别是劳动力成本；二是发展中国家公司所面临的竞争压力正在推动它们向海外扩展。

②寻求资源：许多发展中大国，首先是中国和印度，其日新月异的快速增长使它们担忧关键资源和经济扩展的投入将会出现短缺。

③寻求现成资产：寻求现成资产型外向投资主要是发展中国家跨国公司向发达国家投资。其主要动机是主动获取发达国家企业的品牌、先进技术与管理经验等现成资产。

(3)①发展中国家跨国公司的对外直接投资对发展中东道国的一大优势是具有更大的创造就业机会的潜力。

②发展中国家跨国公司的技术和经营模式一般比较接近于发展中东道国公司所用的技术和模式，这意味着有益联系和技术吸收的可能性较大。

③发展中国家跨国公司在进入模式上也往往是更多地采取新建投资的方式而不是并购。在发展中东道国的投资尤其如此。就此而言，他们的投资更有可能直接推动提高发展中国家的生产能力。

5.【答案】

(1)根据该资料，海星集团在发展过程中，主要采取了以下几种战略。

①差异化战略。差异化战略是指企业向顾

客提供的产品和服务在产业范围内独具特色。海星在实施品牌战略的阶段，别的企业上产量，而海星扑下身子抓质量，最终在消费者心目中树立起质量超群的国产品牌形象，并且海星以星级服务为特色的营销方式和顾客导向的产品改进与开发，三位一体形成了一个高效率、高品质的经营管理体系，由此可见，海星从品牌和服务方面采取了差异化战略。

②成本领先战略。20世纪90年代初，海星集团年利润不过3000多万元。因此其发展必须采取低成本扩张的方式。由此可以看出，海星采用了成本领先战略。

③多元化战略。海星在20世纪90年代将自己扩展为一个横跨白色家电、黑色家电、米色家电（PC等）、各种小家电以及制药、生物工程、金融服务等领域的多部门公司。海星为适应其多产品的产业格局，在组织结构上完成了事业部制结构的改造，形成了成本中心、利润中心和资源调度中心的三级架构。由此可以看出，海星采用了多元化战略。

（2）国际化经营战略包括国际战略、多国本土化战略、全球化战略与跨国战略。海星在全球激烈竞争的情况下，形成以经验为基础的成本效益和区位效益，转移企业内的特殊竞争力，同时注意当地市场的需要。由此可以看出，海星实行的是跨国战略。

四、综合题

【答案】

（1）2006年，该企业采取的发展战略途径是外部发展（并购）。根据案例材料可知，2005年国家出台钢铁产业规划，原则上不再审批新建项目的建设规模。在此背景下，该企业开始走上以资本为纽带的整合外延式扩张之路。2006年，该企业收购A企业。2006年联合国内几家钢铁企业控股了某外资企业，该外资企业拥有250到300万吨的铁矿石储量。通过这一系列的

收购，一方面扩大了企业的生产规模，另一方面也稳定了企业原材料的供应，为企业长远发展奠定了坚实的基础。

并购的动机主要有三个：

①避开进入壁垒，迅速进入，争取市场机会，规避各种风险。

②获得协同效应。

③克服企业负外部性，减少竞争，增强对市场的控制力。

（2）用系统理论剖析协同效应，可以分为3个层次：

第一，购并后的两个企业的"作用力"的时空排列得到有序化和优化，从而使企业获得"聚焦效应"。原来A企业的钢渣都浪费了，收购之后，钢渣再利用这一项目又可获得收益近亿元。同时，收购之后，A企业使用的氧气的成本也降低了50%。

第二，并购后的企业内部不同"作用力"发生转移、扩散、互补，从而，改变了公司的整体功能状况。A企业在被甲公司收购前，银行不愿意贷款给它，收购之后，凭借甲公司的信誉，A企业很容易获得银行贷款，仅银行贷款利息一年可以节省8000万到1个亿。

第三，并购后两个企业内的"作用力"发生耦合、反馈、互激振荡，改变了作用力的性质和力量。通过向A企业输出管理和文化，极大提升了A企业的制造水平。

（3）该企业2006年采取的战略类型是横向一体化和后向一体化。

一体化战略是指企业对具有优势和增长潜力的产品或业务，沿其经营链条的纵向或横向扩大业务的深度和广度，扩大经营规模，实现企业成长。

2006年，该企业收购A企业属于横向一体化。横向一体化是指企业向产业价值链相同阶段方向扩张的战略。主要目的是实现规模经济以获取竞争优势。

2006年联合国内几家钢铁企业参股某外资企业，该外资企业拥有250到300万吨的

铁矿石储量。这属于后向一体化。

后向一体化是指获得供应商的所有权或加强对其控制权。

后向一体化有利于企业有效控制关键原材料等投入的成本、质量及供应可靠性，确保企业生产经营活动稳步进行。

甲公司在澳大利亚建立全资子公司的优点有：

第一，管理者可以完全控制子公司在目标市场上的日常经营活动，并确保有价值的技术、工艺和其他一些无形资产都留在子公司。

第二，可以摆脱合资经营在利益、目标等方面的冲突问题，从而使国外子公司的经营战略与企业的总体战略融为一体。

缺点有：

第一，这种方式可能得耗费大量资金，公司必须在内部集资或在金融市场上融资以获得资金。

第二，由于成立全资子公司需要占用公司的大量资源，所以公司面临的风险可能会很高。

第三，由于没有东道国企业的合作与参与，全资子公司难以得到当地的政策与各种经营资源的支持，规避政治风险的能力也明显小于合资经营企业。

(4)2007年，甲公司与国内几家金融企业联合建立万成保险公司属于多元化战略中的非相关多元化。

其发展战略的途径为战略联盟中的合资。

多元化战略的风险主要有五种：

①来自原有经营产业的风险。甲公司进入保险产业后，原有钢铁产业的资源必然要分给保险产业一部分，容易使钢铁产业出现资源紧张。

②市场整体风险。甲公司虽然进入了保险产业，但有些风险的发生会对所有产业带来影响，凭借多元化是很难分散掉的。

③产业进入风险。甲公司进入保险产业，

存在对该产业不了解、需要投入更多资源等相关风险。

④产业退出风险。甲公司进入保险产业后，涉及退出时需要付出的代价，这要求甲公司事先需要想好退出的对策。

⑤内部经营整合风险。甲公司进行多元化经营，特别是在钢铁与保险产业相关性不大的情况下，能否具备经营管理能力同时经营，存在一定的问题。

(5)密集型战略可分为：①市场渗透－现有产品和市场。②产品开发－新产品和现有市场。③市场开发－现有产品和新市场。

方案(一)中提及利用银保跨行业合作的概念，推出含储蓄成分的保险产品或其他含保本、投资和保险元素的综合性产品。在产品功能概念中，这是一种新的产品，属于密集型成长战略中的产品开发。

万成保险实施产品开发战略的原因：

①保险业市场现在多以单一保障为主，缺乏产品选择性。在处于成长阶段的保险市场中存在未饱和更高利润的市场空间。开发新产品是满足市场潜在需求的一个途径。

②市场上现有的竞争者提供与万成保险类似的险种，消费者的选择性较强，议价能力相对高。万成保险只有通过产品开发才能保持其领先地位，或维持现有的市场份额。

③万成保险对保险市场有充分的理解，认识到国民消费力增强，对健康及生活保障的要求增加，这为新产品提供了一个发展机会。

(6)方案(二)在销售方面所支持的是密集型战略中的市场渗透战略。

在万成保险利用互联网进行电子商务的方案中，主要是提供与现有产品相同的服务。在产品的本质上没有改变，只是将现有产品放在网上推广，增加客户的接触点和扩大零售途径渠道，从而希望增加市场份额。这是密集型战略中的市场渗透战略。

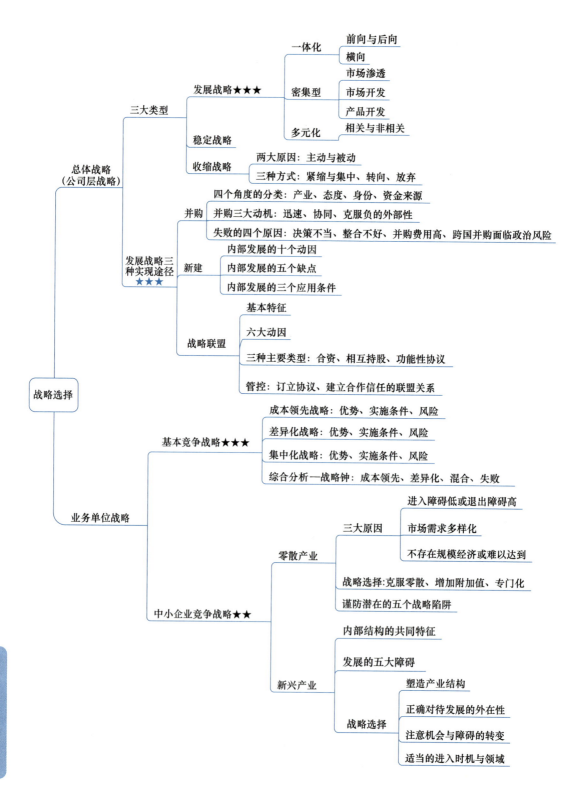

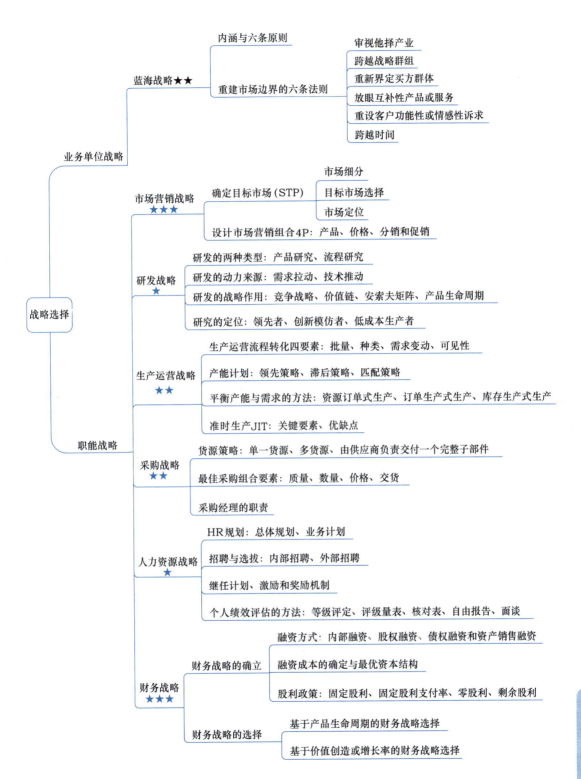

战略选择

业务单位战略
- 蓝海战略★★
  - 内涵与六条原则
  - 重建市场边界的六条法则
    - 审视他择产业
    - 跨越战略群组
    - 重新界定买方群体
    - 放眼互补性产品或服务
    - 重设客户功能性或情感性诉求
    - 跨越时间

职能战略
- 市场营销战略★★★
  - 确定目标市场（STP）
    - 市场细分
    - 目标市场选择
    - 市场定位
  - 设计市场营销组合4P：产品、价格、分销和促销
- 研发战略★
  - 研发的两种类型：产品研究、流程研究
  - 研发的动力来源：需求拉动、技术推动
  - 研发的战略作用：竞争战略、价值链、安索夫矩阵、产品生命周期
  - 研究的定位：领先者、创新模仿者、低成本生产者
- 生产运营战略★★
  - 生产运营流程转化四要素：批量、种类、需求变动、可见性
  - 产能计划：领先策略、滞后策略、匹配策略
  - 平衡产能与需求的方法：资源订单式生产、订单生产式生产、库存生产式生产
  - 准时生产JIT：关键要素、优缺点
- 采购战略★★
  - 货源策略：单一货源、多货源、由供应商负责交付一个完整子部件
  - 最佳采购组合要素：质量、数量、价格、交货
  - 采购经理的职责
- 人力资源战略★
  - HR规划：总体规划、业务计划
  - 招聘与选拔：内部招聘、外部招聘
  - 继任计划、激励和奖励机制
  - 个人绩效评估的方法：等级评定、评级量表、核对表、自由报告、面谈
- 财务战略★★★
  - 财务战略的确立
    - 融资方式：内部融资、股权融资、债权融资和资产销售融资
    - 融资成本的确定与最优资本结构
    - 股利政策：固定股利、固定股利支付率、零股利、剩余股利
  - 财务战略的选择
    - 基于产品生命周期的财务战略选择
    - 基于价值创造或增长率的财务战略选择

战略选择 — 国际化经营战略

- 企业国际化经营动因 ★
  - 国际生产要素的最优组合
    - 垄断优势理论
    - 区位理论
    - 产品生命周期理论
    - 内部化理论
    - 国际生产折中理论
  - 寡占市场的反应：寡头垄断反应行为、寡占反应理论
  - 发展中国家企业国际化经营动因：四大动机、三大优势
- 国际市场进入模式★：出口、股权投资、非股权安排
- 国际化经营的战略类型★★：国际战略、多国本土化战略、全球化战略、跨国战略
- 新兴市场的企业战略★：防御者、扩张者、躲闪者、抗衡者

1. 总体战略的三种类型

（1）总体战略的三大类：发展战略、稳定战略和收缩战略。

（2）发展战略的三种类型：一体化战略、密集型战略和多元化战略。

（3）一体化战略的两种类型：纵向一体化（前向与后向）与横向一体化。

（4）安索夫矩阵＝密集型战略＋多元化战略（见下表）

安索夫矩阵	现有产品	新产品
现有市场	市场渗透：在单一市场，依靠单一产品，增加市场占有率	产品开发：延长产品生命周期
新市场	市场开发：在现有实力、技能和能力基础上发展	多元化：以现有产品或市场为基础的相关多元化；与现有产品或市场无关的非相关多元化

①密集型战略三大类型：市场渗透、产品开发与市场开发。

②多元化战略两种类型：相关多元化战略、非相关多元化战略。

（5）收缩战略的三种方式：紧缩与集中战略、转向战略、放弃战略。

（6）收缩战略的五大退出障碍：固定资产专用性程度、退出成本、内部战略联系、感情障碍、政府与社会约束。

2. 发展战略的三种实现途径

（1）发展战略实现的三种途径＝外部发展（并购）＋内部发展（新建）＋战略联盟

（2）并购的四大划分类型：按双方产业划分（横向、纵向与多元化）、按被并购方态度划分（友善与敌意）、按并购方身份划分（产业资产与金融资本）、按收购资金来源（杠杆与非杠杆）。

（3）并购三大动机：避开进入壁垒，迅速进入，争取市场机会，规避风险；获得协同效应；克服负外部性。

（4）并购失败四大原因：决策不当；并购后不能很好地整合；支付过高并购费用；跨国并购的政治风险

（5）战略联盟的六大动因：促进技术创新、避免经营风险、避免或减少竞争、资源互补、开拓新市场、降低协调成本。

（6）战略联盟的三种类型：合资企业、相互持股投资、功能性协议。

3. 竞争战略的三种类型及战略钟分析

（1）基本竞争战略的三种类型：成本领先战略、差异化战略和集中化战略。

（2）成本领先战略与差异化战略的对比分析必背要点：包括优势、实施条件的市场情况、实施条件的资源与能力、风险（注：请结合表3-13记忆）。

（3）战略钟的八种途径（见下图）。

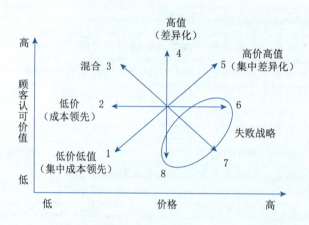

4. 中小企业竞争战略与蓝海战略

（1）中小企业竞争战略的两大内容：零散产业与新兴产业（注：请结合表3-15记忆）。

（2）蓝海战略，是同时追求差异化与低成本，实现价值创新，并不着眼于竞争，开辟一个全新的非竞争的市场空间

（3）蓝海战略的六原则：重建市场边界、注重全局而非数字、超越现有需求、遵循合理的战略顺序、克服关键组织障碍、将战略执行建成战略的一部分

（4）蓝海战略重建市场边界的六条法规：审视他择产业、跨越不同战略群体、重新界定买方群体、放眼互补性产品或服务、重设产业功能与情感导向、跨越时间参与塑造外部潮流

5. 市场营销战略

（1）市场营销战略=确定目标市场（STP）+设计市场营销组合（4P）。

（2）确定目标市场（STP）=市场细分（S）+目标市场选择（T）+市场定位（P）。

（3）消费者市场细分的四个标准：地理、人口、心理、行为。

（4）市场营销组合（4P）=产品+价格+渠道+推广。

（5）产品策略包括三大内容：产品组合策略、品牌和商标策略、产品开发策略。

（6）促销组合的四大要素：广告促销、营业推广、公关宣传、人员推销。

6. 研究与开发战略

（1）研发战略的两大类型：产品研究、流程研究。

（2）研发战略的三种定位：推出新技术产品的企业、创新模仿者、低成本生产者。

7. 生产运营战略

（1）生产运营流程涉及的四要素：批量、种类、需求变动、可见性。

（2）平衡产能与需求的三种方法：资源订单式（订单—资源—生产）、订单生产式（资源—订单—生产）、库存生产式（资源—生产—订单）。

8. 采购战略

采购战略三大货源策略：单一货源、多货源、由供应商负责交付完整子部件。

9. 人力资源战略

人力资源战略中绩效评估的五种方法：员工等级评定、评级量表、核对表、自由报告、评估面谈。

10. 财务战略

(1)财务战略四种融资方式：内部融资、股权融资、债权融资、资产销售融资。

(2)财务战略四大股利政策：固定股利、固定股利支付率、零股利、剩余股利。

(3)基于生命周期的财务战略要点(要求掌握每一阶段特征)：资本结构、资金来源、股利。

(4)影响价值创造四因素：投资资本回报率、资本成本、增长率、可持续增长率。

(5)财务战略矩阵四象限的财务战略选择。

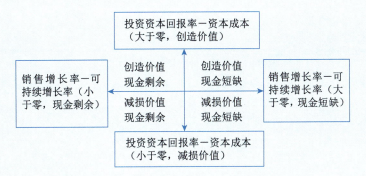

11. 发达国家企业国际化经营的动因

(1)国际化经营动因两大理论：国际生产要素组合+国际化经营面临的市场特征。

(2)国际生产要素组合的最优组合的五种理论：垄断优势理论+区位理论+生产生命周期理论+内部化理论+国际生产要素折中理论(综合理论)。

(3)国际生产要素折中理论的三种情况：

①所有权优势+内部化优势+区位优势=对外直接投资

②所有权优势+内部化优势=出口贸易

③所有权优势=技术转移

(4)寡头垄断市场反应的两大理论：寡头垄断反应行为+寡占反应理论

12. 发展中国家企业国际化经营的动因

(1)发展中国家跨国公司对外投资决策的四大动机=寻求市场+寻求效率+寻求资源+寻求现成资产

（2）发展中国家跨国公司对外投资决策的三大竞争优势＝创造更多就业＋技术和经营模式更接近＋往往采用新建投资

13. 国际市场进入的三种模式

（1）国际市场进入的三大模式＝出口＋股权投资＋非股权安排

（2）对外股权投资的两种类型＝对外证券投资＋对外直接投资（全资与合资）

（3）合资经营的四大动因：加强现有业务、将现有产品打入国际市场（走出去）、将国外产品引入国内市场（引进来）、新的业务经营。

14. 国际化经营的四种战略类型（见下图）

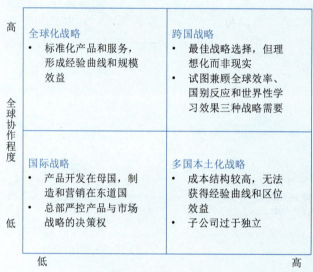

15. 新兴市场本土企业的四种战略选择（见下图）

"盖士人读书，第一要有志，第二要有识，第三要有恒。有志则断不甘为下流；有识则知学问无尽；有恒者则断无不成之事。此三者缺一不可。"——以曾文正公语录与大家共勉。

李志刚

中华会计网校
www.chinaacc.com
正保远程教育旗下品牌网站
美国纽交所上市公司(代码:DL)

梦想成真®
系列辅导丛书

2020年 注册会计师全国统一考试

公司战略与风险管理

应试指南 下册

■ 李志刚 主编　　■ 中华会计网校 编

感恩20年相伴　助你梦想成真

人民出版社

目 录 CONTENTS

下　　册

第3部分　易错易混知识点辨析

第4部分　考前预测试题

第4章　战略实施

考情解密

历年考情概况

本章属于次重点章，历年考试中所占分值比例相对较小，预计2020年的分值在8-12分左右。

本章主要介绍组织结构、企业文化、战略控制、利益相关者和信息技术在战略管理中的作用等内容，近几年考试多以客观题的形式进行考核。本章近七年以来客观题知识点共考核31次，考点集中在纵横向分工结构(5次)、权力与战略过程(5次)、战略控制方法(5次)、企业战略与组织结构(3次)、战略稳定性与文化适应性(3次)、横向分工结构的基本协调机制(3次)、战略控制的过程(2次)、企业文化的类型(2次)、利益相关者的利益矛盾与均衡(1次)、信息技术与竞争战略(1次)和大数据时代企业战略转型(1次)；主观题共考核过3次，涉及信息技术与企业价值链网、信息技术与竞争战略、企业战略与组织结构。

近年考点直击

考点	主要考查题型	考频指数	考查角度
企业战略与组织结构	客观题、主观题	★★	(1)根据给出案例判断企业适用于或属于哪种组织结构类型、纵向分工结构、组织战略类型； (2)直接考核集权型决策、分权型决策、各种组织结构的优缺点等； (3)给出具体的表述，要求判断正误
公司战略与企业文化	客观题	★	(1)通过小案例的形式或者直接考核企业文化的类型、战略稳定性与文化适应性的内容； (2)对细小知识点的考核，比如企业文化为企业创造价值的途径等
战略控制	客观题、主观题	★★	(1)通过案例形式考核企业战略失效的类型、战略失效的原因、预算类型、平衡计分卡； (2)直接考核两种预算类型的优缺点，以及平衡计分卡的内容、特点和作用； (3)对细小知识点的考核，比如企业业绩衡量指标、统计分析报告特点等
信息技术在战略管理中的作用	客观题、主观题	★★	(1)直接考核教材内容，比如信息技术与组织变革、竞争战略的关系、大数据时代企业战略转型等； (2)给出案例资料，要求对案例进行分析

本章的学习要求是：突出要点，重点掌握。本章组织结构属于主要内容，建议尽量将每种组织结构的优缺点记忆下来，应对记忆型题目。另外，平衡计分卡、权力与战略过程、战略控制方法、利益相关者等内容也属于较为常见的考点，建议在理解的基础上记忆相关知识点。

本章2020年考试主要变化

(1) 主要内容几乎没有变化，修改了个别错误的地方；

(2) 增加调整部分案例内容。

考点详解及精选例题

战略管理程序的三部曲—"分析、选择和实施"。本章战略实施是最后一部分内容，在第一章我们已经学习过，战略实施需要解决很多问题，包括组织结构、人员和制度、公司政治关系、组织协调和控制系统等方面。从本章的具体内容看，以下分别从 5 个方面展开，包括组织结构、企业文化、战略控制、权力与利益相关者和信息技术的应用。

的支持活动。首先学习组织结构的构成要素；其次需要掌握纵向分工与横向分工结构，以及对战略的影响；最后学习组织结构与战略的关系。

如何理解组织结构？它是为组织实现共同目标而进行的各种分工和协调的系统，是平衡企业组织内专业化与整合两个方面的要求，运用集权和分权的手段对企业生产经营活动进行组织和控制。不同产业、不同生产规模的企业结构是不同的，组织结构最基本的要素包括分工与整合，如表4-1所示。

一、组织结构的构成要素—知识理解能力 ★

扫我解疑难

组织结构是波特价值链理论中公司重要

表4-1　组织结构的构成要素

要素	说明
分工	分工是指企业为创造价值而对其人员和资源的分配方式。一般来讲，企业组织内部不同职能或事业部的数目越多，越专业化，企业的分工程度就越高。 (1) 纵向分工。企业高层管理人员必须在如何分配组织的决策权上做出选择，以便很好地控制企业创造价值的活动。 (2) 横向分工。企业高层管理人员必须在如何分配人员、职能部门以及事业部方面做出选择，以便增加企业创造价值的能力
整合	整合是指企业为实现预期的目标而用来协调人员与职能的手段。 企业必须建立组织结构，协调不同职能与事业部的生产经营活动，以便有效地执行企业的战略

【提示说明】 分工是将企业转化成不同职能及事业部的手段，整合是要将不同的职能及部门结合起来。（分工与整合对于管理来讲，都是必须的，所谓"天下大势分久必合，合久必分"。）

【例题1·单选题】 下列关于组织结构的

基本构成要素的表述中，正确的是(　　)。

A. 企业组织内部不同职能或事业部的数目越多，而且越专业化，企业的分工程度就一定越高

B. 组织结构的基本构成要素包括分工和整合

C. 纵向分工的目的是增加企业创造价值的能力

D. 横向分工的目的是很好地控制企业创造价值的活动

解析 一般来讲，企业组织内部不同职能或事业部的数量越多，而且越专业化，企业的分工程度就越高，但并非绝对，所以，选项 A 的说法错误；组织结构的基本构成要素包括分工和整合，所以，选项 B 的说法正确；对于纵向分工来说，企业高层管理人员必须在如何分配组织的决策权上做出选择，以便很好地控制企业创造价值的活动，所以，选项 C 的说法错误；对于横向分工来说，企业高层管理人员必须在如何分配人员、职能

部门以及事业部方面做出选择，以便增加企业创造价值的能力，所以，选项 D 的说法错误。

答案 ▶ B

二、纵横向分工结构—基本应用能力

扫我解疑难

（一）纵向分工结构 ★

1. 纵向分工结构的基本类型

纵向分工是指企业高层管理人员为了有效地贯彻执行企业的战略，选择适当的管理层次和正确的控制幅度，并说明连接企业各层管理人员、工作以及各项职能的关系，如表 4-2 所示。

表 4-2　纵向分工结构的基本类型

类型	说明	举例
高长型组织结构	是指具有一定规模的企业的内部有很多管理层次。每个层次上，管理人员的控制幅度较窄。有利于企业内部的控制，但对市场变化的反应较慢	从实际管理来看，拥有 3000 名员工的企业平均的管理层次一般为 7 个层次。如果某公司有 8 个管理层次，则为高长型结构
扁平型组织结构（现实更常见）	是指具有一定规模的企业的内部管理层次较少。每个层次上，管理人员的控制幅度较宽。可以及时地反映市场的变化，并做出相应的反应，但容易造成管理的失控	从实际管理来看，拥有 3000 名员工的企业平均的管理层次一般为 7 个层次。如果只有 3 个管理层次，便是扁平型组织结构

【提示说明】 企业应根据自己的战略以及战略所需要的职能来选择组织的管理层次。例如，企业为了更及时地满足市场的需求，追求产品的质量与服务，通常采用扁平型组织结构。随着规模不断扩大，管理层次也会逐渐增加，当达到一定规模时，便会使组织的管理层次保持在一定的数目上，尽可能地使组织结构扁平化。管理层次过多，战略越难以实施，而且管理费用会大幅度的增加。

【例题 2·单选题】 华威集团是一家家电企业，家电企业平均的管理层次一般为 5 个，而华威集团的管理层次为 8 个，则华威集团的组织结构属于(　　)。

A. 高长型组织结构

B. 扁平型组织结构

C. 国际部结构

D. 跨国结构

解析 华威集团的管理层次大于家电行业平均的管理层次，因此，属于高长型组织结构。

答案 ▶ A

【思路点拨】 本题属于案例分析型题目。主要是区分高长型组织结构与扁平型组织结构，相对平均管理层次多的属于高长型，少的属于扁平型。

2. 纵向分工结构组织内部的四个管理问题

(1)集权与分权。(见表 4-3)

表4-3　集权与分权

类型	说明	特点
集权型结构	集权是指企业的高层管理人员拥有最重要的决策权力。集权型结构一般拥有多级管理层，并将决策权分配给顶部管理层；其管理幅度比较窄，从而呈现出层级式结构	①优点：a. 易于协调各职能间的决策；b. 对上下沟通的形式进行规范；c. 能与企业的目标达成一致；d. 危急情况下能进行快速决策；e. 有助于实现规模经济；f. 比较适用于由外部机构实施密切监控的企业，因为所有的决策都能得以协调。②缺点：a. 高级管理层可能不会重视个别部门的不同要求；b. 由于决策时需要通过集权职能的所有层级向上汇报，因此决策时间过长；c. 对级别较低的管理者而言，其职业发展有限
分权型结构	分权型结构包含更少的管理层次，并将决策权分配到较低的层级，从而具有较宽的管理幅度并呈现出扁平型结构	①减少了信息沟通的障碍；②提高了企业反应能力；③为决策提供了更多的信息并对员工产生了激励效应

【提示说明】集权型结构中，优点d. 与缺点b. 的区分：集权型结构将决策权分配给顶部管理层，则在危急时刻，顶部管理层能够很快做出决策；而一般情况下的决策，则需要通过较低职能部门一级一级向上汇报，因此决策时间长。

实践中多倾向于分权结构，以能应对市场变化做出更快反应。

（2）中层管理人员人数。

企业要根据自己的实际情况选择组织层次和指挥链。选择高长型结构时，要注意这种结构需要较多的中层管理人员，会增加行政管理费用。企业为了降低成本，使其结构效率化，应尽量减少管理层次。

（3）信息传递。

企业内部信息传递是企业组织管理中的一个重要环节。企业内部管理层次越多，信息在传递的过程中就会发生不同程度的扭曲，不能完整地到达信息传递的目的地。这样，也会增加管理的费用。因此，企业在选择高长型的结构时，应比较慎重。

（4）协调与激励。

企业的管理层次过多时，会妨碍内部员工与职能部门间的沟通，增加管理费用。指挥链越长，沟通越困难，会使管理没有弹性。特别是，在新技术的企业里，如果采用高长型结构模式，企业通常会遇到各种障碍，不能有效地完成企业的目标。在这种情况下，企业应当采用扁平化结构。

【例题3·多选题】下列关于分权型结构的表述中，不正确的有（　　）。

A. 管理层级多　　　　B. 管理层级少

C. 管理幅度宽　　　　D. 管理幅度窄

解析 ▶ 分权型结构包含更少的管理层，并将决策权分配到较低的层级，从而具有较宽的管理幅度并呈现出扁平型结构。

答案 ▶ AD

（二）横向分工结构 ★★

1. 横向分工结构的八种基本类型

（1）创业型组织结构。（见表4-4）

表4-4　创业型组织结构

项目	说明
基本含义	企业的所有者或管理者对若干下属实施直接控制，并由其下属执行一系列工作任务。企业的战略计划由中心人员完成，该中心人员还负责所有重要的经营决策
特点	弹性较小并缺乏专业分工，其成功主要依赖于该中心人员的个人能力
适用情况	通常应用于小型企业（个体工商户或企业创立初期）

（2）职能制组织结构（**适用单一业务**）。

职能制组织结构被大多数人认为是组织结构的**典型模式**。表明结构向规范化和专门化又迈进了一步。具体内容如表4-5所示。

表4-5 职能制组织结构

项目	说明
基本含义	不同的部门有不同的业务职能； 各部门之间相互独立，但部门之间有一定的相互作用和影响
适用情况	单一业务企业
优缺点	**优点：** ①能够实现规模经济； ②有利于培养职能专家； ③工作效率得到提高； ④董事会便于监控各个部门。 **缺点：** ①在协调不同职能时可能出现问题； ②难以确定各项产品产生的盈亏； ③导致职能间发生冲突、各自为政，而不是相互合作； ④等级层次以及集权化的决策机制会放慢反应速度

（3）事业部制组织结构（**适用多产品线**）。（见表4-6）

【相关链接】 事业部制的由来

1943年深秋，德鲁克（1909－2005）开始针对当时世界上最大的企业—通用汽车进行18个月的调查工作，以旁观者身份对通用汽车的经营策略和构造进行调查研究。德鲁克认识到当时的通用汽车采用的"事业部制"的优越性，尤其在管理大企业的分权经营是非常成功的。但是，世界上第一个创造并引入事业部制的公司是杜邦公司，那是1920年。

1950-1960年代的美国公司迎来了结构大变革时期—业务多元化、海外业务扩展、组织分权化等成为最迫切的要求。当时的麦肯锡公司导入了"事业部制的引入支持"作为其主力产品。但在1973年的石油危机中，许多企业在扩大自身的路上走到了尽头，都面临着由"多元经营催生的事业部"转变成"多元化经营后应该实施怎样的战略"。

表4-6 事业部制组织结构

项目	说明	
基本含义	按照**产品、服务、市场或地区**定义出不同的事业部。 企业总部负责计划、协调和安排资源。事业部则承担运营和职能责任	
类型与特点	**区域事业部**制结构	优点： ①在企业与其客户的联系上，能实现更好更快的地区决策； ②会削减成本费用； ③有利于海外经营企业应对各种环境变化。 缺点： ①管理成本的重复； ②难以处理跨区域的大客户的事务。 **适用情况：企业在不同的地理区域开展业务**

项目		说明
类型与特点	**产品/品牌事业部制**结构	优点： ①生产与销售不同产品的不同职能活动和工作可以通过事业部/产品经理来予以协调和配合； ②更有助于企业实施产品差异化； ③易于出售或关闭经营不善的事业部。 缺点： ①各个事业部会为了争夺有限资源而产生摩擦； ②各个事业部之间会存在管理成本的重叠和浪费； ③若产品事业部数量较大，则难以协调； ④若产品事业部数量较大，高级管理层会缺乏整体观念。 **适用情况：具有若干生产线的企业**
	客户细分或**市场细分事业部制**结构	通常与销售部门和销售工作相关，批销企业或分包企业可能采用这种结构，由管理者负责联系主要客户

【提示说明】事业部制结构强调，制定战略不仅仅是高层管理者和领导者的任务。企业层、业务层和职能层的管理者都应在其各自的层级参与战略制定流程。

【例题4·单选题】甲企业是一家国际化的企业，为了更好地处理各国业务，决定将企业的活动和人员按照北美区域、东南亚区域以及中东区域进行划分。每个区域负责该地区的所有活动、所有产品以及所有客户。根据以上信息，判断该企业采用的组织结构类型是（ ）。

A. 区域事业部制结构

B. 职能制组织结构

C. 矩阵制组织结构

D. 产品/品牌事业部制结构

解析 ▶ 如果企业在不同的地理区域开展业务时，比较适合区域式结构，这种结构是按照特定的地理区域来对企业的活动和人员进行分类。 答案 ▶ A

【思路点拨】本题属于案例分析型题目。主要是区分横向分工的组织结构类型，应对该类要求判断所属的组织结构类型的题目，可以结合教材中的组织结构图和每个组织结构类型的优缺点进行把握，进而对资料进行分析。

（4）M型组织结构（多部门结构）（适用更多产品线）。（见表4-7）

表4-7 M型组织结构

项目	说明
基本含义	随着企业规模扩大，具有多个产品线的企业应采用M型结构。M型结构将该企业划分成若干事业部，每个事业部负责一个或多个产品线
优缺点	优点： ①便于企业的持续成长； ②CEO有更多的时间分析各个事业部的经营情况以及进行资源配置； ③职权被分派到各个事业部，并在每个事业部内部进行再次分派； ④能够对事业部的绩效进行财务评估和比较。 缺点： ①为事业部分配管理成本比较困难并略带主观性； ②会在事业部之间滋生功能失调性的竞争和摩擦； ③事业部之间转移部件或产品时，确定转移价格会产生冲突
适用情况	**具有多个产品线的企业**

（5）战略业务单位组织结构（SBU）。（见表4-8）

表4-8　战略业务单位组织结构

项目	说明
基本含义	相关产品线归类为事业部，然后将这些事业部归类为战略业务单位
适用情况	尤其适用于规模较大的多元化经营的企业
优缺点	优点： ①降低了企业总部的控制跨度； ②减轻了总部的信息过度情况； ③具有类似使命的产品、市场或技术的事业部之间能够更好地协调； ④易于监控每个SBU的绩效（在职能式结构下也如此）。 缺点： ①由于多了一个垂直管理层，总部与事业部和产品层的关系变得更疏远。 ②SBU经理为了取得更多的资源会引发竞争和摩擦，对总体绩效产生不利影响

（6）矩阵制组织结构。（见表4-9）

表4-9　矩阵制组织结构

项目	说明
基本含义	是一种具有两个或多个命令通道的结构，包含两条预算权力线以及两个绩效和奖励来源
适用情况	非常复杂项目中的控制问题
优缺点	优点： ①项目经理能更直接地参与到与其产品相关的战略中来，激发其成功的动力； ②能避免职能型结构对产品和市场的关注不足； ③能够做出更有质量的决策； ④实现了各个部门之间的协作以及各项技能和专门技术的相互交融； ⑤双重权力使得企业具有多重定位，职能专家不会只关注自身业务范围。 缺点： ①可能导致权力划分不清晰，在职能工作和项目工作之间产生冲突； ②双重权力容易使管理者之间产生冲突； ③管理层可能难以接受混合型结构，管理者之间争夺其权力，产生危机感； ④会增加时间成本和财务成本，导致制定决策的时间过长

（7）H型结构（控股企业/控股集团组织结构）。（见表4-10）

表4-10　H型结构

项目	说明
基本含义	其下属子企业具有独立的法人资格。控股企业可以是对某家企业进行永久投资的企业，主要负责购买和出售业务。在极端形态下，控股企业实际上就是一家投资企业。或者，控股企业只是拥有各种单独的、无联系的企业的股份，并对这些企业实施较小的控制或不实施控制，还可以是一家自身拥有自主经营的业务单位组合的企业
适用情况	实施多元化战略，业务领域涉及多个方面，甚至上升到全球化竞争层面上
主要特点	①其业务单元的自主性，尤其是业务单元对战略决策的自主性； ②企业无须负担高额的核心企业管理费； ③业务单元能够自负盈亏并从母企业取得较便宜的投资成本； ④控股企业可以将风险分散到多个企业中，容易撤销对个别企业的投资

【提示说明】 控股公司控制下的各个企业，在法律上都是各自独立的经济实体，它们同控股公司在经济责任上是完全独立的，相互之间没有连带责任。因此，控股公司中各企业的风险责任不会相互转嫁。

【例题5·多选题】 下列关于组织结构类型的说法中，正确的有( )。

A. 创业型组织结构通常应用于小型企业

B. 职能制组织结构被大多数人认为是组织结构的典型模式

C. 事业部制组织结构可按照产品、服务、市场和地区为依据进行划分

D. H型组织结构中，员工通常拥有两个直接上级

解析 矩阵制结构在职能和产品或项目之间起到了联系的作用，员工就拥有了两个直接上级，其中一名上级负责产品或服务，而另一名负责职能活动，所以选项D的说法不正确。 **答案** ABC

(8)国际化经营企业的组织结构。(见图4-1、表4-11)

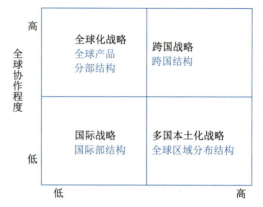

图4-1 国际化经营战略类型及其对应的组织结构

表4-11 国际化经营企业的组织结构

类型	说明
与"国际战略"相配套的**"国际部结构"**	①国际战略：是企业国际化经营早期的战略类型。企业多把产品开发的职能留在母国，而在东道国建立制造和营销职能。其组织结构往往采用国际部制。 ②国际部：国际部也应该是一种事业部制，可以是按区域划分，也可以是按产品划分，甚至还可能是按区域和产品的混合划分
与"多国本土化战略"相配套的**"全球区域分部结构"**	①多国本土化战略：a. 是根据不同国家的不同的市场，提供更能满足当地市场需要的产品和服务；b. 这里的地区分部可以是事业部，也可以是战略业务单位。 ②地区分部结构：a. 使地区和国家经理有高度的自主权，可以改变本国的产品战略，使它能适应于所在国家或地区的特殊环境；b. 通常当地情况对消费者需求影响越大，国家分部经理所获自主权应越大。 地区分部结构对追求多国本土化策略的公司最适用
与"全球化战略"相配套的**"全球产品分部结构"**	①全球化战略：a. 是向全世界的市场推销标准化的产品和服务，并在较有利的国家集中地进行生产经营活动，由此形成经验曲线和规模经济效益，以获得高额利润。这种类型的企业往往采用"全球产品分部结构"；b. 这里的产品分部可以是事业部，也可以是战略业务单位。 ②全球性产品分部结构：a. 由企业总部确定企业的总目标和经营战略，各产品部根据总部的经营目标和战略分别制订本部的经营计划；b. 母公司管理整个国际市场的营销，而下属公司可能会雇用自己市场的营销人员

类型	说明
与"跨国战略"相配套的 **"跨国结构"**	①跨国战略：a. 是将全球化战略的高效率与多国本土化的适应能力结合的战略类型；b. 全球性产品-地区混合结构是一种矩阵结构，适用于产品多样化程度很高、地区分散化程度很大的跨国公司。 ②跨国结构：a. 试图同时获得地区分部结构和产品分部结构的所有优势；b. 目的是力求同时最大限度地提高效率、地区适应能力和组织学习能力。下属公司可在某些地区起类似国内产品分部的作用，而在另一些地区承担全球产品的责任。 『提示』下属公司在跨国结构下依然保持着旺盛的生命力，其原因在于通向世界市场的直接途径，它是通过全球产品授权在专门领域的发展而建立的，全球产品责任代表了由下属公司而非母公司控制的全球性战略

【例题 6 · 单选题】 泰兴集团根据不同国家的不同市场，提供更能满足当地市场需要的产品和服务，泰兴集团所采用的组织结构是（　）。

　A. 国际部结构

　B. 全球区域分部结构

　C. 全球产品分部结构

　D. 跨国结构

解析 多国本土化战略是根据不同国家的不同市场，提供更能满足当地市场需要的产品和服务。采用这种类型的企业往往采用"全球区域分部结构"，所以，选项 B 正确。

答案 B

【拓展反思】 一般情况下，注册会计师所在的会计师事务所的组织结构是哪种类型呢？一般是矩阵制组织结构，按照项目对成员进行划分，组成项目组，对审计客户实施审计、咨询等服务。员工拥有两个上级，一个是项目组的领导，一个是所在职能部门的领导。

2. 横向分工结构的六种基本协调机制

协调机制就是建立在企业的分工与协调之上的制度，如表 4-12 所示。

表 4-12　基本协调机制

类型	说明
相互适应，自行调整	是一种自我控制方式。组织成员直接通过非正式的、平等的沟通达到协调，相互之间不存在指挥与被指挥的关系，也没有来自外部的干预。适合于最简单的组织结构
直接指挥，直接控制	是指组织的所有活动都按照一个人的决策和指令行事。负责人发布指示，监督工作。形象地讲，这种协调机制如人的大脑一样，同时协调两只手的活动
工作过程标准化	是指组织通过预先制定的工作标准，来协调生产经营活动。在生产之前，企业向职工明确工作的内容，或对工作制定出操作规程及其规章制度，然后要求工作过程中所有活动都要按这些标准进行，以实现协调
工作成果标准化	是指组织通过预先制定的工作成果标准，实现组织中各种活动的协调。这种协调只规定最终目标，不限定达到目标的途径、方法、手段和过程
技艺(知识) 标准化	是指组织对其成员所应有的技艺、知识加以标准化。协调机制主要是依靠组织成员在任职前就接受了必要的、标准化的训练，成为具有标准化知识和技能的人才
共同价值观	是指组织内全体成员要对组织的战略、目标、宗旨、方针有共同的认识和共同的价值观念，充分地了解组织的处境和自己的工作在全局中的地位和作用，互相信任、彼此团结，具有使命感，组织内的协调和控制达到高度完美的状态

【提示说明】 六种协调机制的关系：

①企业组织简单时，只需要相互适应、自行调整的协调机制。

②企业组织扩大后需要某人单独执行控制工作时，便产生了直接指挥、直接控制机制。

③当工作变为更加复杂时，协调机制便趋向标准化。

④在工作任务相当复杂时，企业便需要采用成果标准化或技艺标准化。

⑤在工作极其复杂、工作过程和工作结果难以标准化时，企业往往自行又转回到互相适应调整这种最简单而又最灵活的协调机制上。

【例题7·单选题】 下列不属于横向分工结构的基本协调机制的是（   ）。

A. 工作成果标准化

B. 技艺（知识）标准化

C. 共同价值观

D. 工作计划标准化

解析 ▶ 企业组织的协调机制基本上有以下六种类型：相互适应，自行调整；直接指挥，直接控制；工作过程标准化；工作成果标准化；技艺（知识）标准化；共同价值观。

答案 ▶ D

三、企业战略与组织结构—综合运用能力

扫我解疑难

（一）组织结构与战略的关系 ★★

组织结构的功能在于分工和协调，是保证战略实施的必要手段。通过组织结构，企业的目标和战略转化成一定的体系或制度，融进企业的日常生产经营活动中，发挥指导和协调的作用，以保证企业战略的完成。

如何理解战略与结构的关系方面？钱德勒在其经典著作《战略和结构》中，首次提出组织结构服从战略的理论。

1. 战略的前导性与结构的滞后性（见表4-13）

表4-13　战略的前导性与结构的滞后性

类型	说明
战略前导性	指企业战略的变化快于组织结构的变化
结构滞后性	指企业组织结构的变化常常慢于战略的变化速度。 原因有两种：一是新、旧结构交替有一定的时间过程。二是管理人员的抵制

【提示说明】 经济发展时，企业要制定出与发展相适应的战略。一旦战略制定出来，要正确认识组织结构有一定反应滞后性的特性，不可操之过急。但是，结构反应滞后时间过长将会影响战略实施的效果，企业应努力缩短结构反应滞后的时间，使组织结构配合战略的实施。

【相关链接】 钱德勒真的说过"组织结构服从战略"这样的话吗？

艾尔弗雷德·钱德勒（1918-2007）于1962年出版了《战略和结构》，他认为促进分权化的是业务的多样化，而多元化的企业战略则催生了事业部制。这本书明确了事业部的详细结构，堪称是迫切需要分权化的企业的教科书。当时的说法是：要推进多元化战略就要采用事业部制。于是就出现"组织跟随战略"这样口号，并在钱德勒著作日本出版时被用作书名。

但钱德勒真正想表达的是战略和结构是相互影响的，只是在实践中，改变战略容易，但改变结构较难，那么就先改变战略作为先导就较为容易。

2. 企业发展阶段与结构（见表4-14）

企业处在不同的发展阶段，会采用合适的战略，并要求组织结构做出相应的反应。

表4-14 企业发展阶段与结构

发展阶段及战略	企业特征	结构类型
市场渗透战略	简单的小型企业。只生产一种产品，或生产一个产品系列，面对一个独特的小型市场	从简单结构到职能结构
市场开发战略	在较大的或多样化的市场上提供单一的或密切相关的产品与服务系列	从职能结构到事业部结构
纵向一体化战略	在多样化的市场上扩展相关的产品系列	从事业部结构到矩阵结构
多元化经营战略	在大型的多元化产品市场进行多种经营，提供不相关的产品与服务	从事业部结构到战略业务单位结构

随着向海外扩张，最初创立了"国际部"，但这种结构却在对国外的业务进行协调时逐渐变得无效，从而导致了企业按多国本土化战略的结构进行重组。随着跨国协调的进一步压力和在国家内部进行专业化分工的问题，导致了全球化战略的产生，为了促进在全球的生产和分销活动中实现规模经济而进行了组织结构重组。在需要对当地情况做出快速反应和为获得全球范围内的规模经济而要求的集中之间进行平衡，就导致了跨国战略的产生，这种结构把矩阵结构和网络结构结合到了一起。

【例题8·单选题】甲公司处于产业的发展阶段，公司采用市场渗透战略，着重发展单一产品，则适合甲企业采用的结构形式是（　　）。

A. 简单的结构或职能结构

B. H型结构

C. 事业部制结构

D. 矩阵制结构

解析 ▶ 本题考核横向分工结构。甲公司处于产业发展阶段，而且采用市场渗透战略，企业着重发展单一产品。这时，企业适合采用简单的结构或职能结构。 答案 ▶ A

（二）组织的四种战略类型 ★★

战略强调企业组织要运用已有的资源和可能占有的资源去适应企业组织外部环境和内部条件为企业所发生的相互变化。这种适应是一种复杂的动态的调整过程，要求企业在加强内部管理的同时，不断推出适应环境的有效组织结构。从战略视角来看组织，可以把组织划分为以下四种战略类型。

1. 防御型战略组织（见表4-15）

表4-15 防御型战略组织

类型	说明	特点
防御型战略组织	主要是要追求一种稳定的环境，试图通过解决开创性问题来达到自己的稳定性。 (1)一般来说，该组织要创造出一种具有高度成本效率的核心技术。要开辟的是一种可以预见的经久不衰的市场，因此，技术效率是组织成功的关键。 (2)行政管理上，常常采取"机械式"结构机制	常采用竞争性定价或高质量产品等经济活动来阻止竞争对手进入它们的领域，保持自己的稳定。 适合于较为稳定的产业。也有潜在的危险，不可能对市场环境做重大的改变

2. 开拓型战略组织（见表4-16）

表 4-16　开拓型战略组织

类型	说明	特点
开拓型战略组织	为服务于变化的市场，开拓型组织要求技术和行政管理具有很大的灵活性。 (1)工程技术上，根据现在和未来的产品结构确定技术能力。 (2)行政管理上，奉行的原则是灵活性。 开创性问题是为了寻求和开发新产品与市场机会	要冒利润较低与资源分散的风险； 多种技术共存可能难以发挥总体效率； 行政管理上也可能错误使用。 总之，开拓型组织可能缺乏效率性，很难获得最大利润

【提示说明】开拓型组织与防御型组织不同。追求一种更为动态的环境，将其能力表现在探索、发现新产品和市场的机会上。在开拓型组织里，开创性问题是为了寻求和开发产品与市场机会。这就要求开拓型组织在寻求新机会的过程中必须具有一种从整体上把握环境变化的能力。

3. 分析型战略组织（见表 4-17）

表 4-17　分析型战略组织

类型	说明	特点
分析型战略组织	它试图以最小的风险、最大的机会获得利润。 在工程技术与行政管理方面，表现出两重性的特点。 成功的分析型组织必须紧随领先的开拓型组织，同时又在自己稳定的产品和市场中保持良好的生产效率	该组织不得不建立一个双重的技术中心，同时还要管理各种计划系统、控制系统和奖惩系统。 这种稳定性与灵活性并存的状态，在一定程度上限制了组织的应变能力。最大的危险就是既无效能又无效率

【提示说明】分析型组织在定义开创性问题时，综合了上述两种组织的特点，即在寻求新的产品和市场机会的同时，保持传统的产品和市场。分析型组织解决开创性问题的方法也带有前两种组织的特点。这类组织只有在新市场被证明具有生命力时，才开始在该市场上活动。就是说，分析型组织的市场转变是通过模仿开拓型组织已开发成功的产品或市场完成的。同时，该组织又保留防御型组织的特征，依靠一批相当稳定的产品和市场保证其收入的主要部分。因此，成功的分析型组织必须紧随领先的开拓型组织，同时又在自己稳定的产品和市场中保持良好的生产效率。

4. 反应型战略组织（见表 4-18）

表 4-18　反应型战略组织

类型	说明	特点
反应型战略组织	成为反应型组织，主要有三个原因： (1)决策层没有明文表达企业战略； (2)管理层次中没有形成可适用于现有战略的组织结构； (3)只注重保持现有的战略与结构的关系，忽视了外部环境条件的变化	一个企业组织如果不是存在于经营垄断或被高度操纵的产业里，就不应采取反应型组织形态。 （无奈之举）

【提示说明】反应型战略在战略中是一种下策。只有防御型、开拓型和分析型战略组织形态都无法运用时，企业才可以考虑使用这种方法。即使采取了这种战略，也要逐步地过渡到防御型、开拓型或分析型战略组织形态。

【例题 9·单选题】下列关于分析型战略

组织的表述中，错误的是（　　）。

A. 分析型组织是开拓型组织与防御型组织的结合体

B. 分析型组织总是对各种战略进行理智的选择，试图以最小的风险、最大的机会获得利润

C. 如果分析型组织不能保持战略与结构关系的必要平衡，它最大的危险就是既无效能又无效率

D. 分析型组织所采用的战略在战略中是一种下策，只有在其他三种战略都无法运用时，企业才可以考虑使用这种方法

解析▶ 反应型战略在战略中是一种下策。只有在其他三种战略都无法运用时，企业才可以考虑使用这种方法。　　答案▶ D

【思路点拨】 本题属于判断型题目。应对本题的关键是区分四种组织的战略类型，把握住关键点。防御型战略组织是求稳定，开拓型战略组织是求动态，分析型战略组织处于前两者的中间，反应型战略组织是动态不定的调整模式。

四、企业文化的类型—知识理解能力★

扫我解疑难

如何理解企业文化呢？它是企业内部的行为指针，不能由契约明确下来，但却制约和规范着管理者和员工。将企业文化从其他文化中区别开来可能很困难。可能是国家文化、地方文化、企业文化、子公司文化和团体文化相互交织的结果。

【相关链接】 管理哲学之父—查尔斯·汉迪

查尔斯·汉迪（Charles Handy），1932年出生于爱尔兰，是欧洲最伟大的管理思想大师。英国《金融时报》称他是欧洲屈指可数的"管理哲学家"，并把他评为仅次于彼得·德鲁克的管理大师。如果说彼得·德鲁克是"现代管理学之父"，那么查尔斯·汉迪就是当之无愧的"管理哲学之父"。

1967年查尔斯·汉迪返回英国创办了英国首家管理研究生院—伦敦商学院，并成为该学院的全职教授。他以"组织与个人的关系""未来工作形态"的新观念而闻名于世，成为继彼得·德鲁克之后在世界上拥有读者最多的管理学权威。（推荐学员考试结束后，购买几本查尔斯·汉迪的代表著作—《管理之神》《非理性的年代》《觉醒的年代》等）

查尔斯·汉迪（Charles Handy）在1976年将文化类型从理论上分为四类：即权力（Power）导向型、角色（Role）导向型、任务（Task）导向型和人员（People）导向型，如表4-19所示。

表4-19　企业文化的类型

类型	说明	特点及适用情况
权力导向型	掌权人试图对下属保持绝对控制，组织结构往往是传统框架。 企业的变革主要由企业中心权力来决定。 是小业主企业的典型模式，相信个人，但在企业运行中明显忽视人的价值和一般福利	经常被看成是专横和滥用权力的。通常存在于家族式企业和刚开创企业
角色导向型	尽可能追求理性和秩序。 重视合法性、忠诚和责任。 理性和逻辑是这一文化的中心，分歧由规章和制度来解决，稳定和体面几乎被看成与能力同等重要	强调等级和地位，权利和特权是限定的，大家必须遵守。 这种企业被称作官僚机构，最常见于国有企业和公务员机构。 具有稳定性、持续性的优点，企业的变革往往是循序渐进。 在稳定环境中，这类文化可能导致高效率，但不太适合动荡的环境

类型	说明	特点及适用情况
任务导向型	管理者关心的是不断地和成功地解决问题，评估是依据对企业目标做出的贡献。 组织结构往往是矩阵式的，无连续性是这类企业的一个特征	强调的是速度和灵活性，专长是个人权力和职权的主要来源，并且决定一个人在给定情景中的相对权力。 具有很强的适应性，给企业带来高成本。 常见于新兴产业中的企业，特别是一些高科技企业
人员导向型	企业存在的目的主要是为其成员的需要服务，企业是其员工的下属，企业的生存也依赖于员工。 角色分配的依据是个人的爱好及学习和成长的需要	常见于俱乐部、协会、专业团体和小型咨询公司。 人员不易管理，企业能给他们施加的影响很小

【备考战略】想象一下：汉迪是一个著名的导演，那么汉迪导演的权力：给人员分配角色和任务，记住这句话，四个类型的企业文化就记住了。更重要的是能够区分四个类型。

【例题10·多选题】下列关于企业文化类型的表述中，不正确的有(　　)。

A. 权力导向型文化通常存在于家族式企业和刚开创企业

B. 角色导向型文化常见于俱乐部、协会、专业团体和小型咨询公司

C. 任务导向型文化常见于新兴产业中的企业，特别是一些高科技企业

D. 人员导向型文化最常见于国有企业和公务员机构

解析　本题考核企业文化的类型。角色导向型文化常见于国有企业和公务员机构，所以，选项B的说法错误；人员导向型文化常见于俱乐部、协会、专业团体和小型咨询公司，所以，选项D的说法错误。

答案　BD

【思路点拨】本题属于判断型题目。应对本题的关键是区分四种企业文化的类型，从定义、适用情况的角度进行区分。除了本题的考核方式外，可能通过案例形式进行考核，要求选择适合的企业文化类型。

五、文化与绩效—基本应用能力★★

扫我解疑难

(一)企业文化为企业创造价值的三个途径

(1)文化简化了信息处理。

(2)文化补充了正式控制。

大多数企业运用市场控制、官僚控制、团体控制三种控制技术的组合。

(3)文化促进合作并减少讨价还价成本。

(二)文化、惯性和不良绩效

文化与绩效相联系，是因为企业战略成功的一个重要前提是战略与环境相匹配。一方面当战略符合其环境的要求时，文化则支持企业的定位并使之更有效率；另一方面当企业所面对的环境产生了变化，并显著地要求企业对此适应以求得生存时，文化对绩效的负面影响就变得重要起来。尤其是在一个不利的商业环境中，文化的不可管理性将使之成为一种惯性或阻碍变化的来源。

(三)企业文化成为维持竞争优势源泉的三个条件

首先，文化必须为企业创造价值。

其次，文化必须是企业所特有的。

最后，文化必须是很难被模仿的。

【提示说明】当企业文化满足以上三个条件时，企业文化就成了企业核心能力。第二章中对于核心能力要满足的三个关键性测试

与这三个条件基本是一致的。

第4章 战略实施

【例题11·多选题】 下列各项中，属于企业文化为企业创造价值的途径有（　　）。

　A. 文化带动员工积极性

　B. 文化简化了信息处理

　C. 文化补充了正式控制

　D. 文化促进合作并减少讨价还价成本

　解析 ➤ 企业文化可以通过以下三个途径为企业创造价值：（1）文化简化了信息处理；（2）文化补充了正式控制；（3）文化促进合作并减少讨价还价成本。　　**答案** ➤ BCD

六、战略稳定性与文化适应性—基本应用能力★★

扫我解疑难

考察战略与文化的关系，除了文化与绩效的关系外，还有一个重要的内容是分析企业战略的稳定性与文化适应性。

战略的稳定性反映企业在实施一个新的战略时，企业的结构、技能、共同价值、生产作业程序等各种组织要素所发生的变化程度；**文化适应性**反映企业所发生的变化与企业目前的文化相一致的程度。

处理二者关系可以用下面的矩阵表示，如图4-2所示。

		多	以企业使命为基础	重新制定战略
各种组织要素的变化				
		少	加强协调作用	根据文化进行管理

　　大　　　　　　　　小
　　　　潜在的一致性

图4-2　战略稳定性与文化适应性

在矩阵中，纵轴表示企业战略的稳定性状况（实施一个新战略时，如果带来组织要素的变化多，则说明战略稳定性差，反之稳定性好），横轴表示文化的适应性状况（实施一个新的战略时，如果发生的变化与原企业文化一致性大，则说明文化适应性好，反之则不好），如表4-20所示（这个地方理解上有些绕，考生们多思考一下）。

表4-20　战略稳定性与文化适应性具体内容

组合	操作	说明
组织要素变化多（战略不稳定）+文化潜在一致性大（文化适应）	以企业使命为基础	在第一象限中，企业实施一个新的战略时，重要的组织要素会发生很大变化。这些变化大多与企业目前的文化有潜在的一致性。 这时企业处理战略与文化关系的重点： （1）企业在进行重大变革时，必须考虑与企业基本使命的关系； （2）发挥企业现有人员在战略变革中的作用； （3）在调整企业的奖励系统时，必须注意与企业组织目前的奖励行为保持一致； （4）考虑进行与企业组织目前的文化相适应的变革，不要破坏企业已有的行为准则
组织要素变化小（战略稳定）+文化潜在一致性大（文化适应）	加强协调作用	在第二象限中，企业实施一个新的战略时，组织要素发生的变化不大，又多与企业目前的文化相一致。 这类情况往往发生在企业采用稳定战略（或维持不变战略）时，应考虑两个主要问题： （1）利用目前的有利条件，巩固和加强企业文化； （2）利用文化相对稳定的这一时机，根据企业文化的需求，解决企业生产经营中的问题

组合	操作	说明
组织要素变化小（战略稳定）+文化潜在一致性小（文化不适应）	根据文化的要求进行管理	在第三象限中，企业实施一个新战略，主要的组织要素变化不大，但多与企业组织目前的文化不大一致。 在这种情况下，企业可以根据经营的需要，在不影响企业总体文化一致的前提下，对某种经营业务实行不同的文化管理。同时企业要对像企业结构这样与企业文化密切相关的因素进行变革时，也需要根据文化进行管理
组织要素变化多（战略不稳定）+文化潜在一致性小（文化不适应）	重新制定战略	在第四象限中，企业在处理战略与文化的关系时，遇到了极大的挑战，企业首先要考察是否有必要推行这个新战略。 为了处理这种重大的变革，企业需要从四个方面采取管理行动： (1)高层管理人员要痛下决心进行变革，并向全体员工讲明变革的意义； (2)为形成新的文化，要招聘或从内部提拔一批与新文化相符的人员； (3)改变奖励结构，将奖励的重点放在具有新文化意识的事业部或个人的身上，促进企业文化的转变； (4)设法让管理人员和员工明确新文化所需要的行为，形成一定的规范，保证新战略的顺利实施

【例题12·单选题】甲公司在实施一个新战略时，组织的要素发生了重大的变化，又多与企业现有的文化相一致，则该公司在处理战略与文化关系时应该(   )。

A. 以企业使命为基础

B. 加强协同作用

C. 重新制定战略

D. 根据文化进行管理

解析 组织要素发生了重大变化，说明组织要素变化大；与企业现有的文化相一致说明文化潜在的一致性大，所以判断应该是在第一象限中，第一象限是以企业使命为基础。

答案 A

七、战略控制的过程—基本应用能力

扫我解疑难

(一)战略失效与战略控制 ★★

1. 战略失效与战略控制的概念

(1)战略失效的含义、原因及其类型(见表4-21)。

表4-21 战略失效

项目	说明
含义	战略实施的结果偏离了预定的战略目标或战略管理的理想状态
原因	①内部缺乏沟通，战略未能成为全体员工的共同行动目标，成员之间缺乏协作共事的愿望；（缺乏沟通） ②战略实施过程中各种信息的传递和反馈受阻；（沟了但没通） ③战略实施所需的资源条件与现实存在的资源条件之间出现较大缺口；（资源缺口） ④用人不当，主管人员、作业人员不称职或玩忽职守；（用人不淑） ⑤公司管理者决策错误，使战略目标本身存在严重缺陷或错误；（领导决策失误） ⑥企业外部环境出现了较大变化，而现有战略一时难以适应等。（环境巨变）
类型	早期失效、偶然失效和晚期失效

【提示说明】①三种失效类型的判断方法，如表4-22所示。

表 4-22　战略失效的判断方法

失效类型	判断标志
早期失效	战略实施初期
偶然失效	偶然因素出现的影响
晚期失效	战略实施一段时间后

②还应注意的是，一个原始战略是否有效，并不在于它是否能原封不动地运用到底，也不在于它的每个细小目标和环节是否都在实际执行中得以实现，而在于它能否成功地适应不可知的现实，在于能否**根据现实情况做出相应的调整和修正，并能最终有效地运用多种资源实现既定的整体目标**，这就需要进行战略控制。（很欣赏这句话，各位考生你们备考 CPA 学习到这一个知识点的时候，回头检查一下自己当初制定的备考战略安排按照既定的计划实现了吗？如果没有实现，需要及时进行战略控制调整，而不是等到战略失效！）

（2）战略控制与预算控制之间的差异。

战略控制是指监督战略实施进程，及时纠正偏差，确保战略有效实施，使战略实施结果符合预期战略目标的必要手段。首先辨析战略控制与预算控制的差异，如表 4-23 所示。

表 4-23　战略控制与预算控制的差异

战略控制	预算控制
期间比较长，从几年到十几年以上	期间通常为一年以下
定性方法和定量方法	定量方法
重点是内部和外部	重点是内部
不断纠正行为	通常在预算期结束之后纠正行为

2. 战略控制系统（见表 4-24）

表 4-24　战略控制系统

类别	项目	说明
战略控制系统	五步骤	(1)执行策略检查； (2)根据使命和目标，识别各个阶段业绩的里程碑(即战略目标)，给诸如市场份额、品质、创新、客户满意等要素进行定量和定性分析； (3)设定目标的实现层次； (4)对战略过程进行正式监控； (5)对于有效实现战略目标的业绩给予奖励
	考虑因素	(1)链接性：在重要机构之间架起沟通的桥梁； (2)多样性：在多样策略控制系统中选择适合性较高的； (3)风险：注重高风险的企业战略决策； (4)变化：注重战略控制系统环境的变化； (5)竞争优势：区分具有较强竞争优势的业务

续表

类别	项目	说明
战略性业绩计量	特征	(1)重点关注长期的事项，对大多数企业而言可能是股东财富； (2)有助于识别战略成功的动因，如企业是如何长期创造股东价值的； (3)通过企业提高业绩来支持企业学习； (4)提供的奖励基础是基于战略性的事项而不仅仅是某年的业绩
	要求	必须是可计量的、有意义的、持续计量的、定期重新评估的、战略定义或者与之相关的，并且是可接受的

3. 战略控制和成功关键因素

成功关键因素 KSF 是指公司在特定市场获得盈利必须拥有的技能和资产，是对于企业的成功至关重要的少数关键目标。例如："必须做对的事情"。

识别成功关键因素具有如下好处：

(1)提醒管理层需要控制的事项，并显示出次要的事项。

(2)按照相同方式定期报告的关键性业绩指标。

(3)保证管理层定期收到有关企业的关键信息。

(4)进行内部对比或与竞争对手比较。

例如，连锁餐厅的成功关键因素包括餐厅的地点、餐点、形象及知名度、突出特性、服务水准等。

(二)企业经营业绩的衡量 ★

1. 对衡量企业业绩的不同观点(见表 4-25)

表 4-25 对衡量企业业绩的不同观点

观点	说明
股东观 Stockholder	主要观点：企业应基于股东的利益而存在。 股东回报率作为企业业绩的指标。 但是，即使使用了市场价值的衡量方法，股东价值的衡量也并非易事，市场是否是理性的？非上市公司如何衡量呢
利益相关者观 stakeholder	主要观点：企业是为所有利益相关者的利益而存在的。 但这涉及更为复杂的衡量问题

2. 关键性业绩指标(KPI)

从多角度衡量业绩时，应当为每一个成功关键因素建立一个或多个关键性业绩指标，以便于比较。也就是每一个 KSF 需分解为多个 KPI。

下表列出一些常用的财务和非财务性的关键业绩指标作为参考。(见表 4-26)

表 4-26 关键性业绩指标(例子)

活动	关键业绩指标
市场营销	销售数量、毛利率、市场份额
生产	利用能力、质量标准
物流	利用能力、服务水平
新的生产发展	投诉率、回购率
广告计划	了解水平、属性等级、成本水平
管理信息	报告时限、信息准确度

3. 业绩比较方法

横向比较：在一个时点上的衡量结果需要与相应的值进行比较。

趋势分析：衡量一段时间内的业绩可以使用趋势分析。

4. 业绩比较时获取信息的途径

(1)从外部获取信息的方式。

①财务信息；②客户信息；③内部管理指标；④管理效率；⑤学习和成长指标。

(2)对总体业绩的评价。

由于要考察的是战略业绩，重点应放在企业的长期业绩上，从而应该考察至少三年的信息，并做出相应的趋势分析。

八、战略控制方法

扫我解疑难

战略控制方法从四个方面展开，首先是预算与预算控制，这是战略控制的基本方法；其次是企业业绩衡量指标，这是战略控制的内容；再次是平衡计分卡，这是战略控制的综合方法；最后是统计分析与综合报告，这是战略控制的技术手段。

(一)预算与预算控制—基本应用能力 ★★

1. 预算的含义

预算就是财务计划。短期计划试图在长期战略计划的框架内提供一个短期目标，目标通常是用预算的形式来完成的。

2. 预算的类型(见表4-27)

表4-27 预算的类型

预算类型	优点	缺点
增量预算	(1)预算是稳定的，并且变化是循序渐进的； (2)经理能够在一个稳定的基础上经营他们的部门； (3)系统相对容易操作和理解； (4)遇到类似威胁的部门能够避免冲突； (5)容易实现协调预算	(1)假设经营活动以及工作方式都以相同的方式继续下去； (2)不能拥有启发新观点的动力； (3)没有降低成本的动力； (4)鼓励将预算全部用光以便明年可以保持相同的预算； (5)可能过期，并且不再和经营活动的层次或者执行工作的类型有关
零基预算	(1)能够识别和去除不充分或者过时的行动； (2)能够促进更为有效的资源分配； (3)需要广泛的参与； (4)能够应对环境的变化； (5)鼓励管理层寻找替代方法	(1)是一个复杂的、耗费时间的过程； (2)可能强调短期利益忽视长期目标； (3)管理团队可能缺乏必要的技能

【例题13·多选题】下列关于零基预算的表述中，正确的有(   )。

A. 每一个新的期间必须重新判断所有的费用

B. 能够应对环境的变化

C. 它可能强调短期利益而忽视长期目标

D. 这种预算关注财务结果，而不是定量的业绩计量，并且和员工的业绩并无联系

解析 增量预算关注财务结果，而不是定量的业绩计量，并且和员工的业绩并无联系。

答案 ABC

(二)企业业绩衡量指标—基本应用能力 ★

1. 财务衡量指标(见表4-28)

表 4-28　财务衡量指标

指标类别	指标名称
盈利能力和回报率指标	毛利率与净利润率、已动用资本报酬率
股东投资指标	每股盈余或市净率、股息率、市盈率
流动性指标	流动比率、速动比率、存货周转期、应收账款周转期、应付账款周转期
负债和杠杆作用	负债率、现金流量比率

【提示说明】 近五年考试中，没有出现过财务指标计算的试题。考生能够分清指标类别即可。

2. 非财务指标

非财务业绩计量是基于非财务信息的业绩计量方法，可能产生于经营部门或者在经营部门使用，以监控非财务方面的活动。举个例子，如表 4-29 所示。

表 4-29　非财务指标

评价领域	业绩计量
服务质量	诉讼数量、客户等待时间
人力资源	员工周转率、旷工时间、每个员工的培训时间
市场营销效力	销量增长、每个销售人员的客户访问量、客户数量

【提示说明】 非财务业绩计量可能比财务业绩计量提供的业绩信息更为及时，也可能容易受到一些市场因素等不可控变化的影响。

(三)平衡计分卡的业绩衡量方法—综合运用能力 ★★★

1. 平衡计分卡的基本概念

哈佛大学的卡普兰(Kaplan)和诺兰·诺顿研究所的诺顿(Norton)于 1992 后提出了平衡计分卡的方法，它是一种平衡四个不同角度的衡量方法。具体而言，平衡计分卡平衡了短期与长期业绩、外部与内部的业绩、财务与非财务业绩以及不同利益相关者的角度，包括：财务角度、顾客角度、内部流程角度、创新与学习角度如表 4-30 所示。

表 4-30　平衡计分卡的基本概念

角度	说明
财务角度 (过去)	主要关注股东对企业的看法，以及企业的财务目标 指标包括：利润、销售增长率、投资回报率以及现金流
顾客角度 (外部)	(1)最典型的客户角度通常包括：定义目标市场和扩大关键细分市场的市场份额； (2)滞后指标：目标市场的销售额(或市场份额)以及客户保留率、新客户开发率、客户满意度和盈利率； (3)潜在的领先指标：时间、质量、价格、可选性、客户关系和企业形象
内部流程角度 (内部)	业务流程角度包括一些驱动目标，指标包括在新工作中与顾客相处的时间、每个雇员的收入、收益率、交货时间、工程进度完成率
创新与学习角度 (将来)	指标包括：新产品占销售的比例、雇员调查、主要员工保留率、员工能力评估和发展

【备考战略】 从 BSC 衡量的四个角度来看，彼此之间是有内在逻辑关系的。创新与学习角度得到改进与提高，那么内部流程指标就可能得到优化与提升，从而改善顾客角度的指标，并最终实现财务角度指标的要求。

BSC 是本章最为重要的高频考点之一，由于考试大纲对 BSC 要求是最高级的，要求达到综合运用能力的程度，要求考生们全面理解平衡计分卡的四要素及其内涵，能够准确判定或根据给定的案例内容设计给出四要素代表性的指标体系。

【例题14·单选题】 甲公司是一家家电生产企业，分为白色家电部和黑色家电部，在年底采用平衡计分卡的业绩衡量中，两个部门其他方面的考核指标值基本一致，只是在主要员工的保留率、新产品占销售的比例上差距很大，但是公司总经理最后的评价是两个部门业绩基本相同。这说明公司总经理不重视的业绩角度是（　　）。

A. 财务角度

B. 顾客角度

C. 内部流程角度

D. 创新与学习角度

解析 ▶ 主要员工保留率和新产品占销售的比例属于创新与学习角度的业绩评价指标。

答案 ▶ D

2. 平衡计分卡的特点和作用（见表4-31）

表 4-31　平衡计分卡的特点和作用

项目	内容
特点	（1）为企业战略管理提供强有力的支持； （2）提高企业整体管理效率； （3）注重团队合作，防止企业管理机能失调； （4）提高企业激励作用，扩大员工的参与意识； （5）使企业信息负担降到最少
作用	（1）使传统的绩效管理从人员考核和评估的工具转变成为战略实施的工具； （2）使得领导者拥有了全面的统筹战略、人员、流程和执行四个关键因素的管理工具； （3）使得领导者拥有了可以平衡长期和短期、内部和外部，确保持续发展的管理工具； （4）被誉为世界上最重要的管理工具和方法之一

【知识链接】 平衡计分卡的评价

平衡计分卡在美国乃至全球的企业得到广泛地认同，标志着平衡计分卡已经进入了推广与应用的时代！但是在平衡计分卡推广与应用的过程中，其理论的体系也在不断地丰富与完善。

1996 年，Kaplan 和 Norton 继续在《哈佛商业评论》上发表第三篇关于平衡计分卡的论文，他们一方面重申了平衡计分卡作为战略管理工具对于企业战略实践的重要性；另一方面从管理大师彼得·德鲁克的目标管理中吸取精髓，在论文中解释了平衡计分卡作为战略与绩效管理工具的框架，该框架包括设定目标、编制行动计划、分配预算资金、绩效的指导与反馈及连接薪酬激励机制等内容。

同年，他们还出版了第一本关于平衡计分卡的专著《平衡计分卡》，该著作更加详尽地阐述了平衡计分卡的上述两个方面。

2001 年随着平衡计分卡在全球的风靡，Kaplan 和 Norton 在总结众多企业实践成功经验的基础上，又出版了他们的第二部关于平衡计分卡的专著《战略中心组织》。在该著作中，Kaplan 和 Norton 指出企业可以通过平衡计分卡，依据公司的战略来建立企业内部的组织管理模式，要让企业的核心流程聚焦于企业的战略实践。该著作的出版又标志着平衡计分卡开始成为组织管理的重要工具。

（四）统计分析与专题报告—知识理解能力（见表4-32）

表 4-32　统计分析与专题报告

方法	表现形式	说明
统计分析报告	表格式、图形式、文章式	特点： (1)统计分析报告是以统计数据为主体； (2)统计分析报告是以科学的指标体系和统计方法来进行分析研究说明的； (3)统计分析报告具有独特的表达方式和结构特点
专题报告	研究报告	作用： (1)有助于企业对具体问题进行控制； (2)有助于企业管理人员开阔战略视野； (3)有助于企业内外的信息沟通

九、战略管理中的权力与利益相关者

扫我解疑难

美国管理学家卡斯特《组织与管理：系统与权变的方法》中指出："**目标的制定过程基本上是一个政治过程，各不同利益集团之间讨价还价的结果形成了目标。**"公司战略的制定与实施和其各利益相关者利益与权力的均衡密不可分。

（一）企业主要的利益相关者—知识理解能力 ★

企业主要利益相关者可分为内部利益相关者和外部利益相关者。

1. 内部利益相关者及其利益期望(见表 4-33)

表 4-33　内部利益相关者及其利益期望

内部利益相关者	利益期望
股东与机构投资者	利益期望就是资本收益—股息、红利 传统理论认为投资者对企业的主要期望就是利润最大化
经理阶层(高、中层管理人员)	主要利益期望是销售额最大化
企业员工	对企业的利益期望是多方面的，但从影响企业目标选择角度看，企业员工主要追求个人收入和职业稳定的极大化

2. 外部利益相关者及其利益期望(见表 4-34)

表 4-34　外部利益相关者

外部利益相关者	利益期望
政府	政府对企业的期望也是多方面的，例如，政府力图使企业在提供就业、支付税款、履行法律责任、促进经济增长、确保国际支付平衡等多个方面做出贡献。其中最直接的利益期望是政府对企业税收的期望
购买者和供应者	购买者与供应者对企业的期望是在他们各自的阶段增加更多的价值
债权人	债权人期望企业有理想的现金流量管理状况，以及较高的偿付贷款和利息的能力
社会公众	社会公众期望企业能够承担一系列的社会责任，包括保护自然环境、赞助和支持社会公益事业等

【提示说明】对上市公司来说，股民是企业内部利益相关者与外部利益相关者的交集部分。股民对企业的期望除了利润最大化以外，还要求企业对广大股民负责，遵循正确的会计制度，提供公司财务绩效的适当信息，制止包括内幕交易、非法操纵股票和隐瞒财务数据等在内的不道德行为。

【相关链接】科学管理法—人的社会属性—需求层次理论

泰勒（1856-1912）的"科学管理法"带来生产率的急剧上升。美国福特公司可视为穷尽泰勒学派的奥秘从而形成一个效率极高的批量生产系统。但是查理·卓别林用《摩登时代》（1936）电影嘲讽福特式生产线单调的操作。

埃尔顿·梅奥（1880-1949）则发现工作上的单调性和孤独感带来的精神疲劳，人并非只是为面包而生的。生活水准的提高把人从"经济人"变成了"社会人"。梅奥发现"人的社会属性"。

亚伯拉罕·马斯洛（1908-1970）则提出了著名的"需求层次理论"。这个犹太裔俄罗斯人，生长于纽约布鲁克林贫民窟的人生经历，很好地诠释了人的需求从低到高排列的五个层次需求：生理需求、安全需求、社会需求、尊重需求和自我实现。

（二）企业利益相关者的利益矛盾与均衡—基本应用能力 ★★

由于利益相关者的利益期望不同，他们对企业发展的方向和路径也就有不同的要求，因而会产生利益的矛盾和冲突。矛盾和均衡冲突表现在以下三方面：

（1）投资者与经理人员的矛盾与均衡。

（2）企业员工与企业（股东或经理）之间的利益矛盾与均衡。

（3）企业利益与社会效益的矛盾与均衡。

【提示说明】（1）投资者与经理人员利益的矛盾与冲突，理论上有三个模型：一是鲍莫尔"销售最大化"模型；二是马里斯的增长模型；三是威廉森的管理权限理论。

（2）我们用"社会效益"代表所有企业外部利益相关者的共同利益。企业外部利益相关者对企业的共同期望是企业应承担一系列社会责任，包括三个方面：保证企业利益相关者的基本利益要求、保护自然环境、赞助和支持社会公益事业。在社会效益和企业效益之间，企业实际上总是处于一个讨价还价的均衡点。

（三）权力与战略过程—知识理解能力 ★★

权力是个人或利益相关者能够采取某些行动的能力。权力与职权区别如表4-35所示。

表4-35　权力与职权的四点区别

权力	职权
权力的影响是各个方面的	职权沿着管理层次方向自上而下
受制权力的人不一定能够接受	职权一般能够被下属接受
权力来自各个方面	职权包含在指定的职位或功能之内
权力很难识别和标榜	职权在组织结构图上容易确定

权力与政治区别：政治是权力的运用，它是由具体的战略和策略组成的。

制定战略和有效地实施战略需要权力和影响力。如果用合作性和坚定性两维坐标来描述企业某一利益相关者在企业战略决策与实施过程中的行为模式，可分为五种，具体如图4-3及表4-36所示。

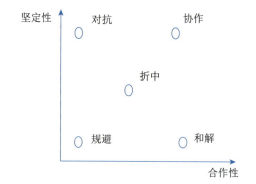

图4-3 对待矛盾与冲突的行为模式

表4-36 利益相关者权利来源及对待矛盾与冲突的行为模式

利益相关者的权力的**五大来源**	对待矛盾与冲突的**行为模式**
(1)对资源的控制与交换的权力;	(1)**对抗**。坚定+不合作
(2)在管理层次中的地位(职权);	(2)**和解**。不坚定+合作
(3)个人的素质和影响;	(3)**协作**。坚定+合作
(4)参与或影响战略决策与实施过程;	(4)**折中**。中等坚定+中等合作
(5)利益相关者集中或联合的程度	(5)**规避**。不坚定+不合作

【备考战略】"抗避、折中、协和"。

对抗:抵抗到底,根本不考虑对方的要求,使对方彻底就范;

和解:单方做出让步,设法满足对方的要求;

协作:找双方的共同点,使得双方的利益都得到满足;

折中:双方都让步,最终达成双方都能接受的协议;

规避:躲避或撤退。

十、信息技术在战略管理中的作用★★

扫我解疑难

信息技术在战略管理中的作用,包括四部分内容,一是信息技术与**组织变革**,二是信息技术与**竞争战略**,三是信息技术与**企业价值链网**,四是**大数据时代企业战略转型**。

(一)信息技术与组织变革—**基本应用能力**

1.信息技术与组织变革的关系

信息技术与组织变革是**相互影响**的关系:一方面,信息技术是推动组织变革的诱因;另一方面,组织变革又进一步促进信息技术应用。两者同时受中介因素的影响,包括:组织决策、组织政治、组织文化、组织环境。

信息技术对组织的影响如表4-37所示。

表4-37 信息技术对组织的影响

组织概念	信息技术对组织的影响/组织的受益
阶层化	减少层次,扩大控制幅度
专业化	减少专业人员,增加多面手
规范化	增加规范
集中化	减少权力集中

组织概念	信息技术对组织的影响/组织的受益
组织文化	组织文化影响信息技术的行为
组织权力	信息技术会影响组织权力
组织的生长周期	信息技术应配合组织的生长阶段
目标的转移	要防止组织目标转移
组织学习	信息技术可提供偏差报告，供组织学习使用

【备考战略】信息技术对组织的影响，这些内容要在理解基础之上记忆，考生需要认真思考一下信息技术对组织的这些影响背后的逻辑是什么，要能够在小案例中准确给予判断，达到基本应用能力的程度。

2. 信息技术与组织结构变革（见表4-38）

表4-38 信息技术对组织结构变革的影响

两大影响		说明
支持组织扁平化调整		一方面管理层级变少，授权后员工在信息技术支持下进行决策。另一方面，基于信息技术的支持，强化组织内部通信、监控协调能力，控制跨度可以得到显著的扩大
支持新型组织结构	团队结构	团队成员在动机、价值取向和目标追求的一致性 IT使得团队的沟通和对团队的有效监督成为可能
	虚拟组织	基于信息网络的共享技术与信息，分担费用，联合开发的、互利的企业联盟体。 优点：灵活性强，有利于很快地重组社会的资源适应市场的需要

3. 信息技术与业务流程重组

业务流程重组（business process reengineering，BPR），是通过对业务流程彻底地再设计而大幅度改善成本、质量、进度和服务效益。

业务流程重组是企业过程创新活动，信息技术增加了组织信息和知识的存取性、存储量和传播性，从而提高组织效率。

【例题15·单选题】下列关于信息技术与组织变革的说法中，不正确的是（　　）。

A. 信息技术与组织变革是相互影响的关系

B. 信息技术对组织结构变革的影响主要体现在支持组织扁平化调整和支持新型组织结构两个方面

C. 信息技术会增加组织的权力集中

D. 信息技术在重组业务流程中起到重要的作用

解析　信息技术会减少组织的权力集中，选项C的说法不正确。 答案　C

（二）信息技术与竞争战略—基本应用能力

1. 信息技术与成本领先战略

信息技术在企业中的应用可以帮助企业在生产、工程、设计、服务等环节有效降低成本，甚至达到行业中最低的运营成本。比如沃尔玛的自动补货系统。

2. 信息技术与差异化战略

企业可以借助信息技术推出区别于竞争对手的新产品、新服务，从而获取竞争优势。

借助这类信息技术，企业可以不需要再响应竞争对手基于价格上的竞争，而是通过提供难以复制的产品和服务，拉开与竞争对手的差距，阻断竞争对手。

3. 信息技术与集中化战略

借助信息技术，可以帮助企业聚焦于目标市场，并在目标市场的竞争中胜出。借助类似数据挖掘这样的信息技术，企业可以利用产品销售和客户数据分析消费者的购买模式和偏好，从而更好地发现目标客户、服务于目标市场，并针对性地开展营销和市场竞争活动。

【提示说明】 以数据挖掘为代表的信息技术在识别集中化战略中包括以下一些典型应用：确认那些从你的企业购买同一种产品的顾客的共性，预测哪些顾客将可能离开你投入你的竞争者的怀抱，确认哪些客户可以被列入邮售名单以达到高的收益率，预测哪些访问网站的客户是否对所看到的产品有兴趣，了解哪些产品与服务通常被一起销售，揭示本月与上个月典型顾客的差别等。

(三)信息技术与企业价值链网—基本应用能力

1. 信息技术与企业价值链

信息技术对**价值链基本活动**的支持，可以通过自动仓储系统和自动化运输调度系统来提升企业内外部物流运作效率，通过计算机控制的生产制造系统提升生产运作效率，通过计算机化的产品销售和服务系统提升销售与服务的效能。

信息技术对**价值链支持活动**的支持，可以通过计算机辅助设计系统来提升技术研发效能，通过人力资源管理系统提升人力资源效能，通过计算机化订货系统加强采购效率，通过办公自动化技术或电子化的日程安排和消息传送系统提升基础管理。

信息技术能够帮助企业全面渗透到企业价值链的**各主要环节**，有效降低成本，提升客户价值，赢得竞争优势。

2. 信息技术与企业价值网

(1)信息技术与价值网。

价值网络强调"以顾客为中心"，在专业化分工的生产服务模式下，把处于"价值链"上不同位置并存在密切关联的企业或者相关利益体整合在一起，建立一个**以顾客为核心的价值创造体系**，共同为顾客创造价值。

价值网成员的关系是双赢，不是零和博弈。价值网理论是对价值链理论的拓展和提升。价值网**围绕顾客价值重构原有价值链**。价值网强调竞争和合作的两方面，称为合作竞争(竞合)，"以客户为本"，很少以线性方式运作。

(2)信息技术与企业生态系统。

企业生态系统是建立在价值网理念基础上，以组织和个人的相互作用为基础的经济联合体。相互依赖的企业通常是跨产业合作的，形成一个像自然生态系统的商业生态系统，类似一个由合作企业之间、企业与环境之间相互作用而形成的社会，每家企业最终都与整个企业生态系统共进化、共命运。

企业生态系统的两个**主要特点**：①由一个或少数几个企业统领着这个生态系统，并建造了平台以供其他专业定位企业应用。②信息技术在企业生态系统建立与运作中扮演着强有力的角色。

例如阿里巴巴和腾讯集团分别已经建立了自己的生态系统，信息技术发挥了不可替代的作用。

(四)大数据时代企业战略转型—基本应用能力

1. 大数据时代的数据分析

大数据的主要特征：大量性、多样性、高速性、价值性。(大、多、高、价)

数据分析是大数据处理流程的核心。大数据的价值产生于分析过程，从规模巨大的数据中挖掘隐藏的、有价值信息所进行的分析过程就是大数据分析。

大数据分析和传统数据分析最重要的区别在于数据量。

传统的数据分析是"向后分析"，分析的是已经发生的情况。而在大数据时代，数据分析是**"向前分析"**，具有预测性。

2. 大数据对企业战略决策模式的影响

(1)**决策依据**。传统管理决策模式：自身的经验及判断能力；大数据决策模式：大数据技术。

(2)**决策主体**。传统管理决策模式：只有少数人可以参与，管理层独立决策模式；大数据决策模式：全员决策模式。

（3）**决策技术与方法**。在大数据时代，数据处理与分析技术对企业的决策模式产生了颠覆性的影响。一是基于云计算的数据处理与分析技术。二是大数据下的知识发现技术。

三是大数据下的决策支持系统。

3. 大数据时代企业战略转型的主要方面（见表4-39）

表4-39 大数据时代企业战略转型的主要方面

方面	说明
市场调研与预测	①市场需求调研与预测。②资金需要量预测。③现金流量预测
营销管理	①用户行为与特征分析。②企业重点客户的筛选。③客户分级管理。④改善用户体验。⑤竞争对手监测与品牌传播。⑥品牌危机监测与管理
生产管理	①产品创新过程调研。②生产流程优化。③提高质量管理水平。④科学制定生产计划。⑤产品科学合理定价。⑥优化库存管理。⑦完善供应商管理。⑧实现产品生命周期管理。⑨提高固定资产利用率
应收账款管理	企业应当制定合理的应收账款政策，科学管理应收账款。为此，对客户进行信用调查就是首要工作。利用大数据技术可以在更大的范围内进行客户信用评级查阅、信用变化跟踪、以往失信记录查找等，从而对接近信用期、超过信用期的不同客户采用不同的收账政策

4. 大数据时代企业战略转型面临的**困难**

（1）数据容量问题。

（2）数据安全问题。

（3）数据分析与处理问题。

5. 大数据时代企业战略转型的**主要任务**

（1）树立大数据思维，转变经营管理模式。

（2）优化专业人才队伍，提升对数据收集、挖掘与分析的能力。

（3）加强基础设施建设，积极推进共享模式。

（4）提高风险管理水平，确保企业与客户信息安全。①客户个人数据管理。②企业数据管理。③建立应急管理系统。在企业层面建立两套相互独立的数据库，两套数据库的内容同时更新，将其中一个数据库在日常使用，另一个数据库作为备份。

【备考战略】信息技术在战略管理中的应用，这些相关的内容对于企业的未来作用会越来越重要。这些内容特别对于年轻的考生来说，应该不是难理解的知识点，结合对应的案例来学习效果会更好。因为这些代表未来，因为这些很重要，所以认为此知识点在将来出题的可能性很大，建议考生们给予足够的重视。

真题精练

【纵向分工结构】

（2015年·多选题）大众火锅店规定：10万元以下的开支，各个分店的店长就可以做主；普通的一线员工，拥有免单权，而且可以根据客人的需求，赠送水果盘。根据组织纵向分工结构集权与分权理论，大众火锅店这种组织方式的优点有（ ）。

A. 降低管理成本

B. 易于协调各职能间的决策

C. 提高企业对市场的反应能力

D. 能够对普通员工产生激励效应

【横向分工结构】

1.（2019年·单选题）图美公司是某出版社所属的一家印刷厂，该公司按照出版社提供的文稿、图片和质量要求从事印刷、装订工作。图美公司适宜采用的组织协调机制是（ ）。

A. 共同价值观

B. 相互适应，自行调整

C. 工作成果标准化

D. 技艺(知识)标准化

2. (2019年·单选题)生产智能家电产品的凯威公司适应外部环境的不断变化，及时调整内部资源和组织结构，发挥协同效果和整体优势，激发员工的创新精神和使命感，对社会需求作出灵活、快速的反应。该公司采取的组织协调机制是（ ）。

A. 直接指挥，直接控制

B. 工作过程标准化

C. 共同价值观

D. 工作成果标准化

3. (2019年·多选题)以生产、销售多种石化产品为主业的东昌公司对本企业的经营活动和人员，按照北方区域和南方区域进行划分。公司总部负责计划、协调和安排资源，区域分部负责所在区域的所有经营活动、产品销售和客户维护。下列各项中，属于东昌公司组织结构优点的有（ ）。

A. 可以削减差旅和交通费用

B. 能实现更好更快的地区决策

C. 可以避免管理成本的重复

D. 易于处理跨区域的大客户的事务

4. (2018年·单选题)贝乐玩具公司成立十年来，生产和经营规模逐步扩大，玩具产品的品种不断增加。为了提高工作效率并实现规模经济，该公司应采用的组织结构是（ ）。

A. M型组织结构

B. 事业部制组织结构

C. 创业型组织结构

D. 职能制组织结构

5. (2018年·单选题)百灵公司是一家企业集团，主要从事音响设备，舞台灯具，中国乐器及影视策划等业务，拥有两家全资子

公司，三家控股公司。百灵公司宜采用的组织结构是（ ）。

A. M型组织结构

B. 矩阵型组织结构

C. 职能制组织结构

D. 事业部制组织结构

6. (2017年·单选题)育英公司是一家英语培训机构，定位高端培训，该公司实行纯英文教学，全部课程由外籍教师授课，另外配合中文教师担任助教，所有教师有5年以上教学经验，育英公司组织协调机制是（ ）。

A. 相互适应，自行调整

B. 技艺(知识)标准化

C. 工作过程标准化

D. 工作成果标准化

7. (2017年·单选题)华盛是经营手机业务的跨国企业，其组织是两维设计，一维按职能专业化准则，设立区域组织，主要为业务单位提供支持服务与监督，另一维是按业务专业化原则设立四大业务运营中心，对客户需求组建管理团队并确定相应的经营目标与考核制度，其采取的组织结构是（ ）。

A. 职能制结构　　B. 矩阵制组织结构

C. 事业部结构　　D. 战略业务单位结构

8. (2017年·多选题)威能公司是一家生产日常消费品的企业，有四大事业部，分部负责研发和生产洗发类产品、婴儿类产品、洗漱类产品和化妆类产品。每个事业部拥有多个产品线。公司总部对各个事业部统一进行资源配置。威能公司采取的组织结构类型的特点有（ ）。

A. 能够通过资本回报率等方法对事业部进行绩效考核

B. 集权化的决策机制放慢了反应速度

C. 职权分派到事业部，并在事业部内部进行再次分派

D. 为各事业部分配企业的管理成本比较困难

9. (2016年·单选题)在最简单的组织结构中,适宜采用的组织协调机制是( )。

A. 共同价值观

B. 直接指挥,直接控制

C. 标准化体系结构

D. 相互适应,自行调整

【企业战略与组织结构】

1. (2019年·单选题)华蓓公司是Y市一家生产婴幼儿用品的企业。各年来公司在Y市婴幼儿用品市场拥有稳定的市场占有率。为了巩固其竞争优势,华蓓公司运用竞争性定价阻止竞争对手进入其经营领域,并实施有利于保持高效率的"机械式"组织机制。华蓓公司所采取的组织的战略类型属于( )。

A. 防御型战略组织

B. 开拓型战略组织

C. 反应型战略组织

D. 分析型战略组织

2. (2018年·单选题)甲公司的主营业务是生产、销售体育运动器材,从去年起,该公司在保留原有业务的同时寻找新的市场机会,开发出适合个人使用的运动健康补测仪并尝试性投放市场,该仪器可随时把使用者在运动中的有关生物指数显示并记录下来,从而帮助使用者了解自己的健康状况并选择适当的运动方式,甲公司适宜采取的组织战略类型是( )。

A. 开拓型战略组织

B. 创新型战略组织

C. 反应型战略组织

D. 分析型战略组织

【企业文化的类型】

(2017年·单选题)丁国的S公司是一家全球500强企业,依靠严格的规章制度进行精细化管理,内部分级分明,决策权集中在上层,资历在员工晋升中发挥着重要作用,S公司的企业文化类型是( )。

A. 任务导向型　　B. 权力导向型

C. 角色导向型　　D. 人员导向型

【战略稳定性与文化适应性】

1. (2019年·单选题)2017年,主营电子商城业务的鑫茂公司制定和实施了新零售战略,对原有业务进行了较大调整,建立了多家商品销售实体店,线下线上业务协同开展。这一变革得到企业固有文化支持。根据战略稳定性和文化适应性矩阵要求,该公司在实施上述新战略时应( )。

A. 以企业使命为基础

B. 加强协调作用

C. 重新制定战略

D. 根据文化进行管理

2. (2018年·单选题)家电制造商I公司于2015年并购了一家同类企业。I公司在保留被并购企业原有组织的同时,实行了新的绩效考核制度,结果遭到被并购企业大多数员工反对,本案例中I公司处理被并购企业战略稳定性与文化适应性关系时正确的做法是( )。

A. 以企业使命为基础

B. 加强协调作用

C. 根据文化的要求进行管理

D. 重新制定战略

3. (2016年·单选题)甲公司是一家成功的家电企业,多年来致力于为消费者提供整套家电解决方案。随着互联网技术的兴起,公司于2004年制定并实施了进军智能家居领域的战略,通过建立"家庭网络标准产业联盟",推出了一系列信息及多媒体共享的智能家居产品。同时,公司组织结构进行了重大改革,管理制度也做了相应调整,并与企业多年形成的文化保持了一致。根据战略稳定性与文化适应性矩阵的要求。甲公司在实施上述新战略时,应当( )。

A. 加强协同作用

B. 重新制定战略

C. 以企业使命为基础

D. 根据文化进行管理

【战略控制的过程】

(2016年·单选题) 2002年，小王在市区黄金位置开了一家咖啡店，由于经营有方，小店开业不到一个月就创造了销售佳绩。正在小王准备大干一场时，社会上一场流行性疾病袭来，小店经营陷入困境。小王采取各种措施试图挽救失败后，不得不关闭了咖啡店，根据战略失效理论，小王创业没达到预期目标属于(   )。

A. 前期失效　　　　B. 晚期失效

C. 正常失效　　　　D. 偶然失效

【战略控制的方法】

1. (2019年·单选题) 为高净值客户提供理财咨询服务的天元公司采用平衡计分卡衡量企业业绩，并把主要客户的收益率作为一项重要考核指标。该指标属于平衡计分卡的(   )。

   A. 财务角度

   B. 顾客角度

   C. 内部流程角度

   D. 创新与学习角度

2. (2019年·多选题) 美邦服装公司每年都采用投资回报率、销售利润率、资产周转率等比率指标对经营业绩进行评价，下列各项中，属于该公司采用的绩效评价指标局限性的有(   )。

   A. 鼓励短期行为

   B. 可比信息的可获得性较差

   C. 比率不可以用作目标

   D. 比率不是一成不变的

3. (2019年·多选题) 东亚建筑公司采用平衡计分卡衡量公司业绩，并选取了利润预期、工程进度完成率、市场份额、工程交付时间等作为绩效衡量标准。该公司选取的上述指标涵盖的平衡计分卡角度有(   )。

   A. 创新与学习角度

   B. 财务角度

   C. 顾客角度

   D. 内部流程角度

4. (2018年·多选题) 信达银行每年都依据实际业绩编制预算。2016年底信达银行在某地开设了一家分行，该分行2017年预算编制类型的优点有(   )。

   A. 能够促进更为有效的资源分配

   B. 系统相对容易操作和理解

   C. 能够应对环境的变化

   D. 容易实现协调预算

5. (2018年·多选题) 龙都钢铁公司每年都用投资报酬率、销售利润率、资产周转率对经营绩效进行评价。下列各项中，属于该公司采用上述绩效评价指标的主要原因有(   )。

   A. 能够控制无预算责任的员工

   B. 相对于实物数量或货币价值的绝对值，比率更易于理解

   C. 可以避免短期行为

   D. 比率可以用作目标

6. (2018年·多选题) 研发、生产治疗糖尿病药品的仁康公司采用平衡计分卡进行绩效管理。下列各项中，属于该公司的平衡计分卡内部流程角度包括的内容有(   )。

   A. 每个员工的收入

   B. 药品研发人员和生产技术人员的保留率

   C. 收益率

   D. 新药品占销售的比例

7. (2017年·多选题) 富友公司实行全面预算管理，每年年底都在深入分析每个部门的需求和成本的基础上，根据未来的需求编制预算。富友公司编制预算采用的方法的优点有(   )。

   A. 系统相对容易操作和理解

   B. 能够促进更为有效的资源配置

   C. 鼓励管理层寻找替代方法

   D. 容易实现协调预算

8. (2017年·多选题) 顺通公司是一家快递公司，2016年，顺通公司使用平衡计分卡衡量公司业绩，并选取了业务量增长率、交货时间、主要员工保留率、预期利润等指标作为业绩衡量指标。上述指标涵盖的角

度有( )。

A. 创新与学习角度

B. 顾客角度

C. 内部流程角度

D. 财务角度

9. (2016年·多选题)南汇公司全面成本管理，每年年底都以当年的实际业绩作为基础编制下一年的预算。南汇公司编制预算使用的方法的特征有( )。

A. 没有降低成本的动力

B. 不能拥有启发新观点动力

C. 能够促进更为有效的资源分配

D. 能够应对环境变化

10. (2016年·多选题)甲公司是一家不锈钢生产企业，为了提高企业竞争力，甲公司决定采用平衡计分卡衡量公司绩效，并选用销售增长率、预期利润、交货时间、顾客满意度作为衡量指标，甲公司选取的绩效衡量指标涵盖的角度有( )。

A. 财务角度　　　　B. 创新与学习角度

C. 内部流程角度　　D. 顾客角度

【战略管理中的权力与利益相关者】

1. (2019年·单选题)2015年，大型冶金企业金通公司为获得稳定的原料来源，向某稀土开采企业提出以20亿元人民币并购该企业的要求，遭到后者拒绝。后来双方经多次谈判，最终达成以部分股权互换的方式结为战略联盟的协议，金通公司在战略决策与实施过程中的行为模式属于( )。

A. 对抗　　　　　　B. 折中

C. 和解　　　　　　D. 规避

2. (2018年·单选题)专营化妆品销售的美肤公司取得某外商产品的独家经销权后发现，该外商把部分产品批发给另一家化妆品经销，于是向该外商提出抗议并威胁将诉讼法律，对方当即表示将杜绝同类事情发生并向美肤公司做出赔偿。美肤公司接受了对方的意见，在本案列中，美肤公司对待矛盾与冲突的行为方式是( )。

A. 和解　　　　　　B. 对抗

C. 协作　　　　　　D. 折中

3. (2018年·单选题)大型采掘设备制造商长河公司在某发达国家建立了一个生产和销售基地。面对当地陌生而复杂的法律环境，该公司的法律事务部门较之在国内拥有了更大的权力。它来源于( )。

A. 对资源的控制与交换的能力

B. 个人的素质和影响

C. 利益相关者集中或联合的程度

D. 在管理层次中的地位

4. (2018年·单选题)截至2016年秋，U国甲航空公司与M航空公司合并已有5年，但原甲公司和M公司机舱服务员的劳工合约人仍未统一。为此，原甲公司与M公司的机舱服务员在临近圣诞节期间。发起抗议行动，有效推动了该项问题的解决，本案例中原甲公司与M公司机舱服务员的权力来源于( )。

A. 在管理层次中的地位

B. 个人的素质和影响

C. 参与或影响企业战略决策与实施过程

D. 利益相关者集中或联合的程度

5. (2015年·单选题)鲍莫尔(Baumol W. J.)的"销售最大化"模型，描述了企业在追求利润最大化和销售额最大化之间的博弈过程。这一模型反映了( )。

A. 股东与经理人员的利益矛盾与均衡

B. 企业利益与社会效益的矛盾与均衡

C. 企业与外部利益相关者的矛盾与均衡

D. 企业员工与企业之间的利益矛盾与均衡

6. (2015年·单选题)某公司管理层拟将该公司旗下的两家子公司合并以实现业务重组，这两家子公司的大部分员工面临工作环境改变甚至下岗的风险。这些员工联合起来进行了坚决的抗争，致使公司管理层放弃了上述决定。公司管理层对待和处理这场冲突的策略是( )。

A. 规避　　　　　　B. 协作

C. 折中　　　　　　D. 和解

7. (2015 年·多选题)下列各项对权力与职权的概念的理解中，正确的有(　　)。
   A. 职权也是权力的一种类型
   B. 利益相关者内部的联合程度会影响其职权大小
   C. 榜样权和专家权是个人素质和影响的重要方面
   D. 权力只沿着企业的管理层次自上而下

【信息技术在战略管理中的作用】

1. (2019 年·单选题)瑞安保险公司依托医疗大数据智能化管理系统，将来自保险机构、医院和药房的诸如疾病发病率、治疗效果和医疗费用等方面的大数据及时进行"提纯"和整合，对潜在目标客户进行精细化管理，从而实现对健康保费的有效控制。本案例主要体现的大数据特征是(　　)。
   A. 大量性　　　　B. 多样性
   C. 价值性　　　　D. 高速性

2. (2018 年·单选题)经营电子商城业务的东方公司通过数据挖掘了解消费者的购买经历，对产品的评价，产品浏览和搜索行为，从而在掌握消费者真实需求的基础上有的放矢地向消费者推荐商品。据统计，该公司网站推荐的食品类、服装类和家电类商品的销售转化率分别高达 52%、55% 和 60%。在本案例中，东方公司运用信息技术实施了(　　)。
   A. 差异化战略　　B. 市场开发战略
   C. 多元化战略　　D. 集中化战略

3. (2018 年·单选题)国丰电力公司通过大数据分析发现了停电以后恢复供电时间的长短与客户满意度的高度相关性，并依据具体的数据调整了服务战略，提高了客户满意度，根据上述信息，公司运用大数据分析影响的战略转型的主要方面是(　　)。
   A. 营销管理
   B. 生产管理
   C. 市场调研与预测
   D. 成本管理

真题精练答案及解析

【纵向分工结构】

ACD 【解析】10 万元以下的开支，各个分店的店长就可以做主；普通的一线员工，拥有免单权，而且可以根据客人的需求，赠送水果盘。说明企业采用的是分权型结构，分权型结构包含更少的管理层次，因此管理成本得到降低。分权型结构的优点还包括：①减少了信息沟通的障碍；②提高了企业反应能力；③为决策提供了更多的信息并对员工产生了激励效应。

【横向分工结构】

1. C 【解析】工作成果标准化是指组织通过预先制定的工作成果标准，实现组织中各种活动的协调。"该公司按照出版社提供的文稿、图片和质量要求从事印刷、装订工作"采用的是工作成果标准化。选项 C 正确。

2. C 【解析】"及时调整内部资源和组织结构，发挥协同效果和整体优势，激发员工的创新精神和使命感，对社会需求作出灵活、快速的反应"体现了企业对内要及时调整，发挥创新精神、协同效果和整体优势；对外要灵活适应，快速行动。即共同价值观，选项 C 正确。

3. AB 【解析】根据资料可知，东昌公司采用的组织结构是区域事业部制组织结构。
   优点：
   (1)在企业与其客户的联系上，区域事业部制能实现更好更快的地区决策；
   (2)与一切皆由总部来运作相比，建立地区工厂或办事处会削减成本费用；
   (3)有利于海外经营企业应对各种环境变化。

缺点：

（1）管理成本的重复；

（2）难以处理跨区域的大客户的事务。

综上，选项 A、B 正确，C、D 属于区域事业部制结构缺点，因此错误。

4. D 【解析】提高工作效率，实现规模经济，属于职能制组织结构的优点。该公司应采取的组织结构是职能制组织结构。

5. A 【解析】该公司从事多种业务，拥有两家全资子公司，三家控股公司，是具有多个产品线的企业，适合采用 M 型组织结构。

6. B 【解析】技艺（知识）标准化，是指组织对其成员所应有的技艺、知识加以标准化。这种协调机制主要是依靠组织成员在任职以前就接受了必要的、标准化的训练，成为具有标准化知识和技能的人才。

7. B 【解析】矩阵制组织结构是为了处理非常复杂项目中的控制问题而设计的。这种结构在职能和产品或项目之间起到了联系的作用。这样，员工就拥有了两个直接上级，其中一名上级负责产品或服务，而另一名负责职能活动。

8. ACD 【解析】威能公司下设四个事业部，每个事业部拥有多个产品线，公司总部对各个事业部统一进行资源配置，可以判断公司采取的组织结构类型是 M 型组织结构。选项 B 属于职能制组织结构的特点。

9. D 【解析】相互适应，自行调整是一种自我控制方式。这种机制适合于最简单的组织结构。

【企业战略与组织结构】

1. A 【解析】防御型组织常采用竞争性定价或高质量产品等经济活动来阻止竞争对手进入它们的领域，保持自己的稳定。在行政管理上，行政管理是为了保证组织严格地控制效率。为解决这一问题，防御型组织常常采取"机械式"结构机制。本题中，为了巩固其竞争优势，华蓓公司运用竞争性定价阻止竞争对手进入其经营领域，并实施有利于保持高效率的"机械式"组织机制，所采取的组织的战略类型属于防御型战略组织。

2. D 【解析】分析型组织在定义开创性问题时，综合了防御型战略组织和开拓型战略组织这两种组织的特点，即在寻求新的产品和市场机会的同时，保持传统的产品和市场。甲公司在保留原有业务的同时寻找新的市场机会，开发出适合个人使用的运动健康补测仪并尝试性投放市场符合分析型战略组织。

【企业文化的类型】

C 【解析】角色导向型这类文化一般是围绕着限定的工作规章和程序建立起来的，理性和逻辑是这一文化的中心，分歧由规章和制度来解决，稳定和体面几乎被看成与能力同等重要。这类结构十分强调等级和地位，权利和特权是限定的。本题中，该公司"依靠严格的规章制度进行精细化管理，内部分级分明，决策权集中在上层，资历在员工晋升中发挥着重要作用"符合角色导向型文化的特点。

【战略稳定性与文化适应性】

1. A 【解析】"对原有业务进行了较大调整"说明各种组织要素的变化大，"这一变革得到企业固有文化的支持"说明文化的潜在一致性大，该公司在实施上述新战略时应以企业使命为基础。选项 A 正确。

2. C 【解析】保留被并购企业原有组织，说明各种组织要素的变化小，实行了新的绩效考核制度，结果遭到被并购企业大多数员工反对，说明文化的潜在一致性小，应当根据文化进行管理。

3. C 【解析】以企业使命为基础：企业实施一个新的战略时，重要的组织要素会发生很大变化。这些变化大多与企业目前的文化有潜在的一致性。所以本题选项 C 正确。

【战略控制的过程】

D 【解析】流行病疫情属于偶然因素，所以属于偶然失效。

【战略控制的方法】

1. A 【解析】主要客户的收益率是财务指标，属于平衡计分卡中的财务角度。选项A正确。

2. ABD 【解析】采用的是投资回报率、销售利润率、资产周转率等比率指标，比率评价具有的局限性包括：（1）可比信息的可获得性（较差）。（2）历史信息的使用。（3）比率不是一成不变的。（4）需要仔细解读。（5）被扭曲的结果。（6）鼓励短期行为。（7）忽略战略目标。（8）无法控制无预算责任的员工。选项ABD正确。

3. BCD 【解析】平衡计分卡包括：财务角度、顾客角度、内部流程角度和创新与学习角度。本题中，利润预期属于财务角度，工程进度完成率属于内部流程角度，市场份额属于顾客角度，工程交付时间属于顾客角度和内部流程角度。

4. AC 【解析】新开设的分行适合采用的预算编制类型是零基预算。零基预算的优点包括：①能够识别和去除不充分或者过时的行动；②能够促进更为有效的资源分配；③需要广泛的参与；④能够应对环境的变化；⑤鼓励管理层寻找替代方法。

5. BD 【解析】该公司使用比率来进行绩效评价，使用比率来进行绩效评价的主要原因有：①通过比较各个时期的相应比率可以很容易发现这些比率的变动。②相对于实物数量或货币价值的绝对数，比率更易于理解。③比率可以进行项目比较并有助于计量绩效。④比率可以用作目标。⑤比率提供了总结企业结果的途径，并在类似的企业之间进行比较。

6. AC 【解析】选项A属于内部流程角度，选项B属于创新与学习角度，选项C属于内部流程角度，选项D属于创新与学习角度。

7. BC 【解析】每年都要重新编制，所以富友公司采用的是零基预算。零基预算的优点包括：

①能够识别和去除不充分或者过时的行动；
②能够促进更为有效的资源分配；
③需要广泛的参与；
④能够应对环境的变化；
⑤鼓励管理层寻找替代方法。

8. ABCD 【解析】业务量增长率、预期利润体现了财务角度；交货时间体现了顾客角度和内部流程角度；主要员工保留率体现了创新与学习角度。

9. AB 【解析】根据题干描述可以判断南汇公司采用的是增量预算。而增量预算的缺点在于：①它假设经营活动以及工作方式都以相同的方式继续下去；②不能拥有启发新观点的动力；③没有降低成本的动力；④它鼓励将预算全部用光以便明年可以保持相同的预算；⑤它可能过期，并且不再和经营活动的层次或者执行工作的类型有关。

10. ACD 【解析】销售增长率和预期利润属于财务角度，交货时间属于顾客角度和内部流程角度，顾客满意度属于顾客角度。

【战略管理中的权力与利益相关者】

1. B 【解析】金通公司提出并购要求遭到拒绝，后来双方经多次谈判，最终达成以部分股权互换的方式结为战略联盟的协议，是中等程度的坚定性和中等程度的合作性行为的组合，属于折中。选项B正确。

2. B 【解析】发生冲突时，美肤公司向该外商提出抗议并威胁将诉诸法律，这表明美肤公司采取的坚定的维护自己的利益，并未退让，所以这是坚定行为和不合作的行为，属于对抗。

3. A 【解析】该公司面临当地陌生而复杂的法律环境，对法律部门掌握的关键资源比较依赖，选项A正确。

4. D 【解析】机舱服务员在临近圣诞节期间，发起抗议行动，有效推动了该项问题的解决。属于利益相关者集中或联合的程度。股东、经理、劳动者影响企业决策的实力与他们自身的联合程度有关。

5. A 【解析】投资者与经理人员的矛盾与均衡中的模型之一就是该题的鲍莫尔"销售最大化"模型,还有两个模型分别是马里斯的增长模型和威廉森的管理权限理论。

6. D 【解析】管理层采取的是放弃决定,是不坚定行为与合作行为的组合,即为和解,和解模式通常表现为默认和让步。

7. AC 【解析】利益相关者内部的联合程度会影响其权力的大小,而不是职权的大小,选项 B 的说法不正确。权力的影响在各个方面,而职权沿着企业的管理层次方向自上而下,选项 D 的说法不正确。

【信息技术在战略管理中的作用】

1. C 【解析】"瑞安保险公司依托医疗大数据智能化管理系统,将来自保险机构、医院和药房的诸如疾病发病率、治疗效果和医疗费用等方面的大数据及时进行'提纯'

和整合,对潜在目标客户进行精细化管理,从而实现对健康保费的有效控制",通过大数据技术完成数据的价值"提纯"、整合体现了大数据特征的价值性,选项 C 正确。

2. D 【解析】经营电子商城业务的东方公司通过数据挖掘了解消费者的购买经历,对产品的评价,产品浏览和搜索行为,从而在掌握消费者真实需求的基础上有的放矢地向消费者推荐商品。体现的是信息技术与集中化战略:借助类似数据挖掘这样的信息技术,企业可以利用产品销售和客户数据分析消费者的购买模式和偏好,从而更好地发现目标客户、服务于目标市场,并针对性地开展营销和市场竞争活动。

3. A 【解析】通过大数据分析发现停电以后恢复供电时间的长短与客户满意度高度相关,并据此调整了服务战略,提高了客户满意度。体现了营销管理方面。

同步训练 限时90分钟

一、单项选择题

1. W 集团是一家国际投资控股集团,旗下拥有多家子公司,子公司都具有独立的法人资格,自主性非常强。从横向分工组织结构看,适合 W 集团采用的组织结构是( )。
   A. H 型结构　　　 B. 职能制结构
   C. 事业部制　　　 D. M 型企业组织结构

2. 国外研究表明,在拥有 1000 名员工的公司里,管理层次为 4 个,即总经理、部门的经理、一线的管理人员以及基层的员工。泰兴公司是一个拥有 2000 余名员工的高科技企业,该企业拥有多达 12 个管理层次,据此判断泰兴公司的组织结构属于( )。
   A. 扁平型组织结构
   B. 高长型组织结构
   C. 矩阵制组织结构
   D. 职能制组织结构

3. 甲企业是美国一家航空公司,2009 年公司制定了进一步扩大企业规模,拓展美国国内航线和欧洲航线的三年战略。但 2010 年发生了火山爆发事件,导致该战略无法继续进行。根据以上信息可以判断,该公司战略失效属于( )。
   A. 早期失效　　　 B. 偶然失效
   C. 晚期失效　　　 D. 中期失效

4. D 公司是一家从手工作坊起家的企业,随着规模的扩大,公司的员工已经超过 1000人,但是公司只有总经理和部门经理两个层次的管理层。从纵向分工结构的角度,该公司的组织结构类型属于( )。
   A. 高长型组织结构
   B. 扁平型组织结构
   C. 职能制组织结构
   D. 创业制组织结构

5. UYK 是一家集团企业,其核心业务为批发高级品牌的休闲服及内衣，其他业务包括代理世界各地不同品牌的化妆品、手表和箱包。为了扩大规模，最近，UYK 购入了在国内拥有五家玩具连锁分店的 M 公司，并与 W 公司签订战略联盟协议参与酒店业务。为配合 UYK 公司的总体战略实施，UYK 公司适合采用的组织结构类型是（　　）。

A. 区域事业部制组织结构

B. 职能制组织结构

C. H 型企业组织结构

D. 战略业务单位组织结构

6. 甲集团负责人王某正在为决定对某事业部的管理人员张某授予多少权责而进行谋划，以便很好地控制企业创造价值的活动，甲集团的组织分工属于（　　）。

A. 集权分工　　　B. 分权分工

C. 横向分工　　　D. 纵向分工

7. 某银行的零售业务基本上是在消费者集团进行，包括信用卡、保险销售等业务，而私人银行被划归投资管理集团。这体现的是（　　）。

A. 区域事业部制结构

B. 矩阵制组织结构

C. 市场细分事业部制结构

D. 客户细分事业部制结构

8. 甲企业管理层由一名总经理和一名副总经理组成。公司所有重要的经营决策都由此二人共同商议决定。在日常经营中所有事务均向总经理汇报，并经其签字认可后才能执行。根据以上信息可以判断，该企业采取的组织结构类型属于（　　）。

A. 创业型组织结构

B. 职能制组织结构

C. 战略业务单位组织结构

D. 矩阵制组织结构

9. 企业在制定好自动生成流水线的标准后，工人在生产过程中便根据这个标准，进行生产和检验产品。一旦生产出现问题，管理人员便用这个标准来检查和调整。这体

现的是哪种基本协调机制（　　）。

A. 工作过程标准化

B. 技艺（知识）标准化

C. 共同价值观

D. 直接指挥，直接控制

10. 某大型玩具生产厂家，经营多种玩具产品，为了更好地经营和管理各产品的生产，企业以产品为基础设立若干产品部，后来企业的规模进一步扩大，企业总部又分别成立了营销部、财务部、人力资源部、生产部等职能部门，并由各职能部门委派人员到各产品部工作，该企业的组织结构类型为（　　）。

A. 职能制组织结构

B. 事业部制组织结构

C. 矩阵制组织结构

D. H 型结构

11. 甲公司是生产餐具的企业，采用标准化生产，向全世界的市场推销其产品，并在较有利的东南亚国家集中进行生产经营活动，由此形成经验曲线和规模经济效益，获得了高额利润，该企业采用的组织结构类型为（　　）。

A. 国际部结构

B. 全球区域分部结构

C. 全球产品分部结构

D. 跨国结构

12. 一家花店在某地区内拥有数家分店，由创办人一人负责管理。每家分店的数名店员都由他亲自聘用，帮忙打理日常店务。这种组织结构属于（　　）。

A. 创业型组织结构

B. 职能制组织结构

C. 事业部制组织结构

D. 战略业务单位组织结构

13. 甲集团目前的主要产业处于该产业增长阶段的后期，竞争更加激烈，为了减少竞争的压力，甲集团决定采用纵向一体化战略，并购部分原材料供应商，从而拥有一部分原材料的生产能力。下列选

项中，甲集团适用的组织结构是( )。

A. 简单的结构或形式

B. 职能制组织结构

C. 事业部制组织结构

D. 战略业务单位结构

14. 甲集团长期以来追求一种稳定的环境，试图通过创造一个稳定的经营领域，生产有限的一组产品，占领整个潜在市场的一小部分，并采用竞争性定价或高质量产品等经济活动来阻止竞争对手进入它们的领域，保持自己的稳定。甲集团采用的组织战略类型是( )。

A. 防御型战略组织

B. 开拓型战略组织

C. 分析型战略组织

D. 反应型战略组织

15. 甲公司是一家工程咨询协会，主要职责是承担工程行业咨询管理工作；组织研究有关促进经济建设和工程项目的技术；组织交流和推广先进的工程咨询经验和管理经验，评选和表彰在工程咨询中突出的单位和个人，举办有关技术、经济和工程咨询业务的专题讲座、培训班、研讨会；推进工程咨询信息网的建设。甲公司存在的目的主要是为其成员的需要服务，企业是其员工的下属，企业的生存也依赖于员工。从企业文化类型的角度看，下列说法正确的是( )。

A. 甲公司适合采用角色导向型企业文化

B. 这类文化具有很强的适应性，个人能高度控制自己分内的工作

C. 这类文化的企业为其专业人员提供他们自己不能为自己提供的服务，职权往往是多余的

D. 这类企业中的掌权人试图对下属保持绝对控制，企业组织结构往往是传统框架

16. 集新企业是一家高科技企业，企业的主导思想是实现目标，并且企业强调速度和灵活性，下列关于该类企业的说法正确的是( )。

A. 该企业文化属于权力导向型

B. 该企业的文化具有稳定性、持续性的优点

C. 无连续性是这类企业的一个特征

D. 该类企业的职权往往是多余的

17. 丰乐是一家餐饮企业，老董事长直接任命他的儿子继续掌管企业的所有事情，因为他的儿子大学出国学习的就是餐饮管理。为了保住自己在企业的地位，其他管理人员对新任总经理绝对服从，中层人士也是敢怒不敢言。根据以上信息可以判断，该公司企业文化的类型是( )。

A. 人员导向型　　B. 权力导向型

C. 角色导向型　　D. 任务导向型

18. A 公司所在的生产部门正在进行业绩考核，从关键性业绩指标角度考虑，下列指标中符合该生产部门考核指标的是( )。

A. 市场份额　　B. 服务水平

C. 投诉率　　　D. 利用能力

19. M 是一家国有企业，被称为官僚机构，该企业文化十分重视合法性、忠诚和责任，则该企业文化类型属于( )。

A. 权力导向型　　B. 任务导向型

C. 角色导向型　　D. 人员导向型

20. 甲企业是一家处于成长期的健身公司，地处高校密集的大学城。公司实行会员制，顾客主要通过电话和网络预约方式来门店进行健身。甲企业决定采用平衡计分卡进行绩效管理，从顾客的角度考虑，其平衡计分卡的内容包括( )。

A. 顾客订单的增加

B. 顾客续卡率

C. 健身器材的维护

D. 主要员工保留率

21. 甲公司是一家日化用品企业，企业将所有产品按照洗涤、个人护理、清洁用品进行分类，并设置不同的部门负责这些类别的产品，甲公司采用的组织结构类

型为(　　)。

A. 产品事业部制组织结构

B. 职能制组织结构

C. 战略业务单位组织结构

D. H 型组织结构

22. 企业内部有很多管理层次，每个层次上管理人员的控制幅度较窄。从纵向分工的角度考虑，该种结构的基本类型是(　　)。

A. 扁平型组织结构

B. 高长型组织结构

C. 分工

D. 整合

23. 甲公司在 2006 年制定了未来五年的发展战略，其中一个重点就是要以出口的形式扩大海外市场。但意想不到的是 2007 年发生了世界范围内的经济危机，造成出口订单锐减，公司不得不修改原来制定的出口战略，转向国内市场。从战略失效的角度看，这属于(　　)。

A. 早期失效　　　B. 偶然失效

C. 晚期失效　　　D. 特定失效

24. 美国的世界性连锁零售企业 W 公司通过和供货商之间构筑有效的自动补货系统，使供货商能够对其所供应的各类货物在门店的库存、销售情况了如指掌，从而自动跟踪补充各门店的货源。由于可以快速补充库存，W 公司无需在仓库中保存大量库存，供货商承担了部分管理零售库存的任务，使 W 公司可以降低库存成本。其他职能领域同样如此，较低的运营成本使得 W 公司能够以比其他商店更低的价格销售商品。W 公司运用信息技术实施的战略是(　　)。

A. 成本领先战略

B. 差异化战略

C. 集中化战略

D. 集中差异化战略

25. 甲公司是一家家具销售公司，公司一直以来都非常重视客户。随着公司的不断

发展壮大，公司准备开发一套平衡计分卡用于业绩评价，为此需要考虑一些与客户有关的领先指标。下列各项中不属于领先指标的是(　　)。

A. 企业形象　　　B. 客户关系

C. 价格　　　　　D. 客户满意度

26. 下列关于信息技术与企业价值链网的说法中，错误的是(　　)。

A. 信息技术对价值链的基本活动和支持活动都可以提供支持

B. 信息技术能够帮助企业全面渗透到企业价值链的各主要环节，有效降低成本，提升客户价值，赢得竞争优势

C. 价值网络强调以自我为中心，将存在密切联系的企业整合在一起

D. 信息技术在企业生态系统建立与运作中扮演着强有力的角色

二、多项选择题

1. 甲企业是一家处于成长期的公司，该公司决定采用平衡计分卡来预测下一年度的绩效。在进行具体计量时，考虑的指标包括预期利润、主要顾客的收益率、市场份额、新客户开发率、工程进度完成率、在新工作中与顾客相处的时间等。从计量指标看，该公司利用平衡计分卡所考虑的非财务方面包括(　　)。

A. 内部流程角度　　B. 财务角度

C. 顾客角度　　　　D. 创新与学习角度

2. 甲公司经过多年的苦心经营，先是通过内部发展，在钢铁行业占据了较强的位置。后来又通过并购的方式进军了金融、教育、酒店经营等多个行业，企业规模也不断攀升。根据以上信息可以判断，下列组织结构适用于该企业的有(　　)。

A. 职能制组织结构

B. 事业部制组织结构

C. 战略业务单位组织结构

D. 创业型组织结构

3. 最近几年我国经济快速发展，华威集团在这段时期不断进行合理的战略调整，但是

企业高层发现华威集团组织结构的变化常常慢于战略的变化速度，造成这种现象的原因可能有（ ）。

A. 新、旧结构交替有一定的时间过程

B. 战略制定不科学

C. 管理人员的抵制

D. 战略制定过于频繁

4. 诗亚尔集团公司创建于 20 世纪七十年代末，经过 40 多年的发展，逐步建立了以纺织、服装、房地产、国际贸易为主体的多元化并进、专业化发展的经营格局。为配合企业的多元化发展，该集团可以采用的组织结构类型有（ ）。

A. 职能制组织结构

B. 战略业务单位组织结构

C. 矩阵制组织结构

D. 创业型组织结构

5. F 书店在某地区内拥有数家分店，由创办人一人负责管理。每家分店的数名店员都由他亲自聘用，帮忙打理日常事务。则该书店的横向组织结构的特点包括（ ）。

A. 是多数小型企业的标准组织结构模式

B. 管理者对若干下属实施直接控制

C. 中心人员还负责所有重要的经营决策

D. 弹性较大并缺乏专业分工

6. 甲公司是一家证券公司，成立了十多年，一直以来传统的经纪业务在本地市场占据较大的市场份额，近年来，通过金融产品创新，陆续开通了融资融券、金融产品代销、资产管理、期权、IB 业务，在保持传统优势的情况下，不断完善产品服务体系，从组织的战略类型看，下列关于甲公司适合的组织战略类型说法正确的有（ ）。

A. 甲公司适合采用开拓型的组织战略类型

B. 这种组织需要在保持技术的灵活性与稳定性之间进行平衡

C. 这种稳定性与灵活性并存的状态，在一定程度上会限制组织的应变能力

D. 这种结构能够同时兼顾效能和效率

7. 甲公司是上海一家集团企业，其核心业务为批发外国高级品牌的休闲服及内衣。其他业务包括代理世界各地不同品牌的化妆品、手表和鞋。最近，甲公司购入了在国内拥有五家玩具连锁分店的乙公司，并与丙公司签订战略联盟协议参与餐饮业务。为配合甲公司的总体战略实施，甲公司可以选择的组织结构类型有（ ）。

A. 产品/品牌事业部制组织结构

B. 职能制组织结构

C. M 型企业组织结构

D. 创业型组织结构

8. M 公司准备开发一套平衡计分卡用于业绩评价，由于公司一直非常重视客户，需要从客户的角度考虑一些指标。下列各项中属于最典型的客户角度的有（ ）。

A. 定义目标市场

B. 优化售后服务

C. 扩大销售渠道

D. 扩大关键细分市场的市场份额

9. 甲公司管理层面对的企业环境是一个复杂多变的环境。在下列选项中，容易导致该公司战略失效的有（ ）。

A. 企业内部信息沟通渠道畅通

B. 员工对企业战略目标认同度不高

C. 外部环境处于稳定状态

D. 管理团队技能不足

10. 乙公司是一家集科、工、贸于一体的综合性国有工程承包公司。长期以来，公司存在着信息孤岛、信息披露不及时、集团监管乏力等方面的诸多问题。为实现整个集团企业效益目标，事中事后的及时控制与调整，该公司可以采用的控制方法有（ ）。

A. 零基预算　　　B. 增量预算

C. 活动预算　　　D. 责任预算

11. 甲企业在处理战略与文化的关系时，遇到了极大的挑战，甲企业首先要考察是否有必要推行这个新战略。为了处理这

种重大的变革，甲企业需要采取管理行动的方面主要有（　　）。

A. 企业的高层管理人员要痛下决心进行变革，并向全体员工讲明变革的意义

B. 为了形成新的文化，企业要招聘或从内部提拔一批与新文化相符的人员

C. 改变奖励结构，将奖励的重点放在具有新文化意识的事业部或个人的身上，促进企业文化的转变

D. 设法让管理人员和员工明确新文化所需要的行为，形成一定的规范，保证新战略的顺利实施

12. 甲公司是一家生产电灯的民营企业，2007年公司为未来 5 年的发展目标制定了与当时的实际情况相符合的战略。然而，在2010 年由于种种原因，使得该战略无法继续下去。其中可能的原因包括（　　）。

A. 用人不当，主管人员、作业人员玩忽职守

B. 2008 年的金融危机，导致该公司无法适应突如其来的外部环境

C. 该公司出现资金缺口，但可以通过银行贷款解决

D. 公司与员工的利益之间存在严重矛盾，企业成员之间缺乏共事的愿望

13. 下列几种控制技术中，属于大多数企业运用的控制技术组合的有（　　）。

A. 市场控制　　　B. 官僚控制

C. 团体控制　　　D. 个人控制

14. 下列关于开拓型战略组织的说法中，正确的有（　　）。

A. 在寻求新的产品和市场机会的同时，保持传统的产品和市场

B. 技术具有很大的灵活性

C. 行政管理具有很大的灵活性，采用"有机的"机制

D. 在工程技术问题上，采用多种技术，以发挥总体的最高效率

15. 下列关于防御型战略组织的说法，正确的有（　　）。

A. 比较适合稳定的环境

B. 技术效率是组织成功的关键

C. 其工程技术问题就是如何避免长期陷于单一的技术过程

D. 常采用竞争性定价或高质量产品等经济活动来阻止竞争对手进入它们的领域

16. 丁公司是一家民营单位，准备对 2020 年度的业绩情况做新的预算，但是该公司的专业人员为了工作上的方便，在编制预算时，使用以前期间的预算为基础来编制，在此基础上增加相应的内容，于是完成了 2020 年的业绩预算。对于这样的预算方法，其存在的主要缺点包括（　　）。

A. 不能拥有启发新观点的动力

B. 没有降低成本的动力

C. 强调短期利益而忽视长期目标

D. 是一个复杂的、耗费时间的过程

17. 下列关于组织结构类型的说法中，正确的有（　　）。

A. 创业型组织结构通常应用于小型企业

B. 职能制组织结构被大多数人认为是组织结构的典型模式

C. 事业部制组织结构可按照产品、服务、市场和地区为依据进行划分

D. H 型组织结构中，员工通常拥有两个直接上级

18. 下列关于公司组织结构表述错误的有（　　）。

A. 高长型组织结构管理层次较多

B. 产品线数量有限且关系较为密切的企业更适于采用分权型结构

C. 矩阵制结构在企业的成长方面更为灵活

D. 高长型结构更能调动管理人员的积极性

19. 下列关于防御型战略组织和开拓型战略组织的表述中，正确的有（　　）。

A. 防御型组织适合于较为稳定的产业

B. 开拓型组织追求一种更为动态的环境

C. 防御型组织常采用竞争性定价或高质量产品等经济活动来阻止竞争对手进入它们的领域，保持自己的稳定

D. 开拓型组织常常采取"机械式"结构机制

20. 职能制组织结构被大多数人认为是组织结构的典型模式。下列各项内容中，属于职能制组织结构优点的有( )。

A. 能够通过集中单一部门内所有某一类型的活动来实现规模经济

B. 有利于培养职能专家

C. 由于任务为常规和重复性任务，因而工作效率得到提高

D. 董事会便于监控各个部门

21. 下列关于信息技术对企业价值链的支持作用的说法正确的有( )。

A. 信息技术对价值链中的基本活动不起作用，因为信息系统属于支持活动范畴

B. 信息技术对价值链支持活动的支持，可以通过计算机辅助设计系统来实现

C. 有效利用信息技术能够帮助企业降低成本

D. 人力资源管理系统可以起到提升人力资源效能的作用

22. 下列关于统计分析报告的说法中，正确的有( )。

A. 统计分析的结果可以通过表格式、图形式和文章式等多种形式表现出来

B. 文章式的统计分析报告是全部表现形式中最完善的一种

C. 统计分析报告是以统计数据为主体

D. 统计分析报告是以科学的指标体系来进行分析研究说明

23. 信息技术与企业组织结构的关系已经越来越紧密。下列各项关于信息技术对组织结构变革影响的表述中，正确的有( )。

A. 信息技术增加组织层次，扩大控制跨度

B. 信息技术支持虚拟组织，不支持团队结构

C. 信息技术在业务流程重组中发挥着重要

D. 信息技术有助于企业组织的规范化

24. 甲公司采用平衡计分卡进行业绩衡量，则下列指标中属于从财务角度考虑的有( )。

A. 主要顾客的收益率

B. 利润预期

C. 市场份额

D. 新产品占销售的比例

25. 下列关于平衡计分卡特点的说法中，正确的有( )。

A. 平衡计分卡为企业战略管理提供强有力的支持

B. 平衡计分卡可以提高企业整体效益

C. 平衡计分卡可提高企业激励作用，扩大员工的参与意识

D. 平衡计分卡可以使企业信息负担降到最少

26. 下列属于大数据时代企业战略转型面临的困难有( )。

A. 数据容量问题

B. 数据来源问题

C. 数据安全问题

D. 数据分析与处理问题

三、简答题

1. 君豪是 C 国一家经济型酒店。随着市场竞争的日益激烈，该酒店客户收入不断下降、餐饮收入入不敷出，员工对酒店的绩效考核体系强烈不满。

君豪酒店目前的考核指标以财务指标为唯一考核依据，采用相互打分的方式，绩效考核仅仅实现了考核功能，但是员工并不清楚自己的工作对酒店的贡献。公司对员工所关注的高绩效回报没有客观的评价标准，绩效考核流于形式。据此君豪对发展战略进行了梳理，并根据平衡计分卡的四个维度，提取了下一年度酒店的关键绩效指标。

（1）提高酒店的净资产收益率，使之达到 1.8%。

（2）提高健康和安全系数，卫生清洁达标率为 100%，各系统设施设备维修及时率达 100%。

（3）客人投诉率下降 3%。

（4）增强酒店员工的企业意识，建立以绩效为导向的企业文化。

（5）完善各部门、各岗位工作标准化流程。

（6）经营成本得到有效控制，费用节省率达到 10%。

（7）引进本土国际化人才，走特色化、专业化的道路。

（8）强化品牌认知度，保持品牌忠诚度。

要求：

（1）根据平衡计分卡业绩衡量方法，对关键绩效指标进行分类。

（2）简要分析平衡计分卡业绩计量方法的作用。

2. 幸福寿司店是一家处于成长期的公司，其主要通过电话或网络订购的方式销售日本生鱼片和寿司。公司产品销售状况良好，净利水平已经达到了历史最高，但是通过分析发现，公司的利润还有上升的空间，原因是目前的费用支出非常高，还有节省的空间。针对每年居高不下的费用支出，公司决策层决定在全公司各个部门实行预算管理。要求每个部门在考虑未来实际支出需要的基础上重新编制本部门的预算，并在年底时对预算执行情况进行考核，考核结果与部门领导和员工的报酬直接挂钩。

通过这种方式，公司绩效得到了明显改善。为了进一步激励管理层，公司决定采用平衡计分卡来计量以后年度的绩效。并要求从时间及时性、寿司等产品质量、种类可选性、微笑服务、搞好与客户的关系，以及干净整洁的门面等方面，树立好公司形象，从这些角度提高客户满意度。

要求：

（1）该公司采取的是哪种预算编制方法？

（2）该种预算编制方法有什么优缺点？

（3）简述平衡计分卡的四个角度，并说明它的关键驱动指标（最少说明两个）。

（4）说明公司在提高客户满意度方面所做的属于何种指标，并简述还可以从哪些角度和指标改进？

3. 甲仪器公司是美国一家大型电子工业公司，多年来一直实行生产部门和职能部门共同管理的管理模式。公司实行的这套管理体制曾发挥过重要的作用，取得了极为良好的效果，使这个总部设在德州达拉斯的仪器公司发展成为世界上最大的半导体制造商，每年的销售额超过 30 亿美元。公司的发展计划重点强调技术改革，提高产品质量和扩大生产。公司大量投资于研究与发展，并极为注意降低生产成本。因此，公司迅速发展，产品的市场份额不断扩大。

在 70 年代初期，该公司采用了三角形发展战略：一是继续发展半导体集成电路，供给本身需要和市场的需要；二是发展商用电子计算机和电子玩具；三是研制小型电子计算机系统产品。这种战略在 70 年代期间取得了很大的成功。

然而，到了 1981 年，公司的利润大幅度地下降。公司领导开始意识到必须对生产系统进行一次彻底的检查和调整，首先涉及的就是对组织结构设置进行改革。

在原有组织结构内，由原来传统的职能部门——工程技术部门、设计部门、生产部门和财务部门形成一个生产半导体薄片的统一系统。同时又设立多个跨这些职能部门的产品/顾客中心（Product - Customer Centers）；每个产品/顾客中心自行负责对每种新产品的设计、生产和推销。

为了促进生产力的发展，公司授权各中心的经理，要求他们各自对其盈亏负责，但是，各中心的经理却无权指挥各职能部门。据说，这样做不是靠权威的指挥，而是通过说服工作，可以使职能部门的经理们更集中于研制可盈利的产品。

然而，就是这样的组织安排带来了许许多多的问题。例如，产品/顾客中心研制的一种计数手表需要一种新型的半导体薄片，希望职能部门提供。但是，有关的职能部门只从其本身需要考虑，感到其本身不需要这种半导体薄片，因而拒绝中心的要求，不愿与中心协作。这样就导致产品/顾客中心的计数手表的生产无法进行。在进行组织体制的改革中，公司仍旧保持其现有组织结构。但是，为了使产品/顾客中心能与职能部门平起平坐，拥有同等的权力，他们砍掉了一些较小的产品/顾客中心，只保留了一些大的产品/顾客中心。同时设法使职能部门和产品/顾客中心之间的活动更为协调，更为统一，这样，管理就会更有条理。

但是，随着企业的发展，这样的改革也带来了两方面的问题：(1)组织结构的改变必然带来组织气氛的改变。一个职工曾对其组织气氛进行这样的描述：职工对其上司感到可怕。经理们定的目标太高，而职工根本就不敢提意见，如果职工对上司有些不同意见的话，轻则被经理批评、嘲弄一番，说你工作不努力，重则认为你犯了一个严重的错误。这样，职工只好默不作声，或只好遵照上司的意图行事，隐瞒了各自的实情。(2)这种改革涉及公司的集权问题。公司不断发展，组织规模不断扩大，但是，公司仍要维持其权威性的统一指挥领导。在这种情况下，中下级管理人员的权力就很小，而绝大多数重要的决策都由上级制定，然后再一级一级地往下传达。

要求：

(1)甲仪器公司采用的横向组织结构类型是哪种？并说明该组织结构的缺点？

(2)该公司原有的组织结构为什么会失败？

(3)该公司采取的是集权型，这对企业有何影响？并说明集权型本身的优缺点？

同步训练答案及解析

一、单项选择题

1. A 【解析】当企业不断发展时，可能会实施多元化的战略，业务领域涉及多个方面，甚至上升到全球化竞争层面上，这时企业就会成立控股企业。其下属子企业具有独立的法人资格。区别控股企业与其他企业类型的一个关键特点就是其业务单元的自主性，尤其是业务单元对战略决策的自主性。所以选项A正确。

2. B 【解析】本题考核纵向分工结构。在纵向分工中，基本有两种形式：一是高长型组织结构；二是扁平型组织结构，泰兴公司的管理层次多于平均管理层次，因此，属于高长型组织结构。

3. B 【解析】在战略实施过程中，偶然会因为一些意想不到的因素导致战略失效，这就是偶然失效。

4. B 【解析】纵向分工结构的基本类型包括高长型组织结构和扁平型组织结构。一般情况下，拥有3000名员工的企业平均的管理层次一般为7个层次，如果为8个管理层次，则为高长型结构。该公司员工已经超过1000人，管理层只有两个，所以属于扁平型组织结构。

5. D 【解析】本题考核战略业务单位组织结构。根据资料，UYK公司属于规模较大的多元化经营的企业，所以适合采用的组织结构类型是战略业务单位组织结构。

6. D 【解析】企业高层管理人员必须在如何分配组织的决策权上做出选择，以便很好地控制企业创造价值的活动。这种选择就是纵向分工的选择。例如，企业高层管理人员必须决定对事业部的管理人员授予多少权责。所以，选项 D 是答案。

7. C 【解析】客户事业部制结构通常与销售部门和销售工作相关，批销企业或分包企业也可能采用这种结构，在这些企业中由管理者负责联系主要客户。另一种方式是，将不同类型的市场按照客户进行划分，比如企业客户、零售客户或个人客户等，本题是按照消费者进行的市场细分事业部制结构。

8. A 【解析】创业型组织结构强调企业的所有者或管理者对若干下属实施直接控制，并由其下属执行一系列工作任务。企业的战略计划(若有)由中心人员完成，该中心人员还负责所有重要的经营决策。

9. A 【解析】工作过程标准化，是指组织通过预先制定标准，来协调生产经营活动。在生产之前，企业向职工明确工作的内容，或对工作制定出操作规程及其规章制度，然后要求工作过程中所有活动能够都要按照这些标准进行。例如，企业在制定好自动生成流水线的标准后，工人在生产过程中便根据这个标准，进行生产和检验产品。一旦生产出现问题，管理人员便用这个标准来检查和调整。

10. C 【解析】矩阵制组织结构是为了处理非常复杂项目中的控制问题而设计的，这种结构在职能和产品或项目之间起到了联系的作用，员工拥有两名直接上级，其中一名负责产品或服务，另一名负责职能活动，该玩具制造企业按照产品种类划分部门的同时又成立了不同的职能部门，因此属于矩阵制组织结构。

11. C 【解析】全球化战略是向全世界的市场推销标准化的产品和服务，并在较有利的国家中集中地进行生产经营活动，由此形成经验曲线和规模经济效益，以获得高额利润。采用这种类型的企业往往采用"全球产品分部结构"。

12. A 【解析】本题考核横向分工结构。创

业型组织结构是多数小型企业的标准组织结构模式。采用这种结构时，企业的所有者或管理者对若干下属实施直接控制，并由其下属执行一系列工作任务。本案例的组织结构应属于创业型组织结构。

13. C 【解析】在产业增长阶段后期，竞争更加激烈，为了减少竞争的压力，企业需要拥有一部分原材料的生产能力，或拥有销售产品的渠道。在这种情况下，组织应运用事业部结构或矩阵结构。

14. A 【解析】防御型组织主要是要追求一种稳定的环境，试图通过解决开创性问题来达到自己的稳定性。从防御型组织的角度来看，所谓开创性问题就是要创造一个稳定的经营领域，占领一部分产品市场，即生产有限的一组产品，占领整个潜在市场的一小部分。在这个有限的市场中，防御型组织常采用竞争性定价或高质量产品等经济活动来阻止竞争对手进入它们的领域，保持自己的稳定。所以，选项 A 是答案。

15. C 【解析】甲公司是一家工程咨询协会，其存在的目的主要是为其成员的需要服务，企业是其员工的下属，企业的生存也依赖于员工，可以判断采用的是人员导向型的企业文化，选项 A 错误；任务导向型具有很强的适应性，个人能高度控制自己分内的工作，选项 B 错误；权力导向型企业中的掌权人试图对下属保持绝对控制，企业组织结构往往是传统框架，选项 D 错误；选项 C 是人员导向型的特点，因此选项 C 正确。

16. C 【解析】根据题目条件判断企业文化属于任务导向型，这类企业采用的组织结构往往是矩阵式的，为了对付某一特定问题，企业可以从其他部门暂时抽调人力和其他资源，而一旦问题解决，人员将转向其他任务。所以无连续性是这类企业的一个特征。所以选项 C 正确。

17. B 【解析】权力导向型企业中的掌权人试图对下属保持绝对控制，企业组织结构往往是传统框架。企业的决策可以很快地作出，但其质量在很大程度上取决于企业经理人员的能力。企业的变革主要由企业中心权力来决定。选项B正确。

18. D 【解析】生产活动的关键业绩指标有：利用能力、质量标准。所以，选项D正确。

19. C 【解析】角色导向型企业尽可能追求理性和秩序。角色文化十分重视合法性、忠诚和责任。这类文化一般是围绕着限定的工作规章和程序建立起来的，理性和逻辑是这一文化的中心，分歧由规章和制度来解决，稳定和体面几乎被看成与能力同等重要。但是，这类企业的权力仍在上层，这类结构十分强调等级和地位，权利和特权是限定的，大家必须遵守。这种企业被称作官僚机构，此类文化最常见于国有企业和公务员机构。

20. B 【解析】选项A属于财务角度；选项B属于顾客角度中的客户保留率；选项C属于内部流程角度；选项D属于创新与学习角度。

21. A 【解析】产品型事业部制结构适用于具有若干产品线的企业。产品事业部制结构是以企业产品的种类为基础设立若干产品部，而不是以职能或以区域为基础进行划分。

22. B 【解析】高长型组织结构是指具有一定规模的企业的内部有很多管理层次。在每个层次上，管理人员的控制幅度较窄。

23. B 【解析】本题考核战略失效的类型的相关内容。按照在战略实施过程中出现的时间顺序，战略失效可分为早期失效、偶然失效和晚期失效三种类型。在战略实施过程中，偶然会因为一些意想不到的因素导致战略失效，这就是偶然失效。该公司制定的出口战略就是由于意想不

到的经济危机影响而失效，因此正确答案为选项B。

24. A 【解析】本题主要考核信息技术与竞争战略。信息技术与成本领先战略：信息技术在企业中的应用可以帮助企业在生产、工程、设计、服务等环节有效降低成本，甚至达到行业中最低的运营成本。

25. D 【解析】领先指标包括时间、质量、价格、可选性、客户关系和企业形象；选项D属于滞后指标。

26. C 【解析】价值网络强调"以顾客为中心"，在专业化分工的生产服务模式下，把处于"价值链"上不同位置并存在密切关联的企业或者相关利益体整合在一起，建立一个以顾客为核心的价值创造体系，共同为顾客创造价值。选项C错误。

二、多项选择题

1. AC 【解析】预期利润、主要顾客的收益率属于财务角度指标；市场份额、新客户开发率属于顾客角度指标；工程进度完成率、在新工作中与顾客相处的时间属于内部流程角度指标，由于题干要求选择非财务方面，所以选项AC正确。

2. BC 【解析】根据题干信息可以判断，该企业同时经营钢铁、金融、教育、酒店等产业，属于多元化的企业，因此合适的组织结构可能包括事业部制组织结构和战略业务单位组织结构。

3. AC 【解析】本题考核结构滞后性的有关知识点。企业组织结构的变化常常慢于战略的变化速度。特别是在经济快速发展时期里更是如此。造成这种现象的原因有两种：一是新、旧结构交替有一定的时间过程。二是管理人员的抵制。由于是为了适应经济快速发展而进行的合理战略调整，所以，选项B、D的说法错误。

4. BC 【解析】诗亚尔集团公司多元化发展，可以采用战略业务单位组织结构和矩阵制组织结构。创业型组织结构一般来说适合

于小型企业，职能制组织结构适合于单一业务企业。

5. ABC 【解析】F书店采用的横向组织结构属于创业型组织结构。创业型组织结构是多数小型企业的标准组织结构模式。采用这种结构时，企业的所有者或管理者对若干下属实施直接控制，并由其下属执行一系列工作任务。企业的战略计划(若有)由中心人员完成，该中心人员还负责所有重要的经营决策。这一结构类型的弹性较小并缺乏专业分工，其成功主要依赖于该中心人员的个人能力。这种简单结构通常应用于小型企业。

6. BC 【解析】甲公司在寻求新的产品和市场机会的同时，保持传统的产品和市场，适合采用分析型战略组织，选项A不正确；这种组织需要在保持技术的灵活性与稳定性之间进行平衡，选项B正确；这种稳定性与灵活性并存的状态，在一定程度上会限制组织的应变能力，选项C正确；如果分析型组织不能保持战略与结构关系的必要平衡，它最大的危险就是既无效能又无效率，选项D不正确。

7. AC 【解析】该公司涉及多个业务，会有多个产品线，可以采用事业部制组织结构。包括区域事业部制结构、产品/品牌事业部制结构、客户细分或市场细分事业部制结构和M型企业组织结构(多部门结构)。

8. AD 【解析】企业的平衡计分卡最典型的客户角度通常包括：定义目标市场和扩大关键细分市场的市场份额。

9. BD 【解析】导致战略失效的原因有很多，主要有以下几点：(1)企业内部缺乏沟通，企业战略未能成为全体员工的共同行动目标，企业成员之间缺乏协作共事的愿望；(2)战略实施过程中各种信息的传递和反馈受阻；(3)战略实施所需的资源条件与现实存在的资源条件之间出现较大缺口；(4)用人不当，主管人员、作业人员不称

职或玩忽职守；(5)公司管理者决策错误，使战略目标本身存在严重缺陷或错误；(6)企业外部环境出现了较大变化，而现有战略一时难以适应等。

10. AB 【解析】乙公司在经营中存在诸多问题，为实现相关控制目的，该公司可以采用预算的形式进行控制。编制预算最常用的方法有增量预算和零基预算。

11. ABCD 【解析】企业在处理战略与文化的关系时，遇到了极大的挑战，企业首先要考察是否有必要推行这个新战略。为了处理这种重大的变革，企业需要从四个方面采取管理行动：(1)企业的高层管理人员要痛下决心进行变革，并向全体员工讲明变革的意义；(2)为了形成新的文化，企业要招聘或从内部提拔一批与新文化相符的人员；(3)三是改变奖励结构，将奖励的重点放在具有新文化意识的事业部或个人的身上，促进企业文化的转变；(4)设法让管理人员和员工明确新文化所需要的行为，形成一定的规范，保证新战略的顺利实施。

12. ABD 【解析】战略失效的原因包括：(1)企业内部缺乏沟通，企业战略未能成为全体员工的共同行动目标，企业成员之间缺乏协作共事的愿望；选项D正确。(2)战略实施过程中各种信息的传递和反馈受阻。(3)战略实施所需的资源条件与现实存在的资源条件之间出现较大缺口；(4)用人不当，主管人员、作业人员不称职或玩忽职守；选项A正确。(5)公司管理者决策错误，使战略目标本身存在严重缺陷或错误。(6)企业外部环境出现了较大变化，而现有战略一时难以适应等。选项B正确。

13. ABC 【解析】本题考核文化与绩效。大多数企业运用市场控制、官僚控制、团体控制三种控制技术的组合。

14. BC 【解析】在开拓型组织里，开创性问题是为了寻求和开发产品与市场机会，

选项 A 是分析型战略组织的特点，选项 A 不正确；开拓型组织在技术上和行政管理方面都具有很大的灵活性，采用"有机的"机制，选项 BC 正确；在工程技术问题上，该组织由于存在多种技术，很难发挥总体的效率，选项 D 不正确。

15. ABD 【解析】防御型组织主要是要追求一种稳定的环境，选项 A 说法正确；防御型组织要开辟的是一种可以预见的经久不衰的市场，因此，技术效率是组织成功的关键，选项 B 说法正确；防御型组织常采用竞争性定价或高质量产品等经济活动来阻止竞争对手进入它们的领域，保持自己的稳定，选项 D 说法正确；选项 C 是对开拓型战略组织的描述。

16. AB 【解析】根据案例分析，丁公司采用的是增量预算，增量预算方法的主要缺点为选项 AB。选项 CD 是零基预算的缺点。

17. ABC 【解析】矩阵制结构在职能和产品或项目之间起到了联系的作用，员工就拥有了两个直接上级，其中一名上级负责产品或服务，而另一名负责职能活动，所以选项 D 的说法不正确。

18. BCD 【解析】产品线数量有限且关系较为密切的企业更适于采用集权型结构，选项 B 错误。事业部制结构在企业的成长方面更为灵活，选项 C 错误。扁平型结构比高长型结构更能调动管理人员的积极性，选项 D 错误。

19. ABC 【解析】本题考核组织的战略类型。在行政管理上，防御型组织常常采取"机械式"结构机制，所以，选项 D 的说法错误。

20. ABCD 【解析】本题主要考核职能制组织结构。职能制组织结构的优点如下：一是能够通过集中单一部门内所有某一类型的活动来实现规模经济。比如，所有的销售和营销工作都通过销售和营销部门来执行。二是有利于培养职能专家。

三是由于任务为常规和重复性任务，因而工作效率得到提高。四是董事会便于监控各个部门。

21. BCD 【解析】本题考核信息技术与企业价值链。信息技术对价值链基本活动的支持可以通过自动仓储系统和自动化运输调度系统来提升企业内外部物流运作效率，通过计算机控制的生产制造系统提升生产运作效率，通过计算机化的产品销售和服务系统提升销售与服务的效能。所以选项 A 错误。信息技术对价值链支持活动的支持，可以通过计算机辅助设计系统来提升技术研发效能，通过人力资源管理系统提升人力资源效能，通过计算机化订货系统加强采购效率，通过办公自动化技术或电子化的日程安排和消息传送系统提升基础管理。所以选项 BC 正确。信息技术能够帮助企业全面渗透到企业价值链的各主要环节，有效降低成本，提升客户价值，赢得竞争优势。所以选项 D 正确。

22. ABCD 【解析】统计分析结果可以通过表格式、图形式和文章式等多种形式表现出来。文章式的主要形式是统计分析报告。是全部表现形式中最完善的一种。统计分析报告特点：(1)统计分析报告是以统计数据为主体；(2)统计分析报告是以科学的指标体系和统计方法来进行分析研究说明；(3)统计分析报告具有独特的表达方式和结构特点。专题报告是根据企业管理人员的要求，指定专人对特定问题进行深入、细致的调查研究，形成包括现状与问题、对策与建议等有关内容的研究报告，以供决策者参考。

23. CD 【解析】信息技术减少组织层次，扩大控制跨度，选项 A 不正确。信息技术支持新型组织结构，在信息技术的支持下，一些组织设计并采用了一些新型的组织结构以增强组织竞争力，其中最为重要的是团队结构和虚拟组织，所以是支持团队结构，选项 B 不正确。

24. AB 【解析】选项 C 属于从顾客角度考虑的因素，选项 D 属于从创新与学习角度考虑的因素。

25. ACD 【解析】平衡计分卡的特点包括：(1)平衡计分卡为企业战略管理提供强有力的支持。(2)平衡计分卡可以提高企业整体管理效率。(3)注重团队合作，防止企业管理机能失调。(4)平衡计分卡可提高企业激励作用，扩大员工的参与意识。(5)平衡计分卡可以使企业信息负担降到最少。

26. ACD 【解析】大数据时代企业战略转型面临的困难：(1)数据容量问题。(2)数据安全问题。(3)数据分析与处理问题。

三、简答题

1.【答案】

(1)卡普兰和诺顿提出了名为平衡计分卡的方法，它是一种平衡 4 个不同角度的衡量方法。具体而言，平衡计分卡平衡了短期与长期业绩、外部与内部的业绩、财务与非财务业绩以及不同利益相关者的角度，包括：财务角度、顾客角度、内部流程角度和创新与学习角度。

按照平衡计分卡业绩衡量方法，关键绩效指标可以做如下划分：

财务角度：提高酒店的净资产收益率，使之达到 1.8%；经营成本得到有效控制，费用节省率达到 10%。

顾客角度：客人投诉率下降 3%；强化品牌认知度，保持品牌忠诚度。

内部流程角度：提高健康和安全系数，卫生清洁达标率为 100%，各系统设施设备维修及时率达 100%；完善各部门、各岗位工作标准化流程。

创新与学习角度：增强酒店员工的企业意识，建立以绩效为导向的企业文化；引进本土国际化人才，走特色化、专业化的道路。

(2)①使传统的绩效管理从人员考核和评估的工具转变成为战略实施的工具；
②使得领导者拥有了全面统筹战略、人员、流程和执行四个关键因素的管理工具；
③使得领导者拥有了可平衡长期和短期、内部和外部，确保持续发展的管理工具；
④被誉为近75年来世界上最重要的管理工具和方法。

2.【答案】

(1)该公司要求每个部门在考虑未来实际支出需要的基础上重新编制本部门预算，因此属于零基预算。

(2)该种预算编制办法的优缺点如下：

优点	缺点
①能够识别和去除不充分或者过时的行动； ②能够促进更有效的资源分配； ③需要广泛的参与； ④能够应对环境的变化； ⑤鼓励管理层寻找替代方法	①它是一个复杂的、耗费时间的过程； ②它可能强调短期利益而忽视长期目标； ③管理团队可能缺乏必要的技能

(3)平衡计分卡共包括四个角度，四个角度分别是财务角度、顾客角度、内部流程角度、创新与学习角度。

财务角度的驱动指标主要包括股东回报、现金流、主要客户收益率、利润预期、销售增长率；顾客角度的驱动指标包括交货时间、顾客满意度、市场份额、新客户开发率；内部流程角度的驱动指标有在新工作中与顾客相处的时间、每个雇员的收入、收益率、交货时间、工程进度完成率；创新与学习角度的驱动指标有新产品占销售的比例、雇员调查、主要员工保留率、员工能力评估和发展。

(4)提高客户满意度的做法中属于领先指

标。还可以从滞后指标角度改进。

客户角度的目标和指针可以包括目标市场的销售额(或市场份额)以及客户保留率、新客户开发率、客户满意度和盈利率。这些称为滞后指标。

在明确价值定位的过程中,与客户满意度有关的驱动指标:时间、质量、价格、可选性、客户关系和企业形象。这些称为潜在的领先指标。

3.【答案】

(1)在原有组织结构内,由原来传统的职能部门—工程技术部门、设计部门、生产部门和财务部门形成一个生产半导体薄片的统一系统。同时又设立多个跨这些职能部门的产品/顾客中心;每个产品/顾客中心自行负责每种新产品的设计、生产和推销。说明每个顾客中心的每一位员工都有两个直接上级,则该公司采用的是矩阵制组织结构。其中顾客中心的经理负责产品,职能部门的领导负责职能活动。

矩阵制组织结构的缺点:①可能导致权力划分不清晰(比如谁来负责预算),并在职能工作和项目工作之间产生冲突。②双重权力容易使管理者之间产生冲突。如果采用混合型结构,非常重要的一点就是确保上级的权力不相互重叠,并清晰地划分权力范围。下属必须知道其工作的各个方面应对哪个上级负责。③管理层可能难以接受混合型结构,并且管理者可能会觉得另一名管理者将争夺其权力,从而产生危机感。④协调所有的产品和职能会增加时间成本和财务成本,从而导致制定决策的时间过长。

(2)由于公司授权各中心的经理,要他们各自对其盈亏负责,但是,各中心的经理却无权指挥各职能部门。当盈利较差的顾客经理想要改善业绩时,职能部门可能不

会配合,导致管理者之间产生矛盾冲突,但最终并不能解决问题,所以导致公司的组织结构不能很好地运行下去。

(3)公司不断发展,组织规模不断扩大,但是公司仍要维持其权威性的统一指挥领导。在这种情况下,中下级管理人员的权力就很小,而绝大多数重要的决策都由上级制定,然后再一级一级地往下传达。这样就导致了一个问题,即由于决策时需要通过集权职能的所有层级向上汇报,决策时间过长,不利于企业发展。

集权型的优点:

①易于协调各职能间的决策;

②对上下沟通的形式进行了规范,比如利用管理账户;

③能与企业的目标达成一致;

④危急情况下能进行快速决策;

⑤有助于实现规模经济;

⑥这种结构比较适用于由外部机构(比如专业的非营利性企业)实施密切监控的企业,因为所有的决策都能得以协调。

集权型的缺点:

①高级管理层可能不会重视个别部门的不同要求;

②由于决策时需要通过集权职能的所有层级向上汇报,因此决策时间过长;

③对级别较低的管理者而言,其职业发展有限。

【思路点拨】本题考核纵横向分工组织。矩阵制组织结构是为了处理非常复杂项目中的控制问题而设计的。这种结构在职能和产品或项目之间起到了联系的作用。员工拥有两个直接上级,其中一名上级负责产品或服务,而另一名负责职能活动。根据资料描述对应组织结构类型的特点进行判断,记忆组织结构类型的优缺点。集权型与分权型可以对应掌握。

本章知识串联

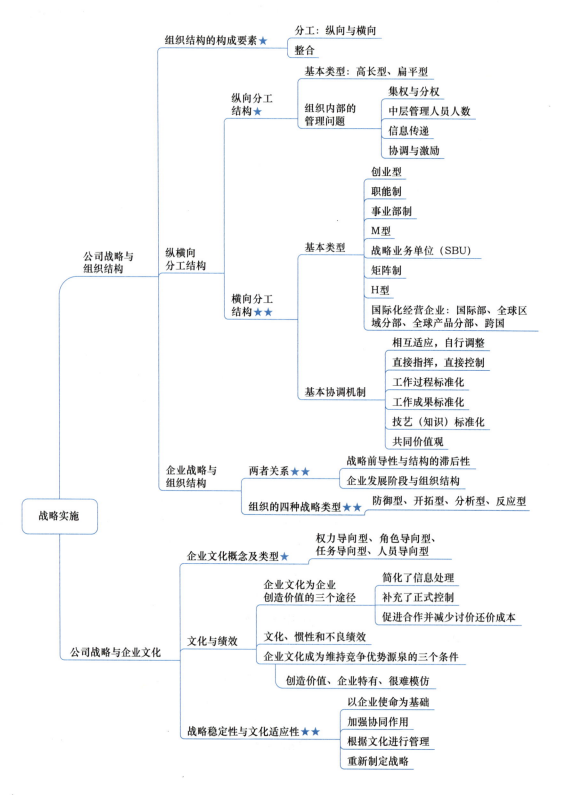

战略实施
├─ 战略控制
│   ├─ 战略控制的过程
│   │   ├─ 战略失效与战略控制 ★★
│   │   │   ├─ 战略失效的三种类型：早期、偶然、晚期
│   │   │   ├─ 战略控制与预算控制的差异
│   │   │   └─ 战略控制系统：步骤特点、战略性业绩计量、战略控制与KSF
│   │   └─ 企业经营业绩的衡量 ★
│   │   ├─ 股东观与利益相关者观
│   │   ├─ 每一个KSF可建立一个或多个KPI
│   │   └─ 比较业绩：比较方法、获取信息途径、对总体业绩评价
│   └─ 战略控制方法
│   ├─ 预算与预算控制 ★★
│   │   ├─ 预算与预算控制的目的
│   │   └─ 增量预算与零基预算
│   ├─ 企业业绩衡量指标 ★
│   │   └─ 财务与非财务指标
│   ├─ 平衡计分卡 ★★★
│   │   ├─ BSC四个维度：财务、顾客、内部流程、创新与学习
│   │   └─ 特点与作用
│   └─ 统计分析与专题报告
├─ 战略管理中的权力与利益相关者
│   ├─ 企业主要的利益相关者 ★
│   │   ├─ 内部：股东与机构投资者、经理阶层、企业员工
│   │   └─ 外部：政府、购买者和供应者、债权人、社会公众
│   ├─ 企业利益相关者的利益矛盾与均衡 ★★
│   │   ├─ 投资者与经理人员的矛盾与均衡
│   │   ├─ 员工与企业（股东或经理）之间的矛盾与均衡
│   │   └─ 企业利益与社会效益的矛盾与均衡
│   └─ 权力与战略过程 ★★
│   ├─ 企业利益相关者权力的五大来源
│   │   ├─ 对资源控制与交换的权力
│   │   ├─ 在管理层次中的地位
│   │   ├─ 个人的素质和影响
│   │   ├─ 参与或影响企业的战略决策与实施过程
│   │   └─ 利益相关者集中或联合的程度
│   └─ 对待矛盾与冲突的行为模式：对抗、和解、协作、折中、规避
└─ 信息技术在战略管理中的作用
    ├─ 信息技术与组织变革
    │   ├─ 两者之间关系
    │   ├─ 支持组织扁平化调整、支持新型组织（团队结构与虚拟组织）
    │   └─ 信息技术与业务流程重组
    ├─ 信息技术与竞争战略
    │   └─ IT分别与成本领先战略、差异化战略、集中化战略
    ├─ 信息技术与企业价值链网
    │   ├─ IT与企业价值链
    │   └─ IT与企业价值网
    │   ├─ 价值网模型
    │   └─ IT与企业生态系统
    └─ 大数据时代企业战略转型

1. 组织结构

(1)组织结构的两大要素＝分工(纵向与横向)＋整合。

(2)纵向分工结构的两种基本类型＝高长型＋扁平型。

(3)纵向分工结构组织内部需要解决四个问题：集权与分权、中层管理人员人数、信息传递、协调与激励。

(4)横向分工结构的八种基本类型：创业型、职能制、事业部、M型、SBU、矩阵制、H型(控股)、国际化经营。

①职能制适用于单一业务企业。

②事业部适用于多产品线企业，事业部制的三种类型：区域事业部、产品/品牌事业部、客户细分/市场细分。

③事业部M型(多部门结构)适用于更多产品线。

④SBU适用于规模较大的多元化经营的企业。

⑤矩阵制适用于非常复杂项目中的控制问题。

⑥H型适用于多元化战略，业务领域涉及多方面，甚至上升至全球化竞争层面。

⑦国际化经营企业的四种组织结构：

(5)横向分工结构的六种基本协调机制：相互适应自行调整、直接指挥直接控制、工作过程标准化、工作成果标准化、技艺(知识)标准化、共同价值观。

(6)组织结构服从战略的两大原因：战略的前导性、组织结构的滞后性。

(7)企业发展阶段及战略对应的组织结构类型：

①市场渗透战略—从简单结构到职能结构。

②市场开发战略—从职能结构到事业部结构。

③纵向一体化战略—从事业部结构到矩阵结构。

④多元化战略—从事业部结构到SBU。

(8)从战略视角划分组织结构的四种类型：防御型战略组织、开拓型战略组织、分析型战略组织、反应型战略组织。

2. 企业文化

(1)企业文化的四大类型：权力导向型、角色导向型、任务导向型、人员导向型。

(2)企业文化为企业创造价值的三个途径：简化了信息处理、补充了正式控制、促进合作减少讨价还价成本。

(3)企业文化成为维持竞争优势源泉的三个条件：为企业创造价值+企业特有的+很难被模仿。

(4)战略稳定性与文化适应性矩阵：

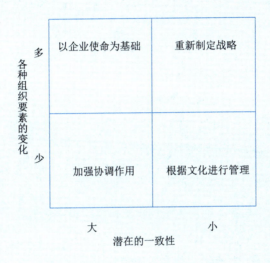

3. 战略控制

(1)战略失效的三种类型：早期失效、偶然失效和晚期失效。

(2)衡量企业业绩的两大观点：股东观+利益相关者观。

(3)战略控制方法的四方面：预算与预算控制、企业业绩衡量、平衡计分卡、统计分析和综合报告。

(4)预算的两大常见类型：增量预算、零基预算。

(5)企业业绩衡量中四类财务指标：盈利能力与回报率、股东投资、流动性、负债和杠杆。

(6)企业业绩衡量中的三类非财务指标：服务质量、人力资源、市场营销效力。

(7)平衡计分卡的四大角度：财务+顾客+内部流程+创新与学习。

①平衡计分卡的财务角度指标：股东回报、现金流、主要顾客的收益率、利润预期、销售增长率。

②平衡计分卡的顾客角度指标：交货时间、顾客满意度、市场份额、新客户开发率。

③平衡计分卡的内部流程角度指标：在新工作中与顾客相处的时间、每个雇员的收入、收

益率、交货时间、工程进度完成率。

④平衡计分卡的创新与学习角度的指标：新产品占销售的比例、雇员调查、主要员工保留率、员工能力评估和发展。

4. 权力与利益相关者

（1）利益相关者的利益矛盾和均衡的三大冲突：投资者与经理层、员工与企业、企业与社会。

（2）利益相关者权利来源及对待矛盾与冲突的五种行为模式：

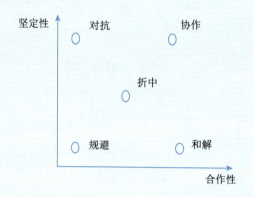

5. 信息技术的应用

（1）信息技术对组织结构变革的两大影响：支持组织扁平化调整、支持新型组织结构（团队结构与虚拟组织）。

信息技术对业务流程重组的影响：增加组织信息和知识的存取性、存储量和传播性，提高效率。

（2）信息技术可更为有利于企业实施三大基本竞争战略。

（3）信息技术可全面支持企业价值链的基本活动和支持活动。

（4）信息技术可帮助企业建立企业价值网与企业生态系统。

（5）大数据的四大特征：大量性+多样性+高速性+价值性。

（6）数据分析是大数据处理流程的核心，其价值产生于分析过程。

（7）大数据对企业战略决策模式的影响：

①改变决策依据—从自身经验及判断到大数据技术。

②改变决策主体—从管理层独立决策到全员决策。

③改变决策技术与方法—包括数据处理与分析技术、知识发现技术、决策支持系统。

（8）大数据时代企业战略转型的四个主要方面：市场调研与预测、营销管理、生产管理、应收账款管理。

（9）大数据时代企业战略转型的三大困难：数据容量问题+数据安全问题+数据分析与处理问题。

（10）大数据时代企业战略转型的四大任务：树立大数据思维转变经营管理模式；优化专业人才提升对数据处理能力；加强基础设施建设推进共享模式；提高风险管理水平确保企业与客户的信息安全。

第5章 公司治理

考情解密

历年考情概况

本章历年考试中所占分值比例相对较小，预计2020年的分值在4-7分左右。

本章主要介绍公司治理的概念及理论、三大公司治理问题、公司内部治理结构和外部治理机制、公司治理基础设施与治理原则。从近七年考试来看，客观题方面仅在2019年和2017年考核各一次，都考核"隧道挖掘"问题；主观题方面在2018年、2019年简答题涉及经理人对股东的"内部人控制""隧道挖掘"问题及公司治理基础设施等知识点。

近年考点直击

考点	主要考查题型	考频指数	考查角度
三大公司治理问题	主、客观题	★★	考核公司治理问题的种类

学习方法与应试技巧

学习要求：全面理解，掌握重点。本章公司内部治理结构和外部治理机制、公司治理基础设施与治理原则属于主要内容。

本章2020年考试主要变化

（1）经理人对股东的"内部人控制"问题内容进行了微调及改写；

（2）终极股东对中小股东的"隧道挖掘"问题内容进行了微调及改写；

（3）"机构投资者参与公司治理"的途径进行了改写；

（4）增加调整部分案例内容。

考点详解及精选例题

一、公司治理概述

扫我解疑难

（一）企业的起源与演进

企业制度的发展可以总结为两大阶段的三种形式，第一阶段是以业主制和合伙制为代表的古典企业制度，第二阶段是以公司制为代表的现代企业制度。

企业的形式经历了"业主制—合伙制—公司制"的发展。

1. 业主制企业

是最早存在的企业制度，是从家庭作坊演变而来的，包括三个优点：

（1）企业内部组织形式简单，经营管理的制约因素少，经营管理灵活，法律登记手续简单，容易创立和解散。

（2）业主享有完全自主权，便于发挥其个人能动性、生产力及创造力。

（3）业主自负盈亏，对负债承担无限责

任，个人资产与企业资产无绝对界限。

业主制企业存在四个缺点：

（1）所有者只有一人，资产规模小，资金筹集困难，难以扩大生产和规模。

（2）所有权、收益权、控制权、经营权高度统一归业主所有，使企业存续受制于业主的经营意愿、生命期、继承能力等因素。

（3）业主个人的人力资本很可能会影响到组织决策的质量。

（4）无限责任的风险大，不利于创新及新产业发展。

2. 合伙制企业

是由多个出资人联合组成的企业，本质上与业主制没有区别，包括三个优点：

（1）扩大了资金来源；

（2）产权结构完整统一，可整合发挥合伙人的资源优势及资源共享；

（3）经营管理上优势互补，分散经营压力。

合伙制企业存在四个缺点：

（1）无限责任的风险较大；

（2）合伙人之间缺少制约和监督，可能产生"搭便车"行为；

（3）合伙人之间的分歧带来更多协调成本，降低决策效率；

（4）合伙人的退出会影响企业的生存和寿命。

3. 公司制企业

公司制企业是现代经济生活中主要的企业存在形式。包括三个特点：

（1）有限责任制。

有限责任制是指公司应当以其全部财产承担清偿债务的责任。有限责任制减少了股东的投资风险，但相应的经营风险转移到其他利益相关者身上。有限责任制度对法律监管、市场秩序、社会稳定、公平交易提出了更高要求。

（2）股东财产所有权与企业控制权两权分离。

股东财产所有权与企业控制权的分离，是公司治理的基础。两权分离的最大优势是

实现了"有钱的出钱，有能力的出能力"的优势互补组合。

（3）规模增长和永续生命。

公司制企业初始即实现了产权与经营权的分离，所有者与法人财产权的分离，使企业实现永续运行，理论上可以多达几千万的股东数量极大提升了公司筹集资金的能力，公司规模可以迅速增长，在很多领域能够实现规模经济，迅速提升运行效率和降低成本，在市场竞争中取得核心竞争力。

【例题 1 · 单选题】有限责任制企业与业主制、合伙制企业比较，下列不属于有限责任制企业特点的是（　　）。

A. 企业存续期受制于企业业主的生命期

B. 股东财产所有权与企业控制权分离

C. 实现多元化经营发展成为可能

D. 是现代经济生活中主要的企业存在形式

解析 ▶ 公司制企业以法人的形态存在，同时两权分离使得企业实现永续运行，与业主个人生命期无关。　　　　　答案 ▶ A

（二）公司治理问题的产生

随着公司制企业的不断发展，现代公司呈现出两个典型的特征，一是**股权结构的分散化**，二是**所有权与经营权的分离**，由此产生公司治理问题。

（三）公司治理的概念

1. 公司治理的定义

狭义的公司治理：是指所有者（主要是股东）对经营者的一种监督与制衡机制，即通过一种制度安排，合理地配置所有者和经营者之间的权力和责任关系。其目标是保证股东利益的最大化，防止经营者对所有者利益的背离。

广义的公司治理：不局限于股东对经营者的制衡，还涉及广泛的利益相关者，包括股东、雇员、债权人、供应商和政府等与公司有利害关系的集体或个人。治理的目标不仅是股东利益的最大化，而是保证所有利益相关者的利益最大化。

2. 公司治理的概念理解的三方面

（1）公司治理结构与治理机制。

依据公司内外部环境差异，公司治理分为治理结构与治理机制两个维度。

治理结构侧重于公司的内部治理，包括"三会一层"及公司员工间权责利相互监督制衡的制度体系。

治理机制指除企业内部的监督机制外的各项市场机制对公司多维度的监督与约束，包括三大类：权益机制、市场机制和管理机制。

（2）从权力制衡到科学决策。

由于市场信息不对称、合约不完备及代理成本的存在，在委托人和代理之间可能产生逆向选择和道德风险等代理问题，这就需要通过信号显示机制、契约的完善、委托人的监督及对经理人的激励来解决。

传统公司治理理论力图通过以权力制衡来降低代理成本和风险，但公司治理的目标不是相互制衡，它只是保证公司科学决策的方式和途径，科学决策才是公司治理的核心。

（3）公司治理能力。

公司治理结构与治理机制可视作企业的两种重要资源，是公司治理能力的载体和构成要素。公司治理能力与公司领导者的个人能力、治理工具和治理环境等要素密切相关。

公司的治理结构与治理机制可以模仿，但其治理能力却难以学习和替代。

【例题2·多选题】下列关于公司治理的概念理解，正确的包括（　　）。

A. 公司治理可分为治理结构与治理机制两个维度

B. 公司治理的核心不是用权力制衡来降低代理成本和风险，而是实现科学决策

C. 广义的公司治理是要保证所有利益相关者的利益最大化

D. 公司治理结构与治理能力可以模仿，但治理机制难以学习和替代

解析 ▶ 公司的治理结构与治理机制可以模仿，但其治理能力是难以学习和替代。

答案 ▶ ABC

（四）公司治理理论—基本应用能力

公司治理理论经过80多年发展，流行至今主要有三大理论：委托代理理论、资源依赖理论和利益相关者理论。

1. 委托代理理论

（1）委托代理理论概述。

①是制度经济学中契约理论的主要内容。

②授权者是委托人，被授权者是代理人。（契约关系）

③委托代理理论认为，公司治理问题是伴随委托代理问题出现而产生的。

④生产力大发展和规模化大生产，产生专业分工。

⑤两权分离导致的直接后果是产生委托代理问题。

（2）委托代理问题为什么产生？

首先，从委托人（股东）方面来看，一方面股东没有能力（缺乏知识和经验）或没有时间精力来监控经营者；另一方面对于中小股东而言，没有动力监控经营者，因为监控所带来的业绩改善是公共物品，但是成本要自担，所以股东们存在免费"搭便车"的想法。

其次，从代理人（经营者）方面来看，一方面双方的效用函数不同，另一方面由于代理人存在信息优势，可能产生机会主义行为。

基于以上分析，两权分离后产生的相关问题，最终都与代理问题有关。

2. 资源依赖理论

该理论认为组织需要通过获取环境中的资源来维持生存。组织对环境及其资源的依赖，也是组织内权力分配问题的始点。资源依赖理论强调组织权力，把组织视为一个政治行动者，认为组织的策略无不与组织试图获取资源、控制其他组织的权力行为相关。因此，那些能帮助组织获得稀缺性资源的利益相关者往往能在组织中获得更多的话语权，即资源的依赖状况决定组织内部的权力分配状况。

相较于委托代理理论，资源依赖理论可以更好地解释企业董事会的功能。董事会可以管理环境依赖并且应该反映环境的需要。

董事会为获取资源发挥的作用主要包括：①为企业带来忠告、建议形式的信息；②获得公司和外部环境之间的信息通道；③取得资源的优先条件；④提升企业的合法性。

此外，小公司由于缺乏关键资源，资源提供功能较监督功能对其绩效的影响就更为显著。例如，有更多外部董事的公司，更可能从破产中重组，再次验证了资源依赖理论的论断。

3. 利益相关者理论

利益相关者管理理论是指企业的经营管理者为综合平衡各个利益相关者的利益要求而进行的管理活动。从利益相关者视角来分析企业的公司治理问题，如今得到了普遍的认可。

利益相关者（Stakeholder）是指那些与企业决策行为相关的现实及潜在的、有直接和间接影响的人和群体，包括企业的管理者、投资人、雇员、消费者、供应商、债权人、社区、政府等，这既包括股东在内，又涵盖了股东之外与企业发展相关的群体。

利益相关者理论的要点主要体现在以下几个方面：

（1）所有权是一个复杂的概念，股东并不是唯一的所有者。

（2）并不是只有股东承担企业的剩余风险，同时所有利益相关者的投入都可能是相关专用性资产。要给予其一定的剩余收益权，并参与公司治理。

（3）要重视对企业发展贡献上非股东的其他利益相关者的必要性。中小股东的"用脚投票"导致其承担的责任减少，而经理人员和职工的贡献可能更大。

（4）从产权角度论证了"新所有权观"的合理性。因为公司的法人财产是相对独立的。

（五）公司治理的重要性

实践中公司治理被重视的根源在于，其产生的问题已经引起了利益相关者的不满。影响公司治理重要性的主要因素包括五个方面：

（1）公司高管的高薪酬问题；

（2）机构投资者的监管意识的提高；

（3）更多利益相关者参与到公司治理；

（4）"内部人控制"现象更为明显；

（5）大股东和中小股东的冲突加剧。

公司治理问题的根源是公司制度本身，因此公司治理是针对公司制度的治理。然而企业制度的不断演进，导致公司治理过程并非一劳永逸。企业制度、国家制度的演进引发公司治理的改革。受到制度环境、资源稀缺性、竞争全球化等多种原因的影响。公司治理所具有的动态发展的特征，对学者和企业家持续性关注公司治理问题提出了要求。

二、三大公司治理问题—基本应用能力 ★★

扫我解疑难

公司治理的问题包括三大类：

第一类称作代理型公司治理问题（经理人对于股东的"内部人控制"问题）。

第二类称作剥夺型公司治理问题（终极股东对于中小股东的"隧道挖掘"问题）。

第三类是企业与其他利益相关者之间的问题。

（一）经理人对股东的"内部人控制"问题

由于经理人与股东的双方目标利益的不一致与信息不对称，股东通过投票行为对公司决策产生影响，而经理人则掌握公司实际的运营资产，由此产生"内部人控制"现象。

1. "内部人控制"的成因

内部人控制问题的形成，是在所有权和经营权分离的公司制度下，委托代理关系所带来的必然结果。虽然从某种意义上讲，所有者与经营者利益一致目标相同，公司经营好坏与两者息息相关，但两者实际上并非相同的利益主体，所有者目标较为单一追求企业利益最大化；而代理人的目标更为多元化。

另外，公司治理机制的不完善为内部人

控制提供了有利条件。在我国国有股份占主导地位、股东大会流于形式、董事会凌驾于股东大会上等问题突出。

2. "内部人控制"的主要表现

经理人对股东应该负有忠诚、勤勉的义务，但由于存在委托代理问题及缺乏足够的监督机制，从而产生的内部人控制问题。

违背忠诚义务的主要表现有：过高的在职消费、盲目过度投资、经营者的短期行为、资产转移、经营行为的短期化；侵占资产，资产转移；工资奖金等增长过快，侵占公司利润；会计信息作假、财务作假；大量负债，甚至严重亏损；建立个人帝国。

违背勤勉义务的主要表现有：信息披露不完整、不及时；敷衍偷懒不作为；财务杠杆过度保守；经营过于稳健、缺乏创新等。

国有资产流失及会计信息失真是我国国企存在的"内部人控制"的主要表现形式。

3. 治理"内部人控制"问题的基本对策

问题虽然出现在企业内部，但根源却在企业外部的制度和机制，即外部职责的懈怠和治理功能的缺失。要解决内部人控制问题可以从以下三方面着手：

首先，完善公司治理体系，加大监督力度。其次，强化监事会的监督职能，形成企业内部权力制衡体系。最后，完善和加强公司的外部监督体系，形成对经营者的外部监督机制。

(二)终极股东对中小股东的"隧道挖掘"问题

1. "隧道挖掘"问题的成因

当有大股东存在时，尤其是当资本市场缺乏对中小股东利益的保护机制时，代理问题将表现为控股股东与中小股东之间的利益冲突问题。其成因就在于控制股东对于公司的控制权比例大于其对于公司的现金流权，权利和收益、责任不匹配。

2. "隧道挖掘"问题的两大类表现

(1)滥用公司资源：指不以占用为目的，未按公司整体目标为行动导向的行为。违背

了其作为代理人的勤勉义务。

(2)占用公司资源：指占用资源的目的，是将公司的利益输送至自身的行为。违背了其作为代理人的忠实义务。

占用公司资源又分为三种：

一是直接占用资源。表现为直接借款、利用控制的企业借款、代垫费用、代偿债务、代发工资、利用公司为终极股东违规担保、虚假出资，或占用商标、专利等，或通过预付账款。

二是通过关联交易进行利益输送。又可分为商品服务交易活动、资产租用和交易活动、费用分摊活动。

三是掠夺性财务活动。具体可以分为掠夺性融资、内幕交易、掠夺性资本运作和超额股利等。

3. 如何保护中小股东权益

保护中小股东权益可从以下五个方面展开：(1)累积投票制。(2)建立有效的股东民事赔偿制度。(3)建立表决权排除制度。(4)完善小股东的代理投票权。(5)建立股东退出机制。包括转股和退股。

(三)企业与其他利益相关者之间的关系问题

大量公司治理实践证明，现代社会任何一个公司的发展均离不开各种利益相关者的投入与参与。利益相关者都对企业的生存和发展注入了一定的专用型投资，或者是分散了一定程度的经营风险，因此应当拥有企业的剩余控制权，企业的经营决策者必须要考虑他们的利益并给予相应的报酬或是补偿。

当各利益相关者的利益得到合理的配置与满足时，才能建立更有利于企业长远可持续发展的外部环境。

问题的另一面则是，所有利益相关者共同参与公司治理会产生权责不清的问题，从而降低公司运作效率，企业容易陷入"泛利益相关者治理"的困境。

【备考战略】公司治理问题是管理学等相关方向硕士生常见的毕业论文选题之一，同

时公司治理也是 MBA 及 MPAcc 等专业学生选修课之一。如果考生对此内容从未系统学习过的话，强烈建议仔细阅读教材内容，并在考试之外，系统学习一下公司治理相关理论与实践内容。

【例题 3·多选题】 治理"内部人控制"问题的基本对策包括( )。

A. 在法律、法规层次上明确对小股东保护条款

B. 完善公司治理体系，加大监督力度

C. 企业的经营决策者必须要考虑所有利益相关者的利益并给予相应的报酬或是补偿

D. 强化监事会的监督职能，形成企业内部权力制衡体系

解析 解决内部人控制问题可以从以下三方面着手：首先，完善公司治理体系，加大监督力度。其次，强化监事会的监督职能，形成企业内部权力制衡体系。最后，完善和加强公司的外部监督体系，形成对经营者的外部监督机制。其中选项 A 属于防止"隧道挖掘"的对策，而选项 C 是属于企业与其他利益相关者关系的考虑因素。 **答案** BD

三、公司内部治理结构和外部治理机制

扫我解疑难

（一）公司内部治理结构—基本应用能力 ★★

公司内部治理结构是指主要涵盖股东大会、董事会(监事会)、高级管理团队以及公司员工之间责权利相互制衡的制度体系，相关内容如表 5-1 所示。

表 5-1 内部治理结构体系

内部治理结构体系		内容
	股东及股东权利	普通股股东享有的权利：①剩余收益请求权和剩余财产清偿权；②监督决策权；③优先认股权；④股票转让权。 优先股股东享有的权利：①利润分配权；②剩余财产清偿权；③严格限制的管理权
股东大会	股东大会	股东主要通过参与股东大会来行使权利。股东大会具有两个基本特征： 一是公司内部的最高权力机构和决策机构； 二是公司的非常设机构。 《公司法》规定，股东大会应当每年召开一次年会。年度股东大会应当于上一会计年度结束后的6个月内举行。除了年度股东大会之外，有下列情形之一的，应当在2个月内召开临时股东大会：一是董事人数不足公司法规定的人数或者公司章程所定人数的三分之二时；二是公司未弥补的亏损达股本总额三分之一时；三是持有公司股份 10% 以上的股东请求时；四是董事会认为必要时；五是监事会提议召开时。 法律上，股东大会主要行使以下职权：(了解一下即可) ①决定公司的经营方针和投资计划； ②选举和更换非由职工代表担任的董事、监事，决定有关董事、监事的报酬事项； ③审议批准董事会的报告； ④审议批准监事会或者监事的报告； ⑤审议批准公司的年度财务预算方案、决算方案； ⑥审议批准公司的利润分配方案和弥补亏损方案； ⑦对公司增加或者减少注册资本作出决议； ⑧对发行公司债券作出决议； ⑨对公司合并、分立、解散、清算或者变更公司形式作出决议； ⑩修改公司章程； ⑪公司章程规定的其他职权

内部治理结构体系		内容
股东大会	机构投资者	我国证券市场中的主要机构投资者：证券投资基金、证券公司、信托投资公司、财务公司、社保基金、保险公司、合格的外国机构投资者（QFII）、三类企业（国有企业、国有控股企业、上市公司）。 机构投资者的三个特征： ①具有显著的人才优势； ②奉行稳健的价值投资理念，投资具有中长期投资价值的股票； ③更可能参与上市公司的治理。 机构投资者主要通过以下两种途径参与公司治理："用脚投票"和"用手投票"
董事会	董事会的职能	是股东大会闭幕期间的常设的集体行使权力的机构；股东大会所做的重大事项决定，董事会必须执行。 《公司法》规定，股份有限公司设董事会，董事会对股东大会负责，行使下列职权： ①负责召集股东大会，并向股东大会报告工作； ②执行股东大会的决议； ③决定公司的经营计划和投资方案； ④制订公司的年度财务预算方案、决算方案； ⑤制订公司的利润分配方案和弥补亏损方案； ⑥制订公司增加或者减少注册资本的方案以及发行公司债券的方案； ⑦拟订公司合并、分立、解散的方案； ⑧决定公司内部管理机构的设置； ⑨聘任或者解聘公司经理，根据经理的提名，聘任或者解聘公司副经理、财务负责人，决定其报酬事项； ⑩制定公司的基本管理制度
	董事及其分类	董事对内管理公司事务、对外代表公司活动。 ①董事分为内部董事（执行董事）与外部董事 ②外部董事分为关联董事与独立董事
	董事的权利及义务	董事的**权利**主要见于公司章程包括：①出席董事会会议。②表决权。③董事会临时会议召集的提议权。④通过董事会行使职权而行使权利。 董事**义务**又称作勤勉义务或专项，主要包括善管义务和竞业禁止义务。 一是**善管义务**。包括以下三条：①董事必须忠实于公司。②董事必须维护公司资产。③董事在董事会上有审慎行使决议权的义务。 董事不得从事损害本公司利益的活动。否则，公司可对其行使归入权，即将从事上述活动的所得收入归公司所有。董事执行职务时违反法律、行政法规或者公司章程的规定，给公司造成损害的，应当承担赔偿责任。 二是**竞业禁止义务**。依公司法规定，董事不得自营或者为他人经营与其所任职公司同类的营业。董事违反上述竞业禁止义务，公司可以依法行使归入权
	四个专门委员会	董事会下属专门委员会。 原则上都应由独立董事构成，分别召开会议，承担各自的工作。 **最常见的是：审计委员会、薪酬委员会、提名委员会与战略委员会**

内部治理结构体系		内容
监事会	三大类型	①公司内部不设监事会，相应监督职能由独立董事实施，以美国为代表。 ②设立监事会，且监事会的权力在董事会之上，这种董事会模式又名为双层董事会，以德国为代表。 ③设立监事会，但监事会与董事会是平行机构，以日本最为典型，在我国大陆和台湾地区、韩国以及东南亚的一些国家和地区也采取类似模式
	规定	《公司法》规定，设立监事会，其成员一般不少于3人。监事会应在其组成人员中推选1名召集人。监事会由股东代表和适当比例的公司职工代表组成，具体比例由公司章程规定。监事会中的职工代表由公司职工民主选举产生。董事、经理及财务负责人不得兼任监事
经理层	职权	是公司日常经营行政事务的负责人，由董事会聘任。 在公司章程和董事会授权范围内，代表公司从事业务活动。 《公司法》规定，公司经理人员的职权包括8项： ①主持公司的生产经营管理工作，组织实施董事会决议； ②组织实施公司年度经营计划和投资方案； ③拟定公司内部管理机构设置方案； ④拟订公司的基本管理制度； ⑤制定公司的具体规章； ⑥提请聘任或者解聘公司副经理、财务负责人； ⑦决定聘任或者解聘除应由董事会决定聘任或者解聘以外的负责管理人员； ⑧董事会授予的其他职权。 《公司法》指出，当公司章程对经理职权另有规定的，从其规定
	薪酬激励	①年薪制。 缺陷：易导致经营者的短期行为。 ②股权激励。 a. 兼具"报酬激励"和"所有权激励"的双重作用； b. 股票期权、股票增值权、虚拟股票、业绩股票及限制性股票、延期支付、经理人持股

【提示说明】 四个专门委员会的主要职责：

(1)审计委员会的主要职责：

①检查公司会计政策、财务状况和财务报告程序；

②与公司外部审计机构进行交流；

③对内部审计人员及其工作进行考核；

④对公司的内部控制进行考核；

⑤检查、监督公司存在或潜在的各种风险；

⑥检查公司遵守法律、法规的情况。

(2)薪酬与考核委员会的主要职责：

①负责制定董事、监事与高级管理人员考核的标准，并进行考核；

②负责制定、审查董事、监事、高级管理人员的薪酬政策与方案。

(3)提名委员会的主要职责：

①分析董事会构成情况，明确对董事的要求；

②制定董事选择的标准和程序；

③广泛搜寻合格的董事候选人；

④对股东、监事会提名的董事候选人进行形式审核；

⑤确定董事候选人提交股东大会表决。

(4)战略决策委员会的主要职责：

①制定公司长期发展战略；

②监督、核实公司重大投资决策等。

【备考战略】 如果考生对于公司治理中的

"三会一层"的分工原理及各自职能不熟悉的话，同样强烈建议结合前面总结的知识要点认真学习教材内容。公司内部治理结构的细小知识点很多，建议不要忽视遗漏。

【例题4·单选题】下列人员中属于公司外部董事的是（　　）。

A. 大学教授

B. 总经理

C. 财务总监

D. 董事会秘书

解析 ▶ 外部董事是指不在公司担任除董事以外的其他职务的董事，如其他上市公司总裁、公司咨询顾问和大学教授等。总经理、财务总监和董事会秘书，属于公司的高级管理人员，是内部董事。　答案 ▶ A

（二）公司外部治理机制—基本应用能力

外部治理机制主要是指除企业内部的各种监控机制外，还包括各个市场机制对公司的监控和约束。具体包括：

（1）产品市场。

①充分竞争市场上，最有效率的企业才能生存；

②可提供经理人行为的更有价值的信息。

（2）资本市场。

①通过接管和兼并方式对经理人员进行约束；

②收购和重组的威胁是控制经理人员行为的最有效方法之一。

（3）经理人市场。

①管理者对自己职业生涯的关注；

②管理者的个人声誉是决定其个人价值的重要因素。

扫我解疑难

四、公司治理的基础设施

（一）公司治理的基础设施—基本应用能力 ★

影响公司治理效率的因素不仅包括公司内部治理结构和公司外部治理机制，还包括公司治理的基础设施，具体内容如表5-2所示。

表5-2　公司治理的五大基础设施

基础设施	内容
信息披露制度	信息披露制度的特征主要包括：信息披露义务的强制性和自愿性、信息披露内容的多样性和信息披露时间的持续性等。 中国上市公司信息披露包括三类： （1）上市披露（招股说明书及上市公告）； （2）定期披露（年度报告、中期报告）； （3）临时披露（重要事件公告、收购与合并公告等）。 从以下四个方面评估信息披露的质量： （1）财务信息，包括使用的会计准则、公司的财务状况、关联交易等。 （2）审计信息，包括注册会计师的审计报告、内部控制评估等，审计及信息披露评价当前比较注重审计关系本身的合规性、独立性。 （3）披露的公司治理信息是否符合相关规定。 （4）信息披露的及时性，公司应建立网址、网站，便于投资者及时查阅有关信息。 会计信息披露在公司治理结构中的作用： （1）监督作用；（2）激励作用；（3）契约沟通作用；（4）有助于外部治理机制的有序运作

基础设施	内容
中介机构	包括会计师事务所、投资银行、律师事务所等。 信用中介机构的公司治理作用：是保证公司披露信息的质量，以减少利益相关者的信息不对称程度。 中介机构独立性保证和信用机制体系建立至关重要。制度的有效性一方面依赖于中介机构人员的职业道德和专业能力，一方面取决于有效的制度设计。 如何通过制度安排确保中介机构的独立性成为公司治理中建立中介机构信用机制的核心。 提高中介机构独立性的两种方案： (1)通过制定一系列法律法规促使信用中介机构对投资者承担责任，如设立代表最低质量标准的信用中介机构许可证、调查中介机构违规案件、取消中介机构经营许可证，对情节严重者追究其刑事责任。 (2)建立评价二级信用中介机构以保证一级信用中介机构的质量，比如行业协会和自律组织等
法律法规	《公司法》《银行法》《证券法》《破产法》《劳工法》等
政府监管	有效的政府监管体系应包括：法律监管、行政监管、市场环境监管、信息披露监管
媒体、专业人士的舆论监督	舆论监督的实施主体主要分为两个层次，即公众和媒体层次

【知识点拨】公司治理的五大基础设施相关内容，此处知识点的要求与之前相同，如果考生对此相关内容不熟悉的话，建议仔细阅读相关内容。

在考虑了以上所有公司治理影响因素后，我们可以站在一定高度来从整体视角看一下公司治理效率影响因素的分析框架，详见下图。

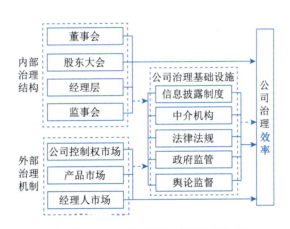

图 公司治理效率影响因素的分析框架

(二)公司治理原则—基本应用能力 ★

《OECD 公司治理原则》主要包括以下六项内容：

(1)确保有效的公司治理框架。

(2)股东权利和关键所有权功能。

(3)平等对待全体股东。

(4)利益相关者在公司治理中的作用。

(5)信息披露和透明度。

(6)董事会的义务。

【三大公司治理问题】

1. (2019年·单选题) 甲公司在2017年完成发行上市后的首次定增,以每股1元的价格向两名控股股东发行5000万股。当时该公司股价为每股5元。甲公司披露的2017年报显示,当时有净利润1.2亿元,市盈率为2.8倍。从终极股东对于中小股东的"隧道挖掘"问题角度看,甲公司的上述作法属于掠夺性财务活动中的( )。

A. 内幕交易

B. 掠夺性融资

C. 直接占用资源

D. 超额股利

2. (2019年·单选题) 佳宝公司是一家上市公司,最近连续两年亏损,经营陷入困境。经审计发现,佳宝公司的重大决策权一直被控股股东控制,控股股东把佳宝公司当作"提款机",占用佳宝公司的资金累计高达10亿元,佳宝公司存在的公司治理问题属于( )。

A. 代理型公司治理问题

B. 剥夺型公司治理问题

C. "内部人控制"问题

D. 企业与其他利益相关者之间的关系问题

3. (2019年·简答题)

(说明:本题是考试B卷考生回忆版本,并未统计在本章开头的历年考情概况中)

太阳公司是G省一家于2013年发行股票并上市的公司,主营水泥及水泥制品的生产和销售。2018年5月,某财经媒体深度报道了太阳公司存在的多种经营违规行为。该报道在微博等网络平台上成为热门话题后,G省证监局迅速反应,立案调查。根据证监局的调查结果,太阳公司经营违规行为主要有以下几点:

(1)2016年9月,太阳公司与银行签署一笔担保合同,为大股东星科集团5000万元的贷款提供担保,承担连带保证责任。

2016年11月,星科集团向龙辉公司借款2亿元,太阳公司为该笔借款提供担保,到期后星科集团没有偿还借款,龙辉公司向法院提起诉讼,法院做出判决,太阳公司作为该笔借款担保方,须和星科集团共同偿还债务本金和利息。这两笔担保均没有在2016年年报中进行信息披露。

(2)太阳公司从甲公司购进熟料等重要原材料,双方签订了长期供应合同,价格比市场价高40%。太阳公司还从乙公司以租赁的方式引入一台机器设备,租赁费用每年5000万元,同样的设备市场租赁价格为4000万元。经查,甲公司和乙公司均为星科集团全资控制的子公司。

(3)太阳公司在2017年年底向星科集团以每股6元的价格定向增发1亿股,当时太阳公司股价为每股12元,相当于5折进行定向增发。

(4)太阳公司发布公告,拟购买丙公司100%股权。由于丙公司拥有物联网概念,所以太阳公司发布公告后10个交易日内,股价大涨70%。发布公告前几天,星科集团实际控制人刘某买入太阳公司股票100万股,在公告发布后卖出,获利600万元。经查,刘某买卖股票的时间都属于证监会认定的敏感期。

(5)2017年5月,太阳公司收购了大股东星科集团持有的丁公司的全部股权,收购价格为20亿元,而丁公司账目净资产为5000万元,盈利能力较差,业内专家质疑是超溢价收购。

(6)2016年太阳公司1.4亿元的销售费用未及时入账,造成2016年年度报告虚假记载。此外,与星科集团多笔资金往来事项并未披露和记账,导致太阳公司在2016年和2017年年报中存在信息不实、虚假记载的情况。而太阳公司上述年报经过注册会计师审计后，审计师者出具了标准无保留的审计意见。

证监局根据以上调查结果，依法对太阳公司及其大股东星科集团进行了行政处罚。

要求：

（1）依据"三大公司治理问题"，简要分析太阳公司存在的终极股东"隧道挖掘"的利益输送行为的主要表现。

（2）简要分析公司治理基础设施在本案例中发挥作用的情况。

4.（2018年·简答题）四水集团是一家专门从事基础设施研发与建造、房地产开发及进出口业务的公司，1990年11月21日在证券交易所正式挂牌上市。2014年8月8日，四水集团收到证监局《行政监管措施决定书》，四水集团一系列违规问题被披露出来。

（1）未按规定披露重大关联交易，四水集团监事同时担任F公司的董事长、法定代表人；监事的配偶担任H贸易公司的董事、总经理、法定代表人。2012年度四水集团与F公司关联交易总金额6712万元，与H贸易公司的关联交易总金额87306万元，2013年度，四水集团与H贸易公司的关联交易总金额为215395万元。这些关联交易均超过3000万元且超过四水集团最近一期经审计净资产的5%。根据证监会的规定，这些交易属于应当在年报中披露的重大关联交易，但是，四水集团均未在这两年的年度报告中披露上述重大关联交易。

（2）违规在关联公司间进行频繁的资金拆借，非法占用上市公司资金，四水集团无视证监会关于禁止上市公司之间资金相互拆借的有关规定，2012年4月至2014年8月，向关联公司H贸易公司、F公司拆借和垫付资金6笔，共27250万元。

（3）通过派发高额工资等方式变相占用上市公司非经营性资金，四水集团近年来效益很不佳，连续多年没有分红，公司股价也一直处于低迷状态。然而，2011－2013

年，包括董事长在内的公司高管人数分别为17名、19名和16名，合计从公司领走1317万元、1436万元和1447万元薪酬，均超过同期四水集团归属于母公司股东的净利润水平。

（4）连续多年向公司董事、监事和高级管理人员提供购房借款。截至2013年12月31日，四水集团向公司董事、监事和高级管理人员提供购房借款金额达到610万元。上述行为违反了《公司法》关于"公司不得直接或通过子公司向董事、监事高级管理人员提供借款"的相关规定。

（5）利用上市公司信用为关联公司进行大量违规担保。四水集团2011－2014年为公司高管所属的公司提供担保的金额分别为0.91亿元、5.2亿元、5.6亿元、7.7亿元。公司管理层将四水集团当作融资工具，为自己所属公司解决资金需求，一旦这些巨额货款到期无法偿还，四水集团就必须承担起还款的责任。

四水集团管理层频繁的违规行为，导致四水集团的发展陷入举步维艰的地步。公司2011－2014年的经营状况不佳，扣除非经常性损益后的净利润出现连续大额亏损的状况，公司连续多年资产负债率高达70%以上，且流动资产和流动负债相差无几。财务风险很大，四水集团的每股收益连续多年走低，远低于上市公司平均水平，反映四水集团股东的获利水平很低。

要求：

依据"三大公司治理问题"简要分析四水集团存在的公司治理问题的类型与主要表现。

5.（2017年·多选题）当前，在国内上市公司中，终极股东对中小股东的"隧道挖掘问题"有多种表现形式，其中包括（　）。

A. 过高的在职消费

B. 产品购销的关联交易

C. 以对大股东有利的形式转移定价

D. 扩股发行稀释其他股东权益

【三大公司治理问题】

1. B 【解析】根据资料可知，甲公司的作法属于低价定向增发行为，本质上是向大股东进行利益输送，属于掠夺性融资。选项B正确。

2. B 【解析】根据案例资料可知，佳宝公司存在的公司治理问题是"终极股东对于中小股东的隧道挖掘"问题，属于剥夺型公司治理问题。选项B正确。

3. 【答案】

(1)终极股东"隧道挖掘"的利益输送行为，可以分为直接占用资源、关联性交易和掠夺性财务活动三类。

①直接占用资源。一般表现为直接借款、利用控制的企业借款、代垫费用、代偿债务、代发工资、利用公司为终极股东违规担保、虚假出资等。太阳公司该现象主要体现在"2016年9月，太阳公司与银行签署一笔担保合同，为大股东星科集团5000万元的贷款提供担保，承担连带保证责任。2016年11月，星科集团向龙辉公司借款2亿元，太阳公司为该笔借款提供担保"。

②通过关联交易进行利益输送。

a. 商品服务交易活动。终极股东经常以高于市场价格向公司销售商品和提供服务，以低于市场价格向公司购买商品和服务，利用明显的低价或高价来转移利润、进行利益输送。"太阳公司从甲公司购进熟料等重要原材料，双方签订了长期供应合同，价格比市场价高40%"。

b. 资产租用和交易活动。资产租用和交易活动与商品服务交易活动很相似，仅仅是交易的标的物不同。租用和交易的资产有房屋、土地使用权、机器设商标和专利等无形资产。"太阳公司还从乙公司以租赁的方式引入一台机器设备，租赁费用每年

5000万元，同样的设备市场租赁价格为4000万元"。

③掠夺性财务活动。

a. 掠夺性融资。公司向终极股东低价定向增发股票也属于掠夺性融资行为。"太阳公司在2017年年底向星科集团以每股6元价格定向增发1亿股，当时太阳公司股价为每股12元，相当于5折进行定向增发"。

b. 内幕交易。内幕交易行为是内幕人员根据内幕信息买卖证券或者帮助他人。"太阳公司发布公告，拟购买丙公司100%股权。由于丙公司拥有物联网概念，所以太阳公司发布公告后10个交易日内，股价大涨70%。发布公告前几天，星科集团实际控制人刘某买入太阳公司股票100万股，在公告发布后卖出，获利600万元。经查，刘某买卖股票的时间都属于证监会认定的敏感期"。

c. 掠夺性资本运作。公司高价收购终极股东持有的其他公司股权，造成公司的利益流向了终极股东。"2017年5月，太阳公司收购了大股东星科集团持有的丁公司的全部股权，收购价格为20亿元，而丁公司账目净资产为5000万元，盈利能力较差，业内专家质疑是超溢价收购"。

(2)本案例中公司治理的基础设施主要体现在信息披露制度、中介机构、政府监管以及媒体、专业人士的舆论监督。

①信息披露制度。"这两笔担保均没有在2016年年报中进行信息披露。""2016年太阳公司1.4亿元的销售费用未及时入账，造成2016年年度报告虚假记载。、此外，与星科集团多笔资金往来事项并未披露和记账，导致太阳公司在2016年和2017年年报中存在信息不实、虚假记载的情况"。

②中介机构。"太阳公司上述年报经过注

册会计师审计后，审计师者出具了标准无保留的审计意见"。

③政府监管。"G 省证监局迅速反应，立案调查""证监局根据以上调查结果，依法对太阳公司及其大股东星科集团进行了行政处罚"。

④媒体、专业人士的舆论监督。"2018 年 5 月，某财经媒体深度报道了太阳公司存在的多种经营违规行为。该报道在微博等网络平台上成为热门话题后"。

4.【解析】四水集团存在的公司治理问题的类型是经理人对于股东的"内部人控制"问题。主要表现有：

(1)信息披露不规范、不及时。"未按规定披露重大关联交易，…，根据证监会的规定，这些交易属于应当在年报中披露的重大关联交易。但是，四水集团均未在这两年的年度报告中披露上述重大关联交易"。

(2)工资、奖金等收入增长过快，侵占利润。"通过派发高额工资等方式变相占用上市公司非经营性资金。四水集团近年来效益很不佳，连续多年没有分红，公司股

价也一直处于低迷状态。然而，2011 ~ 2013 年，包括董事长在内的公司高管人数分别为 17 名、19 名和 16 名，合计从公司领走 1317 万元、1436 万元和 1447 万元薪酬，均超过同期四水集团归属于母公司股东的净利润水平"。

(3)资产转移。"违规在关联公司间进行频繁的资金拆借，非法占用上市公司资金""连续多年向公司董事、监事和高级管理人员提供购房借款"。

(4)大量负债，甚至亏损。"利用上市公司信用为关联公司进行大量违规担保(这是一种变相的负债)""公司 2011 ~ 2014 年的经营状况不佳，扣除非经常性损益后的净利润出现连续多年大额亏损的状况。公司连续多年资产负债率高达 70% 以上，且流动资产和流动负债相差无几，财务风险很大"。

5. BCD 【解析】选项 A 是经理人对于股东的"内部人控制"问题表现形式，其余三个是终极股东对于中小股东的"隧道挖掘"问题表现形式。

同步训练 限时15分钟

一、单项选择题

1. 下列不属于会计信息披露在公司治理结构中的作用的是(   )。
   A. 监督作用
   B. 激励作用
   C. 契约沟通作用
   D. 有助于内部治理机制的有序运作

2. 董事义务又称作勤勉义务或专项，主要包括善管义务和竞业禁止义务。下列各项中不属于善管义务的是(   )。
   A. 董事必须忠实于公司
   B. 董事必须维护公司资产
   C. 董事在董事会上有审慎行使决议权的义务

D. 董事不得自营或者为他人经营与其所任职公司同类的营业

3. 外部治理机制主要是指除企业内部的各种监控机制外，还包括各个市场机制对公司的监控和约束。下列不属于外部治理机制的是(   )。
   A. 产品市场
   B. 资本市场
   C. 经理人市场
   D. 资产市场

4. 下列可以更好地解释企业董事会的功能的公司治理理论是(   )。
   A. 委托代理理论
   B. 资源依赖理论

C. 利益相关者理论

D. 不完全契约理论

5. 根据《OECD 公司治理原则》，下列不属于公司治理原则的有( )。

A. 确保有效的公司治理框架

B. 平等对待全体股东

C. 利益相关者在公司治理中的作用

D. 媒体、专业人士的舆论监督

6. 为了更有效解决公司内部治理问题，董事会一般可以下设几个专门委员会，分别从事各方面的工作。下列各项中不属于提名委员会主要职责的是( )。

A. 分析董事会构成情况

B. 制定董事选择的标准和程序

C. 确定董事候选人提交股东大会表决

D. 制定董事考核的标准

7. 下列关于公司治理原则的说法中，不正确的是( )。

A. 公司治理框架应该保护和促进股东权利的行使

B. 公司治理框架应保障除少数股东和外国股东外的全体股东得到平等的对待

C. 公司治理框架应确保与公司重大事件有关的信息及时、准确地予以披露

D. 公司治理结构应确保董事会对公司的战略指导和对管理层的有效监督，确保董事会对公司和股东的责任和忠诚

8. 下列关于公司治理问题的说法中，正确的是( )。

A. 对委托人而言，在费用为零时，可以确保代理人按委托人的观点来制定最优决策

B. 过高的职务消费，是委托人与代理人之间信息不对称的表现

C. 保护中小股东企业，防止隧道挖掘行为，只能靠法律法规的完善和强制性规定

D. 国有资产流失、会计信息失真是我国国企改革过程中的"内部人控制"的主要表现形式之一

9. 下列关于外部治理机制的说法中，错误的

是( )。

A. 产品市场的竞争可以提供有关经理人员行为更有价值的信息

B. 资本市场对于经理人员的约束是接管和兼并

C. 在经理人市场上，声誉是决定经理人价值的重要因素

D. 市场竞争越激烈，经理人员败德行为的空间就越大

二、多项选择题

1. 下列关于委托代理理论，表述正确的有( )。

A. 授权者就是代理人，被授权者就是委托人

B. 委托代理关系是随着生产力大发展和规模化大生产的出现而产生的

C. 所有权与控制权分离导致的直接后果是委托—代理问题的产生

D. 在所有权分散的现代公司中与所有权与控制权分离相关的所有问题，最终都与代理问题有关

2. 机构投资者作为证券市场中一个重要的市场主体，下列属于其特征的有( )。

A. 投资具有中长期投资价值的股票

B. 机构投资者往往奉行激进的价值投资理念

C. 机构投资者具有显著的人才优势

D. 相当于个人而言，不便于参与上市公司的治理

3. 下列选项中，属于违背勤勉义务导致的内部人控制问题的主要表现的有( )。

A. 过高的在职消费

B. 建设个人帝国

C. 敷衍偷懒不作为

D. 财务杠杆过度保守

4. 在三大公司治理问题中，终极股东对于中小股东的"隧道挖掘"问题主要表现在( )。

A. 采取过度保守的经营策略

B. 商品服务交易活动

C. 直接借款

D. 国有资产流失、会计信息失真

5. 影响公司治理重要性的主要因素包括（ ）。

  A. 公司高管的高薪酬问题

  B. "内部人控制"现象更为明显

  C. 政府监管的客观需要

  D. 大股东和中小股东的冲突加剧

6. 下列选项中属于信用中介机构的有（ ）。

  A. 会计师事务所

B. 董事会

C. 投资银行

D. 律师事务所

7. 下列选项中，属于公司治理基础设施的有（ ）。

  A. 信息披露制度

  B. 法律法规

  C. 中介机构

  D. 媒体、专业人士的舆论监督

同步训练答案及解析

一、单项选择题

1. D 【解析】会计信息披露在公司治理结构中的作用：①监督作用；②激励作用；③契约沟通作用；④有助于外部治理机制的有序运作。

2. D 【解析】董事义务又称作勤勉义务或专项，主要包括善管义务和竞业禁止义务。善管义务包括以下三条：①董事必须忠实于公司。②董事必须维护公司资产。③董事在董事会上有审慎行使决议权的义务。

3. D 【解析】外部治理机制主要是指除企业内部的各种监控机制外，还包括各个市场机制对公司的监控和约束，具体包括产品市场、资本市场和经理人市场。

4. B 【解析】相较于委托代理理论，资源依赖理论可以更好地解释企业董事会的功能。董事会可以管理环境依赖并且应该反映环境的需要。董事会为获取资源发挥的作用主要包括：①为企业带来忠告、建议形式的信息；②获得公司和外部环境之间的信息通道；③取得资源的优先条件；④提升企业的合法性。

5. D 【解析】《OECD公司治理原则》主要包括以下内容：①确保有效的公司治理框架。②股东权利和主要的所有者职能。③平等对待全体股东。④利益相关者在公司治理中的作用。⑤信息披露和透明度。⑥董事会的义务。选项D属于公司治理的基础设施的内容。

6. D 【解析】本题考核公司内部治理结构。提名委员会的主要职责是：①分析董事会构成情况，明确对董事的要求；②制定董事选择的标准和程序；③广泛搜寻合格的董事候选人；④对股东、监事会提名的董事候选人进行形式审核；⑤确定董事候选人提交股东大会表决。选项D是薪酬与考核委员会的职责。

7. B 【解析】公司治理框架应保障包括少数股东和外国股东在内的全体股东得到平等的对待。选项B的说法不正确。

8. D 【解析】对委托人或代理人来说，在费用为零时，要确保代理人按委托人观点来制定最优的决策，一般是不可能的，选项A不正确；过高的职务消费是内部控制人问题的主要表现形式之一，选项B不正确；除了法律、法规层次上明确对小股东保护条款外，还需要从公司治理的制度设计层次上增加对这类弱势群体的保护，以防止"隧道挖掘"行为的出现，选项C不正确；选项D说法正确。

9. D 【解析】市场竞争越激烈，经理人员越需要付出更多的努力，败德行为的空间就越小，选项 D 说法错误。

二、多项选择题

1. BCD 【解析】授权者就是委托人，被授权者就是代理人，所以选项 A 的说法不正确。

2. AC 【解析】机构投资者作为证券市场中一个重要的市场主体，具体特征如下：(1)相对个人投资者而言，机构投资者具有显著的人才优势。(2)机构投资者往往奉行稳健的价值投资理念，投资具有中长期投资价值的股票。(3)相对个人投资者而言，机构投资者可以利用股东身份，从而更可能参与上市公司的治理。

3. CD 【解析】一般认为违背勤勉义务导致的内部人控制问题的主要表现有：信息披露不完整、不及时；敷衍偷懒不作为；财务杠杆过度保守；经营过于稳健、缺乏创新等，选项 A、B 属于违背忠诚义务导致的内部人控制问题的主要表现。

4. ABC 【解析】剥夺型公司治理问题主要是控制股东剥夺其他中小股东利益的行为，即"隧道挖掘"行为。剥夺是指终极股东利用控制股东身份侵犯公司资源，进而损害其他股东利益的行为，其可以分为以下两种类型：(1)滥用公司资源。例如终极股东是某家族或国有企业的时候，终极股东做的一些决策可能更多从家族利益(如为了家族荣耀等目标采取过度保守的经营策略)或政府社会性功能的角度出发(如保障社会就业而导致国有企业的冗员)，从而偏离了股东财富最大化目标。终极股东滥用公司资源违背了其作为代理人的勤勉义务。

(2)占用公司资源。占用公司资源又可以分为直接占用资源、关联性交易和掠夺性财务活动三类选项 ABC 为它们的具体表现形式。选项 D 为经理人对于股东的"内部人控制"问题的主要表现。

5. ABD 【解析】实践中公司治理被重视的根源在于，其产生的问题已经引起了利益相关者的不满。影响公司治理重要性的主要因素包括五个方面：①公司高管的高薪酬问题；②机构投资者的监管意识的提高；③更多利益相关者参与到公司治理需要提高；④"内部人控制"现象更为明显；⑤大股东和中小股东的冲突加剧。

6. ACD 【解析】主要的信用中介机构包括：会计师事务所、投资银行和律师事务所等。选项 B 属于企业内部治理结构体系中的一部分，不属于信用中介机构。

7. ABCD 【解析】公司治理的基础设施包括信息披露制度、中介机构、法律法规、政府监管(有效的政府监管体系应包括四个方面：第一、法律监管；第二、行政监管，行政监管的主体主要有证券委及其派出机构、财政部、国资委、银保监会等；第三、市场环境监管；第四、信息披露监管，负责上市公司信息披露监管的管理机构主要包括证券主管机关和证券交易所)、媒体、专业人士的舆论监督。

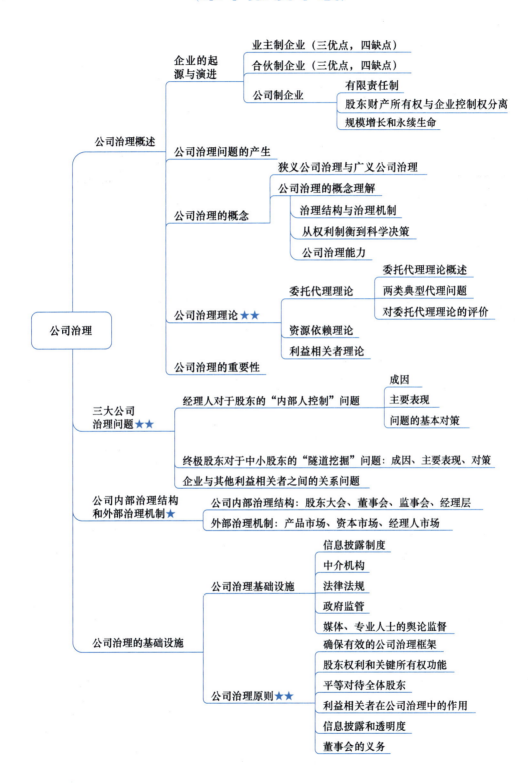

1. 公司治理的概念和三大理论

（1）企业制度发展的两大阶段的三种形式：古典企业制度（业主制与合伙制）、现代企业制度（公司制）。

（2）公司制企业的三特点：有限责任制、两权分离（所有权与控制权）、规模增长和永续生命。

（3）现代公司两大特征：股权结构分散化+所有权与控制权分离。

（4）狭义公司治理，是指股东对经营者的一种监督与制衡机制，以保证股东利益最大化。

（5）广义公司治理，涉及对所有利益相关者的监督与制衡机制，以保证利益相关者的利益最大化。

（6）公司治理结构，侧重于内部治理，包括"三会一层"及员工间权责利相互监督制衡的制度体系。

（7）公司治理机制，是指外部的市场机制对公司多维度的监督与约束，包括三大类：权益机制、市场机制、管理机制。

（8）公司治理不仅仅是权力制衡，科学决策才是核心。

（9）公司治理结构、治理机制、治理能力以及治理环境等因素共同组成了完整的公司治理体系。

（10）公司治理的三大理论：委托代理理论+资源依赖理论+利益相关者理论。

（11）所有权与控制权分离相关的所有问题，最终都与代理问题有关。

（12）资源依赖理论认为，组织对资源的依赖状况决定组织内部的权力分配状况。

（13）资源依赖理论可更好地解释董事会的功能（带来忠告建议的信息、获得外部信息通道、取得资源的优先条件、提升企业合法性）。

（14）利益相关者包括与企业决策行为相关的现实及潜在的、有直接和间接影响的人和群体。

（15）利益相关者理论认为企业应平衡各方利益要求，追求利益相关者的整体利益。

（16）影响公司治理重要性的五方面：高管高薪酬问题、机构投资者监管意识提高、更多利益相关者的参与、内部人控制现象明显、大股东与小股东冲突加剧。

2. 三大公司治理问题

（1）三大公司治理问题：代理型公司治理问题（经理层内部人控制）、剥夺型公司治理问题（大股东的隧道挖掘）、企业与其他利益相关者间的问题。

（2）内部人控制问题的表现分为违背忠实义务和违背勤勉义务两方面。其中违背忠诚义务的表现包括：过高在职消费、盲目过度投资、经营者短期行为、资产转移、大量拖欠债务等；违背勤勉义务的表现包括：信息披露不完整、不及时；敷衍偷懒不作为；财务杠杆过度保守；经营过于稳健、缺乏创新等。

（3）隧道挖掘问题的两大类表现：滥用公司资源+占用公司资源。

（4）占用公司资源的三种形式：直接占用资源+通过关联交易进行利益输送+掠夺性财务活动。

（5）保护中小股东权益的五方面：累积投票制、股东民事赔偿制度、表决权排除制度、小股东的代理投票权、股东退出机制。

3. 公司内部治理结构和外部治理机制

（1）董事的两大义务=善管义务+竞业禁止义务。

（2）董事会下设的四个专门委员会：审计委员会、薪酬委员会、提名委员会、战略委员会。

（3）外部治理机制中的三大市场：产品市场、资本市场、经理人市场。

4. 公司治理的五大基础设施

（1）信息披露制度。（2）中介机构。（3）法律法规。（4）政府监管。（5）媒体专业人士的舆论监督。

5. OECD 公司治理原则六大内容

（1）确保有效的公司治理框架。（2）股东权利和关键所有权功能。（3）平等对待全体股东。（4）利益相关者在公司治理中的作用。（5）信息披露和透明度。（6）董事会的义务。

风险与风险管理

考情解密

历年考情概况

本章的重要考点包括企业面对的风险种类、风险管理策略工具、风险管理体系以及内部控制相关内容。本章的客观题知识点共考核58次，包括企业面对的风险种类(16次)、风险管理的技术与方法(8次)、风险管理策略(9次)、风险理财措施(7次)、内部控制系统(6次)、风险管理的概念和风险管理基本流程(各4次)、风险管理组织职能体系及风险的概念(各1次)；本章的主观题考点为企业面对的风险种类(15次，包括内部控制相关风险)及风险管理组织职能体系(1次)。建议复习过程中予以足够重视。

近年考点直击

考点	主要考查题型	考频指数	考查角度
企业面对的风险种类	客观题、主观题	★★★	(1)直接考核企业面对的风险种类的分类、含义、内容； (2)通过案例形式分析企业面对的风险种类； (3)对细小知识点的考核，比如政治风险的类型等； (4)直接考核从内部控制角度展开的主要风险(原18个应用指引需要关注的主要风险)； (5)要求在主观题中一般是根据题目中的资料，分析判断案例公司存在哪些主要需要关注的风险
风险管理基本流程	客观题	★★	(1)直接考核风险管理基本流程的内容； (2)判断正误、是否符合规定
风险管理组织体系	客观题、主观题	★★★	(1)直接考核风险管理工具的含义、内容； (2)通过案例形式分析判断采用的风险管理工具； (3)对细小知识点的考核，比如最大可能损失的含义； (4)直接考核风险管理组织体系的内容； (5)根据风险管理组织体系的规定判断正误； (6)针对理财措施中的细小知识点进行考核，比如风险资本的计算
内部控制概述	客观题	★	直接考核细小知识点，要求判断正误
内部控制的要素	客观题、主观题	★★	(1)直接考核细小知识点，要求判断正误； (2)给出资料，要求分析是否适当，要求掌握COSO对于内控的要求与17条原则，以及我国基本规范中对于五要素中的要求内容
风险管理技术与方法	客观题	★★	(1)给出案例表述，分析判断企业具体采取的是哪种风险管理方法； (2)直接考核风险管理方法的特征或者优缺点

学习方法与应试技巧

本章的结构清晰、内容重要、知识点多。建议学习要求是：理清框架，分清结构，逐个击破。由于本章知识点多通过案例进行考查，所以首先要做的是在学习中理清思路，以理解为主。其次，学习过程中要勤做总结，比如总结企业面对的风险种类、风险管理策略工具等专题，以便分模块记忆。最后，复习完理论知识点之后需要及时通过同步拓展训练做题目练习。

本章2020年考试主要变化

（1）本章主要内容几乎没有变化，修改错别字；
（2）增加调整部分案例内容。

考点详解及精选例题

本章内容主要来自2006年6月国务院国资委发布的《中央企业全面风险管理指引》。（详见本章后附的原文）建议考生先通读一遍原文后，再进行本章的学习，最后再通读一遍原文，可达到事半功倍的效果。

一、风险的概念—知识理解能力★

扫我解疑难

企业风险是指未来的不确定性对企业实现其经营目标的影响。

以能否为企业带来盈利等机会为标志，将风险分为纯粹风险（只有带来损失一种可能性）和机会风险（带来损失和盈利的可能性并存）。

理解这个定义需要从以下几个方面把握：

（1）企业风险与企业战略相关。—企业风险影响战略目标的实现。

（2）风险是一系列可能发生的结果，不能

简单理解为最有可能的结果。

（3）风险具有客观性，又具有主观性。—人的主观判断来决定选择不同的风险。

（4）风险与机遇并存。—威胁与机会。

二、企业面对的风险种类—基本应用能力★★★

扫我解疑难

综合风险各种分类，将企业面对的风险分为两大类：外部风险和内部风险。

外部风险主要包括政治风险、法律风险与合规风险、社会文化风险、技术风险、市场风险等。

内部风险主要包括：战略风险、运营风险、财务风险等，如表6-1所示。

表6-1　企业面对的风险种类

类别		说明
外部风险	政治风险	政治风险常常分为： （1）限制投资领域； （2）设置贸易壁垒； （3）外汇管制规定； （4）进口配额和关税； （5）组织结构及要求最低持股比例； （6）限制向东道国的银行借款； （7）没收资产

类别		说明
外部风险	法律风险与合规风险	合规风险是指因违反法律或监管要求而受到制裁、遭受金融损失以及因未能遵守适用法律、法规、行为准则或相关标准而给企业信誉带来的损失的可能性。 法律风险是指企业在经营过程中因自身经营行为的不规范或者外部法律环境发生重大变化而造成的不利法律后果的可能性。包括： (1)法律环境因素，包括立法不完备、执法不公正等； (2)市场主体自身法律意识淡薄，在经营活动中不考虑法律因素等； (3)交易相对方的失信、违约或欺诈等。 『提示』合规风险侧重于行政责任和道德责任的承担，而法律风险则侧重于民事责任的承担
	社会文化风险	(1)跨国经营活动引发的文化风险； (2)企业并购活动引发的文化风险； (3)组织内部因素引发的文化风险
	技术风险	广义的技术风险是当某一种新技术给某一行业或企业带来增长机会的同时，可能对其他行业或企业形成巨大威胁。 狭义的技术风险是技术在创新过程中，由于技术本身复杂性和其他相关因素变化产生的不确定性而导致技术创新遭遇失败的可能性。 技术风险的三分类： (1)技术设计风险—氟利昂、超薄塑料袋 (2)技术研发风险—项目难度、人员能力、环境变化 (3)技术应用风险—产品化及产业化过程中的负面影响或效应
	市场风险	市场风险指企业所面对的外部市场的复杂性和变动性所带来的与经营相关的风险。至少要考虑以下五个方面： (1)产品或服务的价格及供需变化带来的风险；（下游带来的风险） (2)能源、原材料、配件等物资供应的充足性、稳定性和价格的变化带来的风险；（上游带来的风险） (3)主要客户、主要供应商的信用风险；（上下游共同的信用风险） (4)税收政策和利率、汇率、股票价格指数的变化带来的风险；（可理解为金融方面的风险） (5)潜在进入者、竞争者与替代品的竞争带来的风险 【记忆口诀】市场风险是重要的高频考点之一。考生可以这样理解记忆：市场风险就是"五力风险+金融风险"
内部风险	战略风险	指企业在战略管理过程中，由于内外部环境的复杂性和变动性以主体对环境的认知能力和适应能力的有限性，而导致企业整体性损失和战略目标无法实现的可能性及其损失。我国《企业内部控制应用指引第2号—发展战略》从企业制定与实施发展战略角度阐明企业战略风险具体体现在以下3个方面： (1)缺乏明确的发展战略或发展战略实施不到位，可能导致企业盲目发展，难以形成竞争优势，丧失发展机遇和动力。 (2)发展战略过于激进，脱离企业实际能力或偏离主业，可能导致企业过度扩张，甚至经营失败。 (3)发展战略因主观原因频繁变动，可能导致资源浪费，甚至危及企业的生存和持续发展。

类别		说明
内部风险	运营风险	是指企业在运营过程中，由于内外部环境的复杂性和变动性以及主体对环境的认知能力和适应能力的有限性，而导致的运营失败或使运营活动达不到预期目标的可能性及其损失。依据《中央企业全面风险管理指引》运营风险至少要考虑 8 个方面： (1) 企业产品结构、新产品研发方面可能引发的风险； (2) 企业新市场开发，市场营销策略(包括产品或服务定价与销售渠道，市场营销环境状况等)方面可能引发的风险； (3) 企业组织效能、管理现状、企业文化以及高、中层管理人员和重要业务流程中专业人员的知识结构、专业经验等方面可能引发的风险； (4) 期货等衍生产品业务发生失误带来的风险； (5) 质量、安全、环保、信息安全等管理中发生失误导致的风险； (6) 因企业内、外部人员的道德因素或业务控制系统失灵导致的风险； (7) 给企业造成损失的自然灾害等风险； (8) 企业现有业务流程和信息系统操作运行情况的监管、运行评价及持续改进能力方面引发的风险。 从内部控制角度展开有 14 个主要运营风险
	财务风险 (广义)	财务风险，是指企业在生产经营过程中，由于内外部环境的各种难以预料或无法控制的不确定性因素的作用，使企业在一定时期内所获取的财务收益与预期收益发生偏差的可能性。财务风险是客观存在的，企业管理者对财务风险只有采取有效措施来降低风险，而不可能完全消除风险。 从内部控制角度展开有 3 个财务风险

从内部控制角度展开 14 个主要运营风险具体如下：

(1) 组织架构。依据《企业内部控制应用指引第 1 号—组织架构》，组织架构设计与运行中需关注的主要风险包括：

第一，治理结构形同虚设，缺乏科学决策、良性运行机制和执行力，可能导致企业经营失败，难以实现发展战略。

第二，内部机构设计不科学，权责分配不合理，可能导致机构重叠、职能交叉或缺失、推诿扯皮，运行效率低下。

(2) 人力资源。依据《企业内部控制应用指引第 3 号—人力资源》，人力资源管理需关注的主要风险包括：

第一，人力资源缺乏或过剩、结构不合理、开发机制不健全，可能导致企业发展战略难以实现。

第二，人力资源激励约束制度不合理、关键岗位人员管理不完善，可能导致人才流失、经营效率低下或关键技术、商业秘密和国家机密泄露。

第三，人力资源退出机制不当，可能导致法律诉讼或企业声誉受损。

(3) 社会责任。依据《企业内部控制应用指引第 4 号—社会责任》，履行社会责任方面需关注的主要风险包括：

第一，安全生产措施不到位，责任不落实，可能导致企业发生安全事故。

第二，产品质量低劣，侵害消费者利益，可能导致企业巨额赔偿、形象受损，甚至破产。

第三，环境保护投入不足，资源耗费大，造成环境污染或资源枯竭，可能导致企业巨额赔偿、缺乏发展后劲，甚至停业。

第四，促进就业和员工权益保护不够，可能导致员工积极性受挫，影响企业发展和社会稳定。

(4) 企业文化。依据《企业内部控制应用指引第 5 号—企业文化》，企业文化建设需关注的主要风险包括：

第一，缺乏积极向上的企业文化，可能导致员工丧失对企业的信心和认同感，企业缺乏凝聚力和竞争力。

第二，缺乏开拓创新、团队协作和风险意识，可能导致企业发展目标难以实现，影响可持续发展。

第三，缺乏诚实守信的经营理念，可能导致舞弊事件的发生，造成企业损失，影响企业信誉。

第四，忽视企业间的文化差异和理念冲突，可能导致并购重组失败。

（5）采购业务。依据《企业内部控制应用指引第7号—采购业务》，采购业务需关注的主要风险包括：

第一，采购计划安排不合理，市场变化趋势预测不准确，造成库存短缺或积压，可能导致企业生产停滞或资源浪费。

第二，供应商选择不当，采购方式不合理，招投标或定价机制不科学，授权审批不规范，可能导致采购物资质次价高，出现舞弊或遭受欺诈。

第三，采购验收不规范，付款审核不严，可能导致采购物资、资金损失或信用受损。

（6）资产管理。依据《企业内部控制应用指引第8号—资产管理》，资产管理需关注的主要风险包括：

第一，存货积压或短缺，可能导致流动资金占用过量、存货价值贬损或生产中断。

第二，固定资产更新改造不够、使用效能低下、维护不当、产能过剩，可能导致企业缺乏竞争力、资产价值贬损、安全事故频发或资源浪费。

第三，无形资产缺乏核心技术、权属不清、技术落后、存在重大技术安全隐患，可能导致企业出现法律纠纷、缺乏可持续发展能力。

（7）销售业务。依据《企业内部控制应用指引第9号—销售业务》，销售业务需关注的主要风险包括：

第一，销售政策和策略不当，市场预测不准确，销售渠道管理不当等，可能导致销售不畅、库存积压、经营难以为继。

第二，客户信用管理不到位，结算方式选择不当，账款回收不力等，可能导致销售款项不能收回或遭受欺诈。

第三，销售过程存在舞弊行为，可能导致企业利益受损。

（8）研究与开发。依据《企业内部控制应用指引第10号—研究与开发》，开展研发活动需关注的主要风险包括：

第一，研究项目未经科学论证或论证不充分，可能导致创新不足或资源浪费。

第二，研发人员配备不合理或研发过程管理不善，可能导致研发成本过高、舞弊或研发失败。

第三，研究成果转化应用不足、保护措施不力，可能导致企业利益受损。

（9）工程项目。依据《企业内部控制应用指引第11号—工程项目》，工程项目需关注的主要风险包括：

第一，立项缺乏可行性研究或者可行性研究流于形式，决策不当，盲目上马，可能导致难以实现预期效益或项目失败。

第二，项目招标暗箱操作，存在商业贿赂，可能导致中标人实质上难以承担工程项目、中标价格失实及相关人员涉案。

第三，工程造价信息不对称，技术方案不落实，概预算脱离实际，可能导致项目投资失控。

第四，工程物资质次价高，工程监理不到位，项目资金不落实，可能导致工程质量低劣，进度延迟或中断。

第五，竣工验收不规范，最终把关不严，可能导致工程交付使用后存在重大隐患。

（10）担保业务。依据《企业内部控制应用指引第12号—担保业务》，担保业务需关注的主要风险包括：

第一，对担保申请人的资信状况调查不深，审批不严或越权审批，可能导致企业担保决策失误或遭受欺诈。

第二，对被担保人出现财务困难或经营陷入困境等状况监控不力，应对措施不当，可能导致企业承担法律责任。

第三，担保过程中存在舞弊行为，可能导致经办审批等相关人员涉案或企业利益受损。

（11）业务外包。依据《企业内部控制应用指引第13号—业务外包》，企业的业务外包需关注的主要风险包括：

第一，外包范围和价格确定不合理，承包方选择不当，可能导致企业遭受损失。

第二，业务外包监控不严、服务质量低劣，可能导致企业难以发挥业务外包的优势。

第三，业务外包存在商业贿赂等舞弊行为，可能导致企业相关人员涉案。

（12）合同管理。依据《企业内部控制应用指引第16号—合同管理》，合同管理需关注的主要风险包括：

第一，未订立合同、未经授权对外订立合同、合同对方主体资格未达要求、合同内容存在重大疏漏和欺诈，可能导致企业合法权益受到侵害。

第二，合同未全面履行或监控不当，可能导致企业诉讼失败、经济利益受损。

第三，合同纠纷处理不当，可能损害企业利益、信誉和形象。

（13）内部信息传递。依据《企业内部控制应用指引第17号—内部信息传递》，内部信息传递需关注的主要风险包括：

第一，内部报告系统缺失、功能不健全、内容不完整，可能影响生产经营有序运行。

第二，内部信息传递不通畅、不及时，可能导致决策失误、相关政策措施难以落实。

第三，内部信息传递中泄露商业秘密，可能削弱企业核心竞争力。

（14）信息系统。依据《企业内部控制应用指引第18号—信息系统》，信息系统需关注的主要风险包括：

第一，信息系统缺乏或规划不合理，可能造成信息孤岛或重复建设，导致企业经营管理效率低下。

第二，系统开发不符合内部控制要求，

授权管理不当，可能导致无法利用信息技术实施有效控制。

第三，系统运行维护和安全措施不到位，可能导致信息泄露或毁损，系统无法正常运行。

从内部控制角度考察，财务风险可以从以下3个方面展开：

（1）全面预算。依据《企业内部控制应用指引第15号—全面预算》，实行全面预算管理需关注的主要风险包括：

①不编制预算或预算不健全，可能导致企业经营缺乏约束或盲目经营。

②预算目标不合理、编制不科学，可能导致企业资源浪费或发展战略难以实现。

③预算缺乏刚性、执行不力、考核不严，可能导致预算管理流于形式。

（2）资金活动。依据《企业内部控制应用指引第6号—资金活动》，资金活动需关注的主要风险包括：

①筹资决策不当，引发资本结构不合理或无效融资，可能导致企业筹资成本过高或债务危机。

②投资决策失误，引发盲目扩张或丧失发展机遇，可能导致资金链断裂或资金使用效益低下。

③资金调度不合理、营运不畅，可能导致企业陷入财务困境或资金冗余。

④资金活动管控不严，可能导致资金被挪用、侵占、抽逃或企业遭受欺诈。

（3）财务报告。依据《企业内部控制应用指引第14号—财务报告》，编制、对外提供和分析利用财务报告需关注的主要风险包括：

①编制财务报告违反会计法律法规和国家统一的会计准则制度，可能导致企业承担法律责任和声誉受损。

②提供虚假财务报告，误导财务报告使用者，造成决策失误，干扰市场秩序。

③不能有效利用财务报告，难以及时发现企业经营管理中存在的问题，可能导致企业财务和经营风险失控。

【备考战略】外部风险：PEST。内部风险：战财运。口诀解读：第二章中我们学习过 PEST，在这里 P 指政治、法律与合规，E 指市场，S 指社会文化，T 指技术。所以说外部风险就是 PEST 风险。内部风险如何记忆呢？考生可以想象一下自己如果能够识别"战略风险"的话，就可以有"财运"了，此谓"战财运"！

近六年考试中，"企业面对风险的种类"是主观题和客观题中最重要最常见的高频考点，所以要求考生在理解各类风险概念的基础之上，一定要牢记各类风险常见的表现形式和内容，以期达到给定案例背景内容时，能够找出并区分案例中所涉及哪些风险。需要特别注意，2019 年的运营风险中增加了从内控视角需要关注的 14 个应用指引中涉及的风险，财务风险中增加了 3 个应用指引中涉及风险，再加上战略风险内容，至此集齐了全部 18 个内部控制应用指引，今年的考生们又需要重回"18 铜人阵"，需要牢记每个铜人需要关注的主要风险！！

【相关链接】2015 年至 2016 年股票市场先经历了多年不遇的大牛市，后又进入了大熊市。对于一般企业来说，这属于什么风险呢？

答：属于股价波动引起的市场风险。

【例题 1·单选题】企业风险是指那些影响企业实现其战略目标的不确定性，理解这个定义需要把握以下几个方面，这几个方面不包括( )。

A. 企业风险与企业战略相关

B. 风险是一系列可能发生的结果，不能简单理解为最有可能的结果

C. 风险具有客观性、没有主观性

D. 风险总是与机遇并存

解析 ▶ 企业风险是指那些影响企业实现其战略目标的不确定性，理解这个定义需要把握以下几个方面：即企业风险与企业战略相关，风险是一系列可能发生的结果，不能简单理解为最有可能的结果，风险既有客观性、又有主观性，以及风险总是与机遇并存。

所以选项 C 错误。　　　　答案 ▶ C

【例题 2·多选题】下列属于可能引发运营风险的情况的有( )。

A. 企业产品结构、新产品研发方面可能引发的风险

B. 期货等衍生产品业务中发生失误带来的风险

C. 质量、安全、环保、信息安全等管理中发生失误导致的风险

D. 因企业内、外部人员的道德因素或业务控制系统失灵导致的风险

解析 ▶ 运营风险要考虑的方面见表 6-1。

答案 ▶ ABCD

【例题 3·单选题】下列不属于资产管理需关注的主要风险的是( )。

A. 存货积压或短缺，可能导致流动资金占用过量、存货价值贬损或生产中断

B. 固定资产更新改造不够、使用效能低下、维护不当、产能过剩，可能导致企业缺乏竞争力、资产价值贬损、安全事故频发或资源浪费

C. 研究成果转化应用不足、保护措施不力，可能导致企业利益受损

D. 无形资产缺乏核心技术、权属不清、技术落后、存在重大技术安全隐患，可能导致企业法律纠纷、缺乏可持续发展能力

解析 ▶ 本题考核资产管理的主要风险。资产管理需关注的主要风险：

(1)存货积压或短缺，可能导致流动资金占用过量、存货价值贬损或生产中断。

(2)固定资产更新改造不够、使用效能低下、维护不当、产能过剩，可能导致企业缺乏竞争力、资产价值贬损、安全事故频发或资源浪费。

(3)无形资产缺乏核心技术、权属不清、技术落后、存在重大技术安全隐患，可能导致企业法律纠纷、缺乏可持续发展能力。

答案 ▶ C

【例题 4·单选题】下列不属于销售业务需要关注的风险的是( )。

A. 客户信用管理不到位

B. 销售政策和策略不当，市场预测不准确

C. 销售过程存在舞弊行为

D. 产品存在质量问题

解析 本题考核企业内控应用指引中的销售业务。销售业务需关注的主要风险包括：(1)销售政策和策略不当，市场预测不准确，销售渠道管理不当，可能导致销售不畅、库存积压、经营难以为继。(2)客户信用管理不到位，结算方式选择不当，账款回收不力等，可能导致销售款项不能收回或遭受欺诈。(3)销售过程存在舞弊行为，可能导致企业利益受损。 **答案** D

【例题5·单选题】 根据《企业内部控制应用指引第12号—担保业务》，在办理担保业务时需关注的主要风险是( )。

A. 外包范围和价格确定不合理，承包方选择不当，可能导致企业遭受损失

B. 担保过程中存在舞弊行为，可能导致经办审批等相关人员涉案或企业利益受损

C. 业务外包监控不严、服务质量低劣，可能导致企业难以发挥业务外包的优势

D. 业务外包存在商业贿赂等舞弊行为，可能导致企业相关人员涉案

解析 办理担保业务需关注的主要风险：(1)对担保申请人的资信状况调查不深，审批不严或越权审批，可能导致企业担保决策失误或遭受欺诈。(2)对被担保人出现财务困难或经营陷入困境等状况监控不力，应对措施不当，可能导致企业承担法律责任。(3)担保过程中存在舞弊行为，可能导致经办审批等相关人员涉案或企业利益受损。选项ACD属于业务外包需关注的主要风险。 **答案** B

【例题6·单选题】 迅捷公司正在委托外部服务公司检查企业的内部控制是否存在漏洞，根据《企业内部控制应用指引第14号—财务报告》，下列选项中，与迅捷公司财务报告有关的风险是( )。

A. 不能有效利用财务报告，难以及时发现企业经营管理中存在的问题，可能导致企业财务和经营风险失控

B. 不编制预算或预算不健全，可能导致企业经营缺乏约束或盲目经营

C. 销售过程存在舞弊行为，可能导致企业利益受损

D. 外包范围和价格确定不合理，承包方选择不当，可能导致企业遭受损失

解析 编制、对外提供和分析利用财务报告需关注的主要风险：①编制财务报告违反会计法律法规和国家统一的会计准则制度，可能导致企业承担法律责任和声誉受损。②提供虚假财务报告，误导财务报告使用者，造成决策失误，干扰市场秩序。③不能有效利用财务报告，难以及时发现企业经营管理中存在的问题，可能导致企业财务和经营风险失控。选项B属于实行全面预算需关注的主要风险，选项C属于销售业务需关注的主要风险，选项D属于业务外包需关注的主要风险。 **答案** A

三、风险管理的概念—知识理解能力★

扫我解疑难

(一)风险偏好与风险承受度

这是在风险管理体系中，最为重要的基本概念之一。两者是风险管理概念的重要组成部分，风险含义两重性，使得风险管理要在收益和风险中寻求平衡点，以实现企业价值最大化。

风险偏好是企业希望承受的风险范围，分析风险偏好要回答的问题是公司希望承担什么风险和承担多少风险。

风险承受度是指企业风险偏好的边界，它是企业采取行动的预警指标，企业可以设置若干承受度等级，以显示不同的警示级别。

【提示说明】 进行风险管理的前提条件是首先要明确企业或个人的风险偏好与风险承受度，然后才能进行投资等决策，否则决策的后

果会出现失控的局面，这是多数人常犯的典型错误之一。各位考生可以尝试回答这样一个问题：如果你有1000万元，会用来购买国债还是股票呢？你的决策结果显示了你的风险偏好。而如果你已经有了1000万元的股票在手，有没有想过自己最多能承受股价下跌多大幅度后一定要将股票卖出吗？抑或是股票下跌后会一直持有而不管已经赔了多少钱吗？如果是的话，你就是没有确定自己的风险承受度。

（二）企业风险管理的定义与特征—**基本应用能力**

《中央企业全面风险管理指引》对风险管理给出如下定义："**全面风险管理，指企业围绕总体经营目标，通过在企业管理的各个环节和经营过程中执行风险管理的基本流程，培育良好的风险管理文化，建立健全全面风险管理体系，包括风险管理策略、风险理财措施、风险管理的组织职能体系、风险管理信息系统和内部控制系统，从而为实现风险管理的总体目标提供合理保证的过程和方法。**"

该定义体现了企业风险管理的五个特征：

（1）战略性。

（2）全员化。企业全面风险管理是一个由企业治理层、管理层和所有员工参与的，对企业所有风险进行管理，把风险控制在风险承受度以内，以增进企业价值。

（3）专业性。要求风险管理的专业人才实施专业化管理。

（4）二重性。既要管理纯粹的风险，也要管理机会风险。

（5）系统性。包括风险管理策略等五大系统（后面内容展开）

从传统风险管理理念到全面风险管理理念的变化，风险管理的概念、目标、内容以及公司风险管理文化都发生了根本性的变化。下表对比了风险管理新旧理念之间的差异，如表6-2所示。

表6-2　传统风险管理与全面风险管理对比

项目	传统风险管理	全面风险管理
涉及面	主要是财务会计主管和内部审计等部门负责；就单个风险实施个体风险管理，主要是可保风险和财务风险	在高层的参与下，每个成员都承担与自己行为相关的风险管理责任；从总体上集中考虑和管理风险（包括纯粹风险和机会风险）
连续性	只有管理层认为必要时才进行	是企业系统的、有重点的、持续的行为
态度	被动地将风险管理作为**成本中心**	主动积极地将风险管理作为**价值中心**
目标	与企业战略联系不紧，目的是**转移或避免风险**	紧密联系企业战略，目的是**寻求风险优化措施**
方法	事后反应式的风险管理方法，即先检查和预防经营风险，然后采取应对措施	事前风险防范，事中风险预警和及时处理，事后风险报告、评估、备案及其他相应措施
注意焦点	专注于纯粹和灾害性风险	焦点在所有利益相关者的共同利益最大化上

四、风险管理的目标—基本应用能力 ★★

扫我解疑难

全面风险管理紧密联系企业战略，为实现公司总体战略目标寻求风险优化措施，《全面风险管理指引》中的风险管理总体目标包括五方面：

（1）确保将风险控制在**与公司总体目标相适应并可承受**的范围内；

（2）确保内外部，尤其是企业与股东之间实现真实、可靠的信息沟通，包括编制和提供**真实、可靠的财务报告**；

（3）确保**遵守有关法律法规**；

（4）确保企业有关规章制度和为实现经营目标而采取重大措施的贯彻执行，保障经营管理的有效性，提高**经营活动的效率和效果**，降低实现经营目标的不确定性；

（5）确保企业建立针对各项重大风险发生后的**危机处理计划**，保护企业不因灾害性风险或人为失误而遭受重大损失。

【例题7·单选题】下列关于风险管理总体目标的说法中不正确的是( )。

A. 确保将风险控制在与公司总体目标相适应并可承受的范围内

B. 确保遵守有关法律法规

C. 确保内部，尤其是企业与股东之间实现真实、可靠的信息沟通，包括编制和提供真实、可靠的财务报告

D. 确保企业建立针对各项重大风险发生后的危机处理计划，保护企业不因灾害性风险或人为失误而遭受重大损失

解析 ▶ 选项C的说法片面，应当是确保内外部，尤其是企业与股东之间实现真实、可靠的信息沟通，包括编制和提供真实、可靠的财务报告。　**答案** ▶ C

扫我解疑难

五、风险管理基本流程五大步骤（见图6-1）

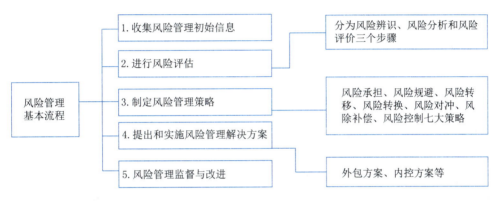

图6-1　风险管理基本流程

（一）收集风险管理初始信息—**基本应用能力** ★★

风险管理基本流程的第一步，要广泛地、持续不断地收集与本企业风险和风险管理相关的内部、外部初始信息，包括历史数据和未来预测。

收集初始信息要根据分析的风险类型具体展开，如表6-3所示。

表6-3　不同风险需要收集的信息

风险类型	需要收集的相关信息
分析战略风险	①国内外宏观经济政策以及经济运行情况、企业所在产业的状况、国家产业政策； ②科技进步、技术创新的有关内容； ③市场对该企业产品或服务的需求； ④与企业战略合作伙伴的关系，未来寻求战略合作伙伴的可能性； ⑤该企业主要客户、供应商及竞争对手的有关情况； ⑥与主要竞争对手相比，该企业实力与差距； ⑦本企业发展战略和规划、投融资计划、年度经营目标、经营战略，以及编制这些战略、规划、计划、目标的有关依据； ⑧该企业对外投融资流程中曾发生或易发生错误的业务流程或环节

风险类型	需要收集的相关信息
分析财务风险（与风险种类中的内容不同）	①负债或负债率、偿债能力； ②现金流、应收账款及其占销售收入的比重、资金周转率； ③产品存货及其占销售成本的比重、应付账款及其占购货额的比重； ④制造成本和管理费用、财务费用、营业费用； ⑤盈利能力； ⑥成本核算、资金结算和现金管理业务中曾发生或易发生错误的业务流程或环节； ⑦相关的产业会计政策、会计估算、与国际会计制度的差异与调节（如退休金、递延税项等）等信息
分析市场风险（与风险种类中的内容相同）	①产品或服务的价格及供需变化； ②能源、原材料、配件等物资供应的充足性、稳定性和价格变化； ③主要客户、主要供应商的信用情况； ④税收政策和利率、汇率、股票价格指数的变化； ⑤潜在竞争者、竞争者及其主要产品、替代品情况
分析运营风险（与风险种类中的内容相同但多了最后一条）	企业应至少收集与该企业、本行业相关的以下信息： ①产品结构、新产品研发； ②新市场开发、市场营销策略，包括产品或服务定价与销售渠道、市场营销环境等； ③企业组织效能、管理现状、企业文化，高、中层管理人员和重要业务流程中专业人员的知识结构、专业经验； ④期货等衍生产品业务中曾发生或易发生失误的流程和环节； ⑤质量、安全、环保、信息安全等管理中曾发生或易发生失误业务流程或环节； ⑥因企业内、外部人员的道德因素致使企业遭受损失或业务控制系统失灵； ⑦给企业造成损失的自然灾害以及除上述有关情形之外的其他纯粹风险； ⑧对现有业务流程和信息系统操作运行情况的监管、运行评价及持续改进能力； ⑨企业风险管理的现状和能力
分析法律风险	企业应至少收集与该企业相关的以下信息： ①国内外与该企业相关的政治、法律环境； ②影响企业的新法律法规和政策； ③员工的道德操守； ④该企业签订的重大协议和有关贸易合同； ⑤该企业发生重大法律纠纷案件的情况； ⑥企业和竞争对手的知识产权情况

【备考战略】收集风险管理初始信息包括五方面："战、市、财、运、法（发）"。

企业要对收集的初始信息应进行必要的筛选、提炼、对比、分类、组合，以便进行风险评估。（需要注意的是，这是收集的信息并不是之前讲的七个外部风险和四个内部风险，主要原因是这里讲的五方面信息是《中央企业全面风险管理指引》中总结的，而之前的外部风险与内部风险的分类并不是来自指引）。

【例题8·多选题】企业进行风险管理，需要收集风险管理初始信息，下列属于分析战略风险收集的信息的有（　　）。

A. 科技进步、技术创新的有关内容

B. 市场对该企业产品或服务的需求

C. 企业和竞争对手的知识产权情况

D. 与主要竞争对手相比，该企业实力与差距

解析 ▶ 企业和竞争对手的知识产权情况属于分析法律风险需要收集的信息。

答案 ▶ ABD

（二）进行风险评估—**综合运用能力**（见表6-4）★

表6-4 风险评估的三步骤

风险评估的步骤	说明
风险辨识（步骤一）	是指查找企业各业务单元、各项重要经营活动及其重要业务流程中有无风险，有哪些风险
风险分析（步骤二）	是对辨识出的风险及其特征进行明确的定义描述，分析和描述风险发生可能性的高低、风险发生的条件
风险评价（步骤三）	是评估风险对企业实现目标的影响程度、风险的价值等

进行风险辨识、分析、评价，应将定性与定量方法相结合。其中：

定性方法包括问卷调查、集体讨论、专家咨询、情景分析、政策分析、行业标杆比较、管理层访谈、由专人主持的工作访谈和调查研究等。

定量方法包括统计推论（如集中趋势法）、计算机模拟（如蒙特卡洛分析法）、失效模式与影响分析、事件树分析等。

风险评估的**实施主体**，应由企业组织有关职能部门和业务单位实施，也可聘请有资质、信誉好、风险管理专业能力强的中介机构协助实施。企业应对风险管理信息实行动态管理。

（三）制定风险管理策略—**综合运用能力**

风险管理策略，是指企业根据自身条件和外部环境，围绕企业发展战略，确定风险偏好、风险承受度、风险管理有效性标准，选择适合的风险管理工具的总体策略，并确定风险管理所需人力和财力资源的配置原则。

制定风险管理策略的一个**关键环节**是企业应根据不同业务特点**统一确定风险偏好和风险承受度。**

对于已经制定和实施的风险管理策略，企业应定期总结和分析已制定的风险管理策略的有效性和合理性，结合实际不断修订和完善。其中，应重点检查依据风险偏好、风险承受度和风险控制预警线实施的结果是否有效，并提出定性或定量的有效性标准。

制定风险管理策略，还要防止和纠正两种错误倾向，一是**忽视风险**，片面追求收益而不讲条件、范围，认为风险越大、收益越高的观念和做法；二是**单纯为规避风险**而放弃发展机遇。

在制定风险管理策略时，还应进一步确定风险管理的优先顺序，明确风险管理成本的资金预算和控制风险的组织体系、人力资源、应对措施等总体安排。

【提示说明】制定风险管理策略的这部分内容，可以说是本章内容的"中心思想"，后面还将对风险管理策略进行非常详细地展开讲解。对于风险管理知识体系缺乏的考生，强烈建议多读几遍牢固记忆，因为这些策略内容将贯穿本章内容，也便于考生在众多知识点中跳出来，牢牢地把握这条风险管理的策略主线。

（四）提出和实施风险管理解决方案—**综合运用能力**

1. 风险管理解决方案的两种类型

风险管理解决方案可以分为**外部和内部**解决方案。

外部解决方案一般指外包。外包可使用投资银行、信用评级公司、保险公司、律师事务所、会计师事务所、风险管理咨询公司等专业机构，将有关方面的工作外包，可以降低企业的风险，提高效率。外包可以使企业规避一些风险，但同时可能带来另一些风险，应当加以控制。

外包方案，应注重**成本与收益**的平衡、外包工作的质量、自身商业秘密的保护以及防止自身对风险解决外包产生依赖性风险等，并制定相应的预防和控制措施。

内部解决方案一般是以下**五大风险管理体系的综合应用**，包括风险管理策略；组织职能；内部控制；信息系统；风险理财措施。

其中，**内部控制是全面风险管理的基础设施和必要举措**。

一般来说，内部控制：

（1）针对的风险：可控纯粹风险。

（2）控制对象：个人。

（3）控制目的：规范员工的行为。

（4）控制范围：业务和管理流程。

另外，内部控制系统至少包括以下九大内容：

（1）建立内控岗位授权制度。（2）建立内控报告制度。（3）建立内控批准制度。（4）建立内控责任制度。（5）建立内控审计检查制度。（6）建立内控考核评价制度。（7）建立重大风险预警制度。（8）建立健全以总法律顾问制度为核心的企业法律顾问制度。（9）建立重要岗位权力制衡制度，明确规定不相容职责的分离。（更多内部控制的内容，可见本章后面"风险管理体系"中的"内部控制系统"。）

2. 关键风险指标管理

关键风险指标管理是对引起风险事件发生的**关键成因指标**进行管理的方法。它可以管理单项风险的多个关键成因，也可以管理影响企业主要目标的多个主要风险。比如：年度销售额、原材料价格、制造成本、销售成本、投资收入、利息、应收账款等。

（1）关键风险指标管理的六大步骤。

①分析风险成因，从中找出**关键成因**。

②将关键成因**量化**，确定其度量，分析确定导致风险事件发生（或极有可能发生）时该成因的具体数值。

③以该具体数值为基础，以发出风险信息为目的，加上或减去一定数值后形成新的数值，该数值即为**关键风险指标**。

④建立风险**预警**系统，即当数值达到关键风险指标时，发出风险预警信息。

⑤制定出现风险预警信息时应采取的风险**控制措施**。

⑥**跟踪监测**关键成因的变化，一旦出现预警，即实施风险控制措施。

（2）关键风险指标分解。

①要分解到企业的各个职能部门和业务单位。

②要注意职能部门和业务单位之间的协调。

③关键是从企业整体出发把风险控制在一定范围内。

④分解要兼顾各职能部门和业务单位的诉求。

一个可行的方法是在企业的总体领导和整体战略的指导下进行部门和业务单位间的协调。

3. 落实风险管理解决方案

（1）高度重视，要认识到风险管理是企业价值创造的根本源泉。

（2）风险管理是全员的分内工作，没有风险的岗位是不创造价值的。

（3）落实到组织，明确分工和责任，全员进行风险管理。

（4）对风险管理解决方案的实施进行持续监控改进，并与绩效考核联系起来。

【例题9·多选题】 下列各种风险管理解决方案中，属于内部解决方案的有（　　）。

A. 风险管理策略　　B. 组织职能

C. 信息系统　　　　D. 风险理财措施

解析 ➤ 内部解决方案一般是以下几种手段的综合应用：风险管理策略；组织职能；内部控制，包括政策、制度、程序；信息系统，包括报告体系；风险理财措施。

答案 ➤ ABCD

（五）风险管理的监督与改进—**基本应用能力**

企业应以**重大风险、重大事件和重大决策、重要管理及业务流程为重点**，对风险管理初始信息、风险评估、风险管理策略、关键控制活动及风险管理解决方案的实施情况进行监督，采用压力测试、返回测试、穿行测试以及风险控制自我评估等方法对风险管理的有效性进行检验，根据变化情况和存在的缺陷及时加以改进。

【相关链接】四个名词概念辨析

压力测试指在极端情景下，分析风险评估管理模型或内控流程的有效性，发现问题，制定改进措施的方法，目的是防止出现重大损失事件。

返回测试是将历史数据输入到风险管理模型或内控流程中，把结果与预测值对比，以检验其有效性的方法。

穿行测试是在正常运行条件下，将初始数据输入内控流程，穿越全流程和所有关键环节，把运行结果与设计要求对比，以发现内控流程缺陷的方法。

风险控制自我评估（RSA），定期或不定期地评价自己及子公司的风险管理系统、风险管理的有效性及风险管理实施的效率效果。

企业应建立贯穿于整个风险管理基本流程，连接各上下级、各部门和业务单位的风险管理信息沟通渠道，确保信息沟通的及时、准确、完整，为风险管理监督与改进奠定基础。相关部门的职责如表6-5所示。

表6-5　相关部门在风险管理监督与改进中的对应的职责

部门	职责
各有关部门和业务单位	应定期对风险管理工作进行自查和检验，及时发现缺陷并改进，其检查、检验报告应及时报送企业风险管理职能部门
风险管理职能部门	应定期对各部门和业务单位风险管理工作实施情况和有效性进行检查和检验，出具评价和建议报告
内部审计部门	应至少每年一次进行监督评价出具监督评价报告；应直接报送董事会或下设的风险管理委员会和审计委员会。可聘请中介机构对企业全面风险管理工作进行评价，出具风险管理评估和建议专项报告

风险管理评估和建议专项报告一般应包括以下内容：

（1）风险管理基本流程与风险管理策略；

（2）企业重大风险、重大事件和重要管理及业务流程的风险管理及内部控制系统的建设；

（3）风险管理组织体系与信息系统；

（4）全面风险管理总体目标。

【例题10·单选题】下列关于风险管理的监督与改进的相关说法中，不正确的是（　）。

A. 企业风险管理职能部门应不定期对各部门和业务单位风险管理工作实施情况和有效性进行检查和检验

B. 企业内部审计部门应每年至少一次对各有关部门和业务单位的风险管理工作及其工作效果进行监督评价

C. 企业各有关部门和业务单位应定期对风险管理工作进行自查和检验

D. 风险管理基本流程的最后一个步骤是风险管理的监督与改进

解析 企业风险管理职能部门应定期对各部门和业务单位风险管理工作实施情况和有效性进行检查和检验，要根据在制定风险策略时提出的有效性标准的要求对风险管理策略进行评估，对跨部门和业务单位的风险管理解决方案进行评价，提出调整或改进建议，出具评价和建议报告，及时报送企业总经理或其委托分管风险管理工作的高级管理人员。所以选项A的说法不正确。**答案** A

六、风险管理体系

扫我解疑难

根据《中央企业全面风险管理指引2006》，风险管理体系包括五大部分：一是风险管理策略；二是风险理财措施；三是风险管理的组织职能体系；四是风险管理信息系统；五是内部控制系统。

（一）风险管理策略—**基本应用能力** ★ ★ ★

首先，回忆一下学习过的风险管理策略的内涵：指企业根据自身条件和外部环境，围绕企业发展战略，确定风险偏好、风险承受度、风险管理有效性标准，选择风险承担、风险规避、风险转换、风险对冲、风险补偿、风险控制等适合的风险管理工具的总体策略，并确定风险管理所需人力和财力资源的配置原则。

以下从九个方面展开讲解，这部分内容是风险管理体系中最为核心的，也是本章中最为核心的内容。

1. 风险管理策略总体定位与作用（见图6-2，表6-6）

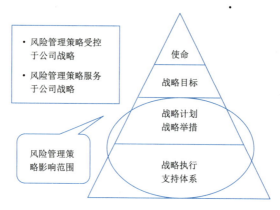

图 6-2　从企业经营战略到风险管理策略

表 6-6　风险管理策略的总体定位与作用

项目	具体内容
总体定位	（1）是**根据企业经营战略制定**的全面风险管理的总体策略； （2）在整个风险管理体系中起着**统领全局**的作用； （3）在企业战略管理的过程中起着**承上启下**的作用，减少了企业战略错误的可能性
作用	（1）为企业的总体战略服务，**保证企业经营目标的实现**； （2）**连接**企业的整体经营战略和运营活动； （3）**指导**企业的一切风险管理活动； （4）**分解**为各领域的风险管理指导方针

2. 风险管理策略的四大组成部分

（1）**风险偏好**和**风险承受度**。（在前面已经讲过，如果忘记马上去找！）

（2）**全面风险管理的有效性标准**。明确怎样衡量风险管理工作成效。

（3）风险管理的**工具**选择。明确怎样管理重大风险。

（4）全面风险管理的**资源配置**。明确如何安排人财物及外部资源等。

（风险偏好和风险承受度已经讲过，接下来先讲风险管理的工具，再讲有效性标准，最后学习资源配置）

3. 风险管理策略的七种工具

风险管理策略的工具共有七种：风险承担、风险规避、风险转移、风险转换、风险对冲、风险补偿和风险控制。如表6-7所示。

【备考战略】风险管理工具的七字诀"**担、避、移、换、冲、补、控**"。（各位考生像不像在学九阴真经？）

表 6-7　风险管理策略的工具

风险管理工具	说明
风险承担	亦称风险保留、风险自留。是指企业对所面临的风险采取接受的态度，从而承担风险带来的后果。对于企业的重大风险，即影响到企业目标实现的风险，企业一般不应采用风险承担。需要注意： (1)对未能辨识出的风险，只能采用风险承担。(无知者无畏！) (2)对于辨识出的风险，也可能由于以下三种原因也采用风险承担： ①缺乏能力进行主动管理，只能承担； ②没有其他备选方案； ③从成本效益考虑，风险承担是最适宜的方案
风险规避	是指企业回避、停止或退出蕴含某一风险的商业活动或商业环境，避免成为风险的所有人。例如(重点是理解规避的含义)： (1)退出某一市场以避免激烈竞争； (2)拒绝与信用不好的交易对手进行交易； (3)外包某项对工人健康安全风险较高的工作； (4)停止生产可能有客户安全隐患的产品； (5)禁止各业务单位在金融市场进行投机； (6)不准员工访问某些网站或下载某些内容
风险转移	是指通过合同将风险转移到第三方，对转移后的风险不再拥有所有权。 转移风险不会降低其可能的严重程度，只是从一方转移到另一方(风险性质不变，还是原来那个风险，只是承受客体发生了变化，各位考生想一下吧，青春痘长在哪里你最不担心呢?)。 风险转移的形式包括(下面这三个例子需记住！)： (1)保险。 (2)非保险型的风险转移。例如，服务保证书等。 (3)风险证券化
风险转换	是指企业通过战略调整等手段将企业面临的风险转换成另一个风险。 风险转换的手段：战略调整和衍生产品等。 风险转换可以在低成本或者无成本的情况下达到目的。 『提示』风险转换一般不会直接降低企业总的风险，其简单形式就是在减少某一风险的同时，增加另一风险(风险性质发生变化，减少 A 但增加 B)。 例如，通过放松交易客户信用标准，增加了应收账款，但扩大了销售。 (各位考生，上周你上火了，长了青春痘，而这周上火，没长青春痘，却生了口腔溃疡，因为风险转换了)
风险对冲	是指采取各种手段，引入多个风险因素或承担多个风险，使得这些风险能够互相对冲，也就是，使这些风险的影响互相抵销，从而总风险下降。 比如，资产组合使用、多种外币结算的使用和战略上的多种经营等。在金融资产管理中，对冲也包括使用衍生产品，如利用期货进行套期保值。 (不要把所有的鸡蛋放在一个篮子里面，说的就是风险对冲后总风险降低。各位考生请思考一下：为什么杜蕾斯兼并美赞臣也是风险对冲呢?) 在企业的风险中，有些风险具有自然对冲的性质，应当加以利用。例如，不同行业的经济周期风险对冲。 风险对冲必须涉及风险组合，而不是对单一风险；对于单一风险，只能进行风险规避、风险控制

风险管理工具	说明
风险补偿	是指企业对风险可能造成的损失采取适当的措施进行补偿。 风险补偿表现在企业主动承担风险，并采取措施以补偿可能的损失。 风险补偿的形式：财务补偿、人力补偿、物资补偿等。 其中，财务补偿是损失融资，包括自身的风险准备金或应急资本等。 『提示』风险补偿与风险承担的主要区别：风险承担是企业被动的承担风险(也就是有风险了，就采取接受的态度)，一般只对非重大风险采取风险承担，如果是重大风险那么就需要采取措施了，因为一旦发生，那么企业将损失惨重；风险补偿是提前做一些防范措施，比如提取准备金，但是还是由企业自己承担防范的成本
风险控制	是指控制风险事件发生的动因、环境、条件等，来达到减轻风险事件发生时的损失或降低风险事件发生的概率的目的。 风险控制对象：一般是可控风险，包括多数运营风险，如质量、安全和环境风险，以及法律风险中的合规性风险。 『提示』风险规避简单来说就是不做某事就不会发生做某事的风险，比如禁止在金融市场上投机，就不会发生因投机而产生的损失；而风险控制只是将风险发生的损失或概率降低，也就是说要么减少损失额，要么减少发生损失的可能性，这都是风险控制

【提示说明】一般情况下，对战略、财务、运营和法律风险，可采取风险承担、风险规避、风险转换、风险控制等方法。对能够通过保险、期货、对冲等金融手段进行理财的风险，可以采用风险转移、风险对冲、风险补偿等方法。

【例题11·单选题】甲企业在风险辨识环节，对于辨识出来的风险，该企业打算采用风险转移的方法进行管理，对于未能辨识出的风险，您建议该企业采用的风险管理工具是( )。

A. 风险规避

B. 风险承担

C. 风险对冲

D. 风险转换

解析 ▶ 对未能辨识出的风险，企业只能采用风险承担。所以，选项B正确。

答案 ▶ B

【思路点拨】本题属于分析型题目。应对本题的关键是区分七种风险管理工具，能够根据资料判断适合采用的风险管理工具。可以按照下面思路进行掌握：风险承担→自己承担；风险规避→回避风险；风险转移→转移给他人；风险转换→一种风险转为其他风险；风险对冲→风险与风险互相抵消；风险补偿→补偿风险发生的损失；风险控制→降低概率或损失。

4. 确定风险偏好和风险承受度

《中央企业全面风险管理指引》指出，"确定风险偏好和风险承受度，要正确认识和把握风险与收益的平衡，防止和纠正忽视风险，片面追求收益而不讲条件、范围，认为风险越大、收益越高的观念和做法；同时，也要防止单纯为规避风险而放弃发展机遇。"

一般来讲，风险偏好和风险承受度是针对公司的重大风险制定的，对企业的非重大风险的风险偏好和风险承受度不一定要十分明确，甚至可以先不提出。

重大风险的风险偏好是企业的重大决策，应由董事会决定。

确定企业整体风险偏好要考虑以下四个因素，如表6-8所示。

表 6-8　确定风险偏好要考虑四个因素

因素	说明
风险个体	对每一个风险都可以确定风险偏好和风险承受度
相互关系	既考虑同一个风险在各个业务单位之间的分配，又考虑不同风险之间的关系
整体形状	整体风险偏好和风险承受度是基于针对每一个风险的风险偏好和风险承受度
行业因素	同一风险在不同行业风险偏好不同

5. 风险度量

（1）风险度量。

风险度量模型是指度量风险的方法。**风险偏好可以定性，但风险承受度一定要定量。**企业应该采取统一的风险度量模型，对所采取的风险度量方法取得共识；允许对不同的风险采取不同的度量方法。

对不同种类的风险要使用不同的度量模型。例如，对外部风险的度量包括：市场指标、景气指数等；对内部运营风险的度量包括：各种质量指标、执行效果、安全指数等。

（2）四种风险度量方法。

常用的风险度量包括：最大可能损失；概率值；期望值；在险值（VaR），如表 6-9 所示。

表 6-9　四种风险度量方法

风险度量方法	说明
最大可能损失	指风险事件发生后可能造成的最大损失。 是最差情形的思考逻辑。 适用：一般在无法判断发生概率或无须判断概率时，使用最大可能损失作为风险的衡量
概率值	是指风险事件发生的概率或造成损失的概率。 在可能的结果只有好坏、对错、输赢等简单情况下，常常使用概率值
期望值	指数学期望，即概率加权平均值。 常用的期望值有统计期望值和效用期望值 期望值的办法综合了概率和最大损失两种方法
在险值	又称 VaR，是指在正常的市场条件下，在给定的时间段中，给定的置信区间内，预期可能发生的最大损失。 在险值的局限性：适用的风险范围小，对数据要求严格，计算困难，对肥尾效应无能为力

上表中的四种方法都是统计方法，此外还可使用直观方法，如专家意见。直观方法是不依赖于概率统计结果的度量是人们直观的判断。

当统计数据不足或需要度量结果包括人们的偏好时，可用直观的度量方法如层次分析法（AHP）等。

【例题 12·单选题】在正常的市场条件下，在给定的时间段中，给定的置信区间内，预期可能发生的最大损失。这种风险度量方法是（　）。

A. 最大可能损失

B. 概率值

C. 期望值

D. 在险值

解析　在险值，又称 VaR，是指在正常的市场条件下，在给定的时间段中，给定的

第 6 章　风险与风险管理

333

置信区间内，预期可能发生的最大损失。

答案 ▶ D

（3）风险量化的困难。

方法误差：企业情况很复杂，致使建立的风险度量不能够准确反映企业的实际情况。

数据：很多情况下，企业的有关风险数据不足，质量不好。

信息系统：企业的信息传递不够理想，导致需要的信息未能及时到达。

整合管理：由于数据和管理水平的限制，不能与现存的管理连接，因而不能有效应用结果。

6. 风险管理的有效性标准

（1）风险管理的有效性标准是衡量企业风险管理是否有效的标准。

风险管理有效性标准的作用表现在以下两个方面：

①企业现在的风险是否在风险承受度范围之内，即风险是否优化；

②企业风险状况的变化是否是所要求的，即风险的变化是否优化。

（2）确立风险管理有效性标准的原则。

①风险管理的有效性标准要针对企业的重大风险，能够反映企业重大风险管理的现状；

②风险管理有效性标准应当对照全面风险管理的总体目标，在所有五个方面保证企业的运营效果；

③风险管理有效性标准应当在企业的风险评估中应用，并根据风险的变化随时调整；

④风险管理有效性标准应当用于衡量全面风险管理体系的运行效果。

7. 风险管理的资源配置

风险管理的资源配置内容：人才、组织设置、政策、设备、物资、信息、经验、知识、技术、信息系统、资金等。

风险管理的资源配置原则：统筹兼顾，将资源用于管理需要优先管理的重大风险。

8. 确定风险管理的优先顺序

（1）风险管理的优先顺序。

风险管理的优先顺序决定企业优先管理哪些风险，对哪些风险管理进行资源的优先配置。（优先管理，优先配置）

一个很重要的原则是，风险与收益相平衡的原则，在风险评估结果的基础上，全面考虑风险与收益。

要特别重视对企业有影响的重大风险，要首先解决"颠覆性"风险问题，保证企业持续发展。

（2）确定风险管理的优先顺序应考虑六因素。

①风险事件发生的可能性和影响；

②风险管理的难度；

③风险的价值或管理风险可能带来的收益；

④合规的需要；

⑤对企业技术、人力、资金的需求；

⑥利益相关者的要求。

9. 风险管理策略检查

应定期总结和分析已制定的风险管理策略的有效性和合理性，结合实际不断修订和完善。

风险管理策略要随着企业经营状况的变化、经营战略的变化，外部环境风险的变化而调整。

（二）风险管理组织职能体系—基本应用能力 ★★★

企业风险管理组织体系，主要包括规范的公司法人治理结构、风险管理职能部门、内部审计部门和法律事务部门以及其他有关职能部门、业务单位的组织领导机构及其职责，如表6-10所示。

表 6-10　风险管理组织职能体系

风险管理组织体系	说明
规范的公司法人治理结构	应建立健全规范的公司法人治理结构，三会一层(股东大会、董事会、监事会、经理层)依法履行职责，形成高效运转、有效制衡的监督约束机制。 同时，还应建立外部董事、独立董事制度，人数应超过董事会全部成员的半数，以保证董事会能够在重大决策、重大风险管理等方面做出独立于经理层的判断和选择。 董事会就全面风险管理工作的有效性对股东(大)会负责。 董事会在全面风险管理方面主要履行以下职责： (1)审议并向股东(大)会提交企业全面风险管理年度工作报告； (2)确定企业风险管理总体目标、风险偏好、风险承受度，批准风险管理策略和重大风险管理解决方案； (3)了解和掌握企业面临的各项重大风险及风险管理现状，做出有效控制风险的决策； (4)批准重大决策、重大风险、重大事件和重要业务流程的判断标准或判断机制； (5)批准重大决策的风险评估报告； (6)批准内部审计部门提交的风险管理监督评价审计报告； (7)批准风险管理组织机构设置及其职责方案； (8)批准风险管理措施，纠正和处理任何组织或个人超越风险管理制度做出的风险性决定的行为； (9)督导企业风险管理文化的培育； (10)全面风险管理的其他重大事项
风险管理委员会	具备条件的企业，董事会可下设风险管理委员会。 该委员会的召集人应由不兼任总经理的董事长担任；董事长兼任总经理的，召集人应由外部董事或独立董事担任。 该委员会成员中需有熟悉企业重要管理及业务流程的董事，以及具备风险管理监管知识或经验、具有一定法律知识的董事。 风险管理委员会对董事会负责，主要履行以下职责： (1)提交全面风险管理年度报告； (2)审议风险管理策略和重大风险管理解决方案； (3)审议重大决策、重大风险、重大事件和重要业务流程的判断标准或判断机制，以及重大决策的风险评估报告； (4)审议内部审计部门提交的风险管理监督评价审计综合报告； (5)审议风险管理组织机构设置及其职责方案； (6)办理董事会授权的有关全面风险管理的其他事项。 企业总经理对全面风险管理工作的有效性向董事会负责。总经理或总经理委托的高级管理人员，负责主持全面风险管理的日常工作，负责组织拟订企业风险管理组织机构设置及其职责方案
风险管理职能部门	企业应设立专职部门或确定相关职能部门履行全面风险管理的职责。该部门对总经理或其委托的高级管理人员负责，主要履行以下职责： (1)研究提出全面风险管理工作报告； (2)研究提出跨职能部门的重大决策、重大风险、重大事件和重要业务流程的判断标准或判断机制； (3)研究提出跨职能部门的重大决策风险评估报告

风险管理组织体系	说明
风险管理职能部门	(4)研究提出风险管理策略和跨职能部门的重大风险管理解决方案，并负责该方案的组织实施和对该风险的日常监控； (5)负责对全面风险管理有效性的评估，研究提出全面风险管理的改进方案； (6)负责组织建立风险管理信息系统； (7)负责组织协调全面风险管理日常工作； (8)负责指导、监督有关职能部门、各业务单位以及全资、控股子企业开展全面风险管理工作； (9)办理风险管理的其他有关工作
审计委员会	企业应在董事会下设立审计委员会，企业内部审计部门对审计委员会负责。内部审计部门在风险管理方面，主要负责研究提出全面风险管理监督评价体系，制定监督评价相关制度，开展监督与评价，出具监督评价审计报告。 1. 审计委员会履行职责的方式 董事会应决定委派给审计委员会的责任，审计委员会的任务会因企业的规模、复杂性及风险状况而有所不同。 审计委员会的职责要求： (1)建议每年至少举行三次会议，并于审计周期的主要日期举行； (2)应每年至少与外聘及内部审计师会面一次，讨论与审计相关的事宜，但无须管理层出席； (3)审计委员会主席可能特别希望与其他关键人员(如董事会主席、CEO、CFO、审计合伙人和内部审计主管)进行私下会面； (4)审计委员会成员之间的不同意见如无法内部调解，应提请董事会解决； (5)审计委员会应每年对其权限及其有效性进行复核，并就必要的人员变更向董事会报告。 行政管理层必须向审计委员会提供恰当的信息。管理层对审计委员会有告知义务，并应主动提供信息。 2. 审计委员会与合规 (1)审计委员会的主要活动之一是核查对外报告规定的遵守情况。 (2)审计委员会一般有责任：确保企业履行对外报告的义务。 (3)管理层的责任是编制财务报表，审计师的责任是编制审计计划和执行审计。 3. 审计委员会与内部审计 (1)确保充分且有效的内部控制是审计委员会的义务，其中包括负责监督内部审计部门的工作。 (2)审计委员会应监察和评估内部审计职能在企业整体风险管理系统中的角色和有效性。它应该核查内部审计的有效性，并批准对内部审计主管的任命和解聘，还应确保内部审计部门能直接与董事会主席接触，并负有向审计委员会说明的责任。 (3)审计委员会复核及评估年度内部审计工作计划。 (4)审计委员会收到关于内部审计部门工作的定期报告，复核和监察管理层对内部审计的调查结果的反应。 (5)审计委员会还应确保内部审计部门提出的建议已执行。 (6)审计委员会有助于保持内部审计部门对压力或干涉的独立性。 (7)审计委员会及内部审计师需要确保内部审计部门有效运作，将在四个主要方面对内部审计进行复核：组织中的地位、职能范围、技术才能和专业应尽义务

风险管理组织体系	说明
企业其他职能部门及各业务单位	企业其他职能部门及各业务单位在全面风险管理工作中，应接受风险管理职能部门和内部审计部门的组织、协调、指导和监督，主要履行以下职责： (1)执行风险管理基本流程； (2)研究提出本职能部门或业务单位重大决策、重大风险、重大事件和重要业务流程的判断标准或判断机制； (3)研究提出本职能部门或业务单位的重大决策风险评估报告； (4)做好本职能部门或业务单位建立风险管理信息系统的工作； (5)做好培育风险管理文化的有关工作； (6)建立健全本职能部门或业务单位的风险管理内部控制子系统； (7)办理风险管理其他有关工作
下属公司	企业应通过法定程序，指导和监督其全资、控股子企业建立与企业相适应或符合全资、控股子企业自身特点、能有效发挥作用的风险管理组织体系

【知识点拨】上表内容，要提醒各位考生注意风险管理组织体系中各层级的职责描述中，**所使用动词的不同**，无需特别背诵，理解为主。

【例题13·多选题】下列属于董事会在风险管理方面主要履行的职责的是( )。

A. 批准重大决策的风险评估报告

B. 督导企业风险管理文化的培育

C. 审议风险管理策略和重大风险管理解决方案

D. 审议风险管理组织机构设置及其职责方案

解析 选项 C 和选项 D 属于风险管理委员会的职责。 **答案** AB

【例题14·单选题】下列关于审计委员会的说法中，不正确的是( )。

A. 审计委员会是董事会下设的委员会，全部由独立、非行政董事组成，他们至少拥有相关的财务经验

B. 审计委员会的职能是监督、评估和复核企业内的其他部门和系统

C. 审计委员会负责整个风险管理过程，包括确保内部控制系统是充分且有效的

D. 虽然企业的规模、复杂性及风险状况会有所不同，但是审计委员会的任务是相同的

解析 审计委员会的任务会因企业的规模、复杂性及风险状况而有所不同，因此选项 D 不正确。 **答案** D

【思路点拨】本题属于直接考核型题目。应对本题的关键是掌握审计委员会的相关规定，判断正误。审计委员会在内部控制中发挥了很重要的作用，建议考生对这部分内容进行全面阅读，梳理审计委员会的相关要求和职责。

(三)内部控制系统—基本应用能力★★

内部控制系统，指围绕风险管理策略目标，针对企业等各项业务管理及其重要业务流程，通过执行风险管理基本流程，制定并执行的**规章制度、程序和措施**。

1. COSO 委员会关于内部控制的定义与框架—基本应用能力★

COSO 委员会是个什么组织？它是 1985 年由包括美国注册会计师协会在内的五个财经组织共同出资成立的，专门研究舞弊行为的。COSO 发现出现舞弊行为的公司，内部控制也是有问题的。

1992 年 9 月，COSO 委员会提出了报告《内部控制—整合框架》，即 COSO 内部控制框架。COSO 认为：

企业内部控制是公司的董事会、管理层及其他人士为实现以下目标提供**合理保证**而实施的程序：运营的效益与效率，财务报告的可靠性和遵守适用的法律法规。

可以从以下三个方面理解 COSO 所定义

第 6 章 风险与风险管理

的内部控制：

（1）内部控制是一个**实现目标的程序及方法**，而其本身并非目标；

（2）内部控制只**提供合理保证**，而非绝对保证；

（3）内部控制要由企业中**各级人员实施与配合**。

COSO《内部控制—整合框架》核心内容包括"**三目标和五要素**"：

内部控制的三项目标包括：**取得经营的效率和有效性；确保财务报告的可靠性；遵循适用的法律法规。**

内部控制的五大要素包括：**控制环境、风险评估、控制活动、信息与沟通、监控。**

COSO 内部控制整体框架图以及内控五要素的内容，如下图 6-3、表 6-11 所示。

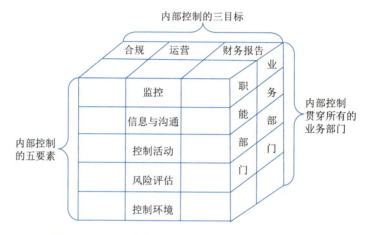

图 6-3　COSO 内部控制整体框架图—三目标五要素

表 6-11　内部控制五大要素（COSO 版本）

要素	项目内容
控制环境	包括员工的正直、道德价值观和能力，管理当局的理念和经营风格，管理当局确立权威性和责任、组织和开发员工的方法等
风险评估	为了达成组织目标而对相关的风险所进行的辨别与分析
控制活动	为了确保实现管理当局的目标而采取的政策和程序，包括审批、授权、验证、确认、经营业绩的复核、资产的安全性等
信息与沟通	为了保证员工履行职责而必须识别、获取的信息及其沟通
监控	对内部控制实施质量的评价，主要包括经营过程中的持续监控，即日常管理和监督、员工履行职责的行动等，也包括个别评价，或者是两者的结合

COSO 内部控制框架被称为最广泛认可的国际标准。COSO 于 2013 年 5 月，又发布了基于五要素的 17 条核心内控原则，增加了五要素的可操作性。

【备考战略】考生一定要理解并记住什么是内部控制？什么是内部控制的三目标五要素？接下来就是如何理解五要素之间的关系。可以这样来理解，开展内部控制工作，首先要了解一个公司的控制环境如何，这是实施控制的基础；其次就是对控制环境之下存在的风险进行辨识评估，这是实施控制的依据；再次就是为实现目标而决定采用什么样的政策和程序以应对风险，也就是控制活动，这是实施控制的手段方法；第四就是加强内部控制活动中的信息与沟通，这是实施控制的载体；最后是监控活动，这是实施控制的有效保证。

2. 我国内部控制规范体系—**基本应用能力** ★

2008年6月，财政部、证监会、审计署、银保监会联合发布了《企业内部控制基本规范》。2010年4月，五部委联合发布了《企业内部控制配套指引》。

《企业内部控制配套指引》包括三部分，分别是《企业内部控制应用指引》《企业内部控制评价指引》和《企业内部控制审计指引》。

基本规范、应用指引、评价和审计指引三个类别构成一个相辅相成的整体，标志着适应我国企业实际情况、融合国际先进经验的中国企业内部控制规范体系基本建成，如表6-12所示。

表6-12　我国内部控制规范体系概述

类别	说明
基本规范	规定内部控制的目标、要素、原则和总体要求，是内部控制的总体框架，在内部控制标准体系中起统领作用。我国内部控制可概括为五目标五要素： 五目标：(1)合理保证企业经营管理合法合规；(2)资产安全；(3)财务报告及相关信息真实完整；(4)提高经营效率和效果；(5)促进企业实现发展战略。 五要素：(1)内部环境；(2)风险评估；(3)控制活动；(4)信息与沟通；(5)内部监督 说明：美国COSO体系为三目标五要素；我国在COSO基础之上，最终确定为五目标五要素
应用指引	针对组织结构、发展战略、人力资源、社会责任、企业文化、资金活动、采购业务、资产管理、销售业务、研究与开发、工程项目、担保业务、业务外包、财务报告、全面预算、合同管理、内部信息传递、信息系统共18项企业主要业务的内控领域或内控手段，提出了建议性的应用指引
评价和审计指引	《企业内部控制评价指引》和《企业内部控制审计指引》是对企业贯彻《基本规范》和《应用指引》效果的评价与检验。 《评价指引》为企业对内部控制的有效性进行全面评价，形成评价结论、出具评价报告提供指引。 《审计指引》为会计师事务所对特定基准日与财务报告相关内部控制设计与执行有效性进行审计提供指引

3. 内部控制的要素

以下分别对比美国COSO与中国内部控制基本规范针对五要素的要求与原则。

(1)控制环境—综合运用能力 ★★（见表6-13）。

表6-13　控制环境

框架		要点
COSO《内部控制框架》注：美COSO称"控制环境"	要求	控制环境决定了企业的基调，直接影响企业员工的控制意识。 控制环境提供了内部控制的基本规则和构架，是其他四要素的基础。 控制环境包括员工的诚信度、职业道德和才能；管理哲学和经营风格；权责分配方法、人事政策；董事会的经营重点和目标等
	原则	(1)对诚信和道德价值观做出承诺； (2)董事会独立于管理层，对内部控制的制定及其绩效实施以监控； (3)管理层在董事会的监控下，建立目标实现过程中所涉及的组织架构、报告路径以及适当的权力和责任； (4)致力于吸引、发展和留任优秀人才，以配合企业目标达成； (5)根据其目标，使员工各自担负起内部控制的相关责任

框架		要点
《企业内部控制基本规范》注：我国称"内部环境"	要求	(1)应当根据国家有关法律法规和企业章程，建立规范的**公司治理结构和议事规则**，明确决策、执行、监督等方面的职责权限，形成科学有效的职责分工和制衡机制； (2)**董事会**负责内部控制的建立健全和有效实施。监事会对董事会建立与实施内部控制进行监督。经理层负责组织领导企业内部控制的日常运行； (3)应当在董事会下设立**审计委员会**； (4)应当结合业务特点和内部控制要求设置**内部机构**，明确职责权限，将权利与责任落实到各责任单位； (5)应当加强**内部审计**工作，保证内部审计机构设置、人员配备和工作的独立性； (6)应当制定和实施有利于企业可持续发展的**人力资源政策**； (7)应当将**职业道德修养和专业胜任能力**作为选拔和聘用员工的重要标准，切实加强员工培训和继续教育，不断提升员工素质； (8)应当加强**文化建设**，培育积极向上的价值观和社会责任感，倡导诚实守信、爱岗敬业、开拓创新和团队协作精神，树立现代管理理念，强化风险意识； (9)应当加强**法制教育**

【提示说明】人力资源政策应当包括：

①员工的聘用、培训、辞退与辞职；

②员工的薪酬、考核、晋升与奖惩；

③关键岗位员工的强制休假制度和定期岗位轮换制度；

④掌握国家秘密或重要商业秘密的员工离岗的限制性规定；

⑤有关人力资源管理的其他政策。

【例题15·多选题】根据COSO对内部控制的表述，下列各项中属于控制环境范畴的有（ ）。

A. 员工的诚信度、职业道德和才能

B. 董事会的经营重点和目标

C. 不相容岗位的职责划分

D. 对重大交易的授权和批准

解析 ▶ COSO《内部控制框架》中的控制环境包括员工的诚信度、职业道德和才能；管理哲学和经营风格；权责分配方法、人事政策；董事会的经营重点和目标等。选项CD属于控制活动。 **答案** ▶ AB

【思路点拨】本题属于直接考核型题目。应对本题的关键是区分控制要素中的控制环境和控制活动，除此之外还可能考核的是COSO委员会与我国《基本规范》对内部控制要素的相关规定，建议考生对比进行掌握。

（2）风险评估—**综合运用能力** ★★（见表6-14）

表6-14 风险评估

框架		要点
COSO《内部控制框架》	要求	风险评估的**前提**是使经营目标在不同层次上相互衔接，保持一致。 风险评估指**识别、分析**相关风险以实现既定目标，从而形成风险管理的基础
	原则	(1)制定足够清晰的**目标**，以便识别和评估有关目标所涉及的风险； (2)**从整个企业的角度**来识别实现目标所涉及的风险，分析风险，并据此决定应如何管理这些风险； (3)在评估影响目标实现的风险时，**考虑潜在的舞弊行为**； (4)识别并评估可能会对内部控制系统产生**重大影响的变更**

框架		要点
《企业内部控制基本规范》	要求	(1)应当根据设定的控制目标,全面系统持续地收集相关信息,结合实际情况,及时进行风险评估。 (2)开展风险评估,应当准确识别与实现控制目标相关的内部风险和外部风险,确定相应的风险承受度。 (3)识别内部风险,应当关注下列因素: ①董事、监事、经理及其他高级管理人员的职业操守、员工专业胜任能力等人力资源因素; ②组织机构、经营方式、资产管理、业务流程等管理因素; ③研究开发、技术投入、信息技术运用等自主创新因素; ④财务状况、经营成果、现金流量等财务因素; ⑤营运安全、员工健康、环境保护等安全环保因素; ⑥其他有关内部风险因素。 (4)识别外部风险,应当关注下列因素(NPEST): ①经济形势、产业政策、融资环境、市场竞争、资源供给等经济因素; ②法律法规、监管要求等法律因素; ③安全稳定、文化传统、社会信用、教育水平、消费者行为等社会因素; ④技术进步、工艺改进等科学技术因素; ⑤自然灾害、环境状况等自然环境因素; ⑥其他有关外部风险因素。 (5)企业应当采用定性与定量相结合的方法,按照风险发生的可能性及其影响程度等,对识别的风险进行分析和排序,确定关注重点和优先控制的风险。 (6)企业应当根据风险分析的结果,结合风险承受度,权衡风险与收益,确定风险应对策略。 (7)企业应当综合运用风险规避、风险降低、风险分担和风险承受等风险应对策略,实现对风险的有效控制。 (8)企业应当结合不同发展阶段和业务拓展情况,持续收集与风险变化相关的信息,进行风险识别和风险分析,及时调整风险应对策略

【例题16·多选题】 下列选项哪些不属于我国《企业内部控基本规范》中风险评估活动应识别的外部因素( )。

A. 技术进步、工艺改进等科学技术因素

B. 经济形势、产业政策等经济因素

C. 环境保护等安全环保因素

D. 信息技术运用等自主创新因素

解析 企业识别外部风险,应当关注下列因素:(1)经济形势、产业政策、融资环境、市场竞争、资源供给等经济因素;(2)法律法规、监管要求等法律因素;(3)安全稳定、文化传统、社会信用、教育水平、消费者行为等社会因素;(4)技术进步、工艺改进等科学技术因素;(5)自然灾害、环境状况等自然环境因素;(6)其他有关外部风险因素。选项CD属于风险评估活动应当关注的内部因素。

答案 CD

【思路点拨】 本题属于直接考核型题目。应对本题的关键是区分企业进行风险评估时需要识别的外部风险和内部风险,外部风险是企业外部的因素,内部风险是企业内部的因素,对比区分即可。

(3)控制活动—综合运用能力 ★★(见表6-15)。

表 6-15　控制活动

框架		要点
COSO《内部控制框架》	要求	控制活动指那些有助于管理层决策顺利实施的政策和程序。 控制行为有助于确保实施必要的措施以管理风险，实现经营目标。 控制行为体现在整个企业的不同层次和不同部门中。 包括诸如批准、授权、查证、核对、复核经营业绩、资产保护和职责分工等活动
	原则	(1) 选择并制定有助于将目标实现风险降低至可接受水平的控制活动； (2) 用以支持目标实现的技术选择并制定一般控制政策； (3) 通过政策和程序来部署控制活动：政策用来确定所期望的目标；程序则将政策付诸行动。（Policy and Procedure）
《企业内部控制基本规范》	要求	(1) 企业应当结合风险评估结果，通过手工控制与自动控制、预防性控制与发现性控制相结合的方法，运用相应的控制措施，将风险控制在可承受度之内。控制措施一般包括：不相容职务分离控制、授权审批控制、会计系统控制、财产保护控制、预算控制、运营分析控制和绩效考评控制等； (2) 不相容职务分离控制要求企业全面系统地分析、梳理业务流程中所涉及的不相容职务，实施相应的分离措施，形成各司其职、各负其责、相互制约的工作机制； (3) 授权审批控制要求企业根据常规授权和特别授权的规定，明确各岗位办理业务和事项的权限范围、审批程序和相应责任； (4) 会计系统控制要求企业严格执行国家统一的会计准则制度，加强会计基础工作，明确会计凭证、会计账簿和财务会计报告的处理程序，保证会计资料真实完整； (5) 财产保护控制要求企业建立财产日常管理制度和定期清查制度，采取财产记录、实物保管、定期盘点、账实核对等措施，确保财产安全。企业应当严格限制未经授权的人员接触和处置财产； (6) 预算控制要求企业实施全面预算管理制度，明确各责任单位在预算管理中的职责权限，规范预算的编制、审定、下达和执行程序，强化预算约束； (7) 运营分析控制要求企业建立运营情况分析制度，经理层应当综合运用生产、购销、投资、筹资、财务等方面的信息，通过因素分析、对比分析、趋势分析等方法，定期开展运营情况分析，发现存在的问题，及时查明原因并加以改进； (8) 绩效考评控制要求企业建立和实施绩效考评制度，科学设置考核指标体系对企业内部各责任单位和全体员工的业绩进行定期考核和客观评价； (9) 企业应当根据内部控制目标，结合风险应对策略，综合运用控制措施，对各种业务和事项实施有效控制； (10) 企业应当建立重大风险预警机制和突发事件应急处理机制，明确风险预警标准，对可能发生的重大风险或突发事件，制定应急预案、明确责任人员、规范处置程序，确保突发事件得到及时妥善处理

【例题 17 · 多选题】下列关于控制活动的说法正确的有(　　)。

　　A. 不相容职务分离控制要求企业全面系统性分析、梳理业务流程中所涉及的不相容职务，防止具有欺骗性的活动发生或未被查出

　　B. 企业对于重大的业务和事项，应当实行集团决策审批或者联签制度，任何个人不得单独进行决策或者擅自改变集体决策

第6章　风险与风险管理

C. 授权审批控制要求企业编制常规授权的指引，针对特别授权不需要做过多约束

D. 财产保护控制包括采用财产记录、使用保险箱储存现金和重要文件、为大楼或其内的区域设立门禁系统等手段

解析 企业应当编制常规授权的权限指引，规范特别授权的范围、权限、程序和责任，严格控制特别授权。所以选项 C 不正确。

答案 ABD

【思路点拨】 本题属于分析判断型题目。《企业内部控制基本规范》对于不相容职务分离控制、授权审批控制、会计系统控制、财产保护控制、预算控制、运营分析控制和绩效考评控制等内容讲解的比较详细，建议考生关注，掌握相关的要求，进行适当扩展。

(4)信息与沟通—综合运用能力 ★★（见表6-16）。

表6-16　信息与沟通

框架		要点
COSO《内部控制框架》	要求	信息必须及时传递，以便员工履行职责。 信息系统产出涵盖经营、财务和遵循性信息的报告。信息系统不仅处理内部产生的信息，还包括外部事件、行为和条件等。 有效的沟通从广义上说是信息的自上而下、横向以及自下而上的传递
	原则	(1)获取或生成和使用相关的高质量信息，以支持内部控制其他要素发挥效用。 (2)关于内部沟通的内部控制信息，包括内部控制目标和职责范围，必须能够支持内部控制的其他要素发挥效用。 (3)就影响内部控制其他要素发挥效用的事项与外部方进行沟通
《企业内部控制基本规范》	要求	(1)应当建立信息与沟通制度，明确内部控制相关信息的收集、处理和传递程序，确保信息及时沟通，促进内部控制有效运行。 (2)应当对收集的各种内部信息和外部信息进行合理筛选、核对、整合，提高信息的有用性。 (3)应当将内部控制相关信息在企业内部各管理级次、责任单位、业务环节之间，以及企业与外部投资者、债权人、客户、供应商、中介机构和监管部门等有关方面之间进行沟通和反馈。 (4)应当利用信息技术促进信息的集成与共享，充分发挥信息技术在信息与沟通中的作用。 (5)应当建立反舞弊机制，明确反舞弊工作的重点领域、关键环节和有关机构在反舞弊工作中的职责权限，规范舞弊案件的举报、调查、处理、报告和补救程序。 (6)应当建立举报投诉制度和举报人保护制度，设置举报专线，明确举报投诉处理程序、办理时限和办结要求，确保举报、投诉成为企业有效掌握信息的重要途径

【提示说明】 企业至少应当将下列情形作为反舞弊工作的重点：

①未经授权或者采取其他不法方式侵占、挪用企业资产，谋取不当利益；

②在财务会计报告和信息披露等方面存在虚假记载、误导性陈述或者重大遗漏等；

③董事、监事、经理及其他高级管理人员滥用职权；

④相关机构或人员串通舞弊。

(5) 监控—综合运用能力 ★★（见表6-17）。

表 6-17　监控

框架		要点
COSO《内部控制框架》注：美COSO称为"监控"	要求	通过**持续性的监控行为**、**独立评估**或两者结合来实现对内控系统的监控。**持续性的监控**行为发生在企业的日常经营过程中，包括企业的日常管理和监督行为、员工履行各自职责的行为。 **独立评估**活动的广度和频度有赖于风险预估和日常监控程序的有效性。内部控制的缺陷应该自下而上进行汇报，性质严重的应上报最高管理层和董事会
	原则	(1)选择、制定并实行**持续及/或单独的评估**，以判定内部控制各要素是否存在且发挥效用； (2)及时**评估**内部控制**缺陷**，并将有关缺陷**及时通报**给负责整改措施的相关方，包括高级管理层和董事会(如适当)
《企业内部控制基本规范》注：我国称为"内部监督"	要求	(1)应当制定**内部控制监督制度**，明确内部审计机构(或经授权的其他监督机构)和其他内部机构在内部监督中的职责权限，规范内部监督的程序、方法和要求； (2)应当制定**内部控制缺陷认定标准**，对监督过程中发现的内部控制缺陷，应当分析缺陷的性质和产生的原因，提出整改方案，采取适当的形式及时向董事会、监事会或者经理层报告； (3)应当结合内部监督情况，定期对内部控制的有效性进行**自我评价**，出具内部控制自我评价报告； (4)应当以书面或者其他适当的形式，**妥善保存**内部控制建立与实施过程中的相关**记录或者资料**，确保内部控制建立与实施过程的可验证性

(四)风险理财措施—**基本应用能力** ★★

1. 风险理财的一般概念

风险理财是用金融手段管理风险，如表6-18所示。

表 6-18　风险理财

项目	具体内容
风险理财的必要性	对于**可控的风险**，所有的风险控制措施，**除了规避风险**在特定范围内完全有效外，其余均**无法保证不会发生**。**风险理财可以针对不可控的风险**
风险理财的四个特点	(1)风险理财的手段**既不改变**风险事件发生的可能性，**也不改变**风险事件可能引起的直接损失程度；(什么都没改变) (2)风险理财需要判断**风险的定价**，因此量化的标准较高，即不仅需要风险事件的可能性和损失的分布，更需要量化风险本身的价值；(需要量化) (3)风险理财的**应用范围**一般不包括声誉等难以衡量其价值的风险，也难以消除战略失误造成的损失；(声誉、战略失误等不适用) (4)风险理财**手段技术性强**，许多风险理财工具本身有着比较复杂的风险特性，使用不当容易造成重大损失(虽然用于管理风险，但其本身就是高风险)
风险理财与公司理财	风险理财过去被认为是公司财务管理的一部分，现在则认为其在很多情况下超出了公司财务管理的范畴。具体表现在： (1)风险理财注重风险因素对现金流的影响； (2)风险理财影响公司资本结构，注意以最低成本获得现金流； (3)风险理财成为公司战略的有机部分，其风险经营的结果直接影响公司整体价值的提升。 (本书作者并不认同上面教材上的说法，对此持保留意见)

【提示说明】传统的风险理财是损失理财，即为可能发生的损失融资，补偿风险造成的财务损失，如购买保险。传统的风险理财的目的是降低公司承担的风险。

与损失理财相反，公司可能通过使用金融工具来承担额外的风险，改善公司的财务状况，创造价值，如矿产公司通过期货出卖产品。

(风险理财的格局更大，可以主动承担风险来创造价值。没有任何风险，也意味着没有任何价值)

2. 风险理财的策略与方案

前面刚刚学习过风险管理的七种工具：风险承担、风险规避、风险转移、风险转换、风险对冲、风险补偿、风险控制。风险理财就是运用金融手段来实施这些策略的。

(1)选择风险理财策略的原则和要求。

①与公司整体风险管理策略一致，通盘考虑。

②与公司所面对风险的性质相匹配，要采用与之相匹配的风险理财手段。

③选择风险理财工具的要求。风险理财工具包括准备金、保险、应急资本、期货、期权、其他衍生产品等。在选择这些风险理财工具时，要考虑如下几点：合规的要求；可操作性；法律法规环境；企业的熟悉程度；风险理财工具的风险特征；不同的风险理财手段可能适用同一风险。

④成本与收益的平衡。

(2)对金融衍生产品的选择。

①金融衍生产品的概念和类型。

衍生产品是其价值决定于一种或多种基础资产或指数的金融合约。

常用衍生产品：远期合约、互换交易、期货、期权等，如表6-19所示。

表6-19 四大常用金融衍生品

种类	内容
远期 (Forward)	概念：远期合约指合约双方同意在未来日期按照固定价格交换金融资产的合约，承诺以当前约定的条件在未来进行交易的合约，会指明买卖的商品或金融工具种类、价格及交割结算的日期。 种类：远期利率协议、远期外汇合约、远期股票合约。 远期合约是现金交易，买方和卖方达成协议在未来的某一特定日期交割一定质量和数量的商品。价格可以预先确定或在交割时确定。 远期合约是场外交易，如同即期交易一样，交易双方都存在风险。远期合约通常不在交易所内交易
互换 (Swap)	概念：互换交易，主要指对相同货币的债务和不同货币的债务通过金融中介进行互换的一种行为。目前，最大的互换交易市场是伦敦和纽约的国际金融市场。 种类：利率互换、货币互换、商品互换和其他互换
期货 (Future)	概念：期货是指在约定的将来某个日期按照约定的条件(包括价格、交割地点、交割方式)买入或卖出一定标准数量的某种资产。 期货合约是期货交易的买卖对象或标的物，它是由期货交易所统一制定的，规定在某一特定的时间和地点交割一定数量和质量商品的标准化合约。 种类：商品期货、金融期货(外汇期货、利率期货和股指期货)
期权 (Option)	概念：期权是在规定的一段时间内，可以以规定的价格购买或者出卖某种规定的资产的权利。 在期权交易时，购买期权的合约方称作买方，而出售合约的一方叫作卖方；买方即是权利的受让人，而卖方是必须履行买方行使权利的义务人。 种类：买方期权、卖方期权 买方期权，是指赋予期权持有人在期权有效期内按履约价格买进(但不负有必须买进的义务)规定的资产的权利。 卖方期权，是指期权持有人在期权有效期内按履约价格卖出(但不负有必须卖出的责任)规定的资产的权利。 期权合约内容包括：标的资产、执行价格、到期日、行权方式、期权价格

【备考战略】从应试角度来看，考生至少需要掌握四种常见金融衍生工具的概念，至于其交易的原理等内容，不是考试的重点。建议金融学基础薄弱的考生，一定要找时间补一下这个知识点的内容，尤其是对于最复杂的期权内容。留给各位考生一句话："人的一生就是期权的一生"。当你不理解这句有些哲学思想的金融语言，那就好好地多读书吧，或是有机会听李老师的面授课时，好好聊一下吧。

远期合约是必须履行的协议，不像可选择不行使权利（即放弃交割）的期权。远期合约亦与期货不同，其合约条件是为买卖双方量身定制的，通过场外交易（OTC）达成，而后者则是在交易所买卖的标准化合约。

②运用衍生产品进行风险管理的主要思路。

a. 增加自己愿意承担的风险；

b. 消除或减少自己不愿承担的风险；

c. 转换不同的风险。

③衍生产品的特点。

优点：准确性；时效；使用方便；成本优势；灵活性；有不可替代的作用。

缺点：衍生产品的杠杆作用很大，风险很大，如用来投机可能会造成巨大损失。

④运用衍生产品进行风险管理需满足的条件。

a. 满足合规要求；

b. 与公司的业务和发展战略保持一致；

c. 建立完善的内控措施，包括授权、计划、报告、监督、决策等流程和规范；

d. 采用能够准确反映风险状况的风险计量方法，明确头寸、损失、风险限额；

e. 完善的信息沟通机制，保证头寸、损失、风险敞口的报告及时可靠；

f. 合格的操作人员。

【例题18·多选题】甲公司想要利用衍生产品进行风险对冲，下列属于衍生产品的有（　　）。

A. 远期合约　　　　　　B. 期货

C. 互换交易　　　　　　D. 期权

解析 ▶ 衍生产品包括远期合约、期货、互换交易、期权等。　　　答案 ▶ ABCD

3. 损失事件管理

首先，损失事件管理是风险理财措施之一。损失事件管理是指对可能给企业造成重大损失的风险事件的事前、事中、事后管理的方法。损失的内容包括企业的资金、声誉、技术、品牌、人才等。

损失事件管理包括：损失融资、风险资本、应急资本、保险和专业自保。

（1）损失融资。

损失融资是为风险事件造成的财物损失融资，是从风险理财的角度进行损失事件的事后管理，是损失事件管理中最有共性，也是最重要的部分，如表6-20所示。

表6-20　损失融资的分类

分类	描述
预期损失融资	作为运营资本的一部分
非预期损失融资	属于风险资本的范畴

（2）风险资本。

风险资本即除经营所需的资本之外，公司还需要额外的资本用于补偿风险造成的财务损失。

传统的风险资本表现形式是风险准备金。

风险资本是使一家公司破产的概率低于某一给定水平所需的资金，其数量多少取决于公司的风险偏好。

一个需要必须看懂的例子：

一家公司每年最低运营资本是5亿元，

但是有 5% 的可能性需要 7.5 亿元维持运营，有 1% 的可能性需要 10 亿元才能维持运营。

换句话说，如果风险资本为 2.5 亿元，那么这家公司的生存概率就是 95%，而 5 亿元的风险资本对应的则是 99% 的生存概率。

（如果这个例子换一种形式，各位考生会计算吗？）

（3）应急资本。

应急资本是风险资本的表现形式之一。

应急资本是一个金融合约，规定在某一个时间段内、某个特定事件发生的情况下公司有权从应急资本提供方处募集股本或贷款（或资产负债表上的其他实收资本项目），并为此按时间向资本提供方缴纳权力费，这里特定事件称为触发事件。

应急资本费用、利息和额度在合同签订时约定。

应急资本最简单的形式是公司为满足特定条件下的经营需要而从银行获得的信贷额度，一般通过与银行签订协议加以明确，比如信用证、循环信用工具等。（各位考生，你们的父母会为你们提供应急资本吗？触发事件是什么呢？有利息吗？如果没有利息，事后也可以不必归还，那就不是应急资本，只能是捐赠了）。

需要理解应急资本的四个特点：

①应急资本的提供方并不承担特定事件发生的风险，而只是在事件发生并造成损失后提供用于弥补损失、持续经营的资金。事后公司要向资本提供者归还这部分资金，并支付相应的利息。（是要还的！）

②应急资本与保险不同，不涉及风险的转移，是风险补偿策略的一种方式。

③应急资本是一个在一定条件下的融资

选择权，公司可以不使用这个权利。

④应急资本可以提供经营持续性的保证。

（4）保险。

保险是一种金融合约。保险公司应为预定的损失支付补偿（也就是为损失进行融资），购买保险合同的一方要向保险公司支付保险费。

保险合同降低了购买保险一方的风险，损失的风险转移给了保险公司。而保险公司则是通过损失的分散化来降低自己的风险。

保险是风险转移的传统手段。

可保风险是纯粹风险，机会风险不可保。

（5）专业自保。

专业自保公司又称专属保险公司，是非保险公司的附属机构，为母公司提供保险，并由其母公司筹集保险费，建立损失储备金。几乎所有的大跨国公司都有专业自保公司。（所谓肥水不流外人田）

专业自保的特点：由被保险人所有和控制，要承保其母公司的风险，但可以通过租借的方式承保其他公司的保险，不在保险市场上开展业务。

4. 套期保值

（1）套期保值与投机。

是风险理财的一类，包括期货套保、期权套保。

套期保值是指为冲抵风险而买卖相应的衍生产品的行为，其目的是降低风险；与套期保值相反的便是投机行为，其目的是承担额外的风险以盈利，实质上是增加了风险。（注意有顺序之分。顺序不同，性质不同）。

【知识点拨】一般来说，不能从衍生产品的交易本身判断该交易是否为套期保值或投机，要考虑它的头寸。

（2）期货套期保值与投机。（见表 6-21）

表 6-21　期货套期保值与投机

类型		描述
期货套期保值	概念	期货的套期保值也称为期货对冲，是指为配合现货市场上的交易，而在期货市场上做与现货市场商品相同或相近但交易部位相反的买卖行为，以便将现货市场价格波动的风险在期货市场上抵销
	方式	·**空头期货套期保值**：如果某公司要在未来某时间出售资产，可以通过持有该资产期货合约的空头来对冲风险。如果到期日资产价格下降，现货出售资产亏了，但期货的空头获利。如果到期日资产价格上升，现货出售获利(相对合约签订日期)但期货的空头亏了。 ·**多头期货套期保值**：如果要在未来某时买入某种资产，则可采用持有该资产期货合约的多头来对冲风险
	期货价格与现货价格	绝大多数期货合约不会在到期日用标的物兑现。 期货价格表现的是市场对标的物的远期预期价格。 "基差"用来表示标的物的现货价格与所用合约的期货价格之差。 基差在期货合约到期日为零，在此之前可正可负。 一般而言，离到期日越近，基差就越小
期货投机		期货投机，是指基于对市场价格走势的预期，为了盈利而在期货市场上进行的买卖行为。由于远期市场价格的波动性，与套期保值相反，期货的投机增加了风险

(3)期权套期保值与投机。

运用风险理财措施要明确以下四点：

(1)风险理财是全面风险管理的重要组成部分，有着不可替代的地位和作用；

(2)风险理财形式多样，应用灵活，时效性强，具有其他手段不可比拟的优点；

(3)风险理财技术性强，需要专门的人才、知识、组织结构、程序和法律环境；

(4)风险理财手段的不当使用，可能带来巨大的损失。**风险理财本身的风险管理尤为重要。**

【例题 19·单选题】 下列关于套期保值的相关说法中，不正确的是(　　)。

A. 套期保值和投机的目的都是为了降低风险

B. 绝大多数期货合约不会在到期日用标的物兑现

C. 对于买方期权，期权持有人不负有必须买进的义务

D. 期权作为对冲的工具可以起到相似保险的作用

解析 套期保值的结果是降低了风险，投机的结果是增加了风险。　**答案** A

(五)风险管理信息系统—**基本应用能力**

应将 IT 技术应用于风险管理的各项工作，建立涵盖风险管理基本流程和内部控制系统各环节的风险管理信息系统，包括信息的采集、存储、加工、分析、测试、传递、报告、披露等。

确保向风险管理信息系统输入的业务数据和风险量化值的一致性、准确性、及时性、可用性和完整性。

风险管理信息系统的**作用**：

(1)能够进行对各种风险的计量和定量分析、定量测试；

(2)能够实时反映风险矩阵和排序频谱、重大风险和重要业务流程的监控状态；

(3)能够对超过风险预警上限的重大风险实施信息报警；

(4)能够满足报告制度和对外信息披露管理制度的要求。

扫我解疑难

前面讲解风险评估内容时，包括风险辨识、风险分析、风险评价三个步骤。风险评估时应将定时与定量方法相结合、而用于风险评估的常用技术与方法有以下11种。

风险管理技术与方法

| 头脑风暴法 | 德尔菲法 | 失效模式分析和危害度影响分析法 | 流程图分析法 | 马尔科夫分析法 | 风险评估系图法 | 情景分析法 | 敏感性分析法 | 事件树分析法 | 决策树法 | 统计推论法 |

图6-4　风险管理技术与方法

1. 头脑风暴法—**基本应用能力**

头脑风暴法又称智力激励法、BS法、自由思考法，它是指刺激并鼓励一群知识渊博、知悉风险情况的人员畅所欲言，开展集体讨论的方法，如表6-22所示。

表6-22　头脑风暴法

方法		描述
头脑风暴法	分类	(1)直接头脑风暴法(通常简称为"头脑风暴法")，是尽可能激发专家们的创造性，使其产生尽可能多的设想的方法。 (2)质疑头脑风暴法(也称"反头脑风暴法")，是对前者提出的设想、方案逐一质疑，分析其现实可行性的方法
	适用范围	适用于充分发挥专家意见，在**风险识别阶段**进行**定性分析**
	实施步骤	(1)会前准备：参与人、主持人和课题任务；落实要讨论识别的风险主题。 (2)针对风险主题展开探讨：由主持人公布会议主题并介绍与风险主题相关的情况；突破思维惯性，大胆进行联想；主持控制好时间，力争在有限的时间内获得尽可能多的创意性设想。 (3)风险主题探讨意见分类与整理
	主要优点与局限性	主要优点： (1)激发了想象力，有助于发现新的风险和全新的解决方案； (2)让主要的利益相关者参与其中，有助于进行全面沟通； (3)速度较快并易于开展。 局限性： (1)参与者可能缺乏必要的技术及知识，无法提出有效的建议； (2)由于头脑风暴法相对松散，因此较难保证过程的全面性； (3)可能会出现特殊的小组状况，导致某些有重要观点的人保持沉默而其他人成为讨论的主角； (4)实施成本较高，要求参与者有较高的素质，这些因素是否满足会影响头脑风暴法实施的效果

2. 德尔菲法（Delphi Method）—基本应用能力

又名专家意见法，是在一组专家中取得可靠共识的程序，其基本特征是专家单独、匿名表达各自的观点，同时随着过程的进展，他们有机会了解其他专家的观点。德尔菲法采用背对背的通信方式征询专家小组成员的意见，专家之间不得互相讨论，不发生横向联系，只能与调查人员发生关系。通过反复填写问卷，搜集各方意见，以形成专家之间的共识，如表6-23所示。

表6-23 德尔菲法

方法		描述
德尔菲法	适用范围	适用于在专家一致性意见基础上，在风险识别阶段进行定性分析
德尔菲法	实施步骤	（1）组成专家小组。一般不超过20人。 （2）向所有专家提出所要预测的问题及要求，并附上背景材料，询问还需要什么材料。由专家做书面答复。 （3）各个专家提出自己的预测意见，并说明是怎样利用材料并提出预测值的。 （4）第一次判断意见汇总，列成图表进行对比，再分发给各位专家，让专家比较自己同他人的不同意见，修改自己的意见和判断，也可以把各位专家的意见加以整理，或请身份更高的其他专家评论，然后再分送给各位专家，以便他们参考后修改自己的意见。 （5）将所有专家的修改意见收集起来，汇总，再次分发给各位专家，以便做第二次修改。逐轮收集意见并反馈信息是德尔菲法的主要环节。一般要经过三四轮。反馈的时候，只给出各种意见，但并不说明发表各种意见的专家的具体姓名。这一过程重复进行，直到每一个专家不再改变自己的意见为止。 （6）对专家的意见进行综合处理。 『提示』以上6个步骤并非一定都发生，如果在第4步专家意见就已经达成一致，则不需要第5、6步
德尔菲法	主要优点和局限性	主要优点： （1）由于观点是匿名的，更有可能表达出那些不受欢迎的看法； （2）所有观点有相同的权重，避免重要人物占主导地位的问题； （3）专家不必一次聚集在某个地方，比较方便； （4）具有广泛的代表性。 局限性： （1）权威人士的意见影响他人的意见； （2）有些专家碍于情面，不愿意发表与其他人不同的意见； （3）出于自尊心而不愿意修改自己原来不全面的意见。 德尔菲法的主要缺点是过程比较复杂，花费时间较长

3. 失效模式影响和危害度分析法（FME-CA）—基本应用能力

FMECA（Failure Mode Effects and Criticality Analysis），即失效模式影响及危害度分析法，是一种 bottom-up 分析方法，可用来分析、审查系统的潜在故障模式。FMECA 按规定的规则记录系统中所有可能存在的影响因素，分析每种因素对系统的工作及状态的影响，将每种影响因素按其影响的严重度及发生概率排序，从而发现系统中潜在的薄弱环节，提出可能采取的预防改进措施，以消除或减少风险发生的可能性，保证系统的可靠性，FMECA 只适合于单个失效模式。如表6-24所示。

表 6-24　失效模式影响和危害度分析法

方法	描述	
失效模式影响和危害度分析法	适用范围	适用于对失效模式、影响及危害进行**定性或定量**分析，还可以对其他风险识别方法**提供数据支持**
	实施步骤	(1)将系统分成组件或步骤，并确认各部分出现明显故障的方式，造成这些失效模式的具体机制，故障可能产生的影响，失败是无害的还是有破坏性的？故障如何检测？ (2)根据故障结果的严重性，将每个识别出的失效模式进行分类并确定风险等级。 (3)识别风险优先级，这是一种半定量的危害度测量方法，其将故障后果、可能性和发现问题的能力(如果故障很难发现，则其优先级较高)进行等级赋值(通常在1~10之间)并相乘来获得危险度。 (4)FMECA清单，将包含系统失效的可能性、失效模式导致的风险程度等结果
	主要优点和局限性	主要优点： (1)广泛适用于人力，设备和系统失效模式，以及硬件、软件和程序； (2)识别组件失效模式及其原因和对系统的影响，同时用可读性较强的形式表现出来； (3)通过在设计初期发现问题，从而避免了开支较大的设备改造； (4)识别单点失效模式以及对冗余或安全系统的需要。 局限性： (1)只能识别单个失效模式，无法同时识别多个失效模式； (2)除非得到充分控制并集中充分精力，否则研究工作既耗时且开支较大

4. 流程图分析法(Flow Charts Analysis)——**基本应用能力**

流程图是指使用一些标准符号，直观描述一个工作过程的具体步骤。

流程图分析法是对流程的每一阶段、每一环节逐一进行调查分析，从中发现潜在风险，找出导致风险发生的因素，分析风险产生后可能造成的损失以及对整个组织可能造成的不利影响，如表6-25所示。

表 6-25　流程图分析法

方法	描述	
流程图分析法	适用范围	对企业生产或经营中风险及其成因进行定性分析
	实施步骤	(1)根据企业实际绘制业务流程图； (2)识别流程图上各业务节点的风险因素，并予以重点关注； (3)针对风险及产生原因，提出监控和预防的方法
	主要优点和局限性	主要优点：流程图分析是识别风险最常用的方法之一。清晰明了，易于操作，且组织规模越大，流程越复杂，越能体现出优越性。通过业务流程分析，可以更好地发现风险点，从而为防范风险提供支持。 局限性：主要是该方法的使用效果依赖于专业人员的水平

5. 马尔科夫分析法(Markov Analysis)——**基本应用能力**

如果系统未来的状况仅取决于其现在的状况，可以使用马尔科夫分析。

马尔科夫分析法通常用于对那些存在多种状态(包括各种降级使用状态)的可维修复杂系统进行分析。马尔科夫分析是一项定量技术，可以是不连续的(利用状态间变化的概率)或者连续的(利用各状态的变化率)，如表6-26所示。

表 6-26　马尔科夫分析法

方法	描述	
马尔科夫分析法	适用范围	适用于对**复杂系统**中不确定性事件及其状态改变的**定量分析**
	实施步骤	(1)调查不确定性事件各状态及其变化情况； (2)建立数学模型； (3)求解模型，得到风险事件各个状态发生的可能性
	主要优点和局限性	主要优点：能够计算出具有维修能力和多重降级状态的系统的概率。 局限性： (1)无论是故障还是维修，都假设状态变化的概率是固定的； (2)所有事项在统计上具有独立性，因此未来的状态独立于一切过去的状态，除非两个状态紧密相连； (3)需要了解状态变化的各种概率； (4)矩阵运算的知识比较复杂，非专业人士很难看懂

6. 风险评估系图法—**基本应用能力**(见图 6-5、表 6-27)

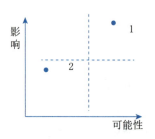

图 6-5　风险评估系图

用以评估风险影响的常见的定性方法是制作风险评估系图。

表 6-27　风险评估系图法

项目	内容
适用范围	适用于对**风险初步的定性分析**。
实施步骤	与影响较小且发生的可能性较低的风险相比，具有重大影响且发生的可能性较高的风险更加亟待关注。分析每种风险的重大程度及影响
优缺点	主要优点：简单的定性方法，直观明了。 局限性：显得过于简单，缺乏有效的经验证明和数据支持

7. 情景分析法—**基本应用能力**

情景分析可用来**预计威胁和机遇可能发生的方式**，以及如何将威胁和机遇用于各类长期及短期风险。在识别和分析那些反映诸如最佳情景、最差情景及期望情景的多种情景时，可用来识别在特定环境下可能发生的事件并分析潜在的后果及每种情景的可能性。如表 6-28 所示。

表 6-28　情景分析法

方法	描述	
情景分析法	适用范围	通过模拟不确定性情景，对企业面临的风险进行**定性和定量分析**
	实施步骤	(1)在建立了团队和相关沟通渠道，同时确定了需要处理的问题和事件的背景之后，下一步就是确定可能出现变化的性质。 (2)对主要趋势、趋势变化的可能时机以及对未来的预见进行研究
	主要优点和局限性	主要优点：对于未来变化不大的情况能够给出比较精确的模拟结果。 局限性： (1)在存在较大不确定性的情况下，有些情景可能不够现实； (2)应用难点涉及数据的有效性以及分析师和决策者开发现实情境的能力； (3)如果作为一种决策工具，其危险在于所用情景可能缺乏充分的基础，数据可能具有随机性，同时可能无法发现那些不切实际的结果

8. 敏感性分析法—**基本应用能力**

敏感性分析是针对潜在的风险性，研究项目的各种不确定因素变化至一定幅度时，计算其**主要经济指标变化率及敏感程度**的一种方法。若某参数的小幅度变化能导致效果指标的较大变化，则称此参数为敏感性因素，反之则称其为非敏感性因素。该分析从改变可能影响分析结果的不同因素的数值入手，估计结果对这些变量的变动的敏感程度。

敏感性分析最常用的显示方式是**龙卷风图**。龙卷风图有助于比较具有较高不确定性的变量与相对稳定的变量之间的相对重要程度。它因其显示形式像龙卷风一样而得名，如表 6-29 所示。

表 6-29　敏感性分析法

方法	描述	
敏感性分析法	适用范围	适用于对项目不确定性对结果产生的影响进行的**定量分析**
	实施步骤	(1)选定不确定因素，并设定这些因素的变动范围；(2)确定分析指标；(3)进行敏感性分析；(4)绘制敏感性分析图；(5)确定变化的临界点
	主要优点和局限性	主要优点：为决策提供有价值的参考信息；可以清晰地为风险分析指明方向；可以帮助企业制定紧急预案。 局限性：分析需要的数据经常缺乏，无法提供可靠的参数变化；分析时借助公式计算，没有考虑各种不确定因素在未来发生变动的概率，无法给出各参数的变化情况，因此其分析结果可能和实际相反

9. 事件树分析法(ETA)—**基本应用能力**

事件树(Event Tree Analysis，ETA)是一种表示初始事件发生之后**互斥性后果**的图解技术，其根据是为减轻其后果而设计的**各种系统是否起作用**，它可以定性地和定量地应用，如表 6-30 所示。

表 6-30 事件树分析法

方法		描述
事件树分析法	适用范围	适用于对故障发生以后，在各种减轻事件严重性的影响下，对多种可能后果的定性和定量分析
	实施步骤	(1)事件树首先要挑选初始事件。初始事件可能是粉尘爆炸这样的事故或是停电这样的事项。 (2)按序列出那些旨在缓解结果的现有功能或系统。用一条线来表示每个功能或系统成功(用"是"表示)或失败(用"否"表示)。 (3)在每条线上标注一定的失效概率，同时通过专家判断或故障树分析的方法来估算这种条件概率。这样，初始事件的不同途径就得以建模。 『提示』事件树的可能性是一种有条件的可能性
	主要优点和局限性	主要优点： (1)ETA 以清晰的图形显示了经过分析的初始事项之后的潜在情景，以及缓解系统或功能成败产生的影响； (2)能说明时机、依赖性，以及很烦琐的多米诺效应； (3)生动地体现事件的顺序。 局限性： (1)一切潜在的初始事项都要进行识别，可能需要使用其他分析方法，但总是有可能错过一些重要的初始事项； (2)事件树只分析了某个系统的成功及故障状况，很难将延迟成功或恢复事项纳入其中； (3)任何路径都取决于路径上以前分支点处发生的事项。可能会忽视某些从属因素，如常见组件、应用系统以及操作员等。会导致风险评估过于乐观

10. 决策树法(见表 6-31)—基本应用能力

是考虑在不确定性情况下，以序列方式表示决策选择和结果。

类似于事件树，决策树开始于初因事项或是最初决策，同时由于可能发生的事项及可能做出的决策，它需要对不同路径和结果进行建模。决策树显示采取不同选择的风险逻辑分析，同时给出每一个可能路径的预期值计算结果。

决策树用于在不确定的情况下选择最佳的行动步骤。图形显示也有助于沟通决策原因。

表 6-31 决策树法

方法		描述
决策树法	概念	是考虑到在不确定性情况下，以序列方式表示决策选择和结果
	适用范围	适用于对不确定性投资方案期望收益的定量分析
	实施步骤	(1)决策树中的方块代表决策节点，从它引出的分枝叫方案分枝。 (2)每条分枝代表一个方案，分枝数就是可能的相对方案数。 (3)圆圈代表方案的节点，从它引出的概率分枝，每条概率分枝上标明了状态及其发生的概率。 (4)根据损益值和概率枝的概率，计算出期望值，然后根据不同方案的期望结果作出选择。 (5)方案的舍弃叫作修枝，被舍弃的方案用"≠"的记号来表示，最后的决策点留下一条树枝，即为最优方案

方法		描述
决策树法	主要优点和局限性	主要优点： (1)对于决策问题的细节提供了一种清楚的图解说明； (2)能够计算到达一种情形的最优路径。 局限性： (1)大的决策树可能过于复杂，不容易与其他人交流； (2)为了能够用树形图表示，可能有过于简化环境的倾向

11. 统计推论法—**基本应用能力**

可进行项目风险评估和分析，分为前推、后推和旁推。

前推：根据历史的经验和数据推断出未来事件发生的概率及其后果。

后推：是在手头没有历史数据时，把未知想象的事件及后果与一已知事件与后果联系起来，从而对风险做出评估和分析。

旁推法：利用类似项目的数据进行外推，还得充分考虑新环境的各种变化。

统计推论法的相关内容，如表 6-32 所示。

表 6-32　统计推论法

方法		描述
统计推论法	适用范围	适合于**各种风险分析预测**
	实施步骤	(1)收集并整理与风险相关的历史数据； (2)选择合适的评估指标并给出数学模型； (3)根据数学模型和历史数据预测未来风险发生的可能性和损失大小
	主要优点和局限性	主要优点： (1)在数据充足可靠的情况下简单易行； (2)结果准确率高。 局限性： (1)历史事件的前提和环境不一定适用于今天或未来； (2)没有考虑事件的因果关系，外推结果可能产生较大偏差。为了修正这些偏差，有时必须在历史数据的处理中加入专家或集体的经验修正

【备考战略】风险管理的十一种技术与方法，各位考生需要先理解每一种技术与方法的原理(包括实施步骤)、适用范围、优缺点。建议对教材中每一种技术与方法所涉及的例题，一定要认真看懂，这样对于理解熟悉这些技术与方法的原理是非常有帮助的。

真题精练

【企业面对的风险种类】

1. (2019 年·单选题)随着云计算技术的崛起，传统数据技术受到严峻挑战。此前引领世界数据库软件市场的 J 公司对环境变化反应迟钝，没有及时研究云计算技术。当公司意识到云技术是未来方向时，转型为时已晚。2018 年，J 公司营业收入基本零增长，净利润比前一年暴跌 59%。J 公司面对的主要风险是(　　)。

A. 运营风险

B. 法律风险

C. 财务风险

D. 社会文件风险

2. (2019 年·多选题)宝胜公司是一家全球性

的手机生产企业。近年来公司在高速发展的同时，面临的风险也与日俱增。为了更好地分析面临的市场风险，宝胜公司应该至少收集的与该公司相关的重要信息有（　　）。

A. 全球汇率变动状况

B. 全球手机价值链生产供应状况

C. 各国手机的价格及供需变化

D. 各国对手机及其零部件进出口的政策导向

3.（2019 年·多选题）主营太阳能电池组件业务的日华公司上市后，通过股权融资、债券融资、银行借贷、信贷融资、民间集资等各种手段融资近 70 亿元，在多个国家投资布局光伏全产业链，还大举投资房地产、汽车等项目。后来光伏产业国际市场需求急剧萎缩，致使公司出现大额亏损，深陷债务危机。本案例中，日华公司所面临的主要风险类型有（　　）。

A. 战略风险

B. 政治风险

C. 社会文化风险

D. 财务风险

4.（2019 年·简答题）主营单晶硅、多晶硅太阳能电池产品研发和生产的益强公司于 2003 年成立。这是一家由董事长兼总经理李自一手创办并控制的家族式企业。

2010 年 11 月益强公司挂牌上市。在资本市场获得大量商业融资的同时，益强公司开始了激进的扩张之路。从横向看，为了扩大市场份额，益强公司在欧美多个国家投资或设立子公司；从纵向看，益强公司布局光伏全产业链，实施纵向一体化发展战略，由产业中游的组件生产，延伸至上游的硅料和下游的电站领域。益强公司还大举投资房地产、炼油、水处理和 LED 显示屏等项目。

为了支持其扩张战略，益强公司多方融资。公司上市仅几个月便启动第二轮融资计划—发行债券，凭借建设海外电站的愿景，通过了管理部门的审批，发行 10 亿元的"益强债券"，票面利率为 8.98%，在当年新发债券中利率最高。自 2011 年 2 月起，李自及其女儿李丽陆续以所持股份作抵押，通过信托融资约 9.7 亿元，同时益强公司大举向银行借债。李自还发起利率高达 15% 的民间集资。这样，益强公司在上市后三年内，通过各种手段融资近 70 亿元。

受 2008 年美国次贷危机和 2011 年欧债危机影响，欧美国家和地区纷纷大幅削减甚至取消光伏补贴，光伏产品国际市场需求急剧萎缩。随后欧盟对中国光伏产品发起"反倾销、反补贴"调查，光伏企业出口遭受重创。而全行业的非理性发展已经导致产能严重过剩，市场供大于求，企业间开始以价格战展开恶性竞争，利润急速下降，甚至亏损。

在这种情况下，益强公司仍执着于多方融资扩大产能，致使产品滞销库存积压。同时，在海外大量投资电站致使公司的应收账款急速增加。欧盟经济低迷，海外客户还款能力下降，欧元汇率下跌。存货跌价损失、汇兑损失、坏账准备的计提使严重依赖海外市场的益强公司出现大额亏损。公司把融资筹措的大量短期资金投放于回款周期很长的电站项目，投资回报期和债务偿付期的错配使公司的短期还款压力巨大，偿债能力逐年恶化。2010 年公司的流动比率为 3.165，到了 2013 年只有 0.546。公司资金只投不收的模式使现金流很快枯竭。2012 年和 2013 年多家银行因贷款逾期、供应商因货款清偿事项向益强公司提起诉讼，公司部分银行账户被冻结，深陷债务危机。益强公司由于资金链断裂，无法在原定付息日支付公司债券利息 8980 万元，成为国内债券市场上第一家违约公司，在资本市场上掀起轩然大波，打破了公募债券刚性兑付的神话。

2014 年 5 月益强公司因上市后连续三年亏

损被 ST 处理，暂停上市。仅仅三年多的时间，益强公司就从一家市值百亿元的上市公司深陷债务违约危机导致破产重组。

要求：

（1）简要分析益强公司上市后面对的市场风险。

（2）简要分析益强公司上市后存在的战略风险。

（3）依据《企业内部控制应用指引第 6 号——资金活动》简要分析益强公司资金活动中存在的主要风险。

5.（2018 年·单选题改）有关研究机构证实，从事中成药生产的上市公司天成公司的主打产品含有对人体健康有害的成分，该研究结果被媒体披露后，甲公司的股价大跌，购买其产品的部分消费者和经销商纷纷要求退货，致使其经营陷入危机，上述案例中，天成公司面临的风险属于（　　）。

A. 市场风险

B. 运营风险

C. 财务风险

D. 技术风险

6.（2018 年·单选题）科能公司开发出一种用于少儿英语学习的智能机器人，该产品投放市场不久，便被其他公司仿制。从技术活动过程所处的不同阶段考察，科能公司面临的技术风险属于（　　）。

A. 技术选择风险

B. 技术设计风险

C. 技术应用风险

D. 技术研发风险

7.（2018 年·多选题改）智博公司是一家连锁书店。面对电子图书的冲击和网上售书模式的兴起，智博公司陆续开辟了"名师书架""读者乐园"和"网上书城"等，通过优化图书结构和经营模式吸引消费者，取得了显著效果。在本案例中，智博公司规避的风险有（　　）。

A. 市场风险

B. 运营风险

C. 财务风险

D. 战略风险

8.（2018 年·简答题）四水集团是一家专门从事基础设施研发与建造、房地产开发及进出口业务的公司，1990 年 11 月 21 日在证券交易所正式挂牌上市。2014 年 8 月 8 日，四水集团收到证监局《行政监管措施决定书》，四水集团一系列违规问题被披露出来。

（1）未按规定披露重大关联交易，四水集团监事同时担任 F 公司的董事长、法定代表人；监事的配偶担任 H 贸易公司的董事、总经理、法定代表人。2012 年度四水集团与 F 公司关联交易总金额 6712 万元，与 H 贸易公司的关联交易总金额 87306 万元，2013 年度，四水集团与 H 贸易公司的关联交易总金额为 215395 万元。这些关联交易均超过 3000 万元且超过四水集团最近一期经审计净资产的 5%。根据证监会的规定，这些交易属于应当在年报中披露的重大关联交易，但是。四水集团均未在这两年的年度报告中披露上述重大关联交易。

（2）违规在关联公司间进行频繁的资金拆借，非法占用上市公司资金，四水集团无视证监会关于禁止上市公司之间资金相互拆借的有关规定，2012 年 4 月至 2014 年 8 月，向关联公司 H 贸易公司、F 公司拆借和垫付资金 6 笔，共 27250 万元。

（3）通过派发高额工资等方式变相占用上市公司非经营性资金，四水集团近年来效益很不佳，连续多年没有分红，公司股价也一直处于低迷状态。然而，2011－2013 年，包括董事长在内的公司高管人数分别为 17 名、19 名和 16 名，合计从公司领走 1317 万元、1436 万元和 1447 万元薪酬，均超过同期四水集团归属于母公司股东的净利润水平。

（4）连续多年向公司董事、监事和高级管理人员提供购房借款。截至 2013 年 12 月

31日，四水集团向公司董事、监事和高级管理人员提供购房借款金额达到610万元。上述行为违反了《公司法》关于"公司不得直接或通过子公司向董事、监事高级管理人员提供借款"的相关规定。

（5）利用上市公司信用为关联公司进行大量违规担保。四水集团2011-2014年为公司高管所属的公司提供担保的金额分别为0.91亿元、5.2亿元、5.6亿元、7.7亿元。公司管理层将四水集团当作融资工具，为自己所属公司解决资金需求，一旦这些巨额货款到期无法偿还，四水集团就必须承担起还款的责任。

四水集团管理层频繁的违规行为，导致四水集团的发展陷入举步维艰的地步。公司2011-2014年的经营状况不佳，扣除非经常性损益后的净利润出现连续大额亏损的状况，公司连续多年资产负债率高达70%以上，且流动资产和流动负债相差无几。财务风险很大，四水集团的每股收益连续多年走低，远低于上市公司平均水平，反映四水集团股东的获利水平很低。

要求

（1）依据"三大公司治理问题"简要分析四水集团存在的公司治理问题的类型与主要表现。（注：第5章知识点）

（2）依据《企业内部控制应用指引第6号——资金活动》，简要分析四水集团资金活动存在的主要风险。

9. （2017年·单选题改）亚洲R国H公司推出了一个名为"东大机器人"的项目，该项目的目标是通过R国顶级学府J大学的入学考试，2013年以来，"东大机器人"每年都参加了J大学的入学考试，但连续3年的得分均低于J大学的录取分数线，H公司于2016年11月正式宣布因项目过于复杂而最终放弃该项目。根据上述描述，H公司研发"东大机器人"项目面临的风险是（　　）。

A. 战略风险

B. 技术风险

C. 市场风险

D. 财务风险

10. （2017年·多选题改）甲公司是一家环保设备制造商，2010年，甲公司把以投资建设环保项目为由从银行取得的贷款转而投入了房地产开发。几年后，由于政府宏观调控政策出台和房地产业的收缩，甲公司投入房地产开发的大部分资金无法收回，经营陷入危机。上述案例所涉及的风险有（　　）。

A. 法律和合规风险

B. 财务风险

C. 战略风险

D. 政治风险

11. （2017年·单选题）思达集团原是一家房地产企业。2016年，思达集团以银行贷款为主要资金来源，开始大举并购一些发达国家的酒店和娱乐、体育健身等方面的业务。最近，思达集团由于收购规模过大，资金出现短缺。同时银行收紧了银根，不再向思达集团发放贷款。因此，思达集团被迫中止了收购活动，并为弥补资金漏洞出售了一些已购的业务。根据《企业内部控制应用指引第2号——发展战略》，思达集团在制定和实施发展战略方面存在的主要风险是（　　）。

A. 发展战略实施不到位

B. 缺乏明确的发展战略

C. 发展战略因主观原因频繁变动

D. 发展战略过于激进，脱离企业实际能力或偏离主业

12. （2016年·单选题）我国某纺织生产企业甲公司向欧洲H国出口"双羊"牌高档羊绒被，其英文名为"Goats"。该产品质量上乘，但在H国一直销路不佳。甲公司进行详细调查后发现，在H国，"Goats"除了有山羊的意思以外，还有其他的贬义，一些消费者因此产生不好的联想，影响了产品的销售，这个案例表明，企

业跨国营销可能面临( )。

A. 市场风险

B. 环境风险

C. 品牌风险

D. 文化风险

13. (2016年·简答题)C国北方机床集团于1993年组建，主导产品是两大类金属切削机床。销售市场覆盖全国30多个省、市、自治区，并出口M国、G国等80多个国家和地区。

G国S公司是一个具有140多年历史的世界知名机床制造商，其重大型机床加工制造技术始终处于世界最高水平。但S公司内部管理存在诸多问题，其过高的技术研发成本造成资金链断裂。2004年年初，S公司宣布破产。

2004年10月，北方机床集团收购了S公司全部有形资产和无形资产。北方机床集团在对S公司进行整合中颇费思量，首先，采取"以诚信取信于G国员工"的基本策略，承诺不解雇一个S公司员工，S公司的总经理继续留任；其次，北方机床集团与S公司总经理多次沟通，谋求双方扬长避短、优势互补，使"混合文化形态"成为S公司未来的个性化优势，以避免跨国并购可能出现的文化整合风险；最后，在运行整合方面，仍由S公司主要负责开发、设计及制造重要机械和零部件，组装则在C国完成，力求实现S公司雄厚的技术开发能力和C国劳动力成本优势的最佳组合。

整合后第二年，S公司实现2000多万欧元的销售收入，生产经营状况已恢复到S公司历史最高水平。

然而2008~2009年，受世界金融危机的影响，加上S公司内部原有的管理问题尚未彻底解决，公司陷入亏损的困境。北方机床集团不得不开始更换S公司的管理团队，逐渐增强北方机床集团在S公司的主导地位。2010年，S公司经营情况有所好转，实现3500万欧元销售收入，但仍处于亏损状态。

2012年，由于受到国内下游需求方—汽车、铁路等固定资产投资放缓的影响，北方机床集团销售收入同比上年下降8%。尽管如此，北方机床集团仍然表示将继续投资S公司项目，因为S公司承载着北方机床集团孜孜以求的核心技术和迈入国际高端市场的梦想，而且由于并购后在技术整合上存在缺陷，北方机床集团尚未掌握S公司的全部核心技术。集团计划到2015年对S公司投入近1亿欧元，同时招聘新的研发人员。

要求：

(1)2006年UNCTAD《世界投资报告》提出影响发展C国跨国公司对外投资决策的四大动机，简要分析北方机床集团跨国并购G国S公司的主要动机。(注：第3章知识点)

(2)简要分析北方机床集团并购G国S公司所面对的主要风险。

14. (2016年·单选题改)甲公司以公开招标方式采购一批设备，乙公司以最低价中标。在签订正式采购合同前，乙公司发现钢材等原材料价格突然暴涨，如继续以中标价格签订合同，公司将蒙受重大损失。乙公司与甲公司商议能否提高合同价格，遭到甲公司拒绝。于是乙公司放弃了该项目，甲公司则根据约定没收了乙公司的投标保证金。在上述案例中，甲公司采购设备时面临的风险是( )。

A. 市场风险

B. 运营风险

C. 战略风险

D. 技术风险

15. (2016年·多选题)根据《企业内部控制应用指引第4号—社会责任》，企业在履行社会责任方面需要关注的主要风险有( )。

A. 缺乏诚实守信的经营理念，可能导致

舞弊事件的发生

B. 安全生产措施不到位，责任不落实，可能导致安全事故的发生

C. 产品质量低劣，侵害消费者利益，可能导致企业巨额赔偿、形象受损

D. 促进就业和员工权益保护不够，可能导致员工积极性受挫

16. (2015年·多选题改)甲公司是我国一家长期向X国出口摩托车的企业。2013年，X国对我国出口的摩托车大幅提高了关税。面对这种情况，甲公司在X国与当地企业组建了一家合资公司，生产销售摩托车。甲公司在X国组建合资公司规避的风险有(   )。

A. 运营风险　　B. 市场风险

C. 政治风险　　D. 战略风险

【风险管理的概念】

1. (2018年·单选题)甲公司是一家餐饮公司。2010年。一场传染病的流行使餐饮业进入"寒冬"，该公司在进行风险评估后认为，这场传染病的流行将使消费者的健康饮食意识大大增强，于是组织员工迅速开发并推出系列健康菜品。使公司营业额逆势上升。甲公司的上述做法体现的风险管理特征是(   )。

A. 专业性　　　B. 战略性

C. 系统性　　　D. 二重性

2. (2016年·多选题)下列各项关于企业全面风险管理的表述中，正确的有(   )。

A. 企业全面风险管理是增进企业价值的过程

B. 企业全面风险管理旨在把风险控制在风险容量以内

C. 企业全面风险管理的参与者由管理层和全体员工组成

D. 企业全面风险管理对企业所有风险进行管理

3. (2015年·单选题)下列各项关于企业全面风险管理的说法，错误的是(   )。

A. 全面风险管理主动将风险管理作为价值中心

B. 全面风险管理既管理纯粹风险也管理机会风险

C. 全面风险管理主要由财务会计和内部审计等部门负责

D. 全面风险管理的焦点在所有利益相关者的共同利益最大化上

【风险管理基本流程】

1. (2017年·多选题)分析企业运营风险，企业应至少收集与该企业、本行业相关的信息，其中包括(   )。

A. 企业风险管理的现状和能力

B. 潜在竞争者、竞争者及其主要产品、替代品情况

C. 期货等衍生产品业务曾发生或易发生失误的流程和环节

D. 新市场开发、市场营销策略

2. (2017年·单选题)下列各项关于风险管理解决方案的表述，错误的是(   )。

A. 风险管理解决方案中的外部解决方案一般指外包

B. 风险管理解决方案应有风险解决的具体目标和风险管理工具等方面的内容

C. 落实风险管理解决方案必须认识到风险管理是企业价值创造的根本源泉

D. 风险管理解决方案中的内部解决方案一般指风险管理策略

3. (2016年·多选题)下列各项关于风险评估的表述中，正确的有(   )。

A. 风险评估包括风险辨识、风险分析和风险评价三个步骤

B. 风险定性评估时应统一制定各风险的度量单位和度量模型

C. 企业应当定期或不定期对新风险或原有风险的变化进行重新评估

D. 风险评估应将定性方法和定量方法相结合

【风险管理策略】

1. (2019年·单选题)中科公司是国内一家著名的印刷机制造商。面对G国先进印刷机

在中国的市场占有率迅速提高，中科公司将业务转型为给 G 国印刷机的用户提供零配件和维修保养服务，取得比业务转型前更高的收益率。从风险管理策略角度看，中科公司采取的策略是( )。

A. 风险规避

B. 风险转换

C. 风险转移

D. 风险补偿

2. (2019 年·单选题)甲基金公司在对基金管理、受托资产管理、基金销售和咨询等业务活动进行风险度量时，首先对所有事件中每一事件发生的概率乘以该事件的影响，然后将这些乘积相加得到风险数值。甲基金公司采用的风险度量方法是( )。

A. 概率值

B. 最大可能损失

C. 期望值

D. 在险值

3. (2019 年·单选题)厨具生产商佳乐公司为了分散经营风险，开展多元化经营，投资了一个环保项目。由于对该项目的前期调研不够充分，相关信息搜索不足，公司管理人员在分析项目运营风险时，无法判断风险发生的概率。在这种情况下，佳乐公司应采取的风险度量方法是( )。

A. 期望值

B. 在险值

C. 最大可能损失

D. 概率值

4. (2018 年·单选题)M 国某地区位于地震频发地带，那里的居民具有较强的防震意识，住房普遍采用木质结构，抗震性能优越。不少家庭加装了地震时会自动关闭煤气的仪器，以防犯地震带来的相关灾害。根据上述信息，该地区居民采取的风险管理策略工具是( )。

A. 风险控制　　B. 风险转移

C. 风险规避　　D. 风险转换

5. (2017 年·多选题)星云公司制造手机所需

要的部分零部件由奇象公司提供。星云公司为了防范和应对采购过程中可能出现的风险，与奇象公司签订了严格而规范的合同，其中一项规定是：如果由于外界不可抗力因素造成奇象公司不能按时供货并给星云公司带来损失，只要损失额超过一定数量，那么超过的部分由奇象公司予以赔偿。在上述案例中，星云公司采取的风险管理工具有( )。

A. 风险规避　　B. 风险转移

C. 风险补偿　　D. 风险承担

6. (2016 年·单选题)下列各项中，属于企业一般不应把风险承担作为风险管理策略的情况是( )。

A. 企业管理层及全体员工都未辨识出风险

B. 企业以成本效益考虑，认为选择风险承担是最适宜的方案

C. 企业面临影响企业目标实现的重大风险

D. 企业缺乏能力对已经辨识出的风险进行有效管理与控制

7. (2016 年·单选题)R 国 W 公司于 2002 年发行了名为 Pioneer 的巨灾债券。该债券能够同时为北美飓风、欧洲风暴以及美国加利福尼亚和日本地震提供救灾资金保障。这种具有金融衍生品特性的债券，属于风险管理策略工具中的( )。

A. 风险补偿　　B. 风险转化

C. 风险转移　　D. 风险对冲

8. (2015 年·单选题)甲公司是一家生产遮阳用品的企业。2013 年，公司在保留原有业务的同时，进入雨具生产业务。从风险管理策略的角度看，甲公司采取的策略是( )。

A. 风险承担　　B. 风险规避

C. 风险转换　　D. 风险对冲

9. (2015 年·多选题)下列风险度量方法中，建立在概率基础上的方法有( )。

A. 期望值法

B. 在险值法

C. 层次分析法

D. 最大可能损失法

【内部控制的要素】

1. (2019年·单选题)甲公司在实施全面风险管理过程中,注重加强法制教育,增强董事、监事、经理及其他高级管理人员和员工的法制观念,严格依法决策、依法办事、依法监督。甲公司的上述做法所涉及的内部控制要素是( )。

A. 控制环境

B. 风险评估

C. 监控

D. 控制活动

2. (2018年·多选题)甲信托投资公司自成立以来,结合业务特点和内部控制要求设置内部机构,明确职责权限,将权利和责任落实到责任单位,同时综合运用风险规避、风险降低、风险分担和风险承受等风险应对策略,实现对风险的有效控制。根据我国《企业内部控制基本规范》,该公司的上述做法涉及的内部控制要素有( )。

A. 风险评估

B. 控制环境

C. 信息与沟通

D. 控制活动

3. (2017年·单选题)凌云公司近来不断加强企业内部控制体系建设,在董事会下设立了审计委员会,负责审查企业内部控制,监督内部控制的有效实施和内控自我评价情况,协调内控审计及其他相关事宜。根据COSO《内部控制框架》,公司的上述做法属于内控要素中的( )。

A. 控制环境　　B. 监控

C. 风险评估　　D. 控制活动

4. (2016年·单选题)下列各项中,属于控制活动要素的是( )。

A. 企业实施全面预算管理制度

B. 企业制定内部控制缺陷认定标准

C. 企业根据设立的控制目标,及时进行风险评估

D. 董事会下设立审计委员会

5. (2016年·多选题)下列各项中,属于《企业内部控制基本规范》对内部环境要素要求的有( )。

A. 企业应当建立举报投诉制度和举报人保护制度

B. 企业应当建立重大风险预警机制和突发事件应急处理机制

C. 企业应当制定和实施有利于企业可持续发展的人力资源政策

D. 企业应当加强内部审计工作

6. (2015年·单选题)随着全面风险管理意识的加强,甲公司的股东要求管理层建立重大风险预警机制,明确风险预警标准,对可能发生的重大风险事件,制定应急方案,明确相关责任人和处理流程、程序和政策,确保重大风险事件得到及时、稳妥的处理。甲公司股东的要求所针对的内部控制要素是( )。

A. 风险评估　　B. 控制活动

C. 内部监督　　D. 信息与沟通

【风险理财措施】

1. (2019年·单选题)甲公司每年维持经营所需的最低资本为1000万元,但是有4%的可能性需要1500万元才能维持经营。该公司为了保证96%的生存概率所需的风险准备金是( )。

A. 500万元　　　B. 1500万元

C. 2500万元　　D. 1000万元

2. (2018年·多选题)2017年初,甲公司与乙银行签订了一份协议,约定甲公司一旦发生特定事件引起财务危机时,有权从乙公司取得500万贷款来应对风险。在协议中,双方明确了甲公司归还贷款的期限以及应当支付的利息和费用。下列多项表述中正确的有( )。

A. 甲公司采取的风险理财策略为其可持续经营提供了保证

B. 甲公司采取的风险理财措施不涉及风险补偿

C. 甲公司采取的风险理财策略是风险资本

的表现形式之一

D. 乙银行向甲公司提供贷款不承担甲公司发生特定事件的风险

3. (2017 年·单题题)宏远海运公司为了加强对损失事件的管理成立了一家附属机构，其职责是用母公司提供的资金建立损失储备金，并为母公司提供保险。宏远海运公司管理损失的方法是( )。

A. 专业自保 　　　B. 保险

C. 损失融资 　　　D. 风险成本

4. (2017 年·单题题)下列各项关于金融衍生产品的说法中，正确的是( )。

A. 远期合约价格不能预先确定

B. 远期合约是标准化合约

C. 欧式期权只能在到期时执行

D. 期货价格不是通过公开竞价达成的

5. (2015 年·单题题)宏远海运公司为加强对风险损失事件的管理，与甲银行签订协议，规定在一定期间内，如果宏远海运公司由于台风等自然灾害遭受重大损失，可从甲银行取得贷款，并为此按约定的期间向甲银行缴纳权力费。宏远海运公司管理损失事件的方法称为( )。

A. 损失融资 　　　B. 专业自保

C. 应急资本 　　　D. 风险补偿合约

6. (2015 年·多选题)乙公司近年来实施全面风险管理，运用衍生产品等风险理财工具防范风险。下列对乙公司风险理财的表述中，正确的有( )。

A. 乙公司运用风险理财工具不需要判断风险定价

B. 乙公司运用风险理财工具的主要目的是降低风险

C. 乙公司运用风险理财工具注重风险因素对现金流的影响

D. 乙公司运用风险理财工具既可以针对不可控风险也可以针对可控风险

【风险管理技术与方法】

1. (2019 年·单题题)甲公司在实施风险管理过程中，对由人为操作和自然因素引起的

各种风险对企业影响的大小和发生的可能性进行分析，为确定企业风险的优先次序提供分析框架。该公司采取的上述风险管理方法属于( )。

A. 决策树法

B. 马尔科夫分析法

C. 流程图分析法

D. 风险评估系图法

2. (2019 年·单题题)科环公司计划在某市兴建一座垃圾处理厂，并对占用土地的价格、垃圾处理收入和建设周期等不可控因素的变化对该垃圾处理厂内部收益率的影响进行了分析。科环公司采取的风险管理方法是( )。

A. 马尔科夫分析法

B. 失效模式影响和危害度分析法

C. 情景分析法

D. 敏感性分析法

3. (2018 年·单题题)甲公司是一家白酒生产企业，为了进一步提高产品质量，甲公司通过图表形式将白酒生产按顺序划分为多个模块，并对各个模块逐一进行详细调查，识别出每个模块各种潜在的风险因素或风险事件，从而使公司决策者获得清晰直观的印象，根据上述信息，下列各项中，对甲公司采取的风险管理办法的描述错误的是( )。

A. 该方法的使用效果依赖于专业人员的水平

B. 该方法的优点是简单明了易于操作

C. 该方法可以对企业生产或经营中的风险及其成因进行定性分析

D. 该方法适用于组织规模较小、流程较简单的业务风险分析

4. (2018 年·多选题)甲林场为了加强对火灾风险的防控工作，组织有关人员深入分析了由于自然或人为因素引发火灾、场内消防系统工作、火警和灭火直升机出动等不确定事件下产生各种后果的频率。下列各项中，属于该林场采用的风险管理方法优

点的有( )。

    A. 生动地体现事件的顺序

    B. 不会遗漏重要的初始事项

    C. 能够将延迟成功或恢复事件纳入其中

    D. 能说明时机、依赖性和多米诺效应

5. (2017年·单选题)为了适应市场需求,甲公司决定扩大手机生产规模,市场预测表明该产品销路好的概率为0.6,销路差的概率为0.4。据此,公司计算出多个备选方案,并根据在产品销路不确定的情况下,净现值的期望值选择出最优方案。据此,甲公司采取的风险管理技术与方法是( )。

    A. 流程图分析法

    B. 敏感性分析法

    C. 事件树分析法

    D. 决策树分析法

6. (2017年·单选题)通达路桥公司拟在某省建一座大桥,此工程面临许多不确定因素,如工程总投资、银行贷款、过桥费收入等,公司为预测其效益,防范其风险,组织相关人员分析了上述每一个因素的变化对该项目的内部收益率的影响,此公司采取的风险管理方法是( )。

    A. 情景分析

    B. 风险评估分析

    C. 敏感性分析法

    D. 马尔科夫分析法

7. (2017年·单选题)甲为大型商场,开业以来,公司积累了丰富的销售数据,公司战略部门每年都会对这些数据整理,据此推算出来年度企业的销售风险,甲的风险管理方法是( )。

    A. 正推法   B. 后推法

    C. 前推法   D. 逆推法

8. (2017年·单选题)面对未来国外经济形势不确定因素增加的局面,鑫华基金公司按照较好、一般、较差三种假设条件,对公司未来可能遇到的不确定因素及其对公司收入和利润的影响作出定性和定量分析。鑫华基金公司使用的风险管理技术与方法是( )。

    A. 情景分析法

    B. 敏感性分析法

    C. 统计推论法

    D. 马尔科夫分析法

9. (2016年·单选题)甲公司是一家计划向移动互联网领域转型的大型传统媒体企业。为了更好地了解企业转型中存在的风险因素,甲公司聘请了20位相关领域的专家,根据甲公司面临的内外部环境,针对六个方面的风险因素,反复征询每个专家的意见,直到每一个专家不再改变自己的意见,达成共识为止。该种风险管理方法是( )。

    A. 德尔菲法   B. 情景分析法

    C. 头脑风暴法   D. 因素分析法

10. (2016年·单选题)甲公司是一家化工企业,每年都对设备进行检修。甲公司在对设备故障风险进行分析时,先将设备运行情况划分为几种情景状态,然后用随机转移矩阵描述这几种状态之间的转移,最后用计算机程序计算出每种状态发生的概率。甲公司采用的这种风险管理方法是( )。

    A. 事件树分析法

    B. 马尔科夫分析法

    C. 失效模式影响和危害度分析法

    D. 情景分析法

11. (2015年·单选题)甲公司拟新建一个化工项目。经过可行性研究,该项目预计净现值为420万元,内部收益率为13%。甲公司进一步分析初始投资、建设期及寿命期的变动对该项目预计净现值的影响及影响程度。甲公司采取的风险管理技术与方法是( )。

    A. 情景分析法

    B. 事件树分析法

    C. 敏感性分析法

    D. 决策树分析法

【企业面对的风险种类】

1. A 【解析】"J公司对环境变化反应迟钝，没有及时研究云计算技术。当公司意识到云技术是未来方向时，转型为时已晚"体现的是运营风险中的"企业组织效能、管理现状、企业文化、高、中层管理人员和重要业务流程中专业人员的知识结构、专业经验等方面可能引发的风险"。

2. ABC 【解析】分析市场风险，企业应广泛收集国内外企业忽视市场风险、缺乏应对措施导致企业蒙受损失的案例，并至少收集与本企业相关的以下重要信息：①产品或服务的价格及供需变化；②能源、原材料、配件等物资供应的充足性、稳定性和价格变化；③主要客户、主要供应商的信用情况；④税收政策和利率、汇率、股票价格指数的变化；⑤潜在竞争者、竞争者及其主要产品、替代品情况。

3. AD 【解析】"在多个国家投资布局光伏全产业链，还大举投资房地产、汽车等项目"体现了发展战略过于激进，脱离企业实际能力或偏离主业，可能导致企业过度扩张，甚至经营失败，属于战略风险，选项A正确；"通过股权融资、债券融资、银行借贷、信贷融资、民间集资等各种手段融资近70亿元"体现了筹资决策不当，引发资本结构不合理或无效融资，可能导致企业融资成本过高或债务危机，属于财务风险，选项D正确。

4. 【答案】

(1)益强公司上市后面对的市场风险：

①产品或服务的价格及供需变化带来的风险。"受2008年美国次贷危机和2011年欧债危机影响，欧美国家和地区纷纷大幅削减甚至取消光伏补贴，光伏产品国际市场需求急剧萎缩"。随后欧盟对中国光伏产品发起了'反倾销、反补贴'调查，光伏企业出口遭受重创。而全行业的非理性发展已经导致产能严重过剩，市场供大于求"。

②主要客户、主要供应商的信用风险。"欧盟经济低迷，海外客户还款能力下降"。

③税收政策和利率、汇率、股票价格指数的变化带来的风险。"欧元汇率下跌、存货跌价损失、汇兑损失、坏账准备的计提使严重依赖海外市场的益强公司出现大额亏损"。

④潜在进入者、竞争者、与替代品的竞争带来的风险。"而全行业的非理性发展已经导致产能严重过剩，市场供大于求，企业间开始以价格战进行恶性竞争，利润急速下降，甚至亏损"。

(2)益强公司上市后所存在的战略风险主要表现为：

发展战略过于激进，脱离企业实际能力或偏离主业，可能导致企业过度扩张，甚至经营失败。"在资本市场获得大额融资的同时，益强公司开始了激进的扩张之路。从横向看，为了扩大市场份额，益强公司在欧美多个国家投资或设立子公司；从纵向看，益强公司布局光伏全产业链，实施纵向一体化发展战略，由产业中游的组件生产，延伸至上游的硅料和下游的电站领域。益强公司还大举投资房地产、炼油、水处理和LED显示屏等项目"。

(3)益强公司资金活动所存在的主要风险如下：

①筹资决策不当，引发资本结构不合理或无效融资，可能导致企业筹资成本过高或债务危机。"为了支持其战略扩张的需要，益强公司多方融资。公司上市仅几个月便启动第二轮融资计划—发行债券，凭借建设海外电站的愿景，通过了管理部门的审批，发行规模为10亿元的'益强债券'，

票面利率为 8.98%，在当年新发债券利率最高。自 2011 年 2 月起，李自及其女儿李丽陆续以所持股份作抵押，通过信托融资约 9.7 亿元，同时，益强公司大举向银行借债。李自还发行了利率高达 15% 的民间集资。这样，益强公司在上市后三年时间内通过各种手段融资近 70 亿元"。

②投资决策失误，引发盲目扩张或丧失发展机遇，可能导致资金链断裂或资金使用效益低下。"在市场供过于求的情况下益强公司仍执著于多方融资扩大产能，致使产品滞销库存积压。同时，海外大量投资电站致使公司的应收账款急速增加。欧盟经济低迷，海外客户还款能力下降，欧元汇率下跌。存货跌价损失、汇兑损失、坏账准备的计提使严重依赖海外市场的益强公司出现大额亏损。公司把融资筹措的大量短期资金投放于回款周期很长的电站项目，投资回报期和债务偿付期的错配使得公司的短期还款压力巨大，偿债能力逐年恶化"。

③资金调度不合理、营运不畅，可能导致企业陷入财务困境或资金冗余。"公司把融资筹措的大量短期资金投放于回款周期很长的电站项目，投资回报期和债务偿付期的错配使得公司的短期还款压力巨大，偿债能力逐年恶化。2010 年公司的流动比率为 3.165，到了 2013 年只有 0.5460 公司资金只投不收的模式使现金流很快枯竭"。

5. B 【解析】天成公司的产品含有对人体健康有害的成分，被媒体披露后，公司面临消费者和经销商退货，致使经营出现危机。体现的是天成公司在质量、安全、环保、信息安全等管理中发生失误导致的风险，属于运营风险。

6. C 【解析】该公司将产品投放市场以后被其他公司仿制属于技术应用风险。技术应用风险是指由于技术成果在产品化、产业化的过程中由所带来的一系列不确定性所带来的负面影响或效应。

7. AB 【解析】电子图书的冲击和网上售书模式的兴起，属于市场风险。通过优化图书结构和经营模式吸引消费者，规避的是运营风险。

8.【答案】

（2）本案例中，四水集团资金活动存在的主要风险有两个：

①资金活动管控不严，可能导致资金被挪用、侵占、抽逃或遭受欺诈。"违规在关联公司间进行频繁的资金拆借，非法占用上市公司资金""连缕多年向公司董事、监事和高级管理人员提供购房借款""利用上市公司信用为关联公司进行大量违规担保，……，一旦这些巨额贷款到期无法偿还，四水集团就必须承担起还款的责任"。

②资金调度不合理、营运不畅，可能导致企业陷入财务困境。一方面，"在关联公司间进行频繁的资金拆借，2012 年 4 月至 2014 年 8 月，向关联公司 H 贸易公司、F 公司拆借和垫付资金 6 笔，共 27250 万元"；另一方面"公司连续多年资产负债率高达 70% 以上，且流动资产和流动负债相差无几，财务风险很大"；导致"2011～2014 年的经营状况不佳，扣除非经常性损益后的净利润出现连续多年大额亏损的状况"。

9. B 【解析】"东大机器人"项目因过于复杂而最终放弃面临的是技术研发风险。技术研发风险是指在技术研究或开发阶段，外界环境变化的不确定性、技术研发项目本身的难度和复杂性、技术研发人员自身知识和能力的有限性都可能导致技术的研发面临着失败的危险。

10. AD 【解析】甲公司将从银行取得的贷款投入了房地产开发，没有按照合同约定的用途用款，体现了合规风险。政治风险是指完全或部分由政府官员行使权力和政府组织的行为而产生的不确定性。政府宏观调控政策的出台，体现了政治风险。

11. D 【解析】思达集团原是房地产企业，后大举收购酒店、娱乐、健身等业务，说明业务方向偏离。收购行为以银行贷款为主，说明企业实际能力不足以支持收购业务的进行，因此思达集团面临的风险属于发展战略过于激进，脱离企业实际能力或偏离主业。

12. D 【解析】题中甲公司因为没有了解到"Goats"在H国的贬义的意思，这是因为文化差异造成的，所以是文化风险。

13. 【答案】

(1)2006年UNCTAD《世界投资报告》提出影响发展C国跨国公司对外投资决策的四大动机是：寻求市场；寻求效率；寻求资源；寻求现成资产。

北方机床集团跨国并购G国S公司的主要动机是：

①寻求市场。"S公司承载着北方机床集团孜孜以求的核心技术和迈入国际高端市场的梦想"。

②寻求现成资产。"北方机床集团收购了S公司全部有形资产和无形资产"。

(2)北方机床集团并购G国S公司所面对的主要风险有：

①决策不当的并购。表现为：

可能高估并购对象所在产业的吸引力，"受世界金融危机的影响……S公司经营情况有所好转，实现3500万欧元销售收入，但仍处于亏损状态"。

可能高估自己对被并购企业的管理能力。"北方机床集团在对S公司进行整合中颇费思量……加上5公司内部原有的管理问题尚未彻底解决，公司陷入亏损的困境"。

②并购后不能很好地进行企业整合。北方机床集团为减少新的协同问题，"在对S公司进行整合中颇费思量，首先，采取'以诚信取信于G国员工'的基本策略，承诺不解雇一个S公司员工，S公司的总经理继续留任；其次，北方机床集团与S

公司总经理多次沟通，谋求双方扬长避短、优势互补，使'混合文化形态'成为S公司未来的个性化优势，以避免跨国并购可能出现的文化整合风险""在运营整合方面，仍由S公司主要负责开发、设计及制造重要机械和零部件，组装则在C国完成，力求实现G国S公司雄厚的技术开发能力和C国劳动力成本优势的最佳组合""然而……S公司内部原有的管理问题尚未彻底解决，公司陷入亏损的困境。北方机床集团不得不开始更换S公司的管理团队，逐渐增强北方机床集团在S公司的主导地位"。

14. A 【解析】能源、原材料、配件等物资供应的充足性、稳定性和价格的变化带来的风险属于市场风险。所以选项A正确。

15. BCD 【解析】履行社会责任，需关注的主要风险包括：

(1)安全生产措施不到位，责任不落实，可能导致企业发生安全事故；

(2)产品质量低劣，侵害消费者利益，可能导致企业巨额赔偿、形象受损，甚至破产；

(3)环境保护投入不足，资源耗费大，造成环境污染或资源枯竭，可能导致企业巨额赔偿、缺乏发展后劲，甚至停业；

(4)促进就业和员工权益保护不够，可能导致员工积极性受挫，影响企业发展和社会稳定。

选项A属于企业文化需关注的主要风险。

16. BC 【解析】税收风险指由于税收政策变化使企业税后利润发生变化产生的风险，X国对我国出口的摩托车大幅提高了关税，组建合资公司可以有效规避高关税引发的利润变化风险，所以选项B正确。同时，关税也是政治风险的一个组成因素，组建合资公司同样可以规避政治风险。

【风险管理的概念】

1. D 【解析】传染病的流行是甲公司是风

険，而甲公司将风险转化为增进企业价值的机会，迅速开发健康菜品，体现了风险管理特征的二重性。

2. ABD 【解析】企业全面风险管理是一个由企业治理层、管理层和所有员工参与的，对企业所有风险进行管理，旨在把风险控制在风险容量以内，增进企业价值的过程。所以选项 C 是不正确的，本题正确答案是 ABD。

3. C 【解析】传统风险管理与全面风险管理对比如下：项目传统风险管理全面风险管理涉及面主要是财务会计主管和内部审计等部门负责；就单个风险个体实施风险管理，主要是可保风险和财务风险在高层的参与下，每个成员都承担与自己行为相关的风险管理责任；从总体上集中考虑和管理风险(包括纯企业风险和机会风险)连续性只有管理层认为必要时才进行是企业系统的、有重点的、持续的行为态度被动地将风险管理作为成本中心主动积极地将风险管理作为价值中心目标与企业战略联系不紧，目的是转移或避免风险紧密联系企业战略，目的是寻求风险优化措施方法事后反应式的风险管理方法，即先检查和预防经营风险，然后采取应对措施事前风险防范，事中风险预警和及时处理，事后风险报告、评估、备案及其他相应措施注意焦点专注于纯粹和灾害性风险焦点在所有利益相关者的共同利益最大化上。

【风险管理基本流程】

1. ACD 【解析】分析运营风险，企业应至少收集与该企业、本行业相关的以下信息：
①产品结构、新产品研发；
②新市场开发、市场营销策略，包括产品或服务定价与销售渠道、市场营销环境等；
③企业组织效能、管理现状、企业文化、高、中层管理人员和重要业务流程中专业人员的知识结构、专业经验；

④期货等衍生产品业务中曾发生或易发生失误的流程和环节；
⑤质量、安全、环保、信息安全等管理中曾发生或易发生失误的业务流程或环节；
⑥因企业内、外部人员的道德因素致使企业遭受损失或业务控制系统失灵；
⑦给企业造成损失的自然灾害以及除上述有关情形之外的其他纯粹风险；
⑧对现有业务流程和信息系统操作运行情况的监管、运行评价及持续改进能力；
⑨企业风险管理的现状和能力。

2. D 【解析】内部解决方案是以下几种手段的综合应用：风险管理策略、组织职能、内部控制、信息系统和风险理财措施。

3. ACD 【解析】风险评估包括风险辨识、风险分析、风险评价三个步骤，所以选项 A 正确。进行风险定量评估时，应统一制定各风险的度量单位和风险度量模型，所以选项 B 错误。企业应对风险管理信息实行动态管理，定期或不定期实施风险辨识、分析、评价，以便对新的风险和原有风险的变化重新评估，所以选项 C 正确。进行风险辨识、分析、评价，应将定性与定量方法相结合，所以选项 D 正确。

【风险管理策略】

1. A 【解析】"中科公司将业务转型为给 G 国印刷机的用户提供零配件和维修保养服务"体现了中科公司退出了印刷机制造商的领域，以后不会再面临相关的风险，即风险规避，选项 A 正确。

2. C 【解析】期望值通常指的是数学期望，即概率加权平均值：所有事件中，每一事件发生的概率乘以该事件的影响的乘积，然后将这些乘积相加得到和。本题中，甲基金公司"对所有事件中每一事件发生的概率乘以该事件的影响，然后将这些乘积相加得到风险数值"，采用的是期望值，选项 C 正确。

3. C 【解析】企业一般在无法判断发生概率或无须判断概率的时候，使用最大可能损失作为风险的衡量。选项 C 正确。

4. A 【解析】M 国居民通过住房采用木质结构，加装地震时会自动关闭煤气的仪器来防范地震带来的灾害。属于控制风险事件发生的动因、环境、条件等，来减轻风险事件发生时的损失或降低风险事件发生的概率，体现的风险管理策略工具是风险控制。

5. BD 【解析】从资料中可以分析出损失额在一定数量内的，由星云公司独自承担。当损失额超过一定数量时，超过部分由奇象公司赔偿，即将超过部分的风险转移给了对方。所以星云公司采取的风险管理工具包括风险承担和风险转移。

6. C 【解析】对于重大风险，一般不应采用风险承担。选项 C 是答案。

7. C 【解析】Pioneer 巨灾债券，同时为北美飓风、欧洲风暴和美国加利福尼亚、美国中心和日本地震提供保障。该种债券属于保险风险证券化的一种，保险风险证券化是指利用保险资产证券化技术，通过构造和在资本市场上发行保险连接型证券，使保险市场上的风险得以分割和标准化，将承保风险转移到资本市场。简单的理解即通过该种债券将风险转移到资本市场上，所以选项 C 正确。

8. D 【解析】本题属于战略上的多种经营，是风险对冲里常见的例子之一。

9. AB 【解析】期望值即概率加权平均值，是建立在概率基础上计算的，所以选项 A 正确。在险值对数据要求非常严格，同样是建立在概率统计基础之上，所以选项 B 正确。

【内部控制的要素】

1. A 【解析】我国《企业内部控制基本规范》关于内部环境要素的要求，企业应当加强法制教育，增强董事、监事、经理及其他高级管理人员和员工的法制观念，严格依法决策、依法办事、依法监督，建立健全法律顾问制度和重大法律纠纷案件备

案制度。

2. AB 【解析】综合运用风险规避、风险降低、风险分担和风险承受等风险应对策略，实现对风险的有效控制，属于风险评估，选项 A 正确。结合业务特点和内部控制要求设置内部机构，明确职责权限，将权利和责任落实到各责任单位，属于控制环境，选项 B 正确。

3. A 【解析】按照 COSO《内部控制框架》关于控制环境要素的要求，控制环境包括：员工的诚信度、职业道德和才能；管理哲学和经营风格；权责分配方法；人事政策；董事会的经营重点和目标等。本题中，凌云公司的做法体现了董事会的经营重点和目标的要求。

4. A 【解析】选项 A 属于控制活动；选项 B 属于内部监督要素；选项 C 属于风险评估要素；选项 D 属于内部环境要素。

5. CD 【解析】选项 A 属于信息与沟通要素的内容，选项 B 属于控制活动要素的内容。

6. B 【解析】我国《企业内部控制基本规范》关于控制活动要素的要求中第 37 条的要求是：企业应当建立重大风险预警机制和突发事件应急处理机制，明确风险预警标准，对可能发生的重大风险或突发事件，制定应急预案、明确责任人员、规范处置程序，确保突发事件得到及时妥善处理。所以选项 B 正确。

【风险理财措施】

1. A 【解析】"甲公司每年维持经营所需的最低资本为 1000 万元，但是有 4% 的可能性需要 1500 万元才能维持经营"，也就是说如果风险资本为 500 万元，那么这家公司的生存率就是 96%，选项 A 正确。

2. ACD 【解析】甲公司采取的风险理财策略为应急资本。应急资本的特点之一是可以提供经营持续性的保证，选项 A 说法正确。应急资本所对应的管理工具是风险补偿，选项 B 说法错误。应急资本是风险资

本的表现形式之一，选项 C 说法正确。应急资本提供方不承担特定事件发生的风险，选项 D 说法正确。

3. A 【解析】专业自保公司又称专属保险公司，是非保险公司的附属机构，为母公司提供保险，并由其母公司筹集保险费，建立损失储备金。

4. C 【解析】远期合约规定了将来交换的资产、交换的日期、交换的价格和数量，合约条款因合约双方的需要不同而不同。这说明远期合约是提前预订价格的。远期合约亦与期货不同，其合约条件是为买卖双方量身定制的，通过场外交易达成，而后者则是在交易所买卖的标准化合约。这说明远期合约不是标准化合约。期货价格是通过公开竞价而达成的。欧式期权只能在到期日执行。

5. C 【解析】应急资本是一个金融合约，规定在某一时间段内、某个特定事件发生的情况下公司有权从应急资本提供方处募集股本或贷款（或资产负债表上的其他实收资本项目），并为此按时间向资本提供方缴纳权力费，这里特定事件称为触发事件。

6. CD 【解析】风险理财需要判断风险的定价，所以选项 A 错误。传统的风险理财的目的是降低公司承担的风险，而风险理财是对机会的利用。

【风险管理技术与方法】

1. D 【解析】风险评估系图识别某一风险是否会对企业产生重大影响，并将此结论与风险发生的可能性联系起来，为确定企业风险的优先次序提供框架。本题中，对由人为操作和自然因素引起的各种风险对企业影响的大小和发生的可能性进行分析，为确定企业风险的优先顺序提供分析框架，属于风险评估系图法。

2. D 【解析】敏感性分析是针对潜在的风险性，研究项目的各种不确定因素变化至一定幅度时，计算其主要经济指标变化率及

敏感程度的一种方法。科环公司"对占用土地的价格、垃圾处理收入和建设周期等不可控因素的变化对该垃圾处理厂内部收益率的影响进行了分析"表明采取的是敏感性分析法，选项 D 正确。

3. D 【解析】甲公司通过图表形式将白酒生产按顺序划分为多个模块，并对各个模块逐一进行详细调查，识别出每个模块各种潜在的风险因素或风险事件，从而使公司决策者获得清晰直观的印象，属于流程图分析法。在企业风险识别过程中，运用流程图绘制企业的经营管理业务流程，可以将与企业各种活动有影响的关键点清晰地表现出来，结合企业中这些关键点的实际情况和相关历史资料，就能够明确企业的风险状况。流程图分析是识别风险最常用的方法之一。其主要优点是清晰明了，易于操作，且组织规模越大，流程越复杂，流程图分析法就越能体现出优越性。通过业务流程分析，可以更好地发现风险点，从而为防范风险提供支持。局限性主要是该方法的使用效果依赖于专业人员的水平。

4. AD 【解析】事件树分析法适用于对故障发生以后，在各种减轻事件严重性的影响下，对多种可能后果的定性和定量分析，甲林场所选择的风险管理方法是事件树分析法。主要优点：（1）ETA 以清晰的图形显示了经过分析的初始事项之后的潜在情景，以及缓解系统或功能成败产生的影响；（2）它能说明时机、依赖性，以及故障树模型中很繁烦的多米诺效应；（3）它生动地体现事件的顺序，而使用故障树是不可能表现的。选项 AD 正确。选项 B 对事件树方法来说是错误的，因为 ETA 可能会遗漏重要的初始事项。

5. D 【解析】决策树是考虑到在不确定性的情况下，以序列方式表示决策选择和结果。

6. C 【解析】敏感性分析是针对潜在的风险

性，研究项目的各种不确定因素变化至一定幅度时，计算其主要经济指标变化率及敏感程度的一种方法。敏感性分析是在确定性分析的基础上，进一步分析不确定性因素对项目最终效果指标的影响及影响程度。

7. C 【解析】统计推论法分为前推、后推和旁推，其中前推就是根据历史的经验和数据推断出未来事件发生的概率及其后果，所以甲商场用积累的销售数据推算年度销售风险属于前推。

8. A 【解析】情景分析法适用于通过模拟不确定性情景，对企业面临的风险进行定性和定量分析。鑫华基金公司按照较好、一般、较差三种假设条件，对公司未来可能遇到的不确定因素及其对公司收入和利润的影响作出定性和定量分析，从这里可以判断出鑫华基金公司使用的风险管理技术与方法是情景分析法。

9. A 【解析】德尔菲法又名专家意见法，是在一组专家中取得可靠共识的程序，其基本特征是专家单独、匿名表达各自的观点，同时随着过程的进展，他们有机会了解其他专家的观点。德尔菲法采用背对背的通信方式征询专家小组成员的意见，专家之间不得互相讨论，不发生横向联系，只能与调查人员发生关系。通过反复填写问卷，搜集各方意见，以形成专家之间的共识。

10. B 【解析】马尔科夫分析法通常用于对那些存在多种状态（包括各种降级使用状态）的可维修复杂系统进行分析。该方法主要围绕"状态"这个概念展开，而随机转移概率矩阵可用来描述状态间的转移，以便计算各种输出结果。

11. C 【解析】敏感性分析是针对潜在的风险性，研究项目的各种不确定因素变化至一定幅度时，计算其主要经济指标变化率及敏感程度的一种方法。敏感性分析是在确定性分析的基础上，进一步分析不确定性因素对项目最终效果指标的影响及影响程度。敏感性因素一般可选择主要参数（如销售收入、经营成本、生产能力、初始投资、寿命期、建设期、达产期等）进行分析。

同步训练 限时110分钟

一、单项选择题

1. A 公司在对外贸易中产生了大量的外币应收账款，为了避免汇率变化可能造成的损失，公司使用了外币套期保值，以降低汇率波动的风险。该公司选择的风险管理工具是（　　）。
   A. 风险对冲　　　　B. 风险控制
   C. 风险转换　　　　D. 风险补偿

2. 某集团管理层做出了风险应对措施决策。下列各项中，属于风险转换的是（　　）。
   A. 提高信用标准防止坏账损失的扩大
   B. 在本国和其他国家或地区进行投资，以便缓解和分散集中投资的风险
   C. 为了获得质量更高的信息技术资源，将集团全部信息技术业务外包
   D. 基于成本效益考虑，管理层认为不利事件发生的可能性低而且即使发生对企业影响也很小，决定接受风险

3. 2013 年春季，H7N9 在中华大地上肆虐，给广大养殖户造成严重冲击。保险公司适时推出 H7N9 保险。农乐禽养殖有限公司立即进行了投保，以应对 H7N9 给企业带来的风险。该公司采用的风险管理工具是（　　）。
   A. 风险承担　　　　B. 风险规避
   C. 风险转移　　　　D. 风险对冲

4. M 公司是一家经营多年的房地产公司，伴随着房地产业高速增长，同时出现了风险

加大的问题，为此企业决定成立一家分公司主营食品加工。M公司的风险管理策略工具是( )。

A. 风险规避　　　B. 风险转移

C. 风险对冲　　　D. 风险补偿

5. 万圣公司每年需要的最低运营资本是10亿元，但是有8%的可能性需要15亿元维持运营，有2%的可能性需要18亿元才能维持运营。请指出98%的生存概率需要的风险资本为( )。

A. 5　　　　　　B. 8

C. 10　　　　　　D. 18

6. 甲公司为国内大型基建公司，现正考虑承接一项在非洲坦桑尼亚的未经开发山区进行大型桥梁工程。由于地势险峻，容易造成严重的意外伤亡事故，公司对派遣的员工进行专门的安全培训和管理。这反映的风险管理工具是( )。

A. 风险补偿　　　B. 风险规避

C. 风险控制　　　D. 风险转换

7. 甲企业为了走向国际化，欲采取并购国外一家企业的方式实现该战略，各董事就并购带来的风险分别发表了如下不同的看法：

钱某：并购会带来一定的风险，该风险发生的后果严重程度不确定

李某：并购一定会有风险，只要风险存在，就一定有发生损失的可能

王某：风险是威胁，一定要想办法去规避

谢某：要想走向国际化，不管采取什么措施，都会有风险，但风险总是与机遇并存

对上述看法，你认为哪个董事发表的看法不正确( )。

A. 钱某　　　　　B. 李某

C. 王某　　　　　D. 谢某

8. 甲公司是一家海运公司，为了转移公司与海关相关的船舶、货物、运营的损失及对他人的责任，该公司与某保险公司签订了一项金融合约，约定当风险发生时由保险公司承担相应的损失，但是作为补偿该公司应该向保险公司支付一定的保险费。甲公司进行损失事件管理的手段属于( )。

A. 风险资本　　　B. 应急资本

C. 保险　　　　　D. 专业自保

9. 棕榈油在国内完全是依赖进口的植物油品种。2010年10月10日，国内某棕榈油贸易商，以8223元/吨的进口成本价与马来西亚供货商签订了1万吨订货合同。由于从订货到装船运输再到国内港口的时间预计还要35天左右。于是，该贸易商于10月10日在国内棕榈油期货市场卖出12月棕榈油合约1000手进行保值，成交均价为8290元/吨。到11月15日，进口棕榈油到港卸货完毕，该贸易商卖出10000吨棕榈油现货，价格为7950元/吨；同时在期货市场上买入1000手12月棕榈油合约进行平仓，成交均价为7900元/吨。则该贸易商采用的风险管理工具是( )。

A. 风险对冲　　　B. 风险规避

C. 风险转移　　　D. 风险保留

10. 王某打算开一家提供大型高档车修理修配劳务的汽车维修店，由于投资巨大，风险未知，王某请来几名风险管理专家为开立维修店进行风险评估，几位专家的意见如下：

A专家：因为要雇用修理员工，所以会面临操作风险

B专家：一般维修店都会实时结算，所以面临信用风险的可能性不大

C专家：要保证零部件的质量，否则会带来运营风险

D专家：提供修理修配劳务，不会涉及财务风险

通过以上资料，你认为说法不对的专家是( )。

A. A专家　　　　B. B专家

C. C专家　　　　D. D专家

11. 乙公司是一家上市公司，在风险管理过程中非常注重风险管理工具的使用。下列表述中属于风险承担的是( )。

A. 对于已经辨识出的风险，从成本效益角度考虑，风险管理的成本较高

B. 该公司拒绝与信用不好的交易对手进行交易

C. 放松交易客户的信用标准

D. 与银行签订应急资本协议，当风险发生时，公司可以从银行获得一定的应急资本金

12. 某公司历史上一直购买灾害保险，但经过数据分析，认为保险公司历年的赔付不足以平衡相应的保险费用支出，而不再续保；同时，为了应付可能发生的灾害性事件，公司与银行签订了应急资本协议，规定在灾害发生时，由银行提供资本以保证公司的持续经营。根据以上信息可以判断，该企业所采用的风险对策为(　　)。

A. 风险补偿　　　B. 风险规避

C. 风险转移　　　D. 风险控制

13. 甲公司是一家小型家电生产企业，由于金融危机的影响，甲公司出现大量的库存，为了尽快地解决资金占用的问题，甲公司迅速与乙公司签订赊销合同，而未对乙公司的信用情况进行调查，甲公司迟迟未收回这笔货款，为此甲公司计提的坏账准备。甲公司面临的外部风险属于(　　)。

A. 市场风险　　　B. 运营风险

C. 战略风险　　　D. 政治风险

14. 在运动服装领域，李宁牌运动服可以说是企业中的明星。但其一开始进军美国市场时，销量并不理想。公司管理者派员工赴美调查，结果十分意外，在英文里 Lining 的意思是衬垫、衬底的意思，因此，外国人误认为这不是卖衣服的店面。随后公司采取补救措施，在"Lining"之间加一个连接符，就变成"Li-ning"，从此，不再发生被误认的情况，企业成功地化解了风险。该风险属于(　　)。

A. 政治风险　　　B. 社会文化风险

C. 市场风险　　　D. 技术风险

15. 氟利昂技术在设计之初就存在着"缺陷"，其产生的氯原子会不断分解大气中的臭氧分子而破坏臭氧层，当初设计者并没有考虑到，随着该技术在家用电器、日用化工产品、泡沫塑料及消防器材等领域的广泛使用，终于使臭氧层出现空洞的可能性转变成现实。这反映的风险是(　　)。

A. 技术风险

B. 政治风险

C. 法律风险与合规风险

D. 运营风险

16. 某银行与客户约定的利率超出了人民银行规定的基准利率幅度，银行受到了客户的起诉。对银行来讲，这属于(　　)。

A. 政治风险　　　B. 法律风险

C. 市场风险　　　D. 财务风险

17. 下列各项关于应对风险的措施中，属于风险转移的是(　　)。

A. 甲公司是一家稀有资源开发企业。按照国际惯例，甲公司每年向矿区所在地政府预付一定金额的塌陷补偿费

B. 乙公司是一家股票上市的商品零售企业。为了筹建更多商场，扩大市场占有率，乙公司要求母公司为其金额为5亿元的中长期贷款提供担保

C. 丙公司是一家区域性奶制品生产企业。为了推广高端乳酸菌饮料产品，丙公司决定按照"买一送一"的政策对乳酸菌饮料新产品和传统水果味酸奶产品进行捆绑销售

D. 丁公司是一家规模较小的唱片制作企业。为了保护唱片版权，丁公司与某网络商城签订合作协议，由该网络商城每年支付固定版权费用，商城会员即可无限次下载受到版权保护的丁公司制作的唱片音乐

18. 甲公司 2010 年实现利润 2500 万元，年终时有一笔 1000 万元的应付账款需要支付，

但由于该公司缺乏可用资金，导致该公司无法偿付到期的应付账款，这说明该公司出现的风险是( )。

A. 战略风险　　　B. 市场风险

C. 财务风险　　　D. 运营风险

19. 下列各项关于风险管理的策略中，属于风险控制的是( )。

A. 甲公司拒绝与信用不好的供应商进行交易

B. 乙公司与M保险公司签订保险合同，约定损失发生时由保险公司承担，作为交换，乙公司向M公司支付了20万元的保险费

C. 为应付灾害性事件，丙公司与银行签订应急资本协议，当灾害发生时，由银行提供资本保证公司的正常运营

D. 丁公司设立质量检查环节防止残次品出厂

20. 甲公司是一家日化用品生产企业，但替代品的竞争给该企业的生产经营带来很大的风险，这种风险属于( )。

A. 市场风险　　　B. 财务风险

C. 运营风险　　　D. 战略风险

21. 依据《企业内部控制应用指引第1号—组织架构》，以下需关注的主要风险是( )。

A. 内部机构设计不科学，权责分配不合理，可能导致机构重叠

B. 缺乏明确的发展战略或发展战略实施不到位，可能导致企业盲目发展

C. 人力资源激励约束制度不合理、关键岗位人员管理不完善，可能导致人才流失

D. 安全生产措施不到位，责任不落实，可能导致企业发生安全事故

22. 下列不属于COSO内部控制框架中控制活动要素应当坚持的原则是( )。

A. 企业选择并制定有助将目标实现风险降低至可接受水平的控制活动

B. 企业为用以支持目标实现的技术选择

并制定一般控制政策

C. 企业识别并评估可能会对内部控制系统产生重大影响的变更

D. 企业通过政策和程序来部署控制活动：政策用来确定所期望的目标；程序则将政策付诸行动

23. 甲公司是一家酒楼，每天从屠宰场采购新鲜肉类，但由于市场需求波动较大，有时候当天用不完的肉类需要放入冷库储存，而有时候又因为库存不足导致缺货，由此可见，甲公司的采购业务没有注意到的风险是( )。

A. 供应商选择不当，采购方式不合理导致不能及时送货

B. 供应商选择不当，可能导致采购物资质次价高，出现舞弊或遭受欺诈

C. 采购计划安排不合理，市场变化趋势预测不准确，造成库存短缺或积压，可能导致企业生产停滞或资源浪费

D. 采购验收不规范，付款审核不严，可能导致采购物资、资金损失或信用受损

24. 下列关于审计委员会的表述中错误的是( )。

A. 审计委员会的主要活动之一是核查对外报告规定的遵守情况

B. 审计委员会一般有责任确保企业履行对外报告的义务

C. 审计委员会应结合企业财务报表的编制情况，对所有的财务报告事项和判断进行复核

D. 管理层的责任是编制财务报表，审计师的责任是编制审计计划和执行审计

25. 某公司正在进行组织架构的重组工作，其中设立审计委员会是一项重要的新工作。在选拔审计委员会成员时，公司拟定以下的候选人员，其中最有可能符合公司审计委员会委员任职资格的是( )。

A. 公司的执行董事

B. 公司的财务总监

C. 公司的总会计师

D. 公司的独立、非行政董事

二、多项选择题

1. 随着医疗保险制度的逐步到位，药品价格改革的降价效应得到了进一步显现。今后，药品企业自主定价权力的扩大和政府的药品降价政策将使国内药品的总体价格水平不断下降。甲公司是一家生物制药公司，公司已形成规模销售的产品今后将面临着激烈的市场竞争和强劲的竞争对手，因而本公司产品降价趋势明显，这将对公司的盈利能力产生一定不利影响。根据以上信息可以判断，甲公司可能面对的风险包括（　　）。

A. 市场风险

B. 替代品竞争风险

C. 运营风险

D. 信用风险

2. 下列关于风险管理策略的工具说法正确的有（　　）。

A. 甲银行将重要的数据进行异地备份，以防止重要数据丢失，采用的是风险补偿策略

B. 乙基金公司认为 ST 股票投资风险大，停止对 ST 股票的买入，采用的是风险规避策略

C. 丙证券公司除了经营传统的经纪业务外，还同时经营融资融券、投资顾问、资产管理、产品代销、自营、IB 等业务，采用的是风险对冲策略

D. 丁保险公司收到的保费后，在证券市场上发行与风险事件相关的附息债券，如果不发生风险事项，债券购买者会获得利息，采用的是风险转移策略

3. 公司风险管理部门与高层管理人员正在商议如何确定风险管理有效性标准，下列说法正确的有（　　）。

A. 风险管理有效性标准应当用于衡量全面风险管理体系的运行效果

B. 风险管理有效性标准应当在企业的风险评估中应用，并根据风险的变化随时调整

C. 风险管理的有效性标准要针对企业的全部风险，能够反映企业全部风险管理的现状

D. 量化的企业风险管理的有效性标准与企业风险承受度有相同的度量基础

4. 某矿业集团近期收购了厄瓜多尔铜矿，集团风险管理部派李辉驻该铜矿担任中方管理人员，并负责该铜矿的风险管理工作。根据该国现有情况，李辉建议集团采取以下措施：向国际保险公司对该项目政治风险投保，在原料、零配件的采购上适当以当地企业优先。李辉用以应对该铜矿风险的措施有（　　）。

A. 风险控制　　　　B. 风险规避

C. 风险转移　　　　D. 风险保留

5. 甲公司是一家净化器生产企业。下列关于风险管理的措施中，属于风险规避的有（　　）。

A. 甲公司停止生产可能存在安全隐患的产品

B. 甲公司与银行签订应急资本协议，当火灾发生时，由银行提供资本保证公司的持续经营

C. 甲公司不与质次价高的供应商合作

D. 甲公司为降低风险，开始实施多元化经营

6. 近年来，风险与风险管理越来越受到广泛的重视。甲企业董事会提出，为了企业的健康发展，要对本企业实行风险管理。总经理赵某要求刚成立的风险管理小组组长刘某制订风险管理的目标，关于刘某制订的下列目标中，不正确的有（　　）。

A. 确保遵守有关法律法规

B. 确保企业建立针对各项风险发生后的危机处理计划，保护企业不因灾害性风险或人为失误而遭受损失

C. 确保将风险控制在与公司总体目标相适应的范围内

D. 确保内外部，尤其是企业与股东之间实现真实、可靠的信息沟通，包括编制和

提供真实、可靠的财务报告

7. 面临风险企业可以采取多种不同的措施进行管理，下列属于采用风险规避的有（　　）。

A. 不准员工访问某些网站或下载某些内容

B. 退出某一市场以避免激烈竞争

C. 设立质量检查以防止次品出厂

D. 利用期货进行套期保值

8. 下列选项中，采用了风险管理策略工具中的风险转移的有（　　）。

A. 公司明令禁止各业务单位进行期货投机

B. 将公司一笔2年后到期的借款出售给子公司

C. 为公司的固定资产投保

D. 由于业务繁忙，将公司的一部分业务外包给其他的同类公司

9. W快餐源于欧洲，因企业扩张的需要，目前，W企业总部决定到印度开发自己的连锁经营店面。然而该快餐企业想要在印度市场上建立店面必须要先向当地政府缴纳高出当地企业平均水平的税金。并且，该快餐店欲推出的一款牛肉汉堡在当地引起了民众强烈的不满，不得不取消该汉堡在当地的销售。分析W快餐企业面对的外部风险有（　　）。

A. 产业风险

B. 政治风险

C. 社会文化风险

D. 运营风险

10. 自2009年，中国某矿业集团公司将全面风险管理工作纳入基层单位业绩考核体系，将风险管理考核结果与业绩奖惩挂钩，推动了全面风险管理工作落实。该集团公司董事会在全面风险管理方法主要履行的职责包括（　　）。

A. 审议并向股东（大）会提交企业全面风险管理年度工作报告

B. 审议内部审计部门提交的风险管理监

督评价审计报告

C. 批准重大决策、重大风险、重大事件和重要业务流程的判断标准或判断机制

D. 批准风险管理组织机构设置及其职责方案

11. 下列说法中正确的有（　　）。

A. 甲企业对未能辨识出的风险采用风险承担策略

B. 乙企业退出某一市场以避免激烈的竞争属于风险规避策略

C. 丙企业通过购买保险将风险转移给保险公司属于风险转移策略

D. 丁公司通过放松客户信用标准，在增加了应收账款的同时，扩大了销售，这属于风险对冲策略

12. H公司研制出一种市场上还未出现的新产品，没有历史数据可以对可能的销售量作出预测。公司决定采用德尔菲法对新产品销售量进行预测。于是该公司成立专家小组，并聘请业务经理、市场专家和销售代表等10位专家，征询专家小组成员的预测意见，预测全年可能的销售量。经过四次反馈得到预测结果。H公司采用这种方法进行预测的主要优点有（　　）。

A. 由于观点是匿名的，因此更有可能表达出那些不受欢迎的看法

B. 所有观点有相同的权重，避免重要人物占主导地位的问题

C. 专家不必一次聚集在某个地方，比较方便

D. 让主要利益相关者参与其中，有助于进行全面沟通

13. 《企业内部控制应用指引第7号—采购业务》中，如果采购流程不完善，将会面临的风险有（　　）。

A. 库存短缺或积压

B. 采购物资质次价高，出现舞弊或遭受欺诈

C. 资金损失

D. 信用受损

14. 根据《企业内部控制应用指引第 15 号——全面预算》，企业实行全面预算管理时面临的风险有（   ）。

A. 全面预算方法的选择所带来的风险

B. 不编制预算或预算不健全而导致企业经营缺乏约束或盲目经营

C. 预算目标不合理、编制不科学导致企业资源浪费或发展战略难以实现

D. 预算缺乏刚性、执行不力、考核不严，导致预算管理流于形式

15. 下列属于合同管理需关注的主要风险的有（   ）。

A. 未经授权对外订立合同

B. 合同未全面履行或监控不当

C. 合同内容存在重大疏漏和欺诈

D. 合同纠纷处理不当

16. 下列属于工程项目需关注的主要风险的有（   ）。

A. 立项缺乏可行性研究或者可行性研究流于形式，决策不当，盲目上马，可能导致难以实现预期效益或项目失败

B. 项目招标暗箱操作，存在商业贿赂，可能导致中标人实质上难以承担工程项目、中标价格失实及相关人员涉案

C. 工程造价信息不对称，技术方案不落实，概预算脱离实际，可能导致项目投资失控

D. 竣工验收不规范，最终把关不严，可能导致工程交付使用后存在重大隐患

17. 企业对外提供担保时要非常谨慎，重大业务担保要集体进行决策。下列属于办理担保业务需关注的主要风险的有（   ）。

A. 对担保申请人的资信状况调查不深。审批不严或越权审批，可能导致企业担保决策失误或遭受欺诈

B. 对被担保人出现财务困难或经营陷入困境等状况监控不力，应对措施不当，可能导致企业承担法律责任

C. 担保范围不合理，可能导致企业遭受损失

D. 担保过程中存在舞弊行为，可能导致经办审批等相关人员涉案或企业利益受损

18. 甲公司按照国家相关部门要求，开始建设自身的内部控制体系。该公司在编制相关制度和程序的同时，决定下大力气改善企业的内控基础设施，重视企业内部环境的建设和改善。根据以上信息可以判断，下列各项中，该公司应注意的内部环境因素包括（   ）。

A. 内部机构设置

B. 反舞弊机制

C. 人力资源政策

D. 法制环境

三、简答题

1. 甲公司是一个软件开发公司，在软件开发过程中，会存在很多风险，为此甲公司采取了一系列措施来应对风险，其中包括：

(1)对于软件项目开发过程中存在的技术风险，采用成熟的技术、团队成员熟悉的技术或迭代式的开发过程等方法来应对风险；

(2)完全陌生领域的项目利用保险来减轻损失，保险合同规定保险公司为预定的损失支付补偿，作为交换，在合同开始时，该公司要向保险公司支付保险费；

(3)软件开发过程需要大额资金，但是投资者的资金可能不足以维持，所以该公司与银行签订了应急资本协议，规定在资金严重短缺时，由银行提供资本以保证公司的持续经营。

要求：判断分析甲公司分别采用了哪些风险应对策略。

2. 甲有限责任公司是一家成立时间较长，大型的建筑工程公司，有在海外承揽大型工程的丰富经验。目前，该公司打算开拓南美市场，但经过分析后，拟进入的国家政局不稳，并且其国内经济恶化，通货膨胀十分严重，而且政变后新上台的军政府不

承认前任政府签署的所有相关协议，另外外汇管制十分严格。因此，该公司决定放弃此地区市场，转而进军中东市场。由于公司资质很好，很顺利的承揽到了为中东某国修建高速公路这一工程。由于工期长，且有"尾款"，并以当地货币结算，在汇出时再按当时汇率折算成美元。该公司为防止业主拖欠工程款，向中信保投保了信用险，为防止汇率波动影响公司最后利润，公司财务部使用相关衍生产品进行对冲，锁定大部分工程款汇率。

根据以往同业经验，当工程结束时，工程指挥部使用的奔驰车，工程中使用的日本施工机械等，该国海关会以各种借口扣留在本国，但公司认为几年工程下来，这些设备已大幅度减值，不能因小失大，因此，不再为此而进行其他运作。

要求：请根据上述材料，指出甲公司面临的主要风险及相应的风险管理工具。

3. 甲公司成立于 2010 年。随着企业规模的扩大，风险管理逐渐引起公司领导层的关注。因此公司成立了风险管理委员会和风险管理职能部门。以下是该公司一些情况：

(1)风险管理委员会对董事会负责，由董事长兼总经理刘某担任风险管理委员会的召集人。

(2)风险管理委员会共设委员五人，其中张某和李某是公司董事，张某自公司成立以来一直为公司的高级管理人员，对公司的重要管理、业务流程非常熟悉；而李某则是新进入董事会的成员，其是风险管理专家，具有一定的法律知识。

(3)风险管理委员会的职能之一为确定企业风险管理总体目标、风险偏好、风险承受度，批准风险管理策略和重大风险管理解决方案。

(4)风险管理职能部门履行全面风险管理的职责，对风险管理委员会负责。

(5)风险管理职能部门职能之一为审议内

部审计部门提交的风险管理监督评价审计综合报告。

要求：请指出上述情况 1 至情况 5 中不恰当之处，并说明原因。

4. 甲公司通过其在中国的 30 家店铺销售多种高质量的运动服和运动鞋。在国家经济不断增长的情况下，该公司目前是盈利的，但这几年的利润空间一直在减少，公司尚未对此查明原因。每家店铺均采用电子系统记录库存。所有商品都由各店铺提供详细的产品要求，然后由驻孟加拉国的总部集中订购。订单通过邮寄方式发给供应商，并用塔卡(孟加拉国货币单位)结算。最近有新闻报道称，甲公司在中国独家代理的防辐射服装，因其生产中使用的一种化学药品，在阳光下暴晒时间过长会释放毒烟。公司管理层正对此事进行调查。

2008 年，中国承办了奥运会，引发体育消费热情。甲公司借助全民参与奥运的热情，通过向银行借款等方式筹集大笔资金，借助一系列的商业赞助和营销，实现高速增长，店铺数量激增至 1500 家。扩张速度加快，管理水平却没有得到相应提高，同时赶上消费人群骤降带来的行业低谷，抗风险能力明显下降。库存居高不下，银行还款压力剧增，不得不进行清仓甩卖，大规模关店。

要求：

(1)简要分析甲公司可能面临的风险类型。

(2)简要分析企业风险管理的总体目标。

5. 李某是沪深股市的投资者，十几年来，由一万元入市，成长为数千万元的大户，创造了中国股票交易史上的一个小小的奇迹。其特别重视上市公司的内部控制和风险管理，用他自己的话说就是"诸葛一生唯谨慎"，投资应该将风险放在第一位，对于小投资者来说，其坚信的理念就是"君子不立危墙之下"。

近来，李某注意到，甲农业股份有限公司股价大幅下跌，股价由原来的 100 元下跌到现在的 20 元附近，一方面，由于 H7N9 在国内传播，公众不再食用禽类，对公司的经营造成一定影响，另一方面，公司前几天公布了一则公告，公司将对 2012 年的数十几项应收账款提取 60% 的坏账准备，从而对公司的业绩造成大幅影响。

深谙证券交易的李某认为，公司股票到了合理的估值范围，但基于谨慎，其并没有直接买入该公司的股票。李某和助理刘某，不惜相隔万里，到了该上市公司调查，该上市证券部经理赵某和董事局秘书张某向李某介绍了公司的情况，并陪同其进行了调查。

该公司管理层一直致力于实现最高水平的内部控制，以使股东对公司的管理层更加有信心，同时提高甲公司的社会信誉。但是，最近该公司的信誉由于内部出现的事件而受到了负面影响。事件的起因是，一种家禽体内的激素水平超出了相关安全标准的规定，质量检验部的一名员工对外进行了披露。该员工曾就此问题向其所在部门的领导进行反映，但并未得到任何答复，遂向媒体投诉。在接受媒体采访时，该员工指出，该公司一向缺乏严谨的工作作风，此次漠视安全标准规定只是公司对待类似问题的一个例子。

另外，李某也了解了企业计提坏账准备的情况，其起因是企业向常年客户销售活鸡和生猪，由于是老客户，形成了巨额的应收账款，鉴于该客户近来资金链断裂，因此提取了 60% 的坏账准备。

要求：

(1)根据资料，并结合《企业内部控制基本规范》的相关规定，从内部控制五要素方面说明甲公司的内部控制有哪些地方不符合相关要求；

(2)根据资料，判断甲公司目前遭受的风险类型，并简述其他的风险类型。

同步训练答案及解析

一、单项选择题

1. A 【解析】风险对冲是指采取各种手段，引入多个风险因素或承担多个风险，使得这些风险能够互相对冲，也就是，使这些风险的影响互相抵销。该公司使用了外币套期保值，对冲了汇率变化可能造成的损失。

2. A 【解析】选项 A 属于风险转换，选项 B 属于风险对冲，选项 C 属于风险规避，选项 D 属于风险承担。

3. C 【解析】风险转移是指企业通过合同将风险转移到第三方，企业对转移后的风险不再拥有所有权。转移风险不会降低其可能的严重程度，只是从一方移除后转移到另一方。

4. C 【解析】风险对冲是指采取各种手段，引入多个风险因素或承担多个风险，使得这些风险能够互相对冲，也就是，使这些风险的影响互相抵销。常见的例子有资产组合使用、多种外币结算的使用和战略上的多种经营等。

5. B 【解析】风险资本是使一家公司破产的概率低于某一给定水平所需的资金，最低运营资本是 10 亿元，如果风险资本为 5 亿元，那么这家公司的生存概率就是 92%，如果要达到 98% 的生存概率则需要的风险资本为 18−10＝8 亿元。

6. C 【解析】风险控制是指控制风险事件发生的动因、环境、条件等，来达到减轻风险事件发生时的损失或降低风险事件发生的概率的目的。对派遣的员工进行专门的安全培训和管理，可以减少意外伤亡事故带来的损失。

7. C 【解析】本题考核风险的概念。风险总是与机遇并存。大多数人只关注风险的不利面，如风险带来的竞争失败、经营中断、法律诉讼、商业欺诈、无益开支、资产损失、决策失误等，因而害怕风险。但风险本身并不一定是坏事，必须学会平衡风险可能导致的相反结果所带来的机遇。有风险才有机会，风险是机会存在的基础。为此，可以把负面的风险称为威胁，而把正面的风险称为机会。选项 B 说法错误。

8. C 【解析】保险是一种金融合约。保险合同规定保险公司应为预定的损失支付补偿（也就是为损失进行融资），作为交换，在合同开始时，购买保险合同的一方要向保险公司支付保险费。甲公司由于是一家海运公司，存在很大的风险，与保险公司签订合约，将风险转移给保险公司，使用的是损失事件管理中的保险。所以选项 C 正确。

9. A 【解析】风险对冲是指采取各种手段，引入多个风险因素或承担多个风险，使得这些风险能够互相对冲，也就是，使这些风险的影响互相抵销。在金融资产管理中，对冲包括使用衍生产品，如利用期货进行套期保值。本题中该贸易商就是利用了期货套期保值，所以采用的风险管理工具是风险对冲。

10. D 【解析】财务风险是企业在财务管理过程中必须面对的一个现实问题，财务风险是客观存在的，并且企业经营会涉及负债，因此会有财务风险。所以 D 专家的说法不对。

11. A 【解析】选项 A 属于风险承担；选项 B 属于风险规避；选项 C 属于风险转换；选项 D 属于风险补偿。

12. A 【解析】风险补偿是指企业对风险可能造成的损失采取适当的措施进行补偿。风险补偿表现在企业主动承担风险，并采取措施以补偿可能的损失。风险补偿的形式有财务补偿、人力补偿、物资补偿等。

13. A 【解析】本题中乙公司到期未支付货款，甲公司为此计提的坏账损失属于市场风险。所以正确答案是 A 选项。

14. B 【解析】文化风险就是指文化这一不确定性因素的影响给企业经营活动带来损失的可能。由于文化不同，跨国经营管理中产生了许多误会和不必要的摩擦，影响了公司工作的有效运行。

15. A 【解析】从技术活动过程所处的不同阶段考察，技术风险可以划分为技术设计风险、技术研发风险和技术应用风险。技术设计风险是指技术在设计阶段，由于技术构思或设想的不全面性致使技术及技术系统存在先天"缺陷"或创新不足而引发的各种风险。此题属于技术风险中的技术设计风险。

16. B 【解析】法律风险是指企业在经营过程中因自身经营行为的不规范或者外部法律环境发生重大变化而造成的不利法律后果的可能性。通俗来讲，法律风险就是基于法律的原因可能发生的危险及其他不良后果，即在法律上是不安全的。

17. D 【解析】选项 A 属于风险补偿；选项 B 属于风险保留；选项 C 属于风险对冲；选项 D 属于风险转移。

18. C 【解析】甲公司缺乏可用资金导致无法偿付到期应付账款，产生了财务风险。

19. D 【解析】选项 A 属于风险规避；选项 B 属于风险转移；选项 C 属于风险补偿；选项 D 属于风险控制。

20. A 【解析】潜在进入者、竞争者与替代品的竞争带来的风险属于市场风险。

21. A 【解析】组织架构设计与运行中需关注的主要风险：①治理结构形同虚设，缺乏科学决策、良性运行机制和执行力，可能导致企业经营失败，难以实现发展战略。②内部机构设计不科学，权责分配不合理，可能导致机构重叠、职能交叉或缺失、推诿扯皮，运行效率低下。

22. C 【解析】控制活动要素应当坚持以下原则：

（1）企业选择并制定有助将目标实现风险降低至可接受水平的控制活动。

（2）企业为用以支持目标实现的技术选择并制定一般控制政策。

（3）企业通过政策和程序来部署控制活动：政策用来确定所期望的目标；程序则将政策付诸行动。

23. C 【解析】甲公司的库存时而过高时而过低，说明采购计划不合理，市场预测不准确，造成生产停滞或资源浪费，选项 C 正确。

24. C 【解析】本题主要考查审计委员会在内部控制中的作用—审计委员会与合规。审计委员会应结合企业财务报表的编制情况，对重大的财务报告事项和判断进行复核。

25. D 【解析】审计委员会是董事会下设的专业委员会，全部由独立、非行政董事组成，他们至少拥有相关的财务经验。

二、多项选择题

1. AC 【解析】"药品企业自主定价权力的扩大和政府的药品降价政策将使国内药品的总体价格水平不断下降"表明甲公司会面临市场风险（产品或服务的价格及供需变化带来的风险）。"本公司产品降价趋势明显，这将对公司的盈利能力产生一定不利影响"表明甲公司会面临运营风险［企业新市场开发，市场营销策略（包括产品或服务定价与销售渠道，市场营销环境等）方面可能引发的风险］。

2. BCD 【解析】甲银行对重要数据进行异地备份，这样两地同时发生意外丢失的可能性非常低，降低了数据丢失的可能性，属于风险控制，选项 A 说法不正确；选项 B 乙公司停止对 ST 股票买入，属于风险规避；选项 C 丙公司同时经营多项业务，属于风险对冲；选项 D 丁保险公司发行的债券相当于把风险转移给购买者，如果风险事件发生，购买者将会损失本金，属于风险转移，因此选项 BCD 正确。

3. ABD 【解析】风险管理的有效性标准要针对企业的重大风险，能够反映企业重大风险管理的现状。

4. AC 【解析】风险管理工具共有七种：风险承担、风险规避、风险转移、风险转换、风险对冲、风险补偿和风险控制。向国际保险公司对该项目政治风险投保属于风险转移，在原料、零配件的采购上适当以当地企业优先属于风险控制（控制风险发生的概率）。

5. AC 【解析】选项 AC 属于风险规避，选项 B 属于风险补偿，选项 D 属于风险对冲。

6. BC 【解析】选项 B 的正确说法是"确保企业建立针对各项重大风险发生后的危机处理计划，保护企业不因灾害性风险或人为失误而遭受重大损失"；选项 C 的正确说法是"确保将风险控制在与公司总体目标相适应并可承受的范围内"。

7. AB 【解析】选项 AB 属于风险规避，选项 C 属于风险控制；选项 D 属于风险对冲。

8. CD 【解析】选项 A 属于风险规避，选项 B 属于风险承担，选项 C 和选项 D 属于风险转移。

9. BC 【解析】本题考核企业面对的风险种类。"建立店面必须要先向当地政府缴纳高出当地企业平均水平的税金"体现的是不利的税法政策，属于政治风险。"欲推出的一款牛肉汉堡在当地引起了民众强烈的不满，不得不取消该汉堡在当地的销售"，牛在印度文化中是神圣的，该风险属于社会文化风险。

10. ACD 【解析】董事会就全面风险管理工作的有效性对股东（大）会负责。董事会在全面风险管理方面主要履行以下职责：

（1）审议并向股东（大）会提交企业全面风险管理年度工作报告；

（2）确定企业风险管理总体目标、风险偏好、风险承受度，批准风险管理策略和重大风险管理解决方案；

(3)了解和掌握企业面临的各项重大风险及其风险管理现状，做出有效控制风险的决策；

(4)批准重大决策、重大风险、重大事件和重要业务流程的判断标准或判断机制；

(5)批准重大决策的风险评估报告；

(6)批准内部审计部门提交的风险管理监督评价审计报告；

(7)批准风险管理组织机构设置及其职责方案；

(8)批准风险管理措施，纠正和处理任何组织或个人超越风险管理制度做出的风险性决定的行为；

(9)督导企业风险管理文化的培育；

(10)全面风险管理的其他重大事项。

审议内部审计部门提交的风险管理监督评价审计报告属于风险管理委员会的职责，选项 B 错误。

11. ABC　【解析】通过放松交易客户信用标准，增加了应收账款但扩大了销售，这属于风险转换策略。所以选项 D 错误。

12. ABC　【解析】首先判断该公司采用的是德尔菲法，其主要优点：(1)由于观点是匿名的，因此更有可能表达出那些不受欢迎的看法；(2)所有观点有相同的权重，避免重要人物占主导地位的问题；(3)专家不必一次聚集在某个地方，比较方便；(4)这种方法具有广泛的代表性。选项 D 为头脑风暴法的优点。

13. ABCD　【解析】《企业内部控制应用指引第 7 号—采购业务》中的采购是指购买物资(或接受劳务)及支付款项等相关活动。采购业务需关注的主要风险包括：(1)采购计划安排不合理，市场变化趋势预测不准确，造成库存短缺或积压，可能导致企业生产停滞或资源浪费。(2)供应商选择不当，采购方式不合理，招投标或定价机制不科学，授权审批不规范，可能导致采购物资质次价高，出现舞弊或

遭受欺诈。(3)采购验收不规范，付款审核不严，可能导致采购物资、资金损失或信用受损。

14. BCD　【解析】实行全面预算管理需关注的主要风险包括：(1)不编制预算或预算不健全，可能导致企业经营缺乏约束或盲目经营。(2)预算目标不合理、编制不科学，可能导致企业资源浪费或发展战略难以实现。(3)预算缺乏刚性、执行不力、考核不严，可能导致预算管理流于形式。

15. ABCD　【解析】合同管理需关注的主要风险包括：(1)未订立合同、未经授权对外订立合同、合同对方主体资格未达要求、合同内容存在重大疏漏和欺诈，可能导致企业合法权益受到侵害。(2)合同未全面履行或监控不当，可能导致企业诉讼失败、经济利益受损。(3)合同纠纷处理不当，可能损害企业利益、信誉和形象。

16. ABCD　【解析】工程项目需关注的主要风险：

(1)立项缺乏可行性研究或者可行性研究流于形式，决策不当，盲目上马，可能导致难以实现预期效益或项目失败。

(2)项目招标暗箱操作，存在商业贿赂，可能导致中标人实质上难以承担工程项目、中标价格失实及相关人员涉案。

(3)工程造价信息不对称，技术方案不落实，概预算脱离实际，可能导致项目投资失控。

(4)工程物资质次价高，工程监理不到位，项目资金不落实，可能导致工程质量低劣，进度延误或中断。(实施不规范)

(5)竣工验收不规范，最终把关不严，可能导致工程交付使用后存在重大隐患。

17. ABD　【解析】办理担保业务需关注的主要风险包括：(1)对担保申请人的资信状况调查不深。审批不严或越权审批，

可能导致企业担保决策失误或遭受欺诈。（2）对被担保人出现财务困难或经营陷入困境等状况监控不力，应对措施不当，可能导致企业承担法律责任。（3）担保过程中存在舞弊行为，可能导致经办审批等相关人员涉案或企业利益受损。

18. ACD 【解析】建立反舞弊机制属于信息与沟通要素中的内容，所以选项B错误。

三、简答题

1.【答案】

第一个措施是采用成熟的技术、团队成员熟悉的技术或迭代式的开发过程等方法将风险降低到一定水平，属于风险控制。

第二个措施是针对完全陌生领域的项目利用保险来减轻损失，这属于风险转移。

第三个措施是通过与银行签订应急资本协议，规定在资金严重短缺时，由银行提供资本以保证公司的持续经营，属于风险补偿的应对策略。

【思路点拨】本题考核的是风险管理工具。本题通过案例的形式判断属于哪种风险管理工具，这是这个知识点的典型考查形式。这里需要重点区分的是风险控制和风险规避。风险规避简单来说就是不做某事就不会发生损失，比如禁止在金融市场上投机，就不会发生投机产生的损失；而风险控制是将风险发生的损失和概率降低，比如山上禁止吸烟，能降低火灾发生的概率。

2.【答案】

（1）南美某国存在较大政治风险，因此，该公司放弃开拓该国市场，采用的风险管理工具是风险规避。

（2）承揽中东某国工程后，该公司为防止业主拖欠工程款，蒙受市场风险，其向中信保投保，采用的风险管理工具是风险转移。

（3）该公司为防止工程款遭受汇率不利变动而蒙受市场风险，采用了衍生品，部分锁定汇率，采用的风险管理工具是风险对冲。

（4）该国海关特有做法的政治风险对公司影响不大，在该公司承受范围内，因此，采用的风险管理工具是风险承担。

【思路点拨】本题考核的是企业面对的风险种类和风险管理工具。这里需要重点区分的是风险转换和风险对冲。风险转换是将其中一个风险转换成另一个风险，比如我们为了多销售产品，而放宽信用标准，这样我们就将产品销售不出去的风险，转换成了款项收不回来的风险。而风险对冲是用一个风险来影响和减少另一个风险，企业可以通过购买不同的产品组合、收益率反向变化的产品组合来降低风险。

3.【答案】

事项1、3、4、5不恰当：

风险管理委员会的召集人应由不兼任总经理的董事长担任；董事长兼任总经理的，召集人应由外部董事或独立董事担任。本公司董事长刘某兼任总经理，不能成为风险管理委员会的召集人，因此情况1不恰当。

"确定企业风险管理总体目标、风险偏好、风险承受度，批准风险管理策略和重大风险管理解决方案"是董事会在全面风险管理方面的主要职责，因此情况3不恰当。

风险管理职能部门对总经理或其委托的高级管理人员负责，并不对风险管理委员会负责，因此，情况4不恰当。

"审议内部审计部门提交的风险管理监督评价审计综合报告"是风险管理委员会的职责之一，因此情况5不恰当。

4.【答案】

（1）根据上述信息，甲公司面临的风险包括：

①市场风险中的汇率风险。公司因用塔卡进行采购而面临外汇风险，从而导致采购成本上涨。

②运营风险。公司在中国独家代理的防辐射服装存在的安全问题，可能损害公司声誉，影响其产品的销售。扩张速度加快，管理水平却没有得到相应提高。

③战略风险。2008年，借助全民参与奥运的热情，通过一系列的商业赞助和营销，实现高速增长，店铺数量激增至1500家，没有明确的发展战略规划。

④财务风险。向银行借入大笔资金，还款压力剧增。

（2）企业风险管理的总体目标：

①确保将风险控制在与公司总体目标相适应并可承受的范围内；

②确保内外部，尤其是企业与股东之间实现真实、可靠的信息沟通，包括编制和提供真实、可靠的财务报告；

③确保遵守有关法律法规；

④确保企业有关规章制度和为实现经营目标而采取重大措施的贯彻执行，保障经营管理的有效性，提高经营活动的效率和效果，降低实现经营目标的不确定性；

⑤确保企业建立针对各项重大风险发生后的危机处理计划，保护企业不因灾害性风险或人为失误而遭受重大损失。

5.【答案】

（1）借鉴COSO框架，基本规范将内部控制的要素归纳为：内部环境；风险评估；控制活动；信息与沟通；内部监督五大方面。

甲公司内部控制在以下几个方面不符合相关规定：

第一，内部环境。甲公司内部环境不完善。甲公司在生产经营的过程中，出现了一种家禽体内的激素水平超出了相关安全标准的规定，而且根据投诉员工的说法，公司一向缺乏严谨的工作作风，此次漠视安全标准规定只是公司对待类似问题的一个例子，说明该公司某些员工，特别是管理层的人员缺乏基本的道德观和诚信观。同时，在生产质量检验部的一名员工向其所在部门的领导反映这一问题时，未得到任何答复，也表明甲公司的企业文化不支持良好的内部控制，反映出该公司管理效率的低下。

第二，风险评估。没有证据表明甲公司存在旨在减少激素污染风险的控制测试系统。同时，公司对食品出现问题给企业带来的风险重视不够，未能主动对其采取措施，造成员工向媒体投诉，使公司遭受损失。

第三，信息与沟通。该公司员工在发现问题后向其所在部门的领导进行反映，但并未得到任何答复，说明内部沟通出现了问题。同时，该员工在没有得到答复的情况下，向外部媒体投诉，表明该公司对外沟通的渠道也存在问题。

（2）甲公司目前面临的风险主要包括：

第一，法律/合规风险，一种家禽体内的激素水平超出了相关安全标准的规定。

第二，市场风险。向老客户销售产品形成了巨额的应收账款，该客户近来资金链断裂，提取了60%的坏账准备。

企业面对的风险种类还包括：外部风险中的政治风险、社会文化风险、技术风险、和内部风险中的战略风险、运营风险和财务风险。

本章知识串联

风险与风险管理

风险与风险管理概述
- 风险的概念
- 企业面对的风险种类★★★
  - 外部风险：政治、法律、社会文化、技术、市场
  - 内部风险：战略、运营、财务
- 风险管理的概念★
  - 风险偏好与风险承受度的内涵
  - 风险管理的定义与特征

风险管理的五大目标★★
可承受、财务可靠、合法合规、效率效果、危机处理计划

风险管理基本流程五大步骤
- 收集风险管理初始信息★★
  - 战、市、财、运、法
- 进行风险评估★
  - 风险辨识、风险分析、风险评价
- 制定风险管理策略
- 提出和实施风险管理解决方案
  - 外部与内部解决方案
  - 关键风险指标管理
- 风险管理的监督与改进

风险管理五大体系
- 风险管理策略★★★
  - 总体定位与作用
  - 四大组成部分概述
  - 七种工具：担、避、移、换、冲、补、控
  - 风险偏好与风险承受度的确定
  - 风险度量
  - 全面风险管理的有效性标准
  - 资源配置
  - 确定风险管理的优先顺序
  - 风险管理策略检查
- 风险管理的组织职能体系★★★
  - 规范的公司法人治理结构
  - 风险管理委员会
  - 风险管理职能部门
  - 审计委员会
    - 审计委员会履行职责的方式
    - 审计委员会与合规
    - 审计委员会与内部审计
  - 其他职能部门及各业务单位
  - 下属公司
- 风险理财措施★★
  - 风险理财的内涵
  - 风险理财的策略与方案
    - 原则和要求
    - 金融衍生品的选择
  - 损失事件管理：损失融资、风险资本、应急资本、保险、专业自保
  - 套期保值
    - 套期保值与投机的区别
    - 期货套期保值
    - 期权套期保值
- 风险管理信息系统
- 内部控制系统
  - COSO委员会关于内部控制的定义与框架
  - 我国内部控制规范体系
  - 内部控制的要素（控制环境、风险评估、控制活动、信息与沟通、监控）

风险管理技术与方法（11种）★★
头脑风暴法、德尔菲法、失效模式影响和危害分析法、流程图分析法、马尔科夫分析法、风险评估系图法、情景分析法、敏感性分析法、事件树分析法、决策树分析法、统计推论法

第 6 章　风险与风险管理

1. 风险的概念与种类

(1)企业风险是指未来的不确定性对企业实现经营目标的影响，包括纯粹风险和机会风险。

(2)企业面对的五大外部风险＝政治风险+法律风险与合规风险+社会文化风险+技术风险+市场风险。

(3)企业面对的三大内部风险＝战略风险+运营风险+财务风险。

(4)必须要记住的风险及具体内容：市场风险(五方面)、战略风险(三方面)、运营风险(八方面+还包括从内部控制角度展开的14个运营风险)、财务风险(从内部控制角度展开的3个财务风险)。

2. 风险管理的五大目标

(1)风险偏好是希望承受的风险范围；风险承受度是风险偏好的边界。

(2)企业风险管理的五个特征：战略性、全员化、专业性、二重性、系统性。

(3)风险管理的五大目标：确保将风险控制在与总体目标相适应并可承受的范围、财务报告可靠、法律法规遵循、经营活动效率效果、建立重大风险发生后的危机处理计划。

3. 风险管理流程的五大步骤

(1)风险管理基本流程的五大步骤：收集风险管理初始信息、进行风险评估、制定风险管理策略、提出和实施风险管理解决方案、风险管理监督与改进。

(2)收集风险管理初始信息的五类风险：战略风险、财务风险、市场风险、运营风险、法律风险。

(3)风险评估的三步骤：风险辨识+风险分析+风险评价。

(4)风险评估两大实施主体：企业的职能部门和业务单位、聘请的中介机构。

(5)风险管理解决方案的两种类型：外部解决(外包专业机构)、内部解决(五大风险管理体系的综合运用)。

4. 风险管理五大体系

(1)五大风险管理体系：风险管理策略、组织职能体系、内部控制系统、风险管理信息系统、风险理财措施。

(2)内部控制是全面风险管理的基础设施和必要举措。

(3)内部控制针对的风险是可控纯粹风险，控制对象是个人，控制目的是规范员工行为，控制范围是业务和管理流程。

（4）COSO 内部控制三目标：取得经营效率效果、确保财务报告可靠性、遵循适用法律法规。

（5）COSO 内部控制五要素：控制环境、风险评估、控制活动、信息与沟通、监控。

（6）我国内部控制五目标：合理保证经营管理合法合规、资产安全、财务报告真实完整、提高经营效率效果、促进实现发展战略。

（7）我国内部控制五要素：内部环境、风险评估、控制活动、信息与沟通、内部监督。

（8）必须掌握美国 COSO 与我国内控基本规范对五要素的要求与原则。

（9）风险管理策略的四大组成部分：确认风险偏好和风险承受度+明确全面风险管理有效性标准+风险管理的工具选择+全面风险管理的资源配置。

（10）风险偏好和风险承受度是针对公司的重大风险制定的，重大风险的风险偏好是企业的重大决策，应由董事会决定。

（11）风险管理策略的七种工具：风险承担、风险规避、风险转移、风险转换、风险对冲、风险补偿、风险控制。

（12）风险转移不会降低风险可能的严重程度。

（13）风险转换的手段包括战略调整和使用衍生产品。

（14）风险度量的四种方法：最大可能损失+概率值+期望值+在险值 VaR。

（15）风险管理组织职能体系六方面：规范的公司法人治理结构、风险管理委员会、风险管理职能部门、审计委员会、其他职能部门及各专业单位、下属公司。

（16）风险理财是用金融手段管理风险，可针对可控或不可控的风险。

（17）风险理财的工具：准备金、保险、应急资本、金融衍生产品。

（18）四种常用金融衍生产品（需要掌握每个具体内容）：远期合约、互换交易、期货、期权。

（19）损失事件管理是风险理财措施之一，包括五大内容：损失融资、风险资本、应急资本、保险和专业自保。

（20）预期的损失融资作为运营资本，而非预期的损失融资属于风险资本。

（21）应急资本是风险资本的表现形式之一，是风险补偿策略的一种形式，应急资本的提供方不承担特定事件发生的风险，但可提供经营持续性的保证。

（22）可保风险是纯粹风险、机会风险不可保。

（23）套期保值的目的是降低风险，投机的目的是承担额外的风险以盈利。

5. 风险管理的十一种技术与方法

（1）头脑风暴法和德尔菲法都是适用于风险识别阶段进行定性分析的，但头脑风暴法是面对面，而德尔菲法是背靠背。

（2）失效模式影响和危害度分析法，只适用于单个失效模式。

（3）流程图分析法的使用效果依赖于专业人员的水平。

（4）马尔科夫分析适用于对复杂系统中不确定性事件及其状态改变的定量分析。

（5）风险评估系图法适用于风险初步的定性分析。

（6）情景分析法通过模拟不确定性情景，对企业面临风险进行定性和定量的分析。

（7）敏感性分析法适用于项目不确定性对结果产生的影响进行的定量分析。

（8）事件树分析法适用于故障发生后互斥性后果的图解技术，在各种减轻事件严重性的影响下，对多种可能后果的定性和定量分析。

（9）决策树法适用不确定性情况下，以序列方式表示决策选择和结果的定量分析。

（10）统计推论法的三大类：前推（根据历史推断未来）、后推（把未知事件及后果与已知事件与后果联系）、旁推（以类似项目的数据进行外推）。

第3部分

2020

易错易混知识点辨析

没有加倍的勤奋，就既没有才能，也没有天才。

——门捷列夫

2020 年易错易混知识点辨析

一、文化障碍 VS 私人障碍

扫我解疑难

（1）文化障碍通常指**团体惯性**，根据两个方面来判断是否属于文化障碍：

①在企业中任职时间很长的行政人员，虽然在企业繁荣时期熟悉自己的工作，却可能对处理变化毫无经验，他们所选择的规划和所执行的工作程序对于突然的变化来说可能是保守的。

②企业中的权力基础可能使企业中受到威胁的团体去阻碍变化。

（2）私人障碍通常针对个人，包括四个方面：

①**习惯**。人们已经习惯了长时间形成的工作习惯和工作方式，在固化的习惯下，很难改变。

②**对个人收入的影响**。人们在职场生存，无非出于两种原因，一种是工资，另一种是职业的稳定性。

③**对未知的恐惧**。对未知的恐惧降低了人们的自信。

④**选择性的接受和处理信息**。"捂住耳朵，我不听，我不听……"

📝 实战演练

【例题 1·单选题】甲公司由于业务需要，要进行战略性变革，公司决定首先从奖励制度着手。公司以前的奖励程序是：系统程序选出某些人，晋升程序有规则地奖励某些人。则这项制度在实施过程中可能面临（　）。

A. 文化障碍

B. 私人障碍

C. 个人选择性信息处理

D. 个人工作习惯

【答案】A

【解析】系统程序选出某些人，晋升程序有规则地奖励某些人属于公司原有文化的惯性，会产生文化障碍，因此选项 A 正确。

【例题 2·单选题】某企业财务部门的会计人员大多都是做手工账出身，但是现在为了方便，企业决定使用电子账，这些员工普遍反映很不习惯，表示抵制。该企业面临的障碍属于（　）。

A. 文化障碍　　　　B. 私人障碍

C. 心理障碍　　　　D. 环境障碍

【答案】B

【解析】变革会面临如下障碍：（1）文化障碍；（2）私人障碍。题中员工对变革后的工作方式很不习惯，属于私人障碍。

二、快速反应能力分析 VS 适应变化的能力

扫我解疑难

快速反应能力由下述因素决定：自由现金储备、留存借贷能力、厂房设备的余力、定型的但尚未推出的新产品。

快速反应能力主要针对**其他公司**行动的反应能力，而适应变化的能力主要是针对**外部环境**变化后的适应能力。

📝 实战演练

【例题 1·单选题】2016 年，R 国汽车制造商 G 预计，随着绿色环保理念的普及和政府相关产业政策推出，R 国的新能源汽车将迎来一个巨大的发展机遇，其本国竞争对手汽车制造商 S 公司将凭借雄厚资金实力和强大科研能力，把投资和研发重点转向新能源汽车领域。G 对 S 的上述分析属于（　）。

A. 财务能力分析

B. 成长能力分析

C. 适应变化能力分析

D. 快速反应能力分析

【答案】C

【解析】随着绿色环保理念的普及和政府相关产业政策推出，S公司将凭借雄厚资金实力和强大科研能力，把投资和研发重点转向新能源汽车领域。说明S公司具备对外部事件做出反应的能力，即适应变化的能力。

【例题2·单选题】M公司是一家在南京的羽毛球生产企业，它分析竞争对手N公司，会有足够的自由现金储备，并准备足够的厂房设备，以应对世锦赛期间竞争对手的市场策略。M对N的分析属于（　　）。

A. 快速反应能力分析　B. 财务能力分析

C. 成长能力分析　　　D. 适应变化能力分析

【答案】A

【解析】快速反应能力由下述因素决定：自由现金储备、留存借贷能力、厂房设备的余力、定型的但尚未推出的新产品。其中M公司对N的分析中主要涉及自由现金储备和厂房设备的余力。

三、分析企业自身的五大能力 VS 分析竞争对手的五大能力

扫我解疑难

企业能力分析内容，包括研发能力、生产管理能力、营销能力、财务能力和组织管理能力等五大能力。企业能力来自于企业对各种资源的有机组合的结果。

当企业在分析竞争对手的能力方面，包括核心能力、成长能力、快速反应能力、适应变化能力以及持久力等五个方面。这同样也可以用于企业自我分析。

本科目考试内容中，针对企业能力分析，存在以上两套不同的体系，考生学习时需要注意以上的视角不同而已，都可以用于自己及竞争对手的分析。

实战演练

【例题·单选题】入地公司在进行2020年市场预测分析，飞天公司是其多年的竞争对手，经市场调查了解到飞天公司的自由现金储备较好充裕，留存的借贷能力也比较强，厂房及设备仍然没有达到最大使用程度，根据以上信息可以看出，入地公司针对飞天公司的分析，说明其在以下哪方面能力很强（　　）。

A. 适应变化能力

B. 快速反应能力

C. 财务能力

D. 组织管理能力

【答案】B

【解析】首先分析案例题内容，是针对其竞争对手的分析；其次是标志性的指标包括"自由现金储备较好充裕，留存的借贷能力也比较强，厂房及设备仍然没有达到最大使用程度"。这些信息都应该把答案局限在A和B，选项C和D是用于分析企业自身能力的。根据题目中提及的指标，正确答案应该是B。

四、五力竞争模型中的"结构性障碍"VS"行为性障碍"

扫我解疑难

首先，结构性障碍和行为性障碍都是潜在进入者所面临的进入威胁。进入障碍是允许现有的企业赚取正的经济利润，但却使产业的新进入者无利可图的一些因素。

结构性障碍有两种分类，一是波特的七分类，分别包括规模经济、产品差异、资金需求、转换成本、分销渠道、其他优势及政府政策；第二种分类的是贝恩的三分类，分别是规模经济、现有企业对关键资源的控制、以及现有企业的市场优势。总之，**结构性障碍是现有企业的优势**，对于进入者则是一种障碍。

行为性障碍也叫作战略性障碍，是指现有企业**对进入者实施报复手段**所形成的一种进入障碍，主要包括两大类，一是**限制进入定价**，二是**进入对方领域**。

实战演练

【例题1·多选题】我国某市场鲜奶品牌控制着当地市场的鲜奶销售网络，迫使其他省市

鲜奶品牌在打入该市场初期，不得不以低价竞争战略克服这种障碍，这对于潜在进入者来说，属于( )。

A. 结构性障碍

B. 限制进入定价

C. 现有企业对关键资源的控制

D. 现有企业的市场优势

【答案】AC

【解析】现有企业对资源的控制一般表现为对资金、专利或专有技术、原材料供应、分销渠道、学习曲线等资源及资源使用方法的积累与控制。如果现有企业控制了生产经营所必需的某种资源，那么它就会受到保护而不被进入者所侵犯。本题中遇到的障碍是结构性障碍中的现有企业对分销渠道关键资源的控制。

【例题2·多选题】甲企业是我国一家生产小家电的龙头企业，在最近的市场调查中发现，国内另外一家生产冰箱的知名公司乙公司正准备进入小家电产业，于是甲企业开始进行大幅度降价，以阻止该公司的进入，甲企业的行为属于进入障碍中的( )。

A. 规模经济

B. 现有企业对关键资源的控制

C. 限制进入定价

D. 行为性障碍

【答案】CD

【解析】行为性障碍是指现有企业对进入者实施报复手段所形成的进入障碍。报复手段主要有两类：限制进入定价和进入对方领域。本题中甲企业为防止乙公司进入小家电产业，降低自身定价，属于行为性障碍中的限制进入定价。

五、产业环境分析中的"成功关键因素 KSF" VS 企业资源与能力分析中的"企业核心能力"

扫我解疑难

成功关键因素是一个公司在特定市场中获得盈利所必须拥有的技能和资产。成功关键因素是一个产业当中每一个成员所必须擅长的东西，所以成功关键因素是企业取得产业成功的前提条件也是一个必要条件。总之，成功关键因素是产业和市场层面的特征，而不是针对个别公司。

企业的核心能力就是企业在具有重要意义的经营活动中，能够比竞争对手做得更好的能力，它可以是一种技能，也可以是技术诀窍，也可以是一系列生产技能的组合。企业核心能力的辨别，要满足三个关键性的测试，一是它对顾客是否具有价值，二是它与竞争对手相比是否有优势，三是它是否很难被模仿或被复制。

企业核心能力和成功关键因素的共同之处在于，都是公司盈利能力的指示器，有的时候区分起来并不容易。

📝 **实战演练**

【例题1·单选题】飞虹公司是一家大型服装企业，创业初始，高层管理人员对公司如何使设计和色彩组合吸引人以及怎样降低成本进行了全面的分析，这一分析针对的是( )。

A. 成功关键因素分析　B. 竞争环境分析

C. 竞争对手分析　　　D. 市场细分

【答案】A

【解析】本题考核成功关键因素分析。在服装生产行业，其成功关键因素是吸引人的设计和色彩组合(以引起买者的兴趣)以及低成本制造效率(以便定出吸引人的零售价格和获得很高的利润率)。

【例题2·多选题】乙公司是一家玩具生产企业。下列各项中，能增加乙公司核心竞争力的是( )。

A. 产品差异化　　　B. 购买生产专利权

C. 创新生产技术　　D. 聘用生产外包商

【答案】ABC

【解析】聘用生产外包商是竞争对手很容易模仿的资源，因此不能增加乙公司核心竞争力。

六、价值链分析中的"内部后勤" VS"采购"管理

扫我解疑难

内部后勤属于基本活动，而采购属于支持活动。

内部后勤又叫作进货物流，是与产品投入有关的进货、仓储和分配等相关活动。内部后勤，包括原材料的装卸入库、盘存、运输以及退货等。内部后勤不包括采购原材料。

这里的采购指的是广义的采购，既包括原材料的采购，也包括其他资源投入的采购和管理，比如聘请咨询公司进行的广告策划、市场预测以及法律咨询，都属于采购活动。

实战演练

【例题1·多选题】 根据迈克尔·波特的价值链理论，下列活动中，属于基本活动的有( )。

A. 聘请广告公司为企业提供广告策划

B. 将购买的原材料搬入仓库

C. 提供上门维修服务

D. 每隔两个月就要对职工进行一次培训

【答案】 BC

【解析】 选项A属于支持活动中的采购管理；选项B属于基本活动中的内部后勤；选项C属于基本活动中的服务；选项D属于支持活动中的人力资源管理。

【例题2·多选题】 按照价值链理论，下列企业的各项活动中，属于基本活动的有( )。

A. 甲公司对材料进行机械加工

B. 乙公司改善人力资源管理

C. 丙公司加大广告宣传

D. 丁公司聘请咨询公司进行广告策划

【答案】 AC

【解析】 波特的价值链分析区分了五种基本活动和四种支持活动。五种基本活动的内容：内部后勤、生产经营、外部后勤、市场销售、服务。选项A属于生产经营，选项C属于市场销售。四种支持活动的内容：采购管理、技术开发、人力资源管理和基础设施。选项B属于人力资源管理，选项D属于采购管理。

【例题3·多选题】 保圣公司是一家汽车制造企业。保圣公司进行战略分析后，选择了成本领先战略作为其竞争战略，并通过重构价值链各项活动以求获取成本优势。该企业下

列各项重构措施中，属于基本活动的有( )。

A. 生产所需要的外购配件大部分由就近的朝辉公司生产，与保圣公司总装厂距离非常近

B. 终端车主可以通过售后热线反馈不同车型的质量问题，将信息与汽车经销商共享

C. 总装厂根据装配工序，采用及时生产模式（JIT），让配件厂按照流程进度提供配件

D. 事业部制和矩阵式相交融，在减少管理层次的同时提高效率

【答案】 ABC

【解析】 波特的价值链分析区分了五种基本活动和四种支持活动。五种基本活动的内容：内部后勤、生产经营、外部后勤、市场销售、服务。选项A属于内部后勤，选项B属于服务，选项C属于生产经营。四种支持活动的内容：基础设施、采购管理、人力资源管理、技术开发。选项D属于基础设施。

扫我解疑难

七、国际战略 VS 全球化战略

国际战略是指企业将其具有价值的产品与技能转移到国外的市场，以创造价值的举措。产品开发的职能留在母国，而在东道国建立制造和营销职能，总部一般严格地控制产品与市场战略的决策权。

全球化战略，是向全世界的市场推销标准化的产品和服务，并在较有利的国家集中地进行生产经营活动，由此形成经验曲线和规模经济效益，以获得高额利润。

国际战略是全球协助程度和本土独立性均低，是双低组合；而全球化战略的本土独立性也低，但强调高度的全球协助分工，提高效率，这是他们的区别。国际化战略：比如，某跨国集团，其母公司设在美国负责产品研发，但是其生产设在劳动力比较低廉的中国，但是由总公司统一管理。全球化战略：比如，某公司经营范围遍布全球，但是其销售的产品都是一样的。

实战演练

【例题1·单选题】 美国W集团在美国以外的

主要市场上都有工厂。总部严格地控制产品与市场战略的决策权，这些工厂只生产由美国母公司开发出来的差异化产品，而且根据美国开发出来的信息从事市场营销。根据以上信息分析，W集团采用的国际化经营战略类型是（　　）。

A. 国际战略　　　　B. 多国本土化战略
C. 全球化战略　　　D. 跨国战略

【答案】A

【解析】国际战略是指企业将其具有价值的产品与技能转移到国外的市场，以创造价值的举措。企业多把产品开发的职能留在母国，而在东道国建立制造和营销职能。企业总部一般严格地控制产品与市场战略的决策权。

【例题2·单选题】甲公司是一家生产通信设备的科技公司，研发中心位于美国，生产中心位于东南亚。该公司以其创新性的产品在全球范围内销售，并通过高度的创新及优秀的设计能力促使各国的习俗和偏好趋同。甲公司所采取的国际化经营战略是（　　）。

A. 国际战略　　　　B. 全球化战略
C. 多国本土化战略　D. 跨国战略

【答案】B

【解析】全球化战略是向全世界的市场推销标准化的产品和服务，并在较有利的国家集中地进行生产经营活动，由此形成经验曲线和规模经济效益，以获得高额利润。实施"全球化战略"的跨国公司是通过提供标准化的产品来促使不同国家的习俗和偏好趋同。

八、单一货源策略 VS 由供应商负责交付一个完整的子部件

扫我解疑难

单一货源策略与由供应商负责交付一个完整的子部件都是指与一个供应商进行交易，但是交易的对象是不同的。单一货源策略是就某一产品或材料，集中在一家供应商购买。

由供应商负责交付一个完整的子部件是就整体的子部件，集中在一家供应商购买，这个子部件如果企业自己采购生产，那么肯定不是一个单一的原材料，而是一个完整的、由

若干个原材料组装成的，比如汽车的刹车系统就是一个完整的子部件。

📝 **实战演练**

【例题1·单选题】甲企业是一家生产企业，其所有原材料的采购都来自同一家原材料生产企业，则该货源策略属于（　　）。

A. 单一货源策略
B. 多货源策略
C. 由供应商负责交付一个完整的子部件
D. 由采购商负责交付一个完整的子部件

【答案】A

【解析】本题考核采购战略。单一货源策略是就多件（种）产品或材料，集中在一家供应商购买。

【例题2·单选题】某超市在超市内划出一个区域专门出售生鲜食品，包括肉类、鱼类、蔬菜、水果等。由于各类生鲜食品的供应商数量繁多，因此很难管理生鲜食品的采购。该超市需要将这些食品的采购外包给专门的第三方进行，从而能更有效地进行"干货"食品的采购。该超市采用的货源策略是（　　）。

A. 单一货源策略
B. 多货源策略
C. 由供应商负责交付一个完整的子部件
D. 由销售商负责交付一个完整的子部件

【答案】C

【解析】本题考核采购战略。该超市将生鲜食品的采购外包给专门的第三方进行，属于由供应商负责交付一个完整的子部件的货源策略。

九、广告促销 VS 营业推广 VS 人员推销 VS 公关宣传

扫我解疑难

广告促销策略是利用各种推销手段，在广告中突出消费者能在购买的商品之外得到其他利益，从而促进销售的广告方法和手段。

营业推广是一种适宜于短期推销的促销方法，像我们经常看到的赠送、打折、抽奖、联合推广、会议促销、展览促销等促销活动，以此刺激终端消费者的关注和购买，虽然强度

可以很大，但影响范围狭窄，时效较短，且不宜频繁使用。

人员推销是指销售人员与潜在购买者进行交谈，作口头陈述，以推销商品，促进和扩大销售。人员推销较适于推销性能复杂或大宗产品。

公关宣传，通常是指宣传企业形象，以便为企业及其产品建立良好的公众形象，一般不直接宣传企业的具体产品，而重在树立形象。

📝 **实战演练**

【例题1·多选题】平安公司通过在媒体上投放广告、发放试用品和聘请专业销售人员为顾客做现场咨询等方式来刺激顾客购买产品，从市场营销战略的角度看，平安公司采用的促销策略包括( )。

A. 广告促销　　　　　B. 公关宣传

C. 营业推广　　　　　D. 人员推销

【答案】ACD

【解析】促销组合由四个要素构成：

①广告促销。在媒体投放广告，使潜在客户对企业产品和服务产生良好印象。广告促销要仔细考虑广告的地点、时间、频率和形式。

②营业推广。采用非媒体促销手段，为"鼓励"客户购买产品或服务而设计。例如，试用品、折扣、礼品等方式都已被许多企业所采用。

③公关宣传。通常是指宣传企业形象，为企业及其产品建立良好的公众形象。

④人员推销。企业的销售代表直接与预期客户进行接触。在媒体上投放广告体现的是广告促销；发放试用品体现的是营业推广；聘请专业销售人员为顾客做现场咨询体现的是人员推销。

【例题2·多选题】甲公司的销售人员为了完成季度销售目标，最近采取了多种促销策略，分别有购物满100元赠送精美礼品、在公司网站上播放宣传企业文化和形象的视频、对于预期可能大额购买企业产品的客户派专人进行面对面沟通。根据资料分析该公司的销

售人员采取的促销策略有( )。

A. 广告促销　　　　　B. 公关宣传

C. 人员推销　　　　　D. 营业推广

【答案】BCD

【解析】购物满100元赠送精美礼品属于营业推广的策略；在公司网站上播放宣传企业文化和形象的视频属于公关宣传的策略；对于预期可能大额购买企业产品的客户派专人进行面对面沟通属于人员推销的策略，所以本题正确答案为选项B、C、D。

十、平衡产能与需求的三种方法的区分

扫我解疑难

资源订单式生产：订单→资源→生产。例如，建筑企业可能会收到承建新的道路桥梁的大订单。该建筑企业将仅在签订了合同之后才开始采购必需的资源。

订单生产式生产：资源→订单→生产。例如，企业会配备适当的劳动力和设备，但企业会在实际收到订单之后才开始生产产品或提供服务。

库存生产式生产：资源→生产→订单。这种情况在制造型企业非常常见。

📝 **实战演练**

【例题1·单选题】甲企业是一家建筑企业，通常为了平衡产能与需求之间的关系，只在收到订单、签订合同之后开始采购资源和生产，则该企业采用的方法是( )。

A. 滞后生产式生产　　B. 库存生产式生产

C. 订单生产式生产　　D. 资源订单式生产

【答案】D

【解析】资源订单式生产：当需求不确定时，企业仅在需要时才购买所需材料并开始生产所需的产品或提供所需的服务。建筑企业可能会收到承建新的道路桥梁的大订单。该建筑企业将仅在签订了合同之后才开始采购必需的资源，属于资源订单式生产。

【例题2·单选题】瑞华公司是一家啤酒生产企业，恰逢奥运会即将到来，公司预计销

会有较大增长，因而采取加大生产。这是一种( )。

A. 订单生产式生产　　B. 库存生产式生产

C. 准时生产式生产　　D. 资源订单式生产

【答案】B

【解析】本题考核"产能计划"的知识点。库存生产式生产，许多企业在收到订单之前或在知道需求量之前就开始生产产品或提供服务。该公司在预计销售有较大增长时就采取加大生产，属于在收到订单之前或在知道需求量之前就开始生产产品或提供服务，即库存生产式生产。

十一、新兴市场的本土企业战略选择中的"抗衡者"VS"扩张者"

扫我解疑难

首先，扩张者与抗衡者的企业优势资源都可以向海外移植，但所面临的产业全球化程度不同，抗衡者所面临的产业全球化程度比较高，而扩张者则面临全球化程度低。

其次，由于面临产业全球化程度比较高，抗衡者战略是在全球范围内与发达国家跨国公司进行对抗，最后成长为跨国公司。而扩张者则向海外延伸本土的优势，通过合理运用可移植的优势资源，向其他市场扩张。

实战演练

【例题1·单选题】中国Q股份有限公司在做市场分析时发现，企业目前面临的全球化压力不大，而且在周边的一些国家也有喜欢吃烤鸭的客户群体，于是就将国内的成功经验推广到了若干海外市场，建立了5家分店，我们称采取这种战略的企业为( )。

A. 防御者　　　　　B. 扩张者

C. 躲闪者　　　　　D. 抗衡者

【答案】B

【解析】如果企业面临的全球化压力不大，而自身的优势资源又可以被移植到海外，那么企业就可以将本土市场的成功经验推广到若干国外的市场，我们称采取这种战略的企业为"扩张者"，其战略定位是将企业的经验转移到周边市场。

【例题2·多选题】如果某新兴市场本土企业拥有的优势资源可以转移至海外市场，同时该产业的全球化进程比较高。下列关于该企业可以选择的战略的说法正确的是( )。

A. 频繁地调整产品和服务，以适应客户特别的甚至是独一无二的需求

B. 与跨国公司建立合资、合作企业

C. 找到一个定位明确又易于防守的市场

D. 学习从发达国家获取资源，以克服自身技能不足和资本的匮乏

【答案】CD

【解析】如果企业拥有的优势可以转移至海外市场，同时该产业的全球化进程比较高，这类企业属于是"抗衡者"。

"抗衡者"战略：在全球范围内对抗。

(1)不要拘泥于成本上竞争，而应该比照行业中的领先公司来衡量自己的实力。

(2)找到一个定位明确又易于防守的市场。

(3)在一个全球化的产业中找到一个合适的突破口。

(4)学习从发达国家获取资源，以克服自身技能不足和资本的匮乏。

十二、企业组织结构的横向分工结构的基本协调机制中的"相互适应自行调整"VS"共同价值观"

扫我解疑难

横向分工结构有六种基本协调机制。相互适应，自行调整这种机制适合于最简单的和十分复杂的组织结构，组织成员之间不存在指挥与被指挥的关系，组织成员边工作、边调整，互相适应、互相协调。

而共同价值观也适合于十分复杂的组织结构，是基于内部条件和外部环境都是不断变化的。组织成员对组织的战略目标、宗旨有共同的认识和共同的价值观念，了解组织的处境和自己在全局中的地位和作用，互相信任，彼此团结，具有使命感。基于共同价值观的协调机制，是一种更高级的，相互适应，自行调整。

这不是简单的循环，而是螺旋式的上升。

x

实战演练

【例题·单选题】既适合最简单的组织结构采用，又适合十分复杂的组织结构采用的基本协调机制是（　）。

A. 直接指挥，直接控制

B. 相互适应，自行调整

C. 共同价值观

D. 工作过程标准化

【答案】B

【解析】相互适应，自行调整：这是一种自我控制方式。组织成员直接通过非正式的、平等的沟通达到协调，相互之间不存在指挥与被指挥的关系，也没有来自外部的干预，这种机制适合于最简单的组织结构。在十分复杂的组织里，由于人员构成复杂，工作事务事先不能全部规范化，因而也采用这种协调机制，使组织成员边工作、边调整，互相适应、互相协调。

十三、早期失效 VS 晚期失效

扫我解疑难

早期失效，在战略实施初期就表现出来，或者是员工不适应，或者是战略对环境不适应；晚期失效一定是当战略推进一段时间之后才表现出来，原先对战略环境条件的预测与现实变化发展的情况之间的差距会随着时间的推移变得越来越大，战略所依赖的基础就显得越来越糟，从而使失效率大为提高。需要结合题目信息来判断。

实战演练

【例题1·单选题】东方公司在今年年初制订了一系列关于未来5年的战略计划，没有想到由于与公司原有的理念不太相符，新战略还没有被全体员工理解和接受，使得战略实施起来尤为困难，从战略失效的角度看，这属于（　）。

A. 早期失效　　　　B. 偶然失效

C. 晚期失效　　　　D. 中期失效

【答案】A

【解析】本题考核战略失效与战略控制。按照时间顺序，战略失效可分为早期失效、偶然失效和晚期失效3种类型。在战略实施初期，一方面，由于新战略还没有被全体员工理解和接受；另一方面，战略实施者对新的环境、工作还不适应，就有可能导致较高的早期失效率。晚期失效是指当战略推进一段时间之后，之前对战略环境条件的预测与现实变化发展的情况之间的差距，会随着时间的推移变得越来越大，战略所依赖的基础就显得越来越糟，从而使失效率大为提高。在战略实施过程中，偶然会因为一些意想不到的因素导致战略失效，这就是偶然失效。

【例题2·单选题】当战略推进一段时间之后，原先对战略环境条件的预测与现实变化发展的情况之间的差距会随着时间的推移变得越来越大，战略所依赖的基础就显得越来越糟，从而使失效率大为提高，这是（　）。

A. 早期失效　　　　B. 偶然失效

C. 晚期失效　　　　D. 中期失效

【答案】C

【解析】按照在战略实施过程中出现的时间顺序，战略失效可分为早期失效、偶然失效和晚期失效三种类型。在战略实施初期，由于新战略还没有被全体员工理解和接受，或者战略实施者对新的环境、工作还不适应，就有可能导致较高的早期失效率。晚期失效是指当战略推进一段时间之后，原先对战略环境条件的预测与现实变化发展的情况之间的差距会随着时间的推移变得越来越大，战略所依赖的基础就显得越来越糟，从而使失效率大为提高。在战略实施过程中，偶然会因为一些意想不到的因素导致战略失效，这就是偶然失效。

十四、权力 VS 职权

扫我解疑难

（1）权力的影响是各个方面的，职权沿着管理层次方向自上而下；

(2)受制权力的人不一定能够接受，职权一般能够被下属接受；

(3)权力来自各个方面，职权包含在指定的职位或功能之内；

(4)权力很难识别和标榜，职权在组织结构图上容易确定。

📝 **实战演练**

【例题·多选题】 下列各项对权力与职权的概念的理解中，不正确的有(　　)。

A. 职权是权力的一种类型

B. 利益相关者内部的联合程度会影响其职权大小

C. 职权包含在指定的职位或功能之内

D. 权力只沿着企业的管理层次自上而下

【答案】 BD

【解析】 利益相关者内部的联合程度会影响其权力的大小，而不是职权的大小，选项B的说法不正确。权力的影响在各个方面，而职权沿着企业的管理层次方向自上而下，选项D的说法不正确。

十五、风险管理工具中的"风险转移"VS"风险转换"

扫我解疑难

风险转移是指通过合同**将风险转移到第三方**，对转移后的风险不再拥有所有权。转移风险不会降低其可能的严重程度，只是从一方移除后转移到另一方(风险性质不变，还是原来那个风险，只是承受客体发生了变化)。风险转移的形式包括：(1)保险。(2)非保险型的风险转移。例如，服务保证书等。(3)风险证券化。

风险转换是指企业通过战略调整等手段将**企业面临的风险转换成另一个风险**。风险转换的手段：战略调整和衍生产品等。风险转换可以在低成本或者无成本的情况下达到目的。风险转换一般不会直接降低企业总的风险，其简单形式就是在减少某一风险的同时，增加另一风险(风险性质发生变化，减少 A 但增加 B)。

📝 **实战演练**

【例题1·单选题】 东山公司目前年收入为 20 亿元，应收账款为 5 亿元，坏账率高达 10%，为了降低坏账率，该公司决定提高客户信用标准，预计提高信用标准后，坏账率降低为 2%，但同时销售收入会减少 10%。这反映的风险管理工具是(　　)。

A. 风险规避　　　　　B. 风险控制

C. 风险转换　　　　　D. 风险对冲

【答案】 C

【解析】 风险转换指企业通过战略调整等手段将企业面临的风险转换成另一个风险。东山公司提高信用标准，降低了坏账率，但同时减少了销售收入。

【例题2·单选题】 甲公司董事会对待风险的态度属于风险厌恶。为有效管理公司的信用风险，甲公司管理层决定将其全部的应收款项以应收总金额的 80% 出售给乙公司，由乙公司向有关债务人收取款项，甲公司不再承担有关债务人未能如期付款的风险。甲公司应对此项信用风险的策略属于(　　)。

A. 风险降低　　　　　B. 风险转移

C. 风险保留　　　　　D. 风险规避

【答案】 B

【解析】 风险转移是指企业通过合同将风险转移到第三方，企业对转移后的风险不再拥有所有权。转移风险不会降低其可能的严重程度，只是从一方转移到另一方。甲公司将应收款项出售给乙公司，实现了风险转移。

十六、风险偏好 VS 风险承受度

扫我解疑难

是在风险管理体系中，最为重要的基本概念之一。两者是风险管理概念的重要组成部分，风险含义两重性，使得风险管理要在收益和风险中寻求平衡点，以实现企业价值最大化。**风险偏好是企业希望承受的风险范围**，分析风险偏好要回答的问题是公司希望承担什么风险和承担多少风险。

风险承受度是指企业风险偏好的边界，它是企业采取行动的预警指标，企业可以设置若干承受度指标，以显示不同的警示级别。

📝 **实战演练**

【例题·单选题】 下列关于确定风险偏好和风险承受度，说法正确的是（ ）。

A. 应该从整体上确定风险偏好和风险承受度，而不是对每一个风险都可以确定风险偏好和风险承受度

B. 既要考虑同一个风险在各个业务单位或子公司之间的分配，又要考虑不同风险之间的关系

C. 一般同一风险在不同行业的风险偏好是相同的

D. 重大风险的风险偏好应该由高级管理层确定

【答案】 B

【解析】 对每一个风险都可以确定风险偏好和风险承受度，选项 A 不正确；同一风险在不同行业风险偏好不同，选项 C 不正确；重大风险的风险偏好是企业的重大决策，应由董事会决定，选项 D 不正确，选项 B 说法正确。

十七、事件树分析法 VS 决策树法

扫我解疑难

事件树（Event Tree Analysis，ETA）是一种表示初始事件发生之后**互斥性后果**的图解技术，其根据是为减轻其后果而设计的**各种系统是否起作用**，它可以定性地和定量地应用。

决策树是考虑在不确定性情况下，以序列方式表示决策选择和结果。类似于事件树，决策树开始于初因事项或是最初决策，同时由于可能发生的事项及可能做出的决策，它需要对不同路径和结果进行建模。决策树显示采取不同选择的风险逻辑分析，同时给出每一个可能路径的预期值计算结果。

📝 **实战演练**

【例题1·单选题】 华阳股份有限公司是一家

大型客运公司，其业务涉及全国20多家大中型城市。2012年，公司在客运过程中发生事故5起。根据专家建议，公司欲在事故发生以后，采取各种应对措施以减轻事故严重性的影响，对多种可能后果进行定性和定量分析。则华阳股份有限公司适用的风险管理技术与方法是（ ）。

A. 敏感性分析法　　　B. 事件树分析法

C. 统计推论法　　　　D. 风险评估系图法

【答案】 B

【解析】 本题考核风险管理技术与方法。事件树是一种表示初始事件发生之后互斥性后果的图解技术，其根据是为减轻其后果而设计的各种系统是否起作用，它可以定性地和定量地应用。适用于对故障发生以后，在各种减轻事件严重性的影响下，对多种可能后果的定性和定量分析。

【例题2·单选题】 甲公司是一家生产企业，目前该公司正在研究是否扩大其生产规模，如果扩大生产规模，需要增加投入，但市场前景如何不好预测，于是甲公司分别对扩大规模和保持现状两种方案下几种情景出现概率和对应的净现金流进行预测，并比较两个方案的投资净现金流期望值，选择现金流较高的方案，以决定是否扩大生产规模。根据以上分析可知，甲公司采用的风险管理技术与方法是（ ）。

A. 事件树分析法　　　B. 马尔科夫分析法

C. 决策树法　　　　　D. 情景分析法

【答案】 C

【解析】 决策树是考虑到在不确定性的情况下，以序列方式表示决策选择和结果。有关最佳决策路径的信息是富有逻辑性的，考虑各条路径上的条件概率和结果值可以产生最高的期望值。决策树显示采取不同选择的风险逻辑分析，同时给出每一个可能路径的预期值计算结果。甲公司对两个方案出现的不同条件概率和结果值计算产生较高的期望值进行决策，采用的是决策树法，选项 C 正确。

十八、套期保值 VS 投机

扫我解疑难

套期保值是指为冲抵风险而买卖相应的衍生产品的行为，其**目的是降低风险**；与套期保值相反的便是**投机行为**，其**目的是承担额外的风险以盈利**，实质上是增加了风险。（注意有顺序之分。顺序不同，性质不同）。一般来说，不能从衍生产品的交易本身判断该交易是否为套期保值或投机，要考虑它的头寸。

实战演练

【例题·单选题】甲企业拥有大型大蒜种植基地，今年大蒜价格持续上涨，甲企业为了不断盈利，采取了套期保值和投机行为。关于套期保值与投机的说法中正确的是（ ）。

A. 套期保值是为冲抵风险而买卖相应衍生产品的行为

B. 利用大蒜期货套期保值的目的是承担额外的风险以盈利

C. 利用大蒜期货投机的目的是降低风险

D. 大蒜期货投机的结果是降低了企业面对的风险

【答案】A

【解析】套期保值是指为冲抵风险而买卖相应的衍生产品的行为，所以选项A正确；套期保值的目的是降低风险，投机的目的是承担额外的风险以盈利，所以选项B、C错误，套期保值的结果是降低了风险，投机的结果是增加了风险，所以选项D错误。

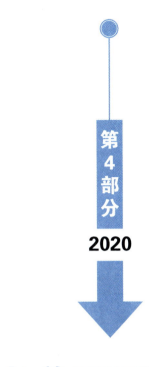

第 4 部分

2020

考前预测试题

没有人事先了解自己到底有多大的力量，直到他试过以后才知道。

——歌德

2020 年考前预测试题

预测试题（一）

扫我做试题

一、单项选择题（本题型共 24 小题，每小题 1 分，共 24 分。每小题只有一个正确答案，请从每小题的备选答案中选出一个你认为正确的答案）

1. 从事草莓种植与销售的范闲公司率先在当地采取了一种新的经营方式，顾客带孩子可前来付费到果园自行品尝及采摘活动，顾客采摘和购买的草莓达到一定数量，可参加抽奖送玩具活动，总体而言收费价格要高一些。这一经营方式受到家长和孩子们的热捧。范闲公司采用的上述战略属于（　）。
   - A. 成本领先战略
   - B. 差异化战略
   - C. 集中化战略
   - D. 混合战略

2. B 公司的主营业务为啤酒，2016 年上半年新开辟了一种品牌，截至 2018 年年初该品牌啤酒前两个年度的市场增长率就达 25%，并且已经占据了最大的市场份额。下列关于该业务的说法中，正确的是（　）。
   - A. 该业务属于现金牛业务

   - B. 该业务处于最差的现金流量状态
   - C. 对于该业务公司的战略是积极扩大经济规模和市场机会，加强竞争地位
   - D. B 公司应该整顿产品系列，将该业务与其他事业部合并，进行统一的管理

3. 每逢元宵节，市场对元宵的需求量就会大幅增加，而食品企业也不会放过这个销售黄金时间，纷纷从品种和价格上下功夫，提高销售量。从环境分析角度看，这属于（　）。
   - A. 政治—法律因素
   - B. 经济因素
   - C. 社会文化因素
   - D. 技术因素

4. 甲公司打算进军饮料产业，结合内部环境分析，甲公司打算另辟蹊径，主营功能型饮料，据此甲公司确定了战略群组，则甲公司在确定战略群组时考虑的最主要因素是（　）。
   - A. 产品差异化
   - B. 消费者群组
   - C. 业务区域
   - D. 供应商

5. 某国内汽车制造厂对中国经济增长潜力抱着乐观态度，除继续生产中等档次的车种外，在 2009 年开始生产高端越野车，希望

吸引国内市场的高端消费者。在确定自身高端越野车市场的竞争力时，公司领导层认为应致力于形成现有和潜在顾客对于本企业产品高端品牌的忠诚度，这也是竞争对手极少能拥有的资源。根据以上信息可以判断，该企业建立竞争优势的资源是（　）。

A. 有价值的资源

B. 稀缺的资源

C. 难于模仿的资源

D. 不可替代的资源

6. 甲公司是一家家用小轿车的生产企业，作为制造性企业，其生产环节尤为重要，为了提高企业生产制造环节的优势，甲公司向一家在生产环节非常优秀的重型卡车制造企业学习生产制造的经验，则甲公司采用的基准分析类型为（　）。

A. 竞争性基准

B. 一般基准

C. 过程或活动基准

D. 顾客基准

7. 中科公司是国内一家著名的印刷机制造商。但是面对发达国家的 G 国先进印刷机在中国的市场占有率迅速提高时，中科公司将业务转型为给 G 国印刷机的用户提供零配件和维修保养服务，以躲避外来竞争对手带来的冲击，甚至取得比业务转型前更高的收益率。从本土企业战略选择角度看，中科公司采取的战略是（　）。

A. 防御者战略

B. 扩张者战略

C. 躲闪者战略

D. 抗衡者战略

8. 赫尔曼西蒙曾经在一本书中给一群企业命名为"隐形冠军"，它们控制着自己的产品市场，但是它们都是中小型企业，仅仅针对某一特定购买群体、产品细分市场或区域市场，它们采用的战略最有可能是（　）。

A. 一体化战略

B. 集中化战略

C. 多元化战略

D. 成本领先战略

9. 我国某家电企业发现越南家电消费尚处于起步期，发展前景看好。在我国与东盟建立自由贸易区的消息传来后，决定充分利用这一契机，将国内过剩的生产能力转移到越南。这种国际化的动因属于（　）。

A. 寻求资源

B. 寻求市场

C. 寻求效率

D. 寻求现成资产

10. 近年来新能源汽车产业及市场迅猛增长。国内汽车制造商 B 公司于 2008 年就进入新能源汽车制造领域，凭借其领先的电池技术和优秀管理水平，其产品性能优越，在国内取得很高的市场占有率。根据 SWOT 分析，该公司应采取的战略是（　）。

A. 增长型战略

B. 多元化战略

C. 防御型战略

D. 扭转型战略

11. 甲公司是一家生产型企业，工人在生产之前，企业先制定好自动生产流水线的标准，然后工人按照这个标准，进行生产和检验产品。一旦生产环节出现问题，管理者可以按照制定好的标准检查和调整。根据上述案例判断，该公司采用的基本协调机制是（　）。

A. 相互适应，自行调整

B. 直接指挥，直接控制

C. 工作过程标准化

D. 工作成果标准化

12. 甲公司属于大型的跨国企业，其业务扩展到 A 国，近年来，A 国经济十分不景气，频繁发生大规模的动乱，使得甲企业的业绩逐步下滑，公司管理层正考虑退出该国市场。甲公司面临的风险属于（　）。

A. 政治风险

B. 运营风险

C. 社会文化风险

D. 财务风险

13. 东山公司目前年收入为 20 亿元, 应收账款为 5 亿元, 坏账率高达 10%, 为了降低坏账率, 该公司决定提高客户信用标准, 预计提高信用标准后, 坏账率降低为 2%, 但同时销售收入会减少 10%。这反映的风险管理工具是( )。

A. 风险规避

B. 风险控制

C. 风险转换

D. 风险对冲

14. 生产智能家电产品的凯威公司适应外部环境的不断变化, 寻求开发产品与市场机会, 及时调整内部资源和组织结构, 在技术和行政管理方面奉行的原则是灵活性, 发挥协同效果和整体优势, 对社会需求作出灵活、快速的反应, 该公司采取组织的战略类型是( )。

A. 防御型战略组织

B. 开拓型战略组织

C. 分析型战略组织

D. 反应型战略组织

15. 甲公司是一家 A 地区铜矿生产企业, 确立了未来三年"走出去"的发展战略。在 Z 地区承包了一项铜矿开发项目。合同期限为 10 年, 计划于 2025 年底结束。2020 年, Z 地区发生地震, 使得该项目无法执行下去。根据以上信息可以判断, 该公司战略失效属于( )。

A. 早期失效

B. 偶然失效

C. 晚期失效

D. 中期失效

16. 洲际酒店集团为世界十大知名品牌之一, 总部在英国杜伦。进入中国市场后, 分别在浙江、云南等旅游热点设立分店, 提供符合当地气息的主题客房和特色餐饮。英国人烹调时喜欢用含胆固醇较高的动物油, 而中国人喜欢用植物油, 为此洲际酒店改变了中国地区的烹调用油。根据案例分析, 洲际酒店使用的国际化经营战略类型是( )。

A. 国际战略

B. 多国本土化战略

C. 全球化战略

D. 跨国战略

17. A 公司是一家外贸企业, 与 B 公司是长期的合作伙伴, 近期 A 公司要为 B 公司提供一项担保业务。依据《企业内部控制应用指引第 12 号—担保业务》, 下列不属于 A 公司需关注的风险是( )。

A. 对担保申请人的资信状况调查不深, 导致企业担保决策失误

B. 对被担保人出现财务困难或经营陷入困境等状况监控不力, 导致企业承担法律责任

C. 未订立合同, 导致企业合法权益受到侵害

D. 担保过程中存在舞弊行为, 导致企业利益受损

18. 智达公司是一家计算机制造企业。近几年市场需求不确定, 为了减少库存, 公司对生产过程实施严格管理, 生产部门仅在接到销售部门提供的客户订单时, 才根据需要的订单数量安排采购所需要材料并开始当期生产。智达公司的平衡产能与需求的方法是( )。

A. 订单生产式生产

B. 资源订单式生产

C. 库存生产式生产

D. 订单资源式生产

19. 在我国, 企业股票上市要经过政府部门的多重审查, 耽搁的时间比较久, 而通过"买壳""借壳"方式可以迅速进入股票市场, 再通过资产互换, 提高企业股票价值。这样做的动机是( )。

A. 减少竞争, 增强对市场的控制力

B. 获得协同效应

C. 克服企业负外部性

D. 避开进入壁垒，迅速进入，争取市场机会，规避各种风险

20. 甲公司对 2016 年的财务指标进行了预测，预测结果如下：

销售增长率	50%
可持续增长率	40%
投资资本回报率	35%
资本成本	20%

则下列财务政策中，甲公司可以采用的是( )。

A. 增加债务比例

B. 支付现金股利

C. 降低资本成本

D. 重组

21. 甲公司是一家白酒生产企业，为了进一步提高产品质量，甲公司通过图表形式将白酒生产按顺序划分为多个模块，并对各个模块逐一进行详细调查，识别出每个模块各种潜在的风险因素或风险事件，从而使公司决策者获得清晰直观的印象，根据上述信息，下列各项中，对甲公司采取的风险管理办法的描述错误的是( )。

A. 该方法的使用效果依赖于专业人员的水平

B. 该方法的优点是简单明了易于操作

C. 该方法可以对企业生产或经营中的风险及其成因进行定性分析

D. 该方法适用于组织规模较小、流程较简单的业务风险分析

22. 甲公司是一家商业银行，近期针对频发的信贷风险，公司管理层决定加强日常工作中对信贷风险的评估。下列选项中，甲公司可以用以评估风险影响的定性方法是( )。

A. 风险评估系图

B. 马尔科夫分析法

C. 现金流量法

D. 资源和能力分析

23. 甲公司是一家上市公司，每年对其经营活动、投资活动、财务活动等作出全面的预算安排，下列不属于全面预算管理过程中需要关注的风险是( )。

A. 预算目标不合理、编制不科学，可能导致企业资源浪费或发展战略难以实现

B. 预算缺乏刚性、执行不力、考核不严，可能导致预算管理流于形式

C. 预算传达不及时，可能导致难以执行和控制

D. 不编制预算或预算不健全，可能导致企业经营缺乏约束或盲目经营

24. 为高净值客户提供理财咨询服务的天地公司采用平衡计分卡衡量企业业绩，并把每个员工的收入作为一项重要考核指标。该指标属于平衡计分卡的( )。

A. 财务角度

B. 顾客角度

C. 内部流程角度

D. 创新与学习角度

二、多项选择题(本题型共 14 小题，每小题 1.5 分，共 21 分。每小题均有多个正确答案，请从每小题的备选答案中选出你认为正确的答案。每小题所有答案选择正确的得分，不答、错答、漏答均不得分。)

1. 未来新能源汽车制造公司采用平衡计分卡衡量企业业绩，并把交货时间、销售增长率及员工能力评估与发展作为业绩衡量中重要考核指标。这些指标属于平衡计分卡的( )。

A. 财务角度

B. 顾客角度

C. 内部流程角度

D. 创新与学习角度

2. 甲公司是一家集团企业，其核心业务为金融，包括银行、证券和保险。其他业务包括出版社、水泥厂。最近，甲公司又在新疆收购了一家葡萄园和一家葡萄酒企业。

为配合甲公司的总体战略实施，甲公司可以选择的组织结构类型有( )。

A. 事业部制组织结构

B. 职能制组织结构

C. M 型组织结构

D. 创业型组织结构

3. 长城资产管理公司 2019 年的投资回报率 9%，销售增长率为 10%，经测算公司的加权平均资本成本为 8%，可持续增长率为 6%，在上述情况下，长城资产管理公司应选择的财务战略包括( )。

A. 公司应该进一步提高经营效率，包括降低成本、提高价格等

B. 公司可以改变财务政策，包括加大支付股利、减少债务比例

C. 公司可以通过定向增发股票

D. 公司可通过兼并"明星企业"来解决问题

4. 九彩公司以"文化娱乐性"和"观光游览性"为两维坐标，将旅游业分为不同的战略群组，并将"文化娱乐性高、观光游览性低"的文艺演出与"文化娱乐性低、观光游览性高"的实景旅游两类功能结合起来，率先创建了"人物山水"旅游项目，它将震撼的文艺演出置于秀丽山水之中，让观众在观赏歌舞演出的同时将身心融于自然。九彩公司重新构建了市场边界，开创蓝海战略，实施的路径不包括( )。

A. 审视他择产业

B. 跨越产业内不同的战略群体

C. 重新界定买方群体

D. 放眼互补性产品或服务

5. 甲公司是一家新兴市场上的大型家用电器生产企业，所在产业全球化压力比较大，但是企业的优势资源可以转移到其他市场，其战略定位是通过全球竞争发动进攻。下列各项表述中，适合该公司采取的措施有( )。

A. 生产与跨国公司产品互补的产品

B. 找到一个定位明确又易于防守的市场

C. 学习从发达国家获取资源，克服自身资本匮乏的缺陷

D. 与跨国公司建立合资企业

6. 甲公司是国内一家大型体育用品企业，拥有国内市场份额第一的体育品牌，具有很高的知名度和较高的消费者忠诚度。经过多年的努力，企业形成了完善的规章制度，建立了遍布全国的专卖店销售网络。公司员工在企业创始人的带领下，以"产业报国"为价值观，形成了极强的凝聚力。根据上述信息，可以判断甲公司拥有的无形资源有( )。

A. 品牌

B. 专卖店

C. 员工的技能

D. 企业文化

7. 以经营火锅料理闻名的河底捞公司秉承"使员工幸福，让顾客满意"的理念，建立并持续实施了一套以顾客需求为导向、充分调动店员积极性的管理体制，培养了一批高素质的店长和店员，显示出难以模仿的竞争优势。河底捞公司的资源不可模仿性主要表现为( )。

A. 物理上独特的资源

B. 具有路径依赖性的资源

C. 具有因果含糊性的资源

D. 具有经济制约性的资源

8. M 公司是一家家电生产型企业，公司的组织结构比较特殊，每一个员工都有两个直接上级，一名上级负责产品生产，另一名负责职能活动。则这样的组织结构的优点包括( )。

A. 实现了各个部门之间的协作以及各项技能和专门技术的相互交融

B. 能更加有效地优先考虑关键项目

C. 降低时间成本和财务成本

D. 双重权力使得企业具有多重定位

9. 泥人李公司是一家制作泥塑工艺品的家族企业。该公司成立 100 多年来，经过世代相传积累了丰富的泥塑工艺品制作经验和

精湛技艺，泥人李的品牌家喻户晓，产品远销国内外。目前一些企业试图进入泥塑工艺品制作领域。根据上述信息，泥人李公司给潜在进入者设置的进入障碍是（   ）。

A. 规模经济

B. 现有企业对关键资源的控制

C. 现有企业的市场优势

D. 限制进入定价

10. 随着医疗保险制度的逐步到位，药品价格改革的降价效应得到了进一步显现。今后，药品企业自主定价权力的扩大和政府的药品降价政策将使国内药品的总体价格水平不断下降。甲公司是一家生物制药公司，公司已形成规模销售的产品今后将面临激烈的市场竞争和强劲的竞争对手，因而本公司产品降价趋势明显，这将对公司的盈利能力产生一定不利影响。根据以上信息可以判断，甲公司可能面对的风险包括（   ）。

A. 市场风险

B. 替代品竞争风险

C. 运营风险

D. 信用风险

11. 东海股份的大股东通过上市公司从银行贷款，然后再转手借给大股东和关联企业。就这样，第二大股东农工商东海总公司欠了上市公司 5.21 亿元，其下属的万隆房地产公司更是欠下了 6.97 亿元，12 亿元巨债压在东海股份身上，成了东海股份的"噩梦"。东海公司存在的公司治理问题不属于（   ）。

A. 代理型公司治理问题

B. 剥夺型公司治理问题

C. "内部人控制"问题

D. 企业与其他利益相关者之间的关系问题

12. 正天公司为了适应环境、当前市场条件以及企业目前的规模，改原有的职能制组织结构为矩阵制组织结构，部门间沟

通利用新的 ERP 系统，并从国外引进最先进设备和工作流程使企业生产经营更有效率。该公司的战略变革类型包括（   ）。

A. 技术变革

B. 人员变革

C. 产品和服务变革

D. 结构和体系变革

13. 主营太阳能电池组件业务的大华公司上市后，通过股权融资、债券融资、银行借贷、信贷融资、民间集资等各种手段融资近 70 亿元，在多个国家投资布局光伏全产业链，还大举投资房地产，以及并购新能源汽车企业等项目。本案例中，大华公司所采取的发展战略类型包括（   ）。

A. 前向一体化战略

B. 后向一体化战略

C. 并购战略

D. 多元化战略

14. A 公司是一家以创新为中心的粮食食品公司。该公司看准开发大米系列食品的现有市场的潜力，在原有方便米粉的基础上，研制了方便米片、精米点心和大米膨化食品。则 A 公司采取的密集型战略的适用情况包括（   ）。

A. 企业产品具有较高的市场信誉度和顾客满意度

B. 企业所在产业正处于高速增长阶段

C. 企业具有较强的研究与开发能力

D. 可以充分利用企业对市场的了解

三、简答题(本题型共 4 小题 30 分。其中一道小题可以选用中文或英文解答，请仔细阅读答题要求。如使用英文解答，须全部使用英文，答题正确的，增加 5 分。本题型最高得分为 35 分。)

1. (本小题 6 分，可以选用中文或英文解答，如使用英文解答，须全部使用英文，答题正确的，增加 5 分，最高得分为 11 分。)
   甲集团的主营业务是连锁酒店，创立于

2005 年，2009 年 11 月 20 日在美国纽约证券交易所上市，作为第一家登陆纽交所的中国酒店集团，甲集团秉承让顾客"天天睡好觉"的愿景，致力于为注重生活质量的商旅客人提供干净、环保、舒适、安全的住宿服务，满足客户核心的住宿需求。随着经济型酒店市场竞争的加剧，酒店公司的发展方式也在不断变化。目前，除了甲连锁酒店仍在坚持以自主投资的方式在国内发展门店以外，其他的酒店公司均把特许加盟作为发展的首要方式。甲集团面临的竞争压力比较大。

由于经济型酒店的进入和退出壁垒都比较低，因此仍会有一些新酒店品牌进入到酒店行业中。投资一家 100 间客房的经济型酒店只需要四五百万元，预计可在 5 年回收投资，投资收益率高达 20%，因此资金的壁垒较小，非常适合寻求多元化的酒店集团或公司。对于小规模的经济型酒店集团，如果投资者需要退出，则可以把酒店转让给一些全国性的经济型酒店集团，实现资金的退出。

另外，由于高星级酒店有较多的客房数，国内的平均入住率水平不高，在酒店的淡季，很多酒店会以较低的价格来吸引顾客，从而在一定程度上跟经济型酒店争抢客源。而社会旅馆、招待所，由于较低的价格吸引了一大批收入不高的旅行者，从而分流了部分客源。

许多经济型酒店都是批量进货，购买数量占供应商销量的很大比例，而且为了降低成本，不接纳进口设备，而且很多酒店以租赁厂房、仓库或者办公楼的方式来开设酒店，其支付的租金水平远远低于市场上正常贸易的租金。

经济型酒店品牌众多，且彼此之间的差异化程度很低，购买商的选择余地大。

要求：

根据以上资料，试用五力模型对甲集团所处的竞争环境进行分析。

2. （本小题 8 分。）资料一：葡萄酒具有低度数、营养化的特点，是国际通畅型的酒种。随着我国人民生活水平的提高，人们对葡萄酒认识的深入，葡萄酒成为酒类产品中的消费热点。1995 年底，以干红为代表的葡萄酒热在广州、深圳初显端倪后，便以燎原之势由南至北蔓延，迅速"红"遍全国，冷寂多年的葡萄酒市场被启动了。1996 年，深圳葡萄酒销售总量达 53 万箱，比 1995 年增长了 400%，用"飙升"形容当时葡萄酒的增长势头一点也不为过。

突然升温的葡萄酒热令许多葡萄酒生产企业措手不及，遭遇原料供给短缺的局面。造成原料供给短缺的原因主要有四个：一是依赖进口原料，由于运输周期长，对市场消费需求的变化反应慢，一时之间远水解不了近渴；二是种植葡萄的周期长，大约需要 3 年以上的时间，有劲使不上，见效慢；三是建葡萄酒厂与建原料基地不同步，靠收购葡萄酿酒，原料供应自然不稳定，短缺局面时有发生；四是市场需求膨胀迅速，令许多企业毫无思想准备，原料供应滞后。

"吃一堑，长一智"。许多葡萄酒生产企业深刻地意识到这个问题的严重性。要保持持续发展，提高质量，必须把建设原料基地作为基础，实现自采自酿，自给自足的目标。自 1997 以来，许多有远见的企业纷纷致力于原料基地建设。

资料二：服装行业是我国的传统优势产业，在国民经济中占据了重要地位，同时是我国出口构成的重要部分，因此服装行业对宏观经济的波动反应明显，国内外经济形势都会通过消费来影响服装行业。而且服装行业竞争较为充分，行业集中度不高。由于市场供大于求，加上行业市场的整体低迷，产品同质化问题的不断加深，市场竞争日趋激烈，行业整体盈利水平明显下滑。

A 公司是一家外贸型服装加工企业，产品

60%出口，40%通过国内大型超市销售。2008 年发生金融危机后，国外市场受经济波动影响，订单大幅减少，企业资金压力巨大。近年国外经济虽有一定好转，但前景仍不明朗。相比之下，在国内几家大型超市的销售还算不错。公司与超市约定的账期一般为一个月。但经常发生拖后情况，有时长达 3 个月还拿不到货款，进一步加剧了公司的资金问题。为此公司与当地银行签署协议，该银行承诺在 A 公司遇到紧急资金需求时在约定额度内优先给予贷款。

A 公司面料全部从意大利进口，意大利近年通货膨胀严重，几家主要面料供应商经营也面临问题，供货时常中断。

要求：

(1)根据资料一，指出葡萄酒生产企业采用的是哪一种具体的发展战略类型。

(2)根据资料一，分析该模式的优点、适用情况及主要风险。

(3)根据资料二，简要分析 A 公司目前遭受风险的类型；A 公司为应对资金问题采取的措施类型，并分析其特点。

3. (本小题 8 分。)2013 年 7 月 16 日 B 公司宣布将全资收购网龙控股子公司 N-O 无线，总价为 19 亿美元，相关各方已就此签署谅解备忘录。收购 N-O 无线也是 B 公司进一步加强在无线互联网领域的最新举措，意在进一步加强 B 公司在移动应用分发方面的入口作用。

N-O 无线于 2010 年 9 月成立，是网龙公司旗下专注于无线互联网业务开发与拓展的高新技术企业。该平台集成 N-O 手机助手、安卓市场、N-O 移动开放平台、N-O 熊猫看书、N-O 熊猫桌面、安卓桌面、N-O 手机娱乐门户、安卓网等强势产品为内容端口的完整移动互联应用产品群，是国内最大、最具影响力的智能手机服务平台。截止到 2012 年 12 月，N-O 无线平台总下载数达到 129 亿次，在 IPhone 和 An-

droid 两大智能手机客户端的市场渗透率分别超过 80% 和 50%。

网龙公司宣布，与 B 公司订立了具法律约束力的谅解备忘录，公司将向 B 公司出售持有的 N-O 无线 57.41% 股权，价值 10.9 亿美元，而 B 公司须按相同条款，向其他 N-O 无线之股东购买 N-O 无线股份，B 公司应付总购买价将为 19 亿美元。谅解备忘录规定，B 公司须于谅解备忘录订立后 3 日内向网龙支付终止费 5000 万美元。

上述交易全部完成后，B 公司收购 N-O 无线将成为我国互联网有史以来最大的并购案。

要求：

(1)根据资料分析 B 公司收购 N-O 无线采取的并购战略类型。

(2)通过该并购案可以看出 B 公司采取的战略类型是什么，并说明企业采用该战略的目的和适用情况。

(3)企业的发展战略可选择的途径除了案例中提到的外部发展之外，还有哪些类型，具体说明一下每种途径的含义。

4. (本小题 8 分。)VR 眼镜是在虚拟现实技术基础上诞生的产品，这种技术是一种可以创建和体验虚拟世界的计算机仿真系统，它利用计算机生成一种模拟环境，是一种多源信息融合的、交互式的三维动态视景和实体行为的系统仿真，使用户沉浸到该环境中。VR 眼镜利用头戴式显示设备将人的对外界的视觉、听觉封闭，引导用户产生一种身在虚拟环境中的感觉。2016 年被誉为 VR 眼镜行业真正的元年，产业环境、产业链初具雏形。当前人们对内容的需求持续增加，目前市场上 VR 眼镜的售价基本上在 9 千至 3 万不等，价格较贵，购买群体多为高收入的职业游戏玩家。VR 眼镜的原理和我们的眼睛类似，两个透镜相当于眼睛，但远没有人眼"智能"。再加上 VR 眼镜一般都是将内容分屏，切成两半，通过镜片实现叠加成像。这时往往会导致人眼瞳孔中心、透镜中心、屏幕(分屏后)中心不在一条直线上,使得视觉效果很差,出现不清晰、变形等一大堆问题。

M科技公司是以电子芯片研发和生产为主的公司,2007年开始接触虚拟现实技术,2015年专门从研发部和生产部分别调了10名骨干员工成立了VR眼镜项目组,由项目经理牵头投入到VR眼镜的研发和生产。2016年第一代VR眼镜问世,但是因为目前VR产品的不完善,使得公司面临着诸多问题,比如:新产品是否有销路,是否被既定客户接受,是否会受到成本的制约,市场能否扩大到足够的规模,企业能否获得足够的市场份额来树立其在行业中的地位,等等。

要求:

(1)结合产品生命周期理论,分析VR眼镜目前处于产业中的哪个阶段,简述理由。

(2)基于VR眼镜所处的产品生命周期,分析M科技公司目前的经营风险和财务风险状况以及最适合M科技公司的融资方式。

(3)根据资料,简要分析M科技公司目前的企业总体战略是什么。(要求细分)

(4)根据资料,分析M科技公司2015年以后的组织结构类型是哪种,并简述其优点。

四、综合题(本题共25分。)

近年来,速腾集团CEO彭双在准确分析速腾企业基因,深入倾听用户需求后,勇于开创颠覆行业的技术模式。成功带领团队将速腾转变成为一家专注共享计算以及区块链开发底层技术的创新公司。同时彭双着力升级速腾雇主形象与改革内部制度,提倡直接通畅的沟通方式来引导各层面进行创新,让员工重新定义他们眼中的新速腾精神与文化。

在中国广大网民心中,速腾是下载的代名词。根据艾瑞数据显示,2010年速腾占有中国下载加速软件78.7%的市场份额。近几年,随着各大下载软件停止运营和更新,速腾几乎是目前中国网民唯一还在频繁使用的下载软件。

资料一

发展中的问题与挑战:

1. 下载工具需求放缓

过去由于网速慢、不稳定等因素,直接下载文件失败率很高,下载工具价值斐然。目前互联网基础设施的升级、浏览器等互联网产品功能的完善,以及移动互联时代的产品形态变化让下载工具的需求越来越少。如何能在其他技术领域获得突破,并吸引用户成为速腾亟待解决的核心问题之一。

2. 过往转型屡屡失利

2017年以前,速腾超过一半以上收入来自于会员收费,营收业务结构单一。2014年上市之后,速腾也在不断尝试许多新的互联网风口领域—电商、游戏、视频等。但速腾的技术优势无法在以上领域得到充分发挥,都以失败告终,也因此打击了资本市场对于速腾未来发展的信心。面对飞速发展的互联网行业,管理者如何找到真正适合速腾的转型方向,并不断提升股东投资价值。

3. 雇主品牌急需重塑升级

受到公司单一业务影响,员工和市场对速腾的认知多年来仍然是保留在"传统下载工具"。速腾成立15年来曾积累了很多顶尖人才,但人员的流动让公司产生了内外信息的断层。在新技术迅猛发展的今天,速腾缺乏一个与时俱进的雇主品牌来吸引新兴技术的人才,也急需在内部改变形象和管理机制,解决现有员工发展空间等问题。

资料二

转型策略:

正是基于应对以上挑战,在彭双的带领下,速腾确定了"共享计算+区块链"的转型方向。共享计算和区块链技术实际上与分布式的 P2P 技术有很强的联结性，其技术特性与速腾的技术基因相符，使速腾在发展共享计算和区块链有深厚的人才和技术积累。

速腾的转型主要通过四种方式推进：

（1）改革内部制度，激发创新动力。技术创新永远是互联网公司发展的核心，而创立一支最优秀的技术团队则是速腾转型的开端。

2015 年，彭双加入速腾任 CTO 后马上在内部组建了一支全新的团队—WX 科技，并亲自担任 CEO，开始探索内部命名为"水晶计划"的全新模式云计算和区块链业务。不同于当时速腾的业务和架构，WX 科技创立并拥有独立的组织架构、激励机制和内部文化。除了从速腾内部挑选相关的人员，WX 科技从行业里也招募组建了一只强大的技术研发团队。研发团队占据公司总员工 80% 左右。

扁平化的组织架构。从成立之初，WX 科技就强调组织架构的扁平化，除保证快速决策反应外，组织架构没有强烈的职位等级观念，普通员工可以随时向 CEO 和其他管理者表达自己的不同观点，并获得充分的尊重。为鼓励员工发表观点，公司内部每隔一段时间就会组织"Open day"活动，所有人都可以参加，员工可以匿名向公司各管理层包括 CEO 提出关于公司发展等任何疑问。

自下而上的考核机制。在 WX 科技，核心员工都持有公司股权。同时，员工实行自下而上的考核机制，以自评和互评为主，评分公开透明，管理层没有考核权和激励权。考核的目的是为了帮助大家发现自己可提升的空间，而非给员工单纯定奖金和工资涨幅。

建立"包容"的文化氛围。在公司文化上，WX 科技力求保持沟通自由、百家争鸣、勇于上升的开放文化和轻松自在、员工至上的工作环境。管理层同时也非常强调

"包容"的文化氛围，他们愿意分享公司在发展中遇到的问题，也坦然告诉团队自己的想法及做法。

（2）发挥技术基因，转型共享计算。WX 科技团队基于速腾的技术基因与彭双"共享计算"的理念，很快就面向市场推出了商业化产品—星域 CDN（现已发展为星域云）。"互联网+"时代，需求量急剧暴增的 CDN 行业在当时却是最缺乏互联网思维—价格高、销售导向、技术停滞和漠视客户利益等。

传统的 CDN 公司是重资金、重规模。厂商需要从运营商处采购带宽，部署加速节点，再出售给客户。只有业务量达到足够规模，从运营商处采购带宽才有议价权；而客户足够多，节点复用率提高，才能降低部署节点的成本。而速腾的 CDN 模式则是利用了共享经济的模式—就是把每个节点的计算能力分布到千家万户，把用户的闲置资源收集利用起来。

这种分布式计算的模式在欧美国家也有先例，但由于高技术门槛导致没有实现大规模的应用。相比公司自建机房稳定持续的状态，个人设备状态随机性更大，如要引入个人用户 CDN，必须要有非常强大的底层技术架构。而这恰好是速腾的长处。速腾早在 2003 年就独创的全球专利技术—P2SP 技术，正是基于 P2SP 算法支持下的分布式数据存储、下载及传输技术。

速腾共享计算的出现直接撼动了当时的 CDN 市场。过去市场 CDN 的价格普遍是 1.5 万~4 万/G/月，速腾的共享计算模式让 CDN 的价格下降到 9999 元/G/月。短短几年时间，速腾就收获了众多知名互联网企业客户。

（3）All in 区块链，探索新兴领域。如何让用户愿意长期分享闲置的计算资源是速腾面临的又一难题。在速腾的共享计算诞生之初，用户可通过分享闲置资源获得相应的现金补贴。但不少用户陆续对于补贴的

计算公式、记账和提取方法等提出了质疑。此时，区块链技术引起速腾技术团队的注意。

经过一系列调研和第三方评估后，速腾团队得出了让人兴奋的结论：在去中心化的共享计算中，区块链技术的共识机制、加密算法等技术能够帮助速腾建立公平、透明的奖励机制。区块链可以激励更多的普通用户愿意参与到数据资源的分享和交换当中，而这将使得速腾可以进一步建立散布在全国的分布式节点。

速腾在2017年8月推出了TOC市场的新产品—"玩客云"。通过玩客云，用户可以享受私人云盘服务，并通过基于区块链技术的玩客奖励计划，共享自己的闲置带宽、存储和计算资源，获得相应的奖励。用户可以将所获得的奖励在速腾的闭环体系内兑换速腾或是其他第三方互联网商品和服务。

玩客云至今已经获得超过3500万粉丝的热抢，多次在电商活动中登顶智能硬件品类销售额冠军。基于玩客云搭建的共享计算平台，目前已经拥有超过150万个节点、30T+的储备带宽以及1500PB+的储备存储。

2018年，速腾陆续发布了高性能区块链—速腾链，以及分布式的文件系统速腾链文件系统，正式宣布"All in 区块链"。底层技术上的突破，让速腾的团队意识到，更多C端的应用有可能在速腾链上开发和落地，真正利用区块链技术的优势来解决各行各业的诸多问题，像是商品溯源、社会公益、基因工程等。

基于此，速腾在2018年7月推出了速腾链开放平台，并对区块链创业者、开发者提供了一站式的扶持政策。当前，速腾链已经形成了一套完整的开发者生态服务，让开发者和创业团队能够以更低的开发成本和门槛进入到区块链行业当中。

（4）重新定义速腾，升级雇主形象。WX科技在业务收入结构以及外界形象上，已经打开了云计算+区块链的转型局势。所以彭双在2017年7月正式出任速腾CEO后，思考的是如何把WX科技的成功经验转化到速腾其他部门和团队，帮助速腾从内到外进行转型和改变。

业务上转型的方向明晰后，速腾对内对外开展了一系列改革—运用WX成功的经验，速腾从组织架构的重新布局到关键人才猎聘，从文化氛围的建设到制度改革，不拘一格打破传统人力资源管理思维的局限，给团队内部重构了新思路，力求在快速变化的市场环境中实现人才吸引与保留、有效激发员工思维、推动实现业务和组织变革。

速腾作为一个雇主品牌，本身已经有十几年的历史和市场认知度。沿用WX开创的优秀制度和文化之外，速腾还需要重新定义转型后的精神和文化，升级雇主形象：

首先，让员工愿意为公司代言。速腾十几年的历史让其拥有了大量的员工，包括在职与离职的员工。为了让离职员工对老东家有了全新认知，速腾为离职的同事搭建了一个"回巢计划"。通过邀请老员工一起交流与互动，唤醒他们对公司的怀念和好奇心，同时适时将公司转型情况告知，让他们重新与公司建立连接。

其次，重塑现有员工的新认知。通过采取一系列措施提升员工的幸福感并激发更大的梦想。例如，速腾在6月，在内部推出"X-计划"，就是让员工自己去探讨速腾的文化，重新定义他们眼中的新速腾精神。

此外，速腾整体人才布局和规划配合整体技术和业务转型提前部署。比如在开启区块链业务的规划时，速腾提前半年启动做人才布局规划，他们在专业领域内搜罗核心的技术人才储备，并且逐步释放现有团队的人员，通过内部培训和任务学习，将重点人力逐步转移到这个领域。

资料三

转型成果：

通过一系列的转型，速腾取得了不俗的成绩。主要体现在三个方面：

(1)多元化业务大幅增长。云计算及其他互联网增值服务一直保持着高速增长，带动速腾整体业务加速，营造了多元化的营收结构。2018年8月公布的2018年第二季度财报显示，速腾报告期内总营收为6580万美元，同比增幅达70.7%，连续第10个季度实现增长。其中，速腾云计算及IVAS板块收入为3650万美元，较去年同期增长186.9%，且该板块总营收已超过速腾下载的会员业务和在线广告业务营收之和，是速腾当前最主要的收入来源。而速腾的云计算业务又有两大分支—B端产品星域云和C端产品玩客云，二者均表现不俗。

(2)创新模式和技术受到业内关注和认可。速腾的共享计算模式和区块链创新获得了国内外媒体的持续关注。2018年5月20日，中华人民共和国工业和信息化部发布《2018中国区块链产业白皮书》中，速腾的共享计算业务模式，因其在区块链技术上的创新突破、应用场景上的率先落地，以及对社会效率提升的贡献，被列为区块链产业的主流区块链基础设施之一。

(3)员工认可度提升，吸引更多优秀人才加入。在速腾执行完一系列内部改革后，提升了员工的认可度和忠实度。而且企业雇主品牌形象的升级，也有助于吸引海内外更多优秀人才的加入。2018年4月，速腾举办了"速腾全球区块链应用大赛"，超过2000名世界各地的开发者创业者报名参赛，速腾也因此收获了不少优质人才。

要求：

(1)简要分析案例中速腾公司战略变革的类型。

(2)简要分析速腾公司在转型之前所面对的技术风险。

(3)简要分析速腾公司在转型时成立的WX科技所采取的纵向分工结构类型，WX科技是如何解决该组织内部的管理问题的。

(4)简要分析速腾公司转型前后所采取的发展战略类型。

(5)简要分析速腾公司以内部发展途径来实现发展战略的缺点以及解决途径。

(6)依据红海与蓝海战略的差异，简要分析速腾的共享计算模式和区块链创新体现蓝海战略的特征。

(7)简要分析速腾公司在转型前面临的人力资源管理存在的风险，依据内部控制应用指引，公司在人力资源管理方面需要关注哪些主要风险，转型后公司是如何解决问题的。

(8)案例中速腾公司表现出强大的研发能力，依据内部控制应用指引，在研究与开发方面需要重点关注哪些主要风险。

预测试题(一)
参考答案及详细解析

一、单项选择题

1. B 【解析】"一种新的经营方式，自行品尝及采摘活动，顾客采摘和购买的草莓达到一定数量，可参加抽奖送玩具活动，总体而言收费价格要高一些"体现了企业可以在为顾客提供更高的认可价值，获得不同于竞争对手的差异化优势，即为差异化战略，选项B正确。

2. C 【解析】本题考核波士顿矩阵。由于该品牌啤酒的市场增长率已经达到25%，并且占据最大的市场份额，所以该业务属于明星业务，选项A错误；问题业务通常属于最差的现金流量状态，选项B错误；明星业务事宜采用的战略是积极扩大经济规模和市场机会，以长远利益为目标，提高市场占有率，加强竞争地位，选项C正确；在瘦狗业务的后期，企业应该整顿产品系列，最好将"瘦狗"产品与其他事业部合并，统一管理，选项 D 错误。

3. C 【解析】本题考核社会文化环境因素。元宵节属于传统节日，因此属于社会文化环境中的文化传统因素。

4. A 【解析】本题考核战略群组。根据题意，甲公司确定战略群组的依据是另辟蹊径——主营功能型饮料，说明产品差异化程度是甲公司主要考虑的因素，所以选项 A 正确。

5. C 【解析】品牌属于不可被模仿的资源，也属于持久的资源。

6. C 【解析】本题考核基准类型。过程或活动基准即以具有类似核心经营的企业为基准进行比较，但是二者之间的产品和服务不存在直接竞争关系，小轿车和重型卡车都属于汽车，两个企业的核心经营类似，但是不具有竞争性，因此属于过程或活动基准。

7. C 【解析】首先判断印刷机制造商面对全球化压力是比较大的，另外"中科公司将业务转型为给 G 国印刷机的用户提供零配件和维修保养服务，以躲避外来竞争对手带来的冲击"体现了中科公司退出了印刷机制造商的领域，并重新确定的商业模式，选项 C 正确。

8. B 【解析】本题考核集中化战略。"隐形冠军"的特点是仅仅针对某一特定购买群体、产品细分市场或区域市场，这属于集中化战略的特点，所以选项 B 正确。

9. B 【解析】本题考核发展中国家企业国际化经营的动因。发展中国家企业对外投资的主要动机有：寻求市场、寻求效率、寻求资源和寻求现成资产。该企业是看到了越南家电消费尚处于起步期，发展前景看好，同时又有我国与东盟建立自由贸易区这一契机，而将国内过剩的生产能力转移到越南，这属于寻求市场，以消化过剩的生产能力。

10. A 【解析】"近年来新能源汽车产业及市场迅猛增长"体现了外部环境中的机会（O），"凭借领先的电池技术和优秀管理水平，其产品性能优越，在国内取得很高的市场占有率"体现了内部环境中的优势（S）。面外部的机会和企业的内部优势，此时要采取增长型战略，选项 A 正确。

11. C 【解析】本题考核横向分工的基本协调机制。工作过程标准化是指组织通过预先制定的工作标准，来协调生产经营活动。在生产之前，企业向职工明确工作的内容，或对工作制定出操作规程及其规章制度，然后要求工作过程中所有活动都要按这些标准进行，以实现协调。

12. A 【解析】本题考核政治风险。政治风险是指完全或部分由政府官员行使权力和政府组织的行为而产生的不确定性。所以正确答案是选项 A。

13. C 【解析】本题考核风险转换。风险转换指企业通过战略调整等手段将企业面临的风险转换成另一个风险。东山公司提高信用标准，降低了坏账率，但同时减少了销售收入。

14. B 【解析】"寻求开发产品与市场机会，及时调整内部资源和组织结构，在技术和行政管理方面奉行的原则是灵活性"，说明该公司是开拓型战略组织，所以选项 B 正确。

15. B 【解析】本题考核战略失效的类型。按照在战略实施过程中出现的时间顺序，战略失效可分为早期失效、偶然失效和晚期失效三种类型。在战略实施过程中，偶然会因为一些意想不到的因素导致战略失效，这就是偶然失效。本题中由于发生地震，使得该项目无法执行下去，属于偶然失效。

16. B 【解析】本题考核多国本土化战略。多国本土化战略是根据不同国家的不同市场，提供更能满足当地市场需要的产品和服务。洲际酒店为了符合中国市场的居住和饮食习惯改变了其原有的方式，属于多国本土化战略。

【应试技巧】 考生要掌握该知识点需要准确区别四种战略的主要特点：国际战略的特点：产品开发的职能留在母国，而在东道国建立制造和营销职能，总部一般严格地控制产品与市场战略的决策权。适应性较差，加大经营成本；多国本土化战略的特点：满足各地个性化需求，适应性强；成本结构较高，无法获得经验曲线效益和区位效益，高度分权；全球化战略的特点：向全世界的市场推销标准化的产品和服务，并在较有利的国家集中地进行生产经营活动，由此形成经验曲线和规模经济效益；跨国战略特点：形成以经验为基础的成本效益和区位效益，转移企业内的特殊竞争力，同时注意当地市场的需要。

17. C **【解析】** 本题考核企业内部控制应用指引中的担保业务。办理担保业务需关注的主要风险：①对担保申请人的资信状况调查不深。审批不严或越权审批，可能导致企业担保决策失误或遭受欺诈。②对被担保人出现财务困难或经营陷入困境等状况监控不力，应对措施不当，可能导致企业承担法律责任。③担保过程中存在舞弊行为，可能导致经办审批等相关人员涉案或企业利益受损。

18. B **【解析】** 当市场需求不确定时，企业仅在需要时才购买所需要材料进行生产的模式属于资源订单式生产，"生产部门仅在接到销售部门提供的客户订单时，才根据需要的订单数量安排采购所需要材料并开始当期生产"，说明选项 B 正确。

19. D **【解析】** 本题考核并购的动机。并购方式将目标领域中的一个企业合并过来，不存在重新进入和进入障碍的问题。通过"买壳""借壳"方式避开进入壁垒，迅

速进入，争取市场机会，规避各种风险。

20. A **【解析】** 本题考核财务战略矩阵。由于甲公司销售增长率大于可持续增长率，投资资本回报率大于资本成本，所以属于增值型现金短缺，可以通过提高可持续增长率解决，而提高可持续增长率可以通过增加借款解决。所以本题答案是选项 A。

21. D **【解析】** 甲公司通过图表形式将白酒生产按顺序划分为多个模块，并对各个模块逐一进行详细调查，识别出每个模块各种潜在的风险因素或风险事件，从而使公司决策者获得清晰直观的印象，属于流程图分析法。在企业风险识别过程中，运用流程图绘制企业的经营管理业务流程，可以将与企业各种活动有影响的关键点清晰地表现出来，结合企业中这些关键点的实际情况和相关历史资料，就能够明确企业的风险状况。流程图分析是识别风险最常用的方法之一。其主要优点是清晰明了，易于操作，且组织规模越大，流程越复杂，流程图分析法就越能体现出优越性。通过业务流程分析，可以更好地发现风险点，从而为防范风险提供支持。局限性主要是该方法的使用效果依赖于专业人员的水平。

22. A **【解析】** 本题考核风险管理技术与方法。用以评估风险影响的常见的定性方法是制作风险评估系图。选项 B 是进行定量分析。选项 C 和 D 属于干扰项。

23. C **【解析】** 实行全面预算管理需关注的主要风险包括：(1)不编制预算或预算不健全，可能导致企业经营缺乏约束或盲目经营。(2)预算目标不合理、编制不科学，可能导致企业资源浪费或发展战略难以实现。(3)预算缺乏刚性、执行不力、考核不严，可能导致预算管理流于形式。选项 ABD 均正确，应选择选项 C。

24. C **【解析】** 每个员工的收入属于内部流程角度的指标。选项 C 正确。

二、多项选择题

1. **ABCD** 【解析】销售增长率属于财务角度、员工能力评估与发展属于创新与学习角度、交货时间同时属于顾客角度和内部流程角度。选项 ABCD 正确。

2. **AC** 【解析】该公司涉及多个业务，会有多个产品线，可以采用事业部制组织结构和 M 型组织结构。

3. **AC** 【解析】投资回报率 9% 大于加权平均成本 8%，说明是增值型；销售增长率 10% 大于可持续增长率 6%，说明现金短缺。增值型现金短缺首先判断这种增长是暂时性的不是长期性的。暂时性的增长可通过借款来筹集资金来解决，长期性的高增长则应该包括两种解决途径：一是提高可持续增长率(提高经营效率和改变财务政策)，二是增加权益资本(增发股份和兼并现金牛企业)。选项 A 和 C 可以解决一定程度上的增值型现金短缺问题。但选项 B 不应该是加大支付股利而是应该减少，选项 D 应该是要兼并现金牛企业。正确答案是 AC。

4. **ACD** 【解析】"率先创建了"人物山水"旅游项目，它将震撼的文艺演出置于秀丽山水之中，让观众在观赏歌舞演出的同时将身心融于自然。"这些说明九彩公司通过跨越产业内不同的战略群组，实施了蓝海战略。

5. **BC** 【解析】本题考核本土企业的战略选择。甲公司采取的战略属于"抗衡者"战略。它可以采取以下措施：(1)不要拘泥于成本上竞争，而应该比照行业中的领先公司来衡量自己的实力。(2)找到一个定位明确又易于防守的市场。(3)在一个全球化的产业中找到一个合适的突破口。(4)学习从发达国家获取资源，以克服自身技能不足和资本的匮乏。选项 AD 属于"躲闪者"战略企业的选择。

6. **AD** 【解析】本题考核企业资源分析。员工的技能属于人力资源，专卖店属于有形资源，企业的品牌和企业文化属于企业的无形资源。

7. **BC** 【解析】"使员工幸福，让顾客满意的理念"属于具有因果含糊性的资源；"建立并持续实施了一套以顾客需求为导向、充分调动店员积极性的管理体制，培养了一批高素质的店长和店员"属于路径依赖性的资源。因此，选项 BC 正确。

8. **ABD** 【解析】本题考核的是矩阵制组织结构的优点。每一个员工都有两个直接上级，一名上级负责产品生产，另一名负责职能活动，说明该公司采用的是矩阵制组织结构，其优点包括：(1)由于项目经理与项目的关系更紧密，因而他们能更直接地参与到与其产品相关的战略中来，从而激发其成功的动力；(2)能更加有效地优先考虑关键项目，加强对产品和市场的关注，从而避免职能型结构对产品和市场的关注不足；(3)与产品主管和职能主管之间的联系更加直接，从而能够做出更有质量的决策；(4)实现了各个部门之间的协作以及各项技能和专门技术的相互交融；(5)双重权力使得企业具有多重定位，这样职能专家就不会只关注自身业务范围。增加时间成本和财务成本是矩阵制组织结构的缺点，所以选项 C 不正确。

9. **BC** 【解析】"积累了丰富的泥塑工艺品制作经验和精湛技艺"体现的是学习曲线，属于现有企业对关键资源的控制；泥人李的品牌家喻户晓是属于市场优势。选项 BC 正确。

10. **AC** 【解析】"药品企业自主定价权力的扩大和政府的药品降价政策将使国内药品的总体价格水平不断下降"表明甲公司会面临市场风险(产品或服务的价格及供需变化带来的风险)。"本公司产品降价趋势明显，这将对公司的盈利能力产生一定不利影响"表明甲公司会面临运营风险[企业新市场开发，市场营销策略(包括产品或服务定价与销售渠道，市场营销环境状况等)方面可能引发的风险]。

11. ACD 【解析】根据案例资料可知，东海公司存在的公司治理问题是"终极股东对于中小股东的隧道挖掘"问题，属于剥夺型公司治理问题。所以应该选ACD正确。

12. AD 【解析】企业为了适应环境和在市场条件下生存而推行的战略变革共有4种类型：技术变革、产品和服务变革、结构和体系变革以及人员变革。其中技术变革往往涉及企业的生产过程，包括开发使之有能力与竞争对手抗衡的知识和技能。这些变革旨在使企业生产更有效率或增加产量。技术变革涉及工作方法、设备和工作流程等技术。结构和体系变革系指企业运作的管理方法的变革，包括结构变化、政策变化和控制系统变化。

13. ABD 【解析】"在多个国家投资布局光伏全产业链"，说明大华公司的发展战略类型包括了上下游的前向一体化及后向一体化战略，另外"投资房地产"属于多元化战略。并购是实现发展战略的一种途径，不属于发展战略的类型。所以ABD正确。

14. ABC 【解析】A公司以现有市场为基础研制了方便米片、精米点心和大米膨化食品，所以采用的是产品开发战略。产品开发战略适用于以下几种情况：①企业产品具有较高的市场信誉度和顾客满意度；②企业所在产业属于适宜创新的高速发展的高新技术产业；③企业所在产业正处于高速增长阶段；④企业具有较强的研究与开发能力；⑤主要竞争对手以近似价格提供更高质量的产品。选项D属于采用产品开发战略的原因。

三、简答题

1.【答案】

潜在进入者的进入威胁：经济型酒店的进入障碍比较低，投资收益率比较高，所以产业潜在进入者的威胁大。

供应商的讨价还价能力：许多经济型酒店都是批量进货，购买数量占供应商的销量的很大比例，而且为了降低成本，不接纳进口设备。而且很多酒店以租赁厂房、仓库或者办公楼的方式来开设酒店，其支付的租金水平远远低于市场上正常贸易的租金。这都体现了供应商的议价能力比较低。

购买商的讨价还价能力：经济型酒店品牌众多，且彼此之间的差异化程度很低，购买商的选择余地大。说明购买商议价能力强。

替代品的替代威胁：高星级酒店在淡季以较低的价格吸引顾客，社会旅馆、招待所也以较低的价格吸引了一大批收入不高的旅行者，说明替代产品的威胁高。

产业内现有企业的竞争：除了乙连锁酒店仍在坚持以自主投资的方式在国内发展门店以外，其他的酒店公司均把特许加盟作为发展的首要方式。经济型酒店品牌众多，且彼此之间的差异化程度很低。高星级酒店在淡季以较低的价格吸引顾客，社会旅馆、招待所也以较低价格吸引了大批收入不高的旅行者。面临的竞争压力比较大。

【English Answers】

Threat from potential new entrants: relatively low barrier for budget hotels entering, relatively high return on investment, so the threats from potential new entrants are high.

Bargaining power of suppliers: many budget hotels purchase by batch, the purchase quantities account for a large percentage of quantities supplied, moreover in order to reduce the cost, the importedequipments would not be accepted. In addition, many hotels have been set up by renting factory plant, warehouse or office building, the rental paid is far lower than normal market level. It indicates that the bargaining power of the supplier is relatively low.

Bargaining power of customers: there are many brands of budget hotels, the degree of differentiation is low, customers have more choices, which indicates that the bargaining power of customers is high.

Threats from substitutes: hotels with high stars attract customers at low price in off-peak period, social hotels and hostels also attract a large number of low salary passengers.

Competition between existing companies: Yi, a chainhotel, still make independent investments in development of domestic stores, other hotels focus more on franchising, and considered it as the primary way for development, which results in competitive pressure. There are lots of economy hotel brands with low differentiation degree among each other. Hotels with high stars attract customers at low price in off-peak period, social hotels and hostels also attract a large number of low salary passengers, which indicates that the threat from substitutes is high.

2.【答案】

(1)葡萄酒生产企业采用的是后向一体化战略。

(2)后向一体化有利于企业有效控制关键原材料等投入的成本、质量及供应可靠性,确保企业生产经营活动稳步进行。

后向一体化战略主要适用条件包括:

①企业现有的供应商供应成本较高或者可靠性较差而难以满足企业对原材料、零件等的需求;

②供应商数量较少而需求方竞争者众多;

③企业所在产业的增长潜力较大;

④企业具备后向一体化所需的资金、人力资源等;

⑤供应环节的利润率较高;

⑥企业产品价格的稳定对企业而言十分关键,后向一体化有利于控制原材料成本,从而确保产品价格的稳定。

企业采用后向一体化战略的主要风险包括:

①不熟悉新业务领域所带来的风险;

②一般涉及的投资数额较大且资产专用性较强,增加了企业在该产业的退出成本。

(3)A公司目前遭受的风险类型包括:

外部风险:

市场风险:包括汇率风险(公司产品60%出口,面料从意大利进口)、原材料价格风险(面料从意大利进口,意大利出现严重通货膨胀)。超市拖欠货款,意大利供货商供货时常中断属于市场风险中的信用风险。

内部风险:

财务风险:超市拖欠货款,难以回收资金,存在财务风险。

另外,A公司采用的方式为应急资本,其最简单的形式是公司为满足特定条件下的经营需要而从银行获得的信贷额度,一般通过与银行签订协议加以明确,比如信用证、循环信用工具等。

应急资本具有如下特点:

①作为应急资本的提供方,该银行并不承担特定事件发生的风险,而只是在事件发生并造成损失后提供用于弥补损失、持续经营的资金。事后A公司要向该银行归还这部分资金,并支付相应的利息。

②应急资本是一个综合运用保险和资本市场技术设计和定价的产品。与保险不同,应急资本不涉及风险的转移,是企业风险补偿策略的一种方式。

③应急资本是一个在一定条件下的融资选择权,A公司可以不使用这个权利。

④应急资本可以提供A公司经营持续性的保证。

3.【答案】

(1)企业并购有许多具体形式,这些形式可以从不同的角度加以分类:

①按照并购双方所处的产业分类,B公司收购N-O无线属于横向并购,因为两者都

是以无线互联网业务开发与拓展为主要业务，因此并购方与被并购方处于同一产业，属于横向并购类型。

②按被并购方的态度分类，B公司收购N-O无线属于友善并购，从资料中可以看出，网龙公司与B公司订立了具有法律约束力的谅解备忘录，由此可以看出并购是通过友好协商确定并购条件，在双方意见基本一致的情况下实现产权转让，属于友善并购类型。

③按并购方的身份分类，B公司收购N-O无线属于产业资本并购，产业资本并购一般由非金融企业进行，通过一定程序和渠道取得目标企业全部或部分资产所有权的并购行为，该案例中B公司属于非金融性质的互联网发展企业，它并购了主营业务同样是互联网开发拓展的N-O无线，因此属于产业资本并购类型。

（2）B公司采取的战略类型属于横向一体化战略。横向一体化战略是指企业向产业价值链相同阶段方向扩张的战略。

企业采用横向一体化战略的主要目的是实现规模经济以获取竞争优势。

在下列情形中，比较适宜采用横向一体化战略：①企业所在产业竞争较为激烈；②企业所在产业的规模经济较为显著；③企业的横向一体化符合反垄断法律法规，能够在局部地区获得一定的垄断地位；④企业所在产业的增长潜力较大；⑤企业具备横向一体化所需的资金、人力资源等。

（3）除了外部发展（并购）之外，发展战略一般可以采用的途径有内部发展（新建）和战略联盟。

内部发展指企业利用自身内部资源谋求发展的战略。

战略联盟是指两个或两个以上经营实体之间为了达到某种战略目的而建立的一种合作关系。

4.【答案】

（1）VR眼镜目前处于产品生命周期中的导

入期。

理由：导入期的产品用户很少，只有高收入用户会尝试新的产品。产品虽然设计新颖，但质量有待提高，尤其是可靠性。VR眼镜产业环境、产业链初具雏形，价格较贵，购买群体多为高收入的职业游戏玩家，视觉效果很差，出现不清晰、变形等一大堆问题。

（2）目前VR产品不完善，使得公司面临着诸多问题，比如：新产品是否有销路，是否被既定客户接受，是否会受到成本的制约，市场能否扩大到足够的规模，企业能否获得足够的市场份额来树立其在行业中的地位，等等。说明企业的经营风险非常高，这就意味着企业的财务风险可能比较低，因此，最适合M科技公司的融资方式是权益融资。

（3）M科技公司目前的企业总体战略是多元化战略中的相关多元化战略。

M科技公司是以电子芯片研发和生产为主的公司，2015年开始进行VR眼镜的研发和生产，而电子芯片和VR眼镜都属于电子类产品，所以属于相关多元化战略。

（4）2015年专门从研发部和生产部分别调了10名骨干员工成立了VR眼镜项目组，由项目经理牵头投入到VR眼镜的研发和生产，一个员工有两个直接上级，因此M科技公司2015年以后的组织结构类型是矩阵制组织结构。

矩阵制组织结构的优点：

第一，由于项目经理与项目的关系更紧密，因而能更直接地参与到与其产品相关的战略中来，从而激发其成功的动力。

第二，能更加有效地优先考虑关键项目，加强对产品和市场的关注，从而避免职能型结构对产品和市场的关注不足。

第三，与产品主管和职能主管之间的联系更加直接，从而能够做出更有质量的决策。

第四，实现了各个部门之间的协作以及各

项技能和专门技术的相互交融。

第五，双重权力使得企业具有多重定位，这样职能专家就不会只关注自身的业务范围。

四、综合题

【答案】

（1）战略变革分为四种类型：技术变革、产品和服务变革、结构和体系变革、人员变革。

其中：

技术变革，表现在"WX科技团队基于速腾的技术基因与彭双'共享计算'的理念，很快就面向市场推出了商业化产品—星域CDN（现已发展为星域云）。""速腾的CDN模式则是利用了共享经济的模式—就是把每个节点的计算能力分布到千家万户，把用户的闲置资源收集利用起来。""速腾早在2003年就独创的全球专利技术—P2SP技术，正是基于P2SP算法支持下的分布式数据存储、下载及传输技术。""底层技术上的突破，让速腾的团队意识到，更多C端的应用有可能在速腾链上开发和落地，真正利用区块链技术的优势来解决各行各业的诸多问题，像是商品溯源、社会公益、基因工程等。"

产品和服务变革，表现在："面向市场推出了商业化产品—星域CDN（现已发展为星域云）。""速腾在2017年8月推出了TOC市场的新产品—'玩客云'""2018年，速腾陆续发布了高性能区块链—速腾链"。

结构与体系变革，表现在"彭双加入速腾任CTO后马上在内部组建了一支全新的团队—WX科技，并亲自担任CEO，开始探索内部命名为'水晶计划'的全新模式云计算和区块链业务。不同于当时速腾的业务和架构，WX科技创立并拥有独立的组织架构、激励机制和内部文化。"

人员变革，表现在"组织架构没有强烈的职位等级观念，普通员工可以随时向CEO和其他管理者表达自己的不同观点，并获

得充分的尊重。""自下而上的考核机制。"等等。

（2）从企业面对的技术风险来看，分为广义的技术风险和狭义的技术风险。广义的技术风险主是指新技术给某一行业带来增长机会的同时，可能对其他行业形成巨大威胁。

"过去由于网速慢、不稳定等因素，直接下载文件失败率很高，下载工具价值斐然。目前互联网基础设施的升级、浏览器等互联网产品功能的完善，以及移动互联时代的产品形态变化让下载工具的需求越来越少。如何能在其他技术领域获得突破，并吸引用户成为速腾亟待解决的核心问题之一。"这些说明速腾公司面临着广义的技术风险。

（3）WX科技所采取的纵向分工结构为扁平型组织结构。纵向分工结构组织需要解决四个管理问题：

一是集权与分权。二是中层管理人员数量。三是信息传递。四是协调与激励。

"扁平化的组织架构。…除保证快速决策反应外，组织架构没有强烈的职位等级观念，普通员工可以随时向CEO和其他管理者表达自己的不同观点，并获得充分的尊重。为鼓励员工发表观点，公司内部每隔一段时间就会组织"Open day"活动，所有人都可以参加，员工可以匿名向公司各管理层包括CEO提出关于公司发展等任何疑问。

"自下而上的考核机制。在WX科技，核心员工都持有公司股权。同时，员工实行自下而上的考核机制，以自评和互评为主，评分公开透明，管理层没有考核权和激励权。

建立"包容"的文化氛围。在公司文化上，WX科技力求保持沟通自由、百家争鸣、勇于上升的开放文化和轻松自在、员工至上的工作环境。管理层同时也非常强调"包容"的文化氛围，他们愿意分享公司在

发展中遇到的问题，也坦然告诉团队自己的想法及做法。"

（4）"在中国广大网民心中，速腾是下载的代名词。根据艾瑞数据显示，2010 年速腾占有中国下载加速软件 78.7% 的市场份额。近几年，随着各大下载软件停止运营和更新，速腾几乎是目前中国网民唯一还在频繁使用的下载软件。""2017 年以前，速腾超过一半以上收入来自于会员收费，营收业务结构单一。"说明速腾公司在转型前，采取的发展战略类型是市场渗透战略。

"多元化业务大幅增长。云计算及其他互联网增值服务一直保持着高速增长，带动速腾整体业务加速，营造了多元化的营收结构。2018 年 8 月公布的 2018 年第二季度财报显示…其中，速腾云计算及 IVAS 板块收入为 3650 万美元，较去年同期增长 186.9%，且该板块总营收已超过速腾下载的会员业务和在线广告业务营收之和，是速腾当前最主要的收入来源。"说明转型后速腾公司采用的发展战略类型是多元化战略（相关多元化）。

（5）内部发展（新建战略）存在五个缺点：

一是与购买市场中现有企业相比，增加了竞争者，可能会激化现有市场的竞争；

二是企业不能接触到其他企业的知识及系统；

三是一开始可能缺乏规模经济或经验曲线效应；

四是当市场发展非常快时，内部发展会显得缓慢；

五是进入新市场可能要面临非常高的障碍。

虽然内部发展面临以上缺点，但"速腾早在 2003 年就独创的全球专利技术—P2SP 技术，正是基于 P2SP 算法支持下的分布式数据存储、下载及传输技术。速腾共享计算的出现直接撼动了当时的 CDN 市场。"也就是速腾有能力克服进入障碍并取得了不错的收益。

（6）"底层技术上的突破，让速腾的团队意识到，更多 C 端的应用有可能在速腾链上开发和落地，真正利用区块链技术的优势来解决各行各业的诸多问题，像是商品溯源、社会公益、基因工程等。""速腾的共享计算业务模式，因其在区块链技术上的创新突破、应用场景上的率先落地，以及对社会效率提升的贡献，被列为区块链产业的主流区块链基础设施之一。"以上说明速腾公司并没有争夺现有需要，而是"创造并攫取新需求"，"规避竞争"以创造一个"价值创新"的蓝海战略。

（7）"速腾成立 15 年来曾积累了很多顶尖人才，但人员的流动让公司产生了内外信息的断层。在新技术迅猛发展的今天，速腾缺乏一个与时俱进的雇主品牌来吸引新兴技术的人才，也急需在内部改变形象和管理机制，解决现有员工发展空间等问题。"说明速腾公司人力资源缺乏、结构不合理、激励约束制度不合理、关键岗位人员管理不完善等问题。

依据内控应用指引，人力资源管理需要关注以下三个方面主要风险：

①人力资源缺乏或过剩、结构不合理、开发机制不健全，可能导致企业发展战略难以实现。

②人力资源激励约束制度不合理、关键岗位人员管理不完善，可能导致人才流失、经营效率低下或关键技术、商业秘密和国家机密泄露。

③人力资源退出机制不当，可能导致法律诉讼或企业声誉受损。

速腾公司在转型后，从组织架构重新布局到关键人才招聘等"首先，让员工愿意为公司代言。…速腾为离职的同事搭建了一个'回巢计划'。通过邀请老员工一起交流与互动，唤醒他们对公司的怀念和好奇心，同时适时将公司转型情况告知，让他们重新与公司建立连接。

其次，重塑现有员工的新认知。通过采取一系列措施提升员工的幸福感并激发更大的梦想。… 此外，速腾整体人才布局和规划配合整体技术和业务转型提前部署。"

(8)研究与开发，是指企业为获取新产品、新技术、新工艺等所开展的各种研发活动。

开展研发活动需关注的主要风险包括：

①研究项目未经科学论证或论证不充分，可能导致创新不足或资源浪费。

②研发人员配备不合理或研发过程管理不善，可能导致研发成本过高、舞弊或研发失败。

③研究成果转化应用不足、保护措施不力，可能导致企业利益受损。

预测试题（二）

扫我做试题

一、**单项选择题**(本题型共 24 小题，每小题 1 分，共 24 分。每小题只有一个正确答案，请从每小题的备选答案中选出一个你认为正确的答案。)

1. 天地资产管理公司每年维持经营所需的最低资本为 10 亿元，如果风险资本为 3 亿元时，这家公司破产的概率则低于 5%，而风险资本是 8 亿元时，其破产概率则低于 1%。那么天地公司所需运营资本（　　）亿元，才能保障其 95% 的生存概率。
   A. 10 亿元
   B. 11 亿元
   C. 13 亿元
   D. 18 亿元

2. 华蓓公司是 Y 市一家生产婴幼儿用品的企业。各年来，公司在 Y 市婴幼儿用品市场拥有稳定的市场占有率。为了巩固其竞争优势，华蓓公司运用限制进入定价阻止竞争对手进入其经营领域，并实施有利于保持高效的"机械式"组织机制。华蓓公司所采取的给潜在进入者设置的障碍属于（　　）。
   A. 结构性障碍
   B. 规模经济
   C. 现有企业的市场优势
   D. 行为性障碍

3. 甲公司是一家零售商店，主要经营地点位于某市开发区。近年来，随着入住开发区的企业数量增加，人流量明显增多。在甲公司周围出现了若干家同类零售商店。从波特的五力模型分析，新店的开张对这家零售店的影响是（　　）。
   A. 购买方议价能力的威胁
   B. 互补互动作用力
   C. 同业竞争者的威胁

D. 环境的威胁

4. 甲公司是一家集团企业，主要从事化工、电力、市政、建筑、环保等工程建设、服务及相关业务，其拥有一家全资二级子公司，一家控股二级子公司，主要通过各子公司开展业务。各个子公司独立经营，并保留其原本的企业名称，集团公司较少参与其子公司的市场战略。根据以上信息可以判断，甲公司采用的组织结构是（　　）。
   A. 战略业务单位组织结构
   B. M 型企业组织结构
   C. H 型结构
   D. 事业部制结构

5. 甲公司是一家美容美发化妆品行业协会，其主要职责为规范美容美发行业市场秩序，推动行业健康发展，维护消费者合法权益，提供学术、技术交流及科学管理方法等服务，以下适合甲公司采用的企业文化类型是（　　）。
   A. 权力导向型
   B. 角色导向型
   C. 任务导向型
   D. 人员导向型

6. 2018 年 C 国 A 集团欲并购美国 B 汽车公司的一个全资子公司 D 公司，却遭到 D 公司工人组织的强烈反对，因为该国员工大多认为 C 国公司工作效率低，工作时间长，福利差，管理能力弱。这反映的风险是（　　）。
   A. 社会文化风险
   B. 政治风险
   C. 合规风险
   D. 运营风险

7. 德仁公司是一家制药集团企业，2017 年下半年，该公司通过并购将一家药店纳入公司旗下，并进行重组。2018 年德仁公司编制预算时应注意的问题是（　　）。
   A. 需要分析企业中每个部门的需求和成本

B. 假设经营活动以及工作方式都以相同的方式继续下去

C. 资源分配可以基于以前期间的资源分配情况

D. 实现协调预算

8. 北京稻香村是享有盛名的北京老字号食品企业，北京稻香村生产的糕点更以独具的特色，优良的品质赢得了首都消费者的美誉，被誉为糕点泰斗、饼艺至尊，构建起了强大的竞争优势。北京稻香村的竞争优势来源于（　　）。

　　A. 稀缺性的资源

　　B. 不可模仿性的资源

　　C. 不可替代性的资源

　　D. 持久性的资源

9. 对于房地产业来说，交通、家具、电器、学校、汽车、物业管理、银行贷款、有关保险、社区、家庭服务等会对住房建设产生影响，进而影响到整个房地产业的结构。此说明了产业五种竞争力的（　　）。

　　A. 供应者讨价还价能力

　　B. 互动互补作用力

　　C. 购买者讨价还价能力

　　D. 替代品的威胁

10. 竞争环境分析指的是集中分析与企业产生直接竞争的每一个企业。对竞争对手的分析包括四个方面的主要内容，其中竞争对手对自身企业的评价和对所处产业以及其他企业的评价属于（　　）。

　　A. 竞争对手的未来目标

　　B. 竞争对手的假设

　　C. 竞争对手的现行战略

　　D. 竞争对手的能力

11. 甲企业经过对市场竞争环境和自身情况的分析后，决定以低成本取胜，为此，该企业相关职能部门对企业各项业务流程进行了详尽分析，发现存货控制环节存在较大缺陷。从价值链分析角度看，存货控制环节属于企业的（　　）。

　　A. 必要活动

B. 辅助活动

C. 基本活动

D. 不必要活动

12. 甲集团原是一家肉联厂，主要从事生猪屠宰、冷藏业务，1992年开始发展猪肉的深加工业务—生产火腿肠和各类熟肉制品，1999年又涉足肉制品零售业务，在全国陆续设立了1000家专卖店，向食品零售业务发展，则甲集团的战略属于（　　）。

　　A. 后向一体化战略

　　B. 市场开发战略

　　C. 相关多元化战略

　　D. 前向一体化战略

13. 由于限制汽车号牌，汽车制造企业日子越发难过，利川公司作为一家汽车制造企业，其副总经理贾某想出一个办法，即开发共享汽车业务，注册者仅需要上传身份证件和支付一定押金就可以获得打开车门的密码，该业务一旦做好会给利川公司带来很好的收益，该策略属于（　　）。

　　A. 差异化战略

　　B. 蓝海战略

　　C. 集中化战略

　　D. 成本领先战略

14. 一些便民超市等零售业将服务点分散在居民的生活区中间，建立起区域性的供货配送中心，克服了高运输成本，减少了库存，快速地满足顾客的需求，最终克服零散的限制，获得规模经济带来的成本优势。通过以上案例可以分析，这些便民超市等零售业克服零散的途径是（　　）。

　　A. 技术创新以创造规模经济

　　B. 尽早发现产业趋势

　　C. 连锁经营

　　D. 给商品增加附加价值

15. 2016年2月至10月，汉鼎宇佑互联网股份有限公司（简称汉鼎宇佑）在筹划收购汉鼎宇佑传媒集团有限公司的过程中，上市公司实际控制人王麒诚及关联公司高管王某等法定内幕信息知情人，利用本人及他人账户，在内幕信息敏感期内提前大量买入公司股票。2018年7月，证监会依法对相关人员作出行政处罚。根据题目中案例内容，存在的公司治理问题属于( )。

A. 代理型公司治理问题

B. 剥夺型公司治理问题

C. "内部人控制"问题

D. 企业与其他利益相关者之间的关系问题

16. 某银行信用卡中心与华联、中友等大型商场合作，推出刷卡回赠、周末刷卡折扣优惠等方法，而且还提供刷卡换飞行里数等活动，以吸引消费者在购物时使用它们的信用卡，该银行采取的战略属于( )。

A. 产品开发战略

B. 市场开发战略

C. 市场渗透战略

D. 多元化战略

17. 我国L集团想要开拓海外市场，但是只具有资金技术优势，缺乏市场信息优势，迫切需要寻找战略合作伙伴。而新加坡的E公司具有很强的市场信息优势，也打算拓展海外市场，两家公司一拍即合，建立战略联盟。从企业战略联盟形成的动因角度分析，两家公司达成战略联盟的动因是( )。

A. 促进技术创新

B. 避免经营风险

C. 降低协调成本

D. 实现资源互补

18. 甲方公司在实施风险管理过程中，在考虑不确定性情况下，以序列方式表示决策选择和结果，通过对不同路径和结果进行建模分析，并用树形格式表示，把事项发生的可能性与路径最终结果的成本或收益一起进行估算，从而显示采取不同选择方案下的风险逻辑分析，同时给出每一个可能路径的预期值结果。根据以上内容，该公司采取的上述风险管理方法属于( )。

A. 决策树法

B. 流程图分析法

C. 马尔科夫分析法

D. 事件树分析法

19. 根据中国人口现状预计到2030年，中国65岁以上人口占比将超过日本，成为全球人口老龄化程度最高的国家，2050年，社会将进入深度老龄化阶段，60岁以上人口占比超30%。上海空雨衣公司针对老年人日常生活需求，预测其用于老年人用品的市场需求将明显增长，于是制定并实施了新的发展战略，扩大投资，专注于老年人日常用品的开发与销售。该公司外部环境分析所采用的主要方法是( )。

A. 五种竞争力分析

B. 成功关键因素

C. PEST分析

D. 产业生命周期分析

20. 甲公司是一家建筑公司，准备投标非洲某国一项大型建筑工程。此时传来该国发生内战的消息，公司董事会经过讨论决定停止投标。根据以上信息可以判断，从风险应对策略的角度考虑，该公司停止投标的做法属于( )。

A. 风险降低

B. 风险规避

C. 风险转移

D. 风险保留

21. 甲公司是我国一家餐饮公司，在全国各地都非常知名，拥有很强的优势地位。甲公司计划向海外扩张，凭借自身的知名度，在印尼、马来西亚、美国等华人比较多的地方开设了几十家餐厅。从战略选择角度看，甲公司扮演的角色可称为( )。

A. 防御者

B. 扩张者

C. 躲闪者

D. 抗衡者

22. 近年来服装市场进入高速增长阶段，但是实行多元化经营的天际公司在服装行业市场占有率一直处于较低的水平，根据波士顿矩阵原理，下列各项中，对天际公司的服装业务表述正确的是( )。

A. 该业务最好采取智囊团或项目组，选择有规划能力、敢于承担风险的人负责

B. 该业务的经营者最好是市场营销型人物

C. 该业务应由对生产技术和销售两方面都很内行的经营者负责

D. 该业务应该淘汰，将剩余资源向其他业务进行转移

23. 大川公司为了加强对风险管理的监督与改进，聘请了资质和信誉都非常良好的泰安会计师事务所对本企业的风险管理提出改进建议和意见。泰安的如下建议中不合理的是( )。

A. 大川公司应建立完善的信息沟通渠道，为风险管理监督和改进奠定基础

B. 企业内部审计部门应至少每年一次对各有关部门和业务单位开展的风险管理工作进行监督评价

C. 风险管理职能部门不在监督的范围内

D. 监督评价报告应直接报送董事会或审计委员会和风险管理委员会

24. 甲公司是一家高科技研发企业，根据《企业内部控制应用指引第 2 号—发展战略》的要求和规范制定了非常完善的发展战略，但是在发展战略的执行过程中出现了一些问题。下列属于甲公司围绕发展战略应该关注的风险不包括( )。

A. 内部信息传递不通畅、不及时，可能导致决策失误、相关政策措施难以落实

B. 缺乏明确的发展战略或发展战略实施

不到位，可能导致企业盲目发展，难以形成竞争优势，丧失发展机遇和动力

C. 发展战略过于激进，脱离企业实际能力或偏离主业，可能导致企业过度扩张，甚至经营失败

D. 发展战略因主观原因频繁变动，可能导致资源浪费，甚至危及企业的生存和持续发展

二、多项选择题(本题型共 14 小题，每小题 1.5 分，共 21 分。每小题均有多个正确答案，请从每小题的备选答案中选出你认为正确的答案。每小题所有答案选择正确的得分，不答、错答、漏答均不得分。)

1. 正小宝公司在实施全面风险管理过程中，注重培育员工积极向上的价值观和社会责任感，倡导诚实守信、爱岗敬业、开拓创新和团队协作精神，树立现代管理理念，强化风险意识。正小宝公司的上述做法所涉及的内部控制要素不包括( )。

A. 控制环境

B. 风险评估

C. 监控

D. 控制活动

2. 小瑞咖啡公司近期推出新的经营方式，为吸引更多消费者，推出两款新口味的咖啡，另外，除了主营咖啡以外，还增加了轻食产品系列，包括沙拉、牛角包及坚果小食，扩大了自身的产品线。一系列的做法使得小瑞咖啡的营业额快速增长。根据以上信息，小瑞咖啡公司的上述经营方式符合发展战略中的( )。

A. 市场开发战略

B. 产品开发战略

C. 市场渗透战略

D. 多元化战略

3. X 啤酒厂为了确保其在酒瓶上和原材料上的低成本优势，决定将供应啤酒瓶的玻璃厂以及供应小麦的粮食公司纳入其中，并且为了使其销售量增加，决定将酒水经销公司也纳入其体系当中。根据案例可以分

析出，该啤酒厂采取的战略有（　　）。

A. 前向一体化战略

B. 后向一体化战略

C. 市场开发战略

D. 产品开发战略

4. A公司是一家电脑生产商，其在生产电脑的过程中需要有各种原材料。在生产CPU等比较重要的硬件时，为了防止供货中断，其原材料采购自几家质量较好的企业；对于一些比较普通的硬件，如键盘等，则该公司会将整个键盘的生产授权给一个供应商，而不是自己进行生产。从资料可以看出，该公司采用的货源策略包括（　　）。

A. 单一货源策略

B. 多货源策略

C. 由供应商负责交付一个完整的子部件

D. 以上都是

5. 甲公司开发的Z软件是一个区别于传统实体银行的移动应用，可以解决用户奔波银行存取款等问题，在给顾客提供存款服务的同时，还提供免费转账、网上缴费和订火车票机票等服务，使用户足不出户就解决了生活问题。Z软件的经营模式取得了成功，营业额高速增长。下列关于甲公司针对Z软件实施的蓝海战略的路径的说法中正确的有（　　）。

A. Z软件以满足客户的情感性诉求为竞争手段

B. Z软件主要是通过价格来竞争的

C. Z软件体现了创造并攫取新需求的蓝海内涵

D. 甲公司针对Z软件采取的蓝海战略路径是重设客户的功能性或情感性诉求

6. 安瑞保险公司依托医疗大数据智能化管理系统，将来自保险机构、医院和药房的诸如疾病发病率、治疗效果和医疗费用等方面的大数据及时进行"提纯"和整合，对潜在目标客户消费偏好和倾向进行合理估算未来需求数量，同时针对现有客户的行为与特征分析以进行精细化管理，从而实现对健康保费的有效控制。本案例该企业在战略转型体现在哪些方面（　　）。

A. 市场调研与预测

B. 营销管理

C. 生产管理

D. 财务管理

7. 百利公司是一个家电企业，经过分析得到该公司的投资资本回报率高于资本成本，但是其销售增长率却低于公司的可持续增长率，据此可以判断（　　）。

A. 该公司处于增值型现金短缺状态

B. 该公司可以通过加速增长来增加股东财富

C. 该公司的策略可以是增发股份

D. 如果该公司加速增长后，找不到进一步投资的机会，可以回购股份

8. 某VR产品销售企业是一家处于成长期的公司，该公司决定采用平衡计分卡来计算来年的绩效。在进行具体计量时，考虑的指标包括收入的增加、主要顾客的收益率、市场份额、产品新鲜度、工作进度完成率、在新工作中与顾客相处的时间等。从计量指标看，该公司利用平衡计分卡所考虑的非财务方面包括（　　）。

A. 内部流程角度

B. 财务角度

C. 顾客角度

D. 创新与学习角度

9. 美美公司拟在M国建立一个家电研发和生产基地，并对该国的相关情况进行了调查分析。下列各项中，符合钻石模型四要素分析要求的有（　　）。

A. M国近年来经济增长较快，对高质量家电产品需求与日俱增

B. M国拥有与家电产业相关的产业集群

C. M国拥有高素质的研发人才与研究机构众多

D. M国本土家电企业虽然数量较少，但规模较大，竞争较为激烈

10. 大米公司是一家全球性的手机生产企业。近年来公司在高速发展的同时，面临的风险也与日俱增。为了更好地分析面临的市场风险，大米公司应该至少收集的与该公司相关的重要信息有（　　）。

A. 全球汇率变动状况

B. 全球手机价值链生产供应状况

C. 通信行业新技术发展带给手机生产企业的冲击和影响

D. 各国手机的价格及供需变化

11. 甲林场为了加强对火灾风险的防控工作，组织有关人员深入分析了由于自然或人为因素引发火灾、场内消防系统工作、火警和灭火直升机出动等不确定事件下产生各种后果的频率。下列各项中，不属于该林场采用的风险管理方法优点的有（　　）。

A. 生动地体现事件的顺序

B. 不会遗漏重要的初始事项

C. 能够将延迟成功或恢复事件纳入其中

D. 能说明时机、依赖性和多米诺效应

12. 为了拓展国际业务，国内玩具制造商甲公司收购了 H 国玩具制造商乙公司，并很快打开 H 国玩具市场。其后不久，甲公司发现乙公司在被收购前卷入的一场知识产权纠纷，同时由于甲乙两个公司原有企业文化存在较大差异导致管理存在困难，这些导致甲公司面临严重的经营风险。甲公司在并购中失败的原因不包括（　　）。

A. 决策不当

B. 支付过高的并购费用

C. 并购后不能很好地进行企业整合

D. 跨国并购所面临的政治风险

13. 面对国外著名医药公司在中国市场上不断扩张，多年专注于从事中西药研发、生产和销售的著名本土企业康乐公司为了自身的长期发展，一方面与国外某医药公司成立合资企业，双方合作专注于西药的新药品的研发业务。另一方面继续加大其擅长的中药研发和销售，逐渐成为国际中药市场上知名企业。从本土企业战略选择的角度看，康乐公司扮演的角色包括（　　）。

A. 防御者

B. 扩张者

C. 抗衡者

D. 躲闪者

14. 2020 年由于新冠肺炎疫情影响，新南方英语培训机构被迫制定和实施了新的战略，对原有业务进行了较大调整，花巨额资金新建了线上教育培训体系，改变了从前线下教育为主的经营模式。这一变革与企业现在文化很不一致，受到了部分员工和部门的抵制。公司的管理层认为外部环境已经发生重大变化，从考虑自身长远利益出发，需要推行这一新的战略。为处理这个重大的变革，企业需要从以下哪些方面采取管理行动（　　）。

A. 高层管理者下定决心进行变革，向全体员工讲明变革的意义

B. 公司决定招聘或内部提拔一些与新文化相符的新员工

C. 公司改变原有的奖励结构，将奖励的重点用于新文化意识强并积极实施的员工

D. 加强文化的协同作用

三、简答题（本题型共 4 小题 30 分。其中一道小题可以选用中文或英文解答，请仔细阅读答题要求。如使用英文解答，须全部使用英文，答题正确的，增加 5 分。本题型最高得分为 35 分。）

1.（本小题 6 分，可以选用中文或英文解答，如使用英文解答，须全部使用英文，答题正确的，增加 5 分，最高得分为 11 分。）

内蒙古 FY 餐饮连锁有限公司 1999 年 8 月诞生于内蒙古包头市，以经营小肥羊特色火锅为主业，兼营调味品及专用肉制品的研发、加工及销售业务。

火锅深受人们的喜爱，因此大大小小的火

锅店遍布全国，产业集中度很低，属于零散型产业。FY 能够在产业中立足一方面依赖于其优质的产品服务，另一方面依赖于其经营模式。由于 FY 第一家店经营情况良好，创始人在包头市青山区、东河区又成功开设了两家 FY 火锅店，生意同样火爆。这让 FY 创始人看到了连锁发展的希望。从 2000 年 4 月起，FY 火锅开始走出包头市，从此开始了它在全国范围内的连锁发展之路。目前，FY 的百余家火锅连锁店遍布了全国各省、市、区以及美国、日本、加拿大、印尼、阿联酋等海外市场，成为一个国际性的大型餐饮连锁公司。

随着人们生活水平的提高，消费习惯的改变，越来越多的消费者愿意通过网络订餐来解决一日三餐的问题。这促使送餐公司、订餐软件等新兴业务的兴起。线上线下 O2O 已经被大家熟知，面对这种新兴产业的逐步形成，FY 公司也试图利用网络来扩大市场份额。然而想要实现线上线下必须要有专业的网络技术才能够实现，这对 FY 公司来说是一大挑战。

要求：

(1)简要分析 FY 公司克服零散的途径并说明克服零散的另外两种途径。

(2)列举常见的新兴产业早期进入障碍。分析说明 FY 公司进入 O2O 产业的障碍是哪种？

2. (本小题 8 分。)2019 年 9 月 6 日早间，ALBB 公司宣布与 WY 公司达成战略合作，将以 20 亿美元全资收购 WY 公司旗下跨境电商平台 KL，同时，ALBB 公司作为领投方参了 WY 云音乐此轮 7 亿美元的融资。这对 H 市的"小冤家"，经过多年的相爱相杀，最终还是在一起了。被 ALBB 收购前，WY 公司的 KL 在国内的跨境电商领域保持领头雁地位。

据了解，WY 公司旗下的 KL 跨境电商平台成立于 2015 年，总部设立在 H 市。此后 3

年，KL 在大道初开的国内跨境电商领域打出了品牌，并成为 T 国际最强劲的对手之一。

有国内第三方机构的数据统计显示，2018 年，在跨境电商市场，KL 的市场份额达 27.1%名列第一，T 国际紧随其后为 24%，HT 全球为 13.2%。

简言之，WY 公司此时卖给 ALBB 的 KL，仍保持着国内第一大跨境电商平台的资质。

2018 年 WY 公司电商营收 192 亿，同比增长从 2017 年的 160%下降为 64.1%，毛利润率跌至 4.5%。WY 公司电商就从初期的快速增长，进入了流量成本居高不下，外部竞争异常激烈的电商格局。也就是说，"猪养大了就应该卖了"。

要求：

(1)简要分析案例中涉及并购的类型及动机。

(2)简要分析 ALBB 公司并购 WY 公司旗下 KL 的动机。

(3)简要分析公司收缩战略有哪些方式，WY 公司出售 KL 属于哪一种方式。

3. (本小题 8 分。)春秋航空是国内首家低成本航空公司。自成立以来，在严格确保飞行安全和服务质量的前提下，恪守低成本航空的经营模式，借鉴国外低成本航空的成功经验，最大限度地利用现有资产，实现高效率的航空生产运营。

公司的经营模式可概括为"两单""两高"和"两低"。

(1)"两单"—单一机型与单一舱位。单一机型：本公司全部采用空客 A320 系列机型，统一配备 CFM 发动机，单一机型可通过集中采购降低飞机购买和租赁成本、飞机自选设备项目成本、自备航材采购成本及减少备用发动机数量；通过将发动机、辅助动力装置包修给原制造商以达到控制飞机发动机大修成本；通过集约航材储备降低航材日常采购、送修、仓储的管理成本；降低维修工程管理难度；降低飞行员、机务人员与客舱乘务人员培训的复杂度。

单一舱位：本公司飞机只设置单一的经济舱位，不设头等舱与公务舱。可提供座位数较通常采用两舱布局运营 A320 飞机的航空公司高 15%－20%，可以有效摊薄单位成本。2015 年 9 月起，公司开始引进空客新客舱布局的 A320 飞机，座位数量在保持间隔不变的情况下由 180 座增加至 186 座，截至 2018 年末已有 36 架 186 座 A320 飞机。

(2)"两高"—高客座率与高飞机日利用率。
高客座率：在机队扩张、运力增加的情况下，公司始终保持较高的客座率水平。高飞机日利用率(小时)：公司通过单一机型、更加紧凑合理的航线编排以及较少的货运业务获得更高的运行效率。此外，公司利用差异化客户定位的优势在确保飞行安全的前提下，更多地利用延长时段(8 点前或 21 点后起飞)飞行，从而增加日均航班班次，提升飞机日利用率。由于公司固定成本占主营业务成本比重约为 1/3，因此通过提高飞机日利用率，能够更大程度地摊薄单位固定成本(固定成本/可用座位公里)，从而降低运营成本。

(3)"两低"—低销售费用与低管理费用。
低销售费用：公司以电子商务直销为主要销售渠道，一方面通过销售特价机票等各类促销优惠活动的发布，吸引大量旅客在本公司网站预订机票；另一方面主动适应移动互联网发展趋势，积极推广移动互联网销售模式，拓展电子商务直销渠道，有效降低了公司的销售代理费用。2018 年，公司除包机包座业务以外的销售渠道占比中，电子商务直销(含 OTA 旗舰店)占比达到 90.7%。2018 年，公司单位销售费用(销售费用/可用座位公里)为 0.0067 元，远低于行业可比上市公司水平。

低管理费用：本公司在确保飞行安全、运行品质和服务质量的前提下，通过最大程度地利用第三方服务商在各地机场的资源与服务，尽可能降低日常管理费用。同时通过先进的技术手段实现业务和财务一体化，以实现严格的预算管理、费控管理、科学的绩效考核以及人机比的合理控制，有效降低管理人员的人力成本和日常费用。2018 年，公司单位管理费用(管理费用/可用座位公里)0.0052 元，远低于行业可比上市公司水平。

要求：

(1)简要分析春秋航空实施成本领先战略的实施条件中的资源与能力，对比案例内容进行分析。

(2)春秋航空实施的成本领先战略会面临哪些风险？

4. (本小题 8 分。)资料一：2013 年 8 月 30 日，中国某石化集团国际石油勘探开发有限公司与美国某石油公司宣布双方正式建立全球战略合作伙伴关系。作为战略合作第一步，双方签署协议由石化公司收购其埃及油气资产 1/3 权益，收购价格为 31 亿美元。该项目的收购是该石化公司首次进入埃及油气资源市场。

但是近年来埃及局势持续动荡，新领导人上任后未能改变埃及现状，有民调显示，埃及民众在新领导人上任百日之际已开始对其感到不满，半数以上埃及居民感到失望。2013 年 1 月 25 日，埃及"1·25 革命"两周年纪念日时，首都开罗和部分省市的流血冲突持续不断，这实质上是埃及各种社会矛盾的总爆发。此外埃政府部门政策变化较大，政策执行力较低，政策出台往往比较突然，部分政策调整会影响在埃及的企业的经营。与此同时，埃及相关政府部门间的协调能力较差，办事效率较低，这也对外国企业在埃及的投资有较大影响。

资料二：上海润朗汽车工业集团总公司(简称"润朗集团")，主要从事乘用车、商

433

用车和汽车零部件的生产、销售、开发、投资及相关的汽车服务贸易和金融业务。润朗集团除直接经营管理汽车零部件、服务贸易等业务外，其核心的整车业务已注入持股83.83%的润朗汽车股份有限公司（简称"润朗汽车"），目前润朗汽车已成为国内A股市场规模最大的汽车公司。

飞龙汽车起家于20世纪50年代，由于经营不善，到1999年自有资本下滑到负613亿韩元，飞龙汽车公司债权团便探讨向海外出售股权，以便收回投入的资金。2004年7月润朗汽车公司被债权团选中，润朗集团以5亿美元正式收购飞龙汽车48.92%股权。2005年1月27日，润朗汽车集团股份有限公司完成韩国飞龙汽车公司的股权交割手续，获得飞龙汽车51.33%的股份，正式成为其第一大股东。

2008年，随着国际油价的飞涨，飞龙以生产SUV和大型车为主的弊病显现出来，2008年上半年，受韩国国内柴油价格高出汽油价格的影响，韩国政府取消了对柴油车的补贴，使得主要产品为柴油车的飞龙汽车在韩国国内市场销量出现大幅下滑。截至2008年第三季度，飞龙走到了破产的边缘。

2009年1月5日，润朗紧急调拨4500万美元注入飞龙，用于支付员工工资，但是润朗要求提高生产效率，通过裁员降低成本，却遭到了飞龙工会的强烈反对和抵制，工会坚持不裁员使得润朗无法接受，其2亿美元的救济性资金援助也暂时搁浅。救不救飞龙，一时间让润朗陷入两难境地。2009年1月9日，润朗汽车向韩国首尔法庭申请飞龙破产保护，以应对销量下滑和债务攀升的局面。

1月13日，飞龙汽车工会成员借机围堵中国驻韩使馆，谴责该公司大股东润朗集团"窃取韩国汽车技术，违背当初投资协议"。当打开韩国飞龙汽车公司的英文网站浏览公司简介时，根本无法看到任何关于润朗的标识及文字描述，仿佛润朗这家掌控其51.3%股份的公司与飞龙没有任何关系，润朗根本没有融入飞龙中去。2009年2月6日，韩国法院宣布飞龙汽车进入破产重组程序，从此润朗集团失去了对飞龙的控制权。

归根结底是因为，在韩国的商业文化中，一大特色就是其强大的工会。飞龙工会是为了维护自身工人的利益，防止企业技术被转移才强烈反对和抵触裁员，润朗以外人的身份入主飞龙，而且还是以发展中国家的企业身份，所以让韩国人心理比较复杂，在这种背景下，润朗却没有充分理解韩国的工会文化，所以才导致最终的失败。

要求：

(1)简述企业风险的概念。

(2)从外部风险和内部风险角度来看，企业面临的风险包括哪些？

(3)根据资料一，分析石化公司面临的风险类型。

(4)根据资料二，分析润朗公司面临的风险类型。

四、综合题（本题共25分。）

资料一

A牌啤酒成功地在中国西部一个拥有300万人口的C市收购了一家啤酒厂，不仅在该市取得了95%以上市场占有率的绝对垄断，而且在全省的市场占有率也达到了60%以上，成为该省啤酒业界名副其实的龙头老大。但A牌啤酒在C市的产品仍然沿用原啤酒厂生产多年的一款产品。

C市有一B牌啤酒公司，3年前也是该省的老大。然而，最近B牌啤酒因经营不善全资卖给了一家境外公司。B牌啤酒在被收购后，立刻花近亿元的资金进行技术改造，还请了世界第四大啤酒厂的专家坐镇狠抓质量，但是新老板很清楚，营销是B牌啤酒公司的短板。为一举获得C市的市场，B牌啤酒公司不惜代价从外企挖了3

个营销精英，高薪招聘 20 多名大学生，花大力气进行培训。

省内啤酒市场的特点是季节性强，主要在春末和夏季及初秋的半年多时间。一年的大战在 4、5、6 三个月基本决定胜负。作为快速消费品，啤酒的分销网络相对稳定，主要被大的一级批发商控制。B 牌啤酒没有选择正面强攻，主要依靠直销作为市场导入的手段，由销售队伍去遍布 C 市的数以万计的零售终端虎口夺食。B 牌啤酒的攻势在春节前的元月份开始了，并且成功地推出了 1 月 18 日 C 市要下雪的悬念广告，还有礼品附送，覆盖率和重复购买率都大大超出预期目标。

面对竞争，A 牌啤酒公司在检讨失利的同时，依然对前景充满信心。他们认为对手在淡季争得的市场份额，如果没有充足的产量作保障，肯定要跌下来；而且 A 牌啤酒公司的分销渠道并没有受到冲击，B 牌啤酒公司抢入零售网点不过是地面阵地的穿插。如今，啤酒销售的旺季，也就是决胜的时候快到了。

资料二

A 牌啤酒公司目前由一位总经理（同时也是公司的董事长）和二位副总经理（兼任公司的董事）组成的领导班子进行管理，几乎所有的事项都要征询该领导班子的意见，三位经理经常超负荷工作。鉴于公司现行的组织结构已经不适应发展的需要，经讨论研究决定调整公司目前的组织结构，调整如下：总经理下设五个职能部门，营销部负责整个公司产品的营销和推广，产品部负责生产销售给客户的所有产品，财务部负责记录所有交易并控制所有与经费和财务相关的活动，研发部负责新产品研发计划的制订与实施、研发测试、专利申报等研发工作，综合管理部负责其他所有的大小事务。

公司生产的水果口味啤酒经过大规模的广告宣传，销售量正处于迅速上升时期，市场规模扩大，竞争者开始涌入。产品成本逐步降低，平均促销费用有所下降，销售利润迅速上升并达到最大。该公司在广告宣传过程中，开始树立产品品牌形象。公司产品的品牌形象离不开企业文化建设的熏陶，产品质量是企业发展的重中之重，为了保证员工积极地参与到这项核心任务中来，每个员工在入职的第一天都会接受关于企业文化的培训，树立他们质量为本的价值观和行为准则，以保证在日后的工作中能够坚持这一原则，为公司的发展做出贡献。

资料三

2017 年公司拟实行全面预算管理体系，并于 2017 年年底由财务总监牵头各部门负责人成立预算管理小组，该小组根据公司的发展战略和经营计划直接编制 2018 年年度预算草案，由总经理审核通过并下发各部门。公司给销售部下达的 2018 年预算收入指标为 3000 万元。2018 年 5 月，甲公司采购员李某联络 A 牌啤酒公司销售员张某，表示需要购买价值 40 万瓶的 A 牌啤酒，李某承诺先支付定金 30 万元，余款在三个月内偿还。

过去几年甲公司李某从 A 牌啤酒公司大批量采购过几次啤酒，属于 A 牌啤酒公司的重要客户，这几年的交易中甲公司信用不错，双方合作愉快。这次销售员张某见其很有购买诚意，该业务又属于公司重大的销售业务，便直接与甲公司签订了购销合同，并电话通知仓储部门按合同三天内给甲公司发送全部货物。

三个月后甲公司并没有支付余款，A 牌啤酒公司财务部联系甲公司催收货款，发现甲公司已经陷入财务危机，2018 年 4 月已经处于破产清算状态，A 牌啤酒公司只能全额计提坏账准备。由于受甲公司事件影响，6 月销售部发现当年预算难以完成，自行把预算销售额调整为 2000 万元，然后就详细情况通告了预算管理小组。

要求：

（1）根据资料一，分别从公司层战略、竞争战略、职能战略三个层次分析 A 牌啤酒应采用什么样的战略？

（2）根据资料一，简析 B 牌啤酒元月份采用的促销策略有哪些？

（3）根据资料二，判断调整后的组织结构的类型，并简述其优缺点。

（4）根据资料二，判断水果口味啤酒处于产品生命周期的哪个阶段，并简述该阶段的主要战略路径。

（5）根据资料三，结合《企业内部控制应用指引第 9 号—销售业务》，A 牌啤酒公司在销售环节应关注哪些风险。

（6）根据资料三，结合《企业内部控制应用指引第 15 号—全面预算》，分析 A 牌啤酒公司在预算管理环节中应关注哪些风险。

预测试题（二）
参考答案及详细解析

一、单项选择题

1. C 【解析】当天地资产管理公司每年维持经营所需的最低资本为 10 亿元，如果风险资本为 3 亿元时，其破产的概率低于 5%，则说明这家公司生存的概率是 95%，这时公司每年运营资本变成了 13 亿元，选项 C 正确。

2. D 【解析】"华蓓公司运用限制进入定价阻止竞争对手进入其经营领域"以属于行为性障碍。行为性障碍包括限制进入定价和进入对方领域两种类型。所以选项 D 正确。

3. C 【解析】根据五力模型，选项 D 不属于五力范围，首先排除。新开商店与原有商店都是零售商店，有相同功能，因此属于同业竞争者的威胁，所以选项 C 为正确答案。

4. C 【解析】本题考核横向分工结构。控股企业其下属子企业具有独立的法人资格，业务领域涉及多个方面，主要通过各子公司开展业务，各个子公司独立经营。控股企业较少参与其子公司的市场战略。所以甲集团采用的组织结构是 H 型结构（控股企业/控股集团组织结构）。选项 C 正确。

5. D 【解析】人员导向型企业存在的目的主要是为其成员的需要服务，企业是其员工的下属，企业的生存也依赖于员工。这类企业为其专业人员提供他们自己不能为自己提供的服务，职权往往是多余的。员工通过示范和助人精神来互相影响，而不是采用正式的职权。这一文化常见于俱乐部、协会、专业团体和小型咨询公司，甲公司作为一家美容美发化妆品行业协会，适合采用人员导向型的企业文化，选项 D 正确。

6. A 【解析】本题考核企业面对的风险种类。文化风险就是指文化这一不确定性因素的影响给企业经营活动带来损失的可能。该国员工对 C 国企业的意识导致该项并购失败。

7. A 【解析】本题考核预算的类型。通过本题给出的条件，我们可以知道德仁公司进行并购之后，企业的情况发生了比较大的变化，企业编制预算时应该使用零基预算。而零基预算需要在每一个新的期间必须重新判断所有的费用，需要分析企业中每个部门的需求和成本。

8. D 【解析】北京稻香村是享有盛名的北京老字号食品企业，糕点被誉为糕点泰斗、饼艺至尊，属于品牌的持久性。

9. B 【解析】本题考核互动互补作用力。任何一个产业内部都存在不同程度的互补互动（指互相配合一起使用）的产品或服务业务。例如，对于房地产业来说，交通、家具、电器、学校、汽车、物业管理、银行贷款、有关保险、社区、家庭服务等会对住房建设产生影响，进而影响到整个房地产业的结构。

10. B 【解析】本题考核竞争环境分析。对竞争对手的分析有四个方面的主要内容：即竞争对手的未来目标、假设、现行战略和潜在能力。竞争对手的假设包括竞争对手对自身企业的评价和对所处产业以及其他企业的评价，选项 B 正确。

11. C 【解析】价值链五种基本活动包括内部后勤、生产经营、外部后勤、市场销售和服务。其中内部后勤是指与产品投入有关的进货、仓储和分配等活动，如原材料的装卸、入库、盘存、运输以及退货等。

12. D 【解析】本题考核一体化战略。前向一体化是指获得下游企业的所有权或加强对他们的控制权的战略。甲集团主要是涉足了零售商领域，因而属于前向一体化战略。

13. B 【解析】随着越来越多的企业瓜分和拼抢有限的市场份额和利润，无论采取"差异化"还是"成本领先"战略，企业取得获利性增长的空间都越来越小。在这种情况下，采用"蓝海"战略不局限于现有产业边界，而是极力打破这样的边界，通过提供创新产品和服务，开辟并占领新的市场空间。贾某另辟蹊径，开发共享汽车业务正是打破了产业边界，属于蓝海战略，选项 B 正确。

14. C 【解析】对于由顾客消费地点或消费口味不同而造成的生产规模的不经济性，克服零散最好的办法就是连锁经营或特许经营。比如一些便民超市、快餐店、理发店、美容厅等零售业和服务业。

15. B 【解析】根据案例资料可知，上市公司实际控制人利用内幕信息谋利的公司治理问题是"终极股东对于中小股东的隧道挖掘"问题，属于剥夺型公司治理问题。所以应该选 B 正确。

16. C 【解析】本题考核密集型战略。该银行所采取的一系列措施就是为了让现有客户在消费时增加使用该银行信用卡的频率和金额，增加现有产品的市场份额，这属于典型的市场渗透战略。

17. D 【解析】资源在企业之间的配置总是不均衡的，在资源方面或拥有某种优势，或存在某种不足，通过战略联盟可达到资源共享、优势互补的效果。L 集团的资金技术优势与 E 公司的市场信息优势相结合，共同开拓海外市场，就是实现了资源互补，选项 D 正确。

18. A 【解析】"以序列方式表示决策选择和结果，通过对不同路径和结果进行建模分析，并用树形格式表示，把事项发生的可能性与路径最终结果的成本或收益一起进行估算，从而显示采取不同选择方案下的风险逻辑分析，同时给出每一个可能路径的预期值结果"属于决策树法。选项 A 正确。

19. C 【解析】本题考核"宏观环境分析"。根据人口因素的现状及未来趋势，该公司根据预测老年人日常用品需求会增长，属于宏观环境分析中的社会和文化环境中的人口因素对企业的影响。选项 C 正确。

20. B 【解析】风险规避指企业回避、停止或退出蕴含某一风险的商业活动或商业环境，避免成为风险的所有人。

21. B 【解析】甲公司是将企业的经验转移到周边的市场，属于"扩张者"战略。

22. A 【解析】"近年来服装市场进入高速增长阶段，但是实行多元化经营的天际公司在服装行业市场占有率一直处于较低的水平"属于高增长－弱竞争地位的"问题"业务。对于问题业务而言，该业务最好采取智囊团或项目组，选择有规划能力、敢于承担风险的人负责。选项 B 是"现金牛"业务，选项 C 是"明星"业务，而选项 D 是属于"瘦狗"业务。

23. C 【解析】企业内部审计部门应至少每年一次对包括风险管理职能部门在内的各有关部门和业务单位能否按照有关规

定开展风险管理工作及其工作效果进行监督评价，监督评价报告应直接报送董事会或董事会下设的风险管理委员会和审计委员会。此项工作也可结合年度审计、任期审计或专项审计工作一并开展。所以选项 C 的说法错误。

24. A 【解析】选项 A 是属于内部信息传递应用指引中应关注的主要风险。

二、多项选择题

1. BCD 【解析】依据《企业内部控制基本规范》关于内部环境要素的要求：注重培育员工积极向上的价值观和社会责任感，倡导诚实守信、爱岗敬业、开拓创新和团队协作精神，树立现代管理理念，强化风险意识，不涉及选项 BCD 要素。

2. BD 【解析】原市场未改变，但是提供了新的产品即"推出两款新口味的咖啡"，因此属于产品开发；"增加了轻食产品系列，包括沙拉、牛角包及坚果小食，扩大了自身的产品线"，这属于与咖啡不同的多元化经营战略。因此，选择 BD。

3. AB 【解析】X 啤酒厂将供应啤酒瓶的玻璃厂以及供应小麦的粮食公司纳入其中，采取的战略是后向一体化战略；将酒水经销公司也纳入其体系当中，采取的战略是前向一体化战略。

4. BC 【解析】本题考核货源策略的类型。对于生产 CPU 等比较重要的硬件时，其原材料采购来自几家企业，这属于多货源策略；对于一些比较普通的硬件，如键盘等，该公司会将整个键盘的生产授权给一个供应商，这属于由供应商负责交付一个完整的子部件。因此正确答案是选项 BC。

5. ACD 【解析】本题考核蓝海战略。Z 软件可以解决用户奔波银行存取款等问题，在给顾客提供存款服务的同时，还提供免费转账、网上缴费和订火车票机票等服务，使用户足不出户就解决了生活问题。属于重设客户的功能性或情感性诉求，选项 AD 正确。题目并没有体现出价格竞争，所以选项 B 错误。甲公司针对 Z 软件实施蓝海战略，为顾客提供新型服务的同时并取得成功，所以选项 C 正确。

6. AB 【解析】依托医疗大数据智能化管理系统，将来自保险机构、医院和药房的诸如疾病发病率、治疗效果和医疗费用等方面的大数据及时进行"提纯"和整合，其中，"对潜在目标客户消费偏好和倾向进行合理估算未来需求数量"是市场调研与预测的战略转型，而"针对现有客户的行为与特征分析以进行精细化管理，从而实现对健康保费的有效控制"则涉及营销管理的战略转型。所以选择 AB。

7. BD 【解析】本题考核价值创造和增长率矩阵。该公司的投资资本回报率高于资本成本，销售增长率却低于公司的可持续增长率，处于财务战略矩阵的第二象限，属于增值型现金剩余，所以选项 A 不正确；处于第二象限的企业可以为股东创造价值，但是增长缓慢，因此通过加速增长可以增加股东财富，选项 B 正确；由于资金有剩余，所以公司应该将多余的资金用于投资，并不需要再次增发股份，选项 C 不正确；如果该公司加速增长后，找不到进一步投资的机会，应该把多余的钱还给股东，可以通过增加股利支付和回购股份来实现选项 D 正确。

8. AC 【解析】本题考核平衡计分卡。收入的增加、主要顾客的收益率属于财务角度指标；市场份额、产品新鲜度属于顾客角度指标；工作进度完成率、在新工作中与顾客相处的时间属于内部流程角度指标，所以选项 AC 正确。

9. ABCD 【解析】选项 A 体现的是钻石模型中的需求条件因素；选项 B 体现的是钻石模型中的相关与支持性产业；选项 C 体现的钻石模型中的生产要素，选项 D 体现的是企业战略、企业结构和同业竞争。因此，正确选项 ABCD。

10. ABD 【解析】分析市场风险，企业应广泛收集国内外企业忽视市场风险、缺乏应对措施导致企业蒙受损失的案例，并至少收集与本企业相关的以下重要信息：

①产品或服务的价格及供需变化；

②能源、原材料、配件等物资供应的充足性、稳定性和价格变化；

③主要客户、主要供应商的信用情况；

④税收政策和利率、汇率、股票价格指数的变化；

⑤潜在竞争者、竞争者及其主要产品、替代品情况。

选项 C 属于技术风险因素。

11. BC 【解析】事件树分析法适用于对故障发生以后，在各种减轻事件严重性的影响下，对多种可能后果的定性和定量分析，甲林场所选择的风险管理方法是事件树分析法。主要优点：（1）ETA 以清晰的图形显示了经过分析的初始事项之后的潜在情景，以及缓解系统或功能成败产生的影响；（2）它能说明时机、依赖性，以及故障树模型中很烦琐的多米诺效应；（3）它生动地体现事件的顺序，而使用故障树是不可能表现的。

12. BD 【解析】"甲公司发现乙公司在被收购前卷入的一场知识产权纠纷，将导致甲公司面临严重的经营风险"体现了企业在并购前没有认真地分析目标企业的潜在成本和效益，过于草率地并购，结果无法对被并购企业进行合理的管理，这属于决策不当；"甲乙两个公司原有企业文化存在较大差异导致管理存在困难"以至于并购后不能很好地整合；所以选项 BD 正确。

13. CD 【解析】"一方面与国外某医药公司合作专注于西药新药品的研发业务"是企业在全球化压力很大的产业中，重新考虑自身的商业模式，属于躲闪者战略。"另一方面继续加大其擅长的中药研发和销售，逐渐成为国际中药市场上知名企业"属于抗衡者战略。选项 CD 正确。

14. ABC 【解析】当企业实施一个新的战略，涉及的组织要素发生重大变化，又多与企业现有文化很不一致，或受到现有文化的抵制时，企业首先要考虑是否需要必需推行这个战略。当确认外部环境发生重大变化时，考虑自身长远利益，需要对现有文化进行重大变革，包括四个方面可以采取的管理行动：一是高层管理者下定决心进行变革，向全体员工讲明变革的意义；二是公司决定招聘或内部提拔一些与新文化相符的新员工，以形成新的文化；三是公司改变原有的奖励结构，将奖励的重点用于新文化意识强并积极实施的员工，以促进企业文化的转变；四是明确新文化需要的行为，形成一定的规范，保证新战略的顺利实施。

三、简答题

1.【答案】

（1）FY 克服零散的途径是连锁经营或特许经营，在全国范围内走连锁发展之路，FY 的百余家火锅连锁店遍布了全国各省、市、区以及美国、日本、加拿大、印尼、阿联酋等海外市场，成为一个国际性的大型餐饮连锁公司，这都体现的是连锁经营。

克服零散的另外两条途径分别是技术创新以创造规模经济以及尽早发现产业趋势。

（2）常见的新兴产业早期进入障碍有：

①专有技术；②获得分销渠道；③得到适当成本和质量的原材料和其他投入；④经验造成的成本优势；⑤风险。

FY 公司主要的早期进入障碍是专有技术。"实现线上线下必须要有专业的网络技术才能够实现，这对 FY 公司来说是一大挑战"，从这里可以看出，FY 公司主要的早期进入障碍是专有技术。

【English Answers】

（1）FY Company adopts chain-store operation or franchise to overcome scattered management and follows chain development way within nationwide. Over a hundred FY Hot pot chain stores are all over the country in each province, city, district and oversea market in United States, Japan, Canada, Indonesia, and United Arab Emirates, etc. FY Company becomes an international large catering chain corporation. All of these reflect chain operation.

Ways to overcome scattered management include creating scale economy by technical innovation and discovering industry trend as soon as possible.

（2）Common entry barriers of emerging industry include:

A. proprietary technology;

B. obtaining distribution channel;

C. acquisition of raw material with proper cost and quality, and other inputs;

D. cost advantages result from experience;

E. risk.

FY Company's major entry barrier during the early phase was proprietary technology. "Implementation of O2O requires professional network technology, which is a great challenge for FY Company" indicates that FY Company's major entry barrier during the early phase was proprietary technology.

2.【答案】

(1)按照并购双方所处的产业分类，案例中并购属于横向并购；按照被并购方的态度分类，属于友善并购；按照并购方的身份来分类，属于产业资本并购；按照收购资金来源来看，并没有提及负债，则属于非杠杆并购。

(2)理论上讲，并购有三大动机，分别为：一是避开进入壁垒，迅速进入，争取市场机会，规避各种风险；二是获得协同效应；三是克服企业负的外部性，减少竞争，增强对市场的控制力。

从案例中可以看出，"双方共处在 H 市里是一对小冤家，经过多年的相爱相杀……KL 是 T 猫国际最强劲的对手之一"，则可以分析 ALBB 公司并购 KL 的动机主要包括两个方面，一是获得协同效应，二是减少竞争以增强对市场的控制能力。

（3）公司收缩战略有三种方式，包括紧缩与集中、转向战略和放弃战略。WY 公司出售 KL，由于是被 ALBB 公司全资收购，则属于放弃战略中的"卖断"类型。

3.【答案】

(1)成本领先战略实施条件中关于资源与能力包括七个方面及春秋航空的做法：

一是能够实现规模经济；"航空业是属于规模经济显著的产业"。

二是降低各种要素成本；"低销售费用与低管理费用"。

三是通过最新技术、工艺、流程及学习曲线来提高生产率；"单一机型与单一舱位"。

四是改进产品工艺设计；"全部采用空客 A320 系列机型"。

五是提高生产能力利用程度；"高客座率与高飞机日利用率"。

六是选择适宜的交易组织形式；"截至2018 年末已有 36 架 186 座 A320 飞机"。

七是重点集聚于某一领域。"恪守低成本航空的经营模式"。

(2)实施成本领先战略可能面临的风险包括三个方面：一是技术的变化可能使过去用于降低成本的投资与经验一笔勾销；二是产业的新进入者或追随者的通过模仿或者以高技术水平设施的投资能力，达到同样甚至更低的产品成本；三是市场需求从注重价格转向注重产品的品牌形象等。

4.【答案】

(1)企业风险是指那些影响企业实现其经营目标的不确定性。理解这个定义需要从以下几个方面把握：①企业风险与企业战略相关；②风险是一系列可能发生的结

440

果，不能简单理解为最有可能的结果；③风险既具有客观性，又具有主观性；④风险总是与机遇并存。

（2）企业面对的主要风险分为两大类：外部风险和内部风险。

外部风险主要包括政治风险、法律风险与合规风险、社会文化风险、技术风险、市场风险等。

内部风险主要包括：战略风险、运营风险、财务风险等。

（3）石化公司面临的是政治风险。石化公司收购美国某石油公司埃及油气资产1/3权益以后，进入埃及油气资源市场，但是由于埃及局势持续动荡，埃政府部门政策变化较大，政策执行力较低，政策出台往往比较突然，部分政策调整在埃及企业的经营。与此同时，埃及相关政府部门间的协调能力较差，办事效率较低，这也对外国企业在埃及的投资有较大影响。

所以石化公司投资埃及面对最大的风险就是政治风险。

（4）润朗公司面临的是社会文化风险。文化风险是指文化这一不确定性因素的影响给企业经营活动带来损失的可能。文化风险主要体现在跨国经营活动引发的文化风险；企业并购活动引发的文化风险；组织文化的变革、组织员工队伍的多元文化背景导致的个人层面的文化风险。润朗在并购飞龙汽车公司时，并没有充分理解所在国的工会文化，并购后根本没有融入被并购公司去，所以最终导致并购失败，面临的风险是社会文化风险。

四、综合题

【答案】

（1）①公司战略层次上，宜采用密集型战略中的市场渗透。因为A牌啤酒已经控制了C市95%以上的市场，因此其着眼点应该是该企业现有的消费者，而不应该是争夺竞争对手的消费者或开发新的消费者，即立足于现有市场或现有产品，不断挖掘现有市场或现有产品的潜力。

②竞争战略层次上，宜采用差异化战略。根据案例材料可知，A牌啤酒在C市的产品仍然沿用原啤酒厂生产多年的一款产品。面对B牌啤酒的进攻，为了能够继续保持市场占有率，A牌啤酒应该通过差异化来增加消费者的转换成本，以此留住现有消费者。

③职能战略层次上，宜加强和改善营销职能战略。由案例可知，由于B牌啤酒在营销上花了很大力气来进行改善，而且在市场上也取得了一定的成绩，因此A牌啤酒面对这种市场竞争压力时，应继续加强和不断改善营销职能。

（2）促销策略包括：

①广告促销。推出C市1月18日将要下雪的悬念广告，体现了这一点。

②营业推广。礼品附送体现了这一点。

（3）总经理下设五个职能部门，各个职能部门分管不同的工作，调整后的组织结构类型属于职能制组织结构。

优点：①能够通过集中单一部门内所有某一类型的活动来实现规模经济；②有利于培养职能专家；③由于任务为常规和重复性任务，因而工作效率得到提高；④董事会便于监控各个部门。

缺点：①由于对战略重要性的流程进行了过度细分，在协调不同职能时可能出现问题；②难以确定各项产品产生的盈亏；③导致职能间发生冲突、各自为政，而不是出于企业整体利益进行相互合作；④等级层次以及集权化的决策制定机制会放慢反应速度。

（4）水果口味啤酒的销售量正处于迅速上升时期，市场规模扩大，竞争者开始涌入。产品成本逐步降低，平均促销费用有所下降，销售利润迅速上升并达到最大，说明正处于成长期。

成长期的主要战略路径是市场营销，此时是改变价格形象和质量形象的好时机。

(5)销售业务需关注的主要风险包括：

①销售政策和策略不当，市场预测不准确，销售渠道管理不当等，可能导致销售不畅、库存积压、经营难以为继。

②客户信用管理不到位，结算方式选择不当，账款回收不力等，可能导致销售款项不能收回或遭受欺诈。

③销售过程存在舞弊行为，可能导致企业利益受损。

(6)实行全面预算管理需关注的主要风险包括：

①不编制预算或预算不健全，可能导致企业经营缺乏约束或盲目经营。

②预算目标不合理、编制不科学，可能导致企业资源浪费或发展战略难以实现。

③预算缺乏刚性、执行不力、考核不严，可能导致预算管理流于形式。

【思路点拨】本题中的第(1)小问要求从公司层战略、竞争战略、职能战略三个方面分析 A 牌啤酒应采用的战略类型，需要大家首先分清楚三个战略层次，每个战略层次的具体细分战略类型，然后根据资料中的信息进行判断。另外，要注意题目问的是应采用的战略类型，而不是说现在采用的战略类型，所以要根据题目中的描述对未来适合的战略类型进行判断。

致亲爱的读者

　　"梦想成真"系列辅导丛书自出版以来，以严谨细致的专业内容和清晰简洁的编撰风格受到了广大读者的一致好评，但因水平和时间有限，书中难免会存在一些疏漏和错误。读者如有发现本书不足，可扫描"扫我来纠错"二维码上传纠错信息，审核后每处错误奖励10元购课代金券。（多人反馈同一错误，只奖励首位反馈者。请关注"中华会计网校"微信公众号接收奖励通知。）

　　在此，诚恳地希望各位学员不吝批评指正，帮助我们不断提高完善。

邮箱：mxcc@cdeledu.com

微博：@ 正保文化

扫我来纠错

中华会计网校
微信公众号